A. E. JOHANN

Menschen an meinen Wegen

Aus einem Leben auf Reisen

C. Bertelsmann Verlag

© 1973 Verlagsgruppe Bertelsmann GmbH/
C. Bertelsmann Verlag, München, Gütersloh, Wien
Gesamtherstellung Mohndruck, Reinhard Mohn OHG, Gütersloh
ISBN 3-570-06431-x · Printet in Germany

Inhalt

Die Urzeit im englischen Sattel (Australien)   9

Von goldenen Tellern (USA)   53

Die chinesischen Fragezeichen (China)   92

Die Ehe zwischen Younosuke und Käthe (Japan)   207

Der Robbenschläger vom Cape Cross (Südwestafrika)   238

Dr. Colin McClistoc aus Inverurie (Äthiopien)   270

Die heißen Tage von Cartagena (Colombia)   299

Maung Tut und Onkel Reiskuchen (Thailand/Burma)   325

Als der Boden ständig zitterte (Indonesien)   378

Mein Freund Henry Shelton am Tetaklin-See
(British Columbia)   412

Vorbemerkung

Eigentlich wollte ich ein ganz anderes Buch schreiben. Ich hatte mir vorgenommen, über eine besondere Sorte von Menschen zu berichten. Auf meinen Fahrten sind mir Leute dieser Art in den letzten zwei Jahrzehnten immer häufiger begegnet: Menschen, die, trotz beträchtlicher und handgreiflicher Erfolge in dieser Welt des Geldes und des Reichtums an materiellen Gütern, freiwillig und zumeist in plötzlichem Entschluß auf das angenehme Leben in den Vororten der Großstädte verzichteten und statt dessen »das einfache Leben« wählten. Sie haben ihre komfortablen und geschmackvoll eingerichteten Zelte abgebrochen und sind »in die Wildnis« gezogen, um sich dort im unmittelbaren Kampf ums Dasein auf sozusagen barbarische Weise zu bewähren und zu bestätigen. Sie haben sich ganz auf sich selbst gestellt – und trotzdem haben sie ihr Dasein, ihr Glück, ihre Freiheit, ihren Spaß und ihre Freude an jedem neuen Tag, bei jeder neu bewältigten Aufgabe, in jeder bestandenen Not behauptet, sich nur auf die eigene Courage verlassend. Ich dachte mir, solche Begegnungen zu schildern – das könnte vielleicht einiges über den Zustand unserer heutigen Welt aussagen.

Aber wie es nun einmal geht: Ein guter Freund, mit dem ich über diesen Plan sprach, brachte mich auf eine andere Idee. Er meinte nämlich, ich hätte nun beinahe fünf Jahrzehnte des Reisens und Berichtens hinter mir – da sei es doch eigentlich an der Zeit, eine geschickte Auswahl von solchen Begegnungen und Abenteuern aus meinem »Leben auf Reisen« zu treffen, die ich bisher aus mancherlei Gründen verschweigen mußte. Das leuchtete mir ein – und so stellte ich die Geschichten von jenen, die das »einfache Leben« wählten, erst einmal zurück und befragte meine Erinnerung nach Erlebnissen, die ich meinen Lesern bislang vorbehalten habe. Für die Auswahl aber machte ich mir zur Bedingung: Diese Ereignisse und Begegnungen müssen für mich, für meine Ansichten und Einsichten, etwas Wesentliches bedeutet haben, sie müssen mich beeinflußt, vielleicht sogar in gewisser Weise verändert haben und mir aus diesem Grunde unvergeßlich geblieben sein.

Ich bekenne gleich vorweg, daß meine verhältnismäßig zahlreichen Begegnungen mit den Großen, den Mächtigen, den Berühmten dieser Zeit in keinem einzigen Fall nachhaltigen Eindruck in meiner Erinnerung hinterlassen haben – einen Eindruck, der etwa eine Wende in meiner Welt- und Lebensauffassung hätte bewirken können. Ich habe es von jeher für in höchstem Maße unwahrscheinlich gehalten, daß Nehru, Chruschtschow oder Tschiang Kai-schek, daß Einstein, Schrödinger oder Planck – um nur einige zu nennen – gerade mir, dem fremden Journalisten, ihr Herz ausschütten würden. Der Journalist wird, was auch ganz in der Ordnung ist, bewußt oder unbewußt stets nur als ein Instrument benutzt, durch das die Prominenten das erwünschte Bild von sich selbst und ihren Absichten unter die Leute bringen wollen; mit ihrer wahren Natur braucht das keineswegs übereinzustimmen.

Erst wo der Journalist aufhört, erst wenn der Befragte die vorgeschriebene Pose vergißt, der allzu menschliche Mensch also anfängt, der übliche Zeitgenosse mit seinen Sorgen und Ängsten, seinen Freuden, Bosheiten und Eitelkeiten – erst da wird es wesentlich, erst dort beginnt das wirklich gelebte Leben ohne Draperie und Camouflage. Von daher allein können wandelnde Wirkungen ausgehen.

Damit man merkt, daß dies ein Buch ist, »wie man es von A. E. Johann erwartet« – um mit den Worten zu sprechen, die letzthin in einer Buchkritik auftauchten –, springe ich gleich zu Beginn weit aus dem überfüllten und deshalb ewig zänkischen Europa fort in eine Gegend – nichts als »Gegend« in der Tat! – unter heißer Sonne und eiskaltem Mond, die vorläufig noch weit davon entfernt ist, von der überall anbrandenden Woge des Reisebüro-Tourismus erreicht zu werden, die also vorderhand noch aus sich selber und nicht von fremder, zumeist ganz oberflächlicher, nur vorüberhuschender Neugier lebt: ins Northern Territory Australiens. Weiß der liebe Himmel: ein gottverlassener und entlegener Landstrich!

Dort kam ich der Frage nach der Möglichkeit eines Zusammenwirkens von Menschen hoher Zivilisationsstufe mit den Kindern einer Früh- oder Primitivkultur ein wenig näher. Wie weit ein solches Zusammenwirken möglich ist, an dieser Frage entzündet sich eine der wesentlichsten Auseinandersetzungen unserer Zeit. Ich habe erfahren, was es bedeutet,

Die Urzeit im englischen Sattel

neben sich zu haben und mit ihr durch den dürren Eukalyptus-Busch zu reiten. Zumeist blieb sie stumm und abwesend, die Urzeit, und lachte nicht. Lachte sie aber einmal, so war es ein grelles Gekecker, das mich mehr erschreckte als belustigte.

Die Urzeit trug in diesem Falle den erstaunlichen Namen Warrakalanna und war ein reinblütiger australischer Ureinwohner. Samt Weib und Kind hatte er sich in die Dienste des weißen Mannes begeben und mußte es dulden, daß ihn in dieser neuen Welt niemand bei seinem vollmundigen und schwungvollen Namen nennen wollte. Statt dessen wurde er »Muty« gerufen, was etwa »Stummerchen« bedeutet. Wortkarg allerdings war der tiefschwarze Mann (ein seltsam staubig wirkendes Schwarz) mit der breitgeflügelten, flachen Nase, den unter weit vorspringenden Brauenknochen fast verborgenen dunklen Augen, deren Weiß jedoch zuweilen ungemein hell aufblinken konnte, einem breiten, stark vorgewölbten Mund mit wulstigen Lippen über einem schütteren, wolligen Vollbart, einer schon von grauen Kringeln untermischten Krause um ein fliehendes Kinn. Schön war er nicht, dieser Muty, aber er war ein vorzüglicher Reiter, der mit den Pferden, die er ritt, wie verwachsen schien. Er stellte die riesigen Füße gewöhnlich nicht in die Steigbügel, sondern ließ sie baumeln, hockte in seinem leichten Ledersattel krumm wie ein Fragezeichen. Aber er verfügte über eine lautlose Sprache, um den Pferden seine Wünsche und seinen Willen kundzutun, er hätte genausogut ohne Zügel und Trense reiten können. Die Pferde wußten stets, was er von ihnen wollte und reagierten auf seine langen Beine und seine langfingerigen knochigen Hände blitzschnell und wie selbstverständlich.

Der Boß hatte mir versichert, daß der Mann, der als der tüchtigste seiner eingeborenen Rinderhirten galt, ein Englisch spreche, das für einfache Unterhaltungen im Rahmen unserer Vieh- und Pferdewelt ausreiche. Aber es wollte mir nicht gelingen, ein Wort aus ihm hervorzulocken; er blieb, was sein Spitzname besagte: ein »Stummerchen«.

Bis ich eines Tages am frostigen Morgen, während wir schon durch die locker bebuschte Einöde ritten und die grenzenlose Leere, die unendliche Stille des Barkly-Tafellandes uns so dicht umgab, als wären wir ganz allein auf der Welt – die anderen drei Reiterpaare waren längst hinter den Horizont getaucht –, bis ich also dem dunklen Mann zwei Pferdebreiten neben mir, der schlenkrig und scheinbar träge über seinem schönen Falben hing, aus plötzlicher Eingebung folgende Frage stellte:

»Sag mir, Muty, wie heißt du nun wirklich?«

Darauf erfolgte zunächst nichts. Ich dachte bereits, er werde wieder nur ein Grunzen von sich geben, als sich mein dunkelfarbiger Gefährte plötzlich im Sattel aufzurichten schien und mir zur Antwort gab: »Me Warrakalanna!«

»Me« war schlechtes Englisch und stand für »Ich bin...«. Seinen Namen aber hatte er sehr schnell gesprochen, und ich hatte ein zweites und drittes Mal zu fragen, bis ich ihn genau erfaßt hatte: Warrakalanna!

»Das klingt gut!« sagte ich. »Ich werde dich von jetzt ab Warrakalanna nennen. Ich meine nicht, daß das schwierig auszusprechen ist!«

Warrakalanna – der Boß hat mir später bestätigt, daß dieser Name in der Liste stand, die auch in diesen weit entlegenen Gebieten geführt werden mußte, um die Zahl der auf der Station Beschäftigten und die Höhe ihrer Löhne auszuweisen. Sonst kam man mit der Behörde in Konflikt, die jederzeit in Gestalt eines stets adretten Sergeanten der Königlich-Australischen Berittenen Polizei aus dem gähnenden Nichts, den maßlosen Einsamkeiten Nordaustraliens, auftauchen konnte.

Wir zogen eine Weile ohne ein weiteres Wort nebeneinander her. Die Sonne hob sich schon über den fernen Horizont und fing an, uns die frierenden Schultern zu wärmen. Wegmarken gab es nicht in der kargen Wildnis. Die unbeschlagenen Hufe der Pferde knirschten ab und zu im feinen, festen Sand, aus dem, unregelmäßig verstreut, die kräftigen Grasbüschel prallten, die den Rindern der ungeheuer großen Vieh-»Stationen« Nordaustraliens so prächtige und gesunde Nahrung schenken. Eukalyptus-Büsche und magere, verknorrte Akazien glitten langsam an uns vorbei, in weiten Abständen voneinander – eine überall offene, für den Reiter mühelos zu durchstreifende Landschaft.

Mein Gefährte nahm noch einmal das Wort, wieder sehr überraschend: »Me not Muty!« Ich bin kein Stummer.

»Nein, ganz gewiß nicht!« gab ich zur Antwort und schwieg dann wieder ausführlich. Er mochte selbst das Tempo bestimmen, in dem er mit mir bekannt werden wollte.

Sehr langsam nur kam ich in den nächsten zwei Wochen mit ihm voran. Aber dann sprach er manchmal in ungelenken, stets ganz kurzen Sätzen von seiner Welt, seinem Stamm, seinen Kindern. Oder er gab mir Auskunft über diese und jene Einzelheit seiner ihm vertrauten Umwelt, die für den Fremden voller Rätsel und Geheimnisse steckte. Allerdings mußte ich die Hälfte erraten. Er schien völlig außerstande zu sein, sich in die Voraussetzungen hineinzudenken, von denen her ich meine Fragen stellte. Ich erwartete es nicht anders, versuchte es aber immer wieder von neuem. Ich hatte mich anfangs vor ihm, als einem von Grund aus anders gearteten Menschen, gescheut, pirschte mich aber, seit ich ihn bei seinem vollen Namen nannte – er wollte nie damit heraus, was der Name bedeutete – langsam näher an ihn heran und bekam ein Zipfelchen seiner eigenwilligen, stolzen, schweifenden Menschlichkeit zu fassen. Bis dann das Unerwartete geschah, das zu einem der merkwürdigsten und erregendsten Erlebnisse auf meinen Reisen wurde.

In den ersten vierzehn Tagen meiner Gastrolle unter den Stockmen Nordaustraliens hatte der Boß, der auf den schönen irischen Namen Jack O'Shonassy hörte, mich persönlich unter seine Fittiche genommen. Jeden Morgen war er mit mir in den »Scrub«, den weiten, leeren Wildbusch, hinausgezogen, um von morgens bis mittags das Vieh zum großen Sammelplatz am »Cockatoo Well«, dem Kakadu-Brunnen, zu treiben, wo es dann am Nachmittag gemustert und gebrandmarkt wurde; die Bullkälber wurden verschnitten.

Der Boß, den keiner mit Jack oder – Gott bewahre – mit Mr. O'Shonassy anredete, den ein jeder von uns nur »Boß« nannte, hatte sich davon überzeugen wollen, daß ich nicht gleich vom Pferd fiel, falls mein Gaul einmal einen Seitensprung machen sollte oder vorn hoch ging, wenn eine Schlange ihn erschreckte – an Schlangen ist ja kein Mangel in Australien, besonders in seiner Nordhälfte.

Ich hatte es sehr leicht und angenehm gefunden, mit den sanften und wohlerzogenen Pferden des fünften Kontinents, leichtfüßigen und wendigen Tieren mit einem Schuß Araberblut, fertig zu werden. Sie lernen nie eine Peitsche kennen, wissen nichts von Sporen und Kandare, werden nur in leichten englischen Jagdsätteln geritten und nie schlecht behandelt – wenigstens habe ich das nie erlebt.

Ein Reiter, der sich diesen niemals unvernünftigen Pferden freundlich anpaßt, ihnen lediglich andeutet, was geschehen soll, kann getrost alles weitere ihnen überlassen – gleichviel ob es gilt, eine ausreißerische Färse wieder in den Treck zu treiben oder einen um seine Kühe besorgten angriffslustigen Zuchtbullen weit in den leeren Busch zu locken, völlig außer Kraft und Atem zu bringen und schließlich abzuhängen. Ein Reiter, der sein Pferd zu einem so gut wie gleichberechtigten Helfer macht, hat keine Not mit seinem Tier.

Dies und manches weitere hatte ich unter der Anleitung des Bosses schnell begriffen, hatte auch die Zerschlagenheit nach sechs bis sieben Stunden, von der Morgendämmerung bis zum Mittag, im Sattel, und oft genug über Stock und Stein dabei, schnell überwunden. Der Boß hatte schließlich festgestellt, daß ich zwar kein Dressur- und Kunstreiter, wohl aber ein solider Alltags-Reiter war und mit Pferden umgehen konnte; sie sind mir ja auch seit früher Jugend vertraut.

Normalerweise war der Boß mit zwei Helfern unterwegs und nicht nur mit einem, wie die anderen weißen Stockmenschen der Dingo-Lagoon Station: mit seinem Tracker, einem Eingeborenen, Cooky gerufen, und mit dem Jackeroo Edward Bryce. Der Boß brauchte einen Mann mehr, um jederzeit einen Kurier bei sich zu haben, wenn tagsüber den anderen Gruppen eine Anordnung oder Nachricht zu übermitteln war.

»Tracker«, das ist der »Fährtenleser«, ein Eingeborener, der seine untrügliche Kenntnis der Wildnis, ihrer erstaunlichen Möglichkeiten, aber auch ihrer stets lauernden Heimtücke dem weißen Mann für guten Lohn zur Verfügung stellt, ein Mann, der seine Verläßlichkeit bewiesen haben muß, der sozusagen »auf die weiße Seite« übergegangen ist – und der deshalb Respekt genießt bei

Weiß und Schwarz. Unser Tracker am Cockatoo Well trug den Namen Kookypoondinna – auch er verriet mir nie, was das bedeutete. Es verstand sich also beinahe von selbst, daß er »Cooky« genannt wurde, was »Keks« heißt – und auf den dürren und zugleich unheimlich zähen schwarzen Mann nicht so recht zu passen schien.

Jackeroo – so nennt man auf den australischen Viehstationen die jugendlichen Anwärter oder Lehrlinge für den vielfältigen Beruf des Stockman, junge Burschen mit langen Beinen und großer Schnauze, denen der Boß in zwei, drei Jahren all das beizubringen hatte, was »hinter dem Vieh« zu lernen war und beherrscht werden mußte. Zumeist waren diese vergnügten und unverwüstlichen Bengels die Söhne anderer Stockmen oder Bosse auf anderen Stationen, hundert oder auch fünfhundert Meilen weiter, deren Väter gesagt haben mochten: »Ein anderer bringt den Kerl eher zur Raison als ich, und keine liebende Mama redet dazwischen. Also, Jack, nimm ihn mir ab für zwei, drei Jahre, erspare ihm nichts, stauche ihn gründlich zurecht und sieh zu, daß er abends so müde ist, daß er kein Auge mehr offenhalten kann.«

Unser Jackeroo war schon ganz gut zurechtgestaucht und hatte sich zu einem brauchbaren Burschen von siebzehn Lenzen gemausert; allerdings war auch sein Dasein nicht ohne Sorgen: ihm stand bevor, um die nächste Jahreswende nach Townsville auf die Schule gehen zu müssen, weit weg von Vieh und Pferden, guten Gefährten und freier Weite, eingesperrt in ein Klassenzimmer, um Viehzucht, Viehhandel, Buchführung, Kalkulation, Botanik und Zoologie der australischen Steppen und Wüsten auch theoretisch zu erlernen und nicht nur in der nach Eddys Meinung einzig des Mannes würdigen Praxis vom Sattel aus. Die Aussicht, wieder die Schulbank drücken zu müssen, erfüllte unseren Jackeroo mit Groll und Kummer. Zur allgemeinen Erheiterung wußte er am abendlichen Feuer fürchterlich auszumalen, wie grausig sich sein Leben im kommenden Jahr gestalten würde: immerfort vier Wände um sich herum und unfrohe Kerle, welche die Weisheit mit Löffeln gefressen haben, sogenannte Professoren als Vorgesetzte – und keine Pferde mehr, bloß Autogestank oder ein kümmerliches Fahrrad, wie es jetzt Mode sei. Er habe noch nie auf so einem Ding gesessen; man falle damit, so hatte er vernommen, einfach um, wenn man nicht trampelte; Pferde dagegen fallen keineswegs um, wenn sie stehenbleiben. Aber vielleicht spendierte ihm sein Vater einen Morris; der komme zwar auch nicht an gegen ein gutes Pferd, im Busch schon gar nicht, habe aber wenigstens vier Räder...

So konnte der Jackeroo die tiefe Bekümmernis seines Daseins stundenlang vor uns ausbreiten, sich und uns zu blanken Tränen der Freude rührend.

Während der vierzehn Tage, in denen der Boß mich an die Kandare genommen hatte, um festzustellen, wes Geistes Kind ich sei und ob ich vom Pferd fiele, war der Jackeroo mit Muty zusammengespannt gewesen und hatte uns, wenn er nicht gerade über die drohende Schule lamentierte, abends berichtet, welche Tricks er angewandt hatte, um Muty zum Sprechen zu bringen. Aber eher, so schwor er, könnte man Känguruhs reden machen als diesen schwarzen Holzbock. Selbst er, der Jackeroo, habe in seiner Gesellschaft das Reden verlernt – und das hätte er selber nie für möglich gehalten.

Als der Boß mich dann freigab, den Jackeroo wieder zu sich nahm und mich Muty anvertraute, sagte er: »Von Muty kann man mehr lernen als von irgendwem sonst. Der Mann ist intelligent. Aber du mußt ihn auftauen. Vielleicht gelingt es dir, Jo.«

Die Sache wurde mir dann, als ich Muty erst ein wenig nähergekommen war, vollkommen klar: eine Person und ihr Name gehören im Glauben der Primitiven eng, auf eine uns nicht mehr begreifliche magische Weise zusammen. Wer den Namen verletzt, verletzt die Person. Muty schirmte sich dagegen ab, indem er auf jede Anrede, die seinen Namen, also seine Persönlichkeit, nicht respektierte, nicht reagierte – als habe er sie nicht gehört.

Doch erst einmal muß ich kurz erklären, wie ich damals unter die Stockmen Nordaustraliens geraten bin. Das passierte ja normalen Mitteleuropäern aus Berlin nicht gerade häufig. Stockmen, »Viehmänner«, sind die »Cowboys, die »Kuhjungen« Australiens. Stockmen – Cowboys: es ist mir von jeher so vorgekommen, als offenbare sich in diesen beiden Bezeichnungen der Unterschied zwischen amerikanischer und australischer Reiterei. Cowboy ist nichts weiter als die wörtliche Übersetzung des spanischen Wortes »vaquero«. Die amerikanische Reiterei kommt von der spanisch-mexikanischen her, ist mittelmeerisch oder auch maurisch bestimmt: hohe Sättel also mit silbernen Beschlägen, scharfe Kandaren, buntes Zaumzeug, weite Hüte, Sombreros, Flatterhosen, mächtige, verzierte Steigbügel, große Silbersporen und farbige Halstücher – Vaqueros, Kuhjungen, Cowboys.

Die australische Reiterei kennt diese Herkunft und Tradition nicht; sie kommt von der nüchternen und den Tieren zugetanen englischen her: flache, leichte Sättel, leichtes schmuckloses Zaumzeug, keine Sporen, keine Peitsche, leichte Steigbügel, keine Scheuklappen, keine Kandare. Sanfte und dem Menschen freundschaftlich gesonnene Pferde, nicht solche, die ständig »eingebrochen« werden müssen, sind es, die man in Australien brauchen kann. Und ein Fohlen mit »schlechtem Charakter«, das von Geburt her böse und rebellisch ist, wird erschossen; für die Nachzucht kommt es keinesfalls in Frage.

Ich hatte mich von Sydney aus auf eine gemächliche Berichterstatter-Reise rund um den Australischen Kontinent begeben, von dem man sich ja hierzulande nur sehr ungenaue Vorstellungen macht. Ich stand nicht unter Zeitdruck, war mehr oder weniger mein eigener Herr und wollte ein wenig auf meine Manier auskundschaften, wie die Leute auf dem fünften Kontinent ihre Tage verbringen – und dann natürlich darüber schreiben, damit das viele Geld wieder hereinkäme, das eine Reise nach und in Australien kostet – selbst heute noch.

Den großen Städten wie Sydney, Melbourne oder Brisbane hatte ich nicht viel Reiz abgewinnen können. Sicherlich war es angenehm, in ihnen zu wohnen und zu arbeiten; ihre Geschäftsviertel waren vernünftig und übersichtlich angelegt, die Wohngebiete und Vororte freundlich und reizend – und zugleich ungemein langweilig, eine Mischung von viel London und ein bißchen San Francisco. Sie konnten das »eigentliche« Australien nicht sein, wie ich bald merkte. Immerhin haben sie mir viele Bekanntschaften geschenkt, haben mich mit mancherlei nützlichen »Beziehungen« versehen, privater und amtlicher Art, ohne die der Journalist in einem fremden Land nicht auskommt.

Nein, das »eigentliche« Australien mußte im Innern des Erdteils zu finden sein, der, wie ich der reichlich genossenen Literatur entnommen hatte, für die Australier das gleiche bedeutet wie für die Amerikaner der »Wilde Westen«. Man hat für die abgelegenen, unabsehbaren Steppen, Buschländer und Wüsten des Inneren, des Nordens, Westens und Nordwestens in Australien einige bezeichnende Namen geprägt. Man spricht von den »Backblocks«, den schon vermessenen Gebieten im fernen Hinterland, oder von dem

»Outback«, dem »Draußen-Zurück«, wie man wörtlich übersetzen müßte, dem »Weit-weit-weg«, wie man sagen könnte.

Am stärksten aber scheint mir eine dritte Bezeichnung von australischem Geist durchweht. Das Innere – das ist die »Never-Never«. In dem australischen Ursprachen wird, wenn eine Mehrzahl oder Vielzahl ausgedrückt werden soll, das Wort einfach verdoppelt. Hier ist nun das englische Wort »never«, das »niemals« bedeutet, verdoppelt worden.

Zwei Erklärungen sind möglich. Entweder: Niemals, niemals will ich wiederkehren, wenn ich die leeren Einsamkeiten der Kimberleys, des Barkly Tafellandes, der Grey Range oder der Arunta Desert erst einmal kennengelernt habe. Oder: Niemals, niemals werde ich die starke Sonne, die glasklare Weitsicht, den Duft der blühenden Akazien und des Spinifex-Grases nach den seltenen Regen vergessen können. Ich bin für die zweite Deutung und weiß mich mit dem unbekannten Wanderer oder Reiter einig, der das Wort »Never-never« als ein Wort der Sehnsucht geprägt haben muß.

Ich war also schließlich von Sydney abgefahren, ein standhaftes Auto unter meinen vier Buchstaben und einen Packen Empfehlungsbriefe in der Tasche. Zunächst hatte ich Kurs nach Norden genommen, den noch relativ dicht besiedelten Staat New South Wales verlassen und den Südosten des Staates Queensland erreicht. In Toowoomba aber war ich von der Nordrichtung scharf nach Westen abgebogen. Ich wollte endlich die noch bewohnten Gebiete in Küstennähe mit dem »Outback« vertauschen. Ich erreichte die Gebiete der Schafzucht, erlebte mancherlei Abenteuerliches und machte einige Bekanntschaften, die sich auch später noch bewähren sollten.

So geschah, was ich mehr als einmal erlebt habe: amtliche und nichtamtliche Empfehlungsschreiben verstaubten in der Seitentasche meines Autos, das sich übrigens auf den manchmal kaum zu befahrenden Pisten wacker hielt. Ich verschaffte mir meine »Beziehungen« selbst, und wenn ich mit den Leuten warm geworden war, erkundete ich ein neues Ziel weiter im Westen und Nordwesten, traf dort als Freund eines Freundes ein, war von vornherein kein ganz Fremder, wenn ich auch immer sehr darauf sah, zu bezahlen, was ich an Kosten verursachte. In solchen Sachen muß man um so korrekter sein, je freundlicher man aufgenommen wird. Auf diese Weise habe ich mich nicht nur durch Australien, sondern auch in anderen Kontinenten bewegt, habe niemals Ärger und Mißbehagen, sondern immer nur gute Freunde und Bekannte hinterlassen.

Schließlich hatte ich westlich des winzigen, ebenso verstaubten wie vertrockneten Städtchens Camooweal die Grenze des Nord-Territoriums überquert und damit eines der allerleersten Gebiete der bewohnten Erde, die Einsamkeit aller Einsamkeiten, erreicht. Das Nord-Territorium umfaßt etwa fünfeinhalbmal soviel Quadratkilometer wie die Bundesrepublik Deutschland. Auf diesem Gebiet wohnen aber (1970) nur 71000 Menschen. Man stelle sich vor, die Bewohner der deutschen Kleinstadt Detmold lebten über die Fläche von Spanien, Frankreich und der Bundesrepublik verteilt ...

Auf halbem Weg zwischen Camooweal und Newcastle Waters war ich auf Dingo-Lagoon Station hängengeblieben. Das war so gekommen:

Einer meiner neugewonnenen Freunde, ein bedeutender Schafzüchter aus der Gegend des mittleren Südens von Queensland, hatte mich auf einen seiner Freunde aufmerksam gemacht. Dieser Schafzüchter, Stephen Campbell, über den ich an anderer Stelle einiges berichtet habe*, war ein vielseitig interessierter Mann; er setzte seinen Stolz und seine beträchtliche Energie darein, trotz der Entlegenheit seines Wohnsitzes und der harten Handgreiflichkeit seiner Arbeit als Schafzüchter, aufs gründlichste über die Probleme dieser Welt und die verworrenen Ansichten ihrer sogennannten Staatsmänner informiert zu sein.

Als ich in dem dürftigen Queensland-Städtchen durch unerwartet schweren Regen an der Weiterfahrt gehindert wurde, war es allmählich unter der nach Neuigkeit dürstenden spärlichen Bevölkerung ruchbar geworden, welch seltsamer Vogel aus fernem Land sich in das – in der Überfülle des Wassers fast ersaufende – Hotel verflogen hatte. Es war eine üble Drecksbude mit phantastischen Preisen und den frischesten und zähesten Steaks der Welt. Und da erschien plötzlich jener Stephen Campbell mit seinem schweren Lastwagen und fiel mir mit dem Vorschlag ins Haus, das Ende der Regengüsse und das Abtrocknen der damals noch völlig ungepflasterten, nicht einmal gebahnten Landstraßen in Richtung Nord-

---

* A. E. Johann »Weltreise auf den Spuren der Unruhe«. C. Bertelsmann Verlag

west und Never-never doch lieber auf seiner komfortablen Farm abzuwarten.

Auf Dingo-Lagoon Station, wohin mich der Herr der unzähligen Schafe dann weiterempfohlen hatte – der Brief war erstaunlicherweise wirklich vor mir angekommen! – lernte ich Jack O'Shonassy und seine Frau Clare kennen: Australier, wie sie im Buche stehen, gastfrei, unabhängig von Äußerlichkeiten, trinklustig, zäh, unbekümmert und großzügig. Dingo-Lagoon Station war nicht das Eigentum der O'Shonassys. Die riesige Viehfarm mit ihren 25 000 oder 30 000 Stück Vieh gehörte einer der großen Viehverwertungs-Gesellschaften Australiens. Über die ungezählten wilden Rinder, die vielen guten Pferde, die Eingeborenen, die auf dem Stationsgebiet ihr unstetes Wanderleben führten und jene anderen, die, verlockt durch die unwahrscheinlichen und zauberhaften Werkzeuge, Spielsachen und Genüsse, in die Dienste des weißen Mannes getreten waren, war Jack der alleinige Gebieter. Auch die sechs weißen Männer des Betriebes hatten ihm zu gehorchen – oder es hieß ohne viel Federlesens: »You may sattle up to-morrow, Johnny!« Du kannst morgen aufsatteln – und verschwinden! So regierte Jack O'Shonassy seine riesengroße Welt streng, aber gerecht. Zum Ausgleich wurde er dafür von seiner netten, fabelhaft tüchtigen Frau Clare streng, aber ungerecht – und liebevoll – regiert.

Die O'Shonassys hatten auf mich gewartet. Jack wollte mich doch wenigstens kurz kennenlernen, bevor er für Wochen in der weglosen Wildnis untertauchte. Der Winter der Südhalbkugel, in Nordaustralien die trockene Jahreszeit, war angebrochen und mit ihm die Hauptarbeit auf den Viehstationen. Das Vieh findet kein offenes Wasser mehr in der Steppe; die Lachen und Rinnsale, welche die ohnehin unzuverlässigen Regen hinterlassen haben, trocknen in den Wochen des Überganges ein. Das Vieh sammelt sich in immer größer werdenden Herden um die wenigen natürlichen Wasserstellen, die auch in der Trockenzeit nicht versiegen. Das gleiche gilt für die wilden Tiere dieser uralten öden Landstriche, vor allem für die Känguruhs, die Dingos und die unvorstellbar riesigen Schwärme von Kakadus.

Die natürlichen Wasserstellen würden also nicht ausreichen, neben den Tieren der Wildnis auch noch große Rinderherden über die trockene Zeit zu bringen. Aber der unvermeidliche »Weiße Mann« hat in weiten Abständen Brunnen gebohrt und das Wasser der Tiefe erschlossen. Hier und da quillt es von selbst an die Oberfläche, von gewaltigem, unterirdischem Druck ans Tageslicht getrieben – in den artesischen Brunnen. Meistens aber muß es gepumpt werden. Windmotoren saugen es an die Oberfläche. In Gegenden, wo besonders gutes Gras steht, wo sich also viel Vieh ernähren kann, müssen Dampfpumpen eingesetzt werden, um die aus Erdreich und Lehm aufgeworfenen Reservoire ständig gefüllt zu halten. Dort wird dann ein »Pumper« eingesetzt, der den Dampfkessel heizt und die schwere Pumpe versieht. Pumper in der Never-never – einer der allereinsamsten Berufe der Welt. Er sieht nur das Vieh, das zu den langen, schweren Blechrinnen zieht, um seinen Durst zu stillen. Der Wasserstand in diesen Tränkrinnen wird durch ein Schwimmventil am Ausfluß des Reservoirs auf immer gleicher Höhe gehalten, auch wenn hundert Rinder zugleich ihre schwarzen feuchten Muffeln ins Wasser tauchen. Alle zehn oder vierzehn Tage kommt der Boß vorbei, um den Proviant zu ergänzen und ein halbes Dutzend abgestorbener Akazien- oder Eukalyptus-Stämme heranzuschleifen, damit der Pumper keinen Mangel an Feuerholz hat – und um festzustellen, ob er überhaupt noch existiert. Ein Buch ließe sich schreiben, über all die verrückten, die tragischen, komischen und tragikomischen (das sind die meisten!) Schicksale und Abenteuer, die man sich von den Pumpern erzählt.

Das Vieh zieht erfahrungsgemäß nicht gern über weitere Strecken als etwa zehn bis fünfzehn Kilometer zum Wasser. In der Regenzeit, wenn überall Wasser zu finden ist, kann das Vieh nicht kontrolliert werden; es verläuft sich ins Uferlose. In der trockenen Zeit aber müssen die Rinder sich um die Wasserstellen, natürliche oder künstliche, sammeln. Das Wasser fesselt sie in eine zwar weiträumige, aber zuverlässig eingegrenzte Hürde. Werden die Wasserstellen in etwa dreißig bis vierzig Kilometer Entfernung voneinander angelegt – auf Dingo-Lagoon Station bestanden über zwanzig solcher Brunnen –, so hat man sein Vieh in ebensoviele große Herden aufgeteilt, kann seine Zahl schätzen, die schlachtreifen Ochsen ausmustern, die Zuchtbullen registrieren, die Bullkälber kastrieren und den Jungtieren das Stationszeichen ins Fell brennen. Erst mit diesem Zeichen werden sie Eigentum der Station. In der Regenzeit wandert das Vieh oft über weite Strecken und gerät in die Bezirke anderer Stationen. Auch diese fremden Tiere müssen im Winter ausgemustert und den Eigentümern wieder zugetrieben werden, um sie gegen das dorthin verlaufene eigene Vieh einzutauschen.

Die Arbeit drängte auf Dingo-Lagoon Station, und Jack O'Shonassy hätte nur noch wenige Tage auf mich warten können. Ich kam aber rechtzeitig an, nach manchen Strapazen und Abenteuern auf den dreitausend ungebahnten Kilometern, die seit Sydney schon hinter mir lagen – rechtzeitig auch noch in einem ganz anderen und unvorhergesehenen Sinne. Jack hatte einen seiner besten weißen Stockmen wenige Tage zuvor durch einen Unfall verloren. Der Mann hatte sich, vom Alkohol beseligt, nach einem Reiterfest in Camooweal auf der Heimfahrt mit dem Auto überschlagen. Einen Ersatzmann zu beschaffen, würde viele Wochen dauern; so lange konnte und durfte die Arbeit nicht aufgeschoben werden. Also wurde ich mit der ganzen blauen Selbstverständlichkeit, die in diesen Weiten den Umgang der wenigen Menschen miteinander bestimmt, ohne Umschweife gefragt, ob ich reiten könne und vielleicht Lust hätte, aushilfsweise an die Stelle des verunglückten Jerry Higgins zu treten, für sechs, vielleicht für zehn Wochen.

Das war mein Fall! Eine bessere Gelegenheit, mit der mir langsam ans Herz wachsenden Never-never vertraut zu werden, konnte gar nicht erdacht werden. Schon am zweiten Tag suchte ich mir Sattel und Zaumzeug aus (dafür hat jeder Reiter einzustehen), mottete mein wackeres Vehikel, einen Chevvy, ein, packte die Sachen, die ich im Sattel und auf der blanken Erde brauchen würde, zu einem handlichen Bündel zusammen und war bereit, Nord-Australien und sämtliche Mastochsen der Welt in die Schranken zu fordern.

Der Boß hatte mich gewarnt: vor der Kälte der Nächte und der sengenden Hitze der Tage, vor dem beißenden Staub, den das Vieh aufwirbelt, wenn wir jeden Morgen einen anderen Sektor der großen Kreise um die Wasserstellen durchkämmen und das Vieh zum Brunnen treiben würden, um es dort zu mustern. Er hatte mich gewarnt vor den harten Nachtlagern unter freiem Himmel, dem eisigen Wasser der Reservoire und den vielen Stunden im Sattel. Vor allem dürfe ich nicht damit rechnen, zwischendurch zur Station zurückkehren zu können. Dazu sei keine Zeit und kein Mann zu entbehren; erst wenn Jerrys Nachfolger eintreffen sollte, würde ich entlassen werden. Nur einmal, in vier Wochen etwa, würde Jack die Station aufsuchen; dann habe nämlich seine Frau Geburtstag, und den versäume er nie. Und ich sei natürlich mit dazu eingeladen.

Ich war mit allem einverstanden und habe es nicht bereut.

Schneller als ich erwartet hatte, war ich von den anderen Stockmen aufgenommen worden. Der Boß hatte vernünftigerweise verschwiegen, daß ich aus Mitteleuropa stammte. Dies zu verdauen, wäre von den Männern wohl zuviel verlangt gewesen. So galt ich also als Freund eines Freundes vom Boß, der das Leben im »Outback« einmal an der Quelle kennenlernen wollte – und dagegen hatte keiner etwas; pflegt man sich doch im Inneren Australiens bitter darüber zu beschweren, daß die Leute von der Küste, an der alle großen Städte Australiens liegen, sich niemals Mühe geben, die Never-never und ihre Bewohner zu verstehen.

Mit Muty, den ich getreulich bei seinem vollen Namen Warrakalanna nannte, spann sich langsam eine freundliche Beziehung an. Er erfaßte irgendwie, daß ich keinen Wert darauf legte, den Abstand zu ihm einzuhalten, den die anderen weißen Reiter respektiert sehen wollten, und das sehr entschieden: man aß, man schlief, man redete nicht miteinander, es sei denn über das, was die Arbeit erforderte. Auch wir redeten nur miteinander, wenn wir zu zweit vor Sonnenaufgang ausritten, um an die äußerste Grenze des an diesem Tag auszukämmenden Sektors zu gelangen. Dann kehrten wir um und brachten auf dem Rücktritt alles Vieh vor uns auf, um es dem Muster-Platz bei der Wasserstelle zuzutreiben. Dort fand sich mit dem von den anderen Reitern angetriebenen Vieh eine Herde von etwa dreihundert Stück zusammen. Das war gerade so viel, wie bis zum Sonnenuntergang durchgemustert werden konnte.

Am Nachmittag, wenn die schwarzen und die weißen Stockmen zusammen auf dem Musterplatz mit dem Vieh beschäftigt waren, nahmen Muty und ich nicht mehr voneinander Notiz, als es sonst üblich war; darauf hatten wir uns stillschweigend verständigt.

Eines Abends brach ein Streit aus zwischen Johnny Hacton, dem Lagerkoch, der nie mit ausritt, und meinem Gefährten Muty. Der Tag war lang und anstrengend gewesen. Wir hatten uns den Staub mit einem Messerrücken vom Gesicht kratzen müssen, ehe wir uns waschen konnten. In dem Sektor des vergangenen Tages, dem letzten am Cockatoo-Brunnen, hatten wir gleich ein Dutzend so gut wie ausgewachsener Jungbullen aufgebracht, die noch nicht verschnitten und noch nicht gebrandet waren. Sie hatten es offenbar verstanden, sich vor den Musterungen der letzten zwei Jahre zu drücken, sie hatten uns schwer zu schaffen gemacht und viel Zeit gekostet. Zudem hatte der Boß darauf bestanden, noch an diesem Tag mit allem Vieh am Cockatoo-Brunnen fertig zu werden, denn am nächsten Morgen sollte zur Pumpe III umgezogen werden.

Dem Koch waren die Steaks in der Pfanne verbrutzelt, weil wir erst lange nach der üblichen Zeit ins Lager zurückkehrten. Er war also schlechter Laune – und sie wurde nicht besser dadurch, daß er noch am gleichen Abend den schwarzen Stockmen für die nächste Woche den Proviant auszuteilen hatte, Mehl, Rosinen, Zucker, Fett, Streichhölzer und manches andere. Dabei gab es zuweilen Ärger, da die Schwarzen die Mengen, die ihnen zugebilligt wurden, nie recht aufzusparen wußten. Der Gedanke, etwa den Zucker in soundso viele Portionen einzuteilen, so daß jeder Tag versüßt werden konnte, lag ihnen weltenfern. In ihrer Welt aß man viel, sogar übermäßig, wenn man viel hatte, und legte sich einen Fettvorrat auf den eigenen Rippen an – und hungerte, wenn die Jagd wenig und die Wildnis keine »Feldkost«, wilde Zwiebeln, Wurzeln und dergleichen hergegeben hatte.

Wir saßen schon beim Abendbrot ums Feuer, das uns ein unsicheres, flackerndes Licht spendete, fühlten uns zerschlagen nach dem anstrengenden Tage und sehnten uns allesamt nach dem Schlafsack. Die Sterne funkelten schon.

Wütende Flüche von der anderen Seite des Proviantwagens, neben dem wir auf Kisten in der Runde saßen, ließen uns aufhorchen. Der Koch war es, der dort gotteslästerlich schimpfte. Die Stimme eines Schwarzen war zwischendurch zu hören; ich erkannte Mutys Stimme.

Der Boß erhob sich mißgelaunt, knurrte etwas sehr Unfreundliches und verschwand. Neben mir hockte Andrew McAndrew, der älteste der weißen Stockmen, auf einem umgedrehten leeren Schmalzeimer und meinte mit vollem Mund – Andy hielt sich gern an die süße Nachspeise, die er sich stets in dreifacher Portion zuführte; zähes Rindfleisch war nichts für sein schon sehr durchforstetes Gebiß – McAndrew meinte also:

»Der Koch, this bloody bloke, wird uns noch die blackies rebellisch machen, und dann haben wir den Salat!«

This bloody bloke – das war eine gemeine und beleidigende Bezeichnung; sie fand keinen Widerspruch. Der Koch verstand sein Handwerk – wenn er Lust dazu hatte – mutete uns aber auch kaum genießbare Speisen zu, wenn ihn der Never-never-Rappel überfiel oder ihn sonstwie der Bock stieß. Er hatte keine Freunde. Doch ließ ihn der Boß nicht gehen, denn Johnny rechnete zuverlässig und nahm es sehr genau mit dem teuren, stets über viele hundert Kilometer vom Endpunkt der Eisenbahn heranzuschaffenden Proviant.

Es dauerte nicht lange, dann hatte der Boß wieder Ruhe gestiftet. Er kehrte in unseren Kreis zurück und hockte sich rittlings in seinen Sattel, der an seinem angestammten Platz neben dem Hinterrad des Wagens so auf der Erde lag, daß er sich mit dem Rücken anlehnen konnte. Ganz gegen seine sonstige Gewohnheit erklärte er uns, was vorgefallen war:

»Der Koch hat Muty die Mehlbüchse aus der Hand geschlagen, als er ihm das Gefäß beim Austeilen nicht niedrig genug hielt und hat ihn einen »mute bastard« genannt. Daraufhin hat Muty seinen Topf wieder aufgehoben, hat sich selber Mehl aus dem Sack geschöpft und den Koch dabei mit dem linken Arm weggeschubst; er ist ja sehr stark, und der Koch ist ein Schwächling. Der hat natürlich wüst geflucht und hätte den Schwarzen sicherlich geschlagen, wenn er nicht Angst gehabt hätte. Was sollte ich machen? Ich habe Muty den Topf mit Mehl wieder abgenommen; er hat ihn mir auch ohne weiteres gegeben. Ich habe das Mehl in den Sack zurückgeschüttet und dem Schwarzen den Topf zurückgegeben. Kommt nicht in Frage, daß sich die Abos* selber mit Proviant versehen und einen Weißen zwingen – das geht niemals gut! Ich habe dann zu Muty gesagt: ›Gib mir deinen Topf wieder her!‹, hab' ihn bis zum Rand, also fast mit dem Doppelten des Üblichen, gefüllt. ›So was kommt mir nicht mehr vor!‹ habe ich dabei gesagt, zu Muty natürlich! Und zum Koch habe ich gesagt: ›Blase deine schlechte Laune gefälligst anderswo ab!‹ Jetzt werden wir also ein paar Tage lang schlechtes Essen kriegen.«

Das war für Jack O'Shonassy eine sehr lange Rede. Sie bewies, wie sehr er sich aufgeregt hatte.

Es kam kein weiteres Gespräch mehr zustande. Der wütende Koch rumorte im Hintergrund unnötig laut mit Pfannen und

---

* Abos: gebräuchliche australische Abkürzung für »aboriginals«, was »Ureinwohner« bedeutet.

Blechtellern. Unter einem Schirmbusch, zwei Steinwürfe weit, flackerte das kleine Kochfeuer der Schwarzen. Ab und zu rührte sich ein Schatten. Aber es blieb dort alles still wie immer. Bedrückt nahm ich den Packen mit meinem Schlafzeug auf die Schulter und wanderte auf die dem Lager abgewandte Seite des Reservoirs. Dort, im Windschutz des hohen Erdwalls, suchte ich mir eine Mulde; die Sterne gaben ein blasses Licht. Ich schlüpfte zwischen die Wolldecken, zog die Segeltuch-Plane über mich, um den manchmal sehr starken Tau abzuwehren, blickte noch eine Weile in den glitzernd ausgestirnten Himmel der australischen Nacht mit ihren fremden Bildern, erkannte das »Kreuz des Südens« und war eingeschlafen.

Am Morgen darauf schien alles wie sonst. Der Boß hatte angeordnet, eine vorher schon abgesonderte Herde von Kühen und Kälbern, etwa einhundertundfünfzig Stück Vieh, von Cockatoo-Well zur Pumpe III hinüberzutreiben. Das Grasland um Cockatoo schien ihm etwas zu dicht mit Vieh besetzt. Bei Pumpe III sollte besonders gutes Futter stehen, das Kühen und Kälbern gut bekommen würde. Die Reiterpaare Muty und ich und Andrew McAndrew und Snowy sollten die Tiere treiben. Andy und besonders Muty kannten sich in der an Merkmalen armen Landschaft, welche die beiden Wasserstellen über mehr als zwanzig Meilen hinweg voneinander trennte, genau aus, so daß wir des kürzesten und einfachsten Weges sicher waren. Der Boß, der Koch Johnny Hacton, der Jackeroo Edward Bryce, der jüngere Stockmen Peter MacGregor und schließlich die beiden Schwarzen, der Tracker Kookypoondinna, genannt Cooky, und Kittakittaooloo, genannt Kitty, hatten den Proviant- und Küchenwagen, sodann den großen, schweren Lagerwagen mit allem Krimskrams und Gerät zu bepakken, hatten genügend Pferde einzuspannen, die schwankenden Gefährte auf den Weg zu bringen, die übrigen Pferde beisammenzuhalten und den beschwerlichen Umzug nach Pumpe III ins Werk zu setzen. Der Boß folgte als letzter in seinem kleinen Ford-Lastwagen, nachdem er noch einmal den aufgegebenen Lagerplatz abgestreift hatte. Weiß der liebe Himmel: an ausreichender Beschäftigung mangelte es keinem von uns, in der Einöde des Barkly-Tafellandes.

Wir vier Reiter hatten weiter keine Mühe, die uns anvertraute Herde in die geforderte Richtung einzuweisen. Je mehr wir uns aber dem äußeren Rand des großen Kreises näherten, in welchem das Vieh von dem Wasser des Kakadu-Brunnens zusammengehalten wurde, desto ungebärdiger zeigte es sich. Die Tiere hatten ein sicheres Gefühl dafür, daß sie im Begriff waren, sich allzuweit von der vertrauten Wasserstelle zu entfernen und drängten zurück. Immer wieder brach eine Kuh mit ihrem Kalb oder auch gleich ein halbes Dutzend Tiere aus der immer zögernder ziehenden Herde aus, machte kehrt und wollte den Weg zurückgehen, den wir gekommen waren.

Das war gerade das rechte für Snowy – »Schneechen«, der mit Andy zusammengespannt war. Snowy, das Gegenstück in schwarz zu dem – weißen – Jackeroo Eddy, ein Bürschlein von vielleicht dreizehn, vierzehn Jahren, besonders schwarz geraten (deshalb »Schneechen« genannt) und für einen Abo sehr klein, war Andy anvertraut, der im Kommando unserer Reitergesellschaft der zweite nach dem Boß war. Snowy kam niemals auf die hohen Pferde hinauf, die der Boß zur Vieharbeit bevorzugte, da man von ihrem Rücken aus weit sehen konnte. Also führte Snowy jeden Morgen sein Pferd unter eine knorrige Schirmakazie am Rande unseres Zeltplatzes, erkletterte den Baum und ließ sich dann von einem Zweig auf den Rücken seines Reittiers fallen, eine Prozedur, die sowohl ihm wie uns allen viel Spaß machte. Saß er aber erst einmal oben, so war er mit seinem Pferd wie verwachsen und fegte wie der Blitz hinter den Rindern her, die sich selbständig machen wollten. Er lenkte sein Tier kaum mit den Zügeln, sondern mit den nackten Füßen, mit den Schenkeln, den Händen, mit seiner ganzen drahtigen Person. Der Boß freute sich immer wieder über den unverwüstlichen kleinen Kerl. »Der geborene Reiter!« sagte er, »wollen mal sehen, was aus ihm wird, wenn er zum erstenmal vom Roß gefallen ist.«

Denn das passiert zuweilen auch dem besten Reiter. Die Uraustralier wissen sich geschickter und instinktsicherer den Pferden anzupassen als irgendein Weißer. Nur allzuoft aber verlieren sie nach einem ersten Sturz sofort jeden Mut und sind niemals wieder zu bewegen, ein Pferd zu besteigen, so leidenschaftlich gern sie vorher auch geritten haben mögen.

Endlich hatte die Herde eingesehen, daß es keine Umkehr mehr gab, und zog nun ohne Widerstand in das trockene Niemandsland zwischen den Wasserstellen hinaus. Am besten war es, scharf zu treiben und die Tiere eng beieinanderzuhalten. Ich hatte mit Muty noch kein Wort wechseln können, das sich nicht unmittelbar auf unsere Arbeit bezog. Aber dann tauchte nach weiteren zwei Stunden zum erstenmal wieder Vieh vor uns auf. Wir hatten den Weidekreis um die Pumpe III erreicht. Unsere Herde wanderte nun sehr viel williger. Sie schien zu spüren, daß, wo andere Rinder sich ruhig weidend zeigten, Wasser in erreichbarer Entfernung zu finden sein mußte. Wir konnten uns ein wenig zurückfallen lassen, um dem Staub zu entgehen, den die Herde aufwirbelte.

Am frühen Morgen nach dem Aufwachen hatte ich beschlossen, bei nächster Gelegenheit dem Schwarzen meine Sympathie zu bekunden. Der Koch war wirklich der einzige unter den Männern, den ich vom ersten Augenblick an nicht hatte leiden mögen. So sagte ich zu Muty: »Der Boß hat dir gestern abend zu deinem Recht verholfen, Warrakalanna. Das ist gut und hat mich gefreut.«

Muty schien meine Bemerkung gar nicht gehört zu haben. Er zog neben mir her, die Augen geradeaus gerichtet, das Gesicht mit den groben Brauen-Wülsten unbewegt.

»The cook, I kill him!«

Das war es, was er schließlich stockend herausbrachte. Noch heute klingen mir die Worte im Ohr.

Ich erschrak. Ich zweifelte nicht daran, daß Muty meinte, was er sagte, und war mir gleich darüber klar, daß ich den Boß ins Bild setzen mußte. Ich sagte: »Warrakalanna, das solltest du bleibenlassen. Die Berittene Polizei bekommt dich früher oder später zu fassen, und du siehst deine Heimat, Frau und Kind niemals wieder.«

Jetzt wandte er mir den Kopf zu, ich sah das Weiße in seinen Augen. Er stieß hervor: »Du guter Mann, Jo! Du mich nennen Warrakalanna. Du mir sagen keine Lüge?«

»Nein, Warrakalanna. Keine Lüge! Die Polizei kriegt dich doch. Und dann: nie wieder Walk-about, nie mehr Corroboree, nie mehr Never-never!« (Kein Schweifen mehr durch den Busch, keine Feste mehr, keine freie Steppe!)

Wir ritten lange wortlos nebeneinander her, trabten von Zeit zu Zeit an, um die schnurstracks zum neuen Wasser ziehende Herde nicht aus den Augen zu verlieren.

Es ereignete sich nichts Außergewöhnliches in den Tagen, die folgten. Mit den Wochentagen war ich längst durcheinander geraten; von Sonntagen war keine Rede. Der August mußte schon begonnen haben; wir waren mitten im australischen Winter.

Eines Abends nahm mich der Boß beiseite: »Wir fahren übermorgen mit meinem Wagen zur Station zurück, Jo. Meine Frau hat am Tag darauf Geburtstag. Richte dich entsprechend ein, in fünf Tagen sind wir dann wieder hier. Andy kommt ein paar Tage ohne uns aus.«

Wir feierten Clares Geburtstag sehr feudal, warfen uns dafür in städtische Kleidung; ich kam mir darin vor wie in einem Faschingskostüm – so gründlich hatte mich die Never-never schon beim Wickel. Von den beiden Nachbar-Stationen, Alroy Downs und Brunette Downs, waren einige Leute hundert Kilometer weit herübergekommen, es wurde gut gegessen, tüchtig, jedoch nicht übermäßig getrunken – wie es der Gegenwart von einem halben Dutzend Ladies, der rarsten menschlichen Spezies im Northern Territory, angemessen war – und vor allen Dingen: mit Leidenschaft geredet und geklatscht. Das Schicksal, die Streiche, die Albernheiten und Eigenheiten der wenigen Mitbewohner in dem ungeheuren Gebiet, waren es, die jedermann bewegten. Ich brauchte nur die Ohren offenzuhalten und erfuhr, wie es in der Never-never zugeht, unverblümter, als aus einem Haufen Bücher.

Der Boß gestattete sich und mir nicht eine einzige Feierstunde mehr als unbedingt nötig war. Am Morgen nach dem Festtag hockten wir uns, wie die übrigen Gäste, in unsere Autos, allesamt verbeulte, aber standhafte und sorgsam gewartete Vehikel, und gondelten ab, hinein in die Flut blendenden Lichts, in diese glasklare Fernsicht, welche die nie getrübten Lüfte des leersten aller Kontinente dem Reisenden als stets neues, nie enttäuschendes Geschenk anbieten.

Wir redeten nicht viel während der drei Stunden dauernden holprigen Fahrt. Beide waren wir nicht ganz ausgeschlafen, hatten zuviel Säure im Magen und zuviel Mißmut im Herzen. In solchem Zustand ist Schweigen Gold.

Als wir uns dem Lager näherten, hatten sich die Nebel in meinem Hirn schon etwas gelichtet. Ich merkte als erster, schon aus der Ferne, daß die Dinge nicht so standen, wie sie sollten. Zwar wedelte der stählerne Pumpenschwengel gemächlich auf und ab, Shan O'Malley, der Pumper, war also auf dem Posten, und der Dampfkessel hatte Druck. Aber was sollten die Pferde auf dem Sattelplatz neben den Wällen des Reservoirs? Die Männer hätten längst unterwegs in der Steppe sein müssen, und die überschüssigen Pferde irgendwo im Busch, um sich satt zu fressen und zu erholen. Die

Leitstute trug eine heisere Glocke um den Hals, so daß wir die Tiere leicht wieder aufstöbern konnten, wenn sie gebraucht wurden. Notfalls wurden der Leitstute die Vorderfüße locker aneinandergefesselt; sie konnte sich dann nur mit kurzen Schritten fortbewegen, konnte nicht abwandern und hielt die getreulich zu ihr stehende Herde beim Lager. – Ich fragte: »Was ist denn das? Die Pferde sind ja alle beim Lager? Ist heute keiner ausgeritten?«

Jetzt wurde auch der Boß aufmerksam. Die holprige Autospur, der wir folgten, hatte ihn voll in Anspruch genommen. Auch er wußte keine Erklärung. Er trat auf den Gashebel und knurrte, was alle Bosse in solchen Situationen knurren: »Man braucht bloß mal für drei Tage nicht da zu sein – gleich ist der Teufel los!«

Wir preschten ins Lager und hielten in einer Wolke von Staub. Die Männer hatten uns kommen sehen und erwarteten uns. Der Boß sprang aus dem Wagen. »Was ist? Warum seid ihr im Lager?«

Andy nahm das Wort: »Muty und der Koch bekamen sich vorgestern wieder in die Haare. Gestern früh waren Muty, Kitty und Snowy verschwunden. Snowy ist sicher nur unfreiwillig mitgegangen. Wir hörten ihn schreien in der Nacht, kümmerten uns aber nicht darum. Sie haben die besten Pferde mitgenommen, drei gute Sättel und reichlich Proviant.«

»Schöne Bescherung!« Der Boß lamentierte nicht lange, er fragte nur das wichtigste: »Der Tracker ist also nicht verschwunden?«

»Nein, Cooky ist hiergeblieben.«

»Wo ist er?«

»Er wird an seinem Feuer sitzen; auf der anderen Seite des Reservoirs.«

»Hol ihn her, Eddy!«

Der Jackeroo setzte seine langen Beine in Bewegung.

Inzwischen versuchte der Koch mit vielen Worten begreiflich zu machen, daß Muty ihn absichtlich geärgert hatte.

»Halt endlich die Klappe, Johnny! Wir kennen dich ja!« – Der Boß fragte Andrew McAndrew: »Warum ist nicht wenigstens eine kleine Herde beisammen?«

Andy wand sich ein wenig: »Die drei sind ja nicht auf ›Walk-about‹ aus. Das ist doch klar. Der Koch und der Pumper wären allein im Lager geblieben. Sie hatten Angst. Und sie hätten uns die Reservepferde forttreiben können. So haben wir lieber die Pferde beim Lager zusammengehalten und eure Rückkehr abgewartet.«

Ich hatte daneben gestanden und zugehört. Nicht alles war mir klargeworden. Wovor hatten sich der Pumper und der Koch gefürchtet? Die Reservepferde forttreiben – wohin? Wozu? Der Boß erwiderte nichts. Er schien mit Andys Erklärung einverstanden zu sein, wenn auch nicht gerade mit großer Begeisterung.

Da stiefelte endlich der Jackeroo heran. Er nahm so riesige Schritte, daß der kleine, trockene Cooky ihm nur im Laufschritt zu folgen vermochte.

»Cooky, komm her!« sagte der Boß.

Der Eingeborene baute sich vor ihm auf und kreuzte die Arme; sein Gesicht blieb unbewegt. Der Boß stellte eine erste Frage, die ich nicht erwartet hatte: »Warum bist du nicht auch abgezogen, Tracker?«

Das war sicherlich nicht ganz leicht zu beantworten. Der schwarze Mann in den abgetragenen und verstaubten Kleidern, die ihm häßlich von den Schultern schlotterten, sah plötzlich aus wie ertappt und druckste herum: »Nicht meine Leute, Boß! Ich gehöre zu Dingo-Lagoon Station.«

Das verstand ich sofort. Die Tracker, Fährtenleser und wildniskundige Führer, bieten sich dem weißen Mann nur an, wenn sie aus ihren Stämmen herausgefallen sind, ein Tabu verletzt oder gegen die Stammesordnung verstoßen haben, vielleicht sogar vogelfrei geworden sind. Sie haben die Jagdgründe der Horde und des Stammes, wo sie nicht mehr erwünscht sind, verlassen müssen. Der Dienst auf einer fernen Station oder bei der Polizei bleibt ihnen als einziger Ausweg.

Warrakalanna aber, ebenso Kittakittaooloo und Snowy, befanden sich auf dem Gebiet des eigenen Stammes; sie nahmen den Tracker niemals für voll. Cooky war für sie ein Werkzeug in der Hand des Weißen Mannes, das einerseits Respekt, ja Furcht, andererseits Mißachtung und Mißtrauen verdiente. Der Tracker gehörte nicht mehr zur schwarzen Welt; er war zum weißen Mann übergelaufen.

Der Boß hatte die Antwort, die er erhalten hatte, wahrscheinlich erwartet; er wußte beinahe ebensoviel von der seltsam undurchsichtigen und doch sehr folgerichtigen Welt dieser Kinder der Urzeit wie sie selbst, in mancher Hinsicht vielleicht noch mehr. Er fragte weiter: »Kannst du sagen, Cooky, warum die drei fortgegangen sind?«

Der Schwarze zog den Kopf zwischen die Achseln: »Nicht walk-about, Boß!«

Ja, das war klar. Und gerade das machte den Vorfall so rätselhaft.

Die Eingeborenen des australischen Innern, diese bis in unsere Gegenwart erhaltenen letzten Repräsentanten eines sehr frühen Stadiums der Menschheitsentwicklung, sind in den seit alters sicher umgrenzten riesigen Gebieten, die die Stämme beanspruchen, Sammler und Jäger geblieben, die nichts von Ackerbau oder Vorsorge wissen, keine festen Wohnungen kennen, sich in der kalten Zeit mit einem Windschutz begnügen und wie das Wild, die Känguruhs vor allem, denen sie nachstellen, unstet durch die Einöden schweifen. Nur die Horde, die Sippe hält zusammen, geführt von den Ältesten; die Stämme bilden nur lockere Verbände, ohne Abstufungen der Herrschaft oder auch nur des Einflusses; sie bilden im Grunde lediglich die Summe all jener Horden, aus denen sich die jungen Männer eine Frau wählen können. Die Heirat innerhalb der eigenen Sippe unterliegt einem strengen Tabu.

Das Schweifen liegt den Abos im Blut; sie können nicht dagegen an, auch wenn sie noch so lange beim weißen Mann im Dienst gestanden haben, auch wenn sie dort Schätze und Erfahrungen einheimsen. Der Wunsch, nicht ständig an einen Ort gefesselt zu sein, nicht ständig ein vorbestimmtes, von fremden Leuten zu fremden Zwecken entworfenes Programm erfüllen zu müssen, überfällt die Söhne und Töchter der eintönigsten, überwältigend großartigen Einöden der bewohnten Erde von Zeit zu Zeit mit nicht zu unterdrückender Gewalt: »Boß, ich muß walk-about!«

Und die weißen Leute der Never-never wissen, daß dagegen kein Kraut gewachsen ist. Ihre Arbeiter, Helfer, Stockmen müssen von Zeit zu Zeit »walk-about«, also umherwandern, die fremden Kleider ablegen, sich nackt der Wildnis anvertrauen, von ihrem niemals reichlich, aber stets ausreichend gedeckten Tisch zehren und mit langen, federnden Schritten auf dürren, zähen Beinen die Wildnis durchmessen. Man muß die Abos gehen lassen; sie kehren von selbst zurück, wenn ihr Verlangen gestillt ist. Hindert man sie mit Gewalt, so rücken sie früher oder später doch aus und kommen nie wieder, oder sie werden krank und sterben, oft ohne erkennbaren Grund.

Im walk-about kehren die Eingeborenen zu sich selbst zurück, in ihre uralte, für uns kaum vorstellbare Welt. Sie vergessen nicht nur die Kleider des weißen Mannes, sondern auch alles andere, was zu ihm gehört, seine Nahrungsmittel, seine Decken, seine Pferde, seine Sättel, seine Vorstellungen von Zeit und Raum. Sie bringen schier unglaubliche Entfernungen hinter sich, in sehr schnellem, weitausholendem Schritt, bei dem der Weiße nur zu Pferde mithalten kann.

Cooky, der Tracker, hatte gesagt: »Nicht walk-about, Boß!«

Das war es, was den wildniserfahrenen Andy stutzig gemacht und zu besonderer Vorsicht bewogen hatte. Muty und Kitty standen schon seit mehr als einem Dutzend von Jahren unter dem Einfluß des weißen Mannes. Sie waren, wie ich gehört hatte, immer seltener auf walk-about gegangen. Und jetzt waren sie mit Pferden, Sätteln, mit »weißem« Proviant verschwunden! Das war in der Tat aufs höchste beunruhigend; sie hatten nach unseren Begriffen einen schweren Diebstahl begangen.

Der Boß schien unschlüssig zu sein. Wir standen im Halbkreis vor ihm. Endlich ließ er sich vernehmen: »Wir schaffen die Arbeit nicht, wenn uns drei Reiter fehlen. Wir dürfen auch auf die Pferde und die Sättel nicht verzichten. Wenn sie erst einmal merken, daß sie damit durchkommen ... Sie werden wissen, wo sie jetzt ihre Horde zu suchen haben. Sie könnten in großer Zahl wiederkommen – und hier haben wir wertvolle Maschinen, das Auto, Pferde, Rinder, das Wasser. Ich muß sie einholen und zur Vernunft bringen. Andy, du bleibst mit den anderen hier. Entfernt euch nicht weiter vom Lager, als eure Augen und Ohren reichen! Des Nachts Wachen! Es ist keine Zeit zu verlieren. Ich reite sofort ab.« Er wandte sich an Cooky: »Du begleitest mich?«

Der Schwarze zögerte kaum merklich, stieß dann hervor: »Ich begleiten, sicher, Boß!«

Ich kam mir sehr überflüssig vor. Der Boß streifte mich mit einem Blick: »Es ist am besten, Jo, wenn du mit mir kommst. Unterwegs kann ich dich vielleicht gebrauchen. Du hast dich ja von Anfang an mit Muty gut verstanden.«

Sehr viel später, als alles vorüber war, gestand mir Jack O'Shonassy, daß er um meine Sicherheit im Lager besorgt gewesen war. Er behielt mich lieber an seiner Seite; die gute Kameradschaft, die ich mit Warrakalanna gehalten hatte, würde mich – vielleicht! – in der Gefahr schützen.

Schon eine halbe Stunde später verließen wir das Lager: der Tracker Cooky, der Boß und ich. Wir hatten uns kräftige und ruhige Pferde ausgesucht, jeder von uns zwei; das Reservepferd trug den Proviant und das Schlafzeug.

Wir blickten uns nicht um. Der Tracker war vor uns schnurstracks nach Südwesten aus dem Lager hinausgezogen, als brauche er nicht erst nachzudenken, wohin er sich zu wenden hatte. Nach Südwesten – das war die Richtung, die uns bald aus dem Gebiet der Dingo-Lagoon Station hinausführen mußte; Pumpe III lag im äußersten Südwesten des Gebiets.

Jenseits davon dehnten sich ins Unabsehbare herrenlose Weiten mit immer dichterem Mulga-Scrub, Eukalyptus-Busch, in dem das Vieh sich nicht wohl fühlte; sie wurden deshalb von den Rinderzüchtern gemieden. Dort aber lagen die Gebiete des Stammes, dem sich die Horden unserer Schwarzen zugehörig fühlten. Die Steppen der Dingo-Lagoon Station beanspruchten Warrakalannas Stammesgefährten nur noch als ein nicht besonders wichtiges Randgebiet.

Ich ritt als letzter; der Boß vor mir her. Der Tracker war uns weit voraus. Ich gab mir Mühe, wenigstens ab und zu im harten Kiesboden ein Zeichen dafür zu entdecken, daß wir drei anderen Reitern folgten, die anderthalb Tage zuvor hier entlanggezogen sein mußten. Ich nahm nichts wahr aus meiner Sattelhöhe, gar nichts! Ich bekannte es dem Boß. Der meinte:

»Ich sehe auch nicht viel. Aber ich habe noch nie erlebt, daß der Tracker sich geirrt oder die Spur verloren hat. Er sagt, Pferde wären kinderleicht zu verfolgen. Schwieriger wäre es, eine Fußspur zu halten, besonders dann, wenn der Verfolgte seinen Weg verheimlichen will. Aber sieh da! Das ist ein Zeichen, das auch einem halbblinden Europäer-Auge nicht entgeht.«

So war es. Schon trocken gewordene Pferdeäpfel bewiesen, daß Cooky vor uns die Fährte der Geflohenen – waren sie geflohen? Und wovor? – mit untrüglichem Spürsinn einzuhalten vermochte.

Seit wir das Lager hinter uns gelassen hatten, seit wir wieder ritten und wußten, was wir wollten, schien der Boß seine schlechte Laune überwunden zu haben. Ich wagte es also, mit der Frage herauszukommen, die mir schon lange auf den Lippen brannte: »Was ist eigentlich geschehen, Jack? Worauf sind wir aus? Mir kommt unser ganzes Unternehmen noch reichlich unklar vor.«

Der Boß zuckte die Achseln: »Mir auch, Jo, weiß der liebe Himmel. Ich weiß nicht, was die drei vorhaben. Ich bin überzeugt: auch unser Tracker weiß es nicht. Cooky hat recht: auf alle Fälle ist es kein walk-about. Vielleicht haben Muty und Kitty begriffen, daß Pferde und Sättel eine feine Sache sind. Vielleicht wollen sie auch nur ihren Weibern und Sippengenossen imponieren. Vielleicht sind sie nur der ewigen Schufterei überdrüssig und wollen Urlaub nehmen, sozusagen aus dem walk-about einen ride-about machen, einen Umher-Ritt. Der Koch hat sie schon lange geärgert und gekränkt, darüber bin ich mir klar. Ich muß ihn loswerden; er verdirbt mir die Schwarzen. Wie dem auch sei: ich muß den Ausreißern die Pferde abnehmen und was sie uns sonst noch gestohlen haben. Daran gibt es nichts zu deuteln. Sonst haben wir bald keine Pferde mehr, und Sättel und Proviant auch nicht. Das ist so ihre Art: sie probieren immer von neuem, wie weit sie mit uns gehen, was sie uns zumuten können. Man muß sehr deutlich ›stop‹ sagen, sonst ist man verloren. Tue ich das nicht, so bekomme ich keine guten Männer mehr. Sie wollen eine feste Autorität und respektieren sie. Setze ich mich in einem Fall wie diesem nicht durch, stehlen sie mir die Haare vom Kopf – und ich bin meines Lebens nicht mehr sicher.«

Ich hatte mehr erfahren, als ich zu hören gehofft hatte. Es stimmte recht gut mit dem überein, was ich in meiner Berliner Studienzeit erfaßt zu haben glaubte. Dort, in Berlin, in den Jahren nach dem Ersten Weltkrieg, war der Völkerkundler und spätere Soziologe Professor Alfred Vierkandt mein Lehrer gewesen. Ich verdanke ihm außerordentlich viel. Er hat mich zwei Semester lang, nach englischen Quellen, über die gesellschaftlichen Verhältnisse bei den zentral-australischen Stämmen und Sippen der Arunta arbeiten und vortragen lassen. Schließlich kannte ich mich bei ihnen so gut aus, als wäre ich selbst durch die ebenso langwierigen wie qualvollen Jünglingsweihen des Stammes gepreßt worden. Diese Kenntnisse hatten bestimmt nicht unwesentlich dazu beigetragen, mir Inneraustralien als ein Land der Sehnsucht erscheinen zu lassen.

Nun stand ich also den Tatbeständen, die bisher nur papierene gewesen waren, von Angesicht zu Angesicht gegenüber, und es überwallte mich plötzlich jenes großartige Gefühl, das die wahre Belohnung für die Strapazen und Kosten einer großen Reise darstellt: Heute bist du ein Teil der fremden Welt. Jetzt pulst sie um dich und in dir. Jetzt bist du um soviel reicher, unzerstörbar reicher!

Der Tracker Kookypoondinna, genannt Cooky, der vor dem Boß und mir auf seinem hochbeinigen Roß durch den lichten Busch zog, war ein Arunta; das hatte mir der Boß verraten. Ich selbst hätte den stets in sich gekehrten, niemals lächelnden Mann mit den schlotternden, speckigen Kleidern, die er nie ablegte, nicht danach zu fragen gewagt. Auch die übrigen Weißen behandelten ihn mit Distanz und Respekt. Ich sagte es schon: er war aus seiner angestammten Welt herausgefallen – nie würden wir erfahren, wie und woran er sich unter seinen Leuten vergangen hatte, würden, wenn wir es je erführen, vielleicht nur darüber lachen. Er war herausgedrängt aus seiner Welt, aber in die andere, die weiße, nicht hineingewachsen. Seine untrüglichen Instinkte, seine unschätzbaren Erfahrungen und Kenntnisse in der uns Weißen völlig fremden, ja unheimlichen Wildnis der Never-never wurden lediglich genutzt – für kärglichen Lohn, für Essen und Trinken, das heißt für Tee, Zucker, Mehl, Salz, Rindfleisch und Rindstalg, Bohnen und Wasser. Vor allem aber genoß er den Schutz der Station, des weißen Mannes und seiner allmächtigen und diese Einöden wahrhaft beherrschenden Königlich-Australischen Berittenen Polizei. Denn der Wert eines solchen Eingeborenen, eines Aboriginals, eines Abos, der sich »auf die weiße Seite geschlagen« hat, ist gar nicht abzuschätzen.

Da ritt er also vor mir her, hockte auf seinem Gaul wie ein Affe, aber doch ganz leicht und richtig – das Pferd schritt so mühelos aus, als trüge es gar keinen Reiter. Wir waren seinen scharfen Sinnen anvertraut, und wir vertrauten ihm.

Der Boß, besser gesagt der allein verantwortliche Gebieter über eine der größten Viehstationen des australischen Nordens, hockte im Sattel und ritt mit langen Steigbügeln, nicht eben sehr herrenmäßig nach europäischen Begriffen, wohl aber angepaßt an dies Dasein, den lieben langen Tag im Sattel. Jack mochte sich zuweilen irren in seinen Befehlen und Entschlüssen – die Wildnis bleibt unberechenbar – aber seine von allen in dieser Welt anerkannte Autorität wurde dadurch nicht berührt. Er trug die Verantwortung für dreißigtausend Rinder, für ihre sachgemäße Kontrolle und Pflege, für die Station und ihre Einrichtungen, für etwa zwanzig Weiße, etwa ebensoviele Schwarze, die zur Station gehörten, und schließlich auch für unbestimmt viele Schwarze, die sich nicht dem weißen Manne angeschlossen hatten, sondern, wie seit Tausenden von Jahren, leise durch den Busch zogen, bewaffnet mit Bumerang, Wurfkeule und Speerschleuder, und unsichtbar blieben, wenn man sie nicht suchte.

Mir war es nicht an der Wiege gesungen worden, daß ich einmal durch den Eukalyptus-Busch des leersten aller Kontinente reiten würde, hinter einem Arunta, neben einem anderen »Ur«australier, dessen Vorfahr vor hundert Jahren aus Irland als Strafgefangener nach Australien verfrachtet worden war, weil er in den Gewässern eines englischen Landlords auf Lachse gewildert hatte – und der sich nun zur ältesten »Aristokratie« dieses querköpfigen Erdteils zählen durfte ...

Der Himmel über mir war blau wie Stahl; die Sonne stark, warm und ungemein hell. Aber der Wind, der in den Büschen wühlte, kühlte die Haut. Wenn wir über eine Bodenwelle zogen, öffneten sich den Blicken grenzenlose Fernen, weite Horizonte, in denen sich hier und da Gebirgsstöcke abzeichneten, kantig und schroff über flachen Geröllbuckeln, letzte Reste der seit Urzeiten in dieser harten Luft verwitternden Gebirge. Und über allem, kaum noch und doch immer wieder wahrgenommen, schwebte der herbe Duft der Eukalypten und locker verstreuten Akazien. Denn alle Eukalyptusarten, deren es viele gibt, solche, die Riesenbäume und solche, die nur Büsche bilden, enthalten ein duftendes Öl und verstäuben es in winzigen Dosen unter Sonne und Wind, doch reichlich genug, den Einöden Wohlgeruch zu spenden. Ich ritt ein gutes Pferd, mit vorzüglichen und keineswegs alltäglichen Gefährten zur Seite; ich hatte mir eine unter abertausend Unwahrscheinlichkeiten wunderbar verwirklicht.

Wir ritten bis spät in den Abend hinein, machten erst halt, als selbst Cooky mit seinen scharfen Augen den Erdboden aus dem Sattel nicht mehr recht erkennen konnte. Als die Dämmerung einzufallen begann, hatte der Tracker sein Pferd gezügelt, so daß wir zu ihm aufrücken konnten. Ich verstand nicht ganz warum. Am Nachmittag war mir bewußt geworden, daß der Boß die stille Landschaft, die wir durchzogen, – der Wind hatte sich gelegt – mit ständig wachem Mißtrauen zu beobachten schien. Wir hatten das Gebiet, in welchem der Dingo-Lagoon Station von Staats wegen die Weiderechte zugestanden waren, schon am frühen Nachmittag endgültig verlassen. Seit vielen Stunden war uns kein Vieh mehr begegnet. Wir hatten das große Niemandsland erreicht, die vollkommene Never-never, in welcher die Vorstellungen des weißen Mannes noch nie gegolten haben, in der die wenigen lautlosen Menschen der Urzeit sich schweifend umtreiben, ohne Zeichen der Herrschaft oder auch nur ihrer Existenz aufzurichten.

Der Tracker sprang aus dem Sattel. Wenn ich jedoch geglaubt hatte, daß er damit andeuten wollte, es wäre endlich Zeit für eine Rast, so sah ich mich getäuscht.

Er hatte die neuen Spuren, auf die er gestoßen war, eher geahnt als gesehen.

Auch der Boß und ich waren schnell aus dem Sattel. Cooky deutete zu Boden und hielt uns mit erhobener Hand fern. Wir sollten ihm die schwachen Zeichen im harten Kies nicht zertreten. Er beugte sich tief hinunter, und als er sich wieder aufrichtete, sagte er: »Reiter hier treffen drei Frauen und zwei Kinder. Muty und Kitty haben ihre Weiber gerufen.«

Cooky wanderte einige Schritte in den Busch, den Kopf tiefgebeugt, wie ein Hund die Fährte verfolgt. Er kehrte zurück: »Reiter nehmen Kinder auf Pferd. Smoky nimmt alte Frau auf Pferd. Zwei Weiber laufen. Alte Frau Kittys Mutter.«

Ich sagte zweifelnd: »Woher sollen die Weiber gewußt haben, daß ihre Männer auf und davon gegangen sind? Muty und Kitty können ja ihre Absichten nicht telefoniert oder telegraphiert haben . . .!«

Es stand mir eigentlich nicht zu, mich auf diese Weise einzumischen. Cooky nahm keine Notiz von meinen Worten. Der Boß wandte sich mir zu: »Stimmt, Jo, telefonieren konnten sie nicht. Aber deswegen verständigen sie sich doch irgendwie durch die Luft, schneller und zuverlässiger als wir mit unseren technischen Mitteln. Ich streite es nicht mehr ab. Ich habe es schon zu oft erlebt. Wie sie es machen, weiß ich nicht. Daß sie dazu fähig sind, weiß ich längst.«

Ich erwiderte nichts, ich würde wohl noch lange an dieser Offenbarung zu kauen haben. Wir haben phantastische Techniken entwickelt, dafür aber magische Fähigkeiten eingebüßt, die in der Urzeit zum selbstverständlichen Besitz des Menschen gehört haben mögen. Die schwarzen, häßlichen Ureinwohner dieses Erdteils, der bis weit in die Neuzeit hinein der entlegenste, der kaum berührte, gewesen ist, haben sich manche dieser geheimnisvollen Künste noch bewahrt. Ist jedoch ein Abo-Kind erst einmal in die »weiße« Schule gegangen und hat »weiße« Lebensgewohnheiten angenommen, so versickern die alten Fähigkeiten schnell und spurlos, verlieren sich manchmal schon innerhalb einer Generation. Übrig bleibt ein dürftiges, ein gleichsam skizzenhaftes Menschentum, das seine rätselvolle, äußerst verletzliche Primitiv-Kultur verloren hat, um an ihrer Statt einige Surrogate aus einer anderen, ihm nicht gemäßen Spät-Zivilisation einzuhandeln.

Der Boß verfügte: »Wir wechseln die Pferde, Jo! An Rast ist noch nicht zu denken. Sattele also um. Nimm dir bei der Gelegenheit ein wenig Proviant aus deinem Vorrat. Möglichst wenig Wasser, sonst mußt du zu oft aus dem Sattel. Erst jetzt, da Kitty und Muty ihre Weiber bei sich haben, wird sich aus den Spuren vielleicht erkennen lassen, was sie beabsichtigen.

»Kann denn der Tracker überhaupt noch etwas sehen? Wir haben vorläufig nur Sternenlicht. Der Mond wird erst gegen zehn Uhr aufgehen.«

Der Tracker war schon damit beschäftigt, seinem Pferd den Reitsattel und seinem Reservepferd den leichten Packsattel abzunehmen und umzusatteln. Er hatte meine Frage gehört und ging erstaunlicherweise darauf ein. Er legte allmählich die Scheu ab, die ihn im Camp von den Weißen getrennt hatte. Hier im weiten Busch stand er seinen Mann, war unentbehrlich, war uns ebenbürtig und mehr als das: »Sie ihre Weiber rufen und mitnehmen. Sie nicht wollen wiederkommen. Sie stehlen Pferde und Sättel. Böse Leute! Wir müssen Vorsicht!«

Blitzartig kam mir ein Einfall, und ich sprach ihn aus. Ich hatte in vergangenen Tagen die Psyche der Arunta doch nicht ganz umsonst zu erfassen gesucht: »Jack, du weißt, ich habe es dir berichtet: Muty war so weit, daß er den Koch umbringen wollte. Er hat es nicht getan, da ich, ein Freund, ihn gewarnt habe. Inzwischen ist er vom Koch abermals gekränkt worden. Um vor sich selber sicher zu sein, um den Beleidiger nicht zu töten, ist er geflohen und hat seine Sippengenossen mitgenommen. Pferde und Sättel hat er sozusagen als Bußgeld mitgehen heißen, um sich für die erlittene Unbill einen Ausgleich zu verschaffen. Er fühlt sich im Recht, ist jetzt quitt mit uns; von Diebstahl ist keine Rede. Nach seinen Vorstellungen hat er nur die gestörte Ordnung wiederhergestellt. Wenn er schon – so wird er denken – den Koch nicht umgebracht hat, so sollten wir froh sein, daß er sich mit den Pferden und Sätteln als der ihm zustehenden Genugtuung begnügt. Cooky hat recht: wenn wir ihm die Pferde wieder abnehmen wollen, setzen wir auf schon geschehene Kränkung neues Unrecht; das werden er und seine Leute dann als Kriegserklärung auffassen.«

Jack O'Shonassy warf mir unter gerunzelten Brauen einen halb belustigten, halb verärgerten Blick zu: »Du bist ein verdammt schlauer Bursche, Jo, und hast gut aufgepaßt bei deinem Völkerkunde-Professor in Berlin. Vielleicht ist es gar nicht so falsch, was du da fabelst. Aber ich will dir mal was sagen, Jo: was Australien heute ist, das haben wir, die Weißen, daraus gemacht. Und die Kerle müssen lernen, daß unsere Vorstellungen Vorrang vor den ihren haben. Sonst sollte man lieber gleich sagen: Gut, früher sammelten und jagten hier die Schwarzen allein, also ist es ›ihr‹ Land, obgleich sie sich unter Landbesitz nicht das geringste vorstellen können. Also haben wir hier nichts zu suchen, sollten unser Zeug zusammenpacken, ihnen die Rinder als jagdbares Wild dalassen und schleunigst verschwinden. Natürlich fühlt sich Muty im Recht. Das weiß ich auch. Aber mein Recht ist stärker. Darüber denke ich überhaupt nicht nach. Doch du kannst beruhigt sein. Ich muß nämlich mit meiner Arbeit weiterkommen und Profite herauswirtschaften, sonst werde ich entlassen. Das ist mir wichtiger als sein Recht und mein Recht. Ich habe hier mit der Praxis zu tun und nicht mit der Theorie. Ich werde es also nach alter englischer Manier mit ›muddling through‹ halten, mich ›durchwursteln‹. Zufrieden, Herr Professor?«

Natürlich war ich zufrieden. Was hätte ich anders sein sollen? Ich wollte, ich hätte das Gesicht Cookys bei dieser Auseinandersetzung fotografieren können. Es enthüllte, obgleich der Mann uns gar nicht anblickte, mehr von dem, was zwischen uns in der Schwebe war, als alle Worte. Das dunkle, grobe Antlitz des Eingeborenen verriet Erheiterung, Hohn, Zorn und Qual. Ich kann den Ausdruck um die dunklen Augen, um den groben Mund nicht vergessen. Sicherlich konnte er genug Englisch, um alles verstanden zu haben.

Der Boß fügte noch hinzu: »Wir müssen uns vorsehen, das ist klar. Aber vergiß nicht, Jo, es kommt mir nicht so sehr auf ein paar Pferde oder Sättel, es kommt mir auf die Männer an. Wenn mir drei Stockmen fehlen, sitze ich fest, werde ich nicht mit der Arbeit fertig. Also weiter, solange Cooky die Spuren noch halten kann!«

Wenige Minuten später saßen wir wieder zu Roß und zogen in die Nacht hinein. Die Richtung hatte sich nicht verändert, es ging immer noch nach Südwesten. Der Tracker war seiner Sache offenbar ganz gewiß, obgleich ich nicht verstand, was bei dem unsicheren Sternenlicht auf dem harten Boden zwischen den Grasbüscheln noch zu erkennen sein mochte. Die Büsche wanderten an uns vorbei, schwärzliche Schatten, einer wie der andere. Wie immer nach Sonnenuntergang war es plötzlich kalt geworden. Die Wolljacke und die Segeltuch-Joppe taten gut. Die Hände froren, auch die Füße in den Steigbügeln wurden kalt. Ich hatte mir die Zügel um den linken Unterarm geschlungen und die Hände in die Taschen des Überrocks gesteckt. Mein Pferd folgte dem meines Vordermannes von selbst. Ich war müde und vergaß zuweilen, warum und wozu ich hier unterwegs war.

Aber was ich nicht vergaß, mit nie ganz zu stillendem Durst in mich aufzunehmen, das war die Schönheit der Nacht. Dunst und Feuchte trübten hier über den Steppen die Atmosphäre nicht im mindesten. Gestochen scharf zeichneten sich all die fernen Welten ab: die Doppelsterne und Milchstraßen, die strahlenden Bilder des Himmels der Südhalbkugel, das »Kreuz«, gleich daneben »Centaurus«, tiefer am Horizont links von den beiden der »Große Hund«. Eine Schnuppe sauste über den flimmernden Samt der Nacht; man meinte, sie knistern zu hören auf ihrer Silberbahn. Die Hufe der Pferde klangen wie leise dumpfe Paukenschläge; manchmal knirschte unter ihnen ein Kiesel, manchmal knarrte das Sattelzeug. Seit es ganz dunkel geworden war, hatten wir kein Wort mehr gesprochen. Wir folgten dem Tracker jetzt dicht aufgeschlossen. Es war, als zwinge uns die sternenhelle, stille Nacht, ganz leise zu sein.

Und dann, nach langem Ritt im schnellen, ausholenden Reiseschritt der Pferde, stieg schräg hinter uns zur Linken der Mond aus den Schatten in die Sternennacht hinauf. Zunächst schien ganz draußen am Horizont der rötliche Abglanz eines fernen Buschfeuers heraufzuglimmen. Unendlich sanftes Licht, ein erster milder Funken wurde zu einer Silberfackel, ganz wenig nur gerötet, war in wenigen Minuten vollkommen, hatte sich vom Horizont gelöst: die nicht mehr völlig runde Scheibe des Nachtgestirns. Als sei eine freundliche Lampe angezündet worden, so deutlich wurde es heller im nächtlichen Einödbusch. Ein leichter Wind erhob sich und raschelte in den harten Blättern der Eukalypten – als sei das Leben wieder wach geworden. Die Pferde schritten schärfer aus, schnoben, waren guter Dinge.

Jetzt kamen uns auch wieder Worte. Der Boß ließ sich überraschend vernehmen, er hatte wohl lange und gründlich überlegt: »Sie haben mehr als einen Tag Vorsprung. Aber seit sie Weiber und Kinder bei sich haben, kommen sie nur noch halb so schnell voran wie wir, müssen auch länger und häufiger rasten. Wir sind Eindringlinge in ihren Jagdgründen; sie könnten die verwandten Sippen alarmieren. Frühestens erreichen wir sie morgen abend – wenn sie uns nicht irgendwo in ihr Netz laufen lassen. Ich will Gewalt, gleich welcher Art, unter allen Umständen vermeiden. Was meinst du, Cooky?«

Der Schwarze verhielt sein Pferd; wir setzten uns neben ihn. Der kleine, krumme Mann im Sattel ließ uns eine Weile auf seine Antwort warten. Dann sagte er: »Sie marschieren schnell. Sie werden morgen lauern: ob wir folgen oder nicht. Am besten: so schnell folgen, daß wir sie einholen, bevor sie Hinterhalt machen.«

»Gut!« erwiderte der Boß, »wir reiten die Nacht hindurch, schlafen morgen früh, wenn es warm geworden ist, nur zwei, drei Stunden, damit die Pferde sich sattfressen können. Morgen abend werden wir sie überholen – oder sie werden uns auffangen.«

Wir ritten die ganze Nacht hindurch. In den frühen Morgenstunden des nächsten Tages nickte ich ein paarmal ein und sackte vornüber auf den Pferdehals. Davon erschrak mein Tragtier und fiel mit einem Ruck in Trab. Das brachte mich wieder zu mir. Paß auf, knurrte ich mich an, du fällst noch vom Roß und brichst dir das Genick. Reiß dich zusammen! Auch den Boß hörte ich manchmal vor mir aus tiefstem Herzensgrunde gähnen – aber soweit ich mich erinnere, schwankte er nie im Sattel wie ich. Nur Cooky schien keine Müdigkeit zu kennen; er hielt sein Tier in schnellem Schritt; manchmal vernahm ich sein anspornendes Schnalzen.

Vor Sonnenaufgang vertiefte sich die Kälte. Wahrscheinlich hatten wir Frost.

Weiter in den glasklar und eisig aufdämmernden Morgen! Endlich prallte die Sonne, ein riesiger Feuerball, aus dem Osten hoch. Eine Viertelstunde später schon wurde ihre Wärme auf den Schultern und im Rücken fühlbar. Eine Ahnung von Wohlbehagen überrieselte mich. Doch wenn der Boß jetzt nicht bald haltmacht, dann streike ich.

Ich brauchte nicht zu streiken. Ich hätte es auch nicht getan. Auf einer leichten Bodenwelle, die von Büschen frei war, aber gutes Gras trug, kam das erlösende Wort: »Wir halten hier! Kniefesseln für die Pferde! Etwas essen! Drei Stunden schlafen! Brauchen wir eine Wache, Tracker?«

»Keine Wache, Boß! Guter Platz hier. Weit sehen. Spuren noch halben Tag alt.«

Ich rutschte schwerfällig und steif vom Roß, band meinen beiden Pferden, nachdem ich ihnen die Sättel abgenommen hatte, die vorderen Hufgelenke locker zusammen, rollte meinen Schlafsack aus, wickelte mich ein und war eingeschlafen, ohne einen Bissen zu mir genommen zu haben. Zuvor hatte ich noch mit halben Ohr vernommen, wie Cooky, der noch nicht abgestiegen war, den Boß wissen ließ: »Ich reiten Zirkel, Boß! Ich haben Sorge!«

»Righto, Cooky! Das ist deine Sorge! Ich schlafe erst einmal!«

Drei Stunden später waren wir wieder unterwegs. Der kurze Schlaf hatte uns erstaunlich gestärkt. Erst am Nachmittag machte sich der hinter uns liegende Gewaltritt von neuem bemerkbar. Die Sonne hatte uns zugesetzt; es war, als dörrte sie uns aus. Den Spuren nach waren wir den Verfolgten kaum näher gekommen. Und gegen Abend mußten wir zugeben, daß wir uns verrechnet hatten. Allem Anschein nach hatten Muty und Kitty sich selbst, die Pferde, Snowy und die Weiber noch weniger geschont, als wir uns.

Unsere Pferde waren am Ende ihrer Kraft; sie stolperten häufig; ihre Flanken waren eingefallen. Unter der Schlaufe der Schwanzriemen und am Kinnriemen stand ihnen der Schweiß. Wir hatten sie ständig anzutreiben. Die Tiere hatten ihr Bestes gegeben; aber ohne eine ausgedehnte Rast ging es nicht mehr weiter.

Außerdem waren wir in sehr steiniges, hartbröckeliges Gelände geraten, das die Tiere des Nachts kaum hätten passieren können, ohne sich die Gelenke zu brechen.

Auf einem mit Gesteinstrümmern besäten Platz neben einer Felsenwanne mit offenem Wasser – einem letzten Vorrat aus der in jenem Jahr besonders reichlich ausgefallenen Regenzeit – gab der Boß den ersehnten Befehl: »Halt! Es hat keinen Zweck. Sie sind trotz der Weiber und Kinder nicht langsamer geworden. Wir dürfen die Knochen unserer Pferde nicht riskieren. Schluß für heute! Wenn wir die Bande morgen nicht einholen, drehen wir um. Wir können sie nicht bis zum Eyre-See jagen.«

Nein, das konnten wir nicht! Irgendwo in der ungeheuren Leere weiter im Süden, schon jenseits der Grenze gegen den Staat Südaustralien, verbarg sich der sagenhafte Eyre-See, der schon manchem guten Mann, der die Never-never zu bezwingen vorhatte, zum Verhängnis geworden ist. Der Boß konnte Camp und Station nicht auf lange Zeit allein lassen, nicht jetzt im Winter, der arbeitsreichen, der entscheidenden Zeit auf den Viehfarmen.

Cooky hatte keinen Einspruch erhoben. Die Sonne neigte sich zum Horizont. Eine gestürzte, sicherlich sehr alte, aber noch nicht völlig vermorschte Akazie lieferte Feuerholz. Der Boß grub eine schwarzrußige Pfanne aus dem Gepäck, röstete einige Scheiben Speck und Eier darin, daneben kochte im Kessel Wasser für den Tee. Die unvermeidlichen Tomaten lieferten ein wenig Erfrischung; wohler tat uns ein strammer Whiskey mit dem guten Wasser von Pumpe III. Mit einem dicken Knust Brot stippten wir das Fett aus der Pfanne. Clare O'Shonassy buk ein ausgezeichnetes Brot.

Es herrschte schon volle Dunkelheit, als wir unser Mahl beendeten. Cooky hatte zehn Schritte abseits sein eigenes Feuerchen unterhalten. Weiße und Schwarze aßen nicht miteinander, das war tabu – ob mehr für die Weißen als für die Schwarzen? Darüber bin ich mir niemals klargeworden. Ich für meine Person hätte kein Tabu anerkannt, aber ich durfte nicht aus der Reihe tanzen.

Ich machte mir an meinem abgelegten Packsattel zu schaffen, wollte mich in der Felsenwanne waschen und dann sofort in den Schlafsack kriechen. Der Boß unterbrach mich: »Du kannst dich waschen, Jo! Aber wickle dein Schlafbündel nicht auf. Nur Cooky bleibt hier am Feuer.«

Das verstand ich nicht gleich, begriff aber, als der Boß mich anwies, genau wie er, abseits vom Feuer im Windschatten eines großen Felsenblocks, aus meinem Sattel, den Proviantbeuteln, der Satteldecke und einigen dicken Grasbüscheln eine Rolle zu formen, die im Dunkel aus einigem Abstand für einen in seinen Schlafsack gehüllten Schlummernden gehalten werden konnte.

Erst bei dieser in der Dunkelheit etwas umständlichen Prozedur wurde mir deutlich, daß wir uns in Gefahr befanden. Wenn sie für uns unberechenbar waren, diese primitiven, tatsächlich aber ihrer uns so feindlich erscheinenden Umwelt vorzüglich angepaßten Ureinwohner, dann müßten wir auch darauf gefaßt sein, daß sie uns töten wollten, um uns abzuschütteln. Der Boß wanderte von unserem Lagerfeuer, an dem Cooky allein die Nacht verbringen würde, weit fort in den Busch hinein und schlug dann im rechten Winkel einen Haken nach Norden. Auch Cooky, der die Richtung unseres Abmarsches sicherlich wahrgenommen hatte – er nahm alles wahr, selbst scheinbar Nebensächliches – auch Cooky sollte im unklaren bleiben, wo wir die Nacht verbringen würden.

Der Boß meinte: »Ich kann mich kaum an eine Periode meines Lebens erinnern, in der ich nicht mit Abos täglichen Umgang gehabt hätte. Aber was hinter den niedrigen Stirnen vorgeht, das ist mir immer noch ein Buch mit sieben Siegeln. Tod und Leben wohnen bei ihnen viel enger beisammen als bei uns. Der plötzliche Tod gehört bei ihnen zum Alltag. Sie geben ihn, und sie nehmen ihn und drehen sich nicht danach um.«

Ich Schreiberling aus Berlin und noch viel weiter ostwärts davon – in welcher Situation befand ich mich da? Kroch nachts durch den schattendunklen Busch in der Einöde und suchte mir eine Mulde irgendwo im tiefsten Schatten, um nicht während des Schlafens aufgespießt zu werden. Hatte das auf meinem »Berichterstatter«-Programm gestanden? Wurde ich dafür bezahlt . . .?

Nein, mit Reportage, Zeitung, Buch und Honoraren hatte das nichts mehr zu tun! Was mich mein Leben lang in Situationen solcher Art gebracht hat, war die mir manchmal beinahe krankhaft erscheinende Begierde, die unermeßliche Vielfalt und Merkwürdigkeit des Lebens der Menschen auf dieser Erde nicht nur aus zweiter Hand, aus Büchern, sondern unmittelbar am eigenen Leibe auszuprobieren. Und aus diesem Probieren, ohne es ursprünglich beabsichtigt zu haben, wurde dann so etwas wie ein Beruf. Ins unbekannte Wasser zu springen und zu sehen, ob man darin schwimmen kann, das ist ein Spaß, der seinen Reiz nie für mich verloren hat. Wenn ich dann darüber schrieb, so deshalb, weil bekanntlich zum Reisen erstens Geld, zweitens Geld und drittens noch mehr Geld gehört.

Als wir in der allerersten frostigen Dämmerung des nächsten Morgens wieder zum Lager zurückkehrten – Cooky lag zusammengekrümmt neben der noch immer rötlich glosenden Asche des Feuers und schlief – und nach unseren falschen Schlafsäcken sahen, die wir als Attrappen in den Windschatten jenes Felsblocks gepackt hatten, war einer davon durch einen langen Speer an den

Erdboden geheftet. Die Theatralik des Anblicks machte uns wider Willen lachen.

Der Boß schob sich seinen verstaubten Hut in die Stirn, kratzte sich hörbar am Hinterkopf: »Habe ich mir doch fast gedacht! Die Brüder meinen es ernst. Wahrscheinlich fürchten sie sich gewaltig. Furcht ist ihr halbes Leben. Mir wird nichts weiter übrigbleiben, als den Koch wegzuschicken. Ohne Koch kommen wir zur Not aus, aber ohne Stockmen nicht. Kannst du kochen, Jo?«

»Kochen? Ich? Well, Jack, wenn ich kochen muß, esse ich lieber kalt, esse die unmöglichsten Dinge roh und kalt. Ich? Kochen? Wollt ihr euch umbringen?«

»Schade!« meinte der Boß. »Dann muß eben Eddy kochen. Der Jackeroo hat alles zu erledigen, was die anderen für unter ihrer Würde halten. Oder Shan O'Malley, der Pumper, der soll kochen. Er kocht ja ständig für sich, da kann er auch für uns sorgen. Er kriegt einen Sack Rosinen extra. Shan ist wild auf Rosinen, er frißt sie pfundweise.«

»Dann ist ja alles prächtig geklärt. Jetzt brauchen wir bloß noch an Muty, Kitty und Snowy ein Telegramm zu schicken: kehrt zurück, alles vergeben! Der Speer gefällt mir aber gar nicht, Jack!«

Wir zerrten den Speer aus der Grasleiche; er war lang, dünn, aus dem eisenharten Holz einer Eukalyptusart, die ihre Schossen elastisch und unheimlich zäh als Speere auf dem Halm wachsen läßt. Das Bodenende wird zugespitzt und dann vorsichtig in schwachem Feuer gehärtet – eine gefährliche Waffe!

»Das Ding würde ich mir gern mitnehmen, wenn es nicht so lang wäre!« sagte ich.

»Vorläufig nehmen wir es mit. Ist vielleicht noch zu 'was gut. Übrigens wollten sie mich aufspießen, nicht dich, Jo!«

Das stimmte. Der Boß war gut einen Kopf größer als ich und hatte auch seine Schlafsack-Attrappe entsprechend größer neben die Felsbank gelegt. Meine deutlich kürzere und dünnere Attrappe war unberührt.

Der Tracker hatte inzwischen das Feuer geschürt und den Teekessel über die Flammen gehängt. Er streifte den Speer nur mit einem Blick: »Sie waren hier nach Mitternacht. Zwei Leute. Ich meine, es waren zwei Weiber, nicht Männer. Ich nahm von Feuer Holz mit Flamme und warf in ihre Richtung. Damit sie sollten merken, daß ich sie gesehen. Dann beide weg.«

Der Boß stieß einen leisen Pfiff aus: »Also die Weiber sind es gewesen? Haben die Männer sich nicht getraut – oder wollten sie sich nur notfalls heraushalten?«

Fest stand dies: sie hatten unsere Verfolgung richtig berechnet, hatten uns auflaufen lassen, vielleicht sogar die Schlafsack-Attrappen als solche erkannt und gerade deshalb den Speer durch sie hindurch in die Erde gerammt, als Warnung: laßt uns ziehen oder dies wird euer Ende sein. Der Boß fragte: »Was meinst du, Cooky, haben sie gemerkt, daß wir ihnen nur zwei Dummies* hingelegt haben?«

»Ich denke, sie haben gemerkt, Boß. Vielleicht auch finden richtigen Schlafplatz zuerst und dann erst Dummy. Weiber schlau, Boß!«

Ich hatte auf einmal das Gefühl, mich auf sehr glattem Eis zu bewegen –. Ich sprach eine Frage aus, die mir schon seit dem Abend zuvor auf der Zunge gelegen hatte: »Haben wir eigentlich irgendwelche Waffen bei uns, Boß?«

Ich besaß natürlich nichts dergleichen, bin immer ohne Waffen unterwegs gewesen. Nur in Afrika war es gelegentlich anders. Aber wenn dann wirklich etwas passierte, dann ruhte die wackere Knarre wohlgefettet und verpackt im Kofferraum und war nicht greifbar. Wenn ich der Wildnis nichts tue, wird sie mir auch nichts tun, habe ich immer gemeint – vorausgesetzt, daß ich sie nicht absichtlich oder unabsichtlich provoziere und außerdem vernünftige Vorsicht walten lasse. Mit diesem Grundsatz habe ich mich unbeschädigt durchgebracht. Nur in Abessinien – aber das ist eine ganz andere Geschichte.

Der Boß schlug sich auf die Hüfte, wo ich eine leichte Ausbuchtung seiner steifen Segeltuchjacke erkennen konnte: »Habe nur meine Pistole, Jo. Werde mich aber hüten, sie zu benutzen. Das Ding ist nur zum Staat da. Weil ich der Boß bin. Wenn man erst schießen muß, ist es immer zu spät!«

Diesen etwas dunklen Ausspruch nahm ich mit dem gebührenden Respekt entgegen, wollte allerdings noch wissen: »Und was machen wir nun?«

»Wir müssen leider wieder einmal beweisen, Jo, daß wir Weiße sind und also nicht aufgeben. Wir werden sie schon irgendwo stellen. Und dann wird sich ja zeigen, wer die stärkeren Nerven hat.«

* Dummy: etwa Attrappe, ausgestopfte Puppe

Also ritten wir weiter, nach einem gar nicht eiligen Frühstück. Wußten wir doch, daß die fliehende Schar, die der Boß immer noch »sie« oder »unsere Leute« nannte, uns nur um wenige Stunden, vielleicht auch nur Viertelstunden, voraus sein konnte. Wir würden – hoffentlich! – rechtzeitig gewahr werden, was Muty – er war der Anführer, das stand außer Zweifel – uns zugedacht hatte.

Wieder nahm unser Tracker die Spitze. Auf hartem Boden fiel es uns schwer, aus dem Sattel heraus die Spuren zu halten. Doch passierten wir nun häufiger sandiges Erdreich. Darin war auch für uns die Fährte der acht Menschen und ihrer Pferde deutlich genug zu lesen.

Gegen Mittag passierte es dann.

Die Fährte hatte uns auf den flachen, festen, so gut wie vollständig nackten Grund eines der in der Steppe nicht allzu seltenen Seen geführt, die nur in der Regenzeit voll Wasser laufen, sich nach wenigen Tagen in Sumpf verwandeln und schließlich eine knochentrockene, aber manchmal tückische Oberfläche mit vielen Rissen bilden.

Cooky zögerte. Er mochte den Seeboden nicht überreiten, obgleich uns ja die Kavalkade der Fliehenden vorausgezogen war. Der Tracker hätte es vorgezogen, im Buschland rings um das wasserlose Seeufer zu bleiben, wo wir schwerer zu beobachten gewesen wären. Der Boß aber schüttelte den Kopf: »Wenn sie uns stellen wollen, dann vielleicht hier. Sollen sie haben! Geradeaus weiter! Du kannst hinter uns bleiben, Cooky, wenn dir die Sache nicht geheuer ist.«

Die ›Sache‹ war dem Tracker Kookypoondinna, genannt Cooky, durchaus nicht geheuer. Er ließ uns vorausreiten und folgte im Abstand eines Steinwurfs.

Wir hatten den jenseitigen Rand des Seegrunds schon in allen seinen Einzelheiten vor uns, als uns ein Schrei Cookys zusammenfahren ließ. Im gleichen Augenblick fast sahen wir es selbst: hoch in der Luft segelte ein kreisendes Etwas heran, das, nach einem unheimlich wirkenden Knick in seiner Kurve, auf uns niederzufallen schien, sonderbar langsam.

»Bumerang, Jo! Vorwärts! Komm mit!«

Ich schlug meinem Pferd die Fersen in die Flanken und klatschte ihm zugleich die Zügel an den Hals. Der Braune tat einen entsetzten Sprung nach vorn, ich wäre aus dem Sattel geflogen, wenn ich mich nicht tief geduckt und so den Schwung abgefangen hätte. Der Bumerang blieb irgendwo hinter uns zurück.

Der Boß und ich preschten in voller Karriere den Büschen am Rande der Trockenstelle entgegen.

Halblinks über einem Stück mannshohen Steilufers traten drei nackte schwarze Gestalten ins Freie. Ich erkannte sie nicht: hohe, schmale Figuren mit überlangen Gliedmaßen. Nur Muty, Kitty und Snowy konnten dort stehen; doch ohne Kleider waren sie mir fremd. Zwei von ihnen hielten lange, dünne Speere am Schleuderholz wurfbereit; der dritte wog einen flachen Bumerang in der Hand.

Der Boß warf sein Pferd nach links und jagte den Schwarzen entgegen, zügelte sein Pferd dicht unter dem Hochufer, schrie hinauf: »Bist du verrückt, Muty! Seid ihr vom Teufel besessen? Nimm den Speer aus der Schleuder! Und du auch, Kitty! Und dir, Snowy, hau' ich deinen Bumerang rechts und links um die Ohren! Hol deinen Gaul und mach, daß du zum Camp zurückkommst! Verstanden?«

Ich hielt neben dem Boß. Wir waren ohne jede Deckung, ohne Waffen. Sie hätten uns aus so geringer Entfernung ohne Mühe durchbohren können. Doch Jack hatte mit donnernder Stimme gesprochen, ohne jede Furcht; es verstand sich offenbar für ihn von selbst, daß die Schwarzen gehorchten.

Sie gehorchten. Unser Verhalten widersprach wahrscheinlich so sehr den in ihrem Bereich geltenden Regeln, daß sie entwaffnet waren, obgleich sie gefährliche Waffen in der Hand hielten, wir aber nichts.

Einige kritische Augenblicke folgten. Dann drehte sich der Bumerangträger, Snowy, der Kleine, um und verschwand spornstreichs.

Als Muty und Kitty sich noch immer nicht rührten, brüllte der Boß mit einer Stimme, deren Ton auch mich erschreckte: »Nun, wird's bald, Muty! Oder soll ich euch erst holen!«

Ich wagte es, wesentlich sanfter zu rufen: »Warrakalanna! Kittakittaooloo! Kommt herunter! Der Boß will mit euch reden.«

Wie verlegen wandten sich die beiden schwarzen Gestalten ab, diese braunschwarzen Körper aus dürren, harten Muskeln, aus unzerreißbaren Sehnen und stählernen Knochen. Sie hakten die Speere aus den Wurfbrettern und verschwanden von der Uferkante. Wir ritten unter dem Ufer hin, bis es ausflachte. Dort stießen wir mit den dreien zusammen. Der Boß sagte in ganz ruhigem Alltagston: »Zieht euch was an! Wir warten hier.«

Wir ließen uns aus dem Sattel gleiten. Der Tracker hatte sich herangemacht; er hielt abseits, blieb im Sattel. Der Boß schritt schnell zu ihm hinüber: »Wenn etwas passiert, Cooky, sofort zu Andy und zu meiner Frau. Schleunigst! Verstehst Du! Bleib außer Wurfweite, aber sichtbar!«

Da kamen die beiden Stockmen schon heran, unbewaffnet. Sie trugen ihre Hosen und zerschlissenen Jacken, zumeist abgelegtes Zeug der Weißen. Die Kleider mußten nahe im Busch gelegen haben, sonst wären sie nicht so schnell greifbar gewesen. Ihre Nacktheit hatte nur auftrumpfen wollen: wir sind Abos und bleiben es, wir brauchen eure Kleider nicht. Wie viel ›echter‹ und gefährlicher sie ausgesehen hatten, in ihrer schwarzbraunen, an den Schultern und Hüften wie gelackten Haut, mit den finstern Gesichtern, aus denen das Weiße der Augen unter den schweren Brauenwülsten hervorglomm! Nun trugen sie wieder die geborgten Lumpen einer anderen Welt ...

Der Boß hockte sich in den Sand: »Bleibe dicht bei mir, Jo, damit wir uns notfalls leise verständigen können.«

Ich ließ mich einen Schritt schräg hinter ihm ebenfalls im Sande nieder und flüsterte: »Sie werden Johnny Hactons Kopf verlangen, Jack!«

»Das glaube ich nicht. Dazu sind sie zu höflich. Ich muß ihnen den Kopf anbieten. Rede du sie mit vollem Namen an. Ich vergäbe mir etwas, wenn ich es täte. Wenn sie geantwortet haben, fahre ich fort.«

Die beiden schwarzen Männer hatten sich sehr langsam genähert. Sie blickten uns nicht an. Etwa zehn kurze Schritte von uns entfernt – den üblichen ›Geruchsabstand‹ einhaltend; sie können uns und wir sie nicht riechen, buchstäblich genommen – ließen auch Muty und Kitty sich, auf den Fersen hockend, nieder. Zwei Steinwürfe weiter auf der Fläche des Seebodens thronte Cooky, der Tracker, hoch zu Roß, krumm wie immer, kaum über den Hals seines Reittieres hinausragend, aber ganz mit ihm verwachsen.

Wir schwiegen uns eine Weile lang an, wie es die gute Sitte erfordert. Noch hatten uns die beiden Männer nicht ein einziges Mal angeblickt.

Schließlich eröffnete ich das Gespräch: »Ich dachte, Warrakalanna, wir hätten uns vorzüglich miteinander vertragen und wären gute Gefährten geworden. Statt dessen läßt du uns einfach im Stich, du und Kittakittaooloo – und Snowy habt ihr auch noch mitgenommen, obwohl sich Pete MacGregor große Mühe gegeben hat, aus ihm einen guten Stockman zu machen. Schließlich habt ihr auch noch eure Frauen und Kinder gerufen. Was sollen wir davon halten?«

Jetzt fuhr der Boß fort: »Wollt ihr wieder von Feldkost leben? Ohne Tee, Mehl, Rosinen, Zucker? Und Streichhölzer? Eure Weiber werden sehr unzufrieden sein. Und ihr werdet keinen Tabak haben. Meine Pferde und Sättel habt ihr mitgehen heißen. Ihr wißt ganz genau, daß die Polizei sie wieder herbeischaffen würde, früher oder später. Der Berittenen Polizei entgeht niemand. Jeder würde sagen, wenn er euch im Sattel sähe: gestohlene Sättel, gestohlene Pferde – sie haben ja unser Brandzeichen. Ihr würdet also die Pferde schlachten und aufessen. Wollt ihr dann wieder Känguruhs jagen und Wallabies und euch Schlangen rösten? Habt ihr den Verstand verloren?«

Wir hatten laut und langsam sprechen müssen, um den weiten Abstand zwischen uns zu überbrücken. So mochten die Worte drohender geklungen haben, als sie gemeint waren. Die beiden Schwarzen starrten noch immer vor sich in den Sand. Wir schwiegen lange. Ob die beiden uns überhaupt verstanden hatten? Sie brauchten uns nicht, wenn sie zu Feldkost und Nacktheit zurückkehren wollten – aber wir brauchten sie. Sie erhielten für den Verzicht auf ihre angestammte Welt geringen Lohn in bar, der schnell an die Station zurückfloß, simple Nahrung mit allerdings soviel Fleisch, wie sie haben wollten, und abgelegte Kleider. Wir dagegen erlösten aus dem Vieh, das auf den Steppen heranwuchs, große Gewinne. Ihre Welt verging, und unsere breitete sich aus. Vielleicht ahnten sie es.

Ich für mein Teil spürte es. Das ewige Unrecht des Stärkeren brannte mir auf der Haut. Hilflos verstrickt in Umstände und Entwicklung waren sie wie wir.

Die beiden verstanden sicherlich nicht, was mit ihnen gespielt wurde. Aber Jack O'Shonassy war keineswegs nur ein Reiter-Boß, Viehtreiber und Profitemacher; er war im Grunde, wie manche Australier aus der Never-never, ein nachdenklicher, um seine weitere Bildung bemühter Mensch mit offenen Augen.

Muty war es, der die Erstarrung durchbrach, die uns gefangenhielt: »Boß, Zucker gut, Tabak gut und Reiten auch. Ich Sattel stehlen? Ja! Aber ihr meinen Namen stehlen! Das ist wie Tod! Ich Warrakalanna und dies mein ›Vetter dritten Grades von Vaters Seite‹, Kittakittaooloo. Und Snowy nicht Snowy, sondern ›Mutter-Halbbruders zweiter Sohn‹ mit Namen Cadibarrawirracanna. Namen totschlagen, wie Mensch totschlagen.«

Der Boß zögerte nur einen Augenblick mit der Antwort: »Gut, Warrakalanna. So ist das bei euch. Du hast es mir nun gesagt. Aber wenn wir reiten und arbeiten, sind eure Namen zu lang. Es sind Fußgänger-Namen, Namen für walk-about. Bei uns aber schnelle Pferde. Sieh, meinen eigenen Namen: Boß, ganz kurz! Sieh, hier meines Freundes Namen: Jo, ganz kurz. Und meine Frau: Clare. Und Eddy, Pete, Andy, Johnny – alle Namen ganz kurz. Reiter müssen kurze Namen haben. Kitty ist gut; ist nur die Abkürzung von Kittakittaooloo. Snowy, das ist nicht unfreundlich, Schnee ist kühl und weiß und gutes Wasser. Wie ist sein wahrer Name? Cady und noch was dahinter? Ich denke, wir bleiben bei Snowy. Und du selbst, Warrakalanna –. Ich werde dafür sorgen, daß du künftig nur noch Warra gerufen wirst. Ist das gut genug, Warra?«

Ein langes Schweigen folgte. Dann erhob Warra abermals die Stimme: »Gut genug, Boß! Aber du von jetzt ab immer Rationen austeilen. Koch hat nichts uns zu sagen, Boß!«

Der Boß tat, als sei er erstaunt: »Der Koch? Weißt du das noch gar nicht? Der Koch ist gar nicht mehr da. Er hatte zuviel Furcht vor dir. Er ist fort, zurück nach Cloncurry, von wo er gekommen ist.«

Warras Verdutztheit wirkte beinahe erheiternd. Auch ich war überrascht. Der Koch war noch nicht entlassen. Worauf wollte der Boß hinaus? Wollte er sich die Trennung von Johnny Hacton etwas kosten lassen? Offenbar – er würde auf seinem vollen Gehalt und seinem Unterhalt bis zum Ende unserer Saison bestehen. Wenn schon, so sagte ich mir gleich, was bedeutete dieser Betrag im Vergleich zu den Summen, die auf dem Spiel standen, wenn wir mit der Vieharbeit nicht rechtzeitig fertig wurden, wenn ein paar hundert schlachtreife Jungochsen weniger als vorgesehen zum Endpunkt der Eisenbahn im Westen Queenslands getrieben werden konnten! Die Abfindung des Kochs bliebe im Vergleich dazu eine kaum ins Gewicht fallende Bagatelle! (Wie sich später herausstellte, war ich mit dieser Überlegung auf dem richtigen Wege.)

Warrakalanna gab sich nun deutlich schuldbewußt, er war überspielt. Nur stammelnd brachte er hervor: »Koch nicht mehr da, Boß?«

»Nein, ich sagte es ja. Die Rationen teilt jetzt Andy aus, mein Stellvertreter. Nicht ich. Ich bin der Boß!«

Er war der Boß! Jetzt mehr als je zuvor. Die beiden Schwarzen saßen wie versteinert, blickten ins Leere. Keiner von uns rührte sich. Der Boß ließ die beiden hocken, bis ihnen gewiß der Boden unter den Füßen brannte.

Schließlich fuhr Jack O'Shonassy fort, im Ton alltäglicher Anweisung: »Also, Warra und Kitty, es bleibt dabei: ihr seid meine Stockmen bis zum Ende der Viehmusterung, bis wir das Vieh an den Treiber übergeben haben. Ihr wandert jetzt mit Frauen, Kindern und Snowy zum Camp zurück. Doch nicht zu schnell, damit Weiber und Kinder keinen Schaden leiden. Der Tracker, Jo und ich reiten voraus. Bei Pumpe III ist viel zu tun. Ich bringe dann die Weiber und Kinder mit dem Lastwagen auf die Station zurück. Die Weiber kriegen je ein Schultertuch von meiner Frau, die Kinder ein Säckchen Würfelzucker. Und die Lastwagenfahrt!«

Die Reise auf dem offenen Lastwagen – kein größeres Glück und Geschenk für die Weiber und Kinder (im Zweifelsfall auch für die Männer!) war denkbar. Was bedeutet schon die ganze Freiheit in der Never-never, die mühselige, gegenüber dem Entzücken, das eine einzige Autofahrt bereitet!

Völlig ungeklärt blieb nur die Frage, was der Speer durch Jacks – nur vorgetäuschten – Schlafsack bedeutet hatte. Solche Fragen läßt man auf sich beruhen. Sie werden durch die Ereignisse überholt.

Zehn Minuten später waren der Boß, der Tracker und ich schon wieder auf dem Rückmarsch. Wir ließen die Pferde kantern. Wir brauchten nicht aufzupassen; sie hatten sofort begriffen, daß es wieder heimwärts ging. Sie brauchten nicht getrieben zu werden.

Wir erreichten nach einer ausgiebigen Nachtruhe das Camp so frühzeitig, daß der Boss den Koch mit Sack und Pack zur Station bringen konnte. Die Abfindung hatte er ihm nur zugesichert gegen die Verpflichtung, sich in Camoeweal, Mount Isa oder Cloncurry nach einem Ersatzkoch umzusehen. Das nahm der Koch zwar nur auf sein Wort, aber das genügt in der Never-never, es sei denn, daß man sich für immer unmöglich machen will. Unter den wenigen Weißen, die sich alle kennen, bleibt auf die Dauer nichts verborgen.

Ich bin dann noch vier Wochen lang mit Warrakalanna – für mich blieb er Warrakalanna und nicht Warra – »hinter dem Vieh« geritten. Jede Nacht tanzten mir die Sterne etwas vor, hoch über mir, bevor ich einschlief. Dann tauchte der Ersatzmann auf, für den ich den Lückenbüßer gespielt hatte.

Der Boß sagte zu mir, als wir uns trennten: »Du kannst jederzeit wiederkommen, Jo. Es wird immer ein gutes Pferd für dich bereit sein.«

Aber Warra hat etwas gesagt zum Abschied, was mir noch mehr wert war: »Warrakalanna nicht gern mit neuer Stockman reiten, Jo.«

Das wäre also meine erste Geschichte. Sie spielt auf gewisse Fragen an, die uns nicht erst seit gestern beunruhigen, und sie hat auch ein wenig Menschlichkeit. Aber sie hat auch – scheint mir – einen Nachteil, den wahrscheinlich die meisten Geschichten dieser Art haben werden: sie spielt in einer dem Mitteleuropäer so total unvertrauten Landschaft, gehört auf eine so unbekannte Bühne, daß der Schreiber viele Seiten auf die Schilderung der Szenerie verwenden muß, ehe er die Schauspieler vorstellen kann. Aber nichts scheint mir verfehlter zu sein, als den Leser über den Schauplatz des Geschehens im Zweifel zu lassen.

Als zweite sollte ich nun wohl eine Geschichte wählen, die zu dieser ersten in einem möglichst aufregenden Widerspruch steht.

Versuchen wir es einmal mit der Geschichte meiner Bekanntschaft mit einer der reichsten Frauen der Welt. Obgleich die Hauptbeteiligten inzwischen diese den Reichen nicht mehr wohlgesonnene Erde für immer verlassen haben, verschweige ich die echten Namen, um unbefangener berichten zu können.

Als ich zum erstenmal bei der alten Mrs. Noreaster zu Gast war, habe ich tatsächlich, wie im Märchen, mit goldenem Besteck und

Von goldenen Tellern

gegessen. Hinter dem Stuhl eines jeden Gastes, wie hinter dem der Gastgeberin, stand stumm ein dienstbarer Geist in Gestalt eines Dieners aus dem Lande der aufgehenden Sonne in dunkelblauer Livree, der sich nur bewegte, wenn die Toasts zu reichen, Teller fortzunehmen oder die Artischocken anzubieten waren.

Wir saßen um die riesige, spiegelblanke Platte des massiven Mahagoni-Tisches so weit voneinander entfernt, daß ich mich anfangs bezähmen mußte, nicht ungebührlich die Stimme zu erheben, wenn ich etwas zu sagen hatte. Und ich hatte möglichst viel und möglichst Amüsantes zu sagen und zu erzählen, denn dazu war ich eingeladen worden.

Und damit, daß ich viel zu erzählen hätte und überhaupt ein sehr unterhaltsamer Mensch sei, hatte meine alte Freundin Marcelle der unmenschlich reichen und unmenschlich gelangweilten Mrs. Noreaster, ihrer Stiefmutter, den Mund wässerig gemacht. Mir lag viel daran, meine sehr verehrte Marcelle nicht im Stich zu lassen oder gar zu blamieren.

Wenn nur der Tisch nicht so riesengroß gewesen wäre, der ungeheure Kristall-Kronleuchter nicht so bedrohlich gerade über meinem armen angestrengten Kopf gehangen hätte, wenn mich nur die lautlose Bewegung der Diener um den Tisch her, die starre Miene des Oberdieners hinter dem hochlehnigen Stuhl der blassen Gastgeberin, die in Besorgnis und Wichtigkeit erstarrten Züge der Hausmeisterin, Gesellschafterin und Betreuerin der Milliardärin nicht fortgesetzt irritiert hätten! Es war eine schweißtreibende Aufgabe, unter solchen Umständen die erwartete Unbefangenheit vorzutäuschen.

Abgesehen von unseren Stimmen – es sprach selbstverständlich immer nur einer, wie es sich gehört, und das gleichbleibend gedämpft – war es, wie mir immer wieder in den kurzen Pausen des Gesprächs merkwürdig beunruhigend zu Bewußtsein kam, in dem weiten, hohen Speisesaal des Hauses, nein, Schlosses, und erst recht in seinen vielen Hallen, Gängen, Räumen, Treppen und Galerien, vollkommen still. Kein Laut schien die schweren Mauern je durchdringen zu können. Und vor ihnen und um sie herum schlief der riesige Park, ein Wald, kunstvoll gelichtet, um schöne Fernblicke und freundliche Landschaften anzubieten – aber ganz ohne Menschen, von einer fünf Meter hohen, meilenlangen

Mauer eingehegt, die Tag und Nacht von bewaffneten Männern mit ungemütlichen Hunden abgeschritten wurde, um alle »Unbefugten« in respektvollem Abstand zu halten.

In dem ganzen riesigen Palais der Noreaster, über den Wälderhügeln eines der alten Staaten im Osten Nordamerikas, vollkommene Stille! Die Wirtschaftsräume und die Quartiere der Bediensteten waren jenseits der hohen Mauern so vollkommen von den herrschaftlichen Bezirken abgeschirmt, daß aus diesen alltäglichen und gewöhnlichen Bereichen kein unangemessener Laut die lastende Ruhe des Schlosses stören konnte.

Die kluge und gütige Marcelle, meine verehrte, langjährige Freundin, hatte mich gewarnt: »Mama leidet unter der ständigen Furcht, daß man etwas von ihr wollen könne. Sie meint, sie werde noch einmal Hungers sterben müssen. Ich habe ihr also gesagt, A. E., daß du ein sehr wohlhabender Mann seiest. Das hat sie beruhigt und den Ausschlag gegeben, dich, nach meiner glühenden Schilderung deiner unwiderstehlichen Persönlichkeit, zum Abendessen einzuladen. Also, bitte, benimm dich so wohlhabend, wie du kannst! Wenn Mama sich in dieser Hinsicht überzeugen läßt, kann sie sehr reizend sein. Ansonsten ist die Atmosphäre bleiern im Palais Noreaster.«

»Gut, Marcelle«, hatte ich erwidert, »ich frisiere mich also auf wohlhabend. Ich wollte, ich wäre es wirklich.«

Marcelle entgegnete auf ihre trockene Art: »Du siehst mir viel weniger nach Verhungern aus als Mama. Ich habe auch nicht den Eindruck, daß du in Zukunft verhungern wirst.«

Hoffentlich behält sie recht, die gute Marcelle Mittenberger, geborene Noreaster. Noch ist nicht aller Tage Abend! Marcelle allerdings liegt seit vier Jahren schon unter dem grünen Rasen, und ihre Söhne sind eifrig damit beschäftigt, ihr vieles Geld in unklugen Geschäften zu vertun. Ich habe den Burschen, die sich nie recht entscheiden konnten, ob sie nun eigentlich Deutsche oder Amerikaner sein wollten, nicht viel abgewinnen können, und Marcelle wußte es. Sie wunderte sich selbst oft genug über ihre »oberbayrischen New Yorker«, wie sie sie zu nennen liebte.

Nun saßen wir also zu viert um den riesigen Eßtisch und zelebrierten das Dinner, anders kann man es nicht nennen: Mrs. Jenifer T. Noreaster am Kopf des Tisches, ihr gegenüber Marcelle, ihr zur Linken an der Längsseite Miß Brittle, Nancy genannt, die Gesellschafterin, Pflegerin, Betreuerin, Vertraute und Blitzableiterin. Dieser äußerst vielseitigen Person, der man schwerlich ansah, wie viele komplizierte Rollen sie gleichzeitig zu spielen hatte, saß ich gegenüber und berichtete beflissen von den Delphinen in der großen Marina in Miami Beach, Florida, die ich vierzehn Tage zuvor in ihrer unheimlichen Geschicklichkeit und Intelligenz bewundert hatte. Der japanische Diener hinter Miß Brittles Stuhl hörte so angestrengt zu, daß er ihren leergelöffelten Suppenteller übersah; eine ungeduldige Handbewegung der für das Funktionieren des großen Hauses zuständigen ältlichen Dame rief den Sohn des Fernen Ostens energisch zur Ordnung.

Auch die alte Frau am Kopf des Tisches schien meine Schilderung sehr kurzweilig zu finden und lauschte mit einigen verwunderten »Achs« und »Ohs« offenbar gern meinen Worten. Marcelle zwinkerte mir belustigt und mitverschworen zu. – Ein prächtiges Wesen, diese Marcelle! Ich habe ihr mehr als einmal gesagt: »Wenn du ein Mann wärst, mit dir könnte man Pferde stehlen gehen. Vielleicht könnte man das sogar, ohne daß du ein Mann bist.« Worauf sie dann nichts weiter als ein »Sure, you could!« von sich gab. –

Ich muß nun allmählich verraten, wie es dazu kam, daß ich Marcelle kennenlernte und wie es geschah, daß sie mich bei ihrer Stiefmutter, der zweiten Frau ihres Vaters, einführte. Sonst, fürchte ich, glaubt man mir die ganze Geschichte nicht. Ich habe im Jahre 1932 nach einer ausgedehnten und gründlich vorbereiteten Reise durch die USA, eine Studie über die Zustände in Amerika zur Zeit der großen Wirtschaftskrise veröffentlicht, der ich, etwas zu großartig, den Titel »Amerika: Untergang am Überfluß« gegeben hatte. Ich meinte den Untergang des Amerikas der Pioniere, der freien, großen Räume, der stets und großzügig sich lohnenden harten Arbeit und Bemühung des freien Einzelgängers. Überproduktion, Überfluß an Millionen von Menschen, die in einer sich ständig stärker technisierenden und rationalisierenden Wirtschaft nicht mehr gebraucht wurden, das Überhandnehmen eines reinen Profitdenkens, die unweigerlich sich vollziehende Ausklammerung von großen Gruppen zum Teil alteingesessener amerikanischer Menschen nicht nur aus dem Produktionsprozeß, sondern – was mir noch schlimmer schien – aus dem Bewußtsein der übrigen Nation. – Das schienen mir die Tatbestände zu sein, welche in der großen Krise krass ans Tageslicht gedrungen waren. Ich hatte mich bemüht, die Dinge nicht nur sachlich, sondern am gelebten und erlittenen Einzelfall darzustellen.

Das Buch erlebte 1932 nur eine Auflage von etwa 12000 Exemplaren. Wir hatten in Deutschland mit anderen Schwierigkeiten mehr als genug zu tun, zählten unsere Arbeitslosen nach Millionen und bangten einer ungewissen Zukunft entgegen. Das Buch fand in Fachkreisen zum Teil vorsichtige Zustimmung, zum Teil wurde es mit erstaunlicher Wut abgelehnt, so zum Beispiel von dem damaligen Rektor der Berliner Handelshochschule, Professor Bonn.

Man vermochte sich damals in Deutschland noch nicht vorzustellen, daß das »reiche Amerika« jemals am Ende seines Lateins ankommen könnte. Bald wurde dann auch dieses Buch von der »Machtübernahme« verschlungen.

Viele Briefe habe ich damals empfangen, eigentlich nur zustimmende, handelte es sich doch in fast allen Fällen um Leute, die Amerika als Auswanderer kennengelernt hatten, sei es, daß sie »drüben« geblieben, sei es, daß sie enttäuscht wieder zurückgekehrt waren. Sie hatten am eigenen Leibe erlebt, wie das Land der unbegrenzten Möglichkeiten sich von unten her gesehen ausnimmt.

Einer dieser Leserbriefe fiel völlig aus dem Rahmen. Da schrieb eine gewisse Marcelle Mittenberger, daß sie über die Verhältnisse in der amerikanischen Gesellschaft, soweit es sich um die oberen Zehntausend handelte, sehr gut Bescheid wisse, denn sie sei eine geborene Noreaster, und ich wüßte ja wohl, was dieser Name nicht nur in den USA bedeutete. Sie habe sich aber von jeher intensiv um die Zustände in den unteren Schichten ihres Volkes bemüht und könne bestätigen, daß die Darstellungen meines Buches mit der Wirklichkeit nur allzugut übereinstimmten. Sie sei froh, daß nun in deutscher Sprache ein so ungeschminkter und wahrheitsgemäßer Bericht erschienen sei – und ob ich ihr nicht die Freude machen wolle, sie und ihren Mann zu besuchen, falls mich demnächst mein Weg nach München führen sollte.

Aus dem temperamentvollen Schreiben in sorglos verdrehtem Deutsch ging hervor, daß ich für diese vollblut-amerikanische Leserin – mochte sie auch kein Professor für Wirtschaftswissenschaften sein – durchaus ins Schwarze getroffen hatte. Sie hatte allen deutschen Professoren und Handelsredakteuren voraus, daß sie im Zentrum der amerikanischen Welt groß geworden war, daß sie »inside out« wissen mußte, was in den Bezirken der wahren Mächtigen Amerikas gedacht und gefühlt wurde.

Denn die Noreasters sind eine der »großen amerikanischen Familien«, die noch heute eines der größten Industrie-Imperien der Welt beherrschen. Sie pflegen gewöhnlich nur zu erklären, daß alle Darstellungen ihrer Vergangenheit und gegenwärtigen Geschäfte nicht stimmen, ohne sich auf nähere Erläuterungen einzulassen.

Die Anfänge des heute weltweit verzweigten Konzerns reichen bis 1800 zurück, als die Französische Revolution und die ihr folgenden Jahre, die der Name Napoleon kennzeichnet, manch einen Sohn aus bester europäischer Familie – und viele andere von weniger ausgezeichneter Herkunft – über das große Wasser nach Amerika spülten. Die Noreasters hatten schon in Europa etwas bedeutet und hatten fliehen müssen, nachdem sie im politischen Spiel auf die falsche Karte gesetzt hatten.

In Amerika setzten sie von Anfang an nicht auf die falschen Karten, das heißt, eigentlich war es nur einer von ihnen, der sich einfallen ließ, wie man das gerettete Kapital lukrativ anlegen konnte; die anderen, Vater und Brüder, hängten sich an. Mit eiserner Konsequenz warf man sich auf ein damals unentbehrliches Produkt, das noch nicht in Amerika hergestellt werden konnte, dessen Rezept man aber mitgebracht hatte. Mit Kleinigkeiten gab man sich nicht ab, lieferte nur im Großen, lieferte an die Regierung, die gern dafür bezahlte, von stets gefährdeten Einfuhren unabhängig geworden zu sein. Die Noreasters wurden reich und bald so reich, daß ihnen auch politisch kaum noch ein Hindernis in den Weg gelegt werden konnte. Und stets blieben sie darauf bedacht, daß die Familie uneingeschränkt im Eigentum der sich ständig ausbreitenden Unternehmungen verankert blieb. Alle Kommandostellen blieben durch Generationen bis weit in dieses Jahrhundert hinein mit Noreasters besetzt. Und alle diese stolzen Noreasters wurden und waren sehr reich, das alte Sprichwort »Wo Tauben sind, da fliegen Tauben zu« prächtig bestätigend.

Unermeßlich reich aber wurde ein Noreaster erst, als um die Jahrhundertwende das weitgespannte Unternehmen in Schwierigkeiten geriet. Zuviel Tradition war in gut hundert Jahren angehäuft worden, und allzu überzeugt waren führende Familienmitglieder gewesen, daß Leute ihres Namens nichts falsch machen könnten. Einer der jüngeren Männer des Hauptstamms der Noreasters erkannte, daß die alten eingefahrenen Wege der Produktion und Unternehmensführung in einer Sackgasse endeten, bemächtigte sich mit ein paar kühnen Manipulationen der Mehrheit der Anteile – manch einer der Onkel und Vettern war froh, seinen Teil am Familienbesitz noch rechtzeitig und zu erträglichem Preis loszuwerden –, und begann, die Produktion in allerneueste Gebiete der Forschung hinein aufzufächern, sehr zum Entsetzen, ja, Abscheu der Älteren, die es für unter ihrer Würde hielten, etwas anderes zu produzieren als das »klassische« Erzeugnis der Noreasterschen Betriebe in seinen verschiedenen Variationen, und dies dann nach den »bewährten Methoden des Absatzes« zu verkaufen.

Der junge Adrian J. Noreaster – nennen wir ihn so – muß die Reinkarnation seines hundert Jahre früher geborenen Vorfahren, des Firmengründers, gewesen sein. Mit untrüglichem Instinkt wußte er die geschäftlichen Möglichkeiten der neuen Produkte zu erkennen und den großen amerikanischen, und bald auch den Weltmarkt, damit zu beglücken. Er ersann neue Methoden des Absatzes und der Organisation, zahlte Riesensummen für neue Patente und verdiente noch viel riesigere Summen an ihrer geschickten Verwertung. Da er auf seinem Gebiet der erste war und die heraufdämmernde Zeit des Massenkonsums, der Standardisierung, Technisierung und Rationalisierung aller Produktionsprozesse erstaunlich früh begriff, vermochte er in seiner Branche, die nicht zuletzt durch ihn Ziel und System gewann, den Rahm abzuschöpfen.

Wieder hatten sich die Noreasters mit einem gewaltigen Sprung an die Spitze der industriellen Entwicklung gesetzt und waren für die nächsten fünfzig Jahre, bis in unsere Gegenwart hinein, nicht mehr zu schlagen.

Adrian J., wie er allgemein in der Familie genannt wurde, der alleinige Anreger und Antreiber dieser Entwicklung, vermochte beim besten Willen nicht zu verhindern, daß er schier sagenhaft reich wurde. Der starke, manchmal engstirnige Familiensinn, der die Firma bis dahin zusammengehalten hatte, bewährte sich auch an ihm. Mit Vorliebe berief er Mitglieder der längst vielfach verzweigten Großfamilie in die führenden Stellungen des Konzerns. Aber bald nahmen die Unternehmungen einen solchen Umfang an, gliederten sich so hundertfältig auf, daß man nicht mehr genügend geeignete Noreasters fand, um die leitenden Positionen angemessen zu besetzen. Und Dummköpfe konnte Adrian J. selbst dann nicht gebrauchen, wenn sie auf den goldenen Namen hörten.

Adrian J. hatte also selbst für die damaligen amerikanischen Verhältnisse, die den Zusammenfluß großer, halb produktiv, halb spekulativ gewonnener Vermögen einmalig begünstigten, ganz außerordentliche Erfolge aufzuweisen. Dies war, wie stets und überall, nicht ohne die konsequente Ausbeutung großer Gruppen von Mitarbeitern abgegangen, was keineswegs zu bedeuten braucht, daß diese Gruppen sich ihrer wohlorganisierten Ausnutzung auch bewußt waren; ihr Entgelt reichte auch für sie zum Leben; die »Mehrwerte«, die sie erzeugten, kamen jedoch ausschließlich Adrian J. zugute. Es war die große Zeit des »rugged individualism«, des bedenkenlosen Hoch-Kapitalismus.

Adrian J. fing an, Rembrandts, Tizians, Tintorettos, kostbare Porzellane, seltene, alte Wandteppiche einzukaufen, mit ebensoviel Geschick wie untrüglichem Geschmack – war er doch kein amerikanischer Neureich, kein Emporkömmling oder Selfmademan obskurer Herkunft, sondern ein hochgezüchtetes Reis bester europäischer Familie, das sich in der starken, noch nicht ausgelaugten Erde Amerikas besonders kräftig entfaltet hatte. Eines allerdings wollte Adrian J. nicht gelingen: einen Sohn zu zeugen. Seiner ersten Ehe entsprangen nur Töchter, als jüngste meine spätere Freundin Marcelle. Als er nach dem frühen Tod seiner ersten Frau, der Mutter Marcelles, zum zweitenmal heiratete – ein Mädchen, nicht viel älter als seine älteste Tochter, das er sich entgegen der Familientradition in durchaus nicht »ebenbürtigen« Kreisen ausgesucht hatte, blieb diese zweite Ehe zu seinem Kummer und in peinigender Enttäuschung, kinderlos.

Um so mehr überhäufte Adrian J. die jüngste Tochter Marcelle aus erster Ehe mit seiner Liebe, schien doch an ihr ein Knabe verlorengegangen zu sein. Das Mädchen war auf beinahe aggressive Weise unternehmungslustig, war bei all ihrer kräftigen und kernigen Anmut überaus intelligent, schnell und selbstsicher, war vielleicht, wie es manchmal kommt, in vollkommenerem Maße das Abbild des Vaters und des Ahns aus der zweiten Hälfte des achtzehnten Jahrhunderts, als es ein Sohn gewesen wäre.

Marcelle hätte sicherlich das Zeug dazu gehabt, auch im Geschäftlichen der Juniorpartner ihres Vaters zu werden. Aber dergleichen war damals in der obersten Oberschicht der europäischen und sogar mehr noch in der amerikanischen Gesellschaft völlig undenkbar.

Das Mädchen erkannte früh, daß es in einen goldenen Käfig hineingeboren war, der ihr einerseits alle erdenkbaren Annehmlichkeiten bot, ihr aber andererseits nur wenig Bewegungsfreiheit ließ. Was durften »Mädchen aus erstem Hause« schon unternehmen – außer standesgemäß zu heiraten, Kinder zu kriegen und ihrem Manne ein großes Haus zu führen? Sie durften sich mit Kunst beschäftigen, mit Musik, mit – natürlich nur der »schönen« – Literatur. War ihr Betätigungsdrang damit noch nicht befriedigt, so durften sie sich, freilich erst, wenn sie zuverlässig verheiratet waren, mit karitativen, fürsorgerischen Aufgaben die Zeit vertreiben, wenn irgend möglich, indem sie Wohltätigkeitsbälle veranstalteten oder Waisenhäuser unterstützten und gelegentlich besuchten. Allerdings hatte man sich par distance zu halten und die Glacéhandschuhe, die langen, bis über die Ellenbogen reichenden, dabei keinesfalls auszuziehen.

Als Marcelle den Mädchenjahren entwachsen war, ergab es sich unausweichlich, daß sie gegen die Verhältnisse revoltierte, in die sie hineingeboren war. Stets hatte sie ihren Willen bekommen – und nun sollte sie sich bis ins Allerprivateste nach Vorstellungen richten, die ihr ebenso willkürlich wie absurd erscheinen mußten. Marcelle war unter den Schwestern die einzige, die gegenüber den starren und hochmütigen Ansichten der Stiefmutter ihre Wünsche beim Vater gelegentlich durchzusetzen vermochte. Jetzt wollte sie Kunstgeschichte nicht nur spielerisch und dilettantisch betreiben, sondern gründlich studieren, wollte »Wohltätigkeit« nicht nur aus der Ferne, mit dem Scheckbuch und durch Vermittlung des Sekretärs ausüben, der in Vaters Privatbüro dafür angestellt war, sondern unglaublicherweise erforschen, warum Wohltätigkeit überhaupt nötig war, in einer Welt, in der sie selbst den ganzen Tag Kuchen essen und in Schlössern, angefüllt mit Kunstschätzen jeder Art, wohnen konnte.

Novarum rerum cupida, auf neue Dinge stets begierig war sie mit genau der gleichen Besessenheit, die den Vater zu seinen unerhörten Erfolgen geführt hatte. Nun aber stieß diese Lust an der ungewöhnlichen Aktion mit dem Vater zusammen, konnte nicht mehr als vergnügte oder bizarre Laune eines geliebten Kindes belächelt und gestattet werden. Adrian J. war gealtert. Die gesellschaftlichen Vorurteile und der fashionable Hochmut seiner zweiten Frau hatten auch ihn beeinflußt. Sein starr gewordener Wille, der nirgendwo mehr Widerspruch erfuhr, stieß mit dem jugendlich ungestümen, im Grunde ebenso starken Willen der Tochter zusammen. Es kam zu dem damals einzig möglichen Kompromiß: Gut, sollte Marcelle studieren, sollte sie sich um die Verhältnisse in den Arbeitervierteln und Elendsbezirken der Industriegebiete kümmern – aber zuvor mußte sie heiraten! In »unseren Kreisen« darf nur eine verheiratete Frau sich dergleichen gestatten; nur so kann sie vermeiden, daß sie und ihre Familie »unmöglich« werden.

»Weißt du, A. E.«, sagte Marcelle mir später, wenn wir wieder einmal auf die Jahre vor dem Ersten Weltkrieg zu sprechen kamen, auf jene Welt, in der sie damals lebte, eine heute ganz unglaubhaft gewordene Welt, zu der kaum noch eine Brücke des Verständnisses zurückführt, »weißt du, A. E., ein Mädchen konnte sich damals kaum bewegen. Gut, sagte ich also zu meinem Vater, wenn ich erst heiraten muß und dann erst machen und erleben darf, worauf ich aus bin, dann heirate ich eben! Das muß man ja auch probiert haben. Später, wenn der Mann seinen Zweck erfüllt hat, kann ich ihn wieder verabschieden. Merkwürdigerweise protestierte mein Vater nicht gegen diese selbstherrlichen Absichten. Es war ihm wahrscheinlich längst zum Prinzip geworden, andere Menschen lediglich als Mittel und Werkzeuge zu betrachten und zu behandeln; man legte sie kühl und leise wieder ab, wenn man sie nicht mehr brauchte. Ich heiratete also einen passenden Mann aus meiner Kaste, den mir Vater verordnet hatte. Ich weiß kaum noch, wie er hieß. Auf die sogenannten ehelichen Pflichten war ich weder vorbereitet, noch gesonnen, mich ihnen zu unterwerfen. Ich fand den Mann angezogen zur Not sympathisch, ausgezogen aber nur komisch. Die ganze Sache ging sofort schief, was mich wenig aufregte; auch ihn übrigens nicht; er hatte immerhin eine echte Noreaster geheiratet – und ich konnte mich endlich mit der aufregenden Welt außerhalb der hohen Mauern um den Schloßpark befassen. Wir waren inzwischen längst in das Palais mit seinen vielen Zimmer umgesiedelt, weißt du, so ein Schloß Schönbrunn oder Fontainebleau oder Charlottenburg auf amerikanisch, mit weiten Terrassen nach französischer, ungeheuren schmiedeeisernen Parktoren nach russisch-zaristischer, Treppenhäusern und weiten Parksichten nach englisch-feudaler Art. Und jede Wand vollgehängt mit Originalen der klassischen Malerei, von denen jedes ein Vermögen gekostet hatte. Aber Kunst hat sich inzwischen als die beste und sicherste Geldanlage aller Zeiten erwiesen. Die erste Million ist immer die schwerste, hatte mir mein Vater schon immer gepredigt; die weiteren ergeben sich dann bei einiger Vorsicht und Umsicht beinahe von selber. Mama hat es mir natürlich nie ganz verziehen, daß ich das makellos polierte Bild, das, nach ihrer Meinung, Adrian J. Noreasters Familie darzubieten hatte, eigenwillig zu stören bereit war. Und wenn sie gelegentlich, auf ihre und meine alten Tage wieder mit mir verkehrt und von mir und meinen Freunden Notiz nimmt, so nur deshalb, weil auch das nach ihrer Ansicht zum Wohlverhalten einer Dame ›aus unseren Kreisen‹ gehört. Nach ihrer Meinung hat ein solches Wunderwesen ›race, class and elegance‹ zu haben. Wenn man das ins Deutsche übersetzt, so klingt es beinahe komisch: Rasse, Klasse und Eleganz; aber im amerikanischen Englisch haben die Begriffe einen höchst anspruchsvollen, keineswegs ironischen Klang.«

Das stimmte durchaus; es ist außerordentlich schwer und tückenreich, inhaltschwere Worte aus einer Kultursprache in eine andere zu übertragen. Das war für uns nicht neu, redeten wir doch meistens in zwei Sprachen miteinander, was oft genug zu einem wesentlich intensiveren Verständnis der Denkbilder des anderen beitrug, als wenn wir nur in einer Sprache diskutiert hätten. Dies letzte lange Gespräch liegt etwa fünf Jahre zurück. Wir ahnten damals beide noch nicht, daß die immer noch unverwüstlich scheinende Marcelle nur noch wenige Monate zu leben hatte.

Am Tage zuvor waren wir von einem unserer Besuche bei der »reichsten Frau der Welt«, wie wir die Witwe von Adrian J. mit heiterem Spott zu nennen pflegten, zurückgekehrt, und Marcelle hatte Spaß daran gefunden, mit mir von den Jahren zu plaudern, in denen wir uns kennengelernt hatten, und dabei war sie auch auf ihre Vorgeschichte zu sprechen gekommen.

Sie hatte sich wirklich in den Jahren vor dem Ersten Weltkrieg (sie war fünfzehn Jahre älter als ich) in die soziale Arbeit gestürzt, zum Entsetzen ihres frisch erheirateten Gatten und ihrer Stiefmutter und zum Erstaunen ihres Vaters. Sie hatte aber nach einem wahrscheinlich sehr strapaziösen Jahr den Spaß daran verloren. Die Armen und die Elenden, so bekannte sie mir, seien nach den Erfahrungen, die sie damals habe sammeln können, weder besser, gütiger, sympathischer als die Reichen und Mächtigen, noch seien sie weniger selbstsüchtig oder weniger gierig auf verdiente oder unverdiente Vorteile. Eher sei das Gegenteil richtig: je ärmer und elender jemand sei, desto erbitterter und bösartiger müsse er auf Gewinn und Vorteil bedacht sein. Armut sei also, mit anderen Worten, keine Tugend, und da sie es nicht sei, könne sie auch kein besonderes Mitgefühl beanspruchen. Es sei lediglich eine Ordnungsaufgabe des Staates, extreme Armut abzufangen, um Rebellion und Vergehen gegen das Eigentum anderer zu verhindern. Nur nachweislich unverdiente Not verdiene Aufmerksamkeit. Davon gebe es aber gar nicht viel; nur in einem solchen Fall bestehe ein echter Anspruch der Benachteiligten an die Allgemeinheit – um der Gerechtigkeit willen. Aber gerade deshalb sei auch hier eine Verpflichtung des Staates, nicht der einzelnen Wohlhabenden gegeben.

So war Marcelle: sie hatte sich, ohne Rücksicht auf sich selbst oder ihre gepflegten Hände, in die Slums von Baltimore und Philadelphia gestürzt, um den Dingen auf den Grund zu gehen. Sie ließ sich kein X für ein U vormachen. Klar und kühl zog sie ihre Konsequenzen, von Schuld- oder geheimen Minderwertigkeitsgefühlen nicht eine Sekunde lang geplagt. Sie wandte sich anderen Dingen zu, und zwar dem Studium der Kunstgeschichte.

Kunstgeschichte in Amerika zu studieren, war damals, in den Jahren vor dem Ersten Weltkrieg, nicht besonders empfehlenswert; dazu mußte man nach Europa gehen, nach Paris, nach Rom. Marcelle ging nicht nach Paris oder Rom. Wie sie mir später mit all der manchmal sogar schneidenden Selbstironie, deren sie bis in ihre letzten Tage fähig war, erklärte, wollte sie es anders machen, als es »in unseren Kreisen« für angemessen gehalten wurde. Sie ging also nach München. Und sie verliebte sich auf der Stelle nicht nur in die alte Stadt an der Isar, sondern auch in die Münchener und die Oberbayern.

Marcelles Mann, der froh war, daß seine Frau ihre menschheitsbeglückende Phase verhältnismäßig schnell hinter sich gebracht hatte, war der unermüdlichen Tochter des Adrian J. Noreaster brav nach München gefolgt. Wahrscheinlich wird ihm die nach den enttäuschenden Erfahrungen ihres ersten ungehemmten Ausflugs in die nackte und meistens häßliche Wirklichkeit nun erst recht vor Wissensdurst und Tatendrang bebende Marcelle unheimlich gewesen sein. Aber was blieb dem Ärmsten anderes übrig; er hatte die Partie der Epoche gemacht, er hatte sich in sein wohlgepolstertes Geschick zu fügen, und Adrian J. bezahlte alles.

Erst in München lernte Marcelle begreifen, was Leben eigentlich heißt. Hier war sie nichts als Student unter vielen anderen. Nur für kurze Zeit ließ sie sich von der Erkenntnis außer Fassung bringen, daß hier niemand den Namen Noreaster kannte oder gar besonderen Respekt davor hatte. Sie war zum erstenmal nur sie selbst, gewiß ein bißchen interessant als Mädchen aus dem Fernen Westen, im übrigen aber hatte sie ihren Charme und ihre Intelligenz ohne jede Vorgabe an vielen anderen jungen Damen, die keineswegs Noreaster hießen, zu messen.

Marcelles Mann – ich habe seinen Namen nicht behalten, er war, wenn er überhaupt erwähnt wurde, eben nur der »erste Mann« – hatte sich ebenfalls an der Münchner Universität immatrikulieren lassen, freilich studierte er nicht Kunstgeschichte, sondern »Cameralia«, die damals noch gelehrt wurden. Er beabsichtigte, später in den Staatsdienst seines Landes zu treten.

Das hätte er nicht tun sollen, denn nun sah sich die reizende und hochmütige Marcelle dem lockeren Völkchen in den Hörsälen der Kunstakademie und der Universität ohne ehemännlichen Schutz ausgeliefert. Es geschah also, was früher oder später hatte kommen müssen: Marcelle entdeckte erst jetzt das weite Feld des Liebens und Geliebtwerdens, die Lust an Spiel und Gegenspiel, den Zauber der Hingabe und Wiederzurücknahme. Es müssen wunderbare Jahre voller Spannung und Farbe und Risiko gewesen sein, die Marcelle vor dem Ersten Weltkrieg in München erlebt hat. Man muß hier an das inzwischen längst verschollene Wort denken: Niemand weiß, was Leben heißt, der nicht vor dem Ersten Weltkrieg gelebt hat ... Marcelles Mann wird etwas dümmlich danebengestanden haben. Diesen Ausbund von Energie und Erlebensdurst, seine Frau, unter Kontrolle zu halten, Adrian J.'s Tochter, das wird er nicht einmal im Traum versucht haben. Außerdem wird er nicht umhin gekonnt haben, zuzugeben, daß Marcelle nie den Verstand und die Haltung verlor. Als Noreaster galt sie hier nichts – aber sie war eine.

Wie die Münchener Jahre und die Ehe mit dem »ersten Mann« ausgegangen wären, ist schwer zu sagen. Sie fanden ein vorschnelles Ende mit dem Ausbruch des Ersten Weltkrieges. Der besorgte Adrian J. rief Tochter und Ehemann ins sichere Amerika zurück. Der Vater war der einzige, dem Marcelle zu gehorchen wenigstens gelegentlich gewillt war. Außerdem unterschrieb Adrian J. die Schecks.

Marcelle hatte in Europa erfahren, was ein volles Dasein als Mensch und Frau wert ist. Die amerikanischen Verhältnisse, in die sie sich nun wieder zu schicken hatte, kamen ihr wie eine Verbannung vor. Wahrscheinlich erwartete auch der »erste Mann«, auf vertrautem Heimatboden endlich in seine vollen Rechte eingesetzt zu werden.

Marcelle aber hatte erst jetzt begriffen, wie weit die Beziehung zwischen den Geschlechtern, wie weltenweit insbesondere eine Ehe über das Zweckmäßige und Konventionelle hinausreicht oder hinausreichen sollte. Sie wandte sich mit all der Vehemenz, deren sie fähig war, gegen den »ersten Mann«, der sich ihr allmählich zum Inbegriff dessen ausgewachsen hatte, was an ihrer Erziehung, ihrer angestammten Umwelt, was an »Mama« und schließlich auch, was an ihrem um des Erfolges willen zu unheimlicher Kälte fähigen Vater falsch sein mußte.

Sie stieß jedoch weder bei dem »ersten Mann« noch bei ihrem Vater auf Gegenliebe, als sie mit der Forderung herauskam, die Ehe aufzulösen. Wenn schon, wie ihr Vater nicht müde wurde ihr klarzumachen, Ehen nur äußerst selten, wenn überhaupt je, den idealen Vorstellungen entsprächen, wie man sie sich als junger Mensch zu machen pflegte, so wollte sie fortan wenigstens ihre eigenen Fehler begehen, ihre eigene Wahl treffen, ihre eigenen Aufschwünge und Katastrophen erleben, nicht ihr von anderen zugedachte.

Es vergingen sechs zermürbende Jahre, bis sie endlich die Scheidung erzwungen hatte. Ihr Vater hatte ihr seine Liebe nicht gänzlich entzogen, ihr aber mit all der Konsequenz, deren er in wahrscheinlich noch höherem Maße fähig war als die Tochter, klargemacht, daß sie, als seine ungehorsame Tochter, künftig nicht mehr unbeschränkt über Geldmittel verfügen könne, daß sie in Zukunft auf eine relativ bescheidene Zuwendung angewiesen sein werde. Dies Geld würde ausreichen, ein Leben zu führen, dessen Zuschnitt für den großen Adrian J. nicht gerade kompromittierend sein würde.

Marcelle zuckte nur mit den Achseln. Die Summen, über die sie verfügen würde, waren nach europäischen Begriffen immer noch sehr beträchtlich. Sie hatte ja erlebt, wie großartig es sich in München für ärmliche tausend Dollar im Monat leben ließ. Tausend Dollar, das war damals – man schrieb schon das Jahr 1924, und Marcelle war inzwischen 35 Jahre alt geworden – noch zehnmal soviel Geld wie heute, und selbst bis vor kurzem war es noch ein ansehnlicher Betrag.

Nun war sie frei und strebte fort aus der als Last und Fessel empfundenen Krösus-Welt des Vaters, aus dem hundertzimmerigen Schloß mit seinen Wasserspielen à la Versailles, seinen Marställen, Remisen, Garagen à la Zarskoje Selo, seinen Schmiedetoren und Skulpturen à la Nymphenburg und seinen zahlreichen Rubens, Frans Hals, Canalettos und Holbeins, strebte aus diesem erstickenden Museum des eigenen Reichtums und der eigenen Machtfülle, zurück nach München, wo man jeden Tag neue, vergnügte Bekanntschaften schließen konnte und sich niemand, weder Papa noch Mama, noch Dutzende von Vettern und Tanten, darum kümmerte, ob es sich bei diesen Bekanntschaften auch um »die richtigen Leute« handelte.

Schon ein halbes Jahr, nachdem sie sich abermals in dem geliebten München niedergelassen hatte, heiratete sie Herrn Diplom-Ingenieur Dr. Ludwig Mittenberger – womit sie, ohne es zunächst zu merken oder gar beabsichtigt zu haben, im Bereich der väterlichen Vorstellungen verblieb. Mittenberger war Naturwissenschaftler von hohen Graden, hatte vor und nach dem Kriege in den Forschungslaboratorien der Noreaster-Betriebe in Altoona im Staate Pennsylvania gearbeitet und einige erstaunliche Erfindungen und Konstruktionen geliefert, die ihm erfreuliche Tantiemen einbrachten.

Die Verhältnisse und Lebensformen in Amerika hatten ihm jedoch auf die Dauer nicht behagt. Mittenberger war ein durch und durch europäischer Mensch, was damals noch bedeutete, daß er sich von einem Amerikaner, auch einem gebildeten, wesentlich unterschied (inzwischen haben sich diese Unterschiede in hohem Maße verwischt). Bei all seiner Leidenschaft für scharfes Nachdenken, logische Schlüsse und kühne technische Konstruktionen vermochte Mittenberger das Geld nicht für den einzigen Richtpunkt des menschlichen Daseins zu halten; es verstand sich für ihn noch von selbst, daß das Materielle nicht die allein entscheidende Rolle spielen durfte. Die Beschäftigung mit Physik und Technik bedeutete ihm im Grunde – er stammte aus einer kultivierten süddeutschen Gelehrten- und Kaufmanns-Familie – nur ein großes und anspruchsvolles Spiel, dem man sich mit echter Passion, aber niemals unter Einsatz von Kopf und Kragen hingab. Mittenberger war also seiner ganzen Anlage nach etwas, was im weiteren Verlauf des Jahrhunderts so gut wie völlig untergegangen ist; ein Grandseigneur, ein Herr.

In München hielt Mittenberger die Verbindung zur dortigen Vertretung der Weltfirma Noreaster locker aufrecht, worauf auch von der anderen Seite her Wert gelegt wurde. Dort begegnete er eines Tages durch blinden Zufall – gibt es »blinde« Zufälle wirklich? – einer Studentin der Kunstgeschichte, die ihm der Leiter des Büros als Marcelle Noreaster vorstellte (Marcelle hatte nach der Scheidung von dem »ersten Mann« wieder ihren Vatersnamen angenommen). Mittenberger hatte schon in Amerika von dieser jüngsten Tochter des allmächtigen Adrian J. gehört, und auch von ihren regelwidrigen Eskapaden. In allen großen Firmen wird in den Bereichen unterhalb der Geschäftsführung schrecklich viel geklatscht. Mittenberger hatte es also gar nicht vermeiden können, daß sich ihm ein bestimmtes und wahrscheinlich nicht sehr erfreuliches Bild der eigenwilligen Tochter des sagenhaft reichen Großunternehmers eingeprägt hatte. Statt dessen erlebte er nun ein warmherziges und immer noch schön und jugendfrisch wirkendes Geschöpf, das sogar anfangs gegenüber dem Wissenschaftler, der ihr dem Namen nach durchaus bekannt war, eine sie selbst befremdende Befangenheit nicht unterdrücken konnte.

Mittenberger dachte nicht daran, diese zufällige Bekanntschaft zu forcieren. Ihm lag nichts an Girls aus der amerikanischen Hochfinanz. Außerdem war er, so weltmännisch, wohlerzogen und aufgeschlossen er sich nach außen auch geben mochte, eigentlich eine sanfte Natur, in sich gekehrt und scheu. Zu einem in die Tiefe reichenden erotischen Engagement hatte er sich bis dahin nicht entschließen können, er hatte sich wohl auch dagegen gewehrt.

Marcelle war längst viel erfahrener als dieser Mann. Ihr sicherer Instinkt, ihr starker Wille entdeckten hier den passenden Partner, nach dem sie wahrscheinlich schon lange, bewußt oder unbewußt, gesucht hatte. Was sie verlangte, war eine hohe Intelligenz, eine ans Geniale grenzende Originalität im Beruflichen – und im ganz Privaten ein sanftes Wesen, das sie führen konnte und das sich ihrer formenden Liebe gern anheimgab. Dieser Ludwig Mittenberger – sie hatte es in den ersten fünf Minuten mit untrüglicher Sicherheit begriffen – war genau der Mensch, den sie als »mein Mann« erwartet und erhofft hatte. Denn Mittenberger war immer, wenn wir in seiner Abwesenheit von ihm sprachen und auch nachdem er gestorben war, für sie »mein Mann« – wie der andere eben nur der »erste Mann« gewesen war. »Mein Mann« in der ganzen Tiefe der Bedeutung, die diese zwei Worte für eine warme und echte Frau haben können – und haben sollten!

Ich habe Ludwig Mittenberger im Laufe der Jahre recht gut kennengelernt, wenn ich auch nicht behaupten kann, daß wir Freunde wurden. Er war nur einem Menschen ganz und gar zugetan: seiner Frau. Alle anderen Beziehungen blieben am Rande. Marcelle dagegen war durchaus zur Freundschaft fähig. Ich hatte den Vorzug und das Glück, diese ungewöhnliche Frau über drei Jahrzehnte, bis zu ihrem Tode, meine Freundin nennen zu dürfen. Ich glaube auch, mich in meinen Beurteilungen, in diesem Versuch, die seelischen Hintergründe aufzuhellen, nicht zu täuschen. Ludwig Mittenberger, Marcelle und ich – wir waren uns durch all die Jahre unserer Beziehung interessant genug, uns selber vielfach und vor allem schonungslos zu erörtern, sogar zu zerpflücken; – so wird schon einiges Zutreffende dabei herausgekommen sein.

Ganz gewiß war es in diesem Fall nicht der Mann, der sich die Frau eroberte, sondern es war die Frau, die den als »richtig« erkannten Mann für sich gewann. Ludwig gab das heiter zu: »Marcelle hat Energie und Verstand für zwei. Ich lasse mich gern von ihr regieren, befinde mich sehr wohl dabei!«

Das schloß nicht aus, daß er, besonders in den beruflichen Fragen, seine Entschlüsse mit ruhiger Bestimmtheit zu fassen wußte, die dann von Marcelle fraglos respektiert wurden. Die Sache war ganz einfach, wie ich bald erkannte: die beiden ergänzten sich großartig, liebten sich ohne Selbsttäuschung und Vorbehalte, bewahrten Haltung dabei und auch klugen Abstand von einander, schauten sich auch manchmal bei ihren vielfältigen Unternehmungen belustigt über die Schulter, freundlich-kritisch und heiter-ironisch – sie kannten sich gründlich und überraschten sich doch immer wieder von neuem. Sie schienen mir eine der gelungensten Ehen zu führen, die ich jemals erlebt habe.

Ludwig ist sehr erleichtert gewesen, als Marcelle ihn nicht darüber im unklaren ließ, daß er in ihr keineswegs die unermeßlich reiche Erbin zu sehen hatte, und daß die ihr ausgesetzte Unterhaltssumme vergleichsweise bescheiden war.

Adrian J. Noreaster war mit Marcelles Wahl nicht einverstanden. Für ihn waren Wissenschaftler und Techniker, mochten sie in der Praxis noch so unentbehrlich sein, nichts weiter als zumeist ersetzbare Handlanger der wahren Könige dieser Epoche, der großen Unternehmer. Nach Adrian J.'s Meinung wäre nur ein solcher Wirtschaftsfürst seiner Marcelle würdig gewesen – nachdem der »erste Mann«, der wenigstens aus der gleichen Schicht gekommen war, sich als nicht zureichend erwiesen hatte. Er liebte seine Marcelle, die er als sein nicht nur leibliches Kind, sondern auch als Erbe seines Geistes und seines Charakters anerkannte, was ihn freilich nicht hinderte, sie über seinen Tod hinaus spüren zu lassen, daß sie die Folgen ihrer ertrotzten Unabhängigkeit zu tragen hatte. Er vermachte ihr in seinem Testament – er starb, uralt, im Jahre 1948 – lediglich den fünfzigfachen Betrag ihrer Jahresrente, sicherte sie also bis in ihr hohes Alter nur auf eine nach seiner Meinung bescheidene Weise. In den Besitz seiner nach vielen Millionen Dollar zählenden weiteren Hinterlassenschaft sollten Marcelle und ihre Erben erst nach dem Tode seiner zur Haupterbin erklärten zweiten Frau, eben »Mamas«, gelangen.

Marcelle hat dieses Erbe niemals angetreten. »Mama«, die »reichste Frau der Welt«, hat in behutsamster und aufwendigster Pflege uralt werdend, ihre Stieftochter weit überlebt; sie lebt, da ich dies schreibe, noch immer, morsch, mürbe, äußerst zerbrechlich, ein schon verwehender, schon vergessener Hauch einer nie mehr wiederkehrenden Zeit. Ich habe sie nicht wiedergesehen.

Marcelle ergab sich mit Genuß der Wärme und Liebenswürdigkeit der guten Münchener Gesellschaft, in die ihr Mann sie einführte und in der sie bald anerkannt war. In dieser Gesellschaft hatte sich viel von jener österreichisch-wienerisch anmutenden Großzügigkeit und Weitherzigkeit erhalten, von der in Wien selbst kaum noch etwas anzutreffen war. Marcelle kam dazu, die im Bereich ihrer amerikanischen Welt geltenden Werte und Vorstellungen mit nüchterner Entschiedenheit abzulehnen, ja, überhaupt für keiner sinnvollen Diskussion mehr wert zu halten. Sie hatte zwar auf Vorschlag und Wunsch ihres Mannes, eines klugen Mannes, wie sich erweisen sollte, trotz der deutschen Ehe ihre amerikanische Staatsbürgerschaft nicht aufgegeben. Persönlich aber gab sie dem »European Way of Life« vor dem »American Way of Life« aus überzeugtem Herzen den Vorzug – gerade in dieser Rigorosität aber blieb sie wiederum ganz Amerikanerin.

Damals, nachdem sie in sieben Jahren ihre drei Söhne geboren hatte, stieß sie auf meinen Bericht über einige charakteristische Züge der großen amerikanischen Krise, jener Krise, die jetzt in der ersten Hälfte der siebziger Jahre erneut mit aller Schärfe auszubrechen droht, nachdem die Entwicklung sich um eine weitere Spiraldrehung fortbewegt hat. Es leuchtet hoffentlich ein, daß mich die Zustimmung einer völlig waschechten Noreaster, einer Frau aus dem innersten Herzen der amerikanischen Welt, nicht kalt lassen konnte. Marcelles Zustimmung bedeutete für mich, daß ich die amerikanischen Verhältnisse und Zusammenhänge richtig gesehen hatte; es kam mir, damals wie heute, mehr auf die menschlichen als auf die sachlichen Erscheinungen an. Ich akzeptierte also Marcelles Einladung nach München und machte mich bei meinem nächsten Aufenthalt in München mit den Mittenbergers bekannt. So begann unsere Freundschaft.

Mittenberger trat in den Forschungsstab einer international bedeutenden deutschen Industriegesellschaft ein und brachte seine unverändert engen Beziehungen zum Hause Noreaster mit in seine neue Stellung. Es bestand die Absicht, eine gewisse Zusammenarbeit zwischen dem deutschen und dem amerikanischen Unternehmen zu erzielen, woran Mittenberger sehr interessiert gewesen wäre. Doch erlahmte diese Bemühung allmählich, als das Wesen des Hitlerschen Deutschland von Jahr zu Jahr deutlicher erkennbar wurde, und die Welt dieses System immer entschiedener ablehnte.

Die Mittenbergers konnten sich, wie so viele Familien des gehobenen deutschen Mittelstandes, nicht sofort dazu entschließen, mit allen sich daraus ergebenden Folgerungen gegen den NS-Staat Stellung zu nehmen. Man wollte nichts mit den neuen Herren in Braun gemeinsam haben und hielt im übrigen den ganzen großsprecherischen Zauber für eine vorübergehende Erscheinung, dem das deutsche Volk auf die Dauer unmöglich Geschmack abgewinnen konnte. Wie so viele andere, täuschten sich auch die Mittenbergers in dieser Hinsicht. Sie hatten die Propaganda-, Kontroll- und Terror-Möglichkeiten eines modernen Einpartei-Staates völlig unterschätzt.

Als sie sich endlich zögernd und widerwillig entschlossen, ihre sehr geliebten Münchener Verhältnisse mit den amerikanischen zu vertauschen, von denen sie beide sich doch endgültig getrennt zu haben glaubten, war es zu spät. Der Zweite Weltkrieg machte ihnen einen Strich durch die Rechnung. Mittenberger wurde sofort zu einer Forschungsgruppe der Wehrmacht eingezogen, kam weit umher, ohne jedoch während des ganzen Krieges irgendwo aktiven Kampf zu erleben – und die Amerikanerin Marcelle, Frau eines deutschen Offiziers, hatte das beengte Dasein der daheim zurückgelassenen Soldatenfrauen zu führen, gelegentlich von Kontrollen und dummen Verdächtigungen beunruhigt und angestrengt damit beschäftigt, aus den drei noch längst nicht wehrfähigen Söhnen, einer nicht ganz leicht zu regierenden Brut, einigermaßen brauchbare Menschen zu machen.

Nach dem Kriege erwies sich bald, wie klug es gewesen war, daß Marcelle ihre amerikanische Staatsbürgerschaft trotz der deutschen Heirat nicht aufgegeben hatte. Ihr in Amerika angelegtes, nach deutschen Begriffen sehr ansehnliches Vermögen unterlag also nicht der Beschlagnahme. Deutschland war zugrunde gerichtet, die Zukunftsaussichten für den Mann und die Söhne erschienen so hoffnungslos, daß Marcelle alles daransetzte, sich selbst und die Ihren nach Amerika zurückzuverpflanzen. Noch lebte der alte Adrian J. Er hatte während des ganzen Krieges um die Tochter gebangt und setzte seine bis in die allerhöchsten Regionen des amerikanischen Regierungsapparates reichenden Beziehungen ein, um Marcelle und ihre Familie aus dem Trümmerhaufen Deutschland zu befreien. Wenn irgendwem, dann mußte es ihm gelingen. Es gelang.

Schon 1947 kauften sich die Mittenbergers das schöne Anwesen im Quellgebiet des Susquehanna in den nördlichen Appalachen im Staate Pennsylvania, nicht allzu weit von Altoona, wo Mittenberger in den Laboratorien des Noreaster-Konzerns wieder eine Anstellung gefunden hatte. Es wollte ihm jedoch nicht gelingen, bedeutendere wissenschaftliche Arbeiten zu produzieren oder wichtigere Forschungen zu einem erfolgreichen Abschluß zu führen. Der Untergang Deutschlands, der Verlust der Heimat, einer Welt, in der er ganz und gern zu Hause gewesen war, hatten seinen Lebensnerv getroffen.

Ich verstehe nur allzu gut, warum ich für die Mittenbergers in Amerika eine größere Bedeutung gewann, als ich sie jemals in ihrem Münchener Kreis gehabt hatte. Ich war einer der wenigen und schließlich der einzige, der aus jenen Münchener Jahren übriggeblieben war, welche die schönsten und die lebendigsten ihrer Ehe gewesen waren. Alle anderen Freunde, soweit der Krieg sie verschont hatte, waren in Europa gebunden. Ich jedoch kam häufig nach Amerika, war einigermaßen unabhängig und hatte, wenn ich wollte, genügend Zeit, ausführlich in dem schönen Haus in den appalachischen Wälderbergen zu verweilen, stets bereit, über Gott und Welt zu diskutieren.

»Welt«, das war beinahe stets die amerikanische Welt – und »Gott«, das waren die amerikanischen Götter: Geld, Macht, »Fortschritt«, »Wachstum« und »know-how«. Es ergab sich beinahe von selbst, daß wir in unseren Gesprächen oft genug zu der Frage zurückkehrten, ob so immenser Reichtum, wie Adrian J. ihn zusammenverdient, aber auch zusammenspekuliert hatte, in irgendeinem Wirtschaftssystem unter der Sonne sinnvoll und vertretbar sei. Die Frage stellte sich besonders kraß, nachdem Marcelles Vater gestorben und die ungeheure Menge an Geld und Gut geschlossen auf seine zweite Frau, auf »Mama« übergegangen war. Die Kinder waren, wie schon angedeutet, mit relativ mageren Anteilen ausgestattet worden und erbten erst nach Mamas Tode.

Adrian J. hatte seinen Reichtum, das unerhört kostbar ausgestattete Palais, den Sommersitz an der schönen kühlen Küste von Maine, die feudalen Winterquartiere in Florida und Louisiana, die über viele hundert Wände, Winkel, Treppenhäuser und Terrassen verstreuten Kunstschätze – und natürlich den kaum überschaubaren Berg von Aktien, anderen Wertpapieren und Beteiligungen, die Jahr für Jahr Millionen Dollar an Rendite erbrachten – ja, Adrian J. selbst hatte diese Fülle von Gütern noch durchaus als sein Werk ansehen und beanspruchen können. Mama aber hatte nichts dazu beigetragen, hatte keine andere Leistung aufzuweisen, als die, den richtigen Mann geheiratet zu haben und ihm so wertvoll geworden zu sein, daß er sie kraft Testaments zur wahrscheinlich reichsten Frau Amerikas gemacht hatte. Und nach Mamas Tode würden die Töchter und deren Erben erben, die ebenso wenig oder noch weniger zu dem außerordentlichen Vermögen beigetragen hatten.

Nun hatte sich natürlich, hier wie überall, ein ewig gieriger, ein niemals schöpferischer, dafür aber hier wie anderswo unentwegt schröpferischer Staat eingemischt und große Teile der Beute Adrian J.'s über die Einkommens-, Vermögens-, Gewinn- und Erbschaftssteuer wieder »abgeschöpft«. Wollte Adrian J. verhindern, daß nach seinem Tode ein mächtiger Teil seines unbezweifelbaren Eigentums auf dem Steuerwege konfisziert wurde, so hatte er ihn rechtzeitig in Stiftungen einzubringen, die das Gesetz als wohltätig oder im öffentlichen Interesse liegend anerkannte. So stand also fest, daß das Palais und der herrliche riesengroße Park ringsum in ein reich dotiertes Heim für geistig und körperlich behinderte Kinder verwandelt werden würde, sobald Mama, die den anspruchsvollen Bau als alleinige Herrin bewohnte, das Zeitliche gesegnet hatte.

Schon war das ausgedehnte Museum im Bau, das später die Fülle der Gemälde, Statuen und sonstigen Kunstschätze aufnehmen sollte. Die riesigen Gewächshäuser und andere gärtnerische Anlagen neben dem Park des Palais' waren in einen Botanischen, schon der Öffentlichkeit zugänglichen Garten verwandelt worden, in dem unter haushoch aufragenden Glasdächern der feuchte Regenwald der Tropen ebenso erlebt werden konnte wie, unter einer anderen Klima-Anlage, die gigantischen Blätter, Stauden und gelegentlich auch Blüten der Welwitschia Mirabilis aus der südwest-afrikanischen Küstenwüste. An Erstaunlichem, Wunderbarem und unvergeßlich Anmutigem bot dieser Botanische Garten »Adrian J. Noreaster« eine wahrhaft überwältigende Fülle. Weiter gab es Zuwendungen für Symphonie-Orchester, öffentliche Konzerte, für historische Studien der Wirtschaftsgeschichte einiger östlicher Staaten der USA, Stiftungen zur Erforschung einer Reihe von Krankheiten, die bis dahin als unheilbar galten, und anderes.

Wahrlich, Adrian J. und dann auch Mama, hatten sich vielerlei einfallen lassen, um ihr Geld nicht einfach anonym im ewig leeren Säckel des Fiskus verschwinden zu lassen.

Wenn also auch Adrian J., so erklärte mir Marcelle immer wieder, im Laufe seines bewegten Unternehmer-Daseins manchmal Methoden angewandt haben mochte, die bürgerlicher Moral – was immer das sein sollte – nicht standzuhalten schienen, so hatte er andererseits mit seinem vielen Geld eine bedeutende Anzahl von der Allgemeinheit dienenden Einrichtungen geschaffen, die ohne ihn und sein unternehmerisches Genie nicht das Licht der Welt erblickt hätten.

»Und selbst etwas so widersinnig Aufwendiges wie das Palais, A. E., ich glaube, es ist im Rahmen der amerikanischen Gesellschaft eher positiv als negativ zu bewerten!« eiferte sich Marcelle, während wir auf der Terrasse über dem Talrand saßen, auf dem sich das Mittenbergersche Anwesen freundlich und zurückhaltend ausbreitete. Aus der Tiefe blitzte eines der Quellgewässer des Susquehanna herauf; der warme Herbsttag leuchtete. Wir saßen zu dreien zusammen und tranken Tee aus Nymphenburger Porzellan.

»Ganz abgesehen davon, daß der kolossale Bau mit seinem wunderschönen Park einmal ein Heim für unglückliche Kinder werden wird, hat ja schon sein Bau unzähligen Leuten Arbeit und Brot gegeben. Das Geld ist mit vollen Händen unter die Leute gebracht worden. Und die ständige Erhaltung all der Pracht und Herrlichkeit sichert wiederum und dauernd eine ganze Reihe von menschlichen Existenzen. Außerdem solltest du Mama einmal kennenlernen. Ich kann sie zwar nicht besonders gut leiden. Das ist mir von jeher nicht gelungen. Aber sicherlich ist sie eine völlig harmlose und in mancher Hinsicht sogar liebenswerte Person, die sich auf ihre Art Mühe gibt, den Auftrag meines Vaters zu erfüllen, mit dem unverbrauchbaren Einkommen Vernünftiges und Gutes zu unterstützen. – Weißt du, A. E., man sollte ein Experiment machen: du bist ja sozusagen vogelfrei, denkbar unabhängig und, wie du es erst neulich beteuert hast, nach dem Untergang deiner ostdeutschen Heimat nirgendwo mehr zu Hause. Du solltest dir Mama und das Palais ansehen! Sonst redest du immer nur wie der Blinde von der Farbe. Ich muß ohnehin Mama bald wieder besuchen. Sie fühlt sich nur allzu gern vernachlässigt. Vielleicht erlaubt sie, daß ich dich mitbringe. Ich werde morgen vormittag mit ihr telefonieren. Zwischen elf und zwölf am Mittwoch ist sie telefonisch zu sprechen. Was meinst du, Ludwig?«

Mittenberger sog an seiner Pfeife. »Solange ich nicht mitzukommen brauche, finde ich die Idee nicht schlecht. Der Besuch wird A. E.'s Palette um einige Farbtöne bereichern. Ich kann mich dann hinterher darüber amüsieren, wie verschieden das gleiche Ereignis von zwei verschiedenen Gehirnen erlebt und wiedergegeben wird. Ich rate dir aber, Marcelle, mache A. E. am Telefon so wichtig wie möglich, damit er gleich beim ersten Besuch die ›große Gala‹ erlebt. Damit wird er dann für alles weitere richtig eingestimmt.«

Eine einzige solche Bemerkung übrigens konnte einem Kundigen erweisen, wie unverbesserlich europäisch Ludwig Mittenberger geblieben war, obgleich er hier im schönen Innersten von Pennsylvania saß, einem amerikanischen Forschungsteam angehörte und Deutschland und Europa seit 1947 nicht wiedergesehen hatte. Außerdem liebte er seine ganz und gar amerikanische Frau, wie nur ein Mann eine Frau lieben kann – und Marcelle verdiente es wahrhaftig, daß man sie so liebte. Und außerdem hatte auch Ludwig längst diese hinreißend schönen Wälderberge – blauer und tiefer blauend bis in die hellen Horizonte! – lieben gelernt, hatte sich die Bald Eagle- und die Tussey-, die Tuscarora- und Laurel-Berge, diese und andere Züge der wunderschönen Alleghenies zu Fuß erobert, eine Übung vorwegnehmend, die seit einiger Zeit im Lande der berädeten Fortbewegung wieder sehr im Schwange ist.

Ich wollte hören, was Ludwig unter »Großer Gala« verstand.

»Das wirst du schon erleben, mein Lieber, wenn es Marcelle gelingen sollte, Mamas Mißtrauen zu überwinden. Das Zeremoniell am Hofe – nun, sagen wir, Napoleons des Dritten oder Wilhelms des Zwoten, um einigermaßen in der Epoche zu bleiben, war ein Kinderspiel dagegen.«

Ich habe mich nie um das Zeremoniell am Hofe Napoleons III. oder Wilhelms II. gekümmert. Aber die »Große Gala« am Hofe »Ihrer Opulenz«, der Mrs. Jennifer T. Noreaster, verfehlte nicht, Eindruck auf mich zu machen – und mich zugleich insgeheim zu erheitern.

Die Sache begann sehr pompös und geheimnisvoll, schon bevor wir überhaupt das Palais erreichten. Marcelle hatte für das feierliche Ereignis den großen Wagen mit Chauffeur beordert. Der Chauffeur war der gute Paul Kerner, Flüchtling aus Siebenbürgen, der mit seiner Frau Paula und der ältesten Tochter Pauline den Mittenbergerschen Haushalt und Garten besorgte – eine vorzügliche Familie, die jeder Situation gewachsen war. Paul trug für so wichtige Gelegenheiten, in denen Marcelle als geborene Noreaster aufzutreten hatte, einen dunkelgrünen Anzug mit schwarzen Hornknöpfen an der hochgeschlossenen Jacke und eine höchst elegante Schirmmütze aus gleichem Stoff. Der »Große Wagen« war ein Cadillac von sagenhaften Ausmaßen mit jedem Komfort, den gelangweilte Techniker nur ertüfteln können.

Bevor wir in die Lokomotive einstiegen – Paul hielt für Marcelle die Tür auf, die Mütze am Schirm in der Hand, von Kopf bis Fuß »The Gentlewoman's Gentleman« – hatte Marcelle dem Mittenbergerschen Faktotum bedeutet, auf deutsch:

»Also heute hochherrschaftlich, Paul!«

Paul hatte gelächelt und vergnügt geschnarrt: »Sehr wohl, Madam!« Sonst sagte er »Frau Mittenberger«. Es ging sehr demokratisch zu in dem schönen Landhaus in den Bergen, und die Kerners gehörten durchaus zur Familie.

Nach drei Stunden gemächlicher Fahrt – die Auto-Lokomotiven finden ja in Amerika nie Gelegenheit, ihre zahlreichen PS auszutoben; in Pennsylvania sind 60 Meilen (ca. 96 km) als Höchstgeschwindigkeit vorgeschrieben – näherten wir uns dem Noreasterschen Besitz. Eine schier endlose Allee gleichsam Parade stehender Zypressen führte von der Bundesstraße, über die wir gekommen waren, durch parkartige Landschaft, in sanfter, aber ständiger Steigung hinauf. Ihre Höhe schien mit Mischwald aus Laub- und Nadelgehölzen gekrönt.

»Da oben liegt der Park. Das Palais ist von keiner Stelle her zu erblicken. Die Mauer um das ganze Besitztum ist zwischen den Bäumen versteckt.«

Zu Kerner, dem Fahrer, sagte sie durch das Telefon, das die von dickem Glas umschlossenen hinteren Sitze von den vorderen trennte: »Du kannst scharf zufahren, Paul! Wir sind angemeldet und kommen genau zur vereinbarten Zeit.«

Paul Kerner nickte. Wir hörten ihn wieder sein hochherrschaftliches »Sehr wohl, Madam!« murmeln. Er beschleunigte das Tempo.

Der Wald nahm uns auf. Die Straße beschrieb eine weit geschwungene Kurve, bog dann wieder in die Gerade und zielte schnurstracks auf ein kunstvoll geschmiedetes und verschnörkeltes haushohes Eisentor. Marcelle hatte mich nicht gewarnt. Paul Kerner hielt stramm auf die gewaltige Barrikade zu, die uns den Weg versperrte. In plötzlichem Schrecken legte ich mich zurück, denn gleich mußten wir – um alles in der Welt – gleich mußten wir frontal in die eisernen Stäbe, Barren, Schlingen und Rosetten, in die schön geformten goldenen Initialen A. J. N. hineinbrausen!

Aber nichts dergleichen geschah. Statt dessen schwangen, wie durch Geisterhand bewegt, die schweren metallenen Torflügel leicht und erstaunlich schnell auseinander, wir rollten, ohne gebremst zu haben, hindurch – sofort schwangen die beiden Torhälften hinter uns wieder zu. Kein zweiter Wagen hätte mit uns den Zugang gewinnen können. Mit einem Seufzer der Erleichterung brach ich in die Worte aus: »Hinein in die ›verbotene Stadt‹! Ein großartiger Auftakt der Vorstellung. Hoffentlich kommen wir ebenso glanzvoll wieder heraus!«

Marcelle lachte: »Ach, wir werden es schon schaffen. Alles nur Theater, A. E. Mein Vater wollte seiner Ungestörtheit absolut sicher sein. Und Mama setzt einfach nur fort, was sie von Vater übernommen hat. Es darf nicht die kleinste Kleinigkeit geändert werden. Hast du die riesige Mauer gesehen, in die das Tor eingelassen ist? Sechzehn Fuß hoch und zwei Fuß dick und einige Meilen lang. Hinter dieser Mauer habe ich wesentliche Jahre meiner Kindheit verbracht. Sie ist zwar nicht zu bemerken, diese Mauer, es sei denn, man steht dicht davor. Hochwald und Gesträuch machen sie überall unsichtbar. Und der Park, den die Mauer einschließt, ist so riesengroß, daß man die Außenwelt nicht braucht. Aber glaube mir, A. E., schon als Kind war ich mir bewußt, daß mir dauernd bedeutet werden sollte, ich hätte außerhalb der Mauer nichts zu suchen. Es ist gut, daß dieser anspruchsvolle Irrsinn ein paar hundert armseligen Kindern zugute kommen wird. Dann erst wird dieser ständig leere Park seine Bestimmung erfüllen.«

Also glitten wir noch zwanzig Minuten lang auf glatten Asphaltwegen lautlos durch die grünen, kühlen Gründe, über die sanften Hügel des Parks, der in seinen entlegeneren Teilen am ehesten wohl dem Ruf gerecht wurde, eine »sorgsam gepflegte Wildnis« zu sein. Ab und zu standen hölzerne Tafeln mit Pfeilen oder auch Gebäudeskizzen am Wegrand, auf denen mitgeteilt wurde, was nach Mamas Tode hier errichtet werden sollte: Wäscherei, Unterwasser-Gymnastik, Operationshallen, Bibliothek, Schwesternquartiere, Verwaltung und ähnliches. Das Ganze schien mir wirklich überdimensional und unerhört großzügig geplant. Ich fragte: »Was wird dann aber aus dem Schloß selbst?«

»Im Schloß mit seinen hohen, weiten Zimmern, die alle über eine himmlische Aussicht ins Grüne und in die Weite verfügen, im Schloß sollen die kranken Kinder wohnen, sonst nur die Pflegerinnen und die Ärzte, die gerade Dienst haben. So hat es mein Vater gewollt. Mama darf, wenn sie will, mit den Neubauten im Park schon beginnen. Ich glaube, im nächsten Jahr soll es losgehen. Sie ist weise genug geworden, um zu wissen, daß ihre Jahre gezählt sind. Im Palais selbst darf nach dem Willen meines Vaters bis zu Mamas Tod kein Bild umgehängt, kein einziger der Wohn- und Gesellschaftsräume ummöbliert werden. Alles, was zerbricht oder verbraucht ist, hat durch ein gleichartiges Stück ersetzt zu werden. Mama hat lediglich das Recht, ihre privatesten Verbrauchsgegenstände zu ändern. Aber auch das tut sie nicht. Die Schöpfung meines Vaters aus der hohen Zeit des Geldes vor dem Ersten Weltkrieg soll, wie Mama mir immer wieder sagt, solange sie lebt, aufs getreueste und genaueste bestehenbleiben. Aber fahren wir vor! Sonst wird Mama unwillig; sie gestattet mir, und auch nur mir, nicht mehr als fünfzehn Minuten Verspätung.«

Der Fahrer, unser Paul aus Siebenbürgen, verstand sich offenbar auf Bühnen-Effekte. Er wählte eine Straße, die unterhalb des zweistöckig auf seinem Hügel breit lagernden Palais um eine mächtige Rasenfläche einen Kreis beschrieb und sich dann von der entgegengesetzten Seite auf die Anfahrts-Terrasse erhob, um schließlich das stolze, von vier korinthischen Säulen gestützte Portal quer vor dem eigentlichen Eingang zu durchlaufen.

Wahrlich ein Schloß! Es glitt, während wir die grüne Rundung umzirkelten, mit seiner prachtvollen Front an unserer Linken vorbei. Was hatte sich der Architekt wohl vorgestellt? Wovon hatte Adrian J. geträumt, als er auf der Höhe seiner unvergleichlichen Erfolge als Industrieller und Finanzmann den Entschluß faßte, sich und seiner Welt dies anspruchsvolle Denkmal zu setzen? Wollte er Trianon oder erst recht Sanssouci übertrumpfen? Was Größe und Kostbarkeit angeht, ist ihm dies gelungen. Was den guten Geschmack betrifft, hege ich einige Zweifel. Adrian J. hat da um die letzte Jahrhundertwende in das schöne Hügelland im Osten der Alleghenies ein Rokokoschloß gesetzt, mitten hinein in ein ganz und gar amerikanisches Amerika, dessen Vorgeschichte über zweihundert Jahre in die Vergangenheit zurückreichte; das ist sehr weit für die amerikanische Geschichte.

Gewiß waren alle Einzelheiten des Bauwerks genau den Stilelementen der Vorbilder nachgebildet. Aber man hatte wohl des Guten etwas zu viel getan, so daß der Eindruck einer gewissen Überladenheit entstand. Nichts war hier von jener selbstverständlichen Leichtigkeit und Eleganz zu spüren, die etwa den Anblick von Sanssouci zu einem nie erlahmenden Vergnügen machen. Hier waren Macht, schier grenzenloser Reichtum und wirtschaftliches Siegesbewußtsein bestrebt gewesen, jeden Fürsten, König oder Erzbischof an Schmuck und Schnörkel und totaler Unbedenklichkeit im Aufwand noch zu überbieten. Obgleich das Ganze mit lauter europäischen Kostbarkeiten prunkte, war es doch ganz amerikanisch in dem Bemühen, sich sozusagen als ein Super-Trianon darzustellen. Nein, ein noch die Nachgeborenen beglückendes architektonisches Kunstwerk war nicht entstanden.

Unser Wagen hielt, leicht knirschte der Kies unter den Rädern. Kerner sprang von seinem Fahrersitz, lief um den Wagen, riß die Tür auf und half Marcelle beim Aussteigen, Schirmmütze in der Hand, wie es sich gehört. Gleich darauf trat der Butler des Hauses aus der großen Glastür. Er hatte auf unsere Ankunft gewartet. Er begrüßte Marcelle mit einer tiefen Verbeugung und hielt uns die Tür auf.

Wir traten in eine große Halle, die bis unter das Dach des Hauses reichte. Eine breite, mit Teppichen ausgelegte Marmortreppe führte aus dem Obergeschoß in diese Halle hinunter. Der Butler wies auf eine Gruppe von gelbseidenen Sesseln und Sofas zur Rechten: »Mrs. Noreaster bittet noch um einige Minuten Geduld. Der Arzt war gerade da. Wollen Sie, bitte, dort noch ein wenig Platz nehmen.«

»Gerne, James!« sagte Marcelle und nickte dem ältlichen Herrn im Gehrock – tatsächlich im Gehrock! – freundlich zu. Ich schloß daraus, daß der Butler James schon seit langem zum Inventar des Hauses gehörte.

Marcelle zeigte sich völlig unbefangen. Es war ganz deutlich, daß ihr dieser Pomp und diese Pracht selbstverständlich und vertraut waren. Sie wußte auch, daß einige Minuten des Wartens zum Zeremoniell gehörten. Sie stellte mir vor: »Da drüben hast du meinen Vater, A. E. Und die Dame mit dem gewaltigen Federhut daneben ist meine Mutter. Und die Gemälde weiter hinten in der Halle – sie stammen alle aus der großen Zeit der europäischen Malerei. Mit der Romantik des vorigen Jahrhunderts hörte Vaters Interesse an Malerei auf. Von den Modernen wollte er nichts wissen. Außerdem war ihm ihre Bewertung zu unsicher. Er hielt die großen Meister der angehenden Neuzeit für die beste Geldanlage. Und damit hat er, wie in solchen Dingen stets, absolut Recht behalten.«

Von den »Geldanlagen« weiter im Hintergrund konnte ich nicht viel erkennen. Aber die Bilder Adrian J.'s und seiner ersten Frau, Marcelles Mutter, hingen im vollen Licht des späten Nachmittags, das durch die gläserne Decke der Halle herniederströmte. Adrian J. hatte für sein Porträt in Lebensgröße keine herrschaftliche Attitüde gewählt. Er stand im Frack vor einem dunkelbraunen unbestimmten Hintergrund und stützte sich mit der rechten Faust leicht auf ein türkisches Tischchen. Der Daumen der linken Hand steckte in der Hosentasche; die übrigen Finger ruhten lässig auf der Hosennaht. Das bartlose Gesicht wurde von einem dichten Schopf grauen Haars gekrönt, der zwar gestutzt, aber in keine strenge Frisur gezwungen schien. Große graue Augen unter schweren dunklen Brauen. Der Mund eher voll und genießerisch als schmal und hart. Das Kinn keineswegs massiv, aber mit kantigem Umriß, wie aus Holz geschnitzt. Kein unsympathisches Gesicht, aber ein Gesicht, vor dem man sich nie einfallen lassen würde, unaufgefordert vertraulich zu werden. Ganz sicher sah Marcelle ihrem Vater ähnlich – ins Weibliche übersetzt.

Marcelles Mutter: ganz große Dame; die rechte Hand hielt eine rote Rose, die linke in einem langen weißen Lederhandschuh hielt den zweiten; ein Spitzenkleid mit enger Taille bis zum Hals; eine große goldene Brosche mit bunten Steinen unter dem Kragen; der gebauschte Rock berührte den Boden. Am stärksten aber hatte sich der Maler für den Federhut begeistert, ein umfängliches Gebilde mit kühnem Schwung der Krempe – die Straußenfeder ein rauschendes Gedicht, überzittert von einigen Reiherfedern. Ein zartes, offenbar sehr geglättetes und geschmeicheltes Gesicht mit blauen Augen, nicht eigentlich schön, mit ein wenig Hochmut um die Mundwinkel und Nasenflügel. Von Marcelles Zügen konnte ich nichts darin entdecken.

Gerade wollte ich ein paar Worte darüber sagen, als im Hintergrund zur Linken, wo der Butler James lautlos gewartet hatte, eine Tür ging. Mama war es, mit kleinem Gefolge in Gestalt ihrer Gesellschafterin und Betreuerin, dem Butler und einem weiteren dienstbaren Geist, einem Kammermädchen in schwarzem Kleid mit weißem Schürzchen und einem weißen gestärkten Häubchen im Haar.

Mama rauschte heran, rauschte buchstäblich vor lauter Seide. Ich begriff, was früher einmal »Frou-frou« bedeutet hatte. Eine zierliche und ganz verwelkte Person mit gepudertem Gesicht, in ein Faltengewand gehüllt, das nicht das geringste mit der damaligen Mode zu tun hatte. Schlichtes, weißes Haar, im Nacken zu einem Knoten geschürzt. Eine brüchige, aber gar nicht schwache Stimme: »Marcelle! Das ist ja reizend! Sehr nett, daß du mich wieder einmal besuchst! Du hast mir also einen Freund aus Deutschland mitgebracht?«

Sie wandte sich mir zu und musterte mich sehr ungeniert, wie mir schien. Sie reichte mir nicht die Hand. Ich verbeugte mich gemessen: »Vielen Dank, Madam, daß ich Marcelle begleiten durfte.«

Ein schwaches Nicken ohne ein Lächeln bestätigte meinen Dank, nichts weiter. Mama wandte sich wieder ihrer Stieftochter zu. Sie war, das wußte ich, nur zwölf Jahre älter als Marcelle. Ich hätte ohne weiteres geglaubt, daß sie zwanzig oder dreißig Jahre mehr zählte als ihre Stieftochter. Mama mochte einmal schön gewesen sein; ein gewisses glattes Ebenmaß des Gesichts war nicht zu leugnen. Jetzt aber war sie, gleich drängte sich mir das Wort wieder auf, jetzt war sie verwelkt, abgestorben, war leer, ohne Belang. Mama wollte wissen: »Wo ist Ludwig? Wie geht es ihm? Ist er nicht mitgefahren?«

»Wir sprachen schon am Telefon darüber, Mama. Du weißt, er ist in den Laboratorien sehr beschäftigt und kann gerade jetzt nicht abkommen. Seine Versuchsreihen gestatten ihm keinen freien Tag.«

»Poor boy!« sagte Mama, nichts weiter. Und erwähnte dann mit keiner Silbe mehr diesen Mann, der es gewagt hatte, eine echte Noreaster zu heiraten, ohne vorher um Erlaubnis zu fragen.

Für einige Augenblicke schien sie den Faden verloren zu haben. Sicherlich hatte sie der Stieftochter den Schwiegersohn nie verziehen. Es entstand eine kleine, aber deutlich peinliche Pause. Schließlich begann sie von neuem: »Wie ist es, wollt ihr über Nacht bleiben oder noch heute nach Altoona zurückkehren? Ich habe das Dinner zu sieben Uhr angeordnet. Aber vorher müßt ihr euch etwas erfrischen. Ihr hattet eine weite Fahrt. Miß Brittle!«

Aus dem Gefolge, das, einige Schritte entfernt, neben der mächtigen Treppe stehengeblieben war, löste sich eine ältliche Dame in mausgrauem Schneiderkostüm.

»Meine Gesellschafterin, Miß Brittle . . .!« stellte Mama das knochige, hochgewachsene englische Fräulein vor, sehr obenhin. Miß Brittle nickte uns zu, verschüchtert und zugleich etwas hochnäsig. Marcelle begrüßte die Dame kurz. Ich machte eine leichte Verbeugung.

»Miß Brittle, sorgen Sie für Tee, Likör und Toast. Im roten Salon, bitte!«

Miß Brittle zog sich wortlos zurück und gab den Auftrag an das

Kammermädchen im weißen Tändelschürzchen weiter. Das Häubchen nickte und entschwand. Miß Brittle kehrte in unseren kleinen Kreis zurück, und während wir langsam aus der Halle in einen prächtig weiten, hohen Gang einbogen, in dem weitere Riesengemälde von den Wänden blickten – zumeist Landschaften und Stilleben, wie ich im hier herrschenden Halbdunkel nur ungewiß erkannte –, erhob Miß Brittle ihre Stimme so energisch, daß ich fast erschrak: »Um sieben Uhr Dinner, Mrs. Mittenberger! So ist es angeordnet. Der Arzt hat Madam gestattet, bis neun Uhr aufzubleiben. Um neun Uhr muß Madam sich also zurückziehen.«

Sieh einer an, dachte ich, diese magere English Miß! Sie regiert also! Marcelle wandte sich an Mama, als sei die Miß nur Mamas Sprachrohr: »Natürlich, natürlich, Mama! Du weißt ja, ich habe es gar nicht gern, dir Umstände zu machen. Wir hatten ohnedies vor, gleich, nachdem du dich zurückgezogen hast, wieder heimzufahren. Die Nacht ist hell, und Paul ist ein sehr sicherer Fahrer.«

Der Butler James öffnete vor uns die Tür zum »roten Salon«. Ein großer, hoher Raum mit vielen schmalen, hohen Fenstern vom Fußboden bis zur Decke nahm uns auf. Er war – ich kann es nicht anders nennen – vollgestopft mit soviel verschiedenen kleinen und großen Gegenständen, daß ich zunächst kaum glauben mochte, es gebe in ihm auch Sitzgelegenheiten.

Doch, es gab sie: Sessel, in denen man tief versank, mit weinrotem Samt überzogen, Sofas, zierliche Stühle mit rotsamtenen Sitzen. Auch die Wände waren mit dem gleichen roten Samt bespannt; goldene Leisten teilten ihn in lange Bahnen auf. Die schweren Portieren an den Fenstern, auch sie aus weinrotem Samt, waren mit hellroter Seide gefüttert. Der Boden war mit einem riesigen Perserteppich belegt, in dessen Muster das gleiche Rot vorherrschte. Das Rot dieses Teppichs, eines sicherlich ungemein kostbaren Stücks, hatte das Rot des alle Möbel überflutenden Seidensamtes bestimmt.

Wahrlich, einem bescheidenen Mitteleuropäer wie mir konnte es rot vor Augen werden. Schwere, antike Schränke aus tiefrotem Mahagoni, Tischchen, Kommoden, Vitrinen, große chinesische Vasen mit stolzen Blumen, und keinen künstlichen. Die Vasen waren nicht rot, sondern blau und weiß, in ihren einfachen, klaren Umrissen ein Labsal für die Augen. Hunderterlei Schnickschnack stand überall herum: goldene Tabatieren, aus denen sicherlich seit Jahrhunderten niemand mehr geschnupft hatte, Fotografien in silbernen Rahmen, Schmuckkästchen mit entzückender Einlege-Arbeit aus Silber und Perlmutter auf dem Deckel und an den Seiten, marokkanische Arbeit vielleicht, Figuren und Schälchen aus Porzellan. Auf dem roten Samt der Wände kleine und große Gemälde – eine Überfülle von kostbaren Dingen, so dicht gedrängt, daß mich sofort die Furcht überfiel, ich könnte etwas umwerfen oder zerbrechen. Endlich hatten die Damen, Miß Brittle dicht neben Mama, Platz genommen; ich durfte mich in dem sicheren Hafen eines schwellenden Sessels niederlassen.

Später ließ ich mir von Marcelle sagen, daß der »rote Salon« Mamas liebster Aufenthaltsort während des Tages war, sofern sie nicht, bei gutem Wetter, auf der königlich weiten Terrasse lustwandelte und speiste oder sich in einem riesigen alten Rolls-Royce, den schon der verstorbene Adrian J. benutzt hatte, in grandioser Langsamkeit durch den weiten Park spazierenfahren ließ. Den Bezirk, den die hohen Mauern umschlossen, hatte Mama schon seit Jahren nicht mehr verlassen. Wer etwas von ihr wollte, hatte sich telefonisch anzumelden. Alle diese Anrufe hatten hohe »Barrikaden« in Gestalt eines Privatsekretärs und der – daran zweifelte ich schon nach den ersten zwanzig Minuten nicht mehr – wahrhaft formidablen Miß Brittle zu überwinden. Wenn aber Mama jemand sehen oder sprechen wollte, so beorderte sie ihn zu sich. Ein Zufall offenbarte mir später, daß selbst die Ärzte (Mama hielt ein halbes Dutzend in Atem, um sich die Zeit zu vertreiben und sich über das zu unterhalten, was ihr am interessantesten war, ihre eigene Person, der die kleinen Leiden und Beschwerden auch eines gesunden Alters nicht erspart blieben) – ja, daß diese vorzüglich verdienenden Ärzte das Palais über den Wirtschaftsflügel zu betreten hatten. Er stieß bis unmittelbar an die Mauer vor und besaß dort eine eigene, streng bewachte Einfahrt und eine gesonderte Zufahrt von der Bundesstraße her.

Denn das große schmiedeeiserne Tor, durch das Marcelle mich an diesem ersten Tage eingebracht hatte, öffnete geisterhaft lautlos seine Flügel nur für jene ganz besondere Sorte von Leuten, die den Namen Noreaster trugen, für ihre allerpersönlichsten Freunde und jene wenigen Besucher, die Adrian J. und Mama für gleichrangig hielten. Das waren schon zu Lebzeiten von Adrian J. nur sehr wenige gewesen, und Mama hielt es überhaupt nur noch mit der näheren Verwandtschaft. Mir wurde also erst viel später klar, welch hohe Auszeichnung mir zuteil geworden war, indem ich als Freund von Marcelle das Gala-, Familien- und Haupttor passieren und die pompöse Anfahrt vor der ganzen Breite des Schlosses bis unter das Säulen-Portal erleben durfte. Aber so geht es: man erlebt die tollsten Sachen und begreift erst, wie toll sie waren, wenn alles längst vorbei ist – während oft genug Erlebnisse, von denen man sich Offenbarungen versprochen hat, flappig zu Boden flattern wie angestochene Luftballons.

Kaum hatten wir im roten Salon Platz genommen, trug das Kammermädchen sehr zierlich den Tee auf und, auf einer silbernen Schale, Toast, Butter und Marmelade herein, deponierte alles auf einem runden Tisch in unserer Mitte und entschwand. Gleich darauf rollte der Butler ein fahrbares Gestell herbei, auf dem geschliffene Gläser leise klingelten und Cognac, Armagnac, Cointreau, Grand Marnier und anderes sich verführerisch anbot.

Mama: »Bist du so freundlich, Marcelle, und versiehst uns mit Tee?«

Marcelle tat, wie geheißen. Als wir alle versehen waren, fragte sie mich: »Nimmst du einen Cognac, A. E.?«

Sie blickte mich an, lächelte und schüttelte dabei, und so, daß nur ich es merkte, den Kopf, wobei sie lustig die Augen zusammenkniff.

Ich verstand sofort: Wer Mamas Gunst erringen wollte, der mußte einen Abscheu gegen starke Alkoholika bekunden. Ich antwortete also: »Danke, Marcelle! Du weißt ja, ich bin für harte geistige Getränke nicht zu haben.«

Denn natürlich wollte ich Mamas Wohlgefallen erregen, wollte ein wenig hinter die Kulissen dieser sonderbaren Existenz schauen, und das war eben nur möglich, wenn ich Mamas Gunst gewann. Deshalb hatte mich Marcelle ja hergebracht, und nun half sie mir weiter. Marcelle, gute Marcelle, ein Jammer, daß sie für immer fortgegangen ist!

Die kleine Heimtücke hatte sofort Erfolg. Mama richtete zum erstenmal freundlich den Blick auf mich: »Das ist ein erfreulicher Grundsatz, Mr. Johann. Leider wird er im heutigen Amerika nicht mehr beachtet, wie ich den Journalen entnehme. Selbst Damen der besseren Stände sollen zu harten Getränken übergegangen sein. Mein verstorbener Mann, Adrian Noreaster, hat stets die Meinung vertreten, daß Whisky, Brandy, Gin und dergleichen die Moral der armen Leute zerstören und die der Wohlhabenden untergraben. Trinken Sie gar nicht, Mr. Johann?«

»Ich bin der Meinung, daß ein Glas Wein zum Essen so gut ist wie Medizin. Was darüber ist, das ist von Übel!«

»Da stimmen wir ja genau überein. Mein liebster Arzt empfiehlt mir stets, ein Tröpfchen Wein zum Dinner zu nehmen – und ich muß wirklich sagen, das bekommt mir und besonders meinem Schlaf ausgezeichnet.«

Ich fing ein sehr erheitertes Zwinkern Marcelles auf und mußte mich zusammennehmen, um nicht zu lachen. Eine Stunde später konnte ich feststellen, daß Mama es mit den besagten »Tröpfchen« nicht sehr genau nahm. Es war eine ganze Anzahl von Tröpfchen, die sie während des Abendessens zu sich nahm; sie verdichteten sich zu mehreren Gläsern. Mama bekam zwei kreisrunde rote Flecken auf den welken Wangen, die auch der Puder nicht verbergen konnte, und wurde fröhlich, beging sogar die Unvorsichtigkeit, mich – mit Marcelle natürlich – zu einem weiteren Besuch einzuladen. Das aber geschah erst zwei Stunden nach dem »roten Salon«. Zunächst wollte sie wissen, wie es in Europa mit der verderblichen Sucht stehe, viel und möglichst zuviel Alkohol zu sich zu nehmen. Ich bekenne, daß ich ein in dieser Hinsicht ziemlich düsteres Bild von den Zuständen in meinem heimatlichen Erdteil entwarf. Nichts ist den Leuten, und besonders alten Damen, die nichts zu tun haben, angenehmer, als sich ein bißchen zu gruseln. Mama lauschte hingerissen, Miß Brittle machte ein strenges, Marcelle aber ihr nettestes Gesicht, voll amüsierter und nachsichtiger Ironie.

Ich war noch im besten Gange, als James, der Butler, erschien und sich neben der Tür aufbaute. Mama hob leicht die beringte Hand. Ich hielt inne. Der Butler verkündete: »Madam, Dinner ist angerichtet!«

»Danke, James!«

Mama erhob sich, und in feierlichem Zuge unter Vorantritt des Butlers wanderten wir den Gang hinunter, quer durch die Halle, in den anderen Trakt des Palais, wo uns der große Speisesaal aufnahm, eine reichlich düstere Angelegenheit, wie mir schien, mit Holz bis zur halben Höhe der Wände getäfelt. An den Wänden, über hochlehnigen, gedrechselten Stühlen mit Lederpolstern hingen auch hier Gemälde: überlebensgroße Jagdstücke, Stilleben mit erlegten Fasanen und Hasen und eine üppige, an Rubens gemahnende Jungfrau, die einen Korb mit prallen Früchten anbot.

Der gedeckte Tisch war eine Augenweide. Der weiße Damast schimmerte, die goldenen Teller blinkten, die Bestecke blitzten, die Gläser funkelten. Der Tisch, der gewiß noch beträchtlich zu verlängern war, wirkte eher klein in dem überwältigenden Saal. Nur dieser Tisch war durch einen glitzernden Kronleuchter hell beleuchtet; der übrige Raum blieb im Dämmerlicht. Ein zierlich geschriebenes Kärtchen zeigte mir, an welcher der beiden Längsseiten ich zu sitzen hatte. Auch ohne sie wäre mir das schnell klargeworden, denn die drei Damen, denen ich den Vortritt zu lassen hatte, schienen ihre Plätze zu kennen.

Als wir Platz nehmen wollten, tauchten aus dem Halbdunkel vier offenbar japanische Diener auf und schoben uns geschickt die allzu schweren Stühle unter. Jeder blieb dann für den Rest des Essens für je einen von uns bereit. Danach erschien lautlos aus dem Hintergrund der erste Gang. Der Butler teilte von einem Servierwagen die einzelnen Portionen zu, und die Diener trugen sie auf. Die Portionen waren äußerst winzig – aber der Koch oder die Köchin war ein Meister des Fachs. Marcelle trug jetzt die Last der Unterhaltung. Sie berichtete, was ich auf dieser Amerikareise schon alles gesehen und unternommen hatte; sie gab mir das Stichwort zu den Delphinen, deren Geschicklichkeit und Klugheit ich in einer »Marina« in Florida hatte bewundern können. Die Weingläser wurden ständig nachgefüllt, und man mußte achtgeben, daß man nicht unversehens zu viel trank. Für mich allerdings bestand kaum Gefahr, da mir die Weine viel zu lasch und süß schmeckten.

Das Gespräch plätscherte belanglos dahin. Nicht ein einziger Gegenstand von einiger Wichtigkeit oder Problematik wurde berührt oder auch nur gestreift. Dergleichen an diesem Tische zu erörtern, war nicht erwünscht, wie ich bald erfaßte. Aber Mama schien die Tafelrunde durchaus zu genießen, nachdem sie festgestellt haben mochte, daß dieser Deutsche, den ihr die stets leicht verrückte Marcelle ins Haus geschleppt hatte, wohl nur geringes Talent zum Menschenfresser hatte. »Sehr gefährlich und unberechenbar, diese Deutschen, und keine richtigen Demokraten!«

Das Dinner dehnte sich über fast anderthalb Stunden aus. Ich war hinterher noch genauso hungrig wie vorher. Da die Ärzte der Mama nur ganz kleine Portionen zubilligten, hatten die Tischgenossen sich mit den gleichen kärglichen Mengen zu begnügen. (Um der Wahrheit die Ehre zu geben: als Marcelle und ich weit nach Mitternacht von Paul unbeschädigt wieder heimspediert waren, plünderten wir erst einmal gemeinsam den Eisschrank!)

Endlich war die zäh sich dehnende Affäre vorüber. Das Eis war gegessen. Ich war steif vom langen Sitzen auf den hochlehnigen Stühlen. Mama entschied, daß wir den Kaffee im »Gelben Zimmer« zu uns nehmen sollten. Unter Vorantritt von James, dem Butler, wandelten wir ins »Gelbe Zimmer«, das mich, nach dem, was ich bisher gesehen hatte, durch seine schönen Proportionen, seine Anmut und die Sparsamkeit seiner Ausstattung in englischem Biedermeier mit goldgelb gestreiften Sitzen, Bezügen und Vorhängen überraschte. Ich hörte später, daß Mama dies Zimmer nicht bewohnte und benutzte; die Vorstellungen eines teuren und begabten Innenarchitekten hatten sich hier unverändert erhalten können.

Hier stieß noch ein fünfter Gast zu uns, eine Schwester in Tracht, die in der bevorstehenden Nacht den Dienst bei Mama versehen würde, für den Fall, daß sie ein Glas Wasser oder eine Tablette zu sich nehmen wollte. Mama sicherte sich rechtzeitig gegen alle nur denkbaren Schicksalsschläge ab. Diese Miß June entpuppte sich als ein munteres Wesen und brachte ein ganz alltägliches und bürgerlich vergnügtes Leben in die Gesellschaft. Schwester June hatte einen freien Tag gehabt und ihre Eltern und Geschwister in Wilmington, Delaware, besucht. Völlig unbefangen erzählte sie von dem dummen Streichen ihres jüngsten Bruders, der den Eltern Sorge machte, da er lieber den Mädchen den Kopf verdrehte, als sich um seine Studien zu kümmern. Sie berichtete, daß ihrer Mutter das Rheuma zu schaffen mache und daß die vom Arzt verschriebenen Pillen nichts nutzen wollten; das einzige Mittel, das zu helfen schien, sei Wärme, einfach Wärme. Und sie schilderte bewegt, wie ihr Vater, Werkstattmeister in einem der Werke von Du Pont de Nemours, ewigen Ärger mit einem seiner Vorgesetzten habe, während er mit allen anderen gut auskomme. Der Vater sei schon ganz krank und grau davon, und die Mutter dränge darauf, daß er sich vorzeitig pensionieren lasse, sonst bringe ihn die ständige Aufregung noch vor der Zeit um; er habe schon einmal Magengeschwüre gehabt. Aber der Vater – sicherlich der Typ eines gewissenhaften Beamten – wolle nicht nachgeben, er fühle sich im Recht und – und . . .

Sie konnte gut erzählen, Schwester June, all die kleinen tragischen Geschichten, die tausendmal überall passieren und doch immer wieder neu sind, erzählte sie mit großer Dramatik, hielt sie ganz offensichtlich für ebenso wichtig wie aufregend, hätte gar nicht begriffen, wenn irgendwer sie nicht für erzählenswert gehalten hätte.

Ich beobachtete dabei weniger die nette Erzählerin, die von Natur mit der beneidenswerten Gabe ausgestattet war, ohne sich darum bemühen zu müssen, Sympathie und Wohlgefallen zu erwecken. Ich beobachtete Mama. Die alte Dame, mit Perlen um den faltigen Hals, mit funkelnden Ringen, goldenen Armbändern und einer diamantenen Brosche an der rechten Schulter, schien alles andere, ihren Kaffee, ja, auch uns völlig vergessen zu haben. Auf ihren Zügen lag, so schien es mir, ein gieriger Ausdruck. Sie sog geradezu die Berichte der Schwester in sich hinein, ließ sich auch nicht eine Silbe entgehen. Was Schwester June vor der Kaffeerunde im »Gelben Zimmer« ausbreitete, war Leben, ganz gewöhnliches, alltägliches Leben mit viel Grau, viel Ärger und auch Angst, die aber, im Kontrast, die selteneren Freuden um so freudiger und wertvoller erscheinen ließen. Die Umstände und die Verhältnisse, von denen Schwester June ein so buntes Bild entwarf, mußten für Mama fern und sonderbar erscheinen, als spielten sie auf einem anderen Stern. Aber sie waren voll Blut und Menschlich-, Allzumenschlichkeit.

Es wurde allmählich ein bißchen viel, was Schwester June uns an Familientratsch auftischte. Ich fing einen Blick der Miß Brittle auf, mit dem diese ihre Kollegin betrachtete. Der Blick war voll kalter Feindseligkeit. Rivalitäten spielten also in den Kulissen, Rivalitäten um die Gunst der alten Dame, vielleicht sogar Ängste um die Stellung, oder auch nur Ängste um den ersten Platz im Haushalt. Plötzlich wurde mir klar, daß wahrscheinlich dies ganze totenstille und leere Schloß mit Spannungen geladen war, Spannungen zwischen oben und unten in diesem Troß, den Mama hinter sich her schleppte, einem Schwarm von Menschen, die nach dem Willen des Erbauers ein totes Palais, bis zum Rande gefüllt mit toten Schätzen, diese Wohnung eines einzigen Menschen, der auch schon verwelkt und abgestorben war, dieses in die amerikanische Landschaft völlig beziehungslos hineingesetzte Monstrum, auf Hochglanz zu halten hatten.

Der Blick der Miß Brittle hatte Schwester June irritiert. Sie unterbrach sich plötzlich: »Ach, ich rede wieder zuviel. Das ist meine Schwäche. Ich bitte um Entschuldigung!«

Sie schwieg und griff nach ihrer Kaffeetasse, die immer noch voll und gewiß schon kalt geworden war. Mamas Augen ruhten immer noch auf Schwester June, wie geistesabwesend.

Miß Brittle sagte mit dürrer Stimme: »Es ist schon neun Uhr vorbei. Ich glaube, wir müssen uns zurückziehen.« Wir – das war selbstverständlich Mama.

Mama erwachte aus ihrer Abwesenheit, seufzte tief, erfaßte den Sinn der Worte ihrer Betreuerin, wurde plötzlich, den Zuhörer bestürzend, böse und scharf: »Ihre Mahnung ist nicht erwünscht, Miß Brittle. Wir haben einen sehr interessanten Abend heute. Ich bin noch nicht in der Stimmung, mich zurückzuziehen.«

Miß Brittle bekam einen roten Kopf, was sie nicht hübscher machte.

Mama wandte sich zu mir. Mit überraschend verwandelter Stimme fragte sie im Ton liebenswürdiger Konversation: »Sie sind verheiratet, Mr. Johann?«

Aha, dachte ich, jetzt soll ich angestochen werden, um auch aus mir ein kleines Rinnsal roten Lebenssaftes hervorzulocken. Nun, ich hatte nichts zu verbergen und berichtete also über meine privaten Umstände, die schon wegen meines komischen Berufs ein wenig kompliziert sind. Unwillkürlich machte ich sie noch ein wenig komplizierter und aufregender, denn das war es ja, was Mama so gerne hören wollte – und es drehte sich hier ja alles um Mama. In diese Welt, in diese ganz kleine und kleinliche, im Grunde völlig belanglose Welt war ich natürlich einbezogen und richtete mich nach ihren Erfordernissen, das heißt nach Mamas ausgesprochenen und unausgesprochenen Wünschen.

Wahrscheinlich trug ich etwas zu starke Farben auf. Marcelle sah mich mit leicht gerunzelten Brauen an. Ich bremste mich und nahm einiges zurück. Marcelle, klug und gut wie immer, fing mich auf und begann, von ihren Enkeln zu berichten, die, wie alle Enkel unter der Sonne, ausnehmend reizende Wesen sein mußten.

Den ganzen langen Abend über – wir schieden erst kurz vor Mitternacht – wurde mit Leidenschaft geklatscht, wurden Familiengeschichten ausgebreitet und des langen und breiten hin und her gewendet. Meine Alkohol- und selbst meine Delphin-Geschichten waren von viel geringerem Interesse gewesen. Dafür fand Mama es wirklich sehr aufregend, zu hören, womit meine Geschwister sich ihren Lebensunterhalt verdienten und wieso zwei Weltkriege das Geschick meiner – ostdeutschen – Familie wesentlich beeinträchtigt hätten. Besonders dies letzte versuchte sie durch zahllose Fragen zu ergründen. Die Vorstellung, daß Umstände denkbar wären, unter denen Familien ihr ganzes Hab und Gut ohne eigene Schuld oder Versäumnis verlieren, ja im schlimmsten Fall sogar die heilen Knochen und selbst das Leben einbüßen, schien Jennifer T. Noreaster außerordentlich aufzuregen. Ich erinnerte mich daran, daß Marcelle mir gesagt hatte, Mama schwebe dauernd in der geheimen Angst, eines Tages Hungers sterben zu müssen und fürchte nichts mehr, als daß jemand etwas von ihr haben wollte. Mama sei nicht eigentlich geizig, keineswegs; sie unterstütze viele wohltätige und gemeinnützige Stiftungen, ganz nach dem Willen ihres Mannes. Aber die Angst vor der brodelnden, unbegreiflichen Außenwelt jenseits der hohen Mauern verlasse sie nie; es empfehle sich also, dieser gefährlichen Welt laufend Tribut zu zahlen, sich möglichst nicht zu rühren und nicht aufzufallen durch große Verschwendung und glanzvolle Feste. Mit einem Wort: die Bürde so ungeheuren Reichtums war viel zu schwer für so schwache, mürbe Schultern.

Mama gab an diesem Abend nichts von ihrer eigenen Familie preis. Ihre eigenen privaten Verhältnisse hatten tabu zu bleiben. Aber fremdes Leben heimste die alte Frau mit unersättlicher Lust und Begier in ihre Scheuern. Ich muß gestehen, daß auch ich ihren Fragen keinen Widerstand leistete, weil ihr leidenschaftliches Interesse am fremden Schicksal unmittelbar zu spüren war – und wer erzählt schließlich willigen Ohren nicht gern von der so wichtig genommenen eigenen Familie?

Ich habe die alte Dame im Verlauf der Jahre, die Marcelle nach dieser ersten Begegnung noch zu leben hatte, einige Male wiedergesehen, stets zusammen mit Marcelle. Ludwig Mittenberger war niemals mit von der Partie; er pflegte Mama in bitterer Ablehnung, eine »Non-Entity« zu nennen, eine Fiktion, ein gar nicht mehr existierendes Wesen. Mama mußte ihn übel gekränkt haben. Aber Marcelle stand über den Dingen und behauptete, sie müsse sich Mama von Zeit zu Zeit immer wieder ansehen, um mit Genuß festzustellen, wie richtig es gewesen war, aus der Welt des großen Geldes auszubrechen und sich ein ganz normales bürgerliches, ihretwegen auch gutbürgerliches Leben zu erobern.

Und ich fuhr gern wieder in den riesigen Park mit dem haushohen Geistertor, wurde stets freundlich empfangen in dem pompösen Palais mit all seinen toten Kunstschätzen, auf die kaum je ein bewunderndes Auge fiel. Mama verlor ihre anfängliche Angst vor mir. Ich wollte sie nicht anpumpen, begnügte mich mit ebenso winzigen Portionen beim Essen und Trinken wie sie selber und stahl offenbar nur im äußersten, das heißt wohl doch unwahrscheinlichen Notfall silberne Löffel oder goldene Teller (es waren, um ganz genau zu sein, eigentlich keine Teller aus Gold; golden waren die großen Untersätze für jedes Gedeck, auf denen die japanischen Diener die einzelnen Gänge in porzellanenen Tellern servierten).

Und jedesmal, wenn Marcelle mich zu Mama geleitete, hatte ich ein halbes Dutzend Geschichten mit menschlich-allzumenschlichem Beigeschmack aufzutischen. Denn Mama lebte, hinter einem Schutzwall von Mauern, Bankkonten, Bediensteten, Ärzten, unschätzbar wertvollen Bildern und anderen Kunstgegenständen, nur noch aus zweiter Hand, ein Schatten, der nur noch gelegentlich, in zumeist kraftlosen und folgenlosen Zornausbrüchen Lebendigkeit vortäuschte.

Miß Brittle ist schließlich ins Sekretariat versetzt (oder abgeschoben) worden – was auch immer hier unter Sekretariat zu verstehen war. Schwester June trat an ihre Stelle. Diese warmherzige, lebensvolle Person, ein einfacher, im besten Sinne naiver Mensch nährte, bis zum Schluß, den langsam vergehenden Schatten vom Überfluß ihres eigenen Lebens.

Alles, was die Begegnung mit der »reichsten Frau Amerikas« mir an Einsichten vermitteln konnte, hatte ich im Grunde schon nach jenem ersten Abend begriffen, den zu schildern ich versucht habe. Marcelle hat mir dabei geholfen.

Ich hätte wohl viel mehr von Marcelle erzählen müssen, besonders von ihrer Kindheit. Aber dazu ist es jetzt zu spät. Ist nicht ohnehin ein bißchen zu wenig passiert auf diesen letzten Seiten?

»Ein bißchen zu wenig passiert . . .« – kommt es wirklich darauf an, daß »viel passiert«; daß es knallt, daß die Kulissen purzeln und die Herzen brechen? Ein bißchen schon! Wo »was los ist«, laufen die Leute herbei – und die Leser auch.

Und doch gehen die wichtigen und entscheidenden Dinge – davon bin ich überzeugt; auch hat es mich die Erfahrung gelehrt – meistens leise und oft genug nicht einmal bemerkt vor sich, um sich manchmal erst Jahre später zu voller Gewalt und Sichtbarkeit zu entfalten. Das Abenteuerliche oder Sensationelle ist, bei Licht besehen, ziemlich belanglos, ist nur ein Wellengekräusel an der Oberfläche. Abenteuer und die Berichte über sie erzeugen vielleicht für eine Weile echte Spannung, zumal wenn sie das Leben der Akteure in Frage stellen. Aber das Dickicht der uns bedrängenden Existenzfragen durchforsten sie selten, geben nur punkthaft Aufschlüsse, bedeuten vielleicht einen kleinen Windbruch, aber keine klärenden Schneisen.

Je älter ich wurde und je länger und weiter ich auf unserem immer enger zusammenschrumpfenden Weltraum-Schifflein Erde unterwegs war, desto deutlicher wurde es mir, daß nicht die Besuche bei Ministerpräsidenten oder anderen »regierenden Häuptern« die wirklich klärenden Einsichten vermitteln (von Fragen der aktuellen Politik, die zwischen den Großen dieser Welt ausgehandelt werden, abgesehen), sondern daß zuweilen ganz unscheinbare Erlebnisse und Begegnungen die Signale setzen, die dem fremden Beobachter wie nebenbei den Zugang zu den in der Tiefe, in den verhangenen Hintergründen sich schicksalhaft vollziehenden Entwicklungen aufschließen.

Dies habe ich nirgendwo stärker erfahren, als in jener riesigen Landschaft im Fernen Osten Asiens, die nach wie vor zu den nur unvollständig bekannten und für den Europäer unbegreiflichsten Gebieten unseres Planeten zählt: in China, diesem ungeheuren Lebewesen.

Dort habe ich mir wirklich nicht nur ein Paar, sondern viele Sohlenpaare abgelaufen. Mit geradezu magischer Kraft haben mich

Die chinesischen Fragezeichen

immer wieder angezogen – und abgestoßen. Niemals habe ich mich in China glücklich und frei gefühlt, wie so oft in den Wäldern Kanadas oder auf den flimmernden Steppen Australiens und Afrikas. Aber niemals hat mich auch nur einen Augenblick lang das Bewußtsein verlassen, in China auf dem Boden eines uralten Landes zu stehen, in dem sich mehr Geschichte und Kultur abgespielt hat als irgendwo sonst. Dadurch nämlich unterscheidet sich China von anderen Ländern der Erde, die in der Vergangenheit zwar viel an menschlicher Bemühung und Irrung gesehen haben, inzwischen aber längst in Mittelmäßigkeit oder Bedeutungslosigkeit abgesunken sind.

Ich kann nicht behaupten, daß meine in China abgelaufenen Sohlen mir zuverlässige Erkenntnisse eingetragen hätten. Leute, die mit »gesicherten Erkenntnissen« über China auftreten, kommen mir stets wie vorwitzige Scharlatane vor. Die Widersprüche im Bilde Chinas waren vor der Mao-Zeit und sind auch heute so kraß und zugleich nebelhaft, daß die Fragen stets viel zahlreicher bleiben als die wirklich eindeutigen Antworten.

Und doch will es mir allmählich so vorkommen, als bildeten die vielen sich scheinbar ausschließenden Gesichter Chinas nichts weiter als ein Maskenspiel, den Fremden zu täuschen; das gleiche China steckt in allen Kostümen, das gleiche China, fern, fremd, scheint mir bewunderns- und verabscheuenswert – beides in einem.

Um China kommt man nicht herum. Es ist unmöglich, so zu tun, als gäbe es die 750 oder 850 Millionen Exemplare einer Menschenart nicht, die wahrscheinlich die intelligenteste, sicherlich aber die klug-bescheidenste und gehorsamste unter den Menschensorten dieser Erde darstellt: der größte Block in sich einheitlicher und geschlossener Menschheit, den es gibt. Ich benutze die Worte »bescheiden« und »gehorsam« nicht in dem leise verächtlichen Sinn, der sie bei uns im Westen in den letzten fünfzig Jahren langsam angekränkelt hat, womit ihnen das geschah, was in unserer Welt vernichtender Wirkung gleichkommt, nämlich aus der Mode zu geraten. In China ist beides nicht aus der Mode gekommen. Bescheidenheit und Gehorsam wurden vielmehr zu Kardinal-Tugenden erhoben. Geschieht dies in einem Volk von so hoher Intelligenz, vielfacher Begabung und unstörbarem Fleiß wie dem chinesischen, so vermögen die Machthaber, wer sie auch seien, außerordentliche Leistungen mit diesem Volk zu bewirken. Um China wird also in der Tat nie herumzukommen sein. Das haben Leute, die das Land kannten, all die Jahre hindurch stets gewußt, und selbst die Amerikaner – mit wenig oder gar keinem Gespür oder auch nur gutem Willen für Andersgeartetes ausgestattet – haben das unlängst eingesehen und bemühen sich, mit China ins

Gespräch zu kommen; es wird ein sehr langwieriges Gespräch werden.

Dabei verfügten die Amerikaner in den Reihen ihrer Wissenschaftler und Publizisten über ganz vorzügliche Kenner des Fernen Ostens, vor allem Chinas. In der Zeit McCarthys wurden sie alle mundtot gemacht, so vor allem Owen D. Lattimore und die Zeitschrift des damaligen »Institute for Pacific Affairs« mit dem unvergessenen Namen »Pacific Affairs«. Auch war es eine Amerikanerin, die der Welt die Kenntnis des sich wandelnden China in dichterischer Form mit großartiger Eindringlichkeit vermittelte: Pearl S. Buck. Auch ihre Wirkung wurde von der McCarthy-Hetze, die sich gegen alles richtete, was irgendwie mit Kommunismus zusammenhing, verschlungen. Diese Hetze verschlang ja auch die überaus notwendige Forschung und Beobachtung der Entwicklungen und Veränderungen im asiatischen Kommunismus und anderer asiatischer Geisteshaltungen. Weil das so war, hat Amerika mit aller ihm eigenen Selbstsicherheit auf die falschen Karten gesetzt, hat sich selbst und andere in fürchterliche Schwierigkeiten gebracht, für die es und andere bitter bezahlen müssen. So nicht nur in China selbst, sondern zum Beispiel in Korea, Vietnam, auch in Japan und heute in Taiwan.

Immerhin vermag Amerika auf ein nach wie vor reichhaltiges Reservoir vorzüglicher China-Kenner zurückzugreifen, wenn es sich nun endlich bequemt, die Existenz des menschenreichsten Staates der Erde wieder zur Kenntnis zu nehmen.

Es ist nicht zu verwundern, daß die USA über viele Männer und Frauen verfügen, die China so gut verstehen, als wäre es ihre zweite Heimat – denn es war ihre zweite Heimat. Der amerikanische Protestantismus hat China seit langem als sein spezielles Missionsfeld angesehen. Die Kinder dieser Missionare wuchsen mitten in China unter Chinesen auf und sogen Luft und Wesen des Landes in sich hinein, ob sie dies nun wollten oder nicht. Und es geht von China und seinen Menschen, dort, wo sie unverfälscht Chinesen sind, eine schwer zu beschreibende, aber außerordentlich wirksame und unabweisbare Verzauberung aus. Man gerät unter den Bann des ältesten und immer noch außerordentlich starken und lebendigen Kulturreiches dieser Erde, auch wenn man sich dagegen wehrt.

Die Kinder der Missionare – so etwa Pearl S. Buck und Owen D. Lattimore – wurden zu berufenen Interpreten Chinas. Sie verstanden China, weil es »ihr« China war. Will man genau sein, so muß man zugeben, daß der Kommunisten-Riecher McCarthy mit seinem Mißtrauen gegenüber Leuten wie Lattimore nicht ganz auf dem Holzweg war; denn Lattimore und andere mit gleichen Hintergrund kannten China nicht nur, sondern sie liebten es, ja, waren ihm auf geheime Weise verfallen. In ihren Augen konnte China, was auch immer es unternahm, kein Unrecht tun. Ihre Ratschläge mußten also stets erst durch den Filter des amerikanischen Eigen-Interesses geschickt werden. Schaltete man sie aber aus, so gab es überhaupt keine Ratschläge mehr, die man durch den Filter hätte schicken können ...

Ich weiß noch sehr genau, daß es schon tiefe Nacht war, als ich Lattimore zum erstenmal besuchte. Wenige Tage zuvor erst war ich aus der Mandschurei in Peking eingetroffen, von Charbin kommend, dieser merkwürdigen, sonderbar unheimlichen Stadt, wo sich immer noch mandschurische, chinesische, japanische, weiß- und rotrussische Machenschaften vorder- und mehr noch untergründig überkreuzten, wenn auch bereits die Japaner, die mit dem Anspruch und in der Haltung großer Eroberer auftraten, offiziell das mandschurische Kaiserreich begründet hatten: Mandschukuo. Inoffiziell aber hatten sie die Mandschurei beinahe im Handumdrehen in ein riesiges Protektorat verwandelt, in eine auf das asiatische Festland vorgeschobene Bastion der imperialen Herrschaft; von hier aus, so stand für die japanischen Offiziere schon damals fest, sollte ganz China erobert werden. Ich hatte viel gelernt über Stil und Wesen asiatischer Politik; aber tiefer hatten mich die menschlichen Schicksale erregt, abenteuerliche, in der heutigen westlichen Wohlstandswelt kaum noch glaublich erscheinende Schicksale, in die ich, ohne es zu wollen, verwickelt worden war.

So ist es mir unterwegs häufig ergangen: plötzlich verschlingen sich die Fäden anderer Leben in die deines eigenen. Knoten schürzen sich wie für die Dauer. Aber dann werden die Fäden unmäßig gedehnt, über Erdteile und Weltmeere hinweg. Briefe bilden nur noch ein dünnes Surrogat für in räumlicher Gemeinsamkeit empfundene Gefühle, für gemeinsame Erlebnisse. Die Fäden erschlaffen schließlich, verschleißen und reißen ab. Übrig bleibt für immer ein Name, das Bild einer Situation, das auch noch in der Erinnerung eine nie ganz versiegende Wärme erweckt: Gemeinsamkeit,

Sympathie, Freundschaft, ja Liebe hat einmal bestanden – niemals geht dergleichen völlig unter.

Nun stand mir also Peking bevor, die alte Stadt der »Söhne des Himmels«, für mich eine neue Welt. An Owen D. Lattimore war ich empfohlen worden – und zwar so, daß er mich, den ihm gewiß unbekannten Journalisten aus Berlin, nicht ablehnen konnte. Er war neugierig auf mich gemacht worden. Ob sich die Neugier dann für ihn gelohnt hat, vermag ich nicht anzugeben.

Ich hatte ihm vom Hotel aus durch Boten die Nachricht überbringen lassen, daß ich angekommen sei, nachdem ich mich erst einmal zwei Tage lang mit der Luft Pekings vertraut gemacht hatte. Der gleiche Bote brachte mir seine Antwort: er erwarte mich noch am gleichen Abend spät, da er am nächsten Tage in die Äußere Mongolei aufbreche, frühestens in zwei Wochen wieder in Peking sein könne, mich aber gern vorher über meine Eindrücke in Mukden, Hsinking und Charbin befragt hätte. Das klang nicht schlecht. Ich hatte mich also nach dem Abendessen von dem Hotelportier in eine Rikscha setzen lassen und war losgegondelt.

Das leise, gleichmäßige Trapp-trapp-trapp der Kuli-Sohlen vor mir war eine asiatische Musik, an die ich mich noch immer nicht gewöhnt hatte (und auch später niemals gewöhnt habe), obgleich ich mir stets sagte, es sei besser, der magere Mann mit der knochigen Brust vor mir habe mich, einen Europäer, zu ziehen, dem er doppelten Lohn abverlangen konnte, als wenn er weiter in dem schneidend kalten Novemberwind an der Hotelecke hätte frieren müssen.

Obgleich ich mich in einen warmen Mantel gehüllt hatte, fröstelte mich bis ins Mark. Die unmäßig breiten Straßen der Stadt lagen leer. Nur wenige Laternen brannten. Es roch ganz zart nach jenem überaus feinen Staub, den der Wintermonsun aus der Gobi heranträgt, ein gelblich-brauner Staub, der seit Jahrmillionen während der Wintermonate über Nordchina herabsinkt, Wüstenstaub – und doch den Feldern im weiten Tal des Hoangho, des Gelben Flusses, Fruchtbarkeit spendend.

Die riesige gelbe Stadt schien wie ausgestorben. Ein verschleierter Mond mit fahlem Hof gab ungewisses Licht zwischen den weit voneinander entfernten Laternen. Als wir die Hauptstraße verlassen hatten und in schmalere, ungepflasterte Gassen eingerollt waren - trapp, trapp, trapp machten die Kuli-Sohlen – war es der Mond allein, der uns Licht spendete.

Oben: Tschungking, hoch über dem hier meilenbreit und machtvoll ruhig vorüberziehenden Yangtse, eine Stadt aus dem chinesischen Mittelalter, mit Toren und Zinnen.

Unten: Wir waren schon in die Schluchten gelangt, und der Dampfer tänzelte mit äußerster Vorsicht über die Barren und Felsen in dem gefährlich zwischen die hohen Felswände gepreßten Flußbett stromab.

(»Die chinesischen Fragezeichen«)

Allein im riesengroßen, lärmenden Tokyo ...
(»Die Ehe zwischen Younosuke und Käthe«)

Endlos dehnte sich die Fahrt, für mich eine Fahrt ins völlig Ungewisse. Wohin entführte mich der Kuli? Der Mann war in Schritt gefallen. Ich hörte seinen Atem gehen wie einen keuchenden Blasebalg. Gewiß, mochte er sich verschnaufen!

Erst jetzt, da die harten Sohlen des Rikscha-Kulis nicht mehr vernehmbar waren, wurde ich der vollkommenen Stille inne, die über den schattenhaften Straßen lagerte. Gelbe Lehm- oder Ziegelwände begleiteten die Gasse, durch die wir so gut wie lautlos hinglitten. Hier und da eine fest verschlossene Tür, ein hohes Tor, kein Fenster, kein Licht. Ganz selten nur eine schattenhafte Gestalt, die sich mit eingezogenem Kopf und vermummtem Mund vorbeidrückte. Hätte mich die Rikscha irgendwo hier ausgekippt, ich wäre so verloren gewesen wie ein neugeborenes Kind.

Von einem schweren hohen Holztor hielten wir schließlich. Der Kuli klopfte lauthallend mit einem hölzernen Klöppel, der bereithing. Der Schall erschien mir erschreckend stark in der verstohlenen Stille. Gleich darauf öffnete sich in dem Tor ein kleines Fenster. Zwei Augen spähten heraus. Ich hatte meinen Hut abgenommen, war abgestiegen. Riegel polterten, Angeln knarrten, eine schmale Tür öffnete sich in dem großen Tor. Der Türhüter in langem Gewand sagte auf englisch: »Mr. Johann? Ja! Mr. Lattimore erwartet Sie.«

»Was soll ich dem Kuli zahlen?«

»Das mache ich, Sir!«

Der Kuli fing an, erbost zu lamentieren; er erwartete, vom Türhüter im Preis gedrückt zu werden, sicherlich mit Recht. Ich zückte einen Geldschein. Das machte ihn verstummen, verschlug ihm die Sprache. Aber nur für einen Augenblick, dann forderte er wütend mehr. Wenn ich so dumm war, mit einem Schein zu bezahlen, während er sonst nur ein paar Kupfer kassierte, dann war ich wahrscheinlich auch geneigt, mich zu noch mehr erpressen zu lassen. Der Türhüter hatte mir einen mißbilligenden Blick zugeworfen, wies aber jetzt den zeternden Kuli mit einem Stöckchen fort, winkte mich durch die Tür ins Innere und schloß hinter mir ab. Natürlich hatte ich nun den Türhüter zu entschädigen. Es ist offenbar, daß ich mich noch nicht auf den Umgang mit Kulis und Türhütern verstand.

Hinter der Tür nahm mich ein zweiter Diener in einem weißen Kaftan, der bis zu den Fußgelenken reichte, in Empfang, verbeugte sich und murmelte: »Bitte, mir zu folgen, Herr!«

Wir durchschritten eine hohe Halle, deren Hintergründe sich in schwärzestem Dunkel verloren. Eine Kerze in einer mit schwarzen Figuren bemalten Papierlaterne spendete karges Licht, das nur gerade eben den Durchgang durch das dämmrige Gewölbe erhellte.

Am jenseitigen Ende der Halle traten wir auf einen weiten, von Mondlicht erfüllten Hof hinaus. Einstöckige Gebäude umzingelten uns im Viereck, gekrönt von ungemein schweren, riesigen Ziegeldächern, die hier und da von dem matten Schein des Nachtgestirns zum Blinken erweckt wurden.

Drei große Hunde, Chow-Chows mit ihren dicken Pelzen und den über den Rücken gelegten buschigen Ruten, stürzten uns entgegen, ohne zu bellen. Ich fuhr zurück. Die entblößten Gebisse schimmerten. Ein scharfes Wort meines Begleiters trieb die Hunde zur Seite. Wir überschritten den Hof. Die Hunde folgten uns, sie bellten auch jetzt nicht, was sie mir noch weniger geheuer machte.

Wieder ging es durch eine kaum erhellte hohe Halle, in der es nach Geistern roch und nach sehr altem Holz. Die Kerze auf einem Kupfertisch zeichnete die Schatten des Gebälks gegen die Innenseite des sich in großer Höhe verlierenden Daches. Noch ein Hof voll Mondlicht, mit ragenden Dächern im Geviert ringsum. Ich hielt scheu in die Ecken nach weiteren Mongolenhunden mit schwarzen Zungen Ausschau. Aber nichts regte sich.

Am Ende dieses Hofes lagerte auf erhöhtem, über eine breite Freitreppe erreichbaren Geschoß ein Dach, so ungeheuer wie ein Gebirge.

Hier schimmerte stärkeres Licht durch verschnörkelt überschnitzte Papierscheiben. Endlich also schien ich ans Ziel gelangt zu sein. Der Diener schob die Tür beiseite. Zu meinem Erstaunen betrat ich einen recht simplen europäisch eingerichteten Vorflur, wo mir der Diener Hut und Mantel abnahm. Dann klopfte er an einer Tür im Hintergrund.

»Come in!« ertönte eine klare Stimme zur Antwort. Der Diener öffnete mir die Tür und ließ mich eintreten. Und plötzlich stand ich in einem hohen, weiten Raum, der durch einige Petroleumlampen mäßig erhellt, halb chinesisch, halb europäisch eingerichtet und überaus behaglich mit dicken Teppichen ausgelegt war. Schwere Ledersessel, ein riesiger Schreibtisch an der Querseite neben einem verhängten Fenster. An der Schmalseite, dem Eingang gegenüber, brannte in einem mannshohen, torbreiten Kamin ein loderndes Feuer. Ich begriff sofort, daß dies in einer so baumarmen Welt wie Nord-China einen unerhörten Luxus darstellte.

Aus einem Sessel am Feuer erhob sich ein zierlich wirkender Mann mittlerer Größe. Ich erkannte ein mageres, scharf geschnittenes Gesicht. Ich richtete die Grüße aus, die mir aufgetragen waren. Er bedankte sich herzlich und erkundigte sich, wie es dem von uns beiden sicherlich gleich verehrten Freund in Europa ergehe. Ich gab ausführlich Bescheid. Eine angenehm warme Atmosphäre der Höflichkeit und klug fragender Anteilnahme umfing mich gleich, eine Mischung, so empfand ich es, von asiatischer und westlicher Wohlerzogenheit.

Lattimore klatschte in die Hände. Durch eine von mir bis dahin nicht bemerkte Tapetentür erschien der Diener, erhielt einen Auftrag in chinesischer Sprache und schob wenig später, im Verein mit einem jüngeren Mann, zwei Servierwagen heraus. Auf dem einen standen Gläser und eine Batterie von erfreulich wirkenden Flaschen, auf dem zweiten Teller, Bestecke und eine große Porzellan-Platte mit vielerlei Bissen, von denen ich zunächst nur die wenigsten identifizieren konnte.

»Das Essen im Hotel ist schandbar schlecht. Ich habe einen Imbiß anrichten lassen. Vielleicht haben Sie noch Hunger?«

Das Essen im Hotel war wirklich schlecht, war ein elender Fraß, um ehrlich zu sein. Ich nahm also das Anerbieten meines Gastgebers mit Vergnügen an. Er sagte: »Ich bin an diesem Abend selbst noch nicht dazu gekommen, etwas zu essen. Ich leiste Ihnen Gesellschaft.«

Wir schmausten und tranken beide und tasteten uns langsam aneinander heran. Ich konnte mich nicht enthalten, zu fragen: »Sie haben sich eine phantastische Wohnung ausgesucht. Drei Höfe – und dann dieser gewaltige und komfortable Wohnraum. Die Hunde, der Türhüter, die Diener – ein großartiger Stil!«

Er lachte und schwenkte sein Whiskey-Glas: »Es sieht feudaler aus, als es in Wahrheit ist. Diese alten, meistens schon halb verfallenen Mandarinen-Paläste lassen sich für ein Spottgeld mieten. Es will sie ja keiner mehr haben, und die kaiserlichen Mandarine, von denen dies große Land einmal regiert wurde, sind längst ausgestorben. Aber man braucht natürlich einen Haufen Dienerschaft, um die vielen Höfe, Hallen, Wohn- und Wirtschaftsräume nur einigermaßen in Ordnung zu halten. Für mich allein ist dieser immense Überfluß an Wohnung gewiß ein viel zu weites Kleid. Andererseits, wenn man hier leben muß und sich ununterbrochen mit den Wirren Chinas und seiner Nachbarländer beschäftigt, dann ist man in einem solchen Hause, unter diesen schweren Dächern, stets ganz von selbst auf seine Arbeit eingestimmt; man werkt und denkt nicht von fremder Umgebung her, wie etwa aus einem dieser im Grunde ganz und gar nicht hierher passenden Europäer-Hotels.«

»Das leuchtet mir ein. Ich habe eine ähnliche Erfahrung gemacht. Ich wohnte in Tokio zunächst in einem großen Hotelkasten in der Nähe des Kaiserlichen Viertels. Das Europäische in diesem Hotel war an allen Ecken und Enden unzulänglich, kläglich sogar. Und das Japanische erlebte ich nur wie durch eine getrübte Glasscheibe. Erst als ich mich kurzerhand entschloß, mein Quartier in einem ganz gewöhnlichen japanischen Gasthof aufzuschlagen, mich also meiner europäischen Haltegriffe und Rettungsringe völlig zu begeben, erst von jenem Tage an begann ich zu hoffen, daß es mir gelingen würde, mit Japan sozusagen handgemein zu werden.«

»Natürlich, natürlich! Wenn ich hier vor dem Kamin sitze des Abends, wie zum Beispiel vorhin, ehe Sie kamen, und mir Nachrichten und Zusammenhänge überlege, wenn dies ganze riesige Anwesen um mich her schweigt, und in den Ecken das Dunkel nistet, dann denkt nicht nur mein Kopf, sondern all die hohen chinesischen Beamten, die hier einmal gewohnt haben mit ihren Dienern, Sekretären, Sänftenträgern, Leibwachen, Konkubinen, Ehefrauen und Kindern – alle diese längst vermoderten Gehirne denken mit. Manche Schlüsse ziehen sich dann ganz von selbst; man wäre ohne diese Umgebung kaum darauf verfallen.«

Ich nahm den Faden auf: »Ich kann mir denken, daß Sie viele Besucher aus dem Fernen Innern zu empfangen haben, aus der Mandschurei, der Mongolei, aus Schensi, aus Kansu, vielleicht sogar aus Sinkiang, Leute, die noch ganz in ihrer asiatischen Welt leben. Wenn Sie die in irgendeiner dummen Hotelhalle empfangen müßten, wo selbst jede Andeutung von Zeremoniell unmöglich wird – Sie würden die Gespräche von vornherein um ihre Substanz bringen. Hier ist das anders: hohes Tor in hoher Ziegelmauer, die Klappe im Holz, der Türhüter, die weiten Höfe, die gewaltigen Dächer, die mißtrauischen Hunde, die dämmrigen Hallen – und dann plötzlich dieser wunderbar großzügige und wohnliche Raum – in der Tat, wer so vorbereitet auf Sie stößt, Lattimore, der weiß natürlich viel eher, die Ehre zu schätzen, mit einem so eindrucksvoll hausenden Mann reden zu dürfen.«

Der zierliche Mann verbeugte sich lachend: »Vielen Dank, Johann. Nirgendwo ist der Rahmen und die Pose, ist das berühmte ›Gesicht‹ so wichtig wie im Fernen Osten. Manchmal allerdings liegt man in dieser Zeit falsch mit dem feierlichen Aufwand. Ich hatte vor ein paar Tagen Besuch aus Yenan. Sie sind doch gewiß auch deshalb zu mir gekommen, um von mir etwas über Yenan zu hören. Unser gemeinsamer Freund schrieb es mir; er will natürlich selber etwas über Yenan hören. Wenn andere längst noch nicht ahnen, wohin der Hase läuft, hat er es schon gerochen. Verschieben wir das noch! Ich hoffe, wir sehen uns mehr als einmal. Aber nach der alten Journalistenregel ›Eine Nachricht wäscht die andere‹ – was haben Sie in der Mandschurei gefunden, Johann? Werden die Japaner, wird dieses Inselvolk, mit dem Festland fertig? Waren Sie auch in Fuschun?«

Ja, ich war in Fuschun von den Japanern umhergeführt worden und hatte mir sagen lassen, was sie dort alles an Schwerindustrie aufbauen wollten. Auch sonst, so versuchte ich auseinanderzusetzen, schienen mir die Japaner in der Mandschurei mit einer beinahe unheimlichen Energie am Werke, um aus dem verwahrlosten, aber, den Möglichkeiten nach, überaus reichen und zukunftsträchtigen Steppenland, ähnlich wie in Korea, nur in noch viel größerem Stil, eine Wirtschaftskolonie zu machen, die ihnen jene gewaltige Verbreiterung ihrer Basis erlauben würde, ohne welche sie ihre auf den engen, armen Inseln zusammengedrängten Menschen nicht würden erhalten können. Allerdings, so wollte es mir scheinen, verwandelten sich die in ihrem Heimatland so höflichen, rücksichtvollen und kultivierten Japaner in den gelben Weiten der mandschurischen Steppen in harte, ja brutale »Empirebuilder«, die ohne Rücksicht auf Verluste ihre imperialen Ziele zu verwirklichen suchten. Ich schloß: »Wie die Leute der Teezeremonie und des Blumensteckens sich zugleich wie innerasiatische Eroberer mit zuweilen unmenschlicher Härte durchsetzen können, um zur höheren Ehre des Tenno in den Steppen der Mandschurei, von wo ja die letzte Herrscher-Dynastie Chinas herstammt, eine neue, gewaltige Herrschaft zu begründen – diesen Widerspruch vermag ich mir noch nicht zu erklären.«

Lattimore begann sehr vorsichtig, die Dinge auseinanderzulegen: »Im japanischen Volk sind malaiische, mongolische und Ainu-Elemente vereint. Wenn Sie es recht überlegen, Johann: keine dieser drei Komponenten ist von Natur engräumig begrenzt. Im malaiischen Wesen rumort das Meer; im mongolischen die Steppe, die weite Ebene; im Ainu der Wald, besser die unermeßlichen Wälder Nordost-Asiens. Über ihre Inseln am Ostrand Asiens kamen die Japaner nicht mehr hinaus; es ging nicht weiter, sie hatten sich mit der Enge, mit der Umgrenztheit ihrer von Süden, von Westen, von Norden erwanderten Heimat abzufinden, was ihnen um so leichter schien, als ja die Inseln unwahrscheinlich schön sind, und sie als Malaien, als Mongolen viel Sinn für Schönheit und vor allem für Stil mitbringen. Nun haben aber die ›schwarzen Schiffe‹ des amerikanischen Admirals Perry das fest verschlossene Inselreich aufgebrochen. Die in Jahrhunderten angestauten, sozusagen auf Flaschen gezogenen Energien mußten hervorgelockt und eingesetzt werden, um zunächst die staatliche Unabhängigkeit zu bewahren, und dann wendeten sie sich auch nach außen. Das Streben der Malaien über die hohe See zu fernen Küsten, das Verlangen der Mongolen über die Steppen zu anderen Steppen, die Sehnsucht der Ainu, durch die Wälder zu schweifen – all dies war ja noch da im Blute des Inselvolks; es hatte nur notgedrungen lange geschlafen. Nun ist es erwacht. Ich sage Ihnen, Johann, die Japaner werden dem Westen noch einige Nüsse zu knacken geben!«

Eine Weile sannen wir diesen Worten nach, was uns nicht hinderte, den letzten Leckerbissen auf der Platte den Garaus zu machen. Der Diener erschien und schichtete neues Holz in den Kamin, wo die Flammen schon zu roter Glut zusammengesunken waren. Bald fraß sich das Feuer prasselnd und knackend ins kienige Holz. Wir mußten unsere Sessel zurücksetzen, es wurde zu heiß.

Ich ließ hören, was mir in den vergangenen Monaten, die ich ausschließlich in Japan verbracht hatte, zur Gewißheit geworden war: »Japan wird unvermeidlich zur stärksten Macht in Ostasien werden. Japan ist schon die stärkste Macht. Der einzig mögliche Konkurrent wäre ein wiedererstarktes China. China ist ja nach den natürlichen Gegebenheiten unendlich viel mächtiger und reicher als Japan. Die Japaner haben das Glück, ihren großen Aufstieg in einer Zeit völliger Zerfallenheit und Schwäche Chinas zu erleben, nach dem ruhmlosen Untergang der letzten chinesischen Dynastie. Japan folgt also seinem natürlichen Instinkt, wenn es jetzt, da die Gelegenheit günstig scheint, einen riesengroßen Fetzen aus dem siechen Leibe Chinas herausreißt. Wenn ich den japanischen Offizieren trauen darf, bei denen ich in Changchun zu Gast gewesen bin, dann war Korea der Anfang, die Mandchurei die Fortsetzung; jetzt ist die Innere Mongolei an der Reihe, mit Gewalt sowohl wie mit List und Geld durchdrungen zu werden. Aber das ist alles nur der Auftakt. Das Ziel für die im geheimen in Japan führenden Schichten (das sind gewiß nicht die Parlamentarier) ist zweifellos ganz China, China mindestens bis zum Yangtse hinunter.«

Lattimore blickte mich unter zusammengezogenen Brauen an: »Die alte Geschichte: man kann als Mann aus dem Westen, als Europäer oder Amerikaner, entweder nur für die Japaner oder nur für die Chinesen sein, kann sich nicht mit beiden zugleich identifizieren; man muß sich entscheiden, und dann wird man die einen lieben und die anderen hassen. Die notwendige Objektivität nach beiden Seiten ist so gut wie unmöglich. Wenn ich mich nicht irre, haben Sie sich für Japan entschieden. Vielleicht nur deshalb, weil Ihr verehrter Lehrer, unser gemeinsamer Freund, sich ebenfalls längst für Japan entschieden hat. Ich wiege mich – für mein Teil – in dem Glauben, klüger zu sein und weiter zu sehen: ich habe mich für China entschieden. Ich bin überzeugt davon, wer auf lange Fristen denken will, kann sich – was sage ich? – muß sich für China entscheiden.«

Das hatte er sonderbar und unerwartet erregt, sogar auftrumpfend gesagt, wie es seiner gemessenen Art eigentlich gar nicht entsprach. Ich war ein wenig vor den Kopf gestoßen, sollte es wahrscheinlich auch sein. Ich hätte sarkastisch antworten können. Aber ich war der Gast, war zum erstenmal zu Gast bei diesem äußerst kenntnis- und einflußreichen Mann. Er widmete mir einen ganzen langen Abend. Was war ich, der kleine Berichterstatter aus Berlin, gegen diesen einmaligen Fachmann in fernöstlichen Angelegenheiten, einen der bestinformierten Männer auf seinem Gebiet?

Ich bemühte mich also, auf den desolaten Zustand Chinas hinzuweisen, auf die Korruption und Unfähigkeit in den Kreisen der regierenden Kuo-min-tang, auf die groteske Vetternwirtschaft und die von den Angehörigen und Schwägern der Familien Sung und Kung praktizierte Verfilzung von Privat- und Staatsgeschäften, von der »Generalsherrschaft«, diesen unkontrollierbaren »Provinzgeneralen« in den Außenbezirken. Ich schloß: »Nicht einmal mit seinem eigenen Sohn ist Tschiang Kai-schek fertig geworden, und erst recht nicht mit den schlecht bewaffneten, nur lose organisierten kommunistischen Banden unter Mao Tse-tung, die sich nach dem nördlichen Schensi durchgeschlagen haben, unbesiegt von dem großen Feldherrn und Marschall Tschiang. Dies China sollte den Japanern keine allzu schwierige Beute werden. Dies China ist total in sich zerstritten und zerfallen und weiß nicht, wohin es will. Die Japaner wissen das ganz genau.«

Lattimore hatte das Whiskey-Glas längst abgestellt. Er saß in seinem Sessel, spielte mit einem dünnen silbernen Bleistift. Nach einigen Minuten des Schweigens erwiderte er wie obenhin, fast ein wenig gelangweilt, wollte mir scheinen – wahrscheinlich war ich ihm zu dumm (später hat er mir gestanden, daß ich ihm wirklich zu dumm war in diesem Augenblick und daß er sich fragte, ob es sich überhaupt lohnte, die Bekanntschaft mit mir fortzusetzen): »Wenn ich Sie so reden höre, Johann, beginne ich zu glauben, was von manchen Leuten behauptet wird: daß nämlich die Japaner eine gewisse Ähnlichkeit mit den Deutschen haben, entschuldigen Sie!«

Da er eine kleine Pause zu machen schien, warf ich ein: »Da habe ich nichts zu entschuldigen. Wenn die Deutschen mit den Japanern verglichen werden, so kränkt das ihre Ehre ganz gewiß nicht; eher stimmt das Gegenteil!«

Lattimore lächelte heiter: »Die Japaner sind ebenso fleißig und tüchtig wie die Deutschen und können es weit bringen. Sie kranken auch an dem gleichen Fehler: wenn sie Kanonen haben, so glauben sie, keiner weiteren Argumente zu bedürfen und setzen ihre Macht gleich Recht. Die Russen sind übrigens der gleichen Überzeugung; nur sind sie nicht so fleißig und tüchtig wie ihre westlichen und östlichen Nachbarn. Dafür verfügen sie über ein unabsehbares Reich mit schlechterdings allen nur denkbaren Möglichkeiten, bleiben aber trotzdem ständig besorgt wegen der sie bedrückenden Tüchtigkeit ihrer Nachbarn.«

Mir gefiel diese amerikanisch-besserwisserische Verteilung von Zensuren nicht besonders. Ich erwiderte: »Ich finde, daß es weder ›die‹ Deutschen noch ›die‹ Japaner noch ›die‹ Russen gibt. Allgemeine Urteile und Verurteilungen lassen sich leicht aussprechen. Bei Licht besehen, liegen die Tatbestände stets viel komplizierter.«

»Das bezweifle ich nicht, Johann. Trotzdem unterscheiden sich die Völker in ihrer grundsätzlichen und nicht auslöschbaren Wesensart genauso deutlich und scharf wie sich Einzelmenschen unverwechselbar voneinander unterscheiden – und wer ihnen auf die Spur kommen, wer vor allem ihr zukünftiges Verhalten wenigstens in etwa vorausberechnen will, der muß sich über die jeweils einmalige Gestalt und das Wesen der großen Völker, muß sich über ihren Verhaltensstil und ihren Charakter – obgleich der bei Völkern nicht leicht bestimmbar ist, da haben Sie recht, Johann – aber er ist auch bei Individuen schwer bestimmbar –, ja, der muß sich also über die Grundzüge im Reagieren der Völker klar sein, darf vor allem nicht von sich auf andere schließen, darf nicht guten Willen voraussetzen, wo man selbst guten Willens ist, oder stets dort Nachgiebigkeit erwarten, wo man selbst nachgiebig wäre. Man darf nicht ungeduldig sein, wenn vielleicht die anderen gar nicht wissen, was Ungeduld ist. Die Japaner und die Deutschen schaden sich oft genug dadurch, daß sie nicht warten können. Geben Sie das nicht zu?«

Ich gab es zu, wenn auch nicht sehr erfreut, schloß aber einen kleinen Gegenangriff an: »Die Amerikaner scheinen mir auch nicht gerade an einem Übermaß von Geduld zu leiden und sind gern darauf aus, ›noch gestern‹ Resultate zu erzwingen.«

Lattimore war Amerikaner, wenn auch gewiß kein alltäglicher. Er nahm meine Worte gutmütig auf: »Wem sagen Sie das, Johann! Es wird ja meist übersehen, daß die Deutschen in Amerika eine sehr bedeutende Rolle spielen. Da in Amerika englisch gesprochen wird, glaubt man, daß die USA durch englisches Wesen bestimmt werden. Aber die Deutschen bleiben Deutsche, auch wenn sie englisch sprechen. Sie haben ihre Ungeduld, ihre Holzhammer-Manieren und auch ihre Michelhaftigkeit in das amerikanische Wesen mit eingebracht. Leute wie ich, die aus England stammen und lieber ›sowohl als auch‹ sagen als ›entweder – oder‹ haben es da manchmal nicht leicht.«

»Ich weiß nicht recht«, meinte ich, »ob mir dies hübsche Spiel mit Pauschal-Urteilen gefällt. Ich finde es sicherer, von Fall zu Fall zu urteilen. Kehren wir lieber nach China zurück, wenn es Ihnen nichts ausmacht.«

»Bin schon da!« sagte Lattimore gleichmütig. »Bin eigentlich die ganze Zeit dagewesen. Wollte nur die Kontraste betonen.« Und unerwartet schoß er die Frage auf mich ab: »Wollen Sie nicht nach Yenan gehen?«

Ich richtete mich auf: »Nach Yenan? Ich würde dorthin gehen wollen! Aber ich fürchte, mir fehlt die Zeit. Ich bezweifle auch, ob meine Redaktion es für wichtig genug hält, Geld und Zeit in ein solches Vorhaben zu investieren. Außerdem: wie käme ich nach Yenan? Das sind an die siebenhundert Kilometer von hier – und das ohne Bahn. Und von Straßen ist auch nicht viel die Rede.«

Lattimores Antwort kam leise: »Das ließe sich vielleicht arrangieren. Aber natürlich kostet es Zeit – und Geduld. Und eine Strapaze ist es auch. Aber wenn Sie wissen wollen, was hier vorgeht, sollten Sie sich Yenan nicht entgehen lassen. Ich war da und habe lange mit Mao gesprochen. Seitdem weiß ich, daß in China noch alle Fragen offen sind.«

Um es gleich zu sagen: mein Berliner Verlag lehnte meinen telegraphisch vorgetragenen Vorschlag telegraphisch ab: die Reise würde zuviel Zeit und Geld kosten und zu wenig einbringen. Damals war ich noch vertraglich gebunden und hatte mich zu fügen, ging also statt dessen zu Tschiang Kai-schek an den Yang-tse und nach Ssetschuan. In späteren Jahren war ich dann mein eigener Herr. Aber da war die Chance längst vertan – und Lattimore hatte recht behalten, verschwand aber gerade deshalb in der amerikanischen Versenkung.

Der Amerikaner fuhr fort: »Sehen Sie, es stimmt zwar: Tschiang hat die ›Rote Armee‹ aus Mittel- und Südchina verjagt, hat sie aus Kiangsi über die Provinzen Hunan, Kueichou, Yünnan, Ssetschuan ins nördliche Schensi getrieben, in eine gottverlassene, öde Gegend, wo nicht viel zu holen ist. Mao hat auf diesem ›Langen Marsch‹ den größten Teil seiner Freiwilligen verloren, hat nur zwanzigtausend Mann in die Gegend von Yenan gerettet, und die sind nun vor allen Dingen damit beschäftigt, etwas Hirse, Bohnen und Gerste anzubauen, damit sie nicht verhungern. Alles richtig! Und von Europa oder von Amerika her gesehen, mag das sehr eindrucksvoll und wie ein totaler Sieg Tschiangs aussehen. Fahren Sie nach Yenan, Johann, und sehen Sie sich diese sogenannte ›geschlagene‹ Armee an. Viertausend Kilometer sind Mao und seine Leute marschiert, über hohe Gebirge und über reißende Ströme hinweg, unter unsäglichen Entbehrungen, ohne irgendeinen Nachschub, nur aus dem Lande und vom Feinde lebend. Und nicht ein einziges Mal wurden sie wirklich geschlagen; statt dessen haben sie die viel besser ausgerüsteten und besser versorgten Truppen der Zentralregierung, das heißt Tschiangs, Dutzende von Malen mit blutigen Köpfen abgewiesen. Nie haben sie versagt, nie nachgegeben; ungeschlagen haben sie schließlich das ferne Schensi gewonnen, nach fürchterlichen Verlusten, gewiß, die aber in viel höherem Maße auf das Konto der außerordentlichen Strapazen als auf die Truppen Tschiangs zurückzuführen sind.

In Schensi, im großen Knie des Hoang-ho, dieser Ur- und Kernlandschaft des frühen China, haben Mao und seine Leute ihre Verfolger vollständig abgeschüttelt; dorthin wagt Tschiang nicht zu folgen. Dort leckt der Löwe Mao seine Wunden; sie sind schmerzhaft, aber weit davon entfernt, tödlich zu sein. Dort haben er und seine Soldaten sofort damit begonnen, wie vor dem Jahr des ›Langen Marsches‹ in Süd-Kiangsi, das Land ringsum und seine gesellschaftliche Struktur nach den Maoschen Vorstellungen eines Bauern-Kommunismus umzuwandeln. Und glauben Sie mir, Johann, sie haben die Massen der armen, ausgepowerten Bauern aus der Yenan-Gegend auf ihrer Seite. Sie überzeugen das Volk ausschließlich durch ihr Beispiel und ihr Verhalten. Korruption, dies asiatische Urübel – Tschiang wird daran zugrunde gehen! – Korruption, Bereicherung, Ausbeutung von der Basis politischer oder militärischer Macht her, werden mit dem Tode bestraft. Wenn man dieses Gesetz bei Tschiangs Leuten, bei seinen Verwandten, Beamten und Offizieren anwenden wollte, bliebe kaum ein einziger am Leben. Maos Leute leben genauso einfach wie das gemeine Volk; sie halten sich für und wie das gemeine Volk. Maos Soldaten werden Bauern, wenn sie die Waffen ruhen lassen können.

Johann, Sie sollten die Männer in Yenan erleben; seit Jahren kämpfen sie unter schlimmsten Entbehrungen für ihre Idee von einem neuen China, ungebrochen. Was sich da in Yenan zusammengefunden hat, ist eine Elite, wie es eine entschlossenere zur Zeit wohl nirgendwo auf der Erde gibt. Die Männer sind eingebildet, ja, arrogant. Sie verzichten auf jeden Luxus, auf alle Annehmlichkeiten eines auch nur kleinbürgerlichen Daseins. Sie sind simpel und erdnahe wie die Bauern, auf die sie sich in beinahe mystischem Glauben verlassen. Sie sind erfüllt von der störrischen, eigensinnigen Gewißheit, daß sie allein die chinesische Wirklichkeit kennen und beherrschen. In der Tat: diese Männer machen sich nach der Serie von Schlachten, die sie bestanden haben, keine Illusionen über den Gegner oder über sich. Sie sind nur Chinesen und eignen sich Marx oder Lenin nur soweit an, wie deren Gedanken und Vorstellungen in gelber Erde wurzeln können. Sie sind davon überzeugt, daß ihr Weg der richtige ist. Die Beamten und Soldaten Tschiangs erscheinen ihnen wie schmutziger Staub, der früher oder später weggewaschen werden wird. Ihr Vertrauen in Mao und in sich selbst ist felsenfest und sie finden unter der Sonne nur ihre eigenen Taten und Ideen bewunderungswürdig und zukunftsträchtig. Yenan ist Maos Menschenschmiede; hier züchtet er in strenger Schule mit asketischer Härte und Konsequenz ohne irgendwelche Konzession an das private Gefühl oder die Annehmlichkeiten des Daseins die Regierer, Verwalter und Soldaten eines künftigen China heran.

Seit ich das gesehen habe, Johann, weiß ich: Tschiang und die ewig verwaschen ideal daherschwätzende Kuo-min-tang haben den Leuten in Yenan nichts Gleichwertiges entgegenzusetzen – nichts, gar nichts! Gewiß wird Mao noch weitere ›lange Märsche‹ zu bewältigen haben, aber es werden Vormärsche sein, nicht Rückmärsche. Auf die Dauer kann Mao gar nicht unterliegen, denn er ist China, das wahre ungeheure China der Bauern. Tschiang – das ist nur die hauchdünne Sahne, die auf diesem Bauern-China schwamm, seit jeher – und schließlich wird sie weggeblasen werden.

Allerdings hat diese Rechnung eine große Unbekannte aufzuweisen, dieses X heißt Japan. Deswegen höre ich Ihnen eifrig zu, wenn Sie von den japanischen Absichten in der Mandschurei und anderswo sprechen, wenn Sie von dem mir nicht besonders gut vertrauten Wesen Japans schwärmen und den Gesetzmäßigkeiten, die vielleicht darin angelegt sind.

Unser gemeinsamer verehrter Freund aus München, Johann, hat mich in seinem Brief gebeten, Ihnen für Ihr China-Programm anzuraten, was ich selbst für das Wichtigste und Wesentlichste halte. Ich habe es getan: versuchen Sie alles, was in Ihrer Macht steht, um nach Yenan zu gelangen. Ich könnte Ihnen dazu verhelfen!«

Ich saß sehr still. Es war mir klar, daß Lattimore mir mit dieser langen Rede hatte erläutern wollen, wo nach seiner Meinung der Schwerpunkt meiner Berichterstattung über China liegen müßte. Es war mir auch klar, wo seine Sympathien zu suchen waren; doch pfiff ich mich sofort zurück. Er war zu klug und zu skeptisch, um sein nüchternes Urteil durch Sympathien beeinflussen zu lassen. Er ließ sich nur von Tatbeständen überzeugen. Die Tatbestände schienen ihm höchst eindeutig zu beweisen, daß nicht Tschiang Kai-schek, sondern Mao Tse-tung das neue, das unendlich mühsam und unter Qualen sich bildende China schaffen und führen würde. Ich hatte ihm dankbar zu sein, daß er mir diese, sicherlich nicht leichthin erworbene Erkenntnis mit solcher Offenheit dargelegt hatte, obgleich ihm für meine Zuverlässigkeit nichts weiter bürgte als das Wort unseres gemeinsamen Freundes aus München.

Ich wußte auch, daß meine Auftrag- und Arbeitgeber in Deutschland nicht daran interessiert sein würden, diesem roten Revoluzzer Mao propagandistisch zu helfen, indem sie über ihn ausführlich berichten ließen – und das womöglich noch wohlwollend. Ich ahnte auch, daß ein Mann wie Lattimore seinen angeborenen Instinkten und seiner anerzogenen Haltung nach gar nicht ohne weiteres auf der Seite dieses kommunistisch daherredenden Bauernführers stehen konnte, der die Lehre von Marx und Engels mit souveräner Selbstverständlichkeit nach seinen Zielen und Zwecken ummodelte, ja, der einen ihrer wesentlichsten Grundsätze, daß nämlich die Revolution nur vom Industrie-Proletariat ausgehen könne, in den gelben Staubwind Chinas geblasen hatte. Ich brauchte mich nur umzusehen in dem hohen Raum, der mich da umgab: Lattimore fühlte sich voll und ganz am Platze in diesem weitläufigen und hochfeudalen alten Mandarin-Palast, wahrlich einem Symbol für die Auffassung, daß die Menschen eben nicht »gleich« sind und wohl auch gar nicht gleich sein sollten. Trotzdem hatte er sich für Mao entschieden, mußte sich für diesen Agrar-Kommunisten entscheiden, einfach, weil Mao offenbar der bessere Mann war und eine bessere Garantie für den Sieg zu bieten schien als Tschiang, der sich von tausendjährigen Werten, aber auch tausendjährigem Plunder und tausendjähriger Fäulnis weder trennen konnte noch wollte.

Ich blickte zu dem zierlich, wenn auch zäh wirkenden Mann mit dem mehr englisch als amerikanisch anmutenden Kopf hinüber. Sehr lässig und locker lag er halb in seinen tiefen Sessel zurückgelehnt und stopfte sich sorgfältig seine Shagpfeife – die erste übrigens, seit unser Gespräch begonnen hatte; bis dahin hatte er sie kalt in der Hand gehalten und nur ab und zu einen Satz in angedeuteter Bewegung mit ihr unterstrichen. Wie er da so saß nach seiner langen Ansprache, sicher und gelassen, ein Gentleman, empfand ich Respekt und Hochachtung. Ich unterfing mich, auszusprechen, was ich dachte: »Wenn Sie mit solchen Ansichten von den Verhältnissen hier in Amerika hausieren gehen, Lattimore, werden Sie sich kaum Sympathien erwerben. Tschiang macht in Ihrem Lande die weitaus bessere Propaganda für sich, genauer: Mao macht gar keine; und die wenigen Journalisten, die sich für ihn einsetzen, sind ›linker‹ Neigungen verdächtig, kleckern auch zuviel Schmus und Lob über das geduldige Papier. Ich fürchte, Sie werden in ein schiefes Licht kommen, Lattimore!«

»Bin ich schon!« kam die gleichmütige Antwort. »Objektiv festgestellte Sachverhalte sind bei Politikern oder solchen, die sich dafür halten, nur dann gefragt, wenn sie ins vorgefaßte Konzept passen. Da die allgemeine amerikanische Haltung gegenüber China wesentlich von den vielen protestantischen amerikanischen Missionaren in China geprägt wird – so war es wenigstens bisher –, hat jemand wie Mao kaum eine Chance, jenseits des Pazifischen Ozeans richtig eingeordnet zu werden. Ich habe nichts gegen christliche Missionare in China; sie haben gewiß viel zum Verständnis chinesischer Verhältnisse beigetragen. Aber da sie in der Grundauffassung vom Diesseits und vom Jenseits naturgemäß festgelegt sind, und das zumeist in sehr engen, starren Grenzen, fehlt ihnen jedes Organ für China als einem der großartigsten und ältesten Lebewesen auf dieser Erde überhaupt; vielleicht muß man sogar *dem* ältesten und *dem* großartigsten sagen. Die meisten demokratischen Politiker im Westen sind schlau, aber nicht klug, sind bestenfalls intelligent, aber nicht weise. Das System zwingt sie, mit ihren Meinungen und Überzeugungen im Rahmen der parlamentarischen Gegebenheiten zu bleiben. Was nicht in diesen Rahmen paßt, muß unter den Tisch fallen. Das führt nur allzu oft zu fürchterlichen Fehlentscheidungen, für welche die Völker dann auf viele Jahre hinaus schwer zahlen oder gar bluten müssen. Politisch belangvoll ist nicht das Richtige und Wahre, sondern das Mögliche, das, was einen taktischen Erfolg verspricht. Die Amerikaner werden also auf Tschiang setzen. Und ich werde mit meinem Institut vermutlich vom Roß fallen. Wenn schon! Irgendwann werde ich recht behalten, und man wird sich zu mir bequemen müssen. Wahrscheinlich erst, nachdem das Kind in den Brunnen gefallen ist. Vielleicht bin ich dann schon vergessen. Gott sei Dank bin ich persönlich unabhängig. Ich sage, was ich für richtig halte, solange ich dazu fähig bin.«

Er sog einige Male heftig an seiner Pfeife. Sie war ausgegangen.

So griff er zur Whiskey-Flasche, die machte weniger Umstände. Ich blieb bei dem vorzüglichen Mandarinen-Wein aus Ssetschuan, auf den Lattimore mich besonders aufmerksam gemacht hatte.

Dann begannen wir, vom Allgemeinen zum Speziellen überzugehen und einige der Vordergrund-Akteure der damaligen ostasiatischen Szene zu besprechen.

Ich kann mir sehr wohl denken, daß, wer die letzten Seiten gelesen hat, Argwohn in sich aufsteigen fühlt. Habe ich nicht, da mir ja die Entwicklung der späteren Jahre bekannt ist, dies Wissen im nachhinein in das geschilderte Gespräch hineingesteckt? (Immerhin hatte es ja schon in der zweiten Hälfte der dreißiger Jahre stattgefunden.)

Das ist nicht der Fall. Ich habe mir von jeher wichtige Begegnungen, Erlebnisse und Gespräche mit ganz kurzen Stichworten unter dem Datum, an dem sie sich ereigneten, in meinen dicken Jahreskalender eingetragen, damit ich später die Abfolge der Eindrücke und Formulierungen stets rekonstruieren und meine Erinnerung kontrollieren kann. Diese Jahreskalender sind mir eine untrügliche Richtschnur. Ich habe lediglich den Inhalt späterer Gespräche mit Lattimore in dies erste Gespräch mit hineingenommen. Grundsätzlich habe ich nichts verändert.

So genau und so richtig also konnte schon in den dreißiger Jahren ein vorzüglich informierter, in höchstem Maße gebildeter, zugleich ganz vorurteilsloser Mann wie O. D. Lattimore den Zustand des »Reiches der Mitte« diagnostizieren und den Ablauf der Ereignisse voraussehen. Für uns heute sieht das nach unwahrscheinlicher Prophetengabe aus. Damals war es nur eine von mehreren durchaus vertretbaren Ansichten und Prognosen. Und sicherlich hätte der Gang der Geschehnisse – von damals her gesehen – eine ganz andere Richtung nehmen können, wenn, zum Beispiel,

Stalin noch deutlicher und energischer auf Tschiangs und nicht auf Maos Seite gestanden hätte, als es ohnehin schon der Fall war;

wenn die Japaner, besorgt, daß der Bissen, den sie da schlucken wollten, wohl doch etwas zu groß für sie wäre, sich nicht auf die Eroberung des chinesischen Kernlandes eingelassen hätten (aber Furcht vor großen Bissen wandelt die Japaner nur höchst selten an);

wenn die Amerikaner weniger vorbehaltlos auf die Karte Tschiang gesetzt hätten;

wenn die Tschiang-Leute nicht nur von der Bewegung »Neues Leben« geschwätzt, sondern auch ein neues Leben für sich und das Volk vorgelebt und nicht schließlich auf dem hilflosen Volke gelastet hätten – eine verhaßte Schmarotzerbrut;

wenn, wenn – wenn!

O. D. L. und das Institut für Pazifische Angelegenheiten gingen dahin. Die von ihm erarbeiteten Einsichten paßten nicht in das politische Konzept der damaligen Machthaber und Parlamentarier in Washington. Keiner mochte mehr zuhören. Tschiang Kai-schek und »Madame«, geborene Sung, eine der drei mächtigen Schwestern Sung, regierten nicht nur die Stunde, sondern Monate und Jahre. Erst in den siebziger Jahren wird anerkannt – die Weltgeschichte ist das Weltgericht –, daß China und Mao, nicht China und Tschiang identisch sind. Sehr verspätet entschloß sich der amerikanische Präsident, China zu besuchen. Damit erst hat Tschiang das Spiel endgültig verloren; moralisch legitimiert, es zu gewinnen, war er schon in den dreißiger Jahren nicht mehr.

Ich wurde damals, wie gesagt, nicht auf Mao (wer war denn Mao?) angesetzt, sondern auf Tschiang. Mir wollten dann allerdings Tschiang und seine Kuo-min-tang nicht so recht einleuchten; freilich wußte ich auch nicht viel Positives über Mao zu sagen; ich hatte weder ihn noch seine Gruppe aus der Nähe kennengelernt. Als ich jedoch anfing, negative Bemerkungen über Tschiang zu machen, kam ich in Schwierigkeiten, und der Verlag reagierte äußerst sauer.

China und das, was ich tagtäglich in diesem Land zu Gesicht bekam, wurden mir zu einem Alpdruck. Was ich gern geschrieben hätte, nahm mir niemand ab. Aber schreiben mußte ich, denn dazu war ich vertraglich verpflichtet. Es ist das Jahr in China gewesen, das mich ziemlich unfreundlich darüber belehrt hat, daß ein Schreiber kein Angestellter, also Abhängiger, sein sollte. Seit China ging mein ganzes Streben dahin, diese Unabhängigkeit zu erreichen. Nicht allzu lange danach gelang es mir auch, und nun ist sie mir schon dreieinhalb Jahrzehnte eine nicht immer bequeme, doch ganz unentbehrliche Selbstverständlichkeit – ein ziemlich hartes Brot manchmal, auch gar kein zeitgemäßes mehr, aber ein sehr gesundes. Ich bin heute überzeugt, daß jede Art von Abhängigkeit (sei es die von einem Verleger, einer Redaktion, einer Behörde, einem Amt, sei es als Angestellter und noch viel mehr als Beamter) auf deutliche oder undeutliche Weise korrumpiert. Früher oder später will man nämlich, was man muß. Ein Dasein in ständigem Protest, ständiger Negation, ständiger Ablehnung ist den meisten Menschen unmöglich – und besonders dann, wenn ihre wirtschaftliche Existenz von demjenigen abhängt, mit dem sie sich entzweien müßten.

Aber das gehört nicht hierher. Wohl aber gehört hierher, wenigstens in zwei Szenen anzudeuten, was es mit dem Tschiang-Regime auf sich hatte.

Ich war den Yangtse aufwärts auf einem englischen Dampfer gefahren, der eine kriegsstarke Kompanie der National-Armee nach Hankau beförderte (das heute mit Hanyang und Wuchang zu der Riesenstadt Wuhan zusammengewachsen ist). Diese Reise war ohne besondere Aufregungen verlaufen. Die Soldaten hatten sich als ein im Grunde höchst friedlicher Haufe von mittelchinesischen Bauernjungen erwiesen, die stundenlang, staunend, wort- und bewegungslos im Deckfenster und in der Tür meiner Kabine lehnten und offenbar nicht genug davon bekommen konnten, meinen Füllfederhalter über weißes Papier gleiten und feine schwarze Kringel in endloser Folge darauf hinzaubern zu sehen – so ungleich allem, was man in China unter »Schreiben« versteht. Die Offiziere indessen hatten sich gegenüber den beiden einzigen weißen Passagieren – außer mir (und dem Kapitän) vertrat nur noch ein Korrespondent von Associated Press die westliche Welt – sehr reserviert gezeigt, hatten eine Mischung von Verlegenheit und Hochmut an den Tag gelegt, die weder durch Höflichkeit noch durch Humor zu durchbrechen war.

Die schweren Stahlplatten, mit denen die Kommandobrücke und die offenen Decks gepanzert waren, hatten sich als überflüssig herausgestellt auf der langen ermüdenden Reise durch die grenzenlosen Ebenen von Anhwei und Hupei. Nur selten war mehr zu erblicken gewesen als die Deiche, die den Strom begleiteten, die pralle Sonne und einige Sandbänke, auf denen Reiher standen – so regungslos auf einem Bein, als wären sie aus Metall.

Immerhin bewiesen zahlreiche Kugelnarben in den Panzerplatten, daß das Schiff auf vergangenen Reisen oft genug beschossen worden sein mußte. Der Kapitän nahm das nicht sehr wichtig. Er behauptete, genau zu wissen, wo immer wieder vom Ufer her Feuerüberfälle versucht würden. Dann müsse man eben in Dekkung gehen. Die »Kommunisten« hätten nur Infanteriegewehre, nicht mehr; die schossen sozusagen nur Erbsen gegen die Panzerplatten.

Außerdem trug das Schiff auf seinem höchsten Deck, ebenfalls hinter sicherem Stahl und für die übrige Menschheit auf den niederen Decks nur selten sichtbar, sechs waschechte britische Soldaten und einen Sergeanten vom Regiment »Royal York«. Die hielten ihre Pistolen, Gewehre und Maschinengewehre blitzblank und trocken und hätten das Schiff – britisches Eigentum! – den Kapitän, die wenigen und seltenen weißen Passagiere und, wie ich hörte, regelmäßig auch größere Truppeneinheiten der Nationalarmee samt Anhang, gegen alle Überfälle gewiß erfolgreich verteidigt. Für den Kapitän und den dicken Purser, den Schiffszahlmeister, gehörte der Einfachheit halber alles, was vom Lande her schoß, zu den »Kommunisten«. Die Soldaten der Kuo-min-tang hatten natürlich ihre Waffen, bevor sie eingeladen wurden, als Gepäck abgeben müssen; sie waren irgendwo im Frachtraum sicher unter Verschluß des Herrn Zahlmeisters untergebracht.

So war das damals noch in China: ein englisches Schiff war englischer Boden, auch wenn es auf urchinesischem Strom tief ins Innere Chinas fuhr, ja, überhaupt nur im Innern Chinas verkehrte. Chinesische Soldaten hatten das Fahrgeld für »Gruppenreisen« zu erlegen und wurden von einem britischen Unteroffizier und sechs Mann vor ihren rebellischen oder räuberischen Landsleuten geschützt, aber auch in Abstand und Respekt gehalten.

In den großen Hafenstädten an der Küste und auch im Inneren bestanden ja damals immer noch die fremdländischen »Konzessionen«, exterritoriale Gebiete, in denen die Chinesen nichts zu sagen hatten. Die deutschen und die russischen Sonderrechte waren mit dem Ersten Weltkrieg dahingeschwunden, aber die Engländer, Franzosen und Japaner dachten noch gar nicht daran, aus dem kolonialen Sattel zu steigen, in dem man so sicher saß. Heute lassen sich diese Zeiten und Umstände kaum noch theoretisch nachvollziehen.

In Hankau ging die chinesische Kompanie von Bord, der Dampfer setzte die Kisten mit den Gewehren und der Munition auf die Pier, die Krieger auf mit weichem Filz besohlten Tennisschuhen erhielten ohne Gedränge, aber mit viel Geschwätz, ihre Schießeisen wieder ausgehändigt, wurden damit wieder Soldaten ähnlich und marschierten in leidlichem Gleichschritt ab. Vermutlich ahnten sie nicht, daß sie schon sehr bald im Schießkrieg stecken würden – und das ohne jeden Schutz durch einen britischen Sergeanten mit Schnauzbart und sechs Mann.

Dem amerikanischen Nachrichtenmann und mir gefielen die endlos gedehnten, aber so gut wie ausgestorbenen Kai-Anlagen, die verlassenen, tristen Lagerschuppen und die ganze Stadt durchaus nicht. Die Straßen waren kaum belebt, und die wenigen Leute, die unterwegs waren, hatten es allem Anschein nach sehr eilig.

B., der Kollege aus Amerika, meinte: »Hier ist irgend etwas nicht geheuer. Hoffentlich ist das Hotel nicht geschlossen. Dort werden wir bald erfahren, was los ist.«

Das riesige Europäer-Hotel im Herzen der Stadt hatte geöffnet und war in vollem Gange. Das allerdings nur, was die Diener, Köche, Kellner, Zimmerboys und so weiter anbetraf. Gäste waren nur andeutungsweise vorhanden.

Wir wurden mit größter Zuvorkommenheit und hinreißender Dienstbereitschaft empfangen. Kein Wunder! Erfuhren wir doch sofort, daß lange Wochen niemand, und später nur ein einziger Europäer, zu Gast gewesen war. Wir bildeten also, hoffentlich, zwei weitere Schwalben, die – gebe es der Gott der Reisenden! – bald einen neuen Sommer des Reisens und Handelns einleiten würden.

Da die Mittagsstunde schon geschlagen hatte und das Essen auf dem Schiff kein solches, sondern ein Fraß gewesen war, blieben wir gleich unten: vielleicht vermochte ein erfahrener Chef de cuisine endlich wieder etwas Genießbares zu servieren.

Der Speisesaal mit pompösen Kronleuchtern und abgeschmackten, verblaßten Fresken an den Wänden gähnte leer. An den Seiten standen, jeder bei seinem Revier, mehr als zwei Dutzend Kellner aufgereiht. Im Hintergrund führte eine breite schwere Tür aus Mahagoni in einen Sondersaal, vielleicht auch unmittelbar ins Freie; sie war verschlossen. Alle Tische waren makellos gedeckt. Das einzige, was fehlte, waren die Gäste.

Nun waren wenigstens wir erschienen.

»Um alles in der Welt, setzen wir uns zusammen!« knarrte der amerikanische Kollege. »Sonst kriegt man hier noch den Präriewahnsinn!«

Wir steuerten einen Tisch vor einem der hohen Fenster an, die auf eine nur spärlich belebte Straße blickten. Es näherte sich uns der Oberkellner, ein weißer Mann in einem abgewetzten aber peinlich sauberen Frack – tatsächlich Frack, mitten im brodelnden China! – und ließ sich in einem Englisch mit unverkennbar russischem Akzent wie folgt vernehmen: »Abends, wenn die Vorhänge und Fensterläden geschlossen sind, meine Herren, können Sie gern hier Platz nehmen. Jetzt empfehle ich einen Tisch an der Seitenwand in der Nähe der Tür. Wir hatten bereits einige Einschüsse, stets am Tage.«

Er wies auf Stellen im Fensterglas, die dezent mit kleinen Papierscheiben verklebt waren: offenbar Durchschüsse aus großer Nähe, die ja zuweilen kaum Splitter verursachen und nur eine runde, erbsengroße Öffnung reißen!

»Präriewahnsinn, ich sagte es ja!« murrte der Amerikaner von Associated Press. »Und geschossen wird also auch. Ungesunde Gegend! Ich werde auf einem Zimmer im dritten Stock bestehen. Und auf einer gut zu verrammelnden Tür!« B. war eine »Old China Hand« und kannte sich aus.

Kaum hatten wir an der sicheren, von der Straße her kaum einzusehenden Seitenwand Platz genommen, als die Tür sich öffnete und der Oberkellner einen weiteren Gast mit großer Beflissenheit begrüßte, einen mittelgroßen Herrn in europäischer Alltagsgewandung mit grauen Haar auf schmalem Kopf und einer funkelnden Brille. Der Mann war sichtlich überrascht, daß sich im Speisesaal tatsächlich einige Gäste befanden. Nach einer kurzen Frage an den Oberkellner steuerte der neue Besucher auf uns zu.

Den kennst du doch –! Das ist doch –! Da bekannte er schon: »Großartig, daß ich endlich Gesellschaft bekomme! Es war langweilig, zum Wände-hoch-Kriechen, so allein in dem großen Kasten, und fünfundzwanzig Kellner starren einem mit hungrigen Augen auf den Teller. Mein Name ist Sven Hedin – aus Stockholm. Mit wem habe ich das Vergnügen?«

Wir gaben Auskunft über Nam' und Art.

»Großartig!« verkündete Hedin, »drei Angehörige der schreibenden Zunft, drei Weise im Sturm der Zeit. Aber wir vertreten ja jeder eine andere Sparte der Schreiberei, kommen uns also nicht ins Gehege, machen uns keine Konkurrenz, können also miteinander reden, wie uns der Schnabel gewachsen ist. Ich hoffe, Sie machen mit. Ich nehme an, Sie wollen hier, wie ich, Tschiang erwarten?«

Das wollten wir in der Tat. B. wollte seine Telegramme losjagen (der Telegraphenverkehr war, wie er sofort nach unserer Ankunft erfragt hatte, noch nicht oder nicht mehr gestört), ich wollte meine Artikel schreiben, und Hedin brauchte den Generalissimus, um Gelder der Nationalregierung für neue Forschungen in der Gobi locker zu machen, hatte er doch gerade die alte »Seidenstraße« durch Zentral- und Hoch-Asien erkundet.

Wir hatten uns in Nanking auf einen mehr oder weniger amtlichen Bescheid verlassen. Danach sollten wir Tschiang in Hankau antreffen. Aber Hedin meinte dazu: »Die Burschen sagen nie die Wahrheit. Es soll möglichst niemand wissen, wann und wo der Marschall sich aufhält. Aber ich kann Ihnen glaubhaft versichern, daß er in der allernächsten Zeit hier eintreffen wird, sehr wahrscheinlich per Kanonenboot. Ohne ihn oder Madame werden weder Sie noch ich irgend etwas erreichen. Also warten wir ab! Zu dreien läßt es sich wenigstens schwätzen!«

So begannen die mir heute noch nachdenkens- und erinnerungswürdigen Tage in Hankau, im tiefsten Herzen eines von Unruhe, Gewalttat und Unsicherheit erschütterten China. Allerdings war, nachdem Mao und seine roten Scharen nach Nord-Schensi in die Gegend von Yenan abgedrängt waren, nun überall in den »befreiten« Landen die Herrschaft der National-Regierung der Kuo-min-tang aufgerichtet worden, das heißt die Herrschaft des Tschiang Kai-schek und seiner und vor allem seiner Frau Sippe.

In der Praxis bedeutete das zum Beispiel, daß »Madame« (wie sie allgemein genannt wurde) bis zum Sommer 1938 den Posten eines Generalsekretärs der Kommission für das Militärflugwesen bekleidete und als einzigem Vorgesetzten nur ihrem Gatten, dem Marschall Tschiang Kai-schek, verantwortlich war. Madame hatte die Militär-Flugzeuge im Ausland einzukaufen und die chinesische Luftwaffe aufzubauen. Dafür ist zwar viel Geld aus China hinaus, sind aber nur wenige Flugzeuge nach China hineingeflogen. Was das bedeutete, brauchte man keinem, der die Verhältnisse hinter den Kulissen der sogenannten National-Regierung (in Wahrheit einer Sung- und Kung-Regierung) kannte, zu erläutern. Als dann, 1938, Madame ihren Posten niederlegte, trat ihr Bruder T. V. Sung, früherer Finanzminister und dann Präsident der Bank von China, an ihre Stelle. Madame hatte sich anderen gewichtigen Aufgaben zugewandt.

Ich habe später einmal in Tschungking, der großen, alten Stadt in Ssetschuan oberhalb der berühmten und berüchtigten »Schluchten« des Yangtse-kiang, mit einem Mitglied der engsten Regierungsclique sehr freimütig diese Verhältnisse erörtert. Der Mann hatte, wie die meisten Angehörigen dieser in »National-china« weitaus mächtigsten Sippengruppe, sechs Jahre lang in Amerika studiert und war dem Namen nach protestantischer »Christ«, wie Tschiang und die Sungs und Kungs fast alle. Der Mann gab zu, daß die Familieninteressen dieser Sippen und ihres weiteren Anhangs aufs engste mit der National-Regierung verquickt, um nicht zu sagen verfilzt seien. Aber die National-Regierung habe nun einmal die sagenhafte Korruption der letzten Kaiserzeit und der sich anschließenden grausigen Jahre der Wirren und Generalsherrschaften übernehmen müssen, in denen politische und militärische Macht dazu gedient hatten, sich ohne die geringste Rücksicht auf die Millionenscharen des machtlosen Volkes hemmungslos zu bereichern. Die Korruption habe sich so tief in Militär und Verwaltung eingefressen, daß Tschiang und Madame gezwungen seien, alle wichtigeren Ämter im Staat, im Heer, im Bankwesen, in Industrie und Handel mit »ihren« Leuten zu besetzen, um überhaupt praktische Resultate zu erzielen, denn nur auf die »eigenen« Leute könne man sich verlassen.

Ich weiß nicht, ob jener Herr Kung junior dieser Erklärung selbst ehrlichen Glauben schenkte. Ich wagte auch nicht, solche Zweifel zu äußern, denn ich wollte noch einiges in Ssetschuan unternehmen. Ich dachte mir aber: Das Ganze ist eine Super-Sippenherrschaft zur Bereicherung der Sung und Kung und ihres Anhangs. Aus China läßt sich, selbst wenn es völlig elend ist, immer noch etwas herausholen – und wenn ein kleiner Anteil für die breiten Massen der gepeinigten Chinesen dabei abfällt, dann können sie von Glück sagen.

In Maos Heer kämpften nur Freiwillige. Die Sippenzugehörigkeit spielte dort keine Rolle. Nicht die Sippe, sondern eine Idee bildete dort das einigende Band – wie auch immer man Wert und Richtigkeit dieser Idee einstufen mochte. Was Lattimore mir an jenem Abend in Peking so nachhaltig eingeprägt hatte, ist mir nie verlorengegangen – bis heute nicht.

Zwar regierte damals überall die National-Regierung der Kuomin-tang, der »Volkspartei«, die von dem Vater der chinesischen Revolution, Sun Yat-sen, 1913, eigentlich, als »Chinesischer Revolutionsbund«, schon 1905, gegründet worden war. Vielleicht hätte die ganze moderne Geschichte Chinas andere Züge angenommen, wenn der kluge und ehrliche Sun Yat-sen nicht die älteste der drei Schwestern Sung geheiratet hätte, die zweitälteste war mit dem maßgebenden chinesischen Industrie- und Finanzmann H. H. Kung vermählt; und die jüngste, mit einer schneidenden Intelligenz ausgestattete Schwester hatte ihr Schicksal – und das ihrer Sippe – mit dem des mehr oder weniger aus dem Nichts aufsteigenden Soldaten Tschiang Kai-schek verbunden. Der große Revolutionär Sun und der große Soldat Tschiang gerieten damit – und nicht nur sie, sondern auch ihr Werk – in den Sog der allmächtigen Sippen alten chinesischen Stils, für welche Macht, Reichtum und Einfluß eben nur der Sippe zu dienen hatten.

Mao hat sich nie auf solche Weise einfangen und bändigen lassen. Es ist verständlich, daß der alten chinesischen Sippenordnung sein besonderer Haß gilt – obgleich er ihr eigentlich dankbar sein müßte, da sie doch entscheidend dazu beigetragen hat, Tschiang und die Kuo-min-tang-Regierung, die sogenannte National-Regierung, schließlich handlungsunfähig zu machen. Am Ende fiel China den Kommunisten als eine überreife Frucht in den Schoß. Die Japaner hatten das Land weithin ausgesogen und zerstört. Die National-Regierung hatte sich nie zu einer zündenden Idee oder gar zu den erforderlichen großen Reformen durchkämpfen können, sie war an ihrer eigenen Unfähigkeit und Verderbtheit gescheitert. Die Amerikaner hatten viel Geld und Material an der falschen Stelle und bei den falschen Bundesgenossen eingesetzt, wo es nie recht zum Zuge kam und im wesentlichen nur dazu diente, dem Gegner die Waffen zu liefern, den man lange Zeit als halbherzigen Bundesgenossen gegen die Japaner hatte dulden müssen: Mao und seine Leute, die einzigen, die wußten, was sie wollten. Sie wollten China bis in seine Tiefe kommunistisch verwandeln, alles Fremde hinauswerfen, alle alten Zöpfe abschneiden und ohne Kompromiß die absolute Herrschaft gewinnen, wobei dann, wie immer in Zeiten großer Umbrüche, der eigene Erfolg, das eigene Wohl und das der Genossen mit dem allgemeinen Wohl gleichgesetzt wurde.

Mao allein hat sich unter all den Bewerbern um die Macht in China nicht durch Reichtum, Wohlleben und persönlichen Ehrgeiz verführen lassen. Er hatte sein einziges Ziel, China zu verwandeln, nie aus den Augen verloren; er allein war sich, mit asketischer Strenge, in den Jahrzehnten des Kampfes immer gleich geblieben.

Er siegte schließlich, und man kann wohl sagen: mit historischem Recht – verglichen mit dem »Recht«, das die anderen Anwärter auf die Herrschaft in China aufzuweisen vermochten.

Aber zurück nach Hankau ins gähnend leere Hotel. Da saßen wir also: ein Schwede, ein Amerikaner, ein Deutscher – und warteten sehnsüchtig auf Tschiang Kai-schek. Ab und zu besuchte uns Herr D., ein deutscher China-Kaufmann aus der Stadt, »alter Ostasiate«, wie man sagte, der mit unerhörter Energie und großem Geschick sein Geschäft wieder aufgebaut hatte und der nun doch noch zu scheitern drohte, da die unaufhörlichen Wirren die Ströme des Handels langsam aber sicher zum Versiegen brachten. Zwar hatte er seine Familie längst nach Shanghai in Sicherheit geschickt; er selbst aber wollte noch nicht aufgeben, hielt mit zwei alten Dienern die Stellung in seinem großen, stillen Wohnhaus, ließ sich jeden Morgen von seinem Rikscha-Mann in sein altes Kontor unten am Strom karren, saß dort mit zwei alten Buchhaltern seine Zeit ab – zu tun war nichts; man konnte nur noch in alten Akten und Korrespondenzen kramen und Forderungen zusammenstellen, die nie mehr einzutreiben waren.

Herr D. war uns sehr willkommen. Er wußte stets ausgezeichnet über »die Lage« Bescheid. Rings um Hankau bewegten sich feindliche Bewaffnete und schossen gelegentlich in die Stadt hinein. Am Tage herrschte gewöhnlich Ruhe, und alle Welt – soweit sie nicht geflohen war – ging wie Herr D. ihren Geschäften nach, auch wenn es kaum noch welche zu besorgen gab. Die Armen aber, die Massen des Volkes hungerten; es gab nichts mehr zu verdienen. Des Nachts wurde ein sonderbar unbestimmter und lustloser Krieg geführt – mit sporadischen Schießereien – sogar aus Kanonen. Wer gegen wen und warum kämpfte, habe ich nie begriffen; wahrscheinlich wußten es die Schießenden auch nicht genau. Auf alle Fälle blieb man des Nachts besser zwischen seinen vier Wänden. Wir drei Europäer im Hotel gingen deshalb auch immer erst gegen Morgen schlafen. Wer läßt sich schon gern vom Krieg im Bett überraschen! Wir schliefen dann bis weit in den Tag hinein.

Auch Herr D. wartete sehnsüchtig auf Tschiang. Er war überzeugt davon, daß dann mit einem Schlage Ruhe und Ordnung einkehren und die Geschäfte wieder flottwerden würden. Er hat übrigens Glück gehabt, der Herr D. Seine Standhaftigkeit wurde belohnt. Drei Jahre später zog er sich mit einem leidlichen Vermögen nach Lobito in Angola zu seinem jüngeren Bruder zurück, ließ

*Links: Auf dem Rückritt brachten wir alles Vieh vor uns auf, um es dem Muster-Platz bei der Wasserstelle zuzutreiben. Dort fand sich eine Herde von etwa dreihundert Stück zusammen.
Unten: Der Himmel über mir war blau wie Stahl; die Sonne stark, warm und ungemein hell. Wenn wir über eine Bodenwelle zogen, öffneten sich den Blicken weite Horizonte, in denen sich Gebirgsstöcke abzeichneten, kantig und schroff über flachen Geröllbuckeln, letzte Reste der seit Urzeiten in dieser harten Luft verwitternden Gebirge.*

Nächste Seite: Unabsehbare herrenlose Weiten mit immer dichterem Mulga-Scrub. Dort lagen die Gebiete des Stammes, dem sich die Horden unserer Schwarzen zugehörig fühlten.

(»Die Urzeit im englischen Sattel«)

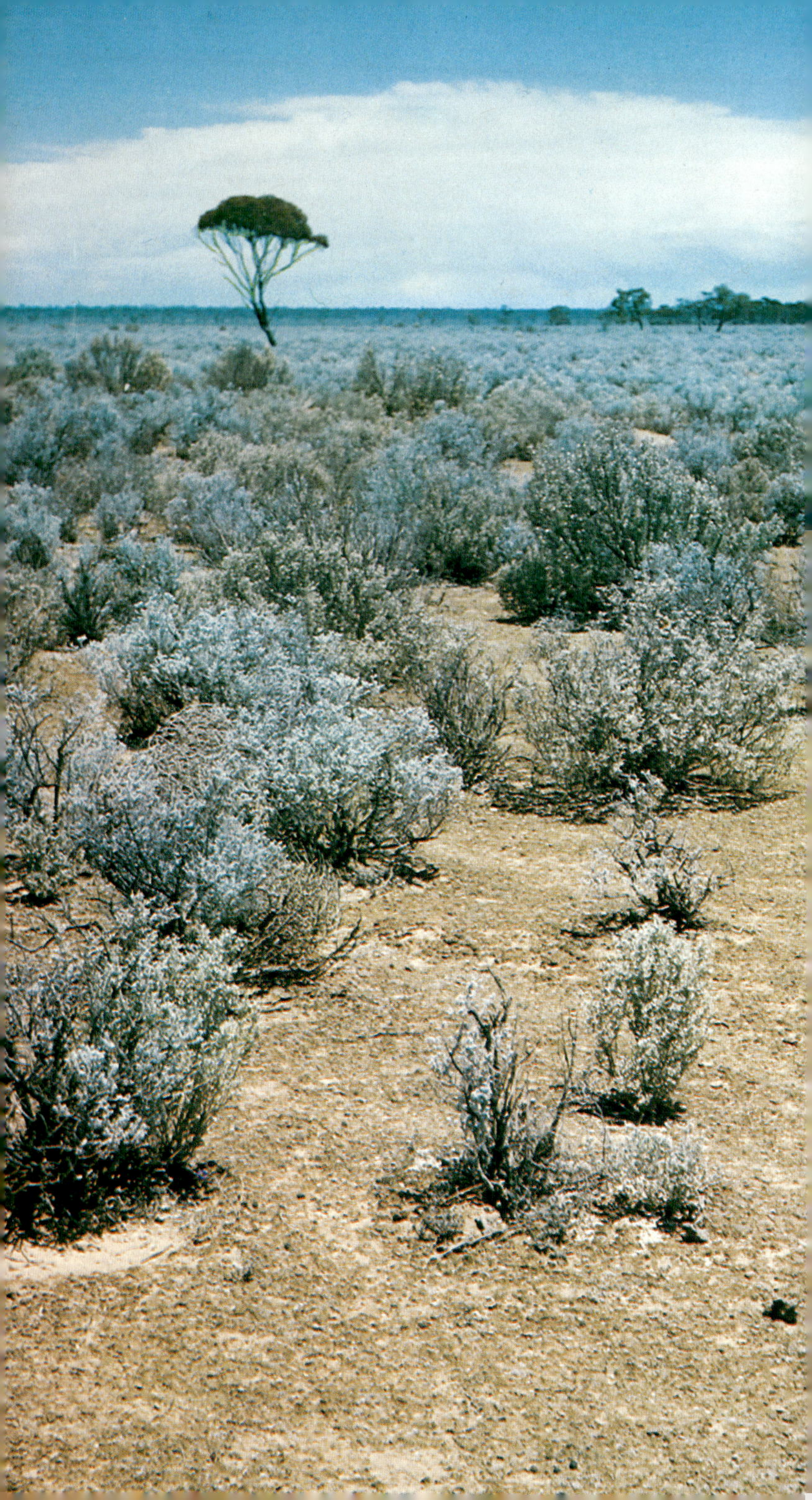

sich bei den Portugiesen einbürgern und hat dann den Weltkrieg und die böse Nachkriegszeit dort überstanden, ohne viel davon zu merken. Den einen trifft's in dieser irren Zeit – und er geht koppheister, den andern nicht; er lebt sein bürgerliches Dasein und sein kleines Glück ruhig zu Ende – und der dritte verdient sich um Sinn und Verstand, wie er's in normalen Zeiten nie zuwege gebracht hätte. Hier frage ich mich allerdings, wann und wo es je »normale Zeiten« gegeben hat. Ich für mein Teil habe in sieben Jahrzehnten keine erlebt, war aber auch, das muß ich zugeben, in der Wahl meines Heimatlandes nicht eben vorsichtig...

Des Nachts saßen wir zu dreien, manchmal auch zu vieren, zusammen und erzählten uns Geschichten, horchten auch ab und zu auf das ferne, zaghaft flackernde Geschieße. Wenn es nach mir gegangen wäre, hätten wir auch Grajschdanin Smirnikoff, den Oberkellner, mit an unsern Tisch im spärlich erleuchteten Speisesaal geladen. Er bestand darauf, auf russische Weise mit Viktor Viktorowitsch angeredet zu werden, war Offizier des Zaren gewesen, stammte, das war unverkennbar, aus guter Familie, hatte dann jahrelang mit weißrussischen Verbänden in Sibirien gegen die Roten gefochten, wollte zuletzt im Stabe des sagenumwobenen v. Ungern-Sternberg gewesen sein und hatte sich schließlich nach Charbin gerettet. Er war aus seiner Reserve zum erstenmal herausgetreten, als er zufällig einem unserer Gespräche am Mittagstisch entnommen hatte, daß ich ein halbes Jahr zuvor in Charbin gewesen war. Mit schlecht verhehlter Erregung fragte er mich, ob ich vielleicht in Charbin einer Weißrussin namens Irina Nikolajewna mit Vatersnamen Sawelnikoff begegnet sei. Ich war es, beim Herrn aller sogenannten Zufälle! Sie existierte also noch! Aber mehr wußte ich nicht zu vermelden. Doch war damit eine menschliche Brücke zu Viktor Viktorowitsch geschlagen. Auf welchen Umwegen Viktor Viktorowitsch zum Amte des Oberkellners im Palace zu Hankau, Provinz Hupei, Zentral-China, gelangt war, das ist eine ganz andere Geschichte.

Mein Hinweis, daß dieser Weißrusse vielleicht Aufregenderes zu erzählen hatte als wir andern alle zusammen, Hedin eingeschlossen, fiel auf unfruchtbaren Boden. Herr D., der trotz seines Alt-Ostasiatentums in solchen Dingen wohl noch in Hamburger Elbchaussee-Vorstellungen befangen war, blickte mich beinahe entsetzt an: einen weißrussischen Oberkellner an den Tisch laden? Unvorstellbar! Mein amerikanischer A. P.-Kollege konnte sich unter »weißrussisch« nur Tanzbar-Damen in Shanghai vorstellen, und der alte, kluge Sven Hedin war der Meinung, daß wir die noch so zuverlässig funktionierende Bedientenordnung des Europäer-Hotels sprengen würden, wenn wir den Oberkellner in unsere Tischrunde bäten. Weißrussen waren keine vollgültigen »Weißen«. Für die etablierten Europäer und Amerikaner waren sie irgendwo im Niemandsland zwischen Weiß und Gelb ausgesetzt, gehörten also im Zweifelsfall – schon wegen ihrer vielfach unmöglichen Berufe, wie Barmädchen, Kellner, Chauffeur – auf die chinesische Seite. An den Tisch bitten? Vor den Augen von zwanzig chinesischen Kellnern? Ganz unmöglich!

Wer kann sich heute noch von den bunten, den damals schaurig bunten, ganz unglaubhaft wüst verdrehten Verhältnissen im Fernen Osten ein Bild machen? Mit Menschen jeder Art – wenn sie erst einmal in die Mühle gerieten, in die vielen Menschenmühlen, die im Gange waren – und das konnte jedem, auch dem Vorsichtigsten, auch dem Mächtigsten, erst recht allen Schutzlosen passieren – mit Menschenleben wurde Schindluder getrieben, sie waren »expendable«: zum Verbrauch bestimmt.

Ich bin also nie dazu gekommen, Geschichte und Geschichten des Viktor Viktorowitsch zu erfahren; er hatte sich, gewiß aus bitterer Not, auf die Ebene der chinesischen Kellner begeben – und dort hatte er nach den ungeschriebenen Gesetzen des Fernen Ostens von damals zu bleiben. Er war aus der weißen Welt, deren Vorstellungen sich damals noch weithin auf kolonialen Bahnen bewegten, hinausgefallen und gehörte also nicht an unseren Tisch.

So hatten wir, mit gelegentlicher Knallerei als Begleitmusik, nur unseren eigenen Geschichten zu lauschen, um die keiner von uns herumkam, weder der A. P.-Mann, noch der alte Schwede, noch ich, und erst recht nicht Herr D., der andere Deutsche. Wir ließen uns höchstens unterbrechen, wenn in der Ferne Kanonen schossen; aber auch die schossen wahrscheinlich nirgendwohin, sondern demonstrierten nur, daß sie da waren und keine Angst hatten – wahrscheinlich weil sie Angst hatten ...

Die schönste, mir ganz unvergeßlich gebliebene Geschichte war jene, die Sven Hedin, der große Reisende und Erforscher Hoch-Asiens, von seinen Anfangszeiten erzählte. Ich habe sie schon einmal an anderer Stelle wiedergegeben, will sie aber hier wiederholen. Denn sie zeigt mit schreckenerregender Deutlichkeit, um wieviel friedloser, unmenschlicher, unpassierbarer die Erde geworden ist, dieser winzige Flugkörper in der kalten Leere des Weltalls, an dem wir alle kleben.

Sven Hedin hatte als junger Beamter des Schwedischen Amtes für Auswärtige Angelegenheiten in einem Konsulat auf der Grenze zwischen Europa und Asien gesessen und seine Akten gewälzt und Formulare ausgestellt, dort auf der geschichteschweren Landenge zwischen Schwarzem und Kaspischem Meer, in Tiflis, wenn ich nicht irre, dem heutigen Tbilisi. Allein die Tatsache, daß damals – vor dem Ersten Weltkrieg – die Schweden ein Konsulat in Tiflis unterhielten, beweist, wieviel enger die Beziehungen unter den Völkern Europas gewesen sein müssen und mit welcher Selbstverständlichkeit jeder irgendwohin reisen konnte. Der heutige kommerzialisierte Massen-Tourismus täuscht ja Beweglichkeit nur vor, er wirft seine Kunden nach achtzehn Tagen wieder in den Heimathafen zurück, als ob man in achtzehn Tagen mehr aufnehmen könnte als einige Kuriosa. Tatsächlich hat die Welt heute viel mehr Grenzen als vor fünfzig Jahren. Riesige Gebiete, fast ganze Erdteile, sind überhaupt verschlossen.

Des jungen Hedin Sinn stand nicht nach Bürohockerei. Er sparte, las und sammelte Urlaubstage. Wenn es dann soweit war, reiste er mit der erst vor wenigen Jahren vollendeten Transsibirischen Bahn nach Osten und stieg dort aus, wo er Zentralasien, das ihn von Jugend an wie ein starker Magnet angezogen hatte, am nächsten war. Dort tat er sich um, heuerte schließlich einige Kirgisen oder Burjaten an, die sich in den entlegenen Hochländern im Süden und Osten auskannten, ließ für sein Lastkamel zwei feste Holzkisten bauen und wechselte all sein Geld in Silber- und viele Kupfermünzen um. Das gemünzte Metall ergab keine geringe Last, und das Kamel ächzte, als es sich zum erstenmal mit den Kisten am Packsattel vom Erdboden erhob. Und dann ging die Reise los, nach Sin-kiang übers Altaï-Gebirge oder durch die Mongolei über Urga (heute Ulan Bator) durch die Gobi zum Koko Nor – großartige und abenteuerliche Reisen durchs Nichts, solange die kleinen zähen Mongolenpferde und die Lastkamele etwas zu fressen fanden. Friede herrschte auch in diesen unbeschreiblich entlegenen Gegenden im tiefsten Herzen Asiens. Die Grenzen waren überall offen. Ein Europäer war ein geachteter Mann und brauchte nichts zu fürchten; Pässe, Visa, Dokumente benötigte er auch nicht. Hedin führte nie eine Waffe mit sich. Wozu auch? Seine Begleiter mögen mit einigen alten Flinten ausgerüstet gewesen sein.

Die Reise ins Blaue der innersten asiatischen Welt (wieviel hat Hedin dann aus diesen Reisen zu machen gewußt!) ging so lange munter fort, bis – um seine eigenen Worte zu gebrauchen – »der Boden der Geldkiste durch die Münzen zu blinzeln begannen.« Das war dann das untrügliche Zeichen für Hedin, daß die Zeit zur Rückkehr gekommen war und man die Nasen der Pferde und Kamele wieder nord- oder nordwestwärts zu wenden hatte. Zu den Akten und Formularen in Tiflis kehrte man immer noch früh genug zurück.

Mit der Zeit ergaben die nur scheinbar planlosen Ritte aufs Dach Asiens soviel Wesentliches und Interessantes, daß Hedin seine Amtskarriere aufgeben und sich nur noch dem Reisen und Forschen widmen konnte – und dem Schreiben!

Es klingt wie ein Märchen aus vergangenen Zeiten, wenn man an heutige Verhältnisse in Asien, Afrika oder Südamerika denkt.

Als wir da zu dreien in Hankau im Hotel saßen, nicht ganz sicher, ob wir uns vielleicht in einer belagerten Stadt niedergelassen hatten, belagert von »Kommunisten«, Aufrührern, Freischärlern, unabhängigkeitslüsternen Provinz-Generalen oder, weiß der Himmel, was sonst für schieß- und machtwütigen Zeitgenossen, als wir dort darauf warteten, von Tschiang wieder flottgemacht zu werden, wurde uns sozusagen in die Haut gerieben, daß die Welt in die Periode der großen Wirren, der großen Veränderungen eingetreten war und nichts Altes mehr galt. Der Erste Weltkrieg hatte diese Epoche der unberechenbaren Verwandlungen fürchterlich eingeläutet, und noch immer hat sie kein Ende gefunden. Noch immer wächst die Gefahr einer weltweiten Katastrophe, da noch immer kein überzeugender Weg in die Zukunft sichtbar wird, der die Menschen auf dieser eng gewordenen Erde in die so notwendige Einheit und Einigkeit geleiten könnte.

Der alte Sven Hedin, den noch die Zeit vor dem Ersten Weltkrieg geformt hatte, erkannte damals schon, vor allem am Beispiel Chinas und Zentralasiens bis zum Kaspischen Meer und zum Persischen Golf, daß die Bedrohungen und Gefahren wuchsen und sich insbesondere gegen jene Herrschaft richteten, die der weiße Mann ohne einheitlichen Plan, vielmehr lästerlich mit sich zerstritten, über die ganze Erde auszudehnen im Begriffe war – gewesen war, mußte man damals schon sagen. Hedin konnte in jenen Nächten mit sonderbar verhaltener, aber sehr spürbarer Besessenheit davon reden, daß China und Japan, ihrer Potenz nach, gewaltigere Mächte darstellten als alle großen Mächte westlicher Provenienz. Technik, Organisation, Naturwissenschaft, die den Europäern und Amerikanern eine Zeitlang die Überlegenheit gesichert hatten – die ließen sich erlernen. Der Westen biete ja diese Waffen auf seinen hohen Schulen jedem Asiaten großzügig an und verschenke damit die Mittel seiner Herrschaft. China sei und bleibe »das Reich der Mitte«, werde in absehbarer Zeit ein Drittel der Menschheit umfassen, besitze eine uralt lebendige, formbare Intelligenz und könne, wenn es wolle, ebenso schnell und viel umfassender als Japan es vorgemacht hatte, sich die Spieße des Westens aneignen und umdrehen.

Wie ein Prophet konnte er reden, dieser Schwede, der ein Leben lang in Asien unterwegs gewesen war – wenn die Mitternacht schon geschlagen hatte und wir reichlich Cognac, Gin und Whiskey zu uns genommen hatten. Dann vergaß er seine angeborene nordische Reserve und machte aus seinem Herzen keine Mördergrube. Ich habe inzwischen keinen Anlaß gefunden, seine Voraussagen für alkoholisch beflügelte Phantasien zu halten. Ganz im Gegenteil: China kommt, kommt, kommt! Und die Welt wird anders aussehen, wenn es erst einmal da ist. Vielleicht besser als heute, denn China war in den großen Zeiten seiner Geschichte ein friedliches, geordnetes und ausgewogenes Gebilde, in dem nur wenig regiert zu werden brauchte, weil sich jedermann angemessen und schicklich zu benehmen wußte.

In Hankau allerdings, nachdem uns die Zeit schon recht lang geworden war, erlebten wir etwas anderes, das uns, wenigstens mir, die Fragwürdigkeit der Regierung vor Augen führte, die damals die Herrschaft über China beanspruchte.

Der Abend begann, wie alle Abende zuvor auch begonnen hatten. Wir hatten gegessen, sehr spät, sehr gut und reichlich, und aufs aufmerksamste bedient von beflissenen, leisen Männern auf Filzsohlen, in langen, weißen, bis auf die Fußknöchel reichenden, am Hals mit einem niedrigen Rundkragen geschlossenen, zur Schulter hin und unter der Achsel mit weißen Kordeln zusammengehaltenen, vorn und hinten glattbahnigen Gewändern. Das einzige, was anders war als sonst – der Amerikaner von Associated Press stellte es fest: »Haben Sie es auch gemerkt, Gentlemen? Es schießt heute gar nicht.«

Nein, »es« schoß an diesem Abend nicht; ich hatte es ebenfalls wahrgenommen, aber nicht darüber gesprochen, da ich dem Frieden nicht traute. Hedin schien ähnlich zu empfinden. Er strich sich mit der Hand über das schon stark gelichtete graue Haar und knurrte: »Man weiß nur nicht, ob man das als ein gutes oder ein schlechtes Zeichen nehmen soll . . .«

Doch waren wir längst soweit, uns den Geschmack an dem sorgfältig zusammengestellten Dinner nicht beeinträchtigen zu lassen, weder durch Schießen noch durch Waffenruhe. Wichtiger war, dem Koch die gebührende Ehre anzutun; er hatte sich nur um uns zu kümmern und zeigte schon aus Langeweile, was die chinesische Küche an Leckerbissen herzugeben weiß.

Als wir schon beim Kaffee waren, tauchte Herr D. auf. Wir hatten ihn nicht mehr erwartet, da er, wenn er überhaupt kam, stets auch mit uns zu essen pflegte. Herr D. wollte seine Nachricht sofort loswerden: »Mein Koch weiß es genau, er hat mir noch nie etwas Falsches berichtet: die Banden, die jede Nacht in den Außenbezirken plünderten und herumschossen, sind abgezogen. Tschiang soll sich schon ganz in der Nähe befinden. Er bringt zuverlässige Truppen mit. Das Gesindel von sogenannten Regierungstruppen, das in der Stadt herumliegt, wird dann endlich diszipliniert werden.«

Und gleich nach diesen Worten – Herr D. hatte noch nicht einmal Platz genommen – passierte es, als sei es von geschickter Regie auf einer Bühne inszeniert worden:

Die große Flügeltür an der Schmalseite des Saales, die bis dahin stets geschlossen geblieben war, flog plötzlich mit lautem Krach auf, als wäre sie gesprengt. Blitzschnell und ohne ein Wort waren zwei chinesische Soldaten im Raum und pflanzten sich rechts und links der offenen Tür auf: Beine gespreizt, stocksteif, in jeder Hand eine schwere Pistole, die Läufe zu Boden gerichtet; die Finger hatten sie am Drücker – und die Waffen waren entsichert, daran zweifelte ich nicht. Es empfahl sich, zunächst jede Bewegung zu vermeiden. Auch Herr D. rührte sich nicht. Wir starrten auf die beiden martialischen Gestalten in knappsitzender, lehmbrauner, schmuck- und abzeichenloser Uniform, und sie starrten auf uns. Die Kellner an den Wänden standen wie aus Gips gegossen, so weiß und still.

Aus dem Dunkel draußen drang durch die offene Tür das scharfe Stakkato einiger Kommandos, und dann erschien im Türrahmen eine erstaunliche Gestalt – besonders erstaunlich in einer Nacht in Mittel-China, Provinz Hupei, am Yangtse-kiang:

Ein Herr, offenbar frisch aus Oberbayern importiert, einen grünen Jägerhut mit großem, wippenden Gamsbart auf dem Schädel, gekleidet in einen grauen Janker mit grünen Paspeln, Eichenblattaufschlägen und Hornknöpfen, dazu Bundhosen bis unters Knie über Kniestrümpfen und schweren Schuhen.

Diese Figur, die wohl das unwahrscheinlichste Bild bot, das in diesem Augenblick an diesem Ort zu denken war, verhielt einige Augenblicke im Saaleingang, trat dann zwei Schritte vor, als wolle sie die Wirkung ihres Auftritts uns tief ins Herz prägen, blickte sich mit zwei ruckartigen Kopfbewegungen gebieterisch um und ließ dann halblaut ein kurzes Kommando hören. Die beiden Wachen rechts und links der Tür rührten sich, versenkten ihre Pistolen in den Hüfthaltern, schlossen die Tür und bauten sich wieder – diesmal in weniger besorgniserregender Weise – auf.

Der Herr aus dem bayerischen Modejournal mit dem Gamsbart am Hut stakste durch den Saal auf uns zu. Zwei Schritte vor uns blieb er stehen, klappte die Hacken zusammen, machte eine steife, nur angedeutete Verbeugung und warf schnarrend jedem von uns seinen Namen zu: »Stennes – Stennes – Stennes – Stennes!«

Ich hatte mich beinahe automatisch erhoben, Hedin und der Amerikaner waren mir gefolgt. Diese Zeremonie war mir nicht ganz unbekannt: Vorstellung im Stil des preußischen Offizierskorps. Ich schnarrte also ebenfalls: »Johann!« und markierte mit steifem Hals einen leichten Knick des Rückgrats. Stennes hatte zufällig mich als ersten angesehen. Auch Herr D. hatte sofort begriffen. B. und Hedin folgten unserem Beispiel.

Der Gamsbart ließ sich weiter vernehmen – auf deutsch!: »Es freut mich, Sie hier gleich gemeinsam vorzufinden. Sie warten auf den Marschall. Der Marschall wird in wenigen Stunden eintreffen. Ich muß das Hotel für ihn und den Stab beschlagnahmen. Sie können jedoch ihre Zimmer behalten; Sie waren ja avisiert. Es wird sich dann bald die Gelegenheit ergeben, den Marschall zu sprechen. Ich werde Sie entsprechend benachrichtigen. Ich bin der Kommandeur der Leibwache.«

Das war ein bißchen viel auf einmal, und ich hatte nicht gleich alles begriffen. Herr D. jedoch erwies sich als Herr der Situation: »Wollen Sie nicht bei uns Platz nehmen? Sie haben sicherlich noch nichts gegessen. Man kocht hier sehr gut, Herr Stennes!«

Stennes, Stennes, Stennes –? Mein Gedächtnis funktionierte nicht sofort. Aber dann hatte ich es: Hauptmann Stennes – Völkische Bewegung – Edelnazi – hoch ausgezeichneter Frontoffizier des Ersten Weltkrieges – kriegt sich mit Hitler in die Haare, noch vor der Machtergreifung – und springt ab. Weiß der liebe Himmel, wie dieser geborene Landsknecht dazu gekommen ist, Kommandeur der Leibgarde des chinesischen Marschalls zu werden!

Der Gamsbart geruhte, sich an unserem Tisch niederzulassen. Jetzt erst entfaltete sich die Kellnerei zu voller Pracht. Die Diener flogen hin und her, lautlos. Zehn Schritte abseits hatte sich Viktor Viktorowitsch postiert und sorgte mit leisen Befehlen dafür, daß alle Wünsche des Gastes erfüllt wurden, noch ehe sie ihm überhaupt bewußt wurden ...

Der Kommandeur der Leibwache, in oberbayerischer Phantasie-Uniform, erwies sich als ein durchaus umgänglicher Mensch, nachdem er gemerkt hatte, daß er es mit normalen Mitteleuropäern (B. war geborener Schweizer) zu tun hatte. Das gute Essen und drei steife Drinks machten ihn gesprächig. Auch war er sicherlich froh, einmal wieder mit Landsleuten von der Leber weg reden zu können. Tschiang sei bei Kiukiang aufgehalten worden. Doch jetzt würde er – wahrscheinlich am nächsten Vormittag schon – per Kanonenboot eintreffen. Er, Stennes, habe natürlich vorausfahren müssen, um Quartiere sicherzustellen.

Es wurde eine feuchtfröhliche Nacht. Aber ich muß gestehen, daß der Hauptmann Stennes, trotz vielen Alkohols, sich keineswegs verführen ließ, aus der Schule zu plaudern. Er verriet nichts, was für seinen Chef kompromittierend sein konnte. Deutlich wurde mir, daß er einen bestimmten Mann aus dem engeren Beraterkreis Tschiangs haßte wie die Pest, einen Briten aus einem der englischen Dominions. Dieser Mann – so Stennes – erledige all die schmutzigen Geschäfte der National-Regierung und ihrer Mitglieder im Ausland, er sei der böse Geist hinter den Kulissen und würde selbst zum reichen Mann dabei.

»Und natürlich wird er sich rechtzeitig in Sicherheit bringen, sollte es hier brenzlig werden. Er hat nicht nur sein Schäflein, sondern eine ganze Herde von fetten Schafen fern vom Schuß, im trockenen Stall.«

Woraus sich für mich – dieser Mann mit dem Gamsbarthut in Zentralchina gefiel mir nicht übermäßig – der Schluß ergab, daß Stennes vorläufig noch nicht an Schäflein geraten war, die es wert gewesen wären, sie aufs Trockene zu bringen. Aber vielleicht irrte ich mich auch. Später habe ich von anderen Seiten noch mehr Unerfreuliches über jenen Geschäftemacher gehört.

Etwas anderes interessierte mich zunächst viel stärker: »Ich finde es erstaunlich, Herr Stennes, daß der Marschall seine Leibgarde von einem Deutschen kommandieren läßt. Hätte es nicht nahegelegen, gerade dafür einen vertrauenswürdigen Chinesen heranzuziehen?«

Die Frage ging wahrscheinlich zu weit. Aber wir hatten schon soviel über »die Lage« geredet, und das recht offenherzig, es war zwei Uhr morgens, und wir hatten viel, wenn auch nicht zuviel, getrunken. Stennes zögerte eine Weile, warf mir einen mißtrauischen Blick zu, fand mich aber wohl ohne Arg. Was ich auch war. Er holte weiter aus: »Sie wissen ja, daß die Nationalregierung eine ganze Anzahl deutscher Frontoffiziere angeworben hat, um ihre Armee ein wenig in Form zu bringen. Wir sind hier nach dem Kriege nicht mehr bevorrechtigt, wie immer noch die Engländer oder die Franzosen. Man kann also ohne die verlegene Erbitterung mit uns reden, die jeden Chinesen befällt, wenn er, zum Beispiel, erlebt, wie die Engländer immer noch den Yangtse bis hinauf nach Tschunking als ›ihren‹ Strom betrachten und ›ihre‹ Soldaten zum Schutz ›ihrer‹ Schiffe einsetzen, als gebe es keine National-Regierung. Aber die Regierung kann die Schiffe zum Transport ihrer Truppen nicht entbehren. Was meinen Sie aber, wie es die National-Chinesen erst ankommt, wenn ihre Truppen auf einem chinesischen Strom ihre Waffen bei dem englischen Zahlmeister unter Verschluß geben müssen, bevor sie an Bord steigen dürfen – und natürlich muß der übliche Fahrpreis erlegt werden! Bei den Deutschen kommt man nicht in so peinliche Verlegenheiten; die haben keine Sonderrechte mehr zu beanspruchen; die sind meistens dumm und ehrlich und erfüllen das, wozu sie sich verpflichtet haben. Sie wollen also wissen, warum ich, ein Deutscher, der sich zur Zeit allerdings in Deutschland fehl am Platze fühlt, für den verantwortlichen Posten eines Kommandeurs der Leibwache des Marschalls ausgewählt worden bin. Die Antwort liegt doch auf der Hand: erstens werde ich die übernommene Pflicht treudeutsch stur erfüllen; zweitens war allem Anschein nach kein Chinese weit und breit zu finden, dem der Marschall seine Sicherheit anvertrauen konnte oder wollte. Das ist ja wohl klar soweit, nicht wahr?«

Wir schwiegen alle eine Zeitlang nach diesem Bekenntnis. Ich erinnerte mich, als sei es erst gestern gewesen, was Lattimore mir in jener Nacht in Peking gesagt hatte: Mao kämpft nur mit Freiwilligen; über 4000 Kilometer des »Langen Marsches« hat seine Streitmacht zusammengehalten, unbesiegt, obgleich achtzig vom Hundert seiner Kämpfer auf dem Rückzug umgekommen sind, gefressen von Kämpfen, Entbehrungen, Krankheiten, Strömen, Gebirgen, Sümpfen. Mao bedurfte keiner Leibwache und keines fremdländischen Kommandeurs. Seine Leibwache waren die zwanzigtausend Mann, die sich mit ihm nach Yenan durchgeschlagen hatten, wo er außerdem von dem Vertrauen und dem Glauben der ansässigen armen Bauern, Hirten und Flößer getragen wurde.

Tschiang indessen hatte Herrn Stennes nötig, der zu stolz oder zu eingebildet war, chinesische Uniformen zu tragen und sich statt dessen oberbayerisch herausstaffiert hatte. Ich wagte nicht, die Frage zu stellen, ob dieser Aufzug etwa dazu bestimmt war, die Chinesen zu beeindrucken. Diese Frage hätte der Gamsbart wahrscheinlich übelgenommen.

Aber eines war mir nach dieser Offenbarung klargeworden: wenn Mao am Leben blieb, so mußte er sich auf die Dauer als der Stärkere erweisen, ganz einfach, weil er der Stärkere war. Mao brauchte um begeisterte, zu jeder Entbehrung bereite Freiwillige nicht verlegen zu sein. Tschiang mußte sich einen fremden Haudegen für seine Leibwache anheuern. Ich war und bin naiv genug, solche Tatbestände für entscheidend zu halten.

Einige Wochen später war ich in Tschungking, der größten und bedeutendsten Stadt der Provinz Ssetschuan, vielleicht der reichsten und vor allem auch schönsten der alten Provinzen Chinas. Li Tai-Pe hat sie in unsterblichen Versen besungen, sie ist die Heimat chinesischer Kunstfertigkeiten wie keine zweite Provinz, reicht im Westen schon auf das rauhe und öde zentralasiatische Hochland hinauf und wird im Norden, Osten und Süden durch unwegsame Gebirgszüge vom übrigen China abgeschirmt: ein Land, wie in eine große, warme Schale der Fruchtbarkeit hineingebettet. Der gewaltige Yangtse begrenzt die Provinz im Westen und Südwesten, wendet sich dann nach Nordosten und schafft ihr eine breite, stets benutzbare Straße durch ihren Süden und Südosten. Von Nordosten strömt ihm der Kialing-kiang zu, der mit seinem westlichen Nebenfluß, dem Fow-kiang, und seinem östlichen, dem Chu-kiang, die weite Schüssel der Provinz großartig gliedert, als habe ein alter Baumeister sich genau überlegt, wie dieses Land durch ein sinnvolles System von Wasserstraßen am besten aufzuschließen wäre. In dem Winkel, den der einmündende Kialing mit dem Yangtse bildet, erhebt sich seit alters hoch auf einem Vorgebirge die Stadt Tschungking.

Die japanische Invasion, der ganz Ostchina einschließlich aller größeren Häfen und Städte zum Opfer gefallen war, hatte die National-Regierung gezwungen, ihren Sitz in die uneinnehmbare Bergfestung Ssetschuan zu verlegen. Viele Industrie-, Handels- und Bildungsunternehmen, die Universitäten zum Beispiel, folgten der Regierung in den Fernen Westen des Landes – ein Unternehmen von solchem Umfang und über solche Entfernungen hinweg durchgeführt, wie es in der Geschichte der Völker ziemlich ohne Beispiel ist. Die Bedrohung des trotz seiner Schwäche noch immer stolzen Landes, dessen Menschen sich, als sei gar nichts anderes denkbar, als die Mitte der Welt und den Hauptinhalt der Weltgeschichte empfanden, diese Bedrohung durch die Japaner, jene kleinen Leute von den letzten östlichen Inseln vor der Küste, die man nie für voll genommen hatte – sie hatte den chinesischen Widerstand hoch aufflackern lassen. Die Japaner wurden für Jahre in einen zähen, von beiden Seiten grausam geführten Krieg verwickelt, ohne durchschlagende Erfolge erzielen zu können; dieser Krieg mündete für beide Länder ohne Unterbrechung in die noch viel weiter gespannten Aktionen des Zweiten Weltkrieges.

Die Begeisterung des nationalen Kampfes versiegte schon nach ein, zwei Jahren; sie hatte sich darin erschöpft, die wichtigsten zentralen Einrichtungen der Regierung und Verwaltung ins ferne Innere zu verlegen. An der Verderbnis, Korruption und Unfähigkeit der Führungsschichten hatte sich im Grunde nichts geändert; sie bestimmten sehr bald die Zustände in Tschungking ebenso wie zuvor im Osten des Landes. Das Volk wurde von zwei mit barbarischer Gewalt sich gegeneinander drehenden Mühlsteinen zerpreßt: von den Japanern auf der einen Seite und von der rücksichtslos die eigenen Leute auspowernden Nationalregierung auf der anderen.

Ich hatte, nachdem ich in Hankau die Erlaubnis dazu bekommen hatte, ebenfalls die Reise nach Tschungking angetreten, zu Schiff. Eine andere Möglichkeit bestand nicht. Den Yangtse aufwärts ging es, viele Tage eingesperrt auf dem wackeren englischen Dampferchen, das sich gegen die harte Strömung durch die himmelhohen Schluchten zwischen dem Tapa- und dem Fangtou-Gebirge, über die Schnellen und Barren und Felsen des Stromlaufs bergauf kämpfen mußte. Auf der ganzen Erde gibt es keine Flußreise von gleicher Großartigkeit, von so erregender Wildheit. Und ich schätze mich glücklich, daß ich sie, hin und zurück, noch habe bewältigen können, bevor der Vorhang des Weltkrieges und später die Abschließung des kommunistischen Chinas solche, auch früher nur sehr selten unternommenen, Fahrten endgültig unmöglich machten. Es wird noch sehr lange dauern, bis der im Grunde zur Zimperlichkeit gezwungene Ferntourismus von heute diese grandioseste aller Flußlandschaften, die Schluchten des Yangtse zwischen Ssetschuan und Hupei, erreichen wird – wenn es ihm überhaupt glücken sollte.

Tschungking, hoch über dem hier meilenbreit und machtvoll ruhig vorüberziehenden Yangtse, eine Stadt aus dem chinesischen Mittelalter, mit Toren und Zinnen, mit breiten, steilen Treppen zwischen hohen Häuserfronten, Treppen, die aus den während des Jahres auf- und abschwellenden beiden Strömen, zwischen denen die Stadt liegt, in die Höhe kletterten, eine Stadt voller stöhnender Sänftenträger, mit Ketten rhythmisch kreischender Kulis, die an einem wippenden Tragholz über der schwieligen Schulter je zwei Kübel zu Tal trugen, widerlichen Gestank verbreitend; sie stellten, auf unzähligen zwei Beinen, die Kanalisation der Stadt dar, gehörten zu der riesigen Zunft der Nachtstuhl-Entleerer, die jeden Tag, wie schon vor tausend Jahren, viele Lastkähne am Flußufer mit dem Kot der Menschen dieser großen Stadt füllten. Die Lastkähne verhökerten dann ihre durchdringend duftende Ladung an die Bauern weit umher im Lande. In China geht seit alters nichts verloren.

Tschungking, eine menschenwimmelnde Stadt mit alten Tempeln unter schweren Dächern, mit Häusern der Vornehmen und Reichen wie Festungen, mit schwärenbedeckten Bettlern, mit Scharen von Kindern, die in den Abfallhalden über dem Strom nach Eßbarem oder Verkaufbarem wühlten – das nächste Hochwasser würde dann diese Halden abräumen, aber sicherlich nichts mehr entführen können, was noch irgendwie brauchbar gewesen wäre. Versteckte, von der Straße her kaum kenntliche Gasthäuser für Feinschmecker mit Geld, wo man wie im siebten Himmel speisen und sich anderweitig vergnügen konnte. Garküchen am Straßenrand für Nudeln, für Reis, für Fisch, Schwein, Huhn, Bohnen, Hirse und saures Gemüse, an jeder zweiten Ecke, für jeden Geldbeutel; für das kleinste Kupferstück gab es schon ein paar Bohnen mit Pfeffersoße; wer aber gesäuerten Schweinebauch verlangte, mußte schon eine kleine Handvoll Kupfermünzen berappen.

Undefinierbarer Unrat in den Gossen; wenig Lärm, denn wenig wird gefahren, alles wird getragen, unwahrscheinliche Lasten am Querholz über der Kulischulter. Aufgeputzte, rundgesichtige, schlitzäugige Mädchen, die in Sänften über dem gewöhnlichen Volk dahinschwebten wie bemalte Puppen, finstere Polizisten in hochgeschlossenen Mänteln von europäischem Schnitt; sie beobachteten den weißhäutigen Fremden mit unverhohlenem Mißtrauen, wagten aber nicht, ihre Posten zu verlassen, wenn man nur schnell und mit gesenktem Blick vorüberging.

Und überall diese in schwarzen oder dunkelblauen Kitteln steckende Masse Mensch – China is full of Chinese, sagten die Engländer früher: China ist voll von Chinesen. Es wurde wenig gelächelt; jeder hatte mit sich selbst zu tun.

Wer gab den phantastisch zerlumpten und verdreckten Bettlern, den abgerissenen, wie Hunde durch die Menge streunenden Kindern je ein Almosen? Ich, ein ahnungsloser Dummkopf aus dem Westen, habe es versucht, und war im Nu umstellt von einer Schar Aussätziger, Eiternder, Krüppel, barfüßiger, ungewaschener, nach Art kläffender Köter zudringlicher, halbhoher kleiner Bestien, die mich an den Kleidern zupften und mich festzuhalten suchten. Ich opferte alles Kleingeld, das ich in der Tasche trug, Kupfer und Silber, und ließ eine wüste Schlacht aller gegen alle hinter mir zurück. Atemlos rettete ich mich in meine nicht allzu weit entfernte, sehr bescheidene Europäer-Herberge, die einzige ihrer Art im damaligen Tschungking, von einem Deutschen geführt, der hier hängengeblieben war und, wie so viele China-Weiße, sich von dieser saugenden gelben Welt nicht mehr trennen konnte. Ich habe seinen Namen vergessen, aber ich weiß, daß er mich heftig ausschalt. Er hatte den Auflauf von einem Fenster im Obergeschoß seines Hauses beobachtet und machte mir klar, daß ich von Glück sagen konnte, meine Jacke auf den Schultern behalten zu haben. Außerdem würde er, mein Quartiergeber, unabsehbare und kostspielige Schererein gehabt haben, wenn mir etwas passiert wäre; sei er doch der Polizei gegenüber für mich verantwortlich.

Ich sah ein, daß es in Tschungking eine gefährliche Sache war, aus einem mildtätigen Herzen keine Mördergrube zu machen.

B., der amerikanische Nachrichtenmann, der auch hier wieder mit mir, wie in Hankau, unter dem gleichen Dache wohnte, verfügte bald über viel engere Beziehungen zu den Ämtern der National-Regierung, als ich sie mir jemals hätte verschaffen können. Die Amerikaner hatten längst eine offizielle Vertretung in Tschungking eingerichtet; die nächste deutsche befand sich anderthalbtausen Kilometer weiter östlich, in Schanghai, und hätte sich auch kaum für einen lästigen Journalisten interessiert, sofern nicht das heimatliche »AA« eine spezielle Anweisung erteilt hätte; davon jedoch konnte keine Rede sein. Ich gehörte nicht der Partei an, und mein Verlag trug einen jüdischen Namen und war noch keineswegs gründlich »gleichgeschaltet«.

B. erzählte mir eines Abends, daß man ihm berichtet habe, eine ebenso weiträumige wie entlegene Gegend im Nordosten der Provinz werde von einer fürchterlichen Hungersnot heimgesucht. Dergleichen mit eigenen Augen zu sehen, habe er sich schon lange vorgenommen. Er habe daher beantragt, sich dieses Gebiet ansehen zu dürfen – natürlich nur, um über die »durchschlagenden Hilfsmaßnahmen der Regierung« (er zwinkerte mich an bei diesen Worten) berichten zu können. Das chinesische Amt habe seinen Antrag zunächst mit äußerstem Mißtrauen beschnüffelt. Aber dann habe die US-Vertretung kräftig nachgeholfen, und man habe die Reise, und natürlich die amtliche Begleitung, genehmigen müssen – mit der Auflage allerdings, daß nicht nur einer, sondern mindestens drei ausländische Korrespondenten mit von der Partie sein müßten, sonst sei der erforderliche Aufwand an Bewachung und Führung nicht vertretbar. Natürlich hatte das chinesische Amt geglaubt, an dieser Auflage müsse B.'s Antrag scheitern.

»Wollen Sie nicht mitkommen, Johann?« fragte mich B. »Dann sind wir schon zwei. Wenn wir Glück haben, zaubern wir auch noch den fehlenden Dritten herbei und fangen die Kerle im Propaganda-Amt in ihrer eigenen Falle.«

Glück muß man haben auf den schlüpfrigen Pfaden eines Auslands-Korrespondenten – und wir hatten es!

Wenige Tage später tauchte am Abendbrottisch in unserer Pension ein französischer Pressemann auf. Er war etwa in meinem Alter und war, wie B. und ich, mit einem nationalchinesischen Truppentransport, und zwar auf einem französischen Flußdampfer, wenige Stunden zuvor in Tschungking eingetroffen. Unser Wirt hatte den vierschrötigen Mann mit dem intelligenten Bauerngesicht zu uns an den Tisch gesetzt. Monsieur Faustin erzählte uns, daß er unterwegs vernommen habe, im Nordosten der Provinz herrsche eine heftige Hungersnot. Das war das Stichwort!

Selbstverständlich! Faustin, ein furchtloser und umsichtiger Mann, wie sich bald herausstellte, war sofort bereit, sich uns anzuschließen.

Ich sah es nun mit eigenen Augen: Die verhungernden Bauern aßen die Rinde von den Bäumen, kochten das Kraut von den Wegrändern, fingen sich Ratten, Mäuse und Maulwürfe, soweit die nicht auch schon verhungert waren... Die Bauern waren zum Teil so geschwächt, daß sie ihre vor Entkräftung gestorbenen Kinder nicht mehr begraben konnten. Die kleinen Leichen vergingen jedoch nicht, fielen nicht der Fäulnis anheim, sie vertrockneten nur, lagen still und starr im Winkel und strömten einen Geruch aus wie trockenes Leder.

Große Dürre, welche die Ernte hatte verwelken lassen, war nach sintflutartigem Regen von fürchterlichen Überschwemmungen abgelöst worden, die nicht nur die schon dem Boden anvertrauten Saaten, sondern gleich ganze Felder mitgenommen und weite Landstriche unter Schlamm und Sand und Geröll begraben hatten.

Ein Major der Nationalarmee, ein Feldwebel und sechs Mann begleiteten uns. Der Major hatte in Amerika studiert und sprach ein brauchbares Englisch. Er hatte die Aufgabe, uns mit den Hilfsmaßnahmen der Regierung vertraut zu machen. Dem Feldwebel und den sechs Soldaten – aus einem der besten Regimenter der Nationalarmee, wie mir B. versicherte – war unsere Sicherheit anvertraut. Nicht nur das: der Major schien selbstverständlich zu erwarten, daß die Soldaten ihn und uns jederzeit bedienten, als seien sie nicht unsere Beschützer, sondern unsere Laufjungen, Gepäckträger, Stiefelputzer und Kammerdiener. Und es kam mir vor, als erwarteten die graubraun gewandeten Krieger in ihren Wickelgamaschen gar nichts anderes.

Man hatte uns auf den stämmigen Ponys der Armee beritten gemacht, freundlichen, gleichmütigen Tieren mit dicken, kurzen Hälsen und großen Köpfen, struppigen, dichten Mähnen und buschigen Schweifen, die zwar nicht schnell, dafür aber unermüdlich waren und sich von dem kümmerlichen staubigen Kraut und Gras an den Straßenrändern anscheinend höchst erfolgreich ernährten.

Was mich wunderte, war, nachdem wir erst einmal das Hungergebiet erreicht hatten, daß auf den Feldern, soweit sie nicht zerstört waren, die blaugrüne Weizensaat prächtig in der Sonne leuchtete; trotz aller Zerstörungen war die Fruchtbarkeit dieses – übrigens wunderbar schönen – Landes mit seinen Bergen und Hügeln, mit seinen Schluchten und Felsen und sanft gebetteten Tälern ungebrochen. Doch rieselte uns auf der schmalen, schlechten Straße, der wir uns, vom großen Strom her kommend, anvertraut hatten, ununterbrochen ein dünnes Rinnsal von Elendsgestalten entgegen: armseligstes Volk, in Lumpen gehüllt, auf Stecken gestützt, mit schmierigen Bündeln in der Hand oder über der Schulter, aus stumpfen Augen uns kaum noch wahrnehmend, dahinwankend nach Süden zum großen Strom, oft stürzend, zu Jammerhaufen zusammensinkend, zu Tode geschwächt, dem Hunger am Wege erliegend. Die Kinder in diesem nicht abreißenden Gänsemarsch des Grauens hatten blicklose Gesichter, uralte Gesichter über stekkendünnen Armen und Beinen und oftmals grotesk aufgetriebene Bäuche. Es bedurfte keiner Prophetengabe, um zu begreifen: kaum einer dieser Unglückseligen würde den Strom und die dort wartende Nahrung erreichen.

In den Dörfern, die wir durchschritten, standen Männer an der Straße und boten lächerlich kleine Bündel von eßbaren Kräutern zum Verkauf an, für einen Dollar das Bündchen (chinesische Dollar sind gemeint). Aber die aus den Kerngebieten des Hungers Flüchtenden wankten vorbei, ohne auch nur einen Blick zur Seite zu wenden; sie besaßen keinen Dollar – ohnedies war das Geld, von dem man nie recht wußte, was es noch wert war.

Ich erinnere mich mit Scham, daß ich mehr als einmal während des Rittes unwillkürlich hinter mich faßte, um zu fühlen, ob unsere wohlgefüllten Provianttaschen auch wirklich noch am Sattel hingen.

Ja, ich erinnere mich der Scham, die mich von Tag zu Tag heftiger beunruhigte: Was willst du hier, du Neugieriger aus dem Westen? Aus dem Elend eine Sensation machen? Die Wahrheit druckt dir doch keiner! Du bist ja hier, um über die »Hilfsmaßnahmen« der Regierung zu berichten. Wo sieht man etwas davon? Am Strom liegen die Nahrungsmittel. Ich hatte sie gesehen. Aber von wo hätte man die vielen Tausende kräftiger Kulis hernehmen sollen, um die Reiskleie und die Hirse, in Traglasten aufgeteilt, in die Hungergebiete zu transportieren? Straßen, die für Motorlastwagen oder auch nur Ochsenwagen gut befahrbar gewesen wären, gab es damals auch im übrigen China kaum. Also hatte man die Notverpflegung so weit herangebracht, wie die große Wasserstraße es zuließ, und hatte die Lebensmittel am Ufer gestapelt. Vielleicht schafften es die Hungernden, den rettenden Strom zu erreichen. Um aber das Hungergebiet selbst nicht ohne Hilfe zu lassen – noch legte die National-Regierung Wert darauf, zu beweisen, daß solche Katastrophen sie nicht ungerührt ließen –, war ein bedeutender Transport von Papiergeld in die Bezirksstadt, dem Sitz der Verwaltung des Hungergebietes, geschickt worden. Außerdem waren den Bauern der Notgebiete Steuernachlässe – nicht etwa -erlasse – gewährt worden.

Major Wu hatte uns während der Anreise zu Schiff diese »großzügige Unterstützung der Elendsbezirke«, preisend mit viel schönen Reden, erläutert. Ich fragte ihn, ob er selbst das Hungerland schon gesehen habe. Nein, das habe er zwar nicht, doch sei er von Amts wegen am Entwurf der Hilfsmaßnahmen beteiligt gewesen und deshalb auch dazu ausersehen worden, uns alles zu erklären. Er schien davon überzeugt zu sein, daß die Regierung ihr Bestes getan habe, dem Notstand zu steuern. Wir waren seinen Worten ernsthaft gefolgt (nur B., der schon lange genug im Lande war, knurrte in einem unbeobachteten Augenblick: »Immer die gleiche großmäulige Selbstbeweihräucherung! Warten wir ab, wie die Wirklichkeit aussieht!«).

Major Wu hatte übrigens unsere Sympathie schnell gewonnen. In Amerika, auf dem College, hatte er sich einen lockeren Umgangsstil angewöhnt, der weder Mißtrauen noch schlechte Laune aufkommen ließ. Der Mann schien selbst alles ehrlich zu glauben, was er vorbrachte. Er mußte aus wohlhabender und einflußreicher Familie stammen, denn er hatte, wie aus seinen Erzählungen hervorging, auf der hohen amerikanischen Schule nicht besonders zu sparen brauchen, war in seiner Heimat offenbar sehr zügig durch die Militärakademie geschleust und dann als Bürosoldat schnell befördert worden. Krieg, der diesen Namen verdiente, solchen Krieg hatte er noch nicht erlebt; Nachschub und Versorgung gehören schließlich auch zum Krieg. Wenn nicht alles täuschte, so war die Reise mit uns sein erster Ausflug »ins Feld«.

Dieser Major Wu, der sich trotz seiner amerikanischen College-Erziehung durchaus nicht scheute, den Feldwebel und die sechs Mann zu seiner und unserer Bedienung hin und her zu kujonieren – gewöhnliche Soldaten waren in seinen Augen offenbar gar keine richtigen Menschen –, dieser freundliche Major schien auf geradezu rührend naive Weise sich, seine Arbeit, den Marschall und die Nationalregierung samt Kuo-min-tang und »Neues Leben« für die beste aller nur denkbaren chinesischen Welten zu halten.

B. allein war nicht völlig überzeugt: »Diese Naivlinge«, sagte er, »die keine Chinesen mehr sind – aber auch noch keine richtigen Amerikaner, richten größeren Schaden an als professionelle Banditen alten Stils.«

Das schien mir denn doch übertrieben. Ich konnte mir nicht vorstellen, daß unser guter Major überhaupt fähig wäre, irgendwelchen Schaden anzustiften.

Monsieur Faustin hatte den Offizier aus der Fassung und aus dem Konzept gebracht, als er ihn, nach einem seiner Vorträge an Bord des Schiffes, mit französischem Scharfsinn die Frage stellte: »Was soll das viele Papiergeld den Leuten nutzen? Sie können es nicht essen, und wenn die Speicher und Scheunen im Lande leer sind, was läßt sich dann dafür kaufen?«

Der Major war sehr betroffen und wand sich nur mühsam aus der Verlegenheit: »Die Zentral-Regierung kann, abgesehen davon, daß sie auf dem Fluß Proviant heranschaffen läßt, nur finanziell helfen. Sie kann die Steuern nachlassen und Bargeld zur Verfügung stellen. Es ist dann Aufgabe der Bezirksregierung, das Geld richtig zu verwenden.«

Eine sehr billige Ausflucht, schien mir.

Als uns dann, in immer dichterer Kette, der Elendszug der Hungernden entgegenzog, verstummte der anfangs so gesprächige Major vollkommen. Mit hohlen Augen, blutleeren Gesichtern, glanzlosen Haarzotteln schwankte der Menschheit ganzer Jammer an uns vorüber. Dergleichen hatte auch der Major noch nie gesehen. Die Wirklichkeit trug ein fürchterlich anderes Antlitz, als es aus seinen statistischen Zahlen und trockenen Berichten herauszulesen gewesen war. Die Unterbeamten der Provinz-Verwaltung hatten wohl berichtet – aber gewiß nicht zu schwarz berichtet. Wer wollte sich schon bei dem allmächtigen Marschall unbeliebt machen! Der Marschall hatte andere Sorgen, als sich um irgendein

Elendsgebiet zu kümmern. Elend und Hunger hat es im großen China zu allen Zeiten und Epochen gegeben. Erst seit die westliche Welt sich eingemischt hatte, machte man so viel Aufhebens davon, schickte sogar Berichterstatter, die perverserweise darauf bestanden, die Hungergebiete mit eigenen Augen zu besichtigen. Dergleichen tat man nicht, wenn man sich nach chinesischer Sitte verhielt. Wer sich chinesisch verhalten wollte, der hatte beiseite zu sehen und wegzugehen. Wer hinsah oder gar half, der nahm nicht nur Anteil, sondern beteiligte sich, bezeigte seine Zugehörigkeit und wurde deshalb verantwortlich gemacht. So wie von jeher jedermann in China für seine Sippe aufkommen muß, wenn er sich zu ihr bekennt. Die meisten haben keine andere Wahl als sich zu ihr zu bekennen. Wer als Fremder diese Wahl hat und nicht beiseite geht, der handelt nicht nur in höchstem Maße unklug, sondern auch unangemessen. Man mischt sich nicht ein, weder in anderer Leute Glück, noch in anderer Leute Unglück. Das aber war genau das, was wir drei »Nicht-Asiaten« praktizierten.

Solches wurde mir bald klar. Auch der Franzose empfand es. Der Amerikaner zuckte mit den Achseln und meinte: »Well, may be, Johann. But I need my story!« (Mag sein, Johann. Aber ich brauche meinen Bericht!«)

Faustin und ich machten ein paar Stichproben. B. verstand genug chinesisch, um darauf achten zu können, daß Major Wu unsere Fragen und die Antworten richtig verdolmetschte. Wenn wir ein Gehöft passierten, das noch nicht von seinen Bewohnern verlassen war, so fragten wir den Bauern, wieviel Getreide er im Jahr zuvor geerntet hatte. Erschreckend wenig nach der Dürre: nur sieben Pfund vom Mou, der alten chinesischen Flächeneinheit. Wieviel Steuern er darauf habe bezahlen müssen? Ja, eigentlich zwölf Pfund auf den Mou. Aber das meiste habe er natürlich schuldig bleiben müssen. Ob es ihm jetzt erlassen sei? Nein, davon habe er noch nichts gehört. Der Major schüttelte dann das Füllhorn der bürokratischen Gnade aus und erklärte dem Bauern, daß ihm die Steuer zum größten Teil erlassen werde. Der Bauer machte ein ungläubiges Gesicht und verbeugte sich.

So war es überall, wo wir Gelegenheit hatten, Fragen zu stellen. Es wurde auch deutlich, daß einflußreiche Beamte, Kaufleute, Finanzleute die Not benutzten, den Bauern ihr Land für lächerlich wenig Geld abzukaufen. Den Bauern war sogar das Saatgetreide weggesteuert worden. In der Bezirksstadt wurde es dann zu phantastischen Preisen an Notleidende, die noch über Geld verfügten, verkauft, nicht zu Gunsten der öffentlichen Kassen, sondern, natürlich, um die allerdings jämmerlichen Gehälter der Machthaber aufzubessern. Das Papiergeld, das die Zentrale geschickt hatte, erreichte die wirklich Bedürftigen nie. Es verschwand in den Taschen der Leute, die über Polizei und Gewehre verfügten, und in den Taschen ihres Anhangs. Ich bin überzeugt, daß auch die über den Strom herangeschafften Nahrungsmittel, die uns der Major stolz gezeigt hatte, nur zu einem geringen Teil echte Not gelindert haben; das meiste ist verkauft und verschoben worden.

Wir gelangten in die Bezirksstadt, unser Reiseziel, und fanden unsere schlimmsten Befürchtungen bestätigt. Die maßgebenden Leute der Bezirksverwaltung, die uns mit großer Hochachtung empfingen, sahen alle wohlgenährt aus und schienen auch nicht gerade unter Sorgen zusammenzubrechen. Sie betonten besonders, daß den Bauern ja die Steuern gesenkt worden seien und daß die heranwachsende Ernte alles wieder ins Gleichgewicht bringen werde. Natürlich hätten die unfreundlichen Launen der Natur einige Not verursacht. Aber die Bauern seien das ja gewohnt, und es gehe ja auch wieder vorüber. Das Schlimmste sei durch die Öffnung einer Reihe von Vorratslagern im Lande verhindert worden, und die Geldspende der Regierung habe vielen Leuten geholfen, sich am schwarzen Markt einzudecken.

Keiner von diesen Leuten, das gaben sie zu, ohne zu erröten, hatte in den vergangenen Wochen auch nur ein einziges Mal die Stadt verlassen, um sich selbst ein Bild von der Lage im Lande zu verschaffen. Wie konnte man von so vornehmen und mächtigen Leuten erwarten, daß sie sich die Hände schmutzig machten! In den Büros waren wichtigere Dinge zu erledigen – und für das, was »draußen« durchgesetzt werden mußte, dafür hatte man seine Polizei und die Soldaten.

Mir verursachte die schleimig-höfliche Bande geradezu Brechreiz. Es war also alles wahr, was ich im Osten und Norden gehört und für ein böses Gerücht gehalten hatte. Hungersnöte vernichten die wehrlosen Bauern wie Unkraut, aber zugleich bieten sie einer kleinen Minderheit von Mächtigen die Gelegenheit, sich hemmungslos zu bereichern. Am liebsten hätte ich aufgepackt und wäre ohne Abschied verschwunden. Dem Franzosen Faustin erging es ebenso, während der Amerikaner B. unermüdlich fortfuhr, seine Notizen zu machen, sich herumführen zu lassen und durch grobe Fragen seine Führer in Verlegenheit zu bringen. Wir setzten es aber schließlich durch, mit Hilfe unseres unglücklichen Majors Wu, der nun ständig seine schönen Thesen an der brutalen Wirklichkeit zu messen hatte, daß unser Aufenthalt in der Bezirksstadt wesentlich früher beendet wurde, als im Reiseplan vorgesehen war.

Doch kamen wir nicht um das offizielle Abschiedsessen herum, das uns von den Bezirksgewaltigen gegeben wurde. Keiner unserer so forciert freundlichen Gastgeber schien den grausigen Hohn zu empfinden. Es fehlte an nichts. Der Reis, körnig und silbern, dampfte aus den Schalen. Es gab zweierlei Brühe von Huhn und Gemüse, von mildem Wohlgeschmack. Es gab heiße Kuchen und Geflügelragout mit Rindfleischwürfeln, gemischt in einer kräftig gewürzten Soße. Es gab sauer und süßsauer eingelegte Früchte und vielerlei Zutaten, die ich nie auseinanderzuhalten oder zu identifizieren gelernt habe.

Ich gestehe, daß ich mir das meiste schmecken ließ. So brauchte ich am wenigsten zu reden und befriedigte die Gastgeber. Was und wem hätte es geholfen, wenn mir wirklich jeder Bissen im Halse steckengeblieben wäre, wie er mir eigentlich hätte steckenbleiben müssen...

Der Rückritt zum großen Strom vollzog sich wesentlich schneller als unser Ausritt. Es gab nichts mehr zu fragen und zu besichtigen. Wir wußten Bescheid. Und auch der Major Wu wußte Bescheid. Immer wieder verwies er darauf, daß wir gehalten seien, die amtlichen Zahlen und Darstellungen zu benutzen. Und er scheute sich auch nicht – jetzt nur noch selten so überströmend freundlich wie anfangs –, uns durch die Blume darauf hinzuweisen, daß es der Regierung ein leichtes wäre, unliebsamen Korrespondenten das Leben schwerzumachen. Das wußten wir auch so, ließen es uns aber gesagt sein. Ich für mein Teil hatte schon beschlossen, China baldmöglichst wieder zu verlassen. China ging, ich bekenne es, China ging über meine Kraft. Entweder ergab ich mich der achselzuckenden Gleichgültigkeit, die den meisten Weißen dort zur zweiten Natur geworden war: »Wozu aufregen? So ist das immer in China gewesen, und so wird es immer sein« – oder ich setzte mich hin und schrieb mir den ganzen Zorn und Jammer von der Seele. Das war erst recht sinnlos, denn es würde, wie die Verhältnisse lagen, nie gedruckt werden. Also geht man am besten schweigend beiseite und möglichst weit weg und spuckt seinen

Ekel ungesehen aus – ein Verfahren, zu dem ich von jeher neige, ohne zu wissen, ob es das richtige ist.

Ein Knabe von etwa zwölf Jahren lag ausgestreckt, wie aufgebahrt, am Wege, den wir entlanggeritten kamen. Die Arme lagen ihm steif an den Hüften; die Hände und die nackten Füße waren mager, fast wie die eines Skeletts. Aus fleischlosem, eingefallenem Gesicht blickten dunkle, glanzlose Augen starr in den wolkenlosen Vorfrühlingshimmel. Der Knabe war tot. Neben seinen Füßen hockten ein Mann und eine Frau am Boden und blickten auf den Toten, ohne sich zu rühren, als wären sie in Gram und Schwäche versteint. Sie lebten noch. Sie hoben die Augen nicht zu unserer kleinen Kavalkade auf, als wir vorüberzogen. Sie nahmen uns wahrscheinlich überhaupt nicht wahr.

Ich ritt dicht hinter unserer Begleitmannschaft, die anscheinend bester Laune war, da wir uns wieder auf dem Rückmarsch befanden. Die Soldaten schwatzten ununterbrochen. Sie hielten nicht für einen Augenblick in ihrem Geplauder inne, während wir an dem toten Kind und seinen Eltern vorübertrabten.

Was anderes, fragte ich mich später immer wieder, kann in den Herzen der gequälten, geschundenen Bauern dieses Landes schließlich noch Bestand haben, als eine kalte, erbarmungslose Wut, die sich gegen alles richtet, was Waffen trägt, Befehle bellt und Steuern eintreibt?

Mao hatte recht. In diesem Lande, das noch kaum Industrie kannte, war Revolution nur mit den Bauern zu machen, den seit Jahren und Jahrzehnten schon Geschundenen. Wer diesen armseligen, sich zu Tode schuftenden Millionen von gelben Menschen mit steinharten Muskeln, lederzäher Haut, breiten Backenknochen und schwarzem Haar auch nur die geringste Aussicht auf eine Verbesserung ihres Loses anbot, und darauf, daß sie an den Beamten, Offizieren, Steuerpächtern, Besitzern, Wucherern würden Rache nehmen können, der mußte fähig sein, eine Lawine zu entfesseln, die schließlich alle alte und neue Verrottung, diesen fürchterlichen Mißbrauch der einfachen Menschen in diesem erbarmungslosen Lande samt all seinen Nutznießern unter sich begrub.

Jene Nacht in Peking, in welcher Lattimore mir seine Einsichten wahrscheinlich viel offener als beabsichtigt auseinandergesetzt hatte, jene Nacht hat mein Chinabild so nachhaltig beeinflußt, daß ich es bis zum heutigen Tage nicht zu korrigieren brauchte.

Ich glaubte es damals schon, aber heute ist es mir zur Gewißheit geworden, daß Tschiang und seine Leute China verloren haben, weil sie nicht wert waren, es zu behalten. Sie haben viele Jahre lang die Chance gehabt, aus dem großen, von der Natur reich bedachten Lande mit seinen überaus fleißigen und lernfähigen Bewohnern nach langen Jahren der Mißwirtschaft und der Wirren von neuem eine erträgliche Menschenheimat zu machen. Sie haben die Chance verspielt, für immer. Und sie können sich auch nicht dahinter verschanzen, daß die japanische Invasion alle Versuche, China neu zu ordnen, schließlich doch zum Scheitern verurteilt hätte. Die japanische Invasion zersetzte und zerfetzte das Heer Tschiangs; sie stärkte und stählte die Truppen und Guerilla-Formationen Maos, der sich in dem nationalen Kampf gegen die fremden Eindringlinge an Tschiangs Seite gestellt hatte. Ohne die erbitterte und unerbittliche Behinderung der japanischen Invasions- und Besatzungsarmee durch die Roten hätte Tschiang sicherlich von den Japanern entscheidend geschlagen werden können. Während in den von Mao beherrschten Gebieten eine grimmige und nüchterne Ordnung durchgesetzt, während dort von jedermann Mitarbeit und Disziplin verlangt, notfalls erzwungen und jeder leiseste Versuch der Korruption mit dem Tode bestraft wurde, versank das von Tschiang regierte China tiefer und tiefer in einem Morast von Unfähigkeit und Mißachtung der ihm ausgelieferten Menschen. Die »regierende« Clique dachte nur noch daran, sich zu bereichern und rechtzeitig den Absprung ins Ausland zu finden.

Als dann Japan von den Amerikanern besiegt war, hatte die Tschiang-Regierung ihre Handlungsfähigkeit so gut wie völlig eingebüßt. Kompanie- und regimentweise liefen die mit Gewalt ins Heer gepreßten Bauernburschen (die sich nicht wie die Söhne reicher Familien gegen eine schwarze Gebühr hatten vom Wehrdienst loskaufen können) zu den Roten über. Mao fegte mit wenigen weitausholenden Streichen China aus, jagte die Reste eines Regimes, das total versagt hatte, übers Meer nach Formosa hinüber, wo Tschiang es nie fertiggebracht hätte, ein »nationales« Restchina zu halten, wenn die Amerikaner ihn nicht durch ihre Flotte gegen das nun rote China des Festlands abgeschirmt hätten. Die Amerikaner hatten mit Tschiang auf die falsche Karte gesetzt und hatten mit ihr ganz China verloren. Dabei hätten sie noch rechtzeitig die Möglichkeit gehabt, die Verhältnisse richtig zu erkennen. Lattimore und andere, auch mein Gefährte B., hatten mit der Wahrheit und der richtigen Beurteilung der Zustände nicht hinter dem Berge gehalten. Aber in den Kreisen der amerikanischen Regierung hörte und hört man – wie bei den meisten Regierungen der Welt – nur das gern, was man hören möchte. Was dem nicht entspricht, kann nicht richtig sein, weil es nicht richtig sein darf.

Dieses Kapitel ist bereits wesentlich länger geworden als Kapitel in diesem Buch werden sollten. Aber China beherbergt etwa ein Viertel der Menschheit und wird, so wie es heute geführt wird, nicht nur seine asiatischen Anrainer, sondern auch die übrige Welt, auch uns, in immer steigendem Maße beschäftigen.

Dabei ist schon heute die merkwürdige Tatsache zu verzeichnen, daß China, fast, als verstünde es sich von selbst, in die Reihe der Weltmächte eingerückt ist, obwohl seine realen Machtmittel, verglichen etwa mit den russischen, noch kaum der Rede wert sind. Seine Armee ist zwar groß an Zahl, aber unzulänglich und veraltet bewaffnet; seine Luftwaffe und Marine sind nach heutigen Begriffen so gut wie nicht vorhanden; seine Industrie ist immer noch weit im Rückstand, das gleiche gilt für sein Straßen- und Eisenbahnnetz, obgleich dies in den fünfziger und sechziger Jahren mit großer Energie ausgebaut worden ist; sein Volkseinkommen ist gering. Nach westlichen Begriffen ist China immer noch ein unterentwickeltes Land.

Und trotzdem ist der magische Zauber, der von dem alten Namen China, dem »Lande der Mitte«, wie es sich nennt, ausgeht, auch heute noch so stark, daß selbst die abgebrühtesten Staatskanzleien sich ihm nicht entziehen können. Man spürt es gleichsam in der Luft der Geschichte, daß sich da eine ungeheure, uralte Kraft neu zu entfalten beginnt – und keiner mag den Anschluß verpassen. Jeder versucht, zu einem Arrangement zu kommen, politisch und wirtschaftlich oder beides, solange die Möglichkeiten noch nicht vergeben sind.

Chinas geheimnisvolle, schwer erklärbare, ganz außerordentliche Anziehungskraft habe ich selbst von dem Tage an, als ich, 1928, seinen Boden zum erstenmal betrat, aufs stärkste gespürt und mich ihr stets bewußt und mit Anstrengung entzogen; sie war und ist mir unheimlich. Obgleich man hundertfach abgestoßen wird, fühlt man sich zugleich auf sonderbar dringliche Weise verlockt, sich dieser saugenden Welt anheimfallen zu lassen. Die Fülle der Menschen ist so groß, daß der Wert des einzelnen Menschen viel geringer ist als bei uns. Wer also oben ist, wer auch nur über ein wenig Einfluß und einiges Geld verfügt, dem stehen so viele dienstbare Geister für jede seiner Launen bereit wie nirgendwo sonst. Für viele Menschen des Westens lag darin eine große Versuchung, die um so größer war, als sich überall erkennen ließ, daß die Chinesen selbst diesen Zustand ganz selbstverständlich fanden. Ich bin überzeugt davon, daß sich dies auch im roten China nicht wesentlich geändert hat; der einzelne wird für das, was einige Führende für vordringlich halten, ohne Bedenken »ausgegeben«. Ja, wenn man Mao liest und genau hinhört, dann wird dies Vorhandensein ungeheurer Mengen menschlichen »Kleingelds«, das ohne Bedenken ausgegeben werden kann, als Chinas größte Stärke empfunden. Der ehemalige nationalsozialistische Grundsatz, »Du bist nichts, dein Volk ist alles«, besitzt im roten China umfassende Geltung.

Ich könnte ein Buch füllen mit Berichten über Menschen des Westens, die, so oder so, »von China verschlungen« wurden, denen dort ihre westliche Lebens- und Denkart unmerklich, aber unwiederbringlich abhanden gekommen ist. Ich habe diese unheimliche Verlockung auch am eigenen Leibe gespürt. Aber ich rannte vor ihr davon. Ich gab dem Wunsche nicht nach, mich jemals auch nur einen Tag länger in diesem Lande aufzuhalten, als sachliche Gründe es erforderlich machten. Vielleicht gelang mir das deshalb, weil ich früh mit einem Manne zusammentraf, der mich unumwunden auf die Gefahr verwies, in die jeder Mensch des Westens gerät, der sich irgendwie auf China einläßt.

Das geschah auf dem Yangtse-Dampfer, der mich damals von Tschungking nach Hankau zurückbrachte. Diesmal war es ein französisches Schiff, dem ich mich für die stets gefährliche Reise durch die Schluchten des Stroms zwischen Wanhsien und Ichang anvertraut hatte. Monsieur Faustin war schon vorher abgereist, nachdem wir verabredet hatten, uns in Europa wiederzusehen. Aber daraus wurde genauso wenig wie aus den meisten solcher Verabredungen. Sich eigens aufzumachen, nur um den anderen wiederzusehen, dazu fehlen Zeit und Geld. Gewöhnlich ist auch der Antrieb dazu nicht stark genug. Bekanntschaften, auch persönlichste Beziehungen, die sich unterwegs unter besonderen Umständen entwickelten, wirken oft genug schal und sogar unverständlich, wenn man sie im vertrauten Trott des heimatlichen Alltags wieder aufnehmen will. Es gilt die alte Regel, daß man sich verabschieden soll, wenn man am besten schmeckt: der andere mir und ich dem anderen!

Der Amerikaner von Associated Press war noch in Tschungking geblieben. Er sagte mir zum Abschied: »Du begehst einen Fehler, Johann, daß du so schnell wieder abreist. Natürlich, unser Ausflug in die Hungergebiete war ein schreckliches Erlebnis. Stimmt, aber auf alle Fälle war er ›News‹ – und für News* werde ich bezahlt. In Tschungking braucht man nur herumzusitzen, von einer Amtsstube in die andere zu trudeln und eine Bekanntschaft nach der anderen zu machen. Man erfährt so viel, daß man jeden zweiten Tag ein langes Telegramm losjagen kann. Vieles ist nur Tratsch, Gerücht, Klatsch. Aber du weißt genau wie ich: das gibt die heißesten News. Sollten sie am nächsten Tag schon überholt und vergessen sein, um so besser! Man darf sie ja meistens nicht auf die Goldwaage legen. Schlägt die Waage doch einmal kräftig aus, so bekommt man einen Orden und kann fortab höhere Spesen berechnen. Warum bleibst du nicht hier, Johann? Wir könnten uns großartig ergänzen und unsere Beuten austauschen. Ich bin mehr für die leichtere Muse, und du bist mehr für seriös; paßt doch so prächtig, als wäre es vorgeplant!«

Doch B. hatte mich nicht überzeugen können. Die amtlichen Verhältnisse in Tschungking widerten mich an, und die magere Kohorte von Europäern und Amerikanern, die sich im Gefolge des Marschalls, Madames und der maßgebenden Sungs und Kungs wie ein Schwarm von Geiern dort angefunden hatte, widerte mich noch mehr an. Und »News« brauchte ich, gottlob, nicht aufzusammeln und abzuschießen. Ich habe in meinem ganzen langen Journalisten-Dasein kein einziges Nachrichten-Telegramm auf den Weg gebracht. Meine Nachrichten waren niemals »heiß« genug, um die Depeschengebühr zu rechtfertigen. Deshalb habe ich schließlich die Berichterstatterei an den Nagel gehängt und bin auf meine eigene Fasson selig geworden.

Das französische Schiff, das mich stromab trug, war voll von

* News: journalistische Neuigkeiten, neue Nachrichten (sensationelle, wenn möglich!)

chinesischer Menschheit bis über den Schornstein. Es wurde nicht von braven Tommies aus Yorkshire bewacht, sondern von blutjungen französischen Kriegern mit einem vergnügten roten Pompon auf der Mütze. Und vergnügt waren sie auch, mischten sich, ganz anders als die reservierten Tommies, gern unter das Volk, besonders wenn es weiblichen Geschlechtes war. Chinesisches Militär war diesmal nicht an Bord. Das reiste zu jener Zeit nur stromauf, nicht stromab. Ich saß also mitten zwischen allerechtesten Chinesen jeder Spielart und hatte es nur vielen Trink- und Schmiergeldern zu verdanken, daß mir die Agentur in Tschungking eine eigene, nur für mich bestimmte Kabine reserviert hatte. Unterwegs nutzte mir dann diese Reservation wenig. Ich hatte ständig weiter zu opfern, um mir mein winziges Privatkabinchen zu erhalten. Ich tat das auch ohne Widerspruch, denn das war nun einmal so des Landes Brauch und schickte sich auch nicht anders für einen vornehmen Mann.

Am ersten Tag wähnte ich, der einzige Weiße an Bord zu sein – von den französischen Bewachern und dem Kapitän abgesehen. Allerdings war mir ein hochgewachsener Mann aufgefallen, der ein chinesisches Gewand alten Stils trug – bis auf den Boden fallende Stoffbahnen –, und der stets von einigen jüngeren, ebenfalls chinesisch gewandeten Männern umgeben war. Dieser Mann schien unter all den genüßlich ihr warmes Wasser schlürfenden Passagieren besonderen Respekt zu genießen. (Warmes Wasser, in der Tat! Daß man in China von früh bis spät Tee trinkt, gehört zu den vielen Märchen, die ich im Lande selbst schnell vergessen hatte. Tee ist nur für die besseren Leute – und für den Export! Die große Menge trinkt heißes Wasser und ißt nur zweimal am Tag – und ist froh, wenn das einigermaßen gesichert ist).

Der große, breitschultrige und sehr vornehm auf chinesische Weise gekleidete Mann also saß gewöhnlich, wenn er nicht auf dem Promenadendeck Hof hielt, mit anderen Männern aus der ersten oder zweiten Klasse in einer der größeren Kabinen zweiter Klasse, die für sechs Passagiere bestimmt waren, und spielte unermüdlich und offenbar mit Leidenschaft Mah-Jongg, das urchinesische »Spatzenspiel« mit den 144 Dominosteinen, die nach bestimmten Mustern geordnet werden müssen, und bei dem man viel Geld gewinnen – und verlieren – kann.

Die Kabine, in der am häufigsten gespielt wurde, lag nur durch eine weitere von der meinen getrennt. Durch die stets weit offenstehenden Türen drang die frische Luft des großen Gewässers, der Hügel, Berge, Felder, Gärten, Schluchten und Felsen an den Ufern, – aber auch unablässig das Klappern von nebenan und das nie endende Geschwätz der Spieler. Anfangs störte es mich sehr bei meiner Arbeit. Aber dann sagte ich mir, daß ich mir eine echtere Begleitmusik zu meinen Artikeln über Ssetschuan nicht wünschen konnte als das Geklapper der Mah-Jongg-Hölzchen und fand mich damit ab.

Wir waren schon in die Schluchten gelangt, und der Dampfer tänzelte mit äußerster Vorsicht über die Barren und Felsen in dem gefährlich zwischen die hohen Felswände gepreßten Flußbett stromab. Das ist, wie mir der Kapitän versichert hatte, gefährlicher und schwieriger als die Reise stromauf, auf der sich der Dampfer, gegen die starke Strömung mit aller Kraft anlaufend, viel zuverlässiger steuern läßt als stromab. Über Nacht bleiben die Schiffe an sicherer Stelle verankert im Strome liegen; das Fahrwasser ist allzu tückenreich. Am dritten Tag nach der Abreise war ich wieder einmal aufs Deck hinausgetreten, um die den Strom himmelhoch bedrängenden Vorgebirge zu bestaunen.

Während ich dort stand und schaute, gesellte sich plötzlich der hochgewachsene Mah-Jongg-Spieler zu mir und sagte in fließendem Französisch: »Ich vermute, mein Herr, daß unser lautes Geschwätz Sie stört. Sie arbeiten in Ihrer Kabine, wie ich beobachtet habe. Aber dies laute Gerede gehört nun einmal zum Mah-Jongg. Ich werde darauf achten, daß wir in Zukunft weiter hinten, am Heck des Schiffes, spielen.«

Die Ansprache überraschte mich. Das Geräusch des vorüberstrudelnden Wassers hatte den Schritt des Mannes unhörbar gemacht, zumal er seidene Schuhe mit dicken Filzsohlen trug.

Ich wandte mich ihm zu und nahm ihn zum erstenmal ganz aus der Nähe zur Kenntnis. Ich erschrak fast: Der Mann war gar kein Chinese, auch sein langes, dunkles Gewand wirkte nur wegen der chinesischen Kordelknöpfung chinesisch. In Wahrheit hatte ich das Ordensgewand eines katholischen Mönchs vor mir, wohl notgedrungen chinesisch abgewandelt. Und die Kappe auf seinem mächtigen Schädel – sie war keine chinesische Herrenkappe, sondern ein katholisches Mönchskäpplein.

Mein Irrtum machte mich lachen, und ich brachte sehr offenherzig hervor: »Ja, um alles in der Welt, Pater! Ich habe Sie für einen pensionierten Mandarin oder Gelehrten alten Stils gehalten und hätte nie daran gedacht, mich Ihnen zu nähern oder Ihr Mah-Jongg-Spiel zu unterbrechen. Außerdem hausen Sie ja im chinesischen Teil des Schiffes und nicht in einer der drei Europäerkabinen. Und in katholischen Ordenskleidern kenne ich mich nicht aus, entschuldigen Sie! Um so mehr freue ich mich, daß Sie mich angesprochen haben. Darf ich mich Ihnen bekannt machen?«

Ich gab kurz Auskunft über mein Woher und Wohin. Mein Französisch machte mir einige Mühe. Immerhin kann ich mich verständlich machen, auch wenn es sich um etwas kompliziertere Dinge handelt. Jetzt bemerkte ich Erstaunen auf dem Gesicht meines neuen Bekannten. Er fragte: »Sie sind also Deutscher! Hätte ich nicht gedacht. Habe Sie für einen Amerikaner gehalten und deshalb gezögert, Sie anzusprechen, weil Amerikaner gewöhnlich nur Englisch verstehen und jede andere Sprache für eine Zumutung halten. Aber nun können wir gern deutsch sprechen. Ich bin zwar Franzose, stamme aber aus dem Elsaß!« Damit waren wir uns plötzlich um tausend Schritte näher gekommen. Er fuhr fort: »Ich bin Pater Marianus. Ich komme von der entlegensten Station unseres Ordens, von Chengtu, und bin auf dem Wege nach Shanghai. Wir halten dort eine Konferenz der Missionsleiter ab, wissen allerdings nicht, wer von ihnen, bei den Zuständen, wie sie im Lande herrschen, überhaupt nach Shanghai kommen kann.

Unsere Augen hingen an einer großen Lastdschunke, die uns entgegen stromauf getreidelt wurde. Der Dampfer würde dicht an ihr vorbeifahren müssen unter der steilen Felswand, die hier himmelhoch den Strom begrenzte. Man mußte den Kopf weit in den Nacken legen, um ihre obere Kante zu erfassen. Auf dem schmalen Treidelpfad im Felsen, weit über der hier katzenleise, aber sehr eilig vorüberdrängenden Flut, stemmten sich die Treidelkulis – es mochten zwölf sein – in die Sielen. Das lange Seil, das den letzten der Männer mit dem Bug der Dschunke verband, hing kaum durch und verriet den harten Zug, mit dem das hölzerne Schiff sich gegen den Stromaufmarsch sträubte, jeden Augenblick bereit, auszubrechen, abzutreiben, am nächsten Vorgebirge zu zerschellen. Nur jene zwölf tief zur Erde gebeugten Kulirücken, in die Geschirre des Zugseils gespannt, hoch auf dem schmalen Felsenpfad über dem gierigen Strom, der in diesen fürchterlichen Engpässen nichts wiederhergibt, was ihm einmal zugefallen ist – nur diese zwölf Kulirücken, ihre Muskeln und Sehnen wie dicke Stränge unter der fahlgelben Haut, zum Zerreißen gespannt, die in den erbarmungslosesten Abschnitten der Treidelstrecken nicht einen Augenblick lang in ihrer Anstrengung nachlassen durften, wenn nicht die Dschunke verlorengehen sollte und sie selbst nicht über die Kante des schutzlosen Pfades in die Tiefe gerissen werden wollten – nur diese zwölf mageren Kulirücken sicherten die Grenze zwischen Leben und Tod der Dschunkenleute unten auf dem Strom und ihrer selbst in schwindelnder Höhe.

Viele solcher Treidelkulis mag der Strom täglich verschlingen, und die meisten der abtreibenden Dschunken werden in den Wirbeln und Schnellen scheitern. Und so geschieht es schon seit tausend oder zweitausend Jahren. Vielleicht wurde im Laufe der Jahrhunderte der Pfad ein wenig befestigt und verbreitert, und hie und da eine allzu scharfe Kante, an der das Zugseil hängenbleiben könnte, abgemeißelt. Aber an der schrecklichen Qual der Kulis hat das nichts geändert – ist doch der Yangtse die einzige stets offene Straße durch das so gut wie paßlose Gebirge, welches den Hochlandkessel Ssetschuan, die schönste und reichste chinesische Provinz, von den weiten Tiefebenen des östlichen China trennt. Die unerhört kühne und zugleich nüchterne Größe Chinas, aber auch die menschenverachtende Grausamkeit des uralten Reiches – hier in den Schluchten des Yangtse, wo atemberaubende Schönheit der Landschaft und die harte Not der Menschen unversöhnlich aufeinandertreffen, offenbarte sich mir mit unvergeßlicher Eindringlichkeit.

Während die große Dschunke mit schäumender Bugwelle – und doch nur schrittweise vorankommend – an uns vorüberzog und schnell zurückblieb, denn unser Dampfer glitt beinahe sausend stromab, rückte ich mit dem Geständnis heraus: »Ein furchtbares Land, China! Seit tausend Jahren quälen sich da die Kulis in den Felsen stromauf, an die Dschunken gefesselt und die Dschunken an sie. Wenn der Mann am Steuer sein Schiff in einen saugenden Wirbel ausscheren läßt, zerrt er mit einem Ruck die Treidelmänner von dem schmalen Pfad in der Höhe und läßt ein Gewirbel von zappelnden Armen und Beinen in den Strom hinuntersegeln. Erledigt! Aus! Keiner kann helfen! Keiner kommt mehr aus seinem Zuggeschirr heraus. Die abtreibende Dschunke schleppt ihre Zugtiere durchs Wasser hinter sich her. Alle ersaufen – und die Dschunke zerschellt am nächsten Vorgebirge. Keiner sieht hin. Schon kraucht der nächste Treidelzug heran – und seine Männer und Schiffer sind froh, daß die Gescheiterten kein Hindernis mehr bieten. Es gibt kein Land, Pater Marianus, in dem ein Mensch den andern so entmenscht, wie China. Seit tausenden von Jahren immer das gleiche. Vielleicht bringt die Dschunke herrliche Seiden aus Honan oder Shantung nach Ssetschuan – und die Kulis in Lumpen, mit fingerdicken Schwielen auf der Schulter, dürftig mit einer Schale Reis am Tag und gesäuerten Bohnen ernährt, Millionen und Abermillionen erbarmungslos verbrauchter Kulis, Bündel von überbeanspruchten Muskeln und Sehnen, die früh verrecken; die ausgespien werden, wenn sie nicht mehr die volle Leistung aufbringen, die in irgendeinem Loch am Flußufer umkommen; die ebensowenig Erbarmen finden wie die elend verhungernden Hunde, die in Tschungking in den Abfallhalden über dem Strom wühlen und sich mit den Kulikindern um die dreckige Beute raufen! Ein entsetzliches Land, China! Ein Land mit unerhörten kulturellen und künstlerischen Leistungen – und doch wird nirgendwo den Menschen das Menschsein so wenig gestattet, wie hier!«

Mein neuer Bekannter stand neben mir an der Reling. Eine Krümmung der Schlucht hatte die Dschunke bereits unseren Blicken entzogen. Schon tauchte vor uns eine andere auf, ein leichtes, kleines Schifflein mit gefälligen Linien der bräunlich gebeizten Borde: die Reisedschunke eines vornehmen Mannes, eines Kaufmanns vielleicht oder eines hohen Beamten. Hier waren nur drei Kulis erforderlich, um das Boot an langem Seil stromauf zu schleppen. Aber auch diese drei in der Höhe hatten sich weit vorgeneigt in die Sielen zu stemmen, um das Gefährt gegen die Strömung voranzubringen. Der Fahrgast schlief vielleicht noch tief und wohlig in der aus Bambus in hübschen Mustern geflochtenen Kabine im Mittelteil der Dschunke.

Die Hände des Paters spannten sich hart um die Eisenstange der Reling, als müsse er sich festhalten. Dabei glitt unser Dampferchen sehr ruhig vorwärts, nur gerade soviel von der Maschine angetrieben, daß es steuerfähig blieb. Anscheinend hatte ich den Mann mit meinem Ausbruch getroffen. Mit etwas gepreßter Stimme erwiderte er nach einer Weile: »Mag sein, Herr Johann! Aber glauben Sie mir, das Gegenteil ist genauso richtig: Nirgendwo wird dem Menschen so sehr gestattet, Mensch zu sein, wie in China. Ich muß es wissen. Ich bin jetzt fast dreißig Jahre hier – und ich will nicht mehr fort.«

Ich blickte zur Seite und betrachtete den Kopf des Mannes.

Plötzlich und ganz unabweisbar drängte sich mir der Eindruck auf: Das ist gar kein Europäer mehr, das ist ein Chinese! Die bräunlichgelbe Gesichtsfarbe, die schwere Nase, die runde, vorgewölbte Stirn, das ein wenig fliehende, aber nicht schwächliche, eher massive Kinn – und die Augen, ganz besonders die Augen! Blickten sie nicht, als wären sie geschlitzt? Vielleicht war es die jahrelang ertragene starke Sonne, vielleicht der feine, gelbe Staub, der einen zwingt, die Augen zusammenzukneifen, wodurch sie wie geschlitzt erscheinen. Ich konnte es mir nicht erklären. Aber der Eindruck, einen Chinesen vor mir zu haben, einen hochgebildeten, vornehmen Chinesen, der äußerlich gewisse Ähnlichkeit mit einem Europäer aufwies, dieser Eindruck verließ mich nie in den wenigen Tagen meiner intensiven Bekanntschaft mit diesem Ordenspriester. Die Schiffsreise spannte uns auf engem Raum zusammen. Wir waren die einzigen nichtchinesischen Passagiere an Bord. Wir sprachen deutsch miteinander, eine Sprache, die außer uns niemand verstand und die uns gegen alle anderen abschirmte. Wir wußten, daß sich unsere Wege nie wieder kreuzen würden, weil unsere Lebensbezirke weit voneinander getrennt lagen. Wir konnten also ohne Vorbehalt und ohne Vorsicht miteinander reden.

Als Antwort machte ich dem Pater damals einen Vorschlag zur Güte: »Es kommt wohl, wie meistens, auf den Standpunkt und den Blickwinkel an. Sie sind Missionar und haben mit den einzelnen Menschen zu tun und noch dazu mit Anliegen, die wahrscheinlich überall in der Welt die gleichen sind. Ich habe mich mit Politik und Wirtschaft, mit Krieg und sogenannter Revolution, mit »Neuem Leben«, Marschällen und Madame beschäftigen müssen, mache drei Kreuze, bekenne meinen Ekel, meine Befangenheit und meine tiefe Unlust, mir weitere Mühe zu geben; ich bin froh, daß ich in zwei, drei Monaten den Staub dieses Landes von meinen Schuhen schütteln kann und hoffentlich so bald nicht wiederzukehren brauche.«

»Das müssen Sie mir später genauer erklären«, sagte er noch. »Jetzt bin ich zu einer weiteren Partie Mah-Jongg eingeladen und darf meine chinesischen Freunde nicht warten lassen. Auf heute abend vielleicht, Herr Johann, wenn das Schiff seinen nächtlichen Ankerplatz gefunden hat und die Menschen an Bord zur Ruhe gekommen sind.«

Gleich am ersten Abend kamen wir auf die Themen zu sprechen, an denen mir gelegen war. Das Schiff hatte die gefährlichsten Engpässe des Strombettes hinter sich gebracht. Der chinesische Lotse, ein vornehmer Herr in seidenem dunklen Gewand, der dem Kapitän auf der gefahrvollen Reise durch die Schluchten zur Seite stand und mit leisem Beugen und Strecken des Zeigefingers den Matrosen am Ruder anwies, ein wenig mehr Backbord oder mehr Steuerbord zu geben, um die Tücken der am Flußleibe saugenden, zerrenden Strömung auszugleichen, dieser hochmütige und eitle Herr hatte mit seinen beiden ebenso hochmütigen Dienern bereits das Schiff verlassen. Eine blitzsaubere dunkelbraune kleine Dschunke hatte ihn abgeholt und war mit ihm uferwärts verschwunden. Der Strom hatte sich hier schon gewaltig verbreitert. Die Wasser jagten und strudelten nicht mehr; sie wanderten sachte und gleichmäßig, als müßten sie ihre Kräfte sparen für den langen, langen Marsch durch die endlosen Ebenen der Provinzen Hupeh, Anhwei und Kiangsu zum Gelben Meer.

Das Schiff war für die Nacht im Schutze einer felsigen und weit in den Strom hinausragenden Landzunge vor Anker gegangen – noch standen die Berge und Hügel weit umher an den Ufern, nur nach Osten sich öffnend. Es gab nicht mehr viel Beleuchtung an Bord, wenn der Chef-Ingenieur, ein stets heiterer franko-annamitischer Mischling, die große Maschine gestoppt hatte, um Feuerung zu sparen. Die einzelnen Decks waren dann voneinander abgeschlossen. Jeweils immer nur ein Aufgang war von einem Deck zum andern offengelassen – und an dem stand eine Wache in französischer Uniform mit dem Gewehr im Arm. Man ließ sich hier nicht auf den freundlichen Glauben ein, daß »schon alles gutgehen würde«. Oben auf dem Brückendeck hörte man zuweilen den Wache gehenden Soldaten von einer Bordseite zur anderen hinüberstampfen oder sein Gewehr von einem Arm in den anderen wechseln.

Die beiden Decks unter uns waren schon zur Ruhe gekommen. Dort schliefen die chinesischen Reisenden über- und untereinander zwischen ihren Bündeln und Packen; und ihre Unterhaltungen wurden ganz gedämpft geführt. Man war gewöhnt, auf engstem Raum zusammengepreßt zu hausen und nahm Rücksicht aufeinander. Nur diese selbstverständliche Rücksichtnahme macht ein so enges Zusammenleben erträglich. Ich habe sie stets bewundert (so auch in dem vollgepfropften Japan).

Auf unserem Deck, dem höchsten der Passagierdecks, hatten wir Platz. Aus dem Untergrund klang manchmal ein leiser Ruf herauf. Auch war für kurze Zeit ein Gewirr von zornigen Stimmen zu unterscheiden und verstummte dann wieder.

»Da scheinen sie einen Dieb erwischt zu haben«, sagte Pater Marianus, nachdem er sich eine Weile über die Bordwand gebeugt hatte, um besser hören zu können, was da unten vorging. »Nun, die Wache wird ihn ins Loch stecken, oben auf dem Brückendeck, und morgen den Behörden in Ichang abliefern. Früher hätten sie ihm die linke Hand abgehackt; jetzt wird er wohl bloß verprügelt werden.«

Ich fragte: »Wann war das: früher?«

»Als ich ins Land kam, vor dreißig Jahren, gleich hierher ins abgelegene Ssetschuan – aber wir haben inzwischen wohl schon die Grenze nach Hupeh überschritten –, da war das ›früher‹ noch in vollem Gange; es funktionierte schon seit ewigen Zeiten, und es sah so aus, als ob es ewig weiter funktionieren würde. Aber das hat getäuscht.«

Ich sagte: »Als es gelang, mit Dampfern durch die Schluchten zu kommen, ohne Kulis und ohne die gräßliche Schinderei des Treidelns, da war die neue Zeit wohl nicht mehr aufzuhalten. So denke ich es mir. Es sind nicht die Chinesen gewesen, die die Tür nach Ssetschuan aufgestoßen haben, sondern die unvermeidlichen Europäer mit den Mitteln ihrer Technik.«

Der Pater neben mir lächelte. Ich merkte es am Klang seiner Antwort, aber die kam nicht gleich. Manchmal gluckste das Wasser im Strom. Die Ufer in der Ferne waren nur schattenhaft zu erkennen. Kein Licht war dort zu sehen. Im blauschwarzen Samt des Himmels blinkten aberhundert Sterne, funkelten wie Geschmeide.

Wir lagen im Strom, aber hinter allen dunklen Horizonten dehnte sich Land, Land, unermeßliches, uraltes Land, gelbe Erde, von Millionen und Abermillionen gelber Menschen mit nie nachlassender Sorgfalt bis in die letzte Falte zum Blühen gebracht; Jahr für Jahr für Jahr werden dem Boden die Ernten abgeschmeichelt – und nur selten versagt er sich seinen Dienern.

»Da ist sie wieder, diese Meinung, Herr Johann, die man von den meisten Europäern zu hören bekommt: Erst mit dem europäischen Spielzeug gelangt China auf die Höhe der Zeit. Als ich hier ankam, galten die Dampfer noch als sehr unsichere Fahrzeuge; ein paar waren aufgelaufen und saßen lange hoch und trocken auf den Felsen, wenn das Hochwasser zurückgegangen war. Ich bin noch mit einer Treideldschunke stromauf gefahren. Ein langsames Unternehmen! Aber man bekam eingeprägt, was China bedeutet. Jetzt kommt man also, wenn man will, den Strom ein paar Tage schneller hinauf und hinunter. Und die Treidelkulis haben nicht mehr genug Arbeit und verhungern, und den Dschunkenleuten geht es auch nicht besser. Und wenn ein Schiff wie dieses untergeht, dann sind gleich viele hundert Menschen auf einmal tot. Wenn die Dschunken abtrieben und die Kulis in den Strom gerissen wurden, so starben nur wenige. Wo ist da irgendein Fortschritt? Ich sehe keinen. Zeit spielt sowieso keine Rolle in diesem Lande. Zeit ist nur ein westliches Vorurteil, die sogenannte kostbare Zeit. Warum kostbar? Die Chinesen wissen es: ein kluger und vornehmer Mann hat vor allem Zeit. Die Chinesen hätten all die Apparate und Maschinen, auf welche die Europäer so stolz sind, weil sie alle ›soviel Zeit sparen‹, auch erfinden können und haben es auch zum Teil getan. Aber dann legten sie sie wieder beiseite. Wäre die gewonnene Zeit wirklich ein Gewinn gewesen? Aber auch die Europäer wissen mit der gewonnenen Zeit nichts Sinnvolles anzufangen. Die Chinesen spielen Mah-Jongg, wenn sie Zeit haben, das »Spatzenspiel«. Ich liebe es. Ich spiele es gern. Es vertreibt die Zeit. Sehen Sie, auch die simpelsten Chinesen verstehen es, wenn andere, die es sich leisten können, endlose Partien Mah-Jongg spielen. Denn wer Zeit hat, zu spielen, ist ein Herr. Und ein altes chinesisches Sprichwort besagt: das Volk will von Herren regiert werden. Und nur Herren mit Zeit, mit Muße, haben Zeit zum Nachdenken. Und nur, wer vorher nachgedacht hat, kann gut regieren.«

Das war in der Tat viel auf einmal, was der Pater da von sich gegeben hatte.

»Nun ja«, erwiderte ich nach einer Weile in die Dunkelheit hinein, »aber wenn Sie selbst, Pater Marianus, ins tiefste Innere des Landes gezogen sind, in dem damals ein ›Sohn des Himmels‹, oder eine ›Tochter des Himmels‹ regierte – ein anderer als der, den wir unter Himmelssohn verstehen, dann sind doch auch Sie der Meinung gewesen, daß hier nicht das Reich der ruhenden Mitte zu finden ist, an dem nichts geändert werden kann, noch sollte, sondern daß es höchste Zeit ist, den Geist des alten China aus den Angeln zu heben. Wollten Sie nicht auch dem einzelnen Chinesen beibringen: du Narr, du hast keine Zeit, morgen wird man deine Seele von dir fordern?«

Wir wanderten das Deck auf und ab. Erst nach geraumer Zeit entschloß sich der Pater zu einer Antwort: »Sie setzen mir die Pistole auf die Brust, mein Lieber! Ich müßte mich sehr irren – aber ich meine, daß Sie sich um dieses Land Mühe gegeben haben und daß Sie nun fast daran verzweifeln, seinem Wesen auf die Spur zu kommen. Wenn ich das nicht fühlte, würde ich Ihre Frage unbeantwortet lassen, könnte sie sogar als Affront auffassen. Ich will sie aber ganz ehrlich erörtern. Ja, ich bin damals ins entlegenste Innere des Landes China gezogen, weil ich glaubte, ich hätte den Leuten eine frohe und wichtige, eine lebensentscheidende Botschaft zu bringen. Wenn Sie es denn wissen wollen: Ein zweites Mal würde ich es nicht versuchen.«

Nun geriet ich in Verlegenheit. Warum sprach er das aus, dieser katholische Ordenspriester? Wollte er »beichten«? Ausgerechnet mir gegenüber, einem Menschen, den er kaum kannte und den er kaum noch einmal wiedersehen würde? Aber vielleicht hatte ihm gerade ein solcher Zuhörer gefehlt, dem man, ohne Konsequenzen befürchten zu müssen, anvertrauen konnte, was einem schon lange das Herz bedrückt hatte, was man ständig und ängstlich in sich hatte verschließen müssen. Eine lange Reise lockert ja stets alte Bindungen auf und macht die schweigsamsten Leute redselig. Wie dem auch sein mochte – durch die Tür, die sich mir da öffnen wollte, mußte ich eintreten: »Nicht zum zweitenmal, Pater? Soll das heißen, daß Sie bereuen, christlicher Missionar in China geworden zu sein?«

»Bereuen, nein, wie könnte ich das! Woran man sein ganzes Leben gewendet hat, ohne nachzugeben, das braucht man nicht zu bereuen. Außerdem stand ich im Dienste eines großen Auftrags. Sie wissen und verstehen das sicherlich: Gehet hin in alle Welt und lehret alle Völker und taufet sie im Namen des Vaters, des Sohnes und des Heiligen Geistes. Ich habe mir Mühe gegeben, das kann ich wohl sagen. Aber viele habe ich nicht getauft, ich meine solche Leute, die aus freien Stücken und aus langsam gewonnener Überzeugung zu uns kamen. Getauft haben wir nur, was die chinesische Welt ausgestoßen hatte: ausgesetzte Waisenkinder, armseliges Volk ohne Sippe und deshalb so gut wie vogelfrei, Kinder, immer nur Mädchen, die von hungernden Bauern in die Sklaverei verkauft wurden. Wenn man sie von klein auf beeinflussen konnte, ließ sich aus ihnen etwas machen, das heißt, sie hörten dann auf, Chinesen zu sein. Konnte und durfte man das wollen? Die Siechen, die wir gesundgepflegt hatten, verschwanden gewöhnlich, und manche von ihnen vergalten die Heilung mit übler Nachrede. Aber das wäre alles zu ertragen gewesen. Wir pflegen die Siechen nicht, weil wir Dankbarkeit und Bekehrung erwarten, sondern um ihnen zu helfen und ihnen zugleich einen ersten Begriff von jener anderen Welt zu geben, an die sie bis dahin nicht gedacht, erst recht nicht geglaubt haben. Daß der Erfolg der jahrzehntelangen Arbeit sehr gering gewesen ist, das bedaure ich zwar, aber es braucht mich nicht zu bedrücken. Etwas anderes ist es, was mir mich selbst unheimlich macht. Ich bin offenbar nicht stark genug für dieses Land. Ich hätte ein anderes, weniger problematisches Missionsfeld wählen sollen, nicht China. Wissen Sie, mich bedrückt eine ganz langsam steigende Sorge: die Sorge, sich nicht mehr auf sich selbst verlassen zu können.«

»Das kann ich mir nicht vorstellen, Pater Marianus. Bei Ihnen nicht! Sie bewegen sich doch in dieser schwierigen Welt mit voller Sicherheit, sprechen chinesisch wie ein Chinese. Ich habe anfangs gemeint, in Ihnen einen Chinesen vor mir zu haben, einen gebildeten, einflußreichen Chinesen, wie ich ihn mir immer vorgestellt habe. Warum also sollten Sie sich nicht mehr auf sich verlassen können?«

Wieder schien es mir, als ob er in die Dunkelheit hineinlächelte, sich im geheimen über mich amüsierte. Dieses Gefühl hat mich übrigens während der wenigen, aber äußerst intensiven Tage unserer Bekanntschaft nie völlig verlassen. Dieser erfahrene und illusionslose Mann wußte natürlich, daß er mir, dem um mehr als zwanzig Jahre Jüngeren, an Einsicht und Enttäuschung weit voraus war. Aber zugleich mochte er nach meiner ersten, ohne jede Nebenabsicht vorgebrachten Bemerkung eine gewisse Verwandtschaft entdeckt haben, vielleicht entbehrte er, bewußt oder unbewußt, das Verhältnis Vater–Sohn in seinem mönchischen Dasein. Seit langen Jahren war ich der erste Mensch – wie er mir bei anderer Gelegenheit sagte –, der aus einer der seinen ursprünglich sehr ähnlichen Welt stammte, mit dem man ohne Vorbehalte und »Übersetzungs-Schwierigkeiten« reden konnte, dies um so mehr, als ich nicht nur die Überlegenheit seiner Jahre, sondern auch die seiner Persönlichkeit fraglos anerkannte; es verstand sich für mich von selbst, sie gern zu respektieren.

Der Pater erwiderte mit leicht ironischem Beiklang: »Sie haben, ohne es zu wollen, genau das bestätigt, was ich an mir wahrzunehmen glaube und was mir so viel Sorge macht. Ich denke schon daran, meine Oberen zu bitten, mich nach so langen Jahrzehnten von weiterer Arbeit auf diesem Feld zu entbinden. Sie entdecken also auch an mir, was ich kaum noch leugnen kann und was mich, ich sage es ganz offen, mit steigender Furcht erfüllt. Um es nur wenig überspitzt auszudrücken: ich bin, damals sehr siegesgewiß, in dieses Land gekommen, um es zu missionieren, um es zu der einzigen Religion zu bekehren, die diesen Namen in vollem Umfang verdient. Was ist statt dessen geschehen? Ganz langsam hat China mich missioniert, hat mich zu sich bekehrt. Man kann sich dieser Welt nicht hingeben, aus welchem Grunde auch immer, ohne von ihr, anfangs unmerklich, aber zugleich ganz unwiderstehlich, aufgesogen zu werden. Man hat von jeher gesagt, daß China seine Eroberer allesamt zu Chinesen gemacht hat. In der Praxis ist das natürlich ein Prozeß, der sich am einzelnen Menschen vollzieht. Ich bin mit dem Vorwitz des weißen Mannes hierhergekommen, um China auf meine Art zu erobern. China hat mich dabei weder unterstützt, noch hat es erwähnenswerten Widerstand geleistet; es hat mich nur ganz allmählich vereinnahmt.«

Ein solches Geständnis war mir nicht sonderlich sympathisch. Auch wußte ich nichts Rechtes damit anzufangen: »Wie ist das gemeint, Pater Marianus? Daß Sie diese Zusammenhänge oder Zwänge, oder wie Sie es nennen wollen, mit solcher Klarheit durchschauen, scheint mir eher dafür zu sprechen, daß Sie ein skeptischer und analysierender Europäer geblieben sind. Denn die Leute hier – so ist es mir stets vorgekommen – neigen doch nicht dazu, im Grundsätzlichen über sich nachzudenken. Sie sind völlig zufrieden, wenn sie die jeweiligen Forderungen des Tages erfüllen, fragen nicht nach Prinzipien, wenn ihre Interessen dies nicht ratsam erscheinen lassen, und verfahren stets nur nach praktischen Gesichtspunkten. Ob diese im einzelnen grausam, bösartig oder tyrannisch sind, spielt keine Rolle. Das sogenannte allgemeine Wohl, das in Wahrheit beinahe stets das Wohl der Regierenden ist, geht immer vor.«

»Ganz richtig! Aber das ist es ja gerade, was einem hier zustößt: Man vergißt die großen Ideen und Ziele, die hohen Ideale. Der Kampf um die bloße Existenz, der Wunsch, darüber hinaus ein leidlich angenehmes Leben zu führen – das wird einem hier so schwergemacht, daß alle anderen – wir würden sagen, feineren Regungen davon aufgezehrt werden. Hier hat man sich schon ein paar Jahrtausende länger als bei uns mit der angeborenen Bösartigkeit des Menschengeschlechts, mit der Selbstsucht und dem Eigensinn der Regierenden, der Torheit und Eitelkeit der Verwaltenden, mit der Gier und Habsucht und dem Geiz der Besitzenden herumgeschlagen und weiß – oder glaubt zu wissen –, daß das Materielle allein wichtig ist. Schlage dich durch, bleibe am Leben, auch wenn andere Leben dabei verbraucht werden, und genieße den Tag, soweit es dir möglich ist. Alles andere ist dummes Zeug, ist der ständige Betrug der Herrschenden an den Gutgläubigen. Aber Gutgläubige gibt es hier ebenfalls kaum, sondern nur solche, die glauben, daß es sich empfiehlt, das zu glauben, von dem der Stärkere oder Mächtigere wünscht, daß man es glaube. Widerstand oder sogenannte eigene Überzeugung oder, ins Christliche gewendet, Gewissen ist nichts weiter als dumm, wenn man damit die eigene Existenz gefährdet. Innerhalb der Sippe hat man sich anständig zu benehmen, die Rangordnung zu beachten und die Familie über das Privatanliegen zu stellen. Wird so verfahren, bleibt die Welt in Ordnung. Sie bedarf weder hehrer Ideale noch ständiger Veränderungen. Man hat sich öffentlich und privat zu schicken! Wer sich schicklich benimmt, hat seine Pflicht getan und kann nicht fehlgehen. – Das alles klingt sehr simpel, ist aber in Wahrheit eine in Jahrtausenden mühsam erworbene Weisheit. Jede Ausrichtung auf ein Höheres, auf den Himmel, stört nur die nüchterne, nur praktische, aber völlig gerechte Ordnung. Wir glauben noch an den lieben Gott, die Erlösung, an Sünde und Schuld und schließlich an das ewige Leben. Die Chinesen sind ein paar Jahrtausende älter und haben alle Ideale und großen Worte abgenutzt.«

Der Pater schwieg. Ich wagte, den Gedanken fortzuspinnen: »Und da Sie langsam in diese Geisteshaltung hineingeglitten sind, will es Ihnen nun so scheinen, als wären Sie von China zu China bekehrt worden und sähen Ihre alte Identität und Persönlichkeit gefährdet?«

»Nicht eigentlich gefährdet. Man empfindet ja gar keine Gefahr. Es ist alles so eingängig und mühelos. Man wird nur nach und nach von dem fürchterlichen Gefühl beherrscht, man komme mit seiner christlichen Botschaft hier tausend oder zweitausend Jahre zu spät. Hier redet schon seit langer Zeit kein Mensch mehr vom ewigen

Leben, weil man meint, daß es wichtiger ist, mit dem irdischen schlecht und recht, eben auf schickliche Weise, fertig zu werden. Hier spielt die berühmte Stimme des Gewissens keine Rolle, weil es viel wichtiger ist für das allgemeine Zusammenleben, daß das Gesicht gewahrt wird, der Mensch also eine gewisse, wenn auch nur formale Würde behält. Hier sind alle Revolutionen schon dagewesen und alle Systeme schon einmal durchprobiert worden; es ist alles relativiert und auf sein beschränktes Maß zurückverwiesen. Kommt eine neue Eroberung – wie die letzte von Europa und Amerika her –, so eignet man sich die Waffen der Eroberer an, um sie damit notfalls zu schlagen, und färbt ihr Geistesgut mit gelber Farbe ein. Die Leute fallen, sobald sie die gewohnte starke Hand der Regierung fühlen, sofort wieder in gleichen Schritt; ohne Disziplin kein Leben! Jeder weiß wieder, wie man sich schicklich zu verhalten hat. Ordnung ist alles, und alles ist wieder in Ordnung, China ist wieder China. Wenn man diesen Ablauf erst einmal begriffen hat, erscheint er einem als das einzig Vernünftige. Man hat wieder sein sicheres Leben und jeden Tag seine kleinen Freuden. Man weiß, was dazu gehört, sich konform zu verhalten, und weiß sich damit sicher gebettet. – Und dann kommen wir aus dem Westen und glauben, den Menschen sagen zu müssen, daß ihnen hier das Wesentliche zum Leben fehlt. Was können sie anders tun, als die Achseln zu zucken und diese übergeschäftigen Primitiven aus Europa und Amerika sich abstrampeln zu lassen. Worüber die reden und was die wichtig nehmen, das hat man sich hier in China schon vor zwei- oder dreitausend Jahren an den Stiefelsohlen abgelaufen. Leben Sie einmal wie ich, Johann, für Jahrzehnte im Herzen der chinesischen Welt! Sie würden genau wie ich schließlich merken, daß es leicht und überzeugend ist, sich dieser Welt anheimfallen zu lassen – und sehr schwierig, weiter an die Überlegenheit der eigenen zu glauben. Wenn man weder das eine noch das andere zugeben will, dann bleibt nur noch übrig, ...«

Er zögerte, als falle es ihm schwer, das Wort auszusprechen. Aber dieser Mann war kein Schwächling, der vor der letzten Konsequenz zurückschreckt. Er setzte noch einmal an: »Dann bleibt nur noch übrig, zu fliehen, sich zu retten, sein altes Selbst davor zu bewahren, von diesem überwältigenden, alles Fremde sich anverwandelnden und auslöschenden Land verschlungen zu werden.«

Ich fragte leise: »Sind Sie also entschlossen zu fliehen?«

»Nein, so geht es nicht. Ich habe ein Gelübde, das ich nicht brechen kann, wenn ich mir nicht noch tiefer untreu werden will. Ich kann meine Oberen in Reims bitten, mich zu versetzen. Aber ich finde bis jetzt kein Verständnis. Vermutlich werde ich hier bleiben müssen. Ebenso wie mein Gewand werde auch ich immer chinesischer werden. Sie haben mich kaum noch als Europäer erkannt. Das bestätigt mir meine Furcht. Ich werde also weiter das tun, was die Chinesen tun, um sich abzulenken, und auf die Weise eines Kavaliers den Tag verbringen.«

»Und das wäre was, Pater Marianus?«

»Nun, Mah-Jongg spielen! Das ist niemals langweilig, schadet niemand und hinterläßt keine Reue. Heute übrigens nicht mehr. Es ist spät. Wir können uns morgen weiter unterhalten. Es war mir eine Freude, mich nach Jahren wieder einmal mit einem Landsmann, einem Menschen aus Europa, meine ich, ein wenig aussprechen zu können.«

Wir traten in der Dunkelheit noch einmal an die Reling. Der Strom an des Schiffes Flanke schien schwarz, war nur ein tieferer Schatten, aber er lebte, strömte, wob lautlos seine Wasserflechten. Die Sterne glitzerten. Die Ufer waren nur zu ahnen. Von den zwei- oder dreihundert Reisenden, die das Schiff außer uns trug, war nichts zu vernehmen, als gebe es sie nicht. Oder hörte man doch etwas? Wehte nicht ihr Atem, wehte nicht der Atem der Millionen und Millionen Menschen im weiten Land ringsum zu einem einzigen sanften, drängenden, fordernden Sog zusammen, wie ein ganz leises Rauschen anzuhören, als wische unablässig eine Geisterschleppe an uns vorbei – und wollte uns mitnehmen in die uralte Geborgenheit, in das uralte Gefängnis, das China heißt...

Das Entscheidende war an diesem ersten Abend schon in ganzem Umfang zur Sprache gekommen. Wie es nach solchem Ereignis häufig der Fall ist, begegneten wir uns am nächsten Tage bei hellem Licht mit einiger Befangenheit. Auch war er wieder ganz der stolze Ordensgeistliche, dem die chinesischen Passagiere und Mannschaften des Schiffes mit Ehrerbietung begegneten. Aber dann gerieten wir doch von neuem ins Gespräch und versuchten, die riesigen Umrisse, die widerstreitenden Einzelzüge Chinas zusammenzusetzen und zusammenzuschauen. Und es dient mir bis zum heutigen Tage zur Warnung, daß selbst dieser mit China und seiner Kultur aufs engste vertraute Mann schließlich bekennen mußte: Ich kenne die Sprache, die Schrift, die Sitten und Gebräuche, ich kann sogar einige Reaktionen der Menschen voraussagen; aber von ihrem innersten, unglaublich harten und undurchdringlichen Wesen habe ich nichts begriffen. Es ist mir heute fremder als vor dreißig Jahren, obgleich es mich eigentlich verschlungen hat mit Haut und Haaren.

Während ich vor dem Kriege stets ins Innere Chinas strebte, je »innerer« und ferner, desto besser, haben es nach dem Kriege die völlig veränderten Umstände so gewollt, daß mir der Osten des großen Landes, der sich an das Gelbe Meer anlehnt, vertraut wurde. Dies natürlich nur insoweit, als dem Fremden ein Land vertraut werden kann, in dem er sich nur sehr begrenzt auf eigene Faust bewegen darf und in dem er gehalten ist, sich mit der Umwelt stets nur durch einen Dolmetscher in Beziehung zu setzen, der zugleich sein Aufpasser ist, der Filter gleichsam, den alle Gespräche zu passieren haben.

Von den großen Hafenstädten im Osten des Landes hatte ich vor dem Krieg nur Shanghai und Hongkong kennengelernt. Jetzt konnte ich nun all die anderen großen Namen von der Küste anknüpfen: Hankau, Ichang, Tschungking, Loyang, Kaifeng, Peking, Kalgan oder Charbin habe ich nicht wiedergesehen, dafür aber Talien, das frühere Dairen, Tangku/Tientsin, das ehemals deutsche Tsingtao, Hangchow, Foochow, Amoy und Kanton.

Ich bin nach dem Krieg, übrigens weder als Tourist noch als Journalist, im Roten China gewesen, ich habe nicht nur die großen Städte an der Küste, die ich nannte, sondern auch ihr Hinterland durchstreift. Ich galt dabei den rotchinesischen Amtsstellen zwar als ein Nichtkommunist, im übrigen aber als ein mit Wohlwollen aufzunehmender Vertreter einer westlichen Institution: vor der »Kulturrevolution« einer deutschen, drei Jahre danach einer englischen; zu beiden gute Beziehungen zu unterhalten, lag durchaus im chinesischen Interesse. Ich bin also stets freundlich behandelt worden und hatte nie Schwierigkeiten, wobei ich natürlich darauf achtete, nur solche Wünsche zu äußern, von denen ich annehmen konnte, daß ihre Erfüllung nicht außerhalb der durch das System gezogenen Grenzen lag.

In welcher Eigenschaft ich, wenn nicht als Tourist und nicht als Journalist, das rote China bereist habe, darüber hat des Sängers Höflichkeit zu schweigen. Man darf den Leuten, die Schreibern wie mir dazu verhelfen, ihr Bild von den gegenwärtigen Entwicklungen auf dem laufenden zu halten, nicht nachträglich Ungelegenheiten bereiten. Ich habe auch bisher nichts über diese beiden Reisen berichtet. Doch nun ist genug Wasser den Berg hinuntergelaufen, und ich kann einiges darüber aufschreiben.

Will man die Verhältnisse in einem Lande richtig beurteilen, so wird man in den allermeisten Fällen nur dann zu glaubwürdigen Einsichten gelangen, wenn man weiß, wie es früher dort ausgesehen hat. Die Leute, die man vor sich hat, kennen ja die Verhältnisse in anderen Ländern, etwa in Europa oder Amerika, nicht und vermögen also ihre eigenen nicht daran zu messen. Um so besser aber wissen sie, was in ihrem eigenen Lande den gegenwärtigen Zuständen vorausgegangen ist, und schätzen diese danach ein. Der europäische oder amerikanische Beobachter gelangt allzu häufig zu falschen Urteilen, indem er, oft ganz unbewußt, die Umstände in einem asiatischen oder afrikanischen Land mit den heimatlichen vergleicht.

Was hat das unglückselige China seit dem ersten Jahrzehnt dieses Jahrhunderts nicht alles über sich ergehen lassen müssen! Zeiten der Wirren, kaiserlose, schreckliche Zeiten sind in der langen chinesischen Geschichte nichts Neues. Die letzte chinesische Dynastie war in einem Sumpf von Unfähigkeit und Korruption versunken, nachdem schon zuvor riesige Volkserhebungen, die Taiping-Rebellion, der Boxer-Aufstand, das Reich bis in seine Grundfesten erschüttert hatten. Solange noch die alte Kaiserin in der Verbotenen Stadt zu Peking gelebt und regiert hatte – mit List und schonungsloser Gewalt, aber auch immer noch mit einem Rest alter Verwaltungsweisheit –, solange die alte Beamten-Hierarchie im großen und ganzen noch funktioniert hatte, wenn auch weithin geschwächt durch gierige Selbstsucht und Vetternwirtschaft, solange hatte wenigstens die Fassade alter Ordnung und Größe noch standgehalten.

Schon seit dem vorigen Jahrhundert waren Chinas Stolz und Selbstgerechtigkeit aufs bitterste gekränkt worden. Doch kam diesmal – und das bedeutete etwas wirklich Neues in der chinesischen Geschichte – die Bedrohung, das Nagen an den Rändern des Reiches nicht aus den Steppen und Wüsten Innerasiens, wogegen vor zweitausend Jahren schon die Große Chinesische Mauer errichtet worden war, sondern von weither über die Meere, von Europa und Amerika. Mit den See-Barbaren, den »Weißen Teufeln«, hatte das uralte China noch keine Erfahrungen sammeln können.

Es kam ihnen anscheinend nicht auf Gebietseroberungen an, sondern auf lukrativen Handel; man nahm den Chinesen die kostbaren Güter ab, die China liefern konnte, und drängte ihnen Dinge auf, die China gar nicht haben wollte, zum Beispiel Opium. Wehrten sich die Chinesen, so setzten die Weißen überlegene Waffen ein, denen schwer zu widerstehen war. Auch ließen sich die Europäer – und dann auch, stets gieriger und hartnäckiger, die Japaner – Küstenplätze abtreten, auch Stützpunkte im Innern an den großen Strömen, wo die chinesische Autorität nicht mehr galt und wo die Europäer und Japaner ihre eigenen kleinen Staaten im Staat errichteten.

Die Russen allerdings hatten schon früh damit begonnen, sich nicht nur, wie die Engländer, Franzosen und Deutschen, mit Stützpunkten an der Küste und »Konzessionen« im Innern zu begnügen. Sie hatten gewaltige Gebiete im Westen und Norden an den Rändern des Reiches (je weiter von Peking entfernt, desto lockerer von der Zentralgewalt in Peking kontrolliert) aus dem Besitz Chinas herausgebrochen und ohne jeden Versuch, den Raub zu bemänteln, dem Reiche des Zaren eingefügt. In den sogenannten »Ungleichen Verträgen« hat China all diese ihm aufgezwungenen Abtretungen auch noch anerkennen müssen.

Um es gleich an dieser Stelle auszusprechen: Alle anderen europäischen Staaten haben auf ihre Vorrechte und »Schutzgebiete« längst verzichtet und denken schon lange nicht mehr daran, daß ihnen noch irgendeine praktische oder politische Bedeutung zukommt. Das englische Pachtgebiet Hongkong und das portugiesische Gebiet Macao bilden die einzige Ausnahme, da auch das heutige kommunistische China an ihrer vorläufigen Weiter-Existenz ein wesentliches Interesse hat – was sich demnächst ändern könnte, falls das Rote China, nach seinem Eintritt in die »Vereinten Nationen«, beabsichtigen sollte, sich auf normale Weise am internationalen Handel und Verkehr zu beteiligen.

Es ist lediglich die Sowjetunion, als die Rechtsnachfolgerin des Zarenreiches, die als einzige europäische Macht nicht im geringsten geneigt scheint, die »Ungleichen Verträge« aufzugeben und rückgängig zu machen, die Rußlands Besitzstand im westlichen Mittelasien, im Norden und Osten bis an die Küsten der Randmeere des nördlichen Stillen Ozeans, bestätigen. Der sowjetische Einfluß in Asien würde sich weit in die unwirtlichen Gegenden Nordasiens abgedrängt sehen, wenn die Sowjetunion auf die von

China beanspruchten Gebiete verzichten müßte. Hinzu kommt, daß sie die Innere Mongolei, die von den Chinesen stets als zu ihrem Besitzstand gehörig betrachtet wurde, in einen sowjetischen Satellitenstaat verwandelt und damit eine breite Bresche in das Gebiet des alten Groß-China geschlagen hat. All dies werden die Chinesen nie verwinden; sie vergessen nichts, und sie können warten. Hinter der kommunistischen Fassade lebt das alte China fort, wie hinter der sowjetischen das russische Rußland.

Was die Chinesen bei dem Zusammenstoß mit der westlichen Welt, bei dem sie zunächst in allen praktischen Bereichen den kürzeren zogen, am heftigsten erschütterte, war wohl dies: sie hatten bis dahin seit Jahrhunderten und sogar Jahrtausenden alles Chinesische für grundsätzlich allem Nichtchinesischen überlegen gehalten; denn die Heimat der Chinesen war das »Reich der Mitte«! Was in China seit alters praktiziert wurde, konnte von keinem Fremden – das hieß selbstverständlich: von keinem Barbaren! – übertroffen werden.

Nun waren jedoch von den fernen, dunklen Rändern des Erdkreises her »weißhäutige Teufel« vor den chinesischen Küsten aufgetaucht, die nicht den geringsten Respekt und erst recht keine ehrfurchtsvolle Kenntnis der chinesischen Kultur und ihrer Leistungen mitbrachten, sondern notfalls sofort ihre gut zielenden Kanonen sprechen ließen, wenn man ihnen beim Geldverdienen – worauf es diesen Barbaren allein anzukommen schien – nicht zu Willen war.

Dies, daß China für zweitrangig gehalten wurde, daß seine altbewährte Weisheit achtlos beiseite geschoben und immer wieder nach dem praktischen und sichtbaren Erfolg gefragt wurde – das stürzte die Welt, in der man seit tausend Jahren so sicher gewohnt hatte, mit häßlichem Getöse um. Der Rat und die Kontrolle der Weisesten und Besten des Volkes, die aus dem Hintergrund über all die Wechselfälle der Geschichte und der kaiserlichen Dynastien hinweg das große Land stets wieder zu den Regeln und Lehren des »Meisters Kung« (des Confucius, Kung Fu-tse) zurückgeführt hatten, diese Kommission von wenigen Dutzend hervorragender Männer, die sich seit über zweitausend Jahren immer wieder durch Zuwahl der charaktervollsten Persönlichkeiten selbst ergänzt und auf der Höhe der Zeit gehalten hatte, dieses Gremium, das notfalls selbst den Kaiser darauf hinweisen konnte, daß seine oberste Pflicht darin bestand, den Willen des Himmels zu erfüllen, das heißt, dem Wohle des Ganzen zu dienen – diese einmalige Kontrollkommission, welche die Dauer und den Fortbestand der chinesischen Ordnung garantiert hatte, wurde abgeschafft.

Das Reich löste sich auf, nachdem die alten Ordnungen sich als zu schwach erwiesen hatten, dem Ansturm der Mächte und Ideen aus dem Westen standzuhalten. Wie in Schrecken erstarrt, sahen die Chinesen zu, als die fernen Außenländer des Reiches unter russischen Einfluß glitten, wie die Mandschurei – oder unter japanischen, wie Korea und Formosa (Taiwan), und wie die Heere der Weißen bis nach Peking vordrangen und dort plünderten, wie alle wichtigen Handelsplätze, an der Küste wie, weit die Ströme aufwärts, auch im Inneren, von den Fremden kontrolliert wurden, während der Staat wichtige Einnahmequellen wie die Verwaltung der Seezölle an die Fremden abzutreten hatte. Im Innern des Landes warfen sich Räuberhauptmänner zu Generalen und Generale zu mächtigen Teilherrschern auf, die sich ohne Rücksicht auf das Wohl des Volkes maßlos bereicherten, ein Schreckensregiment einführten, sich wüst bekriegten oder auch listig miteinander paktierten, um ihre Macht noch besser ausnutzen zu können. Immer noch hielt die alte Moral, obgleich sie von den jeweils Mächtigen oft genug mit Füßen getreten wurde, das Volk zusammen; die alten Regeln des Zusammenlebens bestanden in geringem Maße fort.

Den jüngeren Chinesen, welche die alten Ordnungen nur noch als verfallen und verderbt kennengelernt hatten, mußten die Gedanken des so erfolgreichen Westens als das neue Wasser des Lebens vorkommen. Wer Eltern hatte, die es sich noch oder schon leisten konnten, der studierte in Europa, in Amerika oder in Japan (das den Beweis geliefert hatte, daß auch asiatische Nationen sich die Mittel des Westens aneignen und den Westen damit schlagen konnten, wie die Japaner die Russen geschlagen und ihrem Vordringen an die Japan-See und an das Gelbe Meer Einhalt geboten, ja, sie weit nach Norden abgedrängt hatten).

Sun Yat-sen, der »Vater des neuen China«, übernahm westliches Gedankengut, versuchte, es mit chinesischem zu vereinen, und propagierte eine chinesische Republik als die Lösung aller Schwierigkeiten. Aber Sun Yat-sen starb zu früh, ging dahin, ehe seine Gedanken in der Tiefe und Breite des Volkes Fuß gefaßt hatten. Seine Partei, die Kuo-min-tang, zerfledderte sich in Richtungskämpfen. Schließlich waren es doch wieder die Soldaten, die sich ihrer als eines Macht- und Einflußmittels, das den großen Namen Sun Yat-sen für sich beanspruchen konnte, bedienten. Tschiang Kai-schek warf sich im Namen der schnell zerredeten und korrumpierten Partei zum Führer des Landes auf, gewillt, unter allen Umständen zu herrschen, gestützt und gefangen von den zwei mächtigen Sippen der Sung und der Kung, die im Grunde in diesem neuen China nichts weiter sahen als ihre Familien-Domäne.

Das Volk verelendete mehr und mehr, fand nirgendwo mehr Recht, wurde zum Spielball und zum Objekt erbarmungsloser Ausbeutung. Mit einigen großen Worten, von denen sich das Ausland täuschen ließ, mit denen man vor sich und anderen das Gesicht zu wahren suchte, waren die Menschen Chinas, das heißt in erster Linie die Bauern des Landes, nicht zufriedenzustellen. Sie ließen sich nicht darüber hinwegtäuschen, daß die auf eigene Faust agierenden Generale und Gouverneure, mochten sie nun im Namen der sogenannten Zentralregierung handeln oder nicht, Steuern erpreßten, die einer Beschlagnahme gleichkamen, ja, selbst noch das Saatgut beanspruchten. Die jungen Männer wurden von den Feldern weggeholt, wenn sie nicht, wie vielfach in den Städten, das Geld aufbrachten, sich vom Militärdienst freizukaufen. Die Bauern wurden ohne jede Möglichkeit einer Beschwerde oder Weigerung zu Dienst- und Fronleistungen jeglicher Art herangezogen, so daß ihre Felder unbestellt blieben. Hunderttausende sahen die Heimat niemals wieder, wenn sie erst einmal »abgeholt« waren.

Wenn in manchen Gegenden Chinas, wie ich das erlebt hatte, die Bauern, inmitten, allem Anschein nach, »blühender Gefilde«, die Borke von den Bäumen, das Gras von den Wegrändern, die Ratten und Mäuse von den Feldern aßen, so lag das oftmals nicht daran, daß die Natur sie im Stich gelassen und Dürre oder Überschwemmung geschickt hatte, sondern sich ablösende »Befreier« im Namen dieses oder jenes Generals, dieser oder jener Schattierung der »National-Regierung«, hatten buchstäblich alles leer und kahl gefressen oder absichtlich vernichtet, um nur dem Gegner kein Korn und keine Scheibe mageren Specks mehr zu hinterlassen.

Scharenweise zogen die verelendeten Bauern in die Städte, weil sie sich auf dem flachen Lande nicht mehr halten konnten. Viele der jüngeren Männer liefen irgendeinem großen oder kleinen

Machthaber zu, weil die Eltern verhungert waren, das Gütchen verwahrlost, die Zukunft verschüttet, und weil – wie man es immer wieder hören konnte – es besser wäre, selbst zu rauben, als sich immer wieder berauben zu lassen.

In den Städten wuchsen die Elendsquartiere ins Ungemessene. In- und übereinander drängten sich die Buden aus Kistendeckeln, flach geklopften Blechkanistern und Pappwänden, aus Schilf, Stroh und Lumpen. Alle Abfallhaufen wurden durchwühlt. Die Kinder und die Alten stritten sich mit den herrenlosen Hunden und Katzen um den vielleicht noch eßbaren Abraum der großen Städte. Selbst in Tschungking, dem Sitz der Zentral-Regierung unter Tschiang, schwärmten jeden Tag die Bettler aus wie ein Haufe aufgestörten Ungeziefers – und jede Nacht die Diebe und Räuber; auch ein Heer von schlecht bezahlten, aber wenigstens gefütterten und gekleideten Polizisten vermochte der Plage des Bettelns und Stehlens nicht Herr zu werden. Über all dem Jammer und der unvorstellbaren Verwahrlosung prangten die Plakate und Spruchbänder der »Bewegung Neues Leben«, die sich irgendein wohlgemästeter Vetter dritten Grades des zehnten Adjutanten im Stabe Tschiangs oder eines anderen Gewaltigen ausgedacht hatte, um dem Machthaber und seinem Anhang zu beweisen, daß sie immer noch der Hort der chinesischen »Kultur« und ergebene Diener des großen alten Meisters Kung Fu-tse waren.

In diese schon zutiefst verrottete und im Grunde hilflose Welt, die chinesisch im guten, alten Sinn nicht mehr, und »modern«, das heißt westlich, noch längst nicht war, brachen mit überlegener militärischer Gewalt die Japaner – als Herren und Eroberer, nachdem »die Weißen« in erster Linie nur das Ziel gekannt hatten, sich am Handel und am Austausch zu bereichern, wozu es genügte, sich kleinere »Schutzgebiete«, das heißt Schropfköpfe, am Rande Chinas zu sichern.

Jetzt hatten sich die Machthaber, mochten sie nun Tschang Tso-lin oder Wu Pei-fu oder Tschiang Kai-schek oder sonstwie heißen, nicht mehr nur untereinander, sondern alle gemeinsam gegen einen unerbittlichen äußeren Feind zu behaupten. Die National-Regierung vermochte nun mit einem gewissen Recht in die Rolle einer allgemein anerkannten nationalen Regierung hineinzuwachsen, wodurch sich allerdings weder ihre moralische Qualität noch ihre praktische Leistungsfähigkeit wesentlich verbesserte. Die Amerikaner engagierten sich mehr und mehr und setzten auf den einzigen, auf den sie von ihrem Gesichtswinkel aus vernünftigerweise setzen konnten: auf Tschiang, der »Christ« war, dessen Frau und viele andere angeheiratete Verwandte in Amerika studiert hatten, und der »nationale« und »demokratisch-republikanische« Ziele zu verfolgen vorgab.

Was aber das »chinesische Volk« anbelangte, die große Masse der chinesischen Bauern – China war und ist auch heute noch ein Land der Bauern –, so gab es nun, also in den dreißiger und dann erst recht in den vierziger Jahren, kein noch so abgelegenes Gebiet im großen gelben Lande mehr, das nicht in den fürchterlichen Strudel des Elends und grauenhafter Verarmung, in Rechtlosigkeit und Verzweiflung hineingerissen wurde.

Was auch immer kommen mag, so hieß es, schlimmer kann es nicht werden als die Zustände, die uns jetzt als eine immer unerträglicher werdende Last auferlegt sind. Nur eine einzige Alternative bot sich an: die kommunistische Bewegung Mao Tse-tungs. Der Chinese Mao, der zwar das Ausland nicht kannte und keine fremde Sprache sprach, dafür aber um so genauer wußte, wie »das Volk« wirklich lebte und dachte, hatte schon früh begriffen, daß China nur von unten, also von den Bauern her, erneuert werden konnte. Auch Mao hatte einsehen müssen, daß China sich der Gedanken des Westens zu bemächtigen hatte, wenn es überleben wollte. Auch in Rußland war eine Dynastie an ihrer Unfähigkeit und Korruption zerbrochen. Auch Rußland war ein Bauernland, hatte allerdings in der treuen Nachfolge des Karl Marx auf das auch in Rußland noch kaum vorhandene Industrie-Proletariat gesetzt. Dieser Fehler durfte in China noch weniger gemacht werden als in Rußland. Für Mao bildeten Marx, Lenin, Stalin von Anfang an nicht unfehlbare Gesetzgeber, sondern lediglich Wegweiser in eine allgemeine Richtung; den für China begehbaren Weg hatte sich China selbst zu suchen und zu bahnen.

Mao ist von Anfang an der einzige Führer gewesen, der in dem qualvollen chinesischen Wirrwarr genau wußte, was er wollte, und der mit unerhörter Zähigkeit daran festhielt, durch alle Wechselfälle, Rückschläge, Zweifel und schließlich sich zögernd einstellenden Erfolge hindurch. Die Befreiung der Bauern (neunzig Prozent des Volkes) von erstickender Ausbeutung und Knechtung, das Abhacken uralter Zöpfe, die sich längst wie Schlingen um den Hals des Volkes gelegt hatten, die Ausschaltung, notfalls die physische Beseitigung der Schichten, die das Volk wie Vampire ausgesogen hatten, der Grundherren also, der Wucherer, der Steuerpächter, Beamten und Militärs – das war es, was Mao auf seine Fahnen geschrieben hatte – und die Neuverteilung des Landes, dieses einzigen wahren Wertes, den jeder Chinese, geleitet von uralten Instinkten, anerkennt. Daß Mao Rot zu seiner Farbe erklärt hatte und daß er sich einen Kommunisten nannte, womit er dem vom Westen bestimmten Zeitgeist seine Reverenz erwies, war dabei ohne Belang. Seine Absichten waren jedem Bauern verständlich, ebenso die nüchterne und harte Ordnung, die in den Gebieten seines Einflusses aufgerichtet wurde. Auch ließ er den Zorn der Bauern sich an den Bedrückern austoben, wobei das bestehende Recht tausendfach mißachtet, aber dennoch einer vom Volke aus gesehen höheren Gerechtigkeit Genüge getan, nämlich Rache geübt wurde für tausendfach erlittene Unbill, eine Rache, die sich auf ganze Schichten oder Klassen bezog, ohne daß die Schuld oder Unschuld des einzelnen gründlich gewogen wurde – so wie früher die Ausbeutung und Knechtung ja auch ganzen Schichten gegolten hatte.

Wo Mao regierte, mußte gehorcht werden. Und Maos Forderungen, die von ihm gesetzten Lebens- und Verhaltensregeln, waren von puritanischer Strenge. In seinem Bereich wurde, ganz im Gegensatz zum übrigen China, keine Lässigkeit, keine Bereicherung, keine Anmaßung geduldet.

Kein Volk besitzt mehr Sinn für Ordnung als das chinesische. Eine nüchterne, einfache Ordnung, ganz gleich, wer sie setzt und unter welcher Glaubensfahne sie gesetzt wird – sie ist es, nach welcher jeder Chinese aus uraltem Instinkt verlangt; denn nur, wenn Ordnung herrscht, kann der Bauer sein Feld bestellen und in Ruhe die Ernte abwarten. Ordnung ist ohne Gehorsam undenkbar. Kein Volk ist – so muß man es nennen – so begabt für Gehorsam wie die Chinesen.

Der einzige, der in diesem Jahrhundert den Chinesen eine solche neue Ordnung von zwar großer Härte, aber durchschaubarer Folgerichtigkeit angeboten und auch unnachsichtig praktiziert hat, ist Mao Tse-tung. Er sprach das Allerchinesischste in den Chinesen an, die nur glauben, was sie sehen. Er setzte sich schließlich durch, mit der Gewalt und Unvermeidbarkeit eines Naturereignisses. Auch dergleichen hat sich heute nicht zum erstenmal in der chinesischen Geschichte ereignet!

Als dann, nach einer Reihe von Jahren unumschränkter Herrschaft, die kommunistische Partei zu einer neuen regierenden Klasse zu entarten drohte,

als die disziplinierte Gleichheit, die in den langen Jahren des Kampfes und der Entbehrungen den Männern der um ihre Existenz und ihre Zukunft ringenden Partei unerläßlich gewesen war, langsam in Vergessenheit geriet und – beinahe unvermeidlich – diejenigen, die mehr Macht hatten, sich für »gleicher« zu halten begannen als die weniger Mächtigen und aus ihrer Macht das Vorrecht für ein »gleicheres« Leben ableiteten,

als die praktische Wendigkeit und die ideologische Unvoreingenommenheit, die in den Jahren des Langen Marsches, des nie abreißenden Krieges gegen die Streitkräfte Tschiangs, anderer Generale und der Japaner notwendig gewesen waren, als diese in der Kampfzeit selbstverständlich gewesene pragmatische Überlegenheit gegenüber aller Theorie nun der Verehrung eines Katechismus stets wiederholbarer revolutionärer Phrasen ohne große praktische Bedeutung zu weichen drohte,

als, mit einem Wort, die siegreiche Revolution den Weg aller Revolutionen ging, die nicht mehr zu zerstören und zu kämpfen, sondern nach dem Siege aufzubauen und einen schwierigen, völlig unheroischen Alltag zu bewältigen haben,

da warf der inzwischen allmächtig gewordene Mao das Steuer abermals herum, wandte sich in erschreckender Wut gegen den Partei-»Apparat«, der sich unter der Oberleitung des »alten Kämpfers« Liu Schao-tschi als eine »neue Klasse«, eine neue Herrenschicht, unmerklich von Jahr zu Jahr fester etabliert hatte, und entfesselte eine haßerfüllte neue Revolution gegen die älteren Revolutionäre, bot der Welt das zunächst unbegreifliche Schauspiel der sogenannten »Kultur-Revolution«.

Aus der Jugend, die sich nicht auf vergangene revolutionäre Verdienste berufen konnte und sich deshalb in natürlichem Gegensatz zu den »verdienten Kämpfern« befand, zauberte Mao mit einem Zynismus und einer Manipulationskunst sondergleichen die Stoßtrupps einer befohlenen permanenten Revolution hervor – auf die Gefahr hin, alles bisher Erreichte wieder in Frage zu stellen. Ja, es sollte in Frage gestellt werden. Der alte Revolutionär wollte verhindern, daß sich in der von ihm geschaffenen neuen Ordnung neue bevorrechtigte Schichten etablierten.

Aber bei allem romantischen Glauben an das reine Feuer der permanenten Revolution – das tägliche Leben, der graue Alltag eines um seine Existenz ringenden, immer noch an tausend Wunden krankenden Riesenvolkes wie des chinesischen ist mit glühenden Parolen und wilden Sprüchen nicht zu meistern. Die Kultur-Revolution zerstörte nicht nur die peinlich gewordene Hoffart der kleinen und großen Parteibonzen, sondern auch mit dem bisherigen Verwaltungsapparat einen Großteil der seit dem Sieg über Tschiang erzielten praktischen Fortschritte im wirtschaftlichen Alltag des Volkes. Im Grunde waren die von oben befohlenen neuen Wirren, war der bewußt entfesselte Aufstand gegen die Autoritäten nichts weiter als der verzweifelte Versuch des altgewordenen »reinen« Revolutionärs und Idealisten Mao, das Feuer der reinen Hingabe an eine Welt, in der keiner nur für sich selbst, jeder aber für alle anderen wirkt, dies schon trübe flackernde Feuer zu neuer Flamme zu entfachen.

Die chinesische Jugend ließ sich gern dazu benutzen, den Machthabern der kommunistischen Partei die Hölle heiß zu machen. Welche Jugend, die ja nirgendwo Leistungen vorzuweisen hat, sondern sich erst auf Leistungen vorbereiten muß, macht nicht den Älteren, die handeln mußten und dabei natürlich auch Fehler gemacht – und manchmal auch vertuscht, ja, sich zuweilen auch Vorteile verschafft haben –, welche Jugend macht nicht gern und mit Leidenschaft den schon Etablierten die Hölle heiß! Aber damit ist weder hier noch anderswo viel erreicht. Das Ideal läßt sich niemals im Handstreich erobern. Man kann sich ihm in einem endlos währenden Prozeß nur anzunähern suchen. Inzwischen muß das Leben weitergehen, es muß praktisch gearbeitet, es muß verwaltet, geordnet, befohlen und gehorcht werden, wenn nicht in einem allgemeinen Chaos schließlich der Untergang des Ganzen heraufbeschworen werden soll. Da die kommunistische Partei in China nach der »Großen Kultur-Revolution« zum Regieren nicht mehr fähig war, da aber natürlich regiert werden mußte, blieb dem alten Zaubermeister, dem die entfesselten Besen nicht mehr recht parieren wollten, nichts weiter übrig, als die Armee zu Hilfe zu rufen, den einzigen noch intakten Apparat, der wieder Ordnung herstellen konnte. Permanente Revolution – das ist eine Contradictio in adjecto, ein Widerspruch in sich selbst. Denn Revolution ist der Versuch, einen Zustand, den man nicht mehr will, in einen neuen Zustand, den man will, zu verändern. Wird aber eine dauernde Veränderung der Zustände angestrebt, so verliert Revolution ihren Sinn.

Mao ist alt. Die Spanne auch eines ungeheuer intensiv gelebten Lebens wie des seinen, ist gering. Ich bin überzeugt davon, daß er der Tragik jedes mit dem Willen zum absolut Neuen gelebten Lebens nicht entgeht und auch darum weiß, der Tragik, daß – bedenkt man, wie konzessionslos seine Absichten waren – alle Mühen doch wieder im Üblichen enden. Des guten, materiell leichteren Lebens wegen werden die Menschen sich immer wieder von den großen Idealen weglocken lassen. Recht behält auf die Dauer immer nur der besonnene Pragmatiker, der keine Wunder erwartet und sich mit dem Hier und Jetzt begnügt, der dafür sorgt, daß »es irgendwie weitergeht«, ohne viel nach diesem oder jenem Himmelreich zu fragen. Im Falle China hieß dieser Pragmatiker – soweit das von außen zu beurteilen ist – Tschu En-lai.

Was die um das Absolute in der Menschheitsgeschichte bemühten Männer – zu denen Mao sicherlich gehört – gewöhnlich übersehen, ist dies: zwar haben sie das Absolute, die vollen hundert vom Hundert, nicht erreicht (und fühlen sich – das macht ihre Tragik aus – deshalb gescheitert), aber auf dem Wege dorthin haben sie trotzdem so viel bewirkt und verändert, daß die Welt zumindest für eine Weile anders geworden ist.

Wenn Tschiang heute das chinesische Festland wiedereroberte, was längst ein fader Traum geworden ist, was hätte er den Chinesen anzubieten? Eine Rückkehr zu der grausigen Mißwirtschaft der früheren Nationalregierung? Eine Wiederkehr zu dem System der ebenso bedenken- wie erbarmungslosen Ausnutzung des Menschen durch den Menschen, wie es in der Zeit der Generalsherrschaft in China bestanden hat? Wahrscheinlich gibt es keine wie immer geartete Gesellschaftsordnung, in welcher der Mensch nicht durch andere Menschen ausgenutzt oder, wie man heute sagt, »manipuliert« wird. Doch kommt es – und das ist entscheidend – auf den Grad dieser Ausnutzung an, und auf ihr Ziel. Dient sie dem Interesse eines einzelnen oder einer bevorrechtigten Schicht – oder bleibt als Ziel das Wohl des Ganzen, also auch des einzelnen Ausgenutzten, gewollt und als solches erkennbar? Darauf kommt es an.

So gesehen, hat Mao Unerhörtes, ja Unglaubliches geleistet. Er hat China in einem Maße verwandelt, daß ich, zum Beispiel, immer wieder glaubte, in einem noch nie zuvor gesehenen Lande zu sein, als ich das neue China erlebte, vor und nach der Kultur-Revolution (die, glaube ich, per Saldo nicht viel geändert hat). Ich mußte mich in die Arme kneifen, um mich zu vergewissern, daß ich nicht träumte, sondern wirklich über die Straßen und Plätze von Talien schritt, das früher Dairen, oder von Ryojun, das früher Port Arthur hieß und im russisch-japanischen Krieg zu Anfang des Jahrhunderts Weltgeschichte gemacht hat, als die Russen trotz wahrer Wunder an Tapferkeit die Festung gegen die noch rücksichtsloser angreifenden Japaner nicht zu halten vermochten.

Was war aus Tientsin geworden und den ihm an der Küste vorgelagerten Forts von Taku, die im chinesisch-japanischen Krieg den Verfall der chinesischen Macht besiegelten, als sie schon nach kurzer Beschießung durch die Japaner den Kampf aufgaben?

Tsingtao an der Südküste der großen Halbinsel Schantung, nicht weit von jenem nie vergessenen Ort, an dem der eigentliche Vater und Former des »Reiches der Mitte«, der große Meister Kung Futse begraben liegt, war wieder zu der sauberen, ein wenig langweiligen Bürgerstadt geworden, in deren Bild noch deutlich die kaiserlich-deutschen Züge erkennbar waren, Erinnerungen etwa an die älteren Teile von Berlin-Lichterfelde, die ihm deutsche Regierungsbaumeister aufgeprägt haben, als Tsingtao vor dem Ersten Weltkrieg den Hauptort des deutschen »Schutzgebiets« Kiaotschao gebildet hatte.

Shanghai und Futschau, heute Minhau, und erst recht Kanton, die Empore des Südens, Gegenstück zu dem immer noch britischen Hongkong – sie waren überhaupt nicht wiederzuerkennen.

Und die Menschen, die in diesen Orten gelebt hatten und lebten, waren ebenfalls nicht wiederzuerkennen und schienen in keiner Weise mehr jenen Chinesen zu gleichen, die man vor dem großen Kriege wenigstens annähernd begriffen zu haben glaubte.

Wo war der Lärm, das kreischende Geschrei der um die Arbeit streitenden Kulis, der um den europäischen Passagier sich raufenden Rikschazieher? Was war aus dem Schmutz und den Ratten an den schmierigen Flußufern geworden, was aus den Huren jeder Art und Preislage, die früher mit ihren Zutreibern und »Beschützern« die Straßen unsicher gemacht hatten? Wo waren die mit Schwären bedeckten Bettler, die blinden Kinder, die siechen Alten, die sich dem Fremden wie ekle Kletten an die Fersen geheftet hatten? Wo die gerissenen Kaufleute und Händler, die eine Meisterschaft darin besaßen, dem Fremden wertlose Nachahmungen alter Kunst als kostbare Gelegenheitskäufe aufzuschwatzen? Wo waren die ewig nach Trinkgeldern gierenden, nie zufriedenen, ständig auf

Schwächen lauernden Bedienten geblieben, die so wenig wie möglich verrichteten und soviel wie möglich dafür erpreßten? Wo waren die Taschendiebe und die kleinen und großen Räuber, die des Nachts in den großen Städten wie Shanghai jeden Fremden ausplünderten, der sich zu Fuß auf die Straße wagte?

Wo waren der Unrat, der Schmutz, die Fliegen, die stinkenden Abfallberge geblieben, die früher die großen chinesischen Städte – und auch die kleinen – verpestet hatten?

Wo auch waren die Spielkasinos, die unerhört luxuriösen Restaurants mit ihren ausgeklügelten Speisekarten und ihren leisen, teuren, unheimlich aufmerksamen Angestellten geblieben, die ihren Gästen die auserlesensten Genüsse versprachen, sofern man bereit war, für ein Abendessen mehr zu zahlen als ein Lastkuli vom Hafen das ganze Jahr über verdiente?

Wo waren sie hin, die hochmütig feisten Händler und Geldwechsler, die früher ganz China – so hatte es manchmal scheinen wollen – in der Hand gehabt hatten, die bestechlichen Beamten, die sich erst rührten, wenn sie eine Extra-Zahlung unter dem Pappdeckel oder zwischen den Seiten des Formulars erhalten hatten, wo die Gouverneure, Polizeiherren und Offiziere, die im Großen schoben und verdienten, solange der Weizen blühte, mochte danach kommen, was wollte?

All das war so vollständig dahin, als hätte es das alles nie gegeben, als wäre es vor zwei Dutzend Jahren nicht so gut wie selbstverständlich gewesen. Auch nicht ein Hauch dieses Vorkriegschina der National-Regierung schien in den peinlich sauberen Straßen Shanghais – peinlich ordentliche, gleichartig gekleidete Menschen durchfluteten sie in noch dichterem Gewoge als früher – zurückgeblieben zu sein.

Tsingtao lag friedlich und still des Nachts wie eine verschlafene deutsche Kleinstadt, und der Gedanke lag weltenfern, daß einem späten Wanderer in diesen halbdunklen Straßen irgend etwas Böses widerfahren könnte. Und das galt nicht nur für Tsingtao, dem niemals besondere Lasterhaftigkeit nachzusagen gewesen war, sondern auch für die dunklen Gassen im alten »chinesischen Viertel« von Shanghai oder für die Nebenstraßen der zum Bund hinunterführenden Hauptstraßen. Überall war auch der zu Fuß spazierende Fremde vollkommen sicher. Man konnte sogar – was früher unvorstellbar gewesen wäre – für lächerlich wenig Geld in der immer vollen Straßenbahn fahren und brauchte sich nicht zu scheuen, mit den Söhnen und Töchtern des neuen Landes der Mitte auf Tuchfühlung zu stehen. Ihre blauen Drillichanzüge mochten abgeschabt und fadenscheinig sein, aber sie waren alle sauber – und das waren die ausgefahrenen und klapprigen Straßenbahnwagen von Siemens & Halske auch.

Nicht nur waren die Bettler, die streunenden kindlichen Räuber und Taschendiebe, die ihr Elend aufdringlich zur Schau stellenden Siechen ebenso verschwunden wie Fliegen, Ratten und anderes Ungeziefer, sondern es war auch – ob ich es nun glauben wollte oder nicht! – völlig unmöglich geworden, ein Trinkgeld loszuwerden, auch dort, wo man es für freundlich erwiesene, über das Normale hinausreichende Dienste gern gegeben hätte.

Dies vor allem verblüffte mich: man wurde oft genug freimütig angelächelt, in der Straße, in der Bahn, im Geschäft. Auch das hatte es früher nicht gegeben! Früher, so hatte ich stets gemeint, war in diesem Lande jeder des anderen Teufel – und Mißtrauen war die Forderung eines jeden Tages, jeder Stunde, bei jeder Berührung mit anderen Menschen. Der Herr Regimentskommandeur, der Herr Ministerialrat im Außenamt zu Tschungking, der Hotelwirt in Ichang, der Nudelverkäufer, der Garkoch von der nächsten Ecke, der lederzähe Rudersmann, der mich im Sampan über den Kialinkiang setzte, die Bettelfrau mit den zwei -- verkäuflichen – kleinen Mädchen in der Tragekiepe, der ich etwas schenkte, weil ich ihr die beiden verängstigten Wesen nicht abkaufen konnte – sie alle und tausend andere hatten mir ebenso mit Mißtrauen zu begegnen wie ich ihnen, wenn sie in jener feindlichen chinesischen Umwelt weiter existieren wollten. Und all die andern, die mir ihre Waren oder Dienste verkaufen wollten, sie erwarteten natürlich, daß ich sie um ihren Lohn prellen, daß ich ihre Notlage ausnutzen würde, die beiden kleinen Mädchen zum Beispiel für nur zwanzig Dollar das Stück erwerben, oder dem Fährmann, statt des wütend geforderten dreifachen, nur den doppelten Fährlohn bewilligen würde.

All dieser fürchterliche, die Nerven verzehrende, das Herz abpressende Spuk, der für mich das frühere China stets zu einem Alpdruck gemacht hatte (es kann natürlich sein, daß ich für meinen Beruf lediglich mit zu schwachen Nerven ausgestattet war), all das war aus und vorbei, hatte vielleicht überhaupt nur in meiner schlechten Phantasie bestanden ...

Es konnte ja nicht sein, daß es keine Lumpen mehr gab in diesem Lande, in dem früher jeder zweite in elenden Fetzen durch ein verfluchtes, menschenunwürdiges Dasein gestolpert war. Es gab nun viele abgetragene Kleider, aber sie waren mit offenbar großer Sorgfalt geflickt. Es gab keine modischen Gewänder, keine stolz zur Schau getragenen gestickten Seiden mehr. Männlein und Weiblein steckten – kaum zu unterscheiden – in den gleichen formlosen blauen Drillichjacken und Hosen –, aber es gab offenbar keinen mehr, wie früher aber Tausende, der seine Blöße nicht bedecken konnte. Die Fetten und Feisten, die ihren Speck auf den Rippen besonders genossen, weil es so viele gab, deren Knochen unter der trockenen Haut zu sehen waren, sie waren ebenso verschwunden wie die Verhungerten und Verkommenen. Jeder hatte seinem Aussehen nach offenbar genug zu essen, wenn auch keiner Gelegenheit zu haben schien, des Guten zuviel zu tun.

Und eigentlich jeder hatte für den freundlich auftretenden Fremden ein Lächeln bereit, machte Platz in der Straßenbahn, wies den Weg mit viel Umstand und Vergnügen; der Fremde war ein Gegenstand heiterer, aber nicht aufdringlicher Neugier. Der Fremde, so empfand ich es in Tientsin ebenso wie in Hangtschau, war nicht mehr, wie früher, von Feinden und Füchsen umringt, sondern von hilfsbereiten Mitmenschen.

Was war geschehen? Wie war es zu dieser Verwandlung gekommen? Wie kam es, daß ich erst jetzt in diesem neuen China einen Abglanz jenes uralten China, jenes friedlichen und menschlichen Landes, in dem die nüchtern freundlichen Gedanken weiser alter Männer vorgeherrscht haben – daß ich erst jetzt eine Ahnung von dem Frieden und der Zufriedenheit im alten Lande der Mitte vorzufinden meinte, nach welcher ich in dem China zwischen den Weltkriegen vergeblich gesucht hatte?

Jedermann war arm und hatte nur bescheiden zu leben. Aber da es allen so ging, da Armut und Reichtum stets nur im Vergleich mit anderen als Armut oder Reichtum empfunden werden, war der Druck der Armut offenbar geschwunden.

Manchmal hatte ich Glück und fand einen älteren Menschen, der bereit und fähig war, die große Veränderung mit mir zu diskutieren. Manchmal war der Dolmetscher (und Aufpasser) dabei, wenn ich zufällige Begegnungen zu Unterhaltungen und Fragen benutzte, manchmal nahm er seine Aufgabe nicht so ernst oder hielt mich für weniger gefährlich und ging, am Strand Muscheln zu suchen oder einen längeren Kampf um die Telefonverbindung nach Kiaohsien auszufechten. An der Küste gab es auch ältere

Menschen genug, die noch Englisch sprachen und sich freuten, es wieder ein wenig auffrischen zu können.

Da war der alte Mann mit dem dünnen Zwickelbart auf dem Seesteg von Tsingtao. Die Sonne schien warm. Die Bucht leuchtete blau und strahlte; ein milder Wind fächelte darüber hin. Herr Mu, der Dolmetscher, hatte sich breitschlagen lassen, in der Stadt nach dem Gegenstück zu einer blaugemusterten Ming-Vase zu suchen, die ich mit seiner Hilfe in dem staatlichen Geschäft zu einem günstigen Preis (ganz ohne Handeln und Feilschen) erstanden hatte. Auf dem weit in die Bucht hinausgetriebenen Seesteg wollte ich mich inzwischen ergehen und von längst vergangenen Zeiten träumen. Meine Geschäfte hatte ich bereits zur Zufriedenheit aller Beteiligten, umständlich zwar und feierlich genau, aber im übrigen vollkommen sachlich erledigt – und bis zur Abreise hatte ich noch einen ganzen Tag für mich allein und zur freien Verfügung. Endlich hatte ich eine solche Vase, die ich mir schon lange gewünscht hatte, zu einem erschwinglichen Preis erwischt, auch einen chinesischen Teppich, der jetzt mein Wohnzimmer ziert, und war nun begierig, das nach chinesischen Begriffen unerläßliche Gegenstück zu dieser Vase auch noch zu erwerben. Das aber konnte der Dolmetscher besser ohne mich verrichten. Ich würde auf dem Seesteg keinesfalls abhanden geraten und ihm Unannehmlichkeiten bereiten.

Der Seesteg – das Kaiserlich-Deutsche See-Bataillon hat ihn einst gebaut in den Jahren, als der deutsche Kaiser sich, wie die andern Europäer, ein hübsches Stückchen chinesischer Erde aus der Küste am Gelben Meer auf der schönen Halbinsel Schantung herausgepflückt und zum Schutzgebiet gemacht hatte. Sehr solide wurde der hölzerne breite Steg in die Bucht vorgetrieben und an seinem Ende hoch über dem Wasser ein Musikpavillon errichtet, in dem des Sonntags die Militärkapelle der deutschen Marine-Infanterie ihre forschen und sentimentalen Weisen in die lauen ostasiatischen Lüfte schickte. Die Herren Finanz- und Regierungsräte, die Herren Oberleutnants zur See und die Korvettenkapitäne der Kaiserlichen Marine flanierten dabei auf dem Seesteg mit ihren Damen auf und ab und ergötzten sich an der hier immer frischen Seeluft. Ehrbare chinesische Kaufleute, anerkannte und geachtete Seidenhändler, Lieferanten des deutschen Militärs mischten sich gern unter die deutschen Uniformen und fanden Geschmack am Hohenfriedberger Marsch und an dem des Ersten Seebataillons.

Und zuweilen ließ sich sogar eine vornehme Dame aus der Stadt herantragen und humpelte, gestützt auf zwei Dienerinnen, auf ihren überaus vornehmen verkrüppelten, in Seidenfutteralen stekkenden Füßchen, ebenfalls auf den Seesteg hinaus, um das fremdländische Treiben und die verrückten Toiletten der Damen einmal aus der Nähe zu betrachten.

Das Seebataillon ist längst zur Sage geworden. Aber der Seesteg steht noch immer, wird sorgsam erhalten, und der Musikpavillon sah so gepflegt und gehegt aus, daß die Vermutung nahelag, an Festtagen spiele dort eine Musikkapelle der Roten Volksarmee die Balladen und Märsche vom »Langen Marsch« nach Yehol in Schensi. So ist es auch.

Da der Tag ein gewöhnlicher Arbeitstag war, lag der Seesteg so gut wie menschenleer in der warmen Sonne, und nichts hinderte mich, meine Phantasie in einer Vergangenheit spazierengehen zu lassen, die nun schon längst im Meer versunken war, wo es am tiefsten ist.

Ich setze mich schließlich auf eine Bank, an deren anderem Ende bereits ein alter Chinese in blauem Drillichanzug und filzbesohlten Halbschuhen aus Stoff Platz genommen hatte. Er hatte mich schon gesehen, als ich ein paarmal an ihm vorbeigegangen war, und aus seinem Erstaunen über diesen einsam wandelnden Europäer gar kein Hehl gemacht. Ich hatte ihm lächelnd zugenickt, und er hatte sehr verwundert, aber ebenfalls freundlich, auf gleiche Weise geantwortet. Sein mageres, kluges Greisenantlitz hatte mir gefallen. Seine Kleidung war die übliche, war vertragen und geflickt, aber tadellos sauber. Vielleicht kam ich hier, worauf ich ja mit List und Tücke ständig aus war, zu einem offenen und unbeobachteten Gespräch.

Ich hatte zwischen mir und dem ältlichen Mann auf der Bank einen gehörigen Abstand gelassen. Ich wollte nicht den Eindruck erwecken, als ob ich eine Bekanntschaft suchte. Auch sollte es schon aus der Ferne für jeden Beobachter deutlich sein, daß wir nichts miteinander zu tun hatten. In China, wie in allen kommunistischen Ländern, hat man große Angst, daß den Leuten das neue Evangelium von Fremden zerredet und zerpflückt wird, daß die Leute aus dem Westen, dessen Einflüsse das alte China, so meint man, zerstört haben, mit ihren Zweifeln auch das neue zersetzen. In Ländern, die sich einem neuen Glauben verschrieben haben, in denen eben dieser Glaube eine gründliche Veränderung aller Zustände bewirkt hat, hält man nichts von Diskussion oder Zweifeln. Diskutiert kann nur dasjenige werden, was im Augenblick in der Praxis notwendig erscheint, niemals aber das Grundsätzliche; denn das ist ja gerade erst neu gesetzt worden und steht weit über jeder Diskussion; es hat den Charakter einer religiösen Offenbarung angenommen, und keiner kann es sich leisten, dieser Offenbarung nicht wenigstens Lippendienste zu leisten.

Die Chinesen sind ein praktisches und nüchternes Volk. Mao hat ihnen das gebracht, was sie zwei Generationen hindurch bitter entbehrt haben: eine neue Ordnung und eine neue Rangfolge der Werte, so daß nun jeder begreifen kann, was die Gesellschaft von ihm verlangt und wie er sich schicklich zu verhalten hat. Man braucht nur die Schriften des Großen Vorsitzenden Mao gründlich und mit dem nötigen Eifer zu studieren, so wird man auf alle anstehenden Fragen eine Antwort finden. Und wem das nicht behagt, der kann sich immer noch sagen: im Volk ist wieder Ruhe und Ordnung eingekehrt; jedem ist sein Ort und seine Aufgabe zugewiesen; jeder bleibt ohne Fehl, der diese Aufgabe treulich und eifrig erfüllt – und der Friede im Volk ist gesichert; Harmonie ist endlich wieder hergestellt. Die Regierenden, geleitet von den Worten des großen Mao, verordnen und veranlassen nur, was dem Wohle des Volkes dient; die Regierten dienen also nur ihrem eigenen Wohl, wenn sie gehorsam sind. Das ist ganz einfach und leicht zu begreifen – und wer es trotzdem nicht begreift, der muß erzogen und »umgestaltet« werden, bis er es begreift.

Im Grunde ist das nicht einmal eine unangemessene Vergröberung der alten Morallehren.

Ich zog also auf dem Seesteg von Tsingtao über der blitzenden Bucht eines der roten Büchlein aus der Tasche, blätterte darin und las mich ab und zu an der einen oder anderen These des Vorsitzenden Mao fest. Ich war, wie alle Besucher Chinas, längst mit der englischen Ausgabe der Zitate aus den Schriften Maos ausgestattet worden.

Der Köder schien zu wirken. Denn bald zog auch der alte Mann neben mir ein ebenso ausgestattetes Büchlein aus der Tasche und begann ebenfalls, darin zu lesen. Wenn man ein wenig Zeit hat im heutigen China, und besonders dann, wenn es von anderen wahrgenommen werden kann, zieht ein rechter Chinese sein rotes Brevier aus der Tasche und »studiert« darin.

Plötzlich ließ der Alte sein Büchlein sinken und fragte, in gutem

Englisch, gleichsam in die Bucht hinaus, ohne mich anzusehen: »Entschuldigen Sie, bitte, mein Herr, daß ich Sie anspreche. Bitte, befriedigen Sie meine Neugierde und sagen Sie mir, ob Sie Engländer sind.«

Seine Neugier kam mir sehr gelegen. Auch ich ließ das rote Büchlein sinken und erwiderte: »Ich gebe Ihnen gern Bescheid. Ich bin kein Engländer. Ich bin Deutscher.« Ich spürte deutlich, daß die Überraschung ihn wie ein Schlag durchzuckte.

Er lehnte sich vor: »Nicht möglich – ein Deutscher! Ich entsinne mich noch sehr gut an meine Jugendjahre. Ich bin hier geboren. Als der Erste Weltkrieg ausbrach, war ich siebzehn Jahre alt. Ich bin also noch hier unter den Deutschen in die Schule gegangen. Es war eine chinesische Schule, aber nach deutschem Muster, und die Deutschen paßten darauf auf. Sie paßten auf alles auf, und alles mußte nach Vorschrift gehen, ›wie am Schnürchen‹.«

Er versuchte, die drei deutschen Worte »wie am Schnürchen« auszusprechen; immerhin konnte ich erraten, was er meinte. Ich fragte, was er hören wollte, jedoch auf englisch: »Ach, dann sprechen Sie sogar Deutsch, Sir?« Ich redete ihn mit »Sir« an, denn das gefiel ihm sicher; in dem schmalen gelben Antlitz war durchaus ein aristokratischer Zug zu erkennen.

»O nein, das habe ich längst vergessen, obgleich wir es in der Schule lernen mußten. Die Japaner kamen, nahmen die Stadt ein und führten die Deutschen in die Gefangenschaft nach Japan. Aber ich erinnere mich der deutschen Zeit noch sehr genau. Es war eine gute Zeit. Sie nahmen alles sehr wichtig. Aber wenn man sich nach ihren manchmal unverständlichen Vorschriften richtete, so konnte man – mein Vater hat dies stets gesagt – auf Schutz und Förderung rechnen. Niemand hier hat sich eingebildet, daß wir einen guten Tausch gemacht hatten, als die Deutschen von den Japanern abgelöst wurden. Mein Vater hat stets mit großer Hochachtung von den Deutschen gesprochen und gute Erfahrungen mit den Deutschen gemacht.«

Nun, wer hätte solches als Deutscher nicht gern gehört – und das am fernen Ostrand Asiens. Über allzuviel Lob und Sympathie haben die Deutschen sich noch nie zu beklagen gehabt. Ich sagte also: »Es freut mich, Sir, daß Sie die Deutschen in gutem Andenken behalten haben. War Ihr Herr Vater vielleicht sogar bei der deutschen Verwaltung beschäftigt?«

»Ach, nein, durchaus nicht!« Er lachte ein wenig; wenn ich mich nicht täuschte, war seiner Stimme ein leiser Beiklang von Hochmut anzumerken. »Mein Vater war Seidenhändler, und meine Familie war hier schon seit Generationen im Seidenhandel tätig, ehe die Deutschen kamen. Aber wir haben dann das Geschäft in Schantung- und Rohseide nach Europa über Deutschland kräftig ausgebaut. Jahre nach dem Krieg, als es in Deutschland wieder aufwärts ging, erschien hier unser deutscher Hauptabnehmer aus den Jahren vor 1914. Er hatte nicht viel Geld. Der Krieg hatte sein Kapital verschlungen, und die Inflation hatte ihm den Rest gegeben. Es war eines der letzten Geschäfte meines alten Vaters, daß er diesem deutschen Kaufmann die Warenmenge, die vor dem Kriege für etwa zwei Jahre ausgereicht hätte, auf Kredit zugesagt und dann prompt geliefert hat.«

»Und welche Erfahrungen haben Sie mit dieser Großzügigkeit gemacht?«

Der Alte blickte mich ganz erstaunt an, als verstehe er diese Frage nicht ganz: »Selbstverständlich ist alles korrekt abgewickelt worden; es war ein lohnendes Geschäft für ihn und für uns. Ich habe dann als Nachfolger meines Vaters die guten Beziehungen fortgesetzt bis in die dreißiger Jahre. Dann starb in Deutschland der letzte Inhaber, der Freund meines Vaters, und sein Sohn setzte das Hamburger Geschäft nicht fort, sondern löste es auf; er hatte einen ganz anderen Beruf ergriffen. Bei uns wäre dergleichen damals noch undenkbar gewesen. Mein Vater hatte mich zwar noch nach Hongkong in die Lehre geschickt, damit ich den Handel auch an einem modernen internationalen Platz kennenlernte. Aber es verstand sich von selbst, daß ich danach wieder hierher zurückkehrte, wo wir das Geschäft von Grund aus kannten und wo viele Lieferanten bis nach Laichow und Weihsien hinauf ganz auf uns und unseren Bedarf eingespielt waren, meist schon seit vielen Generationen, und ohne uns, ohne Abnehmer also, verloren gewesen wären.«

Das war alles sehr interessant. Aber es wäre mir noch interessanter gewesen zu hören, was der Mann zu der unbeschreiblich veränderten chinesischen Gegenwart zu sagen hatte. Vorsichtig versuchte ich, dem Gespräch eine Wendung zu geben: »Die zwanziger und dreißiger Jahre mit ihren politischen und militärischen Wirren, und dann die Aggression der Japaner und der Zweite Weltkrieg – es muß eine schwere Zeit für Sie und Ihr Geschäft gewesen sein.«

»Die Unsicherheit war riesengroß, das ist wahr. Aber es war ja, wenigstens für uns hier, kein totaler Krieg. Die Geschäfte gingen im großen und ganzen weiter; man mußte natürlich eine beträchtliche Gefahren-Marge in die Preise einkalkulieren. Mit den chinesischen ›War-Lords‹, den Kriegsherren, ließ sich noch reden; die wollten auch nur verdienen. Aber die Japaner – das war eine andere Sache! Sie zertrampelten alles und wurden wild und wütend, wenn man versuchte, ihnen klarzumachen, daß dies oder jenes nicht ginge oder daß es dem Handel schaden würde; sie wurden sofort brutal und schlugen zu, verlangten aber weiter den früheren Umsatz und die früheren Gewinne, die sie so streng besteuerten, daß für den Kaufmann nichts mehr übrigblieb. Die Japaner haben wir hassen gelernt. Im Ersten Weltkrieg war noch mit ihnen auszukommen; damals hatten sie noch großen Respekt vor den Deutschen und genierten sich, uns wesentlich anders zu behandeln als die Deutschen. Aber im Zweiten Weltkrieg trugen sie keine Maske mehr. Sie erschossen meinen Bruder, der für uns Einkäufer gewesen war. Ich floh nach Kiangsi zu Verwandten. Dort, bei Kian, kam ich mit Anhängern Maos in Berührung, die zurückgeblieben waren, als Mao sich auf den »Langen Marsch« machen mußte. Ich war nicht mehr der Jüngste und zum Soldaten eignete ich mich auch nicht. Die Japaner hatten die Lebensgrundlage unserer Familie zerstört – und was ich von der Kuo-min-tang-Regierung gesehen und gehört hatte, erfüllte mich mit Furcht und Abscheu. Ich hatte nichts mehr zu verlieren. Ich schloß mich heimlich der Partei Maos an, obgleich ich gar keine Vorstellung davon besaß, was das Wort Kommunismus eigentlich bedeutete. Ich schlug mich, so gut es ging, als Helfer im Geschäft meiner Verwandten durch. Meine Kiangsi-Verwandten waren auch Seidenleute; aber die Seiden aus dem Süden sind ja ganz anders als unsere Seiden. Meine Frau und meine Kinder hatten hier auf dem Lande bei ihren Verwandten Unterschlupf gefunden und wußten nicht, wo ich zu suchen war. Das wäre zu gefährlich gewesen. Auf keinen Fall hätte ich mich hier unter den Japanern halten können. Ein paar ältere Angestellte versuchten inzwischen, das Geschäft weiterzuführen, so gut es ging.«

»Ein weiter Weg!« entgegnete ich. »Von Schantung nach Kiangsi – ich schätze die Entfernung auf annähernd tausend Kilometer.«

»Ja, das wird etwa stimmen. Aber was mir, als ich erst einmal geflohen war, am wenigsten fehlte, war Zeit. Die Japaner saßen nur in den Städten, entlang der Eisenbahnstrecken und größeren Straßen, Flüsse und Kanäle. Das Land dazwischen war ein Niemandsland, in welchem über weite Strecken Ruhe herrschte. Wenn man es nur langsam und vorsichtig anfing, sich stets auf Wegen oder Pfaden hielt, die nur zu Fuß zugänglich waren, so konnte einem nicht viel passieren. Es waren damals viele, viele Menschen auf der unbestimmten Flucht vor den Japanern. Man mußte sich von Freund zu Freund, von Freunden und Verwandten zu Verwandten und Freunden von Freunden weitertasten. Im Hintergrund oder in der Tiefe hielten bei aller Wirrnis die alten Sicherungen des chinesischen Zusammenlebens immerhin noch vor. Sonst hätte China jene fürchterlichen Jahre überhaupt nicht überstanden. In dem Niemandsland, von dem ich sprach, in dem ich mich langsam nach Südwesten bewegte, bewegten sich auch die kleinen Guerilla-Trupps Maos, die den Japanern viel zu schaffen machten, sie niemals zur Ruhe kommen ließen und doch fast nie zu fassen waren. Damals hörte ich zum erstenmal das bekannte Mao-Wort, daß die Kämpfer einer Volksarmee im Volke schwimmen müssen wie die Fische im Wasser. So war es wirklich, und die Japaner waren trotz ihrer viel besseren Bewaffnung und ihrer bedenkenlosen Grausamkeit eigentlich machtlos. Sie hätten China nie wirklich erobern können. Sie verfügten einfach nicht über genug Soldaten, um das riesige Land überall zu kontrollieren. Die großen Massen des chinesischen Volkes blieben unbeweglich; sie blieben feindlich; die Japaner stampften sich darin tot; alle Lücken, die von ihnen mit schließlich hemmungsloser Wut gerissen wurden, füllten und schlossen sich sofort wieder. China ist nicht zu erobern. China kann überrannt werden; aber es saugt dann die Überrenner in sich ein. Wenn sie nicht rechtzeitig abziehen, werden sie verschlungen.«

Mir gefielen diese feierlichen Nutzanwendungen nicht besonders. Ich versuchte, mich weiter vorzutasten: »Ja, dergleichen lehrt ja wohl die chinesische Geschichte, wie ich immer wieder gelesen habe. Für Sie muß es eine glückliche Fügung gewesen sein, daß Sie in Kiangsi mit den Kommunisten in Berührung gekommen sind. Als dann Tschiang Kai-schek mit seinen zwei Millionen verängstigter und geschlagener Krieger und ihrem Anhang sich nach Taiwan absetzte, gehörten Sie zur siegreichen Partei.«

»Das war natürlich ein großer Vorteil, aber auch wieder nicht.

Ich war nur Kommunist geworden, weil sich weit und breit nichts anderes anbot, das Vertrauen verdiente. Hunderttausenden aus den bürgerlichen und intellektuellen Schichten ist es damals ebenso ergangen. Als endlich die korrupte Kuo-min-tang-Regierung und die Japaner und alle sonstigen Fremden abgeschüttelt waren, wurde von den Mitgliedern der Partei überall besondere Aktivität erwartet. Ich aber hatte gar kein anderes Interesse, als wieder hierher nach Tsingtao zu kommen und von unserer alten Firma so viel wie möglich zu retten. Auf Seide, ihre Herstellung, ihre Pflege und ihren Einkauf und Verkauf, darauf verstand ich mich und danach strebte ich zurück. Mit Seide mußte wieder Geld zu verdienen sein.«

»Eigentlich keine sehr kommunistische Vorstellung!« warf ich ein.

Er wurde sehr eifrig: »Warum nicht? Die Menschen haben früher davon gelebt, Seide zu fabrizieren und zu verkaufen – und werden das auch weiter tun. Seide ist immer getragen worden, zu allen Zeiten.«

»Vielleicht versetzt der Seide jetzt die Kunstseide den Todesstoß.«

»Bah, Kunstseide – ! Seide ist nie und nirgend durch Kunstseide zu ersetzen. Seide bleibt Seide! Die Kommunisten sind nicht dafür, daß wir die Seide selber tragen. Wir waren nach fünfzig oder hundert Jahren des Niedergangs und der Wirren viel zu arm dazu geworden. Aber Seide ist immer irgendwo zu verkaufen. Die Seidenzüchter und die Seidenspinner und Weber sind schließlich auch arme Leute und wollen leben. Und das neue China braucht im Ausland verwendbares Geld, um zu ersetzen, was im Kriege zerstört worden ist, was wir noch nicht selbst herstellen können.«

»Hat man das eingesehen?«

»Nun ja, nicht gleich! Aber schließlich habe ich doch wieder mein oder unser altes Familiengeschäft aufgebaut, natürlich nicht mehr als Eigentümer. Darauf hatte ich gleich verzichtet. Sondern als der Beauftragte des Volkes. Wir waren alle äußerst bescheiden geworden. Und daß die alten Verhältnisse nicht mehr wiederkehren würden, das zu erkennen, bedurfte es keiner besonderen Weisheit. Ich habe also im Namen des Volkes das alte Geschäft wieder in Gang gebracht. Es ging nicht alles glatt, aber es ging auf alle Fälle besser als unter den Japanern. Und es brachte Erfolge. Das war entscheidend. Wir lebten wieder ganz leidlich, wenn auch nur in einem kleinen Anbau hinter unserem Kontor. Unser altes großes Haus hatten wir für eine Kaderschule zur Verfügung gestellt. Die Japaner hatten es sowieso schon enteignet. Die Hauptsache war, daß ich wieder das machen konnte, was ich gelernt hatte und worauf ich mich verstand. Wir haben dann eifrig die Schriften des großen Vorsitzenden Mao studiert. Wenn man sie nur richtig versteht, parat hat und anwendet, dann kann auch einem ehemaligen Bourgeois wie mir nicht viel passieren.«

Ich wußte nicht recht, ob ich eine gewisse Ironie heraushören sollte. »Aber dann kam die Große Kultur-Revolution. Richtete sich die nicht gerade gegen solche Leute wie Sie?« fragte ich weiter.

»Nein, ach nein!« Der Alte lächelte heiter. »Ich habe es in der Partei nie zu etwas gebracht. Ich war nur ein ganz kleines Rädchen. Zwei meiner Enkel gehörten außerdem mit zu den Führern des Aufstandes gegen die allzu mächtig und übermütig gewordenen Parteifunktionäre, des Aufstandes, den Mao angeordnet hatte. Die Enkel wußten, wie bescheiden Vater und Großvater lebten und wie sie sich nur zum Wohle des Volkes abrackerten. Nein, der ganze Lärm fand außerhalb unserer Mauern statt. Ich tat dann noch ein übriges und ließ mich pensionieren, um für Jüngere Platz zu machen. Als »verdienter Volkspensionär« schied ich in allen Ehren aus der praktischen Arbeit. Aber ich werde immer noch um Rat gefragt. Und wenn ich wirklich meine Ruhe haben will, dann gehe ich hierher auf den Seesteg und setze mich in die Sonne. Und da macht man manchmal, wie Sie zugeben werden, mein Herr, ganz unerwartete Bekanntschaften.«

Der Alte strahlte nun soviel Heiterkeit und Gelassenheit aus, daß mir, dem ebenfalls nicht mehr Jungen, längst warm ums Herz geworden war. Hier war ganz offenbar einer mit seinem Dasein erstaunlich gut fertiggeworden, trauerte Unwiederbringlichem nicht nach und freute sich der bescheidenen Gunst seiner alten Jahre. War das nicht wiederum die Verkörperung jenes alten, uralten China, so wie ich es aus der Literatur kennengelernt zu haben glaubte?

Ich wollte noch wissen: »Sie sind also der Meinung, Sir, daß dies von Mao geschaffene China für die Dauer bestimmt ist?«

»Ganz gewiß ist es das! Aber was heißt ›für die Dauer‹? Sehen Sie, nach einem Dutzend von Jahren seit dem endgültigen Sieg hat unser großer Vorsitzender die Kultur-Revolution entfachen müssen, um die ursprüngliche Revolution in Reinheit wiederherzustellen. Was wird sein, wenn er gestorben ist? Alles ändert sich fortgesetzt. Ich habe soviel an Änderung erlebt, daß ich nur hoffe, es bleibt alles, was jetzt ist, so, wie es ist, solange ich noch am Leben bin.«

Ich sehe uns dort noch auf der Bank sitzen, jeder an einem Ende davon, so daß es aus der Ferne scheinen mochte, als hätten wir nicht das geringste miteinander zu tun. In einem Lande wie China, das eifersüchtig auf einen alleinseligmachenden Glauben eingeschworen ist, kann man nie wissen! Zwar war ich als ein Vertreter langetablierter guter Beziehungen geschäftlicher Art im Lande; aber ein Mann mit weißer Hautfarbe aus einem kapitalistischen Staat blieb ich schließlich doch.

Ringsum lag über die Uferhügel die hübsche Stadt gebreitet. Viele Dächer blickten aus dem Grün der Gärten und Parks. Tsingtao hat immer noch eine Erinnerung an sein kurzes deutsches Zwischenspiel – mehr war es ja nicht – bewahrt.

»Ich glaube, ich muß mich jetzt auf den Heimweg machen«, sagte der Alte und erhob sich. »Um die Mittagszeit wird es hier gewöhnlich belebter. Der Seesteg eignet sich gut zum Luftschöpfen. Ich würde gern sagen: grüßen Sie Niemayer & Blumken in Hamburg. Aber die gibt es nicht mehr, wie so vieles andere, was es früher gab und was gewiß nicht schlecht war. Ihr amtlicher Begleiter wird sicherlich bald auftauchen. Ich möchte Ihnen empfehlen, über unsere Unterhaltung Stillschweigen zu bewahren. Und weiter glückliche Reise und Heimkehr! Leben Sie wohl, mein Herr!«

»Alles Gute auch Ihnen! Und vielen Dank für die Aussprache. Ich habe einiges gelernt, Sir!«

Er wanderte langsam und aufrecht über die wohlgekehrten Planken des Steges dem Lande zu. Sein Stock stieß bei jedem zweiten Schritt hörbar auf die Bretter.

Er war übrigens nicht zu früh aufgebrochen. Kurze Zeit nach seinem Abgang erschien mein freundlicher, eifrig und überzeugt seine Propaganda betreibender Dolmetscher und berichtete mir sehr geknickt, daß das Gegenstück zu meiner blauweißen Vase zerbrochen sei; nur deshalb hätte ich die meine so verhältnismäßig billig erstehen können; nur deshalb sei sie wahrscheinlich überhaupt im Ausländerladen zum Verkauf gestellt worden; denn was verstehen schon die fremdländischen Seeleute von Yin und Yang?

Es würde mich nicht wundern, wenn mir viele Leser die eben wiedergegebene Episode nicht recht glauben wollten. Natürlich haben sich die damals gewechselten Sätze nicht wortgetreu meiner Erinnerung eingeprägt; ich trage ja kein Diktiergerät im Gehirn. Und doch bin ich vollkommen davon überzeugt, daß ich jene Unterhaltung auf dem Seesteg von Tsingtao unweit des rührend altfränkischen Musikpavillons aus der kaiserlich-deutschen Zeit dieser chinesischen Mittelstadt ungeschminkt und vollständig wiedergegeben habe.

Jener alte Mann – ich habe nicht einmal seinen Namen erfahren – hatte ein Lebensschicksal von der gleichen Art zu berichten gehabt, wie es sicherlich von Millionen anderer Chinesen ebenfalls ertragen worden ist. Er hatte die ungeheuren Veränderungen, die sich um ihn her abgespielt hatten, mit Gleichmut bestanden, nur darauf bedacht, sein Lebensschifflein und das seiner Familie vor dem Kentern zu bewahren – und, als es gekentert war, es wieder aufzurichten. Er hatte sich in die übermächtigen Umstände sicherlich nicht mit Begeisterung, bestenfalls mit einem Achselzucken gefügt und genoß nun am Abend seines Lebens das bescheidene Glück eines Menschen, der sich ehrlich durchgeschlagen hat und dem man nichts mehr am Zeuge flicken konnte.

Was war daran noch groß chinesisch? Es war ganz allgemein menschlich. Und von Parallelen zu seiner Haltung und seinem Verhalten könnte ich etwa aus unserem deutschen oder aus dem russischen Bereich ein ganzes Buch lang und länger berichten.

Es geht mir hier, wie es mir stets gegangen ist, wenn ich mich unterfangen habe – es bleibt immer ein Unterfangen, mühevoll und heikel –, mich mit China oder chinesischen Fragen zu beschäftigen: ich finde kein Ende! China – das ist ein Ozean, der größte und der älteste der Menschheit. China gegenüber richtet die sonst so erfolgreiche Arroganz des Europäers nichts aus. Hier haben wir ein Land und ein Volk vor uns, das mindestens dreimal so alt ist wie die europäische Welt, die ja, als solche, erst vor etwa tausend Jahren ihren Anfang nahm. Wie intensiv auch immer ich seine vielgestaltige Vergangenheit zu erfassen, seine Gedanken zu begreifen suchte – ich wurde das Gefühl nicht los, daß alle Mühe Stückwerk blieb, daß ich mich hier mit einer Welt eingelassen hatte, viel umfänglicher als die eigene, viel reicher an Erfahrung, viel skeptischer und vorsichtiger in ihren Entschlüssen und Urteilen, viel verschlossener und geneigter, sich hinter hundert Masken zu verbergen. Man erwischt hier und da ein Zipfelchen des chinesischen Gewandes. Aber hineinschlüpfen, wie etwa in das amerikanische oder russische, kann man nicht; dazu ist es viel zu groß und faltenreich; man füllt es niemals aus – und erst, wenn man das könnte, dürfte man von Verständnis sprechen. China lebt ungeheuer intensiv und vielgestaltig, und in unseren Tagen beginnt eine neue Phase seines Wachstums.

Ich kann mich daher nicht entschließen, mich von der chinesischen Welt zu trennen, ohne wenigstens zu versuchen, noch einen zweiten chinesischen Menschen, irgendeinen, in dem sich dies China von heute manifestiert, zu skizzieren.

Ich hatte mir von Shanghai aus, einem nicht mehr wiederzuerkennenden Shanghai, eine der neuen Industrie-Siedlungen angesehen, die sich im Umkreis von etwa hundert Kilometern um die größte Stadt im neuen »Reich der Mitte« gebildet haben, mitten ins flache Bauernland gestellt, nicht viel anders als Wolfsburg in Deutschland.

Wir – ein anderer Dolmetscher und ein freundlicher und kenntnisreicher Mann aus einer zentralen Industrieverwaltung der Provinz Kiangsu (ich hatte es längst aufgegeben, mir über die Zuordnung und Aufgabenbereiche der vielen Behörden im neuen China genauere Vorstellungen zu machen) – wir waren über eine neugebaute, breite Zementstraße nach Südwesten gefahren und hatten uns bei gutem Willen von allen Seiten erfreulich »aneinander herangeredet«. Die Straße hatte mich verwundert. Solche Straßen hatte es im früheren China nicht gegeben; sie war für einen Verkehr mit Autos, wohl besonders mit Lastautos bestimmt, von dem jetzt noch gar keine Rede sein konnte. Hier in der Nähe der größten Groß- und Industriestadt Chinas fuhren wir und fuhren, und weder vor noch hinter uns auf der schnurgeraden Straße zeigte sich ein Gefährt. Ganz selten nur störte ein rasselnder Lastwagen den ländlichen Frieden.

Aber etwas so Wunderbares wie eine breite, wohlzementierte Landstraße bleibt im geschäftigen China nicht sich selbst überlassen. Die Bauern hatten ihre Felder abgeerntet und trockneten das

Korn auf dem festen warmen Steinboden der Straßen, droschen einen kleinen Teil davon und siebten es dort auch auf ihre alte, noch durch keine Technisierung getrübte Weise, als wäre die Straße zu diesem Zweck gebaut. An vielen Stellen wurde dadurch die Fahrbahn ungebührlich eingeengt. Aber offenbar beschwerte sich niemand. Die seltenen Fahrzeuge mit Benzinmotor fanden immer noch Platz genug, ihren Weg fortzusetzen.

Die Menschen auf den Feldern schienen guter Dinge, schwangen ihre schweren Hacken im Takt und brachen die Stoppeln um. Wir rasteten zuweilen und sprachen mit den Leuten auf den Feldern, ließen uns in der Nähe der Dörfer auch die hohen Diemen zeigen, zu denen die trockenen, schweren Reisgarben zusammengetragen waren. Ja, wir begegneten sogar zwei funkelnagelneuen Traktoren auf den Feldern. Mit Stolz wurde ich darauf aufmerksam gemacht. Es wurde angehalten und gern wurde mir erlaubt zu fotografieren – was die Leute in China sonst leicht nervös macht. Ich versuchte auch noch einige weitere Aufnahmen; die Fotografierten hatten lachend zugestimmt. Von Fremdenhaß habe ich im neuen China viel weniger gespürt als im alten. Die Leute waren überall freundlich. Sie brauchten sich dem Weißen nicht mehr unterlegen zu fühlen. Der Europäer konnte keine Sonderstellung mehr beanspruchen. Wo man ihm jetzt begegnete, mußte er zuvor von seiten der Regierung willkommen geheißen sein; er war also nicht mehr zu beargwöhnen.

Doch war ich bei dieser Fahrt nicht darauf aus, mir einen Eindruck von den Verhältnissen auf dem Lande zu verschaffen. Wie das neue China seine werdende Industrie gestaltet, das interessierte mich mehr. Die bäuerlichen Lebensverhältnisse hatte ich weiter im Norden viel gründlicher studieren können. Immerhin habe ich auch am Rande dieser Fahrt erfahren, daß die bäuerlichen Familien ungestört beieinander oder wieder beieinander lebten, daß das Gesamtgefüge des Dorfes nicht zerrissen war, daß zwar alle Felder gemeinsam bestellt wurden, daß aber jede Familie auch ihr kleines Stück »Privatland« und ein wenig Viehzeug hatte behalten dürfen. Innerhalb der Familie und Sippe hat es in China von jeher engsten Zusammenhalt, gegenseitigen Ausgleich und weitreichende Verpflichtung füreinander gegeben. Wenn nun diese Sippen-Verhaftung auf die »Kommune« des Dorfes ausgedehnt worden ist, so liegt das chinesischem Verständnis viel näher als europäischem, in dem der Einzelmensch das Bild bestimmt.

Es reizte mich nicht weiter, die riesigen Textilwerke anzuschauen, um die herum die neue Stadt entstanden war – mitten auf der grünen Wiese sozusagen, mitten zwischen den Reisfeldern. Ich verstehe nichts von Textilfabriken – von anderen Fabriken auch nicht, ich finde sie im Grunde menschenunwürdig; auch sehen sie auf der ganzen Welt gleich aus.

Was ich aber möglichst genau wissen wollte, das war, wie das neue China in dieser neuen Stadt seine Industriearbeiter untergebracht hatte, wie es sie versorgte und außerhalb der Fabriktore betreute. Früher hat sich nie ein Fabrikherr um seine Arbeiter gekümmert. Sein einziges Anliegen war, möglichst tüchtige und fleißige Arbeiter für möglichst wenig Lohn zu bekommen. Ob und wie der Arbeiter außerhalb der Fabrik mit diesem Lohn existieren konnte, das lag nicht mehr in der Verantwortung des Fabrikherrn. Von dem in Europa erkämpften sozialen Schutz des Arbeiters ist im früheren China nie die Rede gewesen – und ist auch im heutigen, noch immer britischen Hongkong, nicht allzuviel die Rede, obgleich sich auch dort einiges wesentlich gebessert und europäischen Verhältnissen angeglichen hat.

Wir hatten uns lange mit dem Personalleiter des Werkes und dem stellvertretenden Bürgermeister der Stadt unterhalten. Das waren vernünftige, sachlich reagierende Männer, die – so schien es mir – sozusagen nur pflichtgemäß gegenüber dem Fremden hatten durchblicken lassen, wie bedingungslos sie sich dem großen Vorsitzenden Mao verpflichtet fühlten. Wahrscheinlich müssen sich die heutigen Chinesen, wenn sie sich nicht sehr intim kennen, immer wieder gegenseitig bestätigen, daß man jederzeit und ohne Wanken zum alleinseligmachenden Glauben an das rote Büchlein steht.

Abgesehen von diesem gelegentlich eingestreuten Hinweis, daß eben alles Gute und Richtige aus Maos Höhen, alles Böse und Falsche von außen stammt, hätte ich vergessen können, daß ich mich inmitten des roten China befand, so sehr glichen die Probleme und die Lösungen, die versucht wurden, den unseren.

Nachher wanderten wir dann zu Vieren durch die breiten, geraden, von hübschen Grünanlagen begleiteten Straßen der Stadt. Langgestreckte, drei- bis vierstöckige Wohnhäuser zogen sich an ihren Flanken hin, zuweilen durch großzügige Grün- und Spielplätze unterbrochen. Die Straßen zeigten sich peinlich sauber, die gärtnerischen Anlagen auf einfache Weise gepflegt. Die Kinder kamen mit dem Ranzen aus der Schule, erstaunlich brav und – ja, sittsam – ein Ausdruck, der bei uns fast in Vergessenheit geraten ist. Ich fand die braven Kerlchen in ihren blauen Kitteln, die Mädchen zuweilen mit einer roten Schleife im Haar, beinahe erheiternd und sprach das auch aus. Ich fand nicht viel Widerhall; es verstand sich ein so gesittetes Benehmen der Kinder für diese jüngeren Männer, allesamt Mitglieder der Partei, offenbar von selbst. Der Herr stellvertretende Bürgermeister, der sich uns, den drei Besuchern aus Shanghai, als Führer angeschlossen hatte, meinte:

»Es ist gut, wenn die Kinder früh an Disziplin gewöhnt werden. China steht vor unabsehbaren Aufgaben. Unser Vorsitzender Mao fordert strikt den restlosen Einsatz eines jeden, ganz gleich, welche Aufgabe ihm vom Staat zugewiesen wird. Wenn später alle arbeitenden Menschen in China in solchen neuen, schönen Häusern und guten Wohnungen leben sollen, dann haben wir keine Zeit für private Wünsche und spielerischen Zeitvertreib. Das muß den Kindern schon ganz früh eingeprägt werden. Deswegen beginnen wir schon im Kindergarten mit den Thesen unseres großen Lehrers Mao.«

Ich nahm diese Erklärung mit gebührendem Respekt zur Kenntnis. Ich stellte fest, daß die ganze Stadt in mir die Vorstellung erweckte, als befände ich mich in einem der neuen Viertel des Sozialen Wohnungsbaus bei Hamburg oder in Berlin-Spandau.

»Warum auch nicht?« entgegnete der Herr stellvertretende Bürgermeister. »Unser großer Vorsitzender wird dafür sorgen, daß unsere Industriearbeiter besser und bequemer leben und wohnen als die ausgebeuteten Monopolsklaven in den kapitalistischen Ländern.«

Ich bemerkte, daß es dem Dolmetscher, Herrn Liu, ein wenig peinlich war, mir diesen Satz im Englischen wiederzugeben, aber es blieb ihm nichts weiter übrig; zu zögern wäre wahrscheinlich gefährlich gewesen, denn auch Herr Ssu, der Beamte der Industrieverwaltung aus Shanghai, sprach etwas Englisch.

Ich ließ die Sache mit den ausgebeuteten Monopolsklaven auf sich beruhen und wagte eine Bitte, die mir schon eine ganze Weile auf der Zunge gelegen hatte: »Es würde meine Eindrücke von dem neuen China sehr vertiefen, wenn ich diese Häuser nicht nur von außen anzusehen brauchte. Die Kantinen der Arbeiter im Werk, ihre Fortbildungs- und Erholungsräume habe ich gesehen und auch, wie es an ihren Arbeitsplätzen aussieht. Aber wie sie in diesen Häusern wohnen, wie es also bei ihnen daheim zugeht, davon kann ich mir noch keine rechte Vorstellung machen. Wie die arbeitende Bevölkerung im früheren China gelebt und gewohnt hat, das ist mir damals kein Geheimnis geblieben. Noch können die alten Mißstände nicht sämtlich beseitigt sein. Das versteht sich ohne weitere Erklärung. Aber hier bin ich in einer neuen Industrie-Mustersiedlung. Hier wird also gezeigt, wie sich das neue China die Zukunft vorstellt. Wäre es wohl möglich, irgendeine der Wohnungen hier anzuschauen und sich ein wenig mit den Bewohnern zu unterhalten?«

Ich hätte mich nicht gewundert, wenn die Bitte abgeschlagen worden wäre. Wir können bei uns ja auch nicht irgendwo bei wildfremden Leuten anklopfen und sagen: Lassen Sie mich einmal Ihre Wohnung besichtigen!

Zu meinem Erstaunen schienen die drei Herren meinen Wunsch aber gar nicht so merkwürdig zu finden. Der Herr stellvertretende Bürgermeister in der hochgeschlossenen dunkelbraunen Tunika überlegte nur wenige Sekunden. Dann sagte er auf seine ein wenig mürrische kurzangebundene Art: »Sagen Sie mir, wo ich anklopfen soll. Zwingen kann ich die Leute nicht, uns einzulassen. Aber vielleicht haben wir Glück.«

Der Dolmetscher, Herr Liu, versuchte, etwas einzuwenden, was ich nicht verstand. Aber Herr Ssu von der Industrie-Verwaltung Shanghai schien ihn beruhigen zu wollen. Der Herr stellvertretende Bürgermeister hatte nur die Augenbrauen zusammengezogen und dann mit der Hand abgewinkt. Ich tat so, als hätte ich das kleine Zwischenspiel gar nicht bemerkt und wies zu irgendeiner Parterrewohnung auf der gegenüberliegenden Straßenseite. Die Parterrewohnungen, so hatte ich bemerkt, waren unmittelbar von der Straße aus zugänglich. Die höhergelegenen Wohnungen wurden über den gemeinsamen Hausflur und die Treppen erreicht.

Wir durchschritten ein Vorgärtchen. Der Herr stellvertretende Bürgermeister ging voran und klopfte an die geschlossene Tür, klopfte nochmals, vergeblich! Allem Anschein nach war hier niemand zu Hause.

»Versuchen wir es um die nächste Ecke noch einmal«, sagte ich. Doch auch dieser Versuch schlug fehl. Auf unser Klopfen öffnete uns ein kleines Mädchen von zehn bis zwölf Jahren, das, seinen

Kleidern nach, gerade aus der Schule gekommen war. Ich hatte ein schlechtes Gewissen, als ich merkte, wie erschrocken die kleine wohlgepolsterte Person mit den Schlitzaugen im flachen Rundgesicht war, als plötzlich vier erwachsene Männer vor der Wohnungstür standen. Ob denn die Eltern nicht zu Hause wären, fragte der Herr stellvertretende Bürgermeister auf seine rauhe Art. Die Augen der Kleinen wurden ganz groß vor Angst. Nein, die Eltern wären beide auf Arbeit in der Fabrik. Die Mutter käme vielleicht in einer Stunde. Herr Ssu, der wohl von uns allen die menschenfreundlichste Disposition besaß, wandte sich bereits zum Gehen:

»Das Kind stirbt uns noch vor Furcht. Vier starke Männer vor der Tür und sie allein zu Haus. Gehen wir!« flüsterte er mir zu, und ich konnte zu meinem Erstaunen feststellen, daß er mindestens ebenso mühelos englisch sprach wie der Dolmetscher, Herr Liu. Vielleicht war er nur mitgekommen, um Herrn Lui auf die Finger zu sehen, vielleicht aber war auch Herr Liu zu des Herrn Ssu Kontrolle bestellt – und beide zu meiner. Wer kommt schon hinter die Feinheiten der reziproken Bespitzelung in einem Lande, wo die Sprachregelung zwischen den Menschen der verschiedenen Lebensbereiche stets eine so große Rolle gespielt hat – und im kommunistischen China von heute ganz besonders!

Ich wollte schon darum bitten, den Versuch aufzugeben. Aber der Herr stellvertretende Bürgermeister war nicht zu entmutigen. Er fragte mich barsch: »Wo versuchen wir es jetzt?«

Also gut – noch einmal! Ich wies quer über die fast menschenleere, sonnige, windige Straße auf die Tür einer Parterrewohnung, die hinter den Büschen der Vorgärten gerade sichtbar wurde, während wir langsam weiterschritten. Herr Liu schlug vor: »Wir wollen nicht gleich alle vier auf einmal antreten, die Leute erschrecken sich!« Er sagte es auf chinesisch und auf englisch. Der Herr stellvertretende Bürgermeister zuckte die Achseln, zögerte aber nicht, allein über den Fahrdamm zu schreiten und an der Tür zu klopfen, die ich aus der Ferne bezeichnet hatte. Sie öffnete sich. Eine ältere Frau wurde sichtbar. Sie trug weite schwarze Kattunhosen, die nicht ganz bis zu den Knöcheln reichen, dazu den weitfallenden hüftlangen Kittel, wie er eigentlich weiter im Süden üblich ist. Das Haar trug sie nach älterer Sitte straff an den Kopf gescheitelt und im Nacken zu einem festen Knoten zusammengedreht.

Der Herr stellvertretende Bürgermeister verhandelte eine Weile mit der Frau, wies zu uns herüber, beugte sich dann zu zwei Kindern hinunter, die nun auch in der Tür erschienen waren. Die Stimme der Frau drang laut und hell zu uns herüber. Die Tatsache, daß der Herr stellvertretende Bürgermeister persönlich vor ihrer Tür erschienen war, schien die zierliche Alte nicht sonderlich zu beeindrucken. Das allein schon war bemerkenswert.

Der Herr stellvertretende Bürgermeister kehrte schnellen Schrittes zu uns zurück: »Nur die Großmutter ist zu Hause und ihre beiden Enkel. Die Eltern sind beide auf Arbeit und kommen erst abends heim. Sie will uns gern ihre gemeinsame Wohnung zeigen. Aber wir sollen nicht zu Vieren bei ihr eindringen, dazu hat sie nicht Platz genug. Ich schlage vor, daß Herr Liu mit unserem Herrn Besucher aus Deutschland sich das Quartier ansieht. Wir andern werden vor der Tür warten; hinter den Büschen ist eine Bank.«

Der Dolmetscher übersetzte. Ich war mit Vergnügen einverstanden. So lernte ich also Frau Tsai kennen, die Großmutter der kleinen Familie. Schon nach den ersten fünf Minuten unserer Bekanntschaft zweifelte ich nicht daran, daß diese wache und witzige alte Frau mit den flinken schwarzen Augen im ledergelben faltigen Gesicht und der schnellen Sprachweise die eigentliche Regentin der Familie Tsai war. Sicher gehorchten Sohn und Schwiegertochter ihr noch genauso aufs Wort wie die beiden neugierigen Enkel.

Wir verstanden uns auf Anhieb. Ich erklärte ihr lachend, daß ich wohl wisse, wie unverschämt es von mir sei, so mir nichts, dir nichts in wildfremder Leute Behausung einzudringen. Aber ich hätte nun einmal die Aufgabe, in meinem Lande davon zu berichten, wie der große Vorsitzende Mao die Verhältnisse in China neu geordnet und zum Guten gewendet habe – und dazu müßte ich mit eigenen Augen wenigstens an einigen Beispielen gesehen haben, wie die Leute hier in den neuen Industriestädten lebten und wohnten. Ein – für sie – äußerst unfreundliches Geschick habe es nun so gewollt, daß ich gerade sie, Mrs. Tsai, mit meiner aufdringlichen Gegenwart belästigen müsse, und ich bäte sie, fortan nicht alle Leute aus Deutschland für unmanierliche Schnüffler zu halten.

Herr Liu hatte meine kleine Einleitungs- und Entschuldigungsrede gewiß sehr lustig übersetzt, denn Frau Tsai lachte frei heraus und ließ mir sagen, ich solle nur keine überflüssigen Bedenken hegen. Es sei ganz gewiß sehr weise, wenn der große Vorsitzende Mao dafür sorge, daß auch ferne Länder davon erführen, wie man jetzt in China lebte –und sie rechne es sich und ihrem Sohn zur Ehre an, daß sie mir ihre Wohnung vorführen dürfe.

So hatten wir also dem Anstand Genüge getan, und die Besichtigung konnte beginnen. Ich habe selten einen Menschen erlebt, der sich immerhin nicht ganz alltäglichen Umständen, dazu noch ohne jede Vorbereitung, so unbefangen gewachsen zeigte, wie diese einfache Frau Tsai, von Beruf Großmutter und Haushaltungsvorstend; sie mochte etwa sechzig Jahre zählen. Ihr Haar, das sie wohl immer schon viel zu fest nach hinten gezerrt hatte, lichtete sich, wie übrigens oft bei älteren Chinesinnen aus dem Volk, schon sehr über den Schläfen; ein paar graue Strähnen zogen sich schnurgerade von der Stirn in den Knoten am Hinterkopf.

Mit spürbarem Stolz zeigte mir Mrs. Tsai ihre drei mäßig großen Zimmer, den kleinen Flur, die kleine Küche und sogar eine kleine Badkammer, die – denkt man an das frühere China – einen ganz unerhörten Fortschritt, ja, Luxus bedeutete. Ein unfreundlicher Besucher hätte die Räume vielleicht Zementhöhlen genannt, denn die Wände waren weder gestrichen noch tapeziert. Der kleine Kohlenherd in der Küche, der große Ofen, der mit seinen vier Ekken in die vier Gegenden der quadratisch geschnittenen Wohnung ragte, und selbst der Badezuber in der Badkammer waren aus Zement. Mrs. Tsai schien mein – natürlich nicht hörbares – Vorurteil gegen Zement durchaus nicht zu teilen. Im Gegenteil: Zement war modern, war haltbar und wasserfest, und man konnte sich ja ein rotes Plakat mit einem Mao-Zitat an die graue Wand hängen und einen knallbunten Bilderbogen mit Szenen vom »Langen Marsch« der nie besiegten Roten Volksarmee, und so brachte man genügend Farbe auf die eintönigen Wände. Und die Badkammer, ja, die sei nicht mit Geld zu bezahlen, wenn die Kinder im brütendheißen Sommer Kiangsu's und Tschekiang's verschwitzt von der Arbeit kämen. Zwar müsse das Wasser erst in der Küche erhitzt werden; aber das könne man beim Kochen so nebenbei machen, und sie brauche das Wasser ja auch nicht von weither heranzutragen, nein, jede Wohnung war mit einer eigenen Zapfstelle und einem Wasserhahn ausgerüstet. Ich mußte den Wasserhahn eigens besichtigen. Ihm war auch das Wasser zu entnehmen, mit dem das Klo, gleich neben dem Badezuber, gespült werden mußte.

Die ganze Herrlichkeit war aufs peinlichste sauber gehalten. Auf dem dünnen grünlichen Teppich im Wohnzimmer war kein Flekken, kein Stäubchen zu entdecken. Die äußerst einfachen Möbel aus gebeiztem, ziemlich rohen Holz glänzten vor Sauberkeit ebenso wie die wenigen Blechtöpfe und -pfannen in der Küche. Die Betten waren nur Pritschen, aber die Polster und baumwollenen Steppdecken waren ordentlich ausgebreitet. Da und dort verriet ein buntes Tuch oder eine kleine einfache Stickerei, daß man sich bemühte, das allgegenwärtige Grau des Zements freundlich aufzuhellen. Eine kleinbürgerlich armselige, aber menschlich warme Behausung mit fließendem Wasser und Klo, – für einfache Leute in China schier überwältigende Errungenschaften –, so stellte sich mir diese Wohnung eines Fabrikarbeiter-Ehepaars dar. Man war schon ein großes Stück weiter, als es etwa die deutschen Industriearbeiter noch zu Beginn dieses Jahrhunderts gewesen sind. Damals mußten gewöhnlich »Stube und Küche« für eine Familie von manchmal sechs bis zehn Köpfen ausreichen. Bei aller Einfachheit war die Unterkunft der Familie Tsai ein wohnliches Heim.

Ich erklärte der freundlich aufgeregten Mrs. Tsai, daß sie im wesentlichen genausogut untergebracht sei wie Arbeiter in Europa. Das hatte ich natürlich – naiv wie Europäer sind – als Lob gemeint und merkte erst dann, daß ich mich auf dem Holzwege befand, als sie mir, etwas indigniert, zur Antwort gab, der Große Vorsitzende Mao habe dafür gesorgt, daß die Arbeiter in China nicht nur ebensogut, sondern weit besser leben könnten als in den kapitalistischen Ländern; sie zum Beispiel bekomme sogar eine Volkspension, weil sie ihr Leben lang schwer gearbeitet habe – und so gut wie jetzt sei es ihr und allen anderen arbeitenden Menschen in China überhaupt noch nicht gegangen. Und für die schöne Wohnung brauchten sie, umgerechnet, nur etwa 25 Mark zu bezahlen. Ich bekundete meine Freude darüber und beteuerte, daß ich im Grunde auch gar nichts anderes erwartet hätte. Damit versöhnte ich die Alte wieder; sie war sicherlich gewohnt, daß ihr nicht widersprochen und ihre Auskunft nicht bezweifelt wurde.

Dann steuerte ich vorsichtig mein eigentliches Ziel an: Ich wollte erfahren, wie die Tsai es geschafft hatten, sich aus der großen grauen Masse der arbeitenden Menschen an diesen, wie mir klar war, sehr bevorzugten Platz in der neuen Welt des roten Chinas zu schwingen. Mrs. Tsai schien auch durchaus willens zu sein, mir etwas aus der Vorgeschichte der Familie zu berichten, aber zunächst flatterte sie in die Küche, um den unerwarteten und ungebetenen Gästen eine Tasse Tee zu bereiten, obgleich Herr Liu und ich dankend abwehrten. Aber dann flatterte sie zurück und gestand erstens, daß ihr Tee gerade ausgegangen sei, daß zweitens nicht genügend angemessene Stühle um den ohnehin zu kleinen Tisch im Wohnzimmer vorhanden seien und daß es deshalb ratsam sei, vor dem Haus auf der Bank und zwei Schemeln Platz zu nehmen und eine Limonade zu trinken.

Nun gut, die vorzügliche Mrs. Tsai wäre sehr gekränkt gewesen, wenn wir die Limonade ausgeschlagen hätten. So kam ich also dazu, im Dienste meines Berufs die schlechteste Limonade der Welt zu trinken, ein gräßliches, widerlich saccharinsüßes Zeug von giftgrüner Farbe, so künstlich wie nur möglich. Wahrscheinlich galt auch dies Schauergetränk als moderne Errungenschaft, und man war stolz darauf. Alle anderen tranken es mit unbewegtem Gesicht; mir blieb nur übrig, das gleiche zu tun. Zu einem Lob konnte ich mich indessen nicht entschließen, obgleich das wahrscheinlich von mir erwartet wurde.

Nachdem Mrs. Tsai, von mir dezent angeregt, erst einmal ins Erzählen geraten war, hätte keine Gewalt der Erde sie bremsen können. Sie war der gleichen Meinung wie so viele Großmütter, daß das Schicksal der eigenen Familie schließlich wichtiger sei als das Ergehen der übrigen Welt, und daß sich nichts mehr lohne, als ausführlich darüber zu reden. Sie vergaß immer wieder, daß sie in kurzen Abständen innezuhalten hatte, damit Herr Liu mir den Inhalt ihrer Rede wiedergeben könne. Herr Liu gab es schließlich auf, sie hin und wieder zu bremsen. Er hat mir das meiste erst später im Auto bei der Rückfahrt erzählt. Der Herr stellvertretende Bürgermeister rutschte immer ungeduldiger auf seinem Schemel hin und her und gebot schließlich auf eine ziemlich brüske Manier Einhalt: Nun müßten wir aber wirklich aufbrechen, wir hätten noch mancherlei anzusehen, und die Herren müßten noch vor Einbruch der Dunkelheit wieder in Shanghai eingetroffen sein. Es sei alles sehr schön gewesen, und der Bericht sehr aufschlußreich. Aber nun sei Schluß. Und vielen Dank für die Limonade. Und schon schoß der Herr stellvertretende Bürgermeister auf die Straße hinaus. Herr Liu und Herr Ssu hatten sich ebenfalls erhoben; und ich wußte nicht auszusagen, wie sehr dankbar ich sei, so genaue Aufschlüsse erhalten zu haben. Herr Liu würde mir noch alles übersetzen und erklären – und ich würde über das Schicksal der Familie Tsai in meiner Heimat berichten, was meinen

Leuten das Verständnis des neuen China sicherlich erleichtern würde.

Ich habe dann noch Mrs. Tsai und ihre beiden Enkel fotografiert und versprochen, ihr über Herrn Liu ein Bild zu schicken. Das Versprechen habe ich gehalten. Ich weiß natürlich nicht, ob die Zensur meinen Brief mit Fotos an Herrn Liu hat durchgehen lassen, und – sollte das Unwahrscheinliche geschehen sein – ob Herr Liu dann wirklich die Fotos an die freundliche Großmutter Tsai weiterbefördert hat. Auf alle Fälle schieden wir als Freunde.

Die Familie Tsai, kleine Bauern, aber alteingesessen in ihrem Dörfchen, hat das Unglück gehabt, in jenem hundert bis zweihundert Kilometer breiten, sich von der südlichen Mandschurei bis etwa zum Yangtse in der Gegend des Tungting-Sees hinziehenden Landstreifen beheimatet gewesen zu sein, in welchem sich der Krieg zwischen den Japanern sechs Jahre lang (1939 bis 1945) hauptsächlich abgespielt hat; genauer gesagt: in jener berühmt schönen Landschaft im Südost-Zipfel der Provinz Honan.

Nachdem die japanische Armee sich erst einmal der großen Küstenstädte und der Hauptverkehrsadern Mittelchinas bemächtigt und sich allmählich herausgestellt hatte, daß die Zahl der Truppen nicht entfernt ausreichte, das ungeheure Land wirklich zu kontrollieren, ließen die japanischen Kampfhandlungen jede weiterführende strategische Idee mehr und mehr vermissen. Man kann den Eindruck gewinnen, daß die Japaner mit Pearl Harbor aktiv in den Zweiten Weltkrieg vorprellten, weil sie in China nicht mehr weiterkamen, weil der Krieg dort in eine räuberhafte Jagd und gnadenlose Rauferei entartet war – zwischen drei Beteiligten: der japanischen Armee, deren Einheiten in den grenzenlosen gelben Ebenen verloren hin und her zogen, den kommunistischen Partisanen Maos, die nirgendwo recht zu fassen waren, obwohl sie etwa vier Zehntel der japanischen Truppen ständig in Atem hielten, und, drittens, der »Nationalarmee« Tschiangs, die, miserabel versorgt und noch miserabler geführt, aber stets aus dem unerschöpflichen Reservoir der chinesischen Bauernmassen rücksichtslos ergänzt, sich bald hier, bald da als ein stets nachwachsender Menschenwall den an Bewaffung und Führung weit überlegenen, an Zahl und Mannschaftsersatz aber weit unterlegenen japanischen Streitkräften entgegenstemmte.

Ohne Front und ohne Konzept wogte der wüste Krieg in jenem

breiten Landstrich quer durch China unentschieden auf und ab. Die Chinesen hatten hier jede Straße, jede Brücke, allen Proviant, alle Verkehrsmittel vernichtet, um den Gegner soweit wie möglich zu behindern. Der sich zäh und blutig hinschleppende Krieg hatte das Land in eine Wüste der Zerstörung und des Grauens verwandelt. Jeder Ort konnte jeden Tag den Besitzer wechseln und wechselte ihn auch oft genug.

Die Leidtragenden waren die Bewohner der kleinen Städte und die Bauern des flachen Landes. Auf Gnade konnten sie nur rechnen, wenn sie gelegentlich unter der Kontrolle kommunistischer Guerilla-Verbände standen. Aber diese Verbände waren äußerst beweglich, ja, diese Beweglichkeit bildete sogar ihr wichtigstes Kampfmittel. Sie schlugen zu und waren wieder verschwunden, ehe die steif und unbeholfen reagierenden Japaner sich zum Gegenschlag aufgerafft hatten. Im übrigen aber bedeuteten die Bauern des Landes sowohl für die Japaner wie für die Nationalarmee nichts weiter als Sand unter den Stiefeln.

Der kleine Bauer Tsai aus dem Tal des Huai Ho, seine wesentlich jüngere Frau und ihre drei kleinen Kinder, ein Knabe und zwei Mädchen – sie werden weder die matten Parolen der National-Regierung, noch die handgreiflicheren der Roten verstanden haben. Aber daß die Japaner, die fremden Zwerge mit der unverständlichen Sprache, ins Land gefallen waren und erbarmungslos darin wüteten, das allerdings war nicht zu bezweifeln; und wer es nicht begriff, dem wurde es mit glühendem Eisen eingebrannt.

Sie hat um ihre Existenz gerungen, die kleine Familie Tsai, wie Millionen von anderen Familien in dem gequälten Lande auch. Sie bediente sich all der bescheidenen Listen und Ausflüchte, in denen Bauern in solcher Lage stets ihre Zuflucht suchen: sie versteckten das Saatgut, sie gingen in Lumpen umher; sie verbargen ihr Geflügel und das Schwein in unterirdischen Höhlen, sie vergruben alles, was nur irgendwie als Wert angesehen werden konnte, und sie nahmen die Hiebe und Schläge der marodierenden Bewaffneten hin als ein Zeichen dafür, daß sie ihren geringen Besitz wieder einmal dem Zugriff der Soldaten entzogen hatten.

Die Familie hielt sich unter unmenschlichen Entbehrungen und Leiden auf ihrem kleinen Gütchen bis ins Jahr 1943. Die Kinder waren nun nicht mehr so klein, daß sie ständiger Aufsicht und Fürsorge bedurften, ja, das Söhnchen hatte sogar schon gelernt, auf dem nächsten Hügel zu hocken und nach Trupps von Bewaffneten Ausschau zu halten, um die Eltern rechtzeitig warnen zu können. Dabei war es ganz gleich, ob die Bewaffneten japanische oder chinesische Uniformen trugen. Man hatte aus vielfacher Erfahrung geschlossen, daß lediglich die Roten nicht als Urfeinde der Bauern angesehen werden durften, die Roten, die sich stets als Freunde und Helfer der Bauern, als Bauern selbst bekannten und sich wenigstens bemühten, nichts Unbilliges zu fordern. Es war also allmählich selbstverständlich geworden, den Roten zu helfen und ihnen, soweit es möglich war, ohne die Familie zu gefährden, Nachrichten- und Kundschafterdienste zu leisten.

Im Jahre 1943 wurden die Schrecken der Kriegsfurie überwälzt von noch böserem Unheil. Nicht endenwollende Niederschläge hatten die Flüsse schwellen lassen, hatten sich in unbezähmbaren Fluten über das ganze Land ergossen, alle Saaten in Feld und Garten ertränkend. Die verarmten und geschwächten Bauern, von denen schon Zehntausende erschlagen, zu Kulidiensten gepreßt oder in die lumpige Uniform gezwungen waren, hatten die Dämme und Deiche in dieser stets von Überschwemmung bedrohten Landschaft nicht mehr wie früher gepflegt und erhalten. Weithin verwandelte sich das Land in Seen und Sümpfe. Der Bauer Tsai war besonders schwer geschädigt worden: der Fluß hatte sich, durch keinen Damm mehr behindert, ein neues Bett gesucht, hatte die Äcker der Familie Tsai einfach verschluckt und davongespült. Wo einst Hirse, Bohnen, Kohl gegrünt hatten, schoß jetzt in breitem, tiefen Bett eine gurgelnde gelbe Strömung ostwärts dahin. Nie wieder würden hier Äcker entstehen. Der Bauer Tsai war durch die Naturgewalten so radikal enteignet worden, wie es selbst die Japaner nicht gründlicher hätten bewirken können.

Auch der Krieg zwischen den Japanern und der Nationalarmee ersoff während dieser fürchterlichen Wochen in den alles flache Land bedeckenden Fluten. Nur die roten Partisanen waren auch jetzt noch unterwegs, pirschten sich des Nachts in Booten, von ortskundigen Bauern geleitet, an die kleinen Stützpunkte der Japaner heran – sie waren beinahe stets auf Hügeln angelegt –, überfielen sie im Morgengrauen und mordeten sie leer.

Es sollte sich als ein Glück im entsetzlichen Unglück herausstellen, daß die wenigen Äcker des Bauern Tsai nicht nur unter den Fluten verschwunden, sondern auf Nimmerwiedersehen fortgespült worden waren. Es war von vornherein zwecklos geworden, das Ablaufen der Wasser zu erwarten. Wo die Äcker gewesen waren, floß nun der Huai Ho in seinem neuen Bett, breit und gleichmütig. Die Äcker gab es nicht mehr.

Die Frau hatte weiter im Osten, in Kiangsu, unfern der Küste, Verwandte wohnen. Sie, die spätere Großmutter, war es, die ich dann kennenlernte, die den Bauern Tsai dazu überredete, die Heimat zu verlassen und sich auf die Wanderschaft zu begeben. Hatten sie doch nicht viel mehr als das nackte Leben aus den Fluten gerettet; eine neue Zukunft bot ihnen dies Land nicht mehr. Irgendeine Hilfe von seiten des Staates war nicht zu erwarten. Gab es den überhaupt noch, den Staat? Seit Jahren regierte ein Krieg ohne Sinn und Ziel. Seit Jahren war jedermann ganz und gar auf sich allein angewiesen – und in der großen Wassersnot konnte erst recht jeder Vater nur an die eigene Familie denken.

Der Bauer Tsai muß den Roten mehr als einmal gute Dienste geleistet haben, denn es war ein Kahn der Roten, der die Familie mit dem geringen Rest ihrer Habe in einer regnerischen Nacht so weit entführte, daß sie wieder einen festen Pfad unter die Füße nehmen konnte. Die Tsai hatten tatsächlich Glück, sie kamen unbehindert davon – und entgingen damit der furchtbaren Hungersnot, die im Jahre 1943 die Provinz Honan heimsuchte. Wahrscheinlich wären die Tsai von dieser entsetzlichen Katastrophe verschlungen worden, waren ihnen doch alle Vorräte in der großen Flut davongeschwommen oder von ihr verdorben worden. Die Überschwemmung hatte sie gezwungen, das geschlagene Land zu verlassen, noch ehe der große Ausmarsch der Hungernden aus Honan einsetzte.

Das Ehepaar mit den drei Kindern schlug sich mühselig ostwärts nach Kiangsu durch, gelangte allmählich aus dem Gebiet der Kampfhandlungen in beruhigtere Landstriche, wo die Japaner unbestrittener als in Honan die Kontrolle ausübten. Jedoch fanden die Tsai die Verwandten der Frau nicht mehr dort vor, wo sie sie erwartet hatten. Der Mann hatte, wahrscheinlich nur aus Unkenntnis, gegen die Verordnungen der Besatzungsmacht verstoßen und war »abgeholt« worden, niemand wußte, wohin; es war nicht wahrscheinlich, daß er überhaupt noch lebte. Der Rest der Sippe hatte sich nicht mehr sicher gefühlt und war in die große Stadt Nanking ausgewichen, dort aber nicht mehr zu finden.

Die Tsai drifteten aus dem überfüllten Nanking nach Shanghai hinunter. Irgendwo in den unermeßlichen Elendsvierteln am Rande der Großstadt fanden sie Unterschlupf. Wie sich das im einzelnen abgespielt hat, davon kann ich mir beim besten Willen keinen Begriff machen – die Zustände in asiatischen Großstadtslums liegen außerhalb aller europäischer Vorstellungen.

Hier nun, in dem von den Japanern mit eiserner Hand beherrschten Shanghai, half ihnen schon bald nach der Ankunft ein glücklicher Zufall weiter. Die Not stand den Tsai schon bis zum Hals. Tsai traf, während er ziellos am Hafen umherwanderte, um irgendeine Arbeit zu finden, einen Verwandten aus Honan, der aktiver Kommunist war und schon in der alten Heimat die Familie Tsai an die Lehren Maos herangeführt hatte. Daraus war jedoch nicht viel geworden, da dieser Mann in den Verdacht geraten war, ein Helfer und Kundschafter der Partisanen zu sein und sich nur durch eiliges Untertauchen der Verhaftung entzogen hatte. Nun war er hier in Shanghai tätig und organisierte heimlich die Dockarbeiter und Lastträger am Hafen als einer der vielen entschlossenen und furchtlosen Kämpfer, die es unternommen hatten, den Boden sowohl unter den Japanern wie unter der National-Regierung auszuhöhlen.

»Wenn du bei uns mitmachst«, sagte dieser Verwandte zu Tsai, »dann werde ich dafür sorgen, daß du Arbeit bekommst. Wir haben unsere Leute überall. Aber wir brauchen verläßlichen Zuwachs. Auf dich kann ich mich verlassen, Tsai. Ich kenne dich von zu Hause! Also komm zu uns!«

Tsai hörte sich wahrscheinlich zum erstenmal als ein Mensch angesprochen, von dem eine bestimmte Leistung und Überzeugung erwartet wurde und der dafür in eine neue Gruppe und Gemeinschaft aufgenommen werden sollte, die fast mit einer Sippe alten Stils zu vergleichen war, ja, vielleicht noch fester zusammenhielt.

Tsai wurde Hafenarbeiter in Shanghai und wuchs zugleich, nachdem er heimlich geschult worden war, in die Rolle eines Agitators auf der untersten Ebene der Kulimassen hinein.

Die Japaner zogen schließlich ab; sie haben am 14. August 1945 kapituliert. Die National-Regierung Tschiangs übernahm von neuem die Macht in Shanghai. Jetzt wurde den Leuten Maos mit viel größerer Erbitterung und vor allem viel größerem Geschick nachgestellt, als es unter den an anderer Stelle viel heftiger engagierten Japanern der Fall gewesen war.

Zwar hatten die Tsai während der zweiten Hälfte der vierziger Jahre unter manchmal schier unerträglicher Spannung und Angst um den stets gefährdeten Vater gestanden und hatten oft ihre kümmerlichen Behausungen wechseln müssen, aber bittere materielle Not hatten sie nicht gelitten. Der Vater verdiente seinen kargen Lohn am Hafen – und für alles andere sorgte die Untergrund-Organisation der Partei.

Ich habe nicht ganz begriffen, wie es dazu gekommen ist, daß Tsai noch kurz vor dem endgültigen Sturz der Tschiang-Regierung, kurz vor der verzweifelten Flucht der »Nationalen« übers Meer nach Taiwan, also noch Anfang März 1949, von der politischen Polizei aufgegriffen und mit einigen anderen des Kommunismus verdächtigen Männern erschossen worden ist. Wahrscheinlich hat man ihn vor seinem Tode noch fürchterlich gequält. Aber das hatte »Großmutter« nur eben angedeutet, wie mir Herr Liu auf der Rückfahrt nach Shanghai berichtete.

Eine Weile noch mußte sich die Witwe mit ihren nun schon herangewachsenen Kindern versteckt halten, denn auch nach ihr wurde nach der Verhaftung ihres Mannes gesucht. Aber die Zeit Tschiang Kai-scheks war endgültig abgelaufen. Das »nationale Regime«, nun durch und durch verrottet, zerfiel in tausend Stücke, die nicht mehr zu leimen waren. Maos Stunde war gekommen. Die Rote Volksarmee fegte von Norden, fast ohne Widerstand zu finden, über China her. Regimenterweise gingen die Truppen der National-Regierung – häufig mit ihren Offizieren, häufiger, nachdem sie ihre Offiziere erschlagen hatten – zu den Roten über. Tschiang, Madame, und die Reste ihres Anhangs und ihrer Armee hatten zu erkennen, daß nur noch die Flucht über das Meer sie zu retten vermochte. Und auch das wäre mißglückt, wenn die Amerikaner dem vollendeten Bankerotteur nicht beigesprungen wären – auch jetzt noch nicht bereit, einzusehen, daß sie schon lange auf die falsche Karte gesetzt hatten (Erst im Jahre 1971 entschlossen sie sich, mit fast zwei Dutzend Jahren Verspätung, ihren Irrtum, daß Tschiang und nicht Mao China bedeutete, einzugestehen und die Entscheidung von damals rückgängig zu machen).

Am 31. Januar 1949 war Peking von den Roten besetzt worden, am 25. Mai zogen die Roten in Shanghai ein. Am 14. Oktober fiel Hankau und am 30. November Tschungking. 1950 wurde dann die Eroberung Chinas durch Maos Truppen mit der Eroberung der großen Insel Hainan weit im Süden vollendet. Daß der mit zwei Millionen Chinesen vom Festland nach Formosa/Taiwan geflüchtete Tschiang damals nicht in einem letzten Aufwaschen von der

Landkarte getilgt wurde, verhinderte die amerikanische Flotte. Sie wird es nicht ewig verhindern können – noch wollen. Die Amerikaner sind – wie in ihrer bisherigen Geschichte so gut wie stets – nur so lange verläßlich, als diese Verläßlichkeit ihrem Eigeninteresse entspricht.

Da der ehemalige Honan-Bauer, spätere Flüchtling, Obdachlose, Hafenarbeiter und kommunistische Werber Tsai noch in letzter Minute für seine Sache, zu der ihn die Umstände und die Not bekehrt hatten, als Märtyrer gestorben war, brauchten sich Mutter Tsai und ihre Kinder nach der Machtübernahme durch die Roten keine Sorgen zu machen. Die Töchter heirateten, der Sohn erhielt eine Ausbildung zum Meister in der Textilindustrie; er heiratete eine Genossin und machte seine Mutter bald zur Großmutter.

Als neue Fabriken und erste Musterstädte im weiteren Umkreis von Shanghai angelegt wurden, verstand es sich beinahe von selbst, daß eine so bewährte Familie wie die Tsai zu dem bevorzugten Personenkreis gehörte, aus welchem die Arbeiter für die neuen Musterwerke ausgewählt wurden. Sohn und Schwiegertochter kamen gleichmäßig voran, Großmutter Tsai hielt das Ganze zusammen, führte die Wirtschaft und erzog die Enkel zu Anstand, Einordnung und Wohlverhalten – durchaus im Sinne der neuen Zeit, durchaus im Stil des alten, uralten China.

Wenn ich an Großmutter Tsai zurückdenke, so wird mir noch heute nach fünf Jahren wohl ums Herz. Sie war ein Mensch, warm und mütterlich, energisch und reich begabt mit gesundem Verstand. Sie hatte Boden unter den Füßen. Sie glaubte nicht, daß sie irgend etwas besser wüßte, als der »Sohn des Himmels«, Mao, der neue, rote. Ihr war das neue China im tiefsten recht, da es ihr – wie sie es nie vorher in ihrem Leben erlebt hatte – das garantierte, was alle Mütter wollen: Sicherheit, Frieden, Ordnung und eine Zukunft für Kinder und Enkel. Hatten nicht sie und ihre Familie genug Opfer für diese Zukunft gebracht?

Nach dem ruhmlosen Untergang einer dem Wechsel der Zeiten nicht mehr gewachsenen Dynastie, nach der ebenso ruhmlosen, ja schmählichen Flucht einer an sich selbst total gescheiterten »National«-Regierung, bildete Mao Tse-tung die einzige Chance, die den Chinesen geblieben war – eine Alternative wäre weit und breit nicht zu entdecken gewesen.

Das Ideal Chinas war von jeher die Ruhe und gute Ordnung. Mao hat den Chinesen die neue Weise vorgeschrieben, sich recht zu verhalten. Die roten Büchlein, die heute jeder Chinese bei sich trägt, sind nicht nur die neue Quelle aller Weisheit, sondern sie sind zugleich ein Almanach des Wohlverhaltens.

Viel stärker als im China Tschiangs habe ich im neuen China Mao Tse-tungs die außerordentliche Fremdheit asiatischer Geisteshaltung empfunden, habe gespürt, daß als die Essenz europäischen Wesens nicht Ruhe, Ordnung und stabilisierte Harmonie anzusehen sind (besonders dann nicht, wenn sie, wie in China, durch einen Gewissens- und Verhaltenszwang sondergleichen erreicht werden), sondern ewige Unruhe und ewige Neuordnung. Dem Europäer ist das Suchen nach der Wahrheit stets viel aufregender und fesselnder vorgekommen als die Wahrheit selbst – und für den Europäer (und den Amerikaner!) gibt es keine Wahrheit, die nicht in einer größeren Wahrheit aufgehen könnte – und sollte.

Wird nicht an dieser Stelle der Sinn des Reisens in fremde Länder erkennbar? Besteht er nicht darin, das eigene Land, die heimatliche Welt, intensiver und bewußter zu verstehen? Denn das Fremde läßt sich ja immer nur im Kontrast zum Eigenen begreifen.

Oft genug führt die Faszination, die Verzauberung durch das Fremde und Fremdländische zu einer Ablehnung, Verfremdung, ja Verachtung des Eigenen. Das Fremde ist so unerhört neu, frisch, überraschend schön, daß das allzu vertraute Eigene dagegen schal, langweilig, abgegriffen erscheint. Gerade der Europäer, ewig novarum rerum cupidus – auf neue Dinge begierig –, läßt sich leicht zu einer Überschätzung des Fremden, zu einer Unterbewertung des Eigenen bewegen. Nur selten hält die Illusion ein Leben lang vor; meist gibt es früher oder später ein bitteres Erwachen.

Das gilt besonders dann und dort, wo Illusion nicht nur eine Meinung bleibt, sondern wo versucht wird, sie in die Tat umzusetzen – und nirgendwo und nirgendwann mehr, als wenn Menschen aus verschiedenen Welten eine Ehe miteinander eingehen.

Große Schriftsteller, insbesondere aus der englischen Welt, haben viel darüber gefabelt, wie es geht oder nicht geht, wenn Ost und West sich in einer Ehe treffen, so etwa Somerset Maugham. Manche Romane, die dieses Problem zum Gegenstand haben, sind weltberühmt geworden. Dergleichen zu versuchen, liegt außerhalb meines Bereichs.

Aber ich kann wohl sagen, daß mich alle Fälle, die mir begegnet sind, in denen ein Europäer eine Asiatin oder ein Asiate eine Europäerin geheiratet hat, stets auf beinahe magische Weise angezogen und zur Ausdeutung verlockt haben.

Dabei habe ich eigentlich in allen diesen Fällen die oft behauptete Regel bestätigt gefunden, daß es häufig zu einer angenehmen und erfolgreichen Verbindung kommt, wenn ein Europäer eine Asiatin heiratet, daß aber Ehen zwischen einem Asiaten und einer Europäerin in der Mehrzahl der Fälle scheitern, nicht immer mit einem »lauten Knall«, aber oft genug enden sie mit der tiefen Enttäuschung und Verzweiflung der weißen Partnerin. Auch der Asiate – wenn es sich um einen vornehmen und empfindsamen Menschen handelt – leidet unter der Bitterkeit zerstörter Träume. Die europäische Welt, die der asiatische Mann mit der englischen oder deutschen Frau zu gewinnen hoffte, verweigert sich ihm nach wie vor, weil er aus seiner Haut nicht herausschlüpfen kann – aber zugleich ist ihm diese angeborene Haut peinlich, ja verhaßt geworden.

Noch heute stelle ich mir immer wieder die Frage, warum

Die Ehe zwischen Younosuke und Käthe

zwischen einem Japaner und einer Deutschen, mit soviel Qual für alle Beteiligten geendet hat. Der Blutsbruder Tomisaboro Oyama und seine – später von ihm japanisch geschiedene – Frau Käthe, geborene Brehmer aus Kolberg, sind beide tot, sind »in den besten Jahren« gestorben und ruhen in japanischer Erde – seit zehn Jahren schon. Ich kann also, glaube ich, ihre Geschichte jetzt erzählen.

Das ist leichter gesagt als getan, denn es handelt sich um eine sehr verwickelte Geschichte, deren geheimste Windungen selbst von dem erfahrensten Psychologen wohl nur zu erraten wären, jedenfalls kaum mit letzter Gewißheit zu entwirren sind. Tomisaboro Oyama, den ich später, als wir Freundschaft miteinander geschlossen hatten, immer nur Tomchen nannte, halb ironisch und halb vertraulich, so wie er der Erfinder des unter meinen ausländischen Freunden verbreiteten Rufnamens »A. E.« ist, den er dann noch zu »A-Echen« abwandelte, Tom also war im Grunde seiner Seele ein ebenso verschlossener und diskreter Mensch wie seine schmalhüftige Käthe von den Ufern der Ostsee, wo man gemeinhin nicht zu übertriebener Gesprächigkeit neigt.

Wir konnten mit Leidenschaft und ohne jeden Rückhalt politische Fragen oder kulturelle und zivilisatorische Unterschiede zwischen Ost und West diskutieren; aber sobald das Gespräch ins Private auszuufern begann, wurden wir sehr vorsichtig und wortkarg.

Wenn ich es also nun zu unternehmen wage, dies – um es hochtrabend auszudrücken – Drama einer interkontinentalen erotischen Beziehung zu erzählen und zu analysieren, so bin ich mir bewußt, daß ich verschiedene »weiße Flecken« in meiner Darstellung mit Farben aus dem eigenen Tuschkasten auszufüllen habe. Aber ich kann mich damit trösten, daß jeder Berichterstatter wissentlich oder unwissentlich unzählige Lücken im Begreifen durch Einfühlung zu überbrücken hat. Eine absolut vollständige und objektive Berichterstattung gibt es nicht und kann es nicht geben, sie ist stets zuvor durch das Sieb eines reproduzierenden Gehirns gefiltert worden – ein Tatbestand, der die Leute gegenüber allen sogenannten »reinen« Nachrichten in Presse, Rundfunk und Fernsehen viel mißtrauischer machen sollte.

Von den tieferen Verflechtungen im Verhältnis von Tomisaboro und Käthe habe ich überhaupt erst eine Ahnung bekommen, als Käthe vor Jahren in einer langen Nacht des Gesprächs ganz plötzlich und unerwartet alle Scheu abstreifte und, ohne daß ich danach gefragt hatte, von ihrer damals schon aufgelösten Ehe zu sprechen begann. Sie war sehr allein im riesengroßen, lärmenden Tokyo. Zu ihren zahlreichen japanischen Freunden, lauter Männern, denn den Frauen in Japan kommt eine europäische Frau kaum jemals näher, konnte sie nicht sprechen; das hätte die Japaner in große Verlegenheit gebracht. Über so sehr private Dinge redet man nicht – und der Japaner wird sich immer weigern, in einer Frau ein gleichwertiges Gegenüber zu sehen, mit dem man ebenso offen diskutieren kann wie unter Männern.

Nun war ich, aus Australien kommend, wieder einmal nach Tokyo hereingeschneit und brachte in meinem Gepäck die ganze Berliner Vergangenheit mit, in welcher wir uns alle kennengelernt, in welcher sich unsere Beziehungen damals noch ganz unbeschwert und voll bunter Erwartungen angebahnt hatten. Ich gehörte nicht zu dem Kreis der Deutschen und anderen Europäer in Tokyo, dem sich Käthe, wie sie mir gestand, bewußt fernhielt. Das waren alles Leute, auf deren Bekanntschaft sie in Europa kaum besonderen Wert gelegt haben würde, Leute, die sich hier nach der Vorstellung zuflüsterten: Wer ist denn das? – Ach, was Sie sagen! Die geschiedene Frau eines Japaners? Er soll aus sehr guter Familie gewesen sein? – Na ja, die sind dann immer aus ›sehr guter Familie‹, aber das Mädchen haben sie doch sitzenlassen. Und was macht sie jetzt? – Ein schickes kleines Geschäft für japanische Antiquitäten? Das ist ja interessant! Könnte man sich ja 'mal ansehen. Wo? – In Maronouchi? Mitten im besten Geschäftsviertel also! Sehr bequem. Irgendein altes japanisches Stück ist immer sehr nett als Andenken oder Mitbringsel.

Das ist es in der Tat – und Käthes Geschäft, das ihr mit der Zeit einen recht angenehmen Lebensunterhalt garantierte, lebte vorwiegend von solchen Europäern und Amerikanern, die »irgendein altjapanisches Stück« erstehen wollten, um es zu Hause vorzeigen zu können: sehr alt und absolut echt! Mit Käthe konnte man eben viel besser reden als mit einem eisern lächelnden japanischen Händler, dessen Englisch kaum verständlich blieb und der immer nur, was man ihn auch fragte, mit »yes, yes« antwortete. Käthe vermochte sich in die Wünsche und Beweggründe ihrer westlichen Kunden durchaus hineinzudenken, womit sich ihr geschäftlicher Erfolg schon beinahe von selbst verstand.

Da ich noch nicht wußte, wo und wie sie nach der Trennung von Tom untergekommen war, hatte ich sie in Maronouchi aufgesucht, schon gleich am ersten Tag nach meiner Ankunft. Ich fand kein offenes Ladengeschäft, sondern im neunten Stockwerk eines der zementenen Bürohäuser ein mehrzimmeriges Kontor, in dem eine vorzüglich abgewogene Auswahl schönster japanischer Antiquitäten, von kleinen Schälchen zum Schaumigschlagen des grünen Tees für die Teezeremonie bis zu kostbaren Paravents, keineswegs in- und übereinander gestopft, sondern, wie es sich in Japan gehört, sehr raum-verschwenderisch und aufeinander abgestimmt dem Besucher in vollendet angemessener Form vorgezeigt wurde.

»Dies alles hast du in den vier Jahren, die wir uns nicht gesehen haben, auf die Beine gebracht, Käthe? Meine Hochachtung! Dabei hast du immer behauptet, keinen Sinn für Geschäftliches zu haben.

Wo und wie bekommst du nur alle diese bezaubernden Sachen her?«

Sie lachte ihr trockenes, kurzes Lachen, das mir immer sonderbar männlich vorgekommen war. Mir schien sich darin jene illusionslose, aber duldsame Ironie zu verraten, mit der sie sich selbst aus einem gewissen Abstand zu beobachten pflegte. Sie gab zur Antwort:

»Bekomme ich gar nicht! Würde ich nie fertig bringen. Aber Tom ist ja viel unterwegs und hält die Augen für mich offen. Er macht die herrlichsten Stücke für mich ausfindig. Und billig! Er kann mit seinen Leuten umgehen wie kein anderer. Und weiß auch ganz genau, worauf die Amerikaner fliegen.«

»Deine Kunden sind hauptsächlich Amerikaner?«

»Ja, und sie sind mir viel angenehmere Kunden als die Europäer. Die nämlich wissen immer alles ganz genau und glauben stets, übervorteilt zu werden. Die Amerikaner hören statt dessen andächtig und gewissenhaft zu, wenn man ihnen ein Stück erklärt, sind dankbar und zahlen ohne Murren. Ich muß manchmal ziemlich haarige Preise nehmen. Dies alles hier ist sehr teuer; ein Ladengeschäft wäre so nahe bei den großen Hotels überhaupt nicht zu erschwingen. Außerdem bringe ich es nicht fertig, meinen Angestellten die albern niedrigen Gehälter zu zahlen, wie sie hier üblich sind. Dafür gehen sie auch alle für mich durchs Feuer. Jedem von ihnen könnte ich ohne Gefahr das ganze Geschäft anvertrauen. Mein Stellvertreter zum Beispiel ist Kunsthistoriker, ein äußerst begabter Mann – ich mache dich nachher mit ihm bekannt. Er nimmt meine Interessen viel intensiver wahr, als ich selbst es fertigbrächte. Ich werde ihm den ganzen Laden vermachen, damit der Gute mit seiner zahlreichen Familie für den Rest seines Daseins gesichert ist.«

Ich mußte mich immer noch darüber wundern, auf welche sachlich-skeptische Weise diese früher so anspruchsvolle, norddeutsch-hochmütige, ihrer Intelligenz und Bildung stets gewisse Frau sprach:

»Hast du diese guten Angestellten selbst ausgesucht, Käthe? Ich weiß, wie schwierig es hier für Nichtjapaner ist, tüchtige Mitarbeiter zu finden.«

»Natürlich nicht! Tom hat sie alle für mich ausfindig gemacht. Ich bin auch überzeugt, daß sie im geheimen ihn und nicht mich als ihren Arbeitgeber betrachten. Wenn hier erst einmal eine

Firma so in Gang gekommen ist wie die meine, dann betrachten sich die Angestellten nicht mehr als Angestellte, sondern als ein Teil davon, als wären sie Miteigentümer. Tom kommt alle paar Tage vorbei, wenn er in Tokyo ist, sieht nach dem Rechten und bügelt aus, was ich mit meinen Leuten oder den Lieferanten falsch gemacht habe.«

»Immer wieder Tom!« sagte ich. »Ich dachte, ihr seid geschieden?«

»Sind wir auch – auf japanisch! Er hat eine japanische Frau, eine ganz reizende Frau übrigens, und endlich den erwünschten Sohn. Aber deswegen bleibe ich doch die erste Frau. Auf den ersten Blick geht hier alles sehr westlich zu, mit Parlament, Scheidungsrecht, Hochhäusern und Autogestank. Aber auf den zweiten Blick ist hinter den Kulissen – eben nur Kulissen! – alles japanisch geblieben. Ich habe das gewußt und anerkannt und war stets bereit, die Folgen zu tragen.«

»Das klingt ein bißchen miesepetrig, Käthe, oder habe ich mich verhört?«

»Ach, ›miesepetrig‹! Heimatliche Klänge, A. E.! Seit tausend Jahren hat kein Mensch mehr so schöne Worte zu mir gesagt. Du, ich muß in Ruhe mit dir sprechen. Da kommen die Kunden, die ich erwarte, Amerikaner aus Portland in Oregon, die meinen schönsten alten Blaudruck kaufen wollen. Ich habe ihnen gestern einen wahnwitzigen Preis genannt; ich möchte das Stück am liebsten behalten. Sie wollten es sich überlegen. Aber wenn sie nun wiederkommen, bin ich das herrliche Stück so gut wie los. Hast du heute abend schon was vor?«

Nein, hatte ich nicht.

»Gut, komm zum Essen zu mir. Ich hole dich nach Geschäftsschluß von deinem Hotel ab. Abgemacht?«

»Abgemacht, Käthe!«

Ich zog zum vorläufigen Abschied schnell und verstohlen ihre Hand an meine Lippen. Das war ihr wahrscheinlich auch »seit tausend Jahren« nicht mehr vorgekommen. Ich hatte keinen Widerstand in ihrer Hand gespürt. Aber als ich aufblickte, wandte sie sich merkwürdig eilig von mir ab, als wolle sie sich nicht mehr in die Augen blicken lassen.

Ich hatte an diesem Vormittag nicht Zeit, zu warten, bis Käthe wieder frei war. Ich sah mich daher nur noch ein wenig unter den Herrlichkeiten um, die Käthe in ihren drei Ausstellungsräumen feilhielt, winkte ihr dann von ferne zu und empfahl mich, ohne ihren Geschäftsführer, Herrn Fukuhara, der ebenfalls beschäftigt war, kennengelernt zu haben.

Wir saßen höchst komfortabel auf den Tatami, den handbreit dikken, festgeflochtenen Bastmatten, mit denen der Fußboden aller japanischen Wohnräume ausgelegt ist. Natürlich trugen wir keine Schuhe. Die läßt man in einem guten japanischen Haus vor dem Eingang stehen. Mit den Schuhen, die man im Staub und Schmutz der Straße getragen hat, kann man die stets makellos sauber gehaltenen Tatami nicht betreten, sind sie doch nicht nur Fußboden, sondern zugleich Sofa, Sessel und auch Bett, wenn zur Nacht die dicken Schlafdecken und Polster einfach auf der Erde ausgebreitet werden.

Käthe hatte die papierenen Schiebetüren zum Garten beiseite geschoben und so den Garten auf die klassisch japanische Weise ins Zimmer mit einbezogen. Es war eine Nacht im Herbst, im späten Oktober. Aber das schlechte Wetter hatte noch nicht eingesetzt, die Luft fächelte milde und angenehm herein. Das vergilbende Laub hing voll an den hohen alten Bäumen des Gartens und machte die Zweige dicht. Durch sie schimmerte am Himmel von fernher der Abglanz der aber tausend Lichter und Leuchtreklamen des Stadtinnern. Das Brausen der Großstadt drang nur ganz leise herüber, wenn man darauf horchte, nicht viel stärker als die verhaltene Stimme einer Meeresbrandung hinter den Dünen. Dabei war die ewig überschäumende Ginza, die Hauptgeschäftsstraße Tokyos, nur wenige Straßenblocks entfernt, wie ich auf der Herfahrt festgestellt hatte. Ich sagte:

»Man kommt sich hier wie auf einer stillen Insel vor, mitten in dieser uferlosen, fürchterlich lärmenden Stadt. Fast ein bißchen altes Japan mitten in Tokyo. Wie hast du das gefunden, Käthe?«

»Ich hätte es nie gefunden, A. E. Tom hat es für mich gesucht. Der Besitzer war ein alter Freund seines Vaters; er ist vor ein paar Jahren gestorben, ohne viel mehr zu hinterlassen als dies alte weitläufige Haus und das allerdings sehr wertvolle Grundstück. Wenn die Witwe das Haus halten wollte – und das wollte sie, der Kinder wegen –, dann mußte sie einige der schönsten Räume vermieten. Sie hätte natürlich unschwer Botschaftsangehörige oder ähnliche Leute finden können. Aber, wie immer in Japan, erhielten persönliche oder verwandtschaftliche Beziehungen den Vorzug. So bin ich dazu gekommen, fühle mich sehr wohl, muß mich natürlich sehr korrekt verhalten, um meinen ehemaligen Mann und Schwiegervater nicht in ein Zwielicht zu bringen. Sonst hätte ich dich gern eingeladen, bei mir zu wohnen. Ich habe ein nettes Gastzimmer. Aber einen fremden Mann aus meiner Heimat darin unterzubringen, das wäre nach den strengen Begriffen dieser alten Familie ganz unmöglich. Ich habe mich absolut als die Erstfrau zu benehmen. Solange ich das tue, werde ich durchaus respektiert. Es wäre sehr dumm von mir, das aufs Spiel zu setzen. Es iste meine einzige Sicherung für die Zukunft. Ich bin über fünfzig. Für hiesige Begriffe eine alte Frau.«

»Du denkst nicht daran, nach Europa zurückzukehren?«

»Was soll ich noch in Europa, A. E.? Sieh dich um! Ich bin keine Europäerin mehr, was aber nicht bedeutet, daß ich schon eine Japanerin geworden bin oder überhaupt werden könnte. Ich freue mich schrecklich, wenn nach langer Zeit mal wieder jemand aufkreuzt, der mich miesepetrig nennt – ich komme mir selbst so vor – und der mir so direkte, aber gar nicht böse, sondern freundschaftlich gemeinte Fragen stellt wie du, was ja hier kein Mensch tut. Aber ich glaube, das ist nur ein wenig sentimentale Rückerinnerung an eine längst von mir abgeschriebene Welt, in die ich nicht mehr zurückkehren kann, auch gar nicht zurückkehren will.«

Ich sah mich um, wie sie mir aufgetragen hatte, und es kam mir so vor, als nähme ich erst jetzt die fast groteske Mischung von Stilelementen wahr, die ich in dieser Privatbehausung ebenso vor mir hatte wie in den meisten Häusern und Wohnungen des japanischen Mittelstandes. Im Nebenzimmer, in dem wir gegessen hatten, stand ein ziemlich schwerer Eßtisch mit den dazugehörigen sechs Stühlen, dunkelbraunen soliden Stühlen aus Eiche, nicht eben mein Geschmack; aber in Japan muß man nehmen, was man kriegt, wenn man europäische Einrichtungen kaufen will. Damit aber diese Möbel die schönen Tatami, die Bodenmatten oder besser Bodenpolster nicht beschädigten, waren unter den Füßen von Tisch und Stühlen handtellergroße glatte Metallplatten befestigt, die den Druck eines jeden Tisch- und Stuhlbeins verteilten; Tisch und Stühle sollten leicht über die Tatami gleiten können.

Die geräumige Schmucknische in dem gleichen Zimmer, die Tokonoma, war natürlich, wie stets, so gebaut, daß sie mit ihrem das Auge erfreuenden Blumenarrangement oder ihrem Kunstgegenstand vom Fußboden aus betrachtet werden mußte. Käthe war in der Kunst des Blumensteckens weit vorangekommen, war Schülerin eines der bekanntesten Tokyoer Meister des Ikebana gewesen und war es noch. Sie hatte zu Ehren meines Besuchs in der Mittagszeit schnell noch ein raffiniert einfaches und zugleich sehr liebenswertes Gebinde aus Herbstastern und Herbstlaub in die Tokonoma gezaubert. Ich hatte mich, um es gebührend zu bewundern, wie es sich für den Gast in einem japanischen Hause gehört, auf den Fußboden niedergelassen. Aber dabei waren mir die Stühle um den Eßtisch in die Quere gekommen. Ich hatte mehrere Blicke von unten her in die kantigen Eingeweide des Eßtisches nicht vermeiden können. Dadurch war aber die schöne Stimmung, die von der Tokonoma auf die Gäste überstrahlen soll, beträchtlich gestört worden.

Jetzt, im Wohnzimmer, saßen wir, oder besser lagen wir vor dem dunklen, nur vom Widerschein der Großstadt erhellten alten Garten zwar auf dem Fußboden, aber die verhältnismäßig mageren Sitzpolster, auf denen die Japaner mit untergeschlagenen Beinen sehr korrekt und aufrecht hocken, was allein ein vornehmes und angenehmes Bild ergibt, diese dünnen Unterlagen waren nichts für uns Europäer, weil man das Sitzen auf den flach nach hinten weggestreckten Unterschenkeln von Kind an gewohnt sein muß. Europäer haben es nicht gelernt; ihre Knie sind nicht beweglich genug. Nach fünf Minuten japanischen Sitzens schlafen ihnen die Beine ein, und das so tief, daß sie nur noch unter Ächzen und Stöhnen wieder aufzuwecken, aufzutauen sind. Also streckt man die Beine schließlich doch wieder lang von sich oder kreuzt sie, was den Bügelfalten schlecht bekommt, die Details der Damenunterkleidung allzu offenherzig preisgibt und zu Stellungen verführt, die nach unseren ebenso wie nach japanischen Begriffen »gelümmelt« erscheinen.

Käthe bekannte, daß auch sie das Sitzen auf den untergeschlagenen Unterschenkeln nie gemeistert habe. So hatte sie feste, etwa fußhohe Lederpuffs anfertigen lassen – japanische Handwerker fertigen alles an, was man ihnen genau beschreibt, mit Geschmack und Geschick –, auf denen man mit europäischen Beinen einigermaßen bequem sitzen oder hocken konnte, ohne sich allzuweit vom Fußboden, von den schönen, blaßgoldenen Tatami, zu entfernen. Das Zimmer, die Wände, die schön aufgefächerten Schiebetüren, die Schmucknische, der Ausblick in den Garten bewahrten so einigermaßen die Perspektive, auf die hin sie angelegt waren.

Aber auch diese Puffs bildeten nur eine Notlösung, wie sich bald herausstellte. Und schließlich streckte man sich doch auf den Tatamis aus, wo das Essen auf einem ganz niedrigen Tisch hätte serviert werden müssen, von einer knieenden Bedienerin angerichtet und vorgelegt. Liegt man dann aber in europäischen Kleidern am Boden, so verrutscht das Jackett, die Krawatte verzieht sich, die Hosen drehen sich um die Schenkel, und in den – hoffentlich lochlosen – Strümpfen spielen die von den Schuhen befreiten Zehen. Das Ganze ist nicht jedermanns Sache. Meine war es nie – und auch Käthes nicht, wie sie bekannte.

»Sieh dich um!« hatte sie gesagt. Nun ja, es war, wie überall in Japan: Japan nicht mehr und Europa noch nicht. Man war irgendwo im Niemandsland zwischen beiden Gebieten angesiedelt.

»Aber glaube ja nicht, A. E., daß das immer so bleiben muß«, sagte Käthe, als wir schon bald, nachdem ich mich in ihrer Wohnung umgesehen hatte, darauf zu sprechen gekommen waren. »Die Japaner werden das Europäische genauso verdauen, wie sie in früheren Jahrhunderten die chinesischen Einflüsse verdaut haben, verdaut, angeeignet und dann auf eine höchst selbstbewußte und souveräne Art anverwandelt und weiterentwickelt. Die Originalität ist hier kein absoluter Wert wie bei uns. ›Bei uns‹ kann ich allerdings kaum noch sagen. Ich habe nicht mehr das Gefühl, daß ich noch zu Europa gehöre. In solchem Hause wie diesem kann man sich viel wohler fühlen als in einem westlichen mit all seinem Krimskrams und seinen zahllosen Ecken und Kanten. Aber man muß einen Kimono dazu anhaben. Ich hätte dir gleich einen anbieten sollen, als wir ankamen, und hätte mich auch selbst gleich umkleiden sollen, wie ich es sonst regelmäßig tue. Auch die Japaner sind froh, wenn sie abends aus der beengenden europäischen Bürokleidung in ihre Kimonos schlüpfen können.«

»Warum holen wir das nicht nach, Käthe? Ich würde dich gern einmal auf japanisch sehen. Und ich wäre froh, wenn ich wenigstens aus diesem scheußlichen Jackett herauskäme und den Schlips loswürde. Dann braucht man endlich keine Gewissensbisse zu haben, ›auf dem Fußboden herumzulümmeln‹, sozusagen.«

Sie lachte: »Schön! Mir soll's recht sein. Toms Kimono, den er immer trägt, wenn er hier ist, wird dir passen. Ich ziehe mich dann gleich gründlich um und mache mich ganz japanisch.«

Toms Kimono paßte mir tatsächlich. Ich lieh mir für diesen Abend das Kleidungsstück des Freundes und Blutsbruders ohne Bedenken aus.

»In zehn Minuten bin ich wieder da«, sagte Käthe, nachdem sie meine Jacke und meine Krawatte in Verwahrung genommen hatte.

Es dauerte dann nicht zehn, sondern an die zwanzig Minuten, in denen ich in dem stillen, zum Garten geöffneten Wohnzimmer mir selbst überlassen blieb, nichts weiter vernehmend als in weiter Ferne das Murmeln eines Wasserfalls, das Gebrause der Großstadt. Manchmal huschte es, lautlos wie Schattenflecke, zwischen den dunklen Baumkronen hin und her, wie durch die Luft gewirbelte dunkle Tuchfetzen, flatterte um den Giebel des Teehäuschens in der Tiefe des Gartens und kehrte wieder zurück, ganz ohne irgendein Geräusch: Fledermäuse. Wenn es Frühling gewesen wäre, hätten Glühwürmchen im Gebüsch ihre Liebeszeichen glimmen lassen. Aber es war kein Frühling.

Fast hätte ich eben geschrieben: kein Frühling mehr! Aber ich war weder damals, noch bin ich heute, dazu aufgelegt, elegisch zu werden. Die Affären entwickeln sich, machen eine Zeitlang Freude oder Spaß oder beides und gehen dann schief; die Scherben lassen nie vermuten, daß sie einst zusammengepaßt haben und ein wunderschöner Topf gewesen sind.

Ich meine, ich hatte in jenen zwanzig Minuten, in denen ich in Toms Kinomo gehüllt, den Fledermäusen nachschaute, Zeit, darüber nachzudenken, was diese beiden vorzüglichen Menschen aus West und Ost hierher an diesen ein wenig betrüblichen Platz gebracht hatte – und mich dazu.

In der zweiten Hälfte der zwanziger und der ersten der dreißiger Jahre dieses turbulenten Jahrhunderts war ich Angestellter eines der großen Zeitungs-, Zeitschriften- und Buchverlage in Berlin. Als einer der jüngsten Sonderberichterstatter der großen Blätter von damals war ich in der Weltgeschichte umhergondelt, hatte, was damals (ohne Flugzeuge) mehr bedeutete als heute, schon zweimal ausprobiert, ob die Erde wirklich eine Kugel ist, hatte mir dann aber in Java eine Tropenkrankheit zugezogen und mußte, um wieder gesund zu werden, eine Zeitlang in Berlin auf meinen vier Buchstaben sitzenbleiben. Hinzu kam – und das war sehr wesentlich –, daß der Verlag nach den mit mir seit 1926 gesammelten Erfahrungen zu der Einsicht gekommen war, es empfehle sich, mich einmal an eine etwas kürzere Leine zu legen und mir außer meinem bereits einigermaßen bestätigten Geschick für das Vagabundieren auf anderen Kontinenten eine geregelte Arbeit mit Terminen, Sitzungen, geregelter Bürozeit, mit Chefs, unbedingt einzuhaltenden Kostenetats und ähnlichem Zinnober abzuverlangen. Man hatte mich also ohne viel Federlesen zum Chefredakteur einer mehr oder weniger wissenschaftlichen Monatszeitschrift gemacht und paßte sehr genau darauf auf, daß ich nicht nur mein eigenes und meiner Mitarbeiter Geld hereinverdiente, sondern noch einiges dazu, damit auch der Verlag seinen gehörigen Anteil abbekam.

Die Sache ging trotz der großen Weltwirtschaftskrise, die damals mit groben Stiefeln rund um die Erde stapfte, recht gut, und die Aufgabe, auf die ich mich mit Feuereifer gestürzt hatte, machte mir Spaß. Auch war der Verlag klug genug, mich gelegentlich für kürzere Spritztouren aus dem Hause zu jagen, nach Swerdlowsk etwa, oder nach Khartoum. Einmal habe ich sogar drei Monate lang meine Redaktion von Amerika aus verwaltet – ob man das nun heute glauben mag oder nicht.

Eines Tages ließ mich mein Verlagsdirektor rufen und eröffnete mir: »Wir haben da seit einiger Zeit einen jungen Japaner als Volontär im Haus, der uns von Tokyo aus und von unserem Auswärtigen Amt sehr ans Herz gelegt worden ist. Er soll hier, nachdem er in Japan bereits gründlich studiert und in der Praxis gelernt hat, einen möglichst vollständigen Begriff davon bekommen, wie ein großes Verlagshaus bei uns funktioniert. Besonders soll er sich im Zeitschriftengeschäft umsehen. Herr Oyama hat Setzerei und Druckerei schon hinter sich. Es wird Zeit, daß er eine Redaktion kennenlernt, zunächst eine kleine, wo jeder jedes zu machen hat, und dann eine große. Danach soll er sich im Vertrieb und in der Anzeigenabteilung umsehen. Der junge Mann ist alles andere als auf den Kopf gefallen und hat es bisher verstanden, sich durch Höflichkeit, Bescheidenheit und großen Eifer – er scheut keine Arbeit und keine Überstunden – und auch durch seinen Humor beliebt zu machen. Sie haben Japan ja schon ausführlich bereist und darüber geschrieben, Johann, und so ist es für Sie vielleicht ein bißchen Weltreise-Ersatz, eine Weile mit einem jungen Mann aus einer angesehenen japanischen Adelsfamilie zusammenzuarbeiten. Ersparen Sie ihm nichts, aber vermeiden Sie nach Möglichkeit die Grobheit, durch die Sie bei uns zuweilen im Umgang auffallen. Herr Oyama wird sich morgen früh bei Ihnen melden.«

Da hatte ich mein Fett. Es wäre ein Wunder gewesen, wenn ich ohne einen Seitenhieb aus jenem Zimmer mit den drei ältlichen Sekretärinnen als Palastgarde entlassen worden wäre. Mir blieb also nicht viel anderes übrig, als zu sagen: »Wieso Grobheit? Ich wehre mich meiner Haut, wenn es nötig ist. Sonst kommt man unter den Schlitten, Herr Meyerbär. Den jungen Japaner werde ich aber mit Samthandschuhen anfassen.«

Am nächsten Morgen wartete Herr Oyama bereits auf mich, als ich ins Büro kam (wie meist nicht gerade übertrieben pünktlich): ein untersetzter, offenbar sehr kräftiger Bursche in dunkelblauem Anzug mit einer kühn gemusterten Krawatte, mit einem flachen Rundgesicht, das mir eher chinesisch zu sein schien als japanisch, wie man es aber in Japan häufig zu sehen bekommt, den mongolischen Einschlag im japanischen Volk – neben der malayischen und Ainu-Komponente – verratend.

Sehr höflich: eine Verbeugung, eine zweite, eine dritte, tief und eine Sekunde lang in der Beuge verhaltend, wobei die flachen Hände auf den Oberschenkeln bis zu den Knien gleiten, ein leises Zischen durch die Zähne dabei, ach, mit einem Zauberschlage war ich wieder in Japan, wo ich vier Jahre zuvor so viel erlebt, wo mich der Ferne Osten zum erstenmal mit seiner fremdartigen Buntheit und seiner bedrängenden Lebensfülle umfangen hatte. Der Zwang der in Japan erlernten guten japanischen Manieren beherrschte mich noch so stark, daß ich mich, ohne überhaupt daran zu denken, ins Japanische zurückverwandelte: auch ich verbeugte mich auf die gleiche Weise, zischte leise durch die Zähne, tat es aber nur zweimal, blieb dann aufrecht und suchte des neuen Mitarbeiters Auge, um ihm anzudeuten, daß mehr als drei Verbeugungen nicht erforderlich wären.

Herr Oyama hatte natürlich wahrgenommen, daß ich seine feierliche und formvollendete Begrüßung nicht mit dem bei uns üblichen kurzen Kopfnicken und einem kärglichen »'n Morgen« beantwortet hatte. Ich ließ der japanischen die heimatliche Begrüßung folgen, streckte ihm die Hand entgegen und sagte: »Freut mich, Herr Oyama, daß Sie unseren kleinen Laden fernöstlich bereichern wollen!«

Sein Mondgesicht wurde plötzlich von jenem unwiderstehlich liebenswürdigen Lächeln erhellt, das ich später noch oft darauf wahrgenommen habe, Abglanz eines ganz warmen, aufrichtigen und heiter menschlichen Wesens. Diesem Lächeln, das erlebte ich später, war schwer zu widerstehen. Es schwang stets ein Rest von kindlicher Unbefangenheit darin mit, die unmittelbar Vertrauen erweckte und der man nichts übelnehmen konnte. Mein frischgebackener Redaktionsvolontär rief: »Ach, ich sehe es, Sie waren in Japan, Herr Johann! Herr Meyerbär hat mir erzählt! Das prima schön! Werden wir können viel quatschen von mein Land aufgehende Sonne.«

Sein Deutsch – wenn auch noch so unvollkommen – war sichtlich von Berliner Luft durchweht. Tomchen hat nie vernünftiges Deutsch sprechen gelernt. Aber er machte sich mit der Zeit ein sehr lustiges japanisches Deutsch zurecht, in dem er die kompliziertesten Dinge auszudrücken vermochte – wenn der Zuhörer nur bereit war, ihm auf den verdrehten Pfaden seiner Ausdrucksweise zu folgen.

Es stellte sich bald heraus, daß Herr Tomisaboro Oyama nicht viel von der Tätigkeit in unserer kleinen Redaktion profitieren konnte. Für das Textliche reichte sein Deutsch nicht aus. Was aber seinen Bildersinn, sein Geschick und Gespür für die Auswahl, Einrichtung und Anordnung der Fotos, die Raumaufteilung, überhaupt das ganze Aussehen eines Heftes anbelangte, so merkte ich bald, daß eher ich etwas von ihm, als er von mir zu lernen hatte. Das bißchen Technik, was dazugehörte, konnte sich ein intelligenter Mensch in wenigen Stunden aneignen. Was man sich aber nicht aneignen, was man nicht erlernen kann, das besaß er bereits: untrüglichen Geschmack und ebensolchen Sinn für eine vollkommen ausgewogene Raumaufteilung. All das kam unserem ziemlich reichhaltigen Illustrationsteil zugute.

Der Einfachheit halber und weil es anders schlecht einzurichten war, hatte ich seinen Tisch in mein sehr großes Zimmer stellen lassen; so konnte er an aller Arbeit teilnehmen, die bei uns zu verrichten war. So war es auch gar nicht zu vermeiden, daß er allmählich in meine privaten Verhältnisse eingeweiht wurde. Er war ohnehin nur vier Jahre jünger als ich, und ich scheute mich nicht, ihn immer wieder über Einzelheiten japanischer Kunst, japanischer Sitte und japanischen Alltags zu befragen. Ich versuchte in der Tat, mich von meiner besten Seite zu zeigen. Hatte ich doch während meines vergangenen Aufenthalts in Japan soviel Freundlichkeit, Gastlichkeit und Hilfsbereitschaft erfahren, in den Städten ebenso wie auf den Dörfern und in den Bergen, daß ich jetzt bemüht war, diesem Sohn Nippons auf europäischem Boden reichlich zu vergelten, was man mir an Liebenswürdigkeit auf japanischem Boden erwiesen hatte.

Damals hatte ich es nämlich unternommen, von Tokyo nach Kyoto zu wandern, quer oder besser längs durchs innerste Japan, zu Fuß, zum sagenumwobenen Biwa-See, für lange Strecken der Tokaido folgend, der alten Heerstraße, die den Sitz der Kaiser mit dem Sitz der allmächtigen Shogune, der Hausmeier, verband. So hatte ich bei den Bauern und bei den Handwerkern der kleinen Städte in den Landschaften Saitama, Nagano, Gifu und Shiga das Land und die Leute intim kennengelernt, hatte mir ein Japanisch angeeignet, das wahrscheinlich noch erheiternder sich anließ als Toms Deutsch, und hatte mich entschlossen, fortab Japan und die Japaner unendlich liebenswert zu finden.

Es bedurfte erst des Zweiten Weltkriegs und der Jahre danach, um zu der Erkenntnis zu gelangen, daß Völker, von unten her betrachtet, eigentlich alle liebenswert sind; von oben her, das heißt in ihren Regierungen und regierenden Schichten sind sie es wohl nie und nirgendwo; dort regieren Selbstsucht, Machtwille und Machtneid, Rücksichts- und oft genug Ruchlosigkeit. Oft genug wird, beinahe als Gemeinplatz, verkündet, daß Völker die Regierungen haben, die sie verdienen. Nachdem ich mich nun fünfundvierzig Jahre lang um das Verständnis fremder Völker bemüht habe, bin ich statt dessen zu der Überzeugung gelangt, daß die meisten Völker viel schlechtere Regierungen haben, als sie verdienen.

Zwischen Tom und mir entwickelte sich bald eine freundschaftliche Beziehung. Er wollte genauso viel von Deutschland wissen, wie ich von Japan. Zum Beispiel interessierte es ihn, warum man in bayerischen Dörfern in rotkarierten Bettbezügen schlief und warum man – damals! – Oberhemden aus diesem herrlichen Stoff nicht tragen konnte. Er begriff nicht, warum wir nicht längst bessere Klos erfunden hätten, nachdem wir doch schon so viel Erstaunliches erfunden hatten: da sitzen zahlreiche Leute auf der gleichen Brille, aber keiner will auf einem Kopfkissen schlafen, auf dem zuvor schon ein anderer Kopf gelegen hat – und ähnliche europäische Ungereimtheiten mehr, über die er sich fürchterlich aufregen und amüsieren konnte. Aber es gab auch ernstere Probleme. So haben wir tagelang über die Frage diskutiert, wie es möglich war, daß die Deutschen ihren Kaiser absetzten. Kaiser – das ist doch das Volk, das ganze Land, die gesamte Nation in einer Persönlichkeit zusammengefaßt! Was heißt da »absetzen«? Man kann doch nicht seine Identität bestreiten wollen. Ich habe mehr aus diesem Streit gelernt als er; ich begriff, was der Tenno in und für Japan bedeutet. Was für uns der Kaiser bedeutet hatte, wußte ich selbst nicht mehr genau; auf keinen Fall etwas, das mir besonders erhaltenswert erschienen wäre.

Es ergab sich von selbst, daß ich Tom mit meinen Freunden bekannt machte und daß ich die Bekannten und Freunde kennenlernte, die er schon gewonnen hatte. Damals schwamm man ja, wenn man irgendwie dazugehörte, in Berlin in einem breiten Strom begabter oder sich für begabt haltender junger und alter Leute, die allesamt die Welt einzureißen und eine neue, natürlich weitaus bessere, aufzurichten gedachten oder die auch einfach blindlings nach allen Seiten schossen, weil überall etwas zu treffen war. Leider bestand nicht die geringste Einigkeit darüber, was und wer eigentlich schleunigst abgeschossen werden sollte. Man redete mit ungeheuer viel Intelligenz und Stimmaufwand aneinander vorbei, und zu schlechter Letzt siegte die »größte Schnauze« und die geringste Intelligenz.

Das ahnten wir um die Wende des dritten Jahrzehnts noch nicht. Der Ferne Osten mit seiner sogenannten Weisheit und seiner künstlerischen Eleganz stand hoch im Kurs. Jeder Inder war verbrämt mit den Sprüchen der verehrungswürdigen Veden; lernte man ihn genauer kennen, so wurde er vertraulich über das Kamasutram befragt. Ein Chinese – das war schon der halbe Menzius und Konfuzius, und er hatte über Tang-Pferde und Ming-Vasen Bescheid zu wissen. Ein Japaner hatte als streitbarer Samurai oder als Kenner alter Holzschnitte oder japanischer Kurzgedichte aufzutreten. Tom nun stammte aus einer waschechten Samurai-Familie, war ein liebenswürdiger und heiterer Mensch, besaß einen sechsten Sinn für alles Figürliche und wußte unzählige, manchmal witzige und freche, manchmal kluge oder elegische Haiku in sein erheiterndes Deutsch zu übertragen. Tom also war in unseren Berliner Kreisen schon nach kurzer Zeit sehr beliebt und schwamm in dieser freundlichen und vorurteilslosen Welt bald munter umher wie ein Fisch im Wasser.

Immer häufiger tauchte er nicht allein auf, sondern gemeinsam mit der preziös eleganten und etwas hochmütigen Käthe Brehmer aus Kolberg, einer Studentin der Kunstakademie aus offenbar wohlhabender Familie. Sie war ein wohl von klein auf verwöhntes, keineswegs alltägliches Geschöpf, das allerdings sein Studium kaum sehr ernsthaft betrieb, was Käthe auch zugab. Dies Mädchen war allem Anschein nach gewöhnt, zu bekommen, was sie haben wollte – und diesen jungen, sportlich gestählten, klugen und liebenswürdigen Japaner aus guter und wahrscheinlich sehr begüterten Familie wollte sie haben. Und sie bekam ihn natürlich. Der junge, aus seiner heimatlichen Welt auf eroberungslustige Weiblichkeit überhaupt nicht vorbereitete Tomisaboro Oyama hatte dieser aparten und hinreißen aggressiven Person gegenüber gar keine Chance.

Ich und andere, die Tomchen sehr gern mochten, wußten nicht recht, ob wir ihn mehr bedauern oder mehr beneiden sollten, als die stolze Käthe mit fliegenden Fahnen zu ihm überging. Aber schließlich glaubte ich doch, die ganze Geschichte positiv beurteilen zu müssen. Tom verlor merklich von dem Spielerischen und reizend Landstreicherlichen, das ihm angehaftet hatte, und nahm statt dessen zu an Konsequenz und Beharrlichkeit, gerade auch in der manchmal aufreibenden Arbeit in der Redaktion. Käthe hingegen legte viel von der versteckten Arroganz ab, und verriet eine sanfte Gelöstheit. Beiden bekam das enger werdende Verhältnis ganz ausgezeichnet. Was wollte man mehr? Man gewöhnte sich daran, Tom und Käthe als zusammengehörig zu empfinden.

Alles ließ sich auch weiter günstig an, solange Tom noch in seiner europäischen Ausbildung fortfuhr. Er war zwar längst nicht mehr meiner Redaktion zugeteilt, sondern hatte seinen Rundgang durch die anderen Abteilungen des großen Hauses fortgesetzt. Unsere Freundschaft hatte sich sogar noch vertieft, seit sie sich allein aus der persönlichen Beziehung zu nähren hatte.

Unweigerlich jedoch rückte die Zeit heran, zu welcher Tom nach anderthalb Jahren aus Berlin wieder abreisen mußte. Käthe lebte in einer ständig zunehmenden Spannung. Sie verschwieg unter Freunden keineswegs, daß sie alles daransetzte, den geliebten Mann zu dauerndem Verbleib in Europa zu bewegen. Wenn nicht in Berlin, so würde er sicherlich in Paris oder London eine ansehnliche Position finden. Außerdem hätte ihr Vater in Kolberg, Architekt und großer Bauunternehmer, Geld genug, so daß sie es auch eine Weile ohne feste Anstellung aushalten könnten. Sie hatte

Tom längst zu Hause vorgestellt, und die zunächst einigermaßen entgeisterten Eltern hatten zugestehen müssen, daß die einzige Tochter eine zwar ausgefallene, aber keine schlechte oder gar peinliche Wahl getroffen hatte. Sie hätten alles getan, die Tochter in ihrer Nähe zu behalten – mit und ohne präsumtiven Schwiegersohn.

Zu Käthes großem und schmerzhaften Erstaunen stellte sich jedoch heraus, daß in dieser Hinsicht mit dem sonst so zärtlich nachgiebigen Tom durchaus nicht zu reden war. Der Vater hatte befohlen, daß der Sohn sich bestimmte Kenntnisse in Europa aneignete, um sie später an schon für ihn reservierter Stelle einzusetzen. Ganz selbstverständlich hatte der Sohn unbeweibt zurückzukehren, denn natürlich hatten die Eltern das wichtigste, das letztlich entscheidende Wort bei der Wahl des Ehepartners zu sprechen. Dem Überschwang der Jugend überläßt man in Japan nicht die Suche nach der Frau oder dem Mann fürs Leben. Es muß vielmehr sorgsam »Miai gemacht« werden, das heißt, die Eltern haben untereinander zu verhandeln, ob ihre Kinder füreinander geeignet sind – wenn ja, so dürfen die beiden Jungen nicht widersprechen und nur im äußersten Fall ausdrücklich erklären, daß sie sich gründlichst mißfallen. Dann verzichten die Eltern, wenn sie sehr nachgiebig sind, manchmal auf ihre Pläne. Meistens jedoch wird an der Wahl der Eltern nicht gerüttelt. Aufs Ganze gesehen produziert dieses System der Gattenwahl nicht viel mehr scheiternde Ehen als das europäische, vielleicht sogar weniger. So war es Anfang der dreißiger Jahre in Japan – und, ob man es glaubt oder nicht: auch heute noch hat sich in dieser Hinsicht nicht viel geändert, mag Japan inzwischen auch in die vorderste Reihe der Industriemächte aufgestiegen sein.

Tom hatte bei seinen Eltern angefragt, ob er ihnen eine deutsche Braut ins Haus bringen dürfe. Der Vater hatte knapp und hart abgelehnt; die Eltern hätten dem Sohn in Tokyo schon eine geeignete Braut aus angesehener Familie mit weitreichenden Beziehungen ausgesucht. Es sei seine Pflicht, nunmehr unverzüglich anzureisen und seine Zukünftige in Augenschein zu nehmen. Als Tom diesen Brief seiner Käthe übersetzt hatte, soll sie zunächst herzlich gelacht haben. Daß der alte Herr da in Tokyo »ihrem« Tom eine Braut zudiktieren wollte – welch absurde Idee! Aber dann erlebte sie ein bestürzendes Erwachen: Tom vermochte sich nicht einmal im Traum vorzustellen, daß er das Ersuchen des Vaters abschlagen könnte. Er versuchte, Käthe klar zu machen, daß es für sie beide nur einen einzigen Weg gäbe, sich dem Wunsch des Vaters zu entziehen: sie müßten Selbstmord begehen. Er sei dazu bereit, denn längst gehörte er seiner Käthe mit Haut und Haar. Es war ihm bitterer ernst. Käthe fragte ihn, als Antwort, nur, ob er verrückt geworden sei.

Wahrscheinlich zum erstenmal in ihrem Leben erfuhr Käthe, daß auch ihre Blütenträume nicht alle reiften. Für Wochen sahen die Freunde mit an, wie die beiden sich in dem unerträglich gedehnten Abschied aufrieben, wie sie in wildesten und hemmungslosesten Streit gerieten, selbst in Gegenwart anderer, und dann doch immer wieder zueinander fanden. Tom hätte Selbstmord begangen, wenn sie eingewilligt hätte. Der gemeinsame Selbstmord ist die einzige echt japanische Alternative, wenn die Eltern eine Heirat verweigern.

Tom fuhr ab. Eine Weile waren wir alle sehr besorgt um Käthe und atmeten erst auf, als sie sich zum erstenmal mit voller Konzentration ihrem Studium zu widmen schien, gelegentlich auch mit einer gewissen ironischen, ja zynischen Bitterkeit auf ihre »japanische Liebe« zu sprechen kam, eine Bitterkeit, die zumindest mir nicht sonderlich sympathisch war, mir auch nicht ganz glaubhaft erschien.

Von hier ab kann ich sie selbst sprechen lassen, kann wiederzugeben versuchen, was sie mir damals in ihrem halbdunklen japanischen Wohnzimmer in Tokyo erzählte, während die alten Parkbäume die ferne Lichterfülle von Shinbashi und Marunouchi als sanftes Silber zu uns herniederfilterten:

»Ich glaube heute, A. E., daß der Osten auch in dieser Hinsicht recht hat; es wäre für alle Beteiligten besser gewesen, wenn wir, um es feierlich auszudrücken, auf der Höhe unserer Beziehung gemeinsam in den Abgrund gesprungen wären, meinetwegen in irgendeinen geeigneten Vulkankrater, wie es hier unglücklich Liebende praktizieren. Aber wir liebten ja gar nicht unglücklich, ganz im Gegenteil. Ich wollte mit ihm nicht sterben, sondern leben. Ich war, nachdem ich erst grenzenlose Leere nach seiner Abfahrt spürte, allmählich auch entschlossen, mich ganz seiner Welt unterzuordnen, da ihn die meine nicht hatte binden können. Ich wollte nur noch abwarten, was er mir aus seinem Heimatland schreiben würde. Er hatte mir gewissermaßen zu beweisen, daß die

Trennung unser Verhältnis nicht schwächte, sondern eher zu größerer Intensität anfachte. Ich mußte lange warten. Es gab ja noch keinen Flugverkehr. Die Schiffe von Hamburg nach Yokohama brauchten vier bis sechs Wochen für ihre lange Reise über Suez und Singapur. Vier bis acht Wochen mußte ich ihm Zeit lassen, sich mit seinen Eltern auseinanderzusetzen, und dann würde der entscheidende Brief wieder vier bis sechs Wochen brauchen, ehe seine Nachricht mich erreichte. So kam es zu jenen Wochen und Monaten, in denen ihr andern in Berlin glaubtet, ich wäre ›über die Sache hinweg‹, wie man so schön sagt. Ich glaube, A. E., du warst damals der einzige, der dem Frieden nicht ganz traute.« Sie sah mich fragend an.

»Nein, ich traute dem Frieden keineswegs. Ich hielt dich wirklich nicht nur am Rande, wo dergleichen verwächst, sondern im Zentrum getroffen, ja, sogar in deinem Selbstbewußtsein radikal in Frage gestellt. Was passieren würde, wußte ich natürlich nicht. Aber daß Toms Abreise nicht das Ende der Affäre bedeutete, das hielt ich für ziemlich sicher.«

»Ja, du kanntest schon Japan und die Japaner, warst aus unserem Kreis mit Tom am engsten verbunden und hattest vielleicht sogar begriffen, daß Tom gerade meine zwar sanft anmutende, aber äußerst beharrliche Zähigkeit liebte, die so ganz japanisch ist. Er hatte natürlich in der Europäerin die Japanerin gesucht; es konnte nicht anders sein. Kein Volk unter der Sonne ist so sehr mit seinem eigenen Land und Wesen einig, mit seiner vollen Identität einverstanden wie das japanische. Und ich hatte offenbar Anlage zur Japanerin.«

»Und ob!« warf ich ein. »Du hast dich vorhin in das japanische Gewand geworfen, mit all dem hübschen Kram, der dazu gehört, Obi und Bänder und Unterkimono, den Zehstrümpfen aus weißem Seidenstoff und so weiter und so weiter. Und wenn ich dich so sitzen sehe auf deinem Polster, sehr korrekt und aufrecht, das Haar glatt zurückgestrichen, die hochgebogenen schmalen Augenbrauen, die lange, schmale Nase, die eng anliegenden Ohren, der verhältnismäßig kleine Mund, der schmale, hohe, ovale Kopf auf dem hohen Hals – ich sehe das jetzt ganz deutlich, Käthe, wenn du zu all dem auch noch geschlitzte Augen hättest (aber viele Japaner haben ja gar keine) –, du würdest dem japanischen Frauenideal, dem einer sehr vornehmen Geisha aus Kyoto, beinahe vollkommen entsprechen. Habe ich recht oder nicht?«

»Das höre ich natürlich alles sehr gerne, A. E. Du bleibst ein unverbesserlicher Romantiker. Aber du hast gar nicht so unrecht. Ich habe mich natürlich dem japanischen Ideal ganz bewußt angepaßt. Schon sehr früh bin ich mir darüber klargeworden, wie sehr Tom danach verlangte. Außerdem suchte er in mir die Freiheit und Unabhängigkeit der vollwertigen europäischen Partnerin, die in Japan den Frauen und Mädchen erst langsam anerzogen werden muß und die auch heute noch in Japan selten erwartet und deshalb auch nicht erreicht wird. Aber jetzt erst einmal zurück nach Berlin, in die dreißiger Jahre! Es kam der Brief aus Tokyo, mit dem ich zwar fest gerechnet hatte, den ich aber doch erst wirklich in der Hand halten wollte, ehe ich meinen im geheimen längst gefaßten Entschluß ausführte. Tom schrieb, daß er die von den Eltern erwählte Braut mit aller Entschiedenheit abgelehnt habe; sie sei ihm bescheiden und gehorsam, das heißt dumm und langweilig vorgekommen. Tom war natürlich nach den Erfahrungen mit mir für japanische Miaibräute gründlich verdorben. Er schrieb weiter, daß er dem Vater erklärt habe, alles weitere Miai sei sinnlos; er werde überhaupt nicht heiraten. Die Familie könnte dann über seinen jüngeren Bruder fortgesetzt werden. Er habe seine neue Stellung in einem großen Verlagshaus (der Vater gehörte zu den Miteigentümern) bereits angetreten. Er, Tom, werde alles tun, so bald wie möglich wieder nach Europa zurückzukehren. – Für mich, A. E., war damit die Entscheidung gefallen. Ich wußte, wie sehr er sein Japan liebte; ich wußte auch, daß Tom nie darüber hinwegkommen würde, sich mit seinem hochverehrten Vater und der geliebten Mutter veruneinigt zu haben. Wenn ich ihn also nicht aufgeben wollte – und daran dachte ich keinen Augenblick –, so mußte ich die Sache selbst in die Hand nehmen, das heißt, ich hatte nach Japan zu fahren und seine Eltern zu mir zu bekehren. Wenn man jung ist, traut man sich die tollsten Sachen zu. Meine Eltern gaben ihre Zustimmung; es blieb ihnen gar nichts weiter übrig. Wenn ich mich schon auf die weite und ungewisse Reise begab, und ich war nicht zu halten, dann wollten sie mich lieber reichlich mit Geld ausstatten, als mich irgendwie um die halbe Erde nach Japan vagabundieren zu lassen. Ich wäre so oder so gefahren. Ich hatte wunderbare Eltern. Aber heute, nach mehr als dreißig Jahren, frage ich mich, ob letzten Endes nicht auch mir gegenüber japanische Methoden angebrachter gewesen wären. Ich wage nicht mehr, das japanische System unbedingt für schlechter zu halten als das unsere. Im Durchschnitt laufen japanische Ehen, die ja in ihrer übergroßen Mehrheit arrangiert wurden, viel beruhigter und problemloser ab als bei uns die nicht arrangierten. Man erwartet hier eben in der Ehe nicht den plötzlichen Ausbruch des Himmels auf Erden. Der Mann macht außerhalb des Hauses, wozu er Lust hat, und die Frau regiert innerhalb des Hauses. In der Mehrzahl der Fälle liefern die Männer die ganze Gehaltstüte an Ultimo zu Hause ab, und was sie draußen unternehmen, müssen sie von ihrem Taschengeld bestreiten. Wenn allerdings hier unter jungen oder auch älteren Leuten die große Passion ausbricht, dann gibt es die prächtigsten Tragödien. Ich könnte dir Sachen erzählen, A. E., aus meiner näheren Bekanntschaft, gegen die Romea und Julia oder Othello und Desdemona armselige Waisenkinder sind.«

Sie schwieg nachdenklich und blickte vor sich hin in den schattendunklen Garten vor dem milchigen Großstadthimmel. Ich nahm ihr Bild in mich auf: auf den untergeschlagenen Waden saß sie aufrecht und sehr gesammelt, wie es sich für eine Dame gehört. Ihr silbergrauer Kimono zeigte ein blaßrötliches Bambusmuster. Der breite, dunkelblaue Seidengürtel, der Obi, setzte einen starken Akzent dagegen. Aus den peinlich genau sich um den Nacken legenden Kragen des Kimonos und der in den Farben abgestimmten Unterkimonos stieg der Hals schlank, immer noch faltenlos und trug den schmalen, hohen Kopf mit dem schweren, dunklen Haarknoten (das war zwar nicht sehr offiziell, stand ihr aber wunderbar). Die Augenbrauen hoch in der hohen Stirn »wie ausgebreitete Mövenflügel«, die lange, gerade Nase, das längliche Oval des blaß gepuderten Gesichts – ich muß das alles noch einmal wiederholen, es war fast nicht zu glauben, wie sehr sich diese deutsche Frau dem klassischen Urbild einer vornehmen, schönen Geisha angenähert hatte. In Europa wäre dies Gesicht kaum besonders schön genannt worden. Für japanische Begriffe war es außerordentlich schön mit einer seinen Reiz noch erhöhenden leisen Fremdartigkeit.

Ich versuchte, die Freundin wieder zum Thema zurückzuführen: »Du bist damals ohne jede Erklärung aus unserem Kreis verschwunden, hast dich von niemand verabschiedet. Man stellte immer nur fest, daß man dich ›ewig lange nicht gesehen‹ hätte. Ich glaube, ich bin damals der einzige gewesen, der sich fragte, ob du nicht nach Japan abgereist wärst. Für mich lag eine so weite Reise nicht so völlig außerhalb des Denkbaren wie für die andern. Später hat mir dann Tom ausführlich geschrieben und mich ins Bild gesetzt, oder warst du es?«

»Er hätte den Brief nicht schreiben können; dazu reichten weder sein Deutsch noch sein Englisch. Ich tippte ihm den Brief auf meiner Maschine, und er unterschrieb ihn dann. – Ich habe ihn nicht einmal benachrichtigt, daß ich käme. Ich wollte ihm jede Verantwortung abnehmen, schickte ihm erst von Hongkong aus ein Telegramm. Er war außer sich, er war selig, er war unglaublich aufgeregt. Ich erklärte ihm einfach, nachdem er mich im »Imperial« in Tokyo untergebracht hatte, daß ich seine Eltern schon für mich gewinnen würde, wenn sie mich erst kennengelernt hätten – und das müßte sehr sorgfältig und klug vorbereitet werden. Ein wenig Japanisch hatte ich mir schon in Deutschland und unterwegs angeeignet. Jetzt mußte ich noch lernen, mich in meiner Rolle als eventuelle Schwiegertochter richtig zu benehmen. Ich mußte lernen, wie sich eine japanische junge Dame zu kleiden hat – eine scheußlich komplizierte Geschichte! –, was sie den eventuellen Schwiegereltern sagen darf und was nicht. Tom begriff sofort, was mir vorschwebte: ich wollte seinen Eltern nicht als das indiskutable Mädchen aus der Fremde, sondern als wohlerzogene Japanerin unter die Augen treten. Aber wer sollte mir all diese gar nicht einfachen Dinge beibringen? Dafür mußte natürlich ein weibliches Wesen gewonnen werden. Guter Rat war teuer, bis Tom einfach sagte: Ich werde meine Mutter ins Vertrauen ziehen. Zuerst erschrak ich. Aber dann erklärte er mir, daß die Mutter mit der starren Ablehnung des Vaters nie einverstanden gewesen war; sie habe nur nichts unternehmen können, da nach den strengen Regeln in einer guten japanischen Familie der Vater es sei, der dem Sohn die Frau auszusuchen habe. – Ach, und dann, A. E., habe ich die netteste und freundlichste Lehrerin gehabt, die man sich nur denken kann. Auch Toms Mutter war natürlich ihrem Mann, als blutjunges Ding, angeheiratet worden, ohne viel gefragt worden zu sein. Jahrelang hatte sie in ständig steigender Angst gelebt, weil sich keine Kinder einstellen wollten. Dann war endlich Tom geboren worden und hatte ihre Stellung in der väterlichen Familie unanfechtbar gemacht, und das hatte sie auch mit diesem ersten Sohn besonders eng verbunden. Langsam hatte sich der Mann, also Tom's Vater, ihr zugewandt, nachdem nun der Sinn der Ehe erfüllt war, langsam hatte sie ihn an die Leine genommen, aber es machte ihr auch jetzt noch diebischen Spaß, dem hartgesottenen Recken und Generaldirektor ein Schnippchen zu schlagen und eine Lehre zu erteilen. Nun brauchten wir nur noch ein ansehnliches älteres Ehepaar, das mich in Vertretung meiner Eltern dem Gestrengen vorstellte. Mama fand entfernte Verwandte, die sich bereit erklärten, mich dem Vater zu offerieren. Dieser Verwandte hatte in England studiert; ihre Begriffe von Ehe und Eheschließung waren dort ewas aufgelockert worden. Von meinen Eltern aus Kolberg hatte ich mir die notariell beglaubigte Einwilligung zu meiner Verehelichung mit Herrn Tomisaboro Oyama mitgeben lassen. Ich hatte eben schon vor der Abreise mit allen Möglichkeiten gerechnet, was meine Schwiegermutter nicht wenig in Erstaunen versetzte, mir aber auch ihre Sympathie verschafft hatte. Du bist ein kluges Kind, Käthe-san, sagte sie, du wirst meinen kleinen Tom schon richtig steuern, aus dem Hintergrund, denn das müssen wir hier tun: aus dem Hintergrund!«

»Hast du ihn gut gesteuert aus dem Hintergrund?« fragte ich dazwischen.

»Ich glaube schon«, erwiderte sie ein wenig zögernd. »Bis ich dann den großen Fehler machte und mich selber mattsetzte. Aber davon später. – Ich wurde also auf heiratsfähiges Mädchen aus guter Familie umgeschult. Es machte mir großen Spaß – und Tom stürzte von einem Entzücken ins andere. Noch nie war er so verliebt gewesen. Na, und dann, nach einem halben Jahr etwa, war es soweit. Ich habe mir den gestrengen Herrn Vater einfach im Handstreich erobert. Solch eine perfekte japanische junge Dame wie mich hatte er überhaupt noch nicht gesehen. Es blieb ihm gar nichts weiter übrig als zuzugestehen, daß sein Sohn ihm keine sogenannte Unwürdige ins Haus bringen wollte. Und außerdem hatte mich mein Vater auch noch mit einer ansehnlichen Mitgift ausgestattet. Leider nur verfügte mein Vater über gar keine Beziehungen zu Ersten japanischen Kreisen, die er seinem Schwiegersohn in Tokyo hätte erschließen können. Aber über die verfügte der alte Oyama schließlich selbst in ausreichendem Umfang, und alles Gute ist eben nie beieinander. Er gab also, immer noch ein wenig widerwillig, seine Zustimmung, nachdem ihm Tom respektvoll, aber deutlich klargemacht hatte, daß er entweder mich – oder nie heiraten würde. Das wollte der Vater nicht verantworten. Aber so ganz einverstanden ist er nie mit mir gewesen, wenn ich auch nie ein böses Wort von ihm vernommen habe. Und eigentlich –«

Sie zögerte einen Augenblick, ehe sie fortfuhr: »Eigentlich hat er ja recht behalten.«

»Recht behalten, Käthe? Wieso?«

»Wieso?« wiederholte sie, »ja, wieso?«

Sie schwieg und blickte auf die Hände in ihrem Schoß hinunter – keine japanischen Frauenhände übrigens, mochte sie auch sonst noch so japanisch wirken; feste, schmalfingerige Hände mit gestreckten Nägeln; japanische Frauenhände sind im allgemeinen eher mollig und rundlich. Plötzlich hob sie den Kopf und sagte viel leiser, als sie zuvor gesprochen hatte:

»A. E., es ist alles sehr qualvoll. Bitte, reden wir von etwas anderem. Du fragst so direkt, wie man das in Europa gewohnt ist. Vielleicht erzählt dir Tom Genaueres. Ich hätte nicht das geringste dagegen einzuwenden. Ich habe heute schon genug geredet. Berichte mir lieber, wie es in Deutschland aussieht! Von Kolberg weißt du natürlich nichts, und Berlin ist nur noch ein Schatten von dem, was es früher war. Das hast du mir neulich erst geschrieben. Aber man möchte doch manchmal hören, was aus dem Land geworden ist, das man verlassen hat.«

Die Antwort auf das »Wieso?« habe ich dann in der Tat später von Tom bekommen, nicht zusammenhängend, aber in Bruchstücken. Und heute, da Tom und Käthe beide davongegangen sind in die fernen »Paradiese des Westens« (hoffentlich!), überblicke ich die Zusammenhänge oder Verhängnisse ziemlich genau. Tom kannte keine besondere Reserve mir gegenüber, besonders nicht, seitdem wir Blutsbrüderschaft geschlossen hatten, damals, als ich Tom und Käthe zwei Jahre nach ihrer Verheiratung in Tokyo besuchte und viele Monate in Japan unterwegs blieb. Ich war damals mit Tom mitten im Winter in den äußersten japanischen Norden hinaufgefahren, nach Sachalin, noch weit über Hokkaido hinaus. Bei grimmiger sibirischer Kälte waren wir durch tiefen Schnee mit zwei Offizieren der japanischen Grenztruppe bis an den hohen Stacheldrahtzaun vorgedrungen, der in dieser gottverlassenen Gegend der tiefen Kälte, des Schnees und des vereisten Meeres den japanischen vom russischen Herrschaftsbereich trennte. Auf japanischer Seite: nichts weiter als ein paar Pfähle und Tafeln mit dem japanischen Hoheitszeichen und, allerdings, die ausgesuchten Männer der japanischen Grenztruppe. Auf der russischen Seite: eine riesige, die Insel Sachalin von Küste zu Küste in zwei Hälften teilende Stacheldrahtbarrikade, sehr hoch, sehr fest, in kurzen Abständen unterbrochen von grob und eckig in den Himmel ragenden, weit die unermeßlichen Wälder des Nordlandes überblickenden Wachtürmen.

Tom war damals auf dem besten Wege, sich zu einem hervorragenden Pressefotografen zu entwickeln; das feierliche Hocken im Büro behagte ihm ganz und gar nicht. Natürlich hatte er seine Kameras auf unsere ausgefallene Winterreise mitgenommen, um ein paar Reportagen über das rauhe, aber wertvolle Nordland, das den meisten Japanern kaum vom Hörensagen bekannt war, mit Fotos zu illustrieren.

Ich stand mit den beiden japanischen Offizieren zwischen den totenstillen, tief verschneiten Fichten und unterhielt mich mit ihnen über den Alltag an dieser empfindlichen Grenze. Tom stapfte im Schnee umher und suchte nach passenden Blickwinkeln für seine Fotos, entfernte sich dabei von uns und entschwand unseren Blicken. Nach einer Weile wurden wir unruhig, da er nicht mehr zu sehen war. Wir traten einige Schritte vor – und wollten unseren Augen nicht trauen: der tollkühne Bursche hatte sich an einer schadhaften Stelle des Zauns, auf dem Bauche liegend, tief durch den Schnee gewühlt und fotografierte nun die schnurgerade in den Wald geschnittene Begrenzung samt russischen Verbotstafeln und Wachtürmen von der russischen Seite her. Wie er später erklärte, habe er eben nur von »drüben« die ganze Anlage richtig ins Bild bekommen können.

Uns, auf der »richtigen« Seite des Zauns, fuhr der Schrecken fürchterlich in die Glieder. Jeden Augenblick mochte eine sowjetische Streife mit ihren gewaltigen sibirischen Hunden vorbeikommen; jeden Augenblick mochte Tom mit dem Fernglas oder sogar mit bloßem Auge von dem nächsten über den Fichtenwipfeln sich glasklar gegen den milchigen Winterhimmel abzeichnenden Wachtürmen entdeckt und unter Feuer genommen werden.

Rufen konnten wir nicht. Das hätte ihn sicherlich in Gefahr gebracht, hätte seinen plötzlichen Anfall von journalistischer Verrücktheit in einen »internationalen Zwischenfall« verwandeln können. Das aber wäre für uns beide, wie für die beiden japanischen Offiziere, böse ausgegangen. Er schwang sich auch schon seine Kameras auf den Rücken, warf sich in den Schnee und machte Anstalten, wieder zurückzukriechen. Aber wie es das Unheil wollte, blieb er diesmal mit einer seiner Kameras, die auf keinen

Fall durch den Schnee geschleift werden durften, im Stacheldraht hängen und saß fest. In dem Bemühen, den Riemen des Apparates loszureißen, geriet er mit Schulter und Rücken in andere Drähte, die sofort einhakten.

All dies und das Folgende vollzog sich schneller, als es erzählt werden kann. Ich stürzte zum Zaun. Ich begriff sofort, daß die Offiziere in Sichtdeckung zu bleiben hatten. Nur keine Uniformen bei dieser Geschichte! Ich befreite den Riemen der Kamera aus der Verknäuelung, zerrte dann die weiteren Drähte hoch, wobei einer meiner Handschuhe daran glauben mußte, riß die Stacheln aus Toms schwerer Joppe. Tom war frei und konnte herüberkrauchen. Aber gerade in diesem Augenblick erreichte uns der halblaute Ruf eines der beiden Offiziere: »Ducken! Runter!«

Ich hatte die japanischen Worte zwar nicht verstanden, aber begriffen und ließ mich sofort fallen, dorthin, wo eben noch Tom gelegen hatte. Das muß ich in dieser Wirrnis aus rostigem Draht falsch angefangen haben, denn als ich rückwärts herauskrauchen wollte, saß ich ebenfalls fest. Tom war inzwischen schon in Sicherheit; er erkannte meine höchst mißliche Lage auf der Stelle.

»Mach dich flach und lang!« zischte er mir zu. Er faßte einen meiner Füße und zerrte mich mit aller Gewalt rückwärts auf sicheren Grund. Der geübte Kendofechter und Judokämpfer konnte außerordentliche Kräfte entwickeln, wenn es darauf ankam. Er riß mir zwei mächtige Dreieckslöcher in meinen schönen, mit Lammfell gefütterten Pelzrock, der noch aus Alaska stammte, aber er brachte mich wieder auf »unsere« Seite der Barrikade. Auf und weg! Es war noch einmal gutgegangen. Auf der sowjetischen Seite hatte sich nichts gerührt; jener Offizier mußte sich getäuscht haben. Ich keuchte, nachdem wir uns abseits gesammelt hatten: »Sie werden sehen, daß der Schnee am Zaun zerwühlt ist.«

Aber einer der Offiziere meinte: »Nein, glaube ich nicht. Ihr Trampelpfad verläuft an dieser Stelle fünfzig Schritt innerhalb des Waldes, weil der unsere hier unmittelbar am Zaun entlangführt. Wir kommen uns ungern auf Ruf- oder Sichtweite nahe. Manchmal zerwühlen und beschädigen wilde Tiere den Zaun.«

Es war uns allen klar, daß über Toms Irrsinnsanfall am besten nicht geredet wurde. Das hätte zu peinlichen Folgen für die Offiziere wie für uns geführt. Außerdem stammte Tom aus einer sehr einflußreichen Familie, und für Mutproben hat jeder Japaner viel Verständnis, und um so mehr, je sinnloser sie sind.

Immerhin erfaßte uns am Abend, als wir die Grenzerbaracke wieder erreicht hatten, ein nervöser Übermut, der uns geradezu in ein kleines Fest hineinsteigerte.

»Nun hast du mich und ich dich aus böse Klemme gerettet!« schrie Tom, schon voll des süßen Sake, »nun können wir Blutsbrüderschaft schließen!«

Mir war das so recht, wie es nur sein konnte, und unsere beiden Offiziere (die heilsfroh gewesen sein dürften, als tags darauf zwei bimmelnde niedrige Pferdeschlitten wieder südwärts mit uns entschwunden waren), die beiden Offiziere machten die Zeugen, sehr ernsthaft und, trotz des vielen Sakes, sehr feierlich.

Wir ließen ein paar Tropfen Blut aus unseren Unterarmen in zwei Becher Sake, also Reiswein, fallen und tranken mit kreuzweis ineinanderverschränkten rechten Armen dies magische Gesöff bis auf die Neige aus. Damit war ich also zum Adoptiv-Oyama und zum Ehren-Japaner avanciert, eine große Sache, die des weiteren so gebührend gefeiert wurde, daß es bei zwanzig Grad Kälte durch die sachalinische Winternacht hallte. Ich mußte noch in der gleichen Nacht den ersten Vers der japanischen Nationalhymne auswendig und singen lernen. Damals stand bei den Japanern die aufgehende Sonne ihrer Flagge noch in höchstem Ansehen. (Inzwischen haben sie umgelernt und renommieren lieber mit Riesentankern, den schnellsten Eisenbahnen und der größten Stadt der Welt, aber neuerdings – ich müßte mich sehr irren – gewinnt auch der Kaiser, der Tenno, seine außerordentliche, symbolhafte, für den Europäer kaum nachfühlbare Bedeutung wieder zurück.) Später erhielt ich in Tokyo von Tom ein altes Schwert der Samurai-Familie Oyama geschenkt. Die schöne Waffe geriet im Zweiten Weltkrieg unter die Ruinen Berlins und liegt wahrscheinlich heute im Trümmerberg im Grunewald begraben – wenn nicht irgendein wackerer Abrißarbeiter sie gefunden und in seine Schrebergartenlaube gehängt hat.

Soviel über meine Blutsbrüderschaft mit Tom. Sie trug dazu bei, mich nicht nur ihm, sondern auch seiner Frau Käthe noch viel näher zu bringen. Tom und Käthe haben ein paar Jahre ungetrübten Glücks in Tokyo und im schönen Inselreich Japan verlebt. Die Freundschaft zwischen Toms Mutter und Käthe vertiefte sich aufs herzlichste. Käthe blieb der Schwiegermutter eine begeisterte – und sehr begabte – Schülerin für alles Japanische, das ja in der Tat – das habe ich an mir selbst eindringlich genug erlebt – für den Europäer eine außerordentliche Faszination, eine höchst liebenswürdige Verzauberung auszustrahlen vermag, wenn man erst einmal den Zugang dazu gewonnen hat. Der Schwiegervater hatte zwar gute Miene zum nach seiner Meinung unklugen Spiel gemacht, hielt aber weiter auf Distanz zu der fremdländischen Schwiegertochter, wartete ab, ob sie wirklich lernen würde, nicht nur wenn es ihr darauf ankam, wie eine japanische Frau auszusehen und sich nach den Regeln zu benehmen, sondern auch eine japanische Frau zu sein.

Es wurde mir jedoch aus vielen Anzeichen und, meist unabsichtlichen Äußerungen deutlich, daß sich im ganz privaten und intimen Bereich dieser Ehe europäische Gefühls- und Verhaltensweisen behauptet oder allmählich neu durchgesetzt haben müssen. Die stärkere Persönlichkeit war zweifellos Käthe. Sie lenkte mit sanfter Hand nicht nur Toms menschliche Entwicklung, sondern beeinflußte zielstrebig auch seine berufliche Karriere, obgleich sie immer Toms plötzlichen Widerstand einzukalkulieren hatte, der dann nie mit Gewalt, sondern nur mit List und Geduld zu überwinden war.

Tom nämlich – und darin lag und liegt für mich das Verwunderlichste an der ganzen Beziehung – wollte diese Ehe nicht auf japanisch, er wollte sie, im geheimen und mehr unbewußt als bewußt, europäisch! Hatte das Japanische, das Asiatische, auf Käthe einen tiefen und unwiderstehlichen Reiz ausgeübt, so das Europäische auf Tom einen noch viel größeren. Das heißt, er wollte die gleichwertige, in allen Bereichen seiner Existenz mitverantwortliche weibliche Persönlichkeit, die nicht nur das Recht, sondern sogar die Pflicht hatte, das Dasein des Mannes zu teilen, ihm Geliebte, Mutter, Kameradin, Schwester und Freundin in einem zu sein.

Er war sich darüber klar, daß es dergleichen auch in Europa nur sehr selten gibt und daß die meisten Ehen sich auch dort auf einer sehr viel bescheideneren Ebene abspielen. Wir haben mehr als einmal über diese Zusammenhänge gesprochen. Er mochte dann etwa sagen:

»Ich weiß, daß Idealfälle nur selten passieren, aber man strebt sie in den Beziehungen der Geschlechter wenigstens an, und man ist schon glücklich, wenn man ihnen, und sei es nur für eine gewisse Zeit, nahekommt. Bei uns im Osten sieht man den unteren Durchschnitt als das Wahrscheinlichste an und hält alles, was darüber hinausgeht, für faulen Zauber. Man meint allenfalls, solche

Idealverbindungen habe es in früheren Zeiten gegeben, und dann auch nur in außerehelichen Verhältnissen, etwa zwischen einer Geisha und ihrem mehr oder weniger einflußreichen Verehrer. In der Ehe wurde dergleichen weder gewünscht noch erwartet. Käthe hat mich schon in Berlin völlig umgekrempelt, sie ist für mich Geisha, Frau und Freundin in einer Person. Wenn man, gerade als Asiate, erst einmal begriffen hat, daß dies möglich ist, dann will man natürlich nicht mehr zu der nüchternen und immer auch ein bißchen zynischen Auffassung, die bei uns vorherrscht, zurückkehren. Und Käthe macht es mir so leicht, weil sie sich um alle japanischen Formen und Vorschriften gewissenhafter bemüht als manche Japanerin, in unserem privaten Bereich aber trotzdem Europäerin bleibt. Übrigens glaube ich, daß diese Illusionslosigkeit in den ehelichen Beziehungen gar nicht aus dem Japanischen kommt, sondern daß wir sie aus dem Chinesischen übernommen haben, wie so vieles andere. Eigentlich sind wir gar nicht so – aber das vermute ich nur . . .«

Erst sehr viel später ging mir auf, daß Tom vielleicht etwas sehr Wesentliches zum Vergleich und Verständnis von Osten und Westen ausgesagt hat. – Aber gerade weil die beiden ihre Ehe sehr ernst genommen haben, ist sie zu keinem guten Ende gediehen. Käthe war, was immer auch der äußere Anschein glauben machen wollte, Europäerin geblieben, sie konnte gar nichts anderes sein. Sie hatte sich entschlossen, keine halb asiatischen, halb europäischen Kinder in die Welt zu setzen. Mit dem ganzen Eigensinn einer selbstbewußten, alle Verantwortlichkeit beanspruchenden Europäerin erklärte sie, daß sie ihren Kindern nicht zumuten wollte, weder in Japan, noch in Deutschland volles Heimatrecht zu besitzen.

»Nein!« sagte sie bis zuletzt auch mir oft genug, »ich habe es schon vorher gewußt, und ich habe es dann hier in Shanghai und Hongkong zur Genüge in der Praxis erlebt, daß Mischlinge zwangsläufig gespaltene Persönlichkeiten bleiben.«

Es kam, wie es kommen mußte. Fand Käthe nicht aus ihrer europäischen, so Tom nicht aus seiner japanischen Haut heraus. In Europa kann eine kinderlose Ehe durchaus ein erfülltes Leben für beide Teile bedeuten; in Japan nicht. Wenn Tom auch behauptete, volles Verständnis für Käthes Haltung aufzubringen, so verlangte es ihn doch mit beinahe elementarer Gewalt nach Söhnen oder wenigstens einem Sohn. Hinzu kam der sich immer mehr verstärkende Druck von seiten des alten Oyama. Der hat sich von Käthes schwiegertöchterlicher Ergebenheit nie täuschen lassen, hat von Anfang an den nicht zu erweichenden Kern in Käthes Wesen gespürt. Er war auch nicht darüber zu täuschen, daß die Kinderlosigkeit der Ehe nicht etwa ein Verhängnis bedeutete, sondern von der Schwiegertochter gewollt war. Als er sich erst einmal zu dieser Erkenntnis durchgerungen hatte – es ist ihm sicherlich nicht allzu schwer gefallen –, bestand er mit wütendem Nachdruck darauf, daß Tom sich eine zweite Frau zu nehmen hätte, die ihm Söhne gebären sollte, um die Familie fortzusetzen.

Tom schwankte. Er war bereit, das endgültige Zerwürfnis mit dem Vater zu riskieren. Als er schließlich nachgab, war es eher seine Frau, der er gehorchte. Käthe drängte ihn dazu, sich für eine zweite, eine japanische Frau zu entscheiden. Sie vollzog, ohne sich aufzugeben, in ihrer Anerkennung der japanischen Verhältnisse den letzten Schritt. Wenn sie selbst keine Söhne haben konnte oder wollte, dann gehörte es doch zu ihren Pflichten als erste Frau, den Mann zur Ehe mit einer zweiten Frau zu bewegen, die ihm Kinder schenken würde.

Es war sehr aufschlußreich für mich, daß Toms zweite Frau eigentlich einen unjapanischen, eher europäischen Eindruck machte; sie war verhältnismäßig stattlich, schlank, mit langen Beinen und einem schmalen hohen Kopf, hochgeschwungenen Brauen und einer langen geraden Nase; auch war sie, nach japanischen Begriffen, zu groß.

Ich fand das stille, freundliche Wesen dieser Frau sehr liebenswert. Sie hat sicherlich nie viel gefordert. Sie machte, wie es sich gehört, der Ersten Frau von Zeit zu Zeit ihre Aufwartung, stellte auch ihre Kinder vor und fragte die Ältere und Erfahrenere um Rat.

Tom hätte es wohl nicht allzu schwierig gefunden, eine Doppelehe zu führen. Und sicherlich gab Käthe ihm zuweilen nach, wenn er sich allzu unglücklich und zerrissen fühlte. Aber im Grundsätzlichen verwies sie ihn auf seine zweite Ehe, der er einen Sohn und eine Tochter und schließlich auch die Zustimmung und Zufriedenheit seines Vaters verdankte. Toms Mutter hat sich der »Ersten Frau« jedoch nie entzogen.

Als sich in seinem Leibe die böse Krankheit schon langsam weiterfraß, die den Freund und Blutsbruder frühzeitig hinwegraffen sollte, hat Tom sich noch einmal aufgemacht und ist nach Europa gefahren, ohne Erste Frau und ohne Zweite Frau und ohne Kinder. Er schrieb mir – ich war in Übersee unterwegs – aus München einen kurzen Brief in seinem nicht besser gewordenen Deutsch. Darin hieß es (übertragen in normales Deutsch):

»Ich habe jede einzelne der Stätten, vor allem in Berlin und München, wieder aufgesucht, an denen damals alles so wunderbar und vergnügt angefangen hat. Manches habe ich nicht mehr gefunden. Der Krieg hat es vernichtet. Aber immerhin habe ich doch gemerkt, daß es sich gelohnt hat, ein volles Leben angestrebt zu haben und vor den Konsequenzen nicht ausgewichen zu sein. Gern wäre ich hier mit dir zusammen gewesen, lieber Bruder. Aber, wie die Deutschen sagen, was nicht geht, geht nicht. So ist es!«

Ich habe ihn nicht mehr wiedergesehen. Käthe bin ich in Tokyo wiederbegegnet. Sie hat ihren Mann nur um wenige Jahre überlebt. Beide haben die Sechzig nicht erreicht.

Ich frage mich schon eine ganze Weile, ob Geschichten wie diese, die einfach der Wirklichkeit nacherzählt sind, dem Leser überhaupt einleuchten. Sind sie nicht auf leicht peinliche Weise sentimental, »unmodern« romantisch oder gar »kitschig«? Aber darum kümmere ich mich nicht viel. Ich berichte ja nur. Und außerdem würde, nach meiner Erfahrung, das Leben für die große Mehrzahl der Menschen unerträglich, wenn es nicht von Zeit zu Zeit durch ein wenig Kitsch, Sentimentalität und Romantik wenigstens den Anschein von Wärme und Buntheit erhielte. Die Vermittlung von Kitsch, Sentimentalität und Romantik ist zu einer ungeheuren Industrie geworden – ganz einfach, weil dergleichen gebraucht wird, damit die Menschen in der industrialisierten Öde überhaupt noch weiterleben und wenigstens über Surrogate von Gefühlen verfügen können.

Dabei fällt mir der junge schottische Arzt ein, dessen Gast ich vor einigen Jahren im entlegensten Teil des Kaiserreichs Äthiopien, im Lande Kaffa, gewesen bin. Dort war – wenn man so will – wildeste Romantik und frommer Kitsch im Übermaß zu erleben – und beides war von einer Unbedingtheit, vor der ich mich beuge. Und wie das Schicksal von Tomisaboro und Käthe ist auch das Leben dieses Mannes aus Inverurie in der Grafschaft Aberdeen ein Beispiel echtester menschlicher Wahrheit und Würde.

Aber man muß Kontraste setzen in einem Buch wie diesem, das nicht von einer fortlaufenden Handlung angetrieben wird, sondern versucht, recht verschiedenartige Einblicke in unsere so sehr aus den Fugen geratene Welt zu vermitteln. Ich spare mir also die Geschichte von Dr. Colin McClistoc für später auf und springe statt dessen aus dem Nordosten Afrikas in seinen Südwesten hinunter, in eine Gegend, die ebenso entlegen und, wenn auch auf ihre besondere Weise, trostlos ist wie das Kaffaland. Dort, in Südwest-Afrika – oder einfach nur »Südwest«, wie die Leute sagen – war es

Der Robbenschläger vom Cape Cross

dessen Bild mir wie ein leiser Alpdruck in der Erinnerung haften geblieben ist.

Der Tag hatte sich, gleich vielen anderen an jener unwirtlichen Küste, kalt und windig angelassen. In harten, sturmartigen Böen drängte die feuchte, salzige Luft von der hohen See in das öde Land hinein, unermeßliche Heere von schwärzlichen Wolken vor sich herhetzend oder auch alle Formen in treibenden Nebeln ertränkend. Ein fahles milchiges Licht war über die leblosen Weiten ausgegossen, ein Licht, das gar nichts mehr mit der Sonne, dem warmen, goldenen Gestirn, gemein zu haben schien.

Ich hatte mich zum drittenmal in meinem Leben auf den Weg nach Cape Cross gemacht. Von jeher hat mich dieser Punkt, fern von allen gebahnten Wegen an der Wüstenküste der Namib, wie ein Magnet angezogen. Die Namib trennt als ein hundert und mehr Kilometer breiter Sand- und Geröllstreifen, bar jeden Pflanzenwuchses, die duftenden Gras- und Dornbuschsteppen des Südwester Hochlandes von den windigen Weiten des südlichen Atlantik.

Cape Cross wird so genannt, weil hier der Portugiese Diego Cão vor vielen Jahrhunderten ein steinernes Kreuz aufgerichtet hat, zum Zeichen, daß er als erster Europäer dies weit ins Meer vorstoßende Kap nicht nur gesichtet, sondern auch, für seinen König von der gottverlassenen Öde ringsum Besitz ergreifend, betreten hat.

Ob der Entdecker damals, im Jahre 1486, schon gewahr geworden ist, daß südlich des Kaps, gerade hier, an einer der lebensfeindlichsten Küsten der ganzen Welt, sich Jahr für Jahr wie in einem riesigen Rausch das ungebändigte Leben zusammenballt in Zeugung und Geburt, in mörderischem Kampf und besinnungsloser Leidenschaft, das wird nicht berichtet – und da es nicht berichtet wird, wird er wohl auch nichts davon bemerkt haben. Sonst hätten auch die Menschen nicht gezögert, trotz aller Gefahren diese tükkische Flachküste wieder aufzusuchen, um dieser ungeheuren Fülle tierischen Lebens einen Tribut abzuverlangen.

Der portugiesische Seefahrer dürfte also zu einer Jahreszeit an Land gegangen sein, in der die nach vielen Zehntausenden zählenden Horden von Seelöwen der wilden, stets äußerst gefährlichen Brandung noch nicht entstiegen waren, um, wie seit unvordenklichen Zeiten, im weichen Sand der Dünen ihre Jungen abzusetzen, sie aufzupäppeln, bis sie schwimmen können, sich erneut zu paaren, wenn die ausgewachsenen Bullen sich in blutigen und grausamen Turnieren ihren Harem erobert haben – um schließlich wieder in den weglosen Weiten des Weltmeers zu verschwinden, bis sie ein Jahr später ein übermächtiger Drang abermals über Tausende von Meilen hinweg an diese Küste zurücktreibt, wo sie vor unerwünschten Besuchern so gut wie völlig sicher sind.

Im Süden schließen sich an die Lande- und Hochzeitsplätze der Seelöwen für wiederum viele Meilen an der toten Küste die Brutplätze von Millionen von Seevögeln an, die sich ihre kunstlosen Nester in den Sand scharren, ihre Eier hineinlegen, brüten, die Jungen großfüttern, bis ihnen die Federn wachsen und sie, flügge geworden, für sich selber sorgen können.

Die fast unheimlich wirkende Verdichtung tierischen Lebens an einer der unwirtlichsten Küsten, die unter der Sonne zu finden sind, erklärt sich daraus, daß draußen im Meer in noch viel dichteren Scharen sich die Völker der Fische drängen, um eine an Nahrung besonders reiche kalte Südpolarströmung abzuweiden. Das Meer strotzt hier von fischlichem Leben. An der südangolischen Küste weiter im Norden und bei Walvis-Bay weiter im Süden habe ich mit eigenen Augen gesehen, daß die kleinen Motorkutter der Fischer, die das »Rohmaterial« für die Fischkonservenfabriken am Ufer einheimsen, samt Last und Besatzung aus dem Wasser gehoben wurden, so dicht und massig standen unter ihnen die Schwärme der Fische.

Die Namib, weit unten im Westen der Kap-Provinz Südafrikas

beginnend, dann vor dem ganzen Südwester Hochland nach Norden hinaufstreichend und erst im mittleren Angola sich zögernd begrünend, stellt mit der Atacama im Norden der chilenischen Küste, wo ähnliche geographische Verhältnisse vorliegen wie in Südwestafrika, die vollkommenste, die wüsteste Wüste der Erde dar, die auch von der Gobi oder den feindlichsten Partien der Sahara nicht »übertroffen« wird.

Dieser fast fürchterlich zu nennende Gegensatz zwischen einer tödlichen Ödnis und einer gerade hier sich vollziehenden Orgie blutvollsten und blutverschwendenden Lebens muß es gewesen sein, der mich, weit ab vom vorgezeichneten Wege, zum Kreuz-Kap gelockt hat, so als werde hier die Wirklichkeit des Todes greifbarer und biete sich zugleich die überbrandende Kraft des Lebens bezwingender an als irgendwo sonst.

Beim ersten Mal bin ich über Land zum Kreuz-Kap gelangt, beim zweiten Mal von See her – und das war eine ziemlich aufregende Sache. Der kleine hamburgische Frachter hatte eine Ladung Fichtenbretter, Pfähle und Latten an Bord, die zehn Meilen südlich des Kreuz-Kaps an den öden Strand gesetzt werden sollte, dort wo die schier unabsehbaren Nistkolonien der Seevögel die leere Küste mit Beschlag belegt haben, Gott allein weiß, wie lange schon. Ein kluger Unternehmer deutscher Herkunft in Swakopmund war auf den großartigen Einfall gekommen, den Seevögeln riesige flache Plattformen aus Holz ins flache Uferwasser oder auf Pfählen, ins Wasser geschützter Lagunen zu stellen, um die Vögel einzuladen, nicht mehr im Sand, sondern auf den Holztischen zu nisten. Im Sand nämlich werden die Vögel ständig von Wüstenschakalen belästigt, die ihnen die Bruteier stehlen oder die noch nicht flüggen Jungen verschlingen, wenn die Eltern unterwegs sind, um im Meer Nahrung zu fangen. Diese Schakale leben buchstäblich nur von den Seevögeln – oder auch von dem Aas, das an den Plätzen der Seelöwen reichlich genug anfällt.

Die Südwester Küste bis hinauf ins Angolische ist flach, strotzt von gefährlichen Untiefen, so daß sie weiter nördlich des Kreuz-Kaps Knochenküste (Skeleton Coast) genannt worden ist -- nach den Gebeinen der Seeleute, die hier mit ihren Schiffen, vielleicht den Kap-Seglern der alten Zeit, gestrandet und dann in der menschenleeren, süßwasserlosen Wüstenei verhungert und verdurstet sind. Die Flut wäscht immer wieder neue Menschenknochen aus dem Sand der Küste.

Sie warfen sich herum und stürmten, ein wogend wallendes Heer von Leibern, in sinnloser Angst zur Brandung hinunter und warfen sich zu Hunderten und Tausenden in die kochende See. (»Der Robbenschläger vom Cape Cross«)

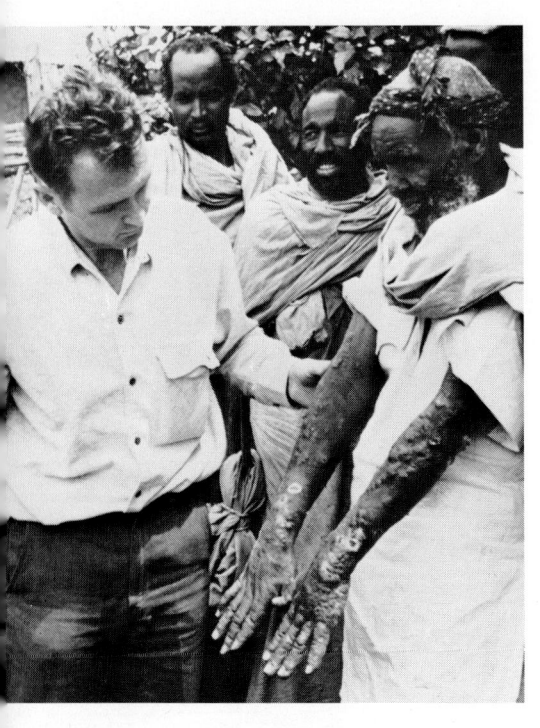

Links: Eines Kranken nach dem anderen nahm sich der junge Arzt an, mit jedem unterhielt er sich leise in seiner Sprache.
(»Dr. Colin McClistoc aus Inverurie«)

Unten: Wenn ich zurückdenke an jene Wochen unter den Vulkanen im Herzen der Insel Java, so beschleicht mich noch heute jenes unheimliche Gefühl. . . .
(»Als der Boden ständig zitterte«)

Unser Schiff hatte sich also weit draußen in der offenen See vor Anker und viel Kette zu legen, so weit draußen, daß die hohen Dünen der Küste kaum noch als eine zarte Linie über der Kimm zu erkennen waren, wenn man angestrengt nach Osten blickte. Eigentlich immer steht hier ein harter Wind von Westen aufs Land zu, der eine ständige schwere Brandung die Ufer hinaufrollen läßt. Kein Ruder- oder Motorboot darf es wagen, diese Brandung zu durchbrechen, also von See her das Land oder von Land her die offene See zu erreichen.

Der beständig aufs Land hinauf wehende Ostwind erregt im Wasser eine Oberflächenströmung in gleicher Richtung. Darauf hatte der Unternehmer im Verein mit dem Kapitän seinen Plan aufgebaut, wie das Holz aus dem Schiff an Land geschafft werden sollte. An Deck des in der groben See schwer vor Anker stampfenden Frachters wurden die Hölzer mit stählernen Trossen und Ketten zu mannshohen Bündeln zusammengeschnürt, über Bord gehievt und dann einfach sich selbst und der gewaltig rollenden See überlassen. Der Plan glückte so hervorragend, daß schließlich keine einzige Planke, kein einziger Pfahl verlorenging. Aber ein Menschenleben ging verloren.

Es mußte anfangs kontrolliert werden, ob die Bretterbündel auch wirklich heil durch die fürchterliche Brandung auf den Strand hinaufgedrückt und nicht im Toben der Brecher aufgelöst, zerfetzt, gebrochen wurden. Es wurde also mit einiger Mühe eine der Barkassen des Frachters zu Wasser gelassen und mit dem Ersten Offizier, dem Bootsmann und zwei Kru bemannt (jenen schwarzen Schiffsarbeitern aus dem Stamme der Kru von der liberianischen Küste, die von den Frachtern der afrikanischen Westküstenfahrt bei der Ausreise an Bord genommen und bei der Heimreise wieder abgesetzt werden. Die Schiffe nehmen also ihre Lösch- und Ladearbeiter gleich für alle Häfen mit).

Der Erste Offizier sollte in der heftig dümpelnden Barkasse den küstenwärts treibenden Holzbündeln auf der Spur bleiben und sich bis dicht an den Brandungsriegel vortasten, um zu beobachten, ob sich die Bündel auch wirklich bis aufs Trockene durchkämpften.

Bei Tisch wagte ich die Frage, ob man von See her über den breiten Brandungsstreifen hinweg überhaupt würde feststellen können, daß die Holzbündel unversehrt das Ufer erreichten. Ich war zwar nur ein elender Passagier, aber zugleich der einzige Mensch an Bord, der diese entlegene Küste schon von Land her gesehen hatte, der also eine Vorstellung davon besaß, welch eine fürchterliche See hier auflief. Ich sagte, nachdem der Kapitän mich bei Tische nochmals befragt hatte: »Gegen diese Brandung ist kein Kraut gewachsen ...!«

Der »Erste« war ein ziemlich hochfahrender Mann von den friesischen Inseln, der aus seinem sorgsam gehüteten Vorurteil gegen Landratten kein Hehl zu machen pflegte: »Das lassen Sie man meine Sorge sein, Herr Johann!«

Natürlich ließ ich das! Ich hatte auch nur meine Meinung zu äußern gewagt, weil ich darum gefragt worden war. Die Sitten auf Frachtschiffen sind mir schon in frühen Jahren in Fleisch und Blut übergegangen; ich weiß, wie man sich dort zu benehmen hat. Vor allem darf man nie bezweifeln, daß die Herren von der Brücke über ein unfehlbares Wissen verfügen in allen Fragen, die im Zusammenhang mit Wind, Wetter und der hohen See auftauchen mögen.

Das Unheil war mit jähem Ansprung über die Barkasse und ihre vier Mann Besatzung hereingebrochen. Wie es dazu gekommen war, wußte keiner hinterher mit Sicherheit anzugeben. Ohne Zweifel hatten der Erste und einer der Kru, der sich besonders scharfer Augen rühmte, im Vorderteil des kleinen Schiffes gestanden und sich irgendwie festgestemmt, um von den harten Bewegungen des auf und ab tanzenden Bootes nicht umgeworfen zu werden. Der Erste hatte versucht, den Weg durch die Brandung, die Gewaltreise der von den groben Seen wie Kinderbälle gebeutelten Holzbündel mit dem Fernglas zu verfolgen. Der Bootsmann hatte am Ruder gestanden und den Motor bedient; der zweite Kru hatte im Heck des Bootes gehockt, bereit einzuspringen, wo er gerade gebraucht wurde.

Langsam hatte der Erste das Boot, dem Bootsmann am Ruder vorsichtige Zeichen gebend, immer näher an jene unsichtbare Linie herangewinkt, an jene schwer bestimmbare Grenze, wo die Seen des offenen, tieferen Wassers sich zu den Brechern der Brandung aufzuteilen beginnen, weil die in die Tiefe reichende Bewegung der Woge von dem zum Ufer ansteigenden Grund hochgedrückt wird. Dabei entsteht ein verhängnisvoller, strandwärts gerichteter Sog.

Ob nun der Erste allzu intensiv nach den Holzbündeln Ausschau gehalten, ob der Bootsmann sich allzu fest auf die Kraft des Bootsmotors verlassen hat – plötzlich ist die Barkasse mit ihren vier Männern in den Sog der Brandung geraten. Der aber war viel zu stark, um vom Rückwärtsgang des Motors aufgehoben zu werden. Der erste überkämmende Brecher, der das Boot von achtern zu packen bekam, hatte es quer zur See geschwenkt und dann mit einer einzigen hochrollenden Bäumung ausgekippt. Der Erste und der Kru im Bug des zum Spielball der Brandung gewordenen Bootes hatten sich nirgendwo festhalten können und waren in die eiskalt kochende See gestrudelt worden. Der Bootsmann am Steuerruder und der Kru im Heck des Bootes hatten sich festklammern können und waren schon nach wenigen Sekunden wieder an die Luft gelangt, als der nächste Brecher die umgestülpte Barkasse erfaßt und wieder auf den Kiel gerollt hatte. Ein Glück im Unglück hatte es dann so gewollt, daß der dritte Brecher übergroß gewesen war, daß das hilflose Boot sich ihm gerade an der richtigen Stelle in seine gläserne Kurve gelegt hatte und von ihm in einem einzigen sausenden Ansturm hoch auf den Sand hinaufgespült worden war.

An Land hatte der Empfänger der Holzladung mit einem Dutzend seiner schwarzen Helfer bereit gestanden, um ebenfalls zu beobachten, ob und wie die Holzballen das Ufer erreichten. Die ganze Aktion war vor der Abreise von Walvis-Bay zwischen Kapitän und Unternehmer sehr genau verabredet worden. Die Männer am Ufer hatten aus der Ferne mit angesehen, wie die Barkasse in die Brandung geriet, waren herbeigestürzt und konnten das auf den Sand hinauffegende Boot in Empfang nehmen, festhalten, höher zerren, so daß der nächste, ebensoweit heraufzüngelnde Brecher es nicht mehr zu erfassen und in das brüllende Getobe der wütend auflaufenden Seen zurückzusaugen vermochte. Der Bootsmann und der zweite Kru hatten das fürchterliche Abenteuer unbeschädigt überstanden, wenn sie natürlich auch keinen trockenen Faden mehr am Leibe hatten. Auch die Barkasse hatte nur geringen Schaden erlitten: ihr Ruder war verbogen und der Motor im Salzwasser ersoffen; beides konnte leicht wieder in Ordnung gebracht werden.

Was aber war aus dem in die brodelnde See gekippten Ersten Offizier und dem anderen Kru geworden? Die bange Frage wurde bald beantwortet. Nur wenige Schritte weiter tauchten bald nach der Strandung des Bootes zwei schlaffe Körper im Schaum der Brandung auf. Die Schwarzen stürmten ihnen entgegen, bekamen sie zu fassen und zerrten sie aufs Trockene hinauf, ehe die nächsten Brecher die willenlosen Leiber wieder in das zornige nasse Element zurückreißen konnten.

Der Erste war bewußtlos. Aus einer Stirnwunde rann ihm ein schmales Bächlein Blut, das aber an der Luft bald versiegte. Der Kru war nicht mehr zu retten. Schrecklich windschief lag er im trockenen Dünensand. Das Rückgrat war ihm gebrochen – vom harten Bordrand der umkippenden Barkasse, von einer auf ihn mit ihren vielen Tonnen an Gewicht niederbrechenden See, vom Aufprall auf den Sand – wer wollte das eine oder das andere mit Sicherheit behaupten? Der Kru war tot, war fern seiner warmen Heimat von der kalten See erschlagen. Der Erste kam nach fünfzehn Minuten wieder zu sich, erbrach sich ausgiebig, wußte eine Weile von nichts und fand sich dann mit brummendem Schädel, aber überraschend schnell in der neuen Lage zurecht, zäher und nüchterner Friese, der er war. Zunächst wurden die dem nassen Tode entgangenen Männer in trockene Kleider gesteckt. Der Unternehmer aus Swakopmund hatte mit seinen Helfern nahebei in den Dünen kampiert und das Holz erwartet. Jetzt wurde er von dem Ersten nach Swakopmund zurückgejagt, damit er von dort über Funk dem Schiff Nachricht gäbe. Das war eine weite Fahrt, und man wußte nie im voraus, ob sie sich ohne Zwischenfälle bewältigen ließ. Aber es gab keine andere Wahl. Eine direkte Verbindung zwischen den Männern an Land und dem weit draußen im tiefen Wasser vor Anker dümpelnden Schiff war nicht herzustellen.

Wir an Bord Zurückgebliebenen hatten allmählich begreifen müssen, daß ein Unglück geschehen war. Es wurde Abend. Die Barkasse kehrte nicht zurück.

Was war zu tun? Der Kapitän konnte unmöglich die Ladung wieder nach Norden mitnehmen. Sollte er nach Walvis-Bay zurückkehren, um dort nach des Rätsels Lösung zu forschen? Zunächst beschloß er, erst einmal an Ort und Stelle abzuwarten, ob nicht doch von irgendwoher eine Aufklärung käme. Der Funker saß in seinem Gehäuse am Brückendeck auf der Lauer.

Der Funkspruch, der dann mehr als vierundzwanzig Stunden später eintraf, ist mir in seiner abgebrühten Kürze unvergeßlich geblieben:

»Three men safe stop one Kru dead stop launch undamaged stop timber sahore stop continue unloading stop beyond Cape landing possible stop Frenssen.«

(Drei Mann gerettet stop ein Kru tot stop Boot unbeschädigt stop Holz an Land stop mit Löschen fortfahren stop jenseits Kap Landung möglich stop Frenssen.)

Frenssen war der Name des Ersten Offiziers. Der Kapitän legte das Telegramm, das der Funker ihm gebracht hatte, als wir beim Abendessen saßen, auf den Tisch und sagte nur: »Sieht Frenssen ähnlich, solch ein Telegramm! Wir müssen morgen die große Barkasse zu Wasser bringen und um das Kap im Norden herumscheppern; in der stillen Bucht dahinter kommt man also an Land. Das Wetter wird sich gleichbleiben. Das ist Ihre Chance, Herr Johann. Wenn Sie mitwollen? Auf Ihre eigene Gefahr natürlich!«

Ja, das war die Gelegenheit, auf die ich gehofft hatte, als ich mich in Walvis-Bay gerade diesem Frachter anvertraute. Ich wollte an Land, wollte wieder die Massen der hunderttausend schwarzbraunen Leiber sich über die Ufersände wälzen sehen, wollte ihren beißenden Fischgeruch im harten salzigen Seewind spüren, wollte wieder ganz unmittelbar die Überfülle des ungezähmten Lebens aus den Weiten des Weltmeers an diesem einmaligen, fast gespenstischen Ort zwischen toter Wüste und der hohen See auf mich einwirken lassen.

Ich hatte gehofft, die Barkasse besteigen zu dürfen, von welcher aus der Erste und der Bootsmann hatten beobachten sollen, ob die Holzbündel, wie gewünscht, durch die Brandung an Land gespült wurden. Der Kapitän hatte mir dies abgeschlagen. Wahrscheinlich aber hatte der Erste sich geweigert, mich mitzunehmen; er hielt Passagiere auf Frachtschiffen eben grundsätzlich für überflüssig. Nun gut; er hatte mich damit vor einem eisigen, lebensgefährlichen Bad bewahrt.

Erst viel später kam mir zu Bewußtsein, wie wenig es uns, die auf dem Schiff Zurückgebliebenen, bewegt hatte, daß bei der Strandung der Barkasse ein Mann der schwarzen Hilfsbesatzung ums Leben gekommen war. Lag das an der Kürze des Telegramms, das uns Frenssen über Swakopmund hatte zufunken lassen? Oder kam einem »schwarzen« Leben keine Bedeutung zu? Die Arbeit der Kru-Leute ist ohnehin stets sehr gefährlich . . . In der Messe, beim Essen wurde das Unglück kaum erörtert, jedoch um so ausführlicher darüber gesprochen, daß das Schiff seine Holzladung nun endlich loswerden konnte.

Aber eine Nacht und einen Vormittag später stand ich vor der immer noch nassen Leiche des »Kru-Jungen«. Der Erste hatte sie nicht gleich begraben lassen, damit am Unfall nicht beteiligte Zeugen von Bord des Frachters sich davon überzeugen konnten, daß dem Mann wirklich das Rückgrat gebrochen worden war. Vor dem toten, kalten Leibe eines Mannes, der vielleicht an meiner Stelle von der See erschlagen worden war, fuhr mir doch der Jammer aller Kreatur wie ein böser Stich ins Herz.

Wir hatten im vierradangetriebenen Fahrzeug auf der Landseite der Dünen bereits die meilenlangen Versammlungsplätze der Seelöwen passiert, allerdings ohne sie zu Gesicht bekommen zu haben, denn über die Dünen hinweg dringen die auf dem Festen sehr schwerfälligen Tiere nicht landeinwärts. Der Westwind hatte uns den beißenden Geruch der aber tausend, dicht gedrängt am Strande lagernden Tierleiber zugetragen. Doch nicht nur ihn!

Vermischt mit ihm, war uns auch ein sehr widerlicher Gestank zugeweht. Der Unternehmer aus Swakopmund hatte am Rande der ruhigen Bucht hinter dem Kreuz-Kap auf uns gewartet (wir hatten den Landeplatz nach drei Stunden zwar holperiger, doch harmloser Fahrt in weitem Bogen um das niedrige Kap von unserem Frachter aus erreicht; das Kommando hatte der junge, aber tüchtige Vierte Offizier gehabt). Jener Besteller und Empfänger des Holzes, ein Herr Brasskopp aus Emden, der aber längst Südafrikaner geworden war, erklärte, daß es Aasgestank sei, was da unsere Nasen beleidigte. An den Landeplätzen der Seelöwen lägen so viele zermalmte Neugeborene, so viele in den Kämpfen der Bullen umgekommene Tiere verrotteten dort, daß die Luft geschwängert sei vom Geruch der verwesenden Leichen. Das ändere sich erst, wenn die Tiere abzögen und die Schakale und Seevögel den Strand wieder säuberten.

Wir begruben den toten Kru in den Dünen und setzten ihm ein einfaches Kreuz. Der Vierte sprach ein Vaterunser. Der Schwarze war christlichen Glaubens gewesen. Der Erste hatte inzwischen ein kurzes Protokoll für die Heimatbehörde des Mannes und seine Familie aufgesetzt, das den Tod in der Brandung feststellte. Der Bootsmann, der Vierte, Herr Brasskopp und ich mußten unterschreiben; der gerettete Kru und ein anderer, der uns um Cape Cross herum begleitet hatte, malten ihre Kreuzchen unter das Schriftstück, und der Erste schrieb ihre Namen daneben, so wie sie mit dem Ohr zu erfassen waren.

Herr Brasskopp erklärte mir noch, daß die Seevögel die hochbeinigen Tische, die er ihnen versuchsweise über dem Strand aufgerichtet hatte, sofort angenommen und ihre Brutplätze dorthin verlegt hätten. Nun waren Eier und Nester vor den marodierenden Wüstenschakalen vollkommen sicher. Die Möwen, Seeschwalben und Lummen hätten das sofort begriffen.

Und dann hatte sich der kluge Mann die riesige Holzmenge aus Finnland oder Schweden bestellt, um sozusagen das ganze Brutgeschäft der Millionen Seevögel südlich vom Kreuz-Kap auf hochgebockte Plattformen zu verlegen.

Nur ein Schwärmer wird sich zu der Vermutung versteigen, Herr Brasskopp habe sein gutes Geld ausgegeben, um die schönen Seevögel vor den bösen Schakalen zu schützen. Nein, so war es nicht! Seevögel leben von Fischen. Sie finden vor dieser ödesten aller Küsten einen reichgedeckten Tisch. Seevögel haben eine vorzügliche Verdauung. Was sie ausscheiden, ergibt Guano, einen überaus wertvollen Pflanzendünger.

Nun bot Herr Brasskopp den Vögeln einige tausend oder zehntausend Quadratmeter an, um sich darauf niederzulassen, ihre Nester anzulegen und in aller Ruhe und Ungestörtheit ihre Geschäftchen zu verrichten. Waren dann die Jungen flügge geworden, so erschien Herr Brasskopp mit seinen Männern, fegte auf den Tischen den Vogeldreck zu Bergen und füllte ungezählte Säcke damit, die dann über Walvis-Bay als wertvoller Cape-Cross-Guano in die Welt hinausgingen, um in den Treibhäusern von Südafrika Salat und Artischocken, oder auf Hollands berühmten Feldern die allerschönsten Blumen sprießen zu lassen. Herr Brasskopp aber ist dabei, wie sich das für einen Menschen mit Phantasie gehört, ein reicher Mann geworden.

Eigentlich war geplant, noch am gleichen Tage wieder aufs Schiff zurückzukehren. Das stellte sich jedoch als unmöglich heraus. Die gestrandete Barkasse mußte auf Rollen gesetzt und zu dem schweren Lastauto geschafft werden, mit dem Herr Brasskopp sich und seine Leute von Swakopmund aus mit Proviant und Material versorgte. Es würde stundenlange Arbeit kosten, das ungefüge schwere Boot auf den Laster zu heben und für den langen, groben Überlandtransport durch die Wüste fest zu verladen. In Walvis-Bay konnten dann die notwendigen Reparaturen am Ruder, konnte die Reinigung des vom Salzwasser überfluteten Motors bewerkstelligt werden. Bei seiner nächsten Reise würde der Frachter seine Barkasse wieder an Bord nehmen.

Der Erste erklärte auch, er wolle noch einmal vierundzwanzig

Stunden warten, um festzustellen, ob die Holzbündel tatsächlich regelmäßig an Land geschwemmt würden. Der Vierte hatte die Nachricht mitgebracht, daß an diesem Tage die Mannschaft des Frachters dreißig der riesigen, fest zusammengeschnürten Holzpakete dem Meer anvertrauen würde. Über Nacht sollten sie das Ufer erreicht haben. Hatten sich also am kommenden Morgen dreißig Bündel am Strande aufgereiht, so war damit erwiesen, daß die gesamte Ladung auf diese Weise sicher ans Ufer gebracht werden konnte, falls das Wetter sich hielt. Damit hatten Schiff und Kapitän und insbesondere der Erste, als der für die Ladung verantwortliche Offizier, ihre Pflicht erfüllt und konnten Kurs nach Norden nehmen, um sich in Lobito oder São Paulo de Luanda den Bauch des Frachters mit neuer Ladung für die Heimreise zu füllen.

Der Bootsmann aber verriet mir im Vertrauen: »Wissen Sie, Herr Johann, so ist das gar nicht. Die verdammten Bündel kommen schon an Land. Das steht längst fest. Aber dem Ersten sitzt der Schock in den Knochen, daß er so haarscharf am Tode vorbeigegangen ist. Ist ja auch beinahe ein Wunder, daß er nicht erschlagen wurde wie der Kru oder in der Brandung ersoffen ist, daß er statt dessen von dem auflandigen Wind und der auflandigen Strömung gleich ans Ufer geschwemmt wurde. Ist sonst hart wie Sohlenleder, der Erste. Aber jetzt bringt er es einfach noch nicht fertig, in der offenen Barkasse drei Stunden lang um das Kap über die leere See zum Schiff zurückzutuckern. Das Wetter ist schmutzig genug. Er braucht noch eine Nacht Schlaf, ehe er sich wieder gefangen hat. Nun werden auch Sie eine Nacht lang hier in der stinkigen Baracke frieren müssen.«

Daraus machte ich mir nicht viel. Und sicherlich hatte der Bootsmann recht; er war schon viele Jahre zur See gefahren, weit länger als der Erste, und hatte schon ein dutzendmal den nassen Tod vorüberrauschen gehört. Er wußte, wie danach den Männern zumute ist. Wie recht er hatte, konnte ich in den Tagen und Wochen der Heimreise merken. Der Erste verrichtete seinen Dienst, war aber deutlich verändert, war in sich gekehrt, blickte niemand an, hörte nicht, wenn man ihn etwas fragte, redete kaum ein Wort; er fing sich nur ganz allmählich. Die anderen Männer an Bord respektierten den Zustand des Mannes, in dem die furchtbaren Minuten in der brüllenden Brandung immer noch nachzitterten, auf eine, wie mir schien, erstaunlich zartfühlende Weise, überließen ihn sich selbst, bis er den Bann, die Betäubung langsam und mühsam wieder abgestreift hatte.

Ich aber hatte einen ganzen Tag an Land geschenkt bekommen und war entschlossen, ihn zu nutzen. Mochten die Männer sich mit dem gestrandeten Boot abquälen, mochten sie versuchen, die angeschwemmten Bretterbündel hoch genug den Strand hinaufzubugsieren, bis sie von der nie nachlassenden Wut der Brandung nicht mehr erreicht werden konnten. Ich machte mir auch nicht viel aus den Guano-Tischen und erst recht nichts daraus, mir von Herrn Brasskopp des langen und breiten vorrechnen zu lassen, wie viele Tonnen des kostbaren Möwenmistes er jährlich zu ernten und »auf den Markt zu werfen« gedachte, wie er sich etwas großspurig ausdrückte.

Ich sagte dem Vierten Offizier, der nach Lage der Dinge jetzt für mich, den Passagier, die Verantwortung trug: »Ich will zu den Robbengründen hinaufwandern und vielleicht ein paar Aufnahmen machen. Sollte ich bei Dunkelheit nicht zurückgekehrt sein, so bin ich bei den Leuten von der Robbenstation über Nacht geblieben. Dort können Sie mich morgen früh wieder aufsammeln, wenn Sie mit dem Ersten und dem Bootsmann nach der Cape-Cross-Bucht hinauffahren, um wieder zum Schiff zurückzukehren. Das bedeutet für Sie keinen Umweg, und ich werde mich morgen früh schon beim ersten Licht bereithalten, um bei Ihnen zuzusteigen, damit Sie nicht zu warten brauchen. Andernfalls finde ich mich heute abend wieder hier ein.«

Dem Vierten war das alles nicht besonders recht. Aber ich wartete nicht weiter, ob der nette junge Mann mir seine Zustimmung gewähren würde, sondern wanderte einfach davon, dicht oberhalb der weißen Schaumlinien, welche die Brandungswellen im Sande zurückließen, ehe sie in die See zurückrannen.

Ein paar Dünen weiter nach Norden war die kleine Gruppe weißer und schwarzer Männer, die sich ameiseneifrig um die angetriebene Barkasse und die gehorsam an Land rollenden Bretterpacken bemühten, schon meinen Blicken entschwunden.

Ich war allein mit mir und der sich langsam auf mich herniedersenkenden Einsamkeit. Zu meiner Linken stürmten die schwärzlichen Zeilen der Brandung unter silbrigen Schaumkronen brüllend gegen das Ufer an, mit einer Wut, die in Jahrtausenden nie erlahmt und stets vergeblich geblieben war, denn das feste Land ließ sich nicht erobern. Zu meiner Rechten erhoben sich die Dünen, die der ewige Wind aus Westen zusammengeweht hatte und noch immer sachte verwandelte, indem er sie landein gleiten ließ. Zuweilen öffnete sich neben mir diese Barriere der Dünen und gab den Blick tiefer ins Land hinein frei, in eine bedrückende, erschreckende Öde, über leere, von Geröll bedeckte, völlig kahle Flächen hinweg, die sich in weiter Ferne zu dunklen Gebirgskanten aufwarfen, den äußersten Westrändern des Südwester Hochlandes.

Keine Spur von Leben weit und breit. Die brüllende, den Strand wie mit Keulen stampfende Brandung auf der einen, die gähnende Ödnis aus Stein und Sand auf der anderen Seite und darüber der stoßende, harte Wind und unendliche Heere von grauen Wolken. Der Mensch dazwischen lächerlich klein und verloren.

Ich stapfte dahin, glücklich in der ungeheuren Einöde – und doch nicht frei von einer aufsteigenden Beklommenheit. Die heulende Leere, durch die ich mich bewegte, machte das Herz flattern. Aber der Verstand sagte mir, daß wenige Meilen weiter nordwärts die Tummelplätze der Seelöwen beginnen mußten. Von den Seevögeln weiter im Süden hinter mir war nicht viel zu sehen gewesen. Herr Brasskopp hatte dafür gesorgt, daß die Holzladung ihr Ziel erreichte, als die Masse der Vögel sich gerade wieder verflogen hatte. Aber die Seelöwen verpaßte ich nicht. Das hatten mir die nicht endenwollenden Schwaden beißender Gerüche verraten, die uns bei der Anfahrt jenseits der Dünen in die Nase gedrungen waren.

Ich bemühte mich, am Rande des feuchten Streifens hinzuwandern, den die unermüdlich aus dem Meer herauflecken den Wogen im Sande zurückließen. Denn wo der Ufersand Zeit gehabt hatte zu trocknen, zeigte er sich grundlos und war nur mühsam zu begehen.

Eine gute Stunde lang stapfte ich voran und fand wieder einmal die alte Erfahrung bestätigt, daß sich Wegstrecken zu Fuß ganz anders darstellen, als wenn man sie im Auto zurücklegt ... Aber irgendwann mußten die Seelöwen vor mir auftauchen. Ich hatte noch fünf Stunden Tageslicht vor mir.

Täuschte ich mich? Ich hielt an und lauschte. Nein, es war unbezweifelbar: über dem Stampfen und Zischen der Brandung, dem Weinen des Windes war ein ganz anderes Geräusch hörbar geworden. Mit was soll ich es vergleichen? Es war, als heulten in der Ferne tausend Kettenhunde, die sich schon heiser gebellt haben, schrill und blechern durcheinander, wobei die Laute zu einem einzigen auf und ab schwellenden, sonderbar stumpfen und zugleich schrillen Getön zusammenflossen. Das war das Gebell der aber tausend Seelöwen. Ich hatte es noch unverwechselbar im Ohr, seit ich, vor Jahren, zum erstenmal in dieser Landschaft gewesen war.

Diesmal wollte ich es klüger anstellen als damals. Die Tierherden erschrecken vor dem aufrecht am Strand heranschreitenden zweibeinigen Wesen und flüchten buchstäblich Hals über Kopf zurück in die Brandung, eine Lawine von schwärzlichen Leibern. Ihnen vermag die Brandung nichts anzuhaben, sie schnellen sich immer wieder hoch aus dem Schaum, aufhüpfende schwarze Keilköpfe über dem hellen Silber, und halten Ausschau nach dem unheimlichen Störer an Land; aber auf den Strand kehren sie nicht zurück, solange der Mensch darauf umherwandert. Nur die neugeborenen Jungen, unbeholfene schwärzliche Fellklumpen, sind im Sand der Küste liegengeblieben; sie können noch nicht schwimmen. Die Mütter sind von der allgemeinen Panik ergriffen worden und haben ihre Kinder am Strand zurückgelassen. Das müssen sie ohnehin von Zeit zu Zeit tun, um vor der Küste ein paar Fische zu erjagen, um nach der Geburt neue Kraft zu sammeln, damit sich Milch für die Neugeborenen bilden kann.

Diesmal also wollte ich mich seitwärts in den Dünen den Robbenplätzen nähern, um die Tiere, hinter den Sandwällen verborgen, von oben her zu beobachten. Es kostete einigen Schweiß, sich den lockeren Sand der Dünenhänge hinaufzukämpfen, hinter ihren Kämmen landein zu verschwinden und dann im nächsten Längstal weiter nordwärts, parallel zur Küste, vorzudringen.

Der wüste Lärm aus Tausenden von Tierkehlen schwoll an zu einem alle anderen Laute schließlich ganz und gar verschlingenden, heiser anmutenden Gebrause, einem wilden Gesang der Urwelt. Zuweilen stach ein einzelnes Aufbellen wie ein spitzer Schrei daraus hervor, erhob sich sekundenlang als eine grelle Laut-Fontäne über dem Ton-Gewoge.

Erst als zu den wie eine unsichtbare Flut mich umtosenden Geräuschen sich auch noch der Geruch der unzähligen Tierleiber, vermischt mit der widerlich süßen Ausdünstung verwesenden Fleisches, über den Dünenkamm zu mir herniederdrängte, wußte ich, daß ich den Strand, auf dem in langer Front über der Brandung die Tiere versammelt waren, hinter der Düne zur Linken neben mir haben mußte. Denn der Wind stand hart und genau aus Westen landein, ließ also meine Nase wissen, wo die ersten Seelöwen den Strand besetzt hielten.

Aber noch versuchte ich nicht, den langgestreckten Sandwall neben mir zu erklimmen. Erst wollte ich noch eine Meile oder eine halbe weiter nach Norden vordringen. Erregung hatte mich gepackt. Der tobende Lärm, der durchdringend scharfe Gestank aus den vielen tausend dem Meer entstiegenen Leibern umbrandete, umschäumte mich mit unheimlicher Macht, löschte die übrige Welt vollkommen aus.

Schließlich hielt ich die Zeit für gekommen, die Tiere nicht nur zu hören und zu riechen, sondern auch zu sehen. Ich schob mich sachte, bei jedem Schritt einen halben wieder zurückrutschend, den Sandhang zu meiner Linken so weit hinauf, daß ich über seinen Kamm meerwärts blicken konne.

Soweit das Auge reichte, nach rechts und links, nach Norden und Süden über dem Brandungsstreifen drängten sich die walzenförmigen Tierleiber dicht gepfercht über den auslaufenden Seen, vereinzelt weiter den Sand hinauf zu den Dünenhängen. Bis in die Ferne, wo es verschwamm, dehnte sich das Band der Leiber, schwarz vor dem weißen Schaum der Brecher, auf dem fahlen Gelb des Sandes, unter den tief hängend ins Land hinein gehetzten Wolken. Ich glaubte es nun: hunderttausend oder mehr der schwarzen, feisten Leiber mochten sich dort drängen; sie waren nicht zu zählen, nur zu schätzen.

Auf den ersten Blick verriet die ungeheure Versammlung nur wenig an Bewegung. An Land vermögen sich die im Wasser torpedoschnellen Leiber nur ungeschickt und hoppelnd, auf ihre Flossen gestützt, vorwärts zu schieben. Aber bald unterschied ich am Innenrand der schwarzen Kolonnen riesige Kolosse, die sich, halb aufgerichtet, gegenüberstanden, um sich dann immer wieder mit der Wucht von wildgewordenen Dampfwalzen aufeinander zustürzen und sich die Zähne in die Schwarten zu schlagen: erwachsene Männchen, die um ihren Harem, um ihren Hochzeits- und Familienplatz kämpften.

Nur ein Dutzend Meter unter mir, dort, wo die Düne sich aus dem flachen Strand aufzusteilen begann, lagerten drei gewaltige Leiber mit zerfetzter, blutbedeckter Haut im Sand, alle drei mit ausgelaufenen Augen. Ich wußte es schon von früher: wenn bei den Kämpfen zwischen den viele speckig feiste Zentner schweren

Bullen eines der vor Wut rasenden Tiere die Oberhand gewinnt und das andere, aus vielen Wunden blutend, schon geschwächt ist, aber die Niederlage noch nicht eingestehen will, dann stößt der Stärkere dem Schwächeren in plötzlichem Anprall erst ein, dann das andere Auge aus und besiegelt damit den eigenen Sieg und des anderen Tod.

Die wesentlich leichteren und zierlicheren Weibchen liegen scheinbar völlig unbeteiligt dicht neben den Turnierstätten und warten ergeben ab, welcher Bewerber den Sieg davontragen wird. Die Männchen achten darauf, daß die erwählten Weibchen den einmal eroberten und abgesteckten engen Hochzeitsplatz nicht verlassen; wahrscheinlich dürfen sie erst dann wieder in die See zurückkehren, wenn die ewig von neuen Konkurrenten bedrängten Männchen Zeit gefunden haben, sich mit ihren Damen zu paaren. Viel Zeit zum Schmachten und Werben wird ihnen nicht zugestanden, denn noch unbeweibte Männchen liegen überall auf der Lauer.

Zwischen den Kampfplätzen und den Haremsgruppen liegen andere Weibchen, die ihre Jungen absetzen oder schon geboren haben, kleine, schwärzliche Fellkugeln, die sich noch kaum fortbewegen können und ewig nach der Mutter umherquäken. Die jungen Männchen, die noch nicht wagen können, sich auf ernsthafte Kämpfe mit erfahrenen, narbenbedeckten älteren Recken einzulassen, halten sich in geschlossenen Herden abseits der breiten Bühne, wo Zeugung, Geburt und Tod so dicht beieinander wohnen, und vertreiben sich die Zeit damit, sich spielerisch zu balgen und in der wilden Brandung ihre Schwimmkünste zu vervollkommnen.

All dies und noch vieles andere konnte ich über den Kamm der Düne hinweg, auf der ich im Sande lag, beobachten; das ungeheure Schauspiel sich gleichsam aus sich selbst zeugenden tierischen Lebens hatte ich unmittelbar vor Augen. Nirgendwo sonst hatte sich mir eine solche Manifestation dessen, was auf dieser unserer Erde Leben bedeutet, dargeboten: gewaltig, unbezähmbar, ohne Scham und Hülle.

Aber ich war auch gekommen, um diese Bilder mit der Kamera einzufangen. Die Voraussetzungen dazu waren alles andere als günstig. Das Licht war grau, flach, fahl, warf keine Schatten, verschluckte alle Farben und Kontraste. Dazu war die Luft von dem salzigen Wasserstaub erfüllt, der sich aus dem Gischt über der

Brandung erhob und landein geweht wurde. Die Objektive der Kamera würden sofort davon benetzt und beschlagen werden. Das Teleobjektiv konnte ich nicht benutzen, es war zu dunkel für kurze Belichtungszeiten – und ein Stativ konnte ich erst recht nicht aufbauen. Für das Normalobjektiv aber war ich zu weit von den Tieren entfernt, um Aufnahmen mit eindrucksvollen Einzelheiten zu versuchen. Und obendrein bin ich kein passionierter Fotograf und hasse eigentlich die komplizierten Apparaturen mit ihren zahlreichen Möglichkeiten, irgend etwas Entscheidendes zu vergessen oder falsch zu machen.

Aber ich war nun einmal da. Ich hatte gar keine andere Wahl, als wenigstens zu versuchen, die unerhörte Szene auf den Film zu bannen. Dazu aber mußte ich meinen versteckten Ausguckposten aufgeben. Ich machte also meine Kamera schußfertig, erhob mich plötzlich zu voller Lebensgröße und stürmte mit langen, rutschenden Sätzen den Hang der Düne hinunter, um so dicht wie möglich an den Wall der schwarzen Leiber am Strande heranzukommen.

Das Gebrüll und Gebell der Tiere schwoll zu einem ohrenbetäubenden Furioso an. Sie hatten den plötzlich von der Höhe auf sie hinunterstürzenden Bedroher sofort bemerkt. Eine fürchterliche Panik brach über sie herein. Obgleich mich ein einziger der tonnenschweren Bullen mit seinen Zähnen hätte zerfetzen, unter seinem Walzenleibe hätte begraben können, schien nicht einmal eine Ahnung möglichen Widerstandes in den Tieren aufzudämmern. Sie warfen sich herum und stürmten, ein wogend wallendes Heer von Leibern, in sinnloser Angst zur Brandung hinunter und warfen sich zu Hunderten und Tausenden in die kochende See. In wenigen Sekunden war der Strand vor mir wie leergefegt. In der Brandung aber stießen viele spitze schwarze Köpfe aus dem Gischt und Schaum in die Höhe, um nach dem unheimlichen Wesen Ausschau zu halten, das den Strand ganz für sich allein beanspruchte.

Ganz für sich allein? Nein, da krochen sie hier und da im zerwühlten Sand und quiekten kläglich: die von den Müttern zurückgelassenen Jungtiere, die vielleicht noch nicht sehen, erst recht nicht fliehen oder schwimmen konnten. Ich sah, was ich angerichtet hatte: nicht wenige Junge lagen leblos; sie waren unter die Lawine der ins Meer flüchtenden Leiber geraten und elend zerquetscht worden. Auch einige der abgekämpften Bullen hatten nur schwächliche Versuche unternommen, die schützende Brandung zu erreichen, hatten sich mühsam aufgerichtet und waren wieder zu Boden gesunken, schwere Haufen verblutenden Fleisches, geblendet, dem sicheren Tode nahe. Aber wenn ich mich den sterbensmatten Kolossen näherte, dann stieß die fremde und feindliche Witterung des Menschen die Tiere hoch. Mit letzter Kraft richteten sich die todgeweihten alten Kämpen auf und versuchten blind den Angriff. Ich konnte mich in dem tiefen, schmierigen Sand nur unbeholfen fortbewegen und mochte es auf nichts ankommen lassen. Ich gestehe auch, daß die gewaltigen, mit Blut und Schleim und Sand besudelten Riesen mit den leeren Augenhöhlen mir Grauen einflößten. Soviel Schmerz, Qual und Zerstörung bei aller Überfülle des Lebendigen!

Wozu?

Ich bin dann dicht über den Zungen der Brandung auf dem feuchten, zum Teil übel verschmutzten Sand langsam weiter nordwärts gewandert. Der breite Kranz der schwarzen Leiber wich vor mir in immer gleichem Abstand von dreißig, vierzig Schritten ins Meer hinunter und gab mir den Weg frei, um sich erst weit hinter mir wieder aufs Land hinaufzuwagen.

Ein Mensch, ein einziger, kommt den Strand entlanggeschritten, langsam, ohne eine Geste, die Angriff oder Drohung bedeuten könnte, aber aufrecht auf seinen zwei Beinen und scheinbar furchtlos, kommt daher wie das Schicksal – und Tausende von schweren wilden Tieren geben ihm den Weg frei, flüchten in namenlosem Schrecken, wie vor einem unbezwinglichen Verhängnis.

Ich fragte mich, ob ich darin eine Bedeutung zu suchen hätte, ob damit ein Zeichen gesetzt wäre für die sonderbare Ordnung auf dieser Erde, welche die Heimat der Tiere ist wie die der Menschen.

Ich wußte keine rechte Antwort, und deshalb fragte ich den Mann, der bei den Robben lebte und ihnen zu dem Blutzoll, den sich die Tiere selber auferlegten, noch einen weiteren abverlangte, der nicht in der natürlichen Ordnung oder besser Unordnung der Dinge vorgesehen ist.

Nach einer weiteren guten Stunde des Marsches hatte ich, nachdem die Parade der in der Brandung tanzenden Tiere bis zu ihrem letzten böse bellenden Jungbullen an mir vorbeigeglitten war, die Station der Robbenschläger erreicht, eine Gruppe niedriger, mit

Teer gestrichener Holzhütten, die mein Ziel gewesen war. In dem schwarzen Wohnhäuschen in einer steinigen flachen Mulde über dem hier dünenlosen Strand hatte ich niemand vorgefunden. Aber die Tür war nicht verschlossen gewesen. Also mußte der Bewohner irgendwo zu finden sein.

Ich fand ihn in dem offenen Schuppen, in welchem in mehreren hohen Türmen die Felle der geschlagenen Robben, gereinigt und reichlich eingesalzen, gestapelt wurden: ein untersetzter Mann in dunklem, fettigen Arbeitsanzug war damit beschäftigt, die Felle zu zählen und das Ergebnis in eine abgegriffene Kladde einzutragen. Wenn er sich an den Stapeln zu schaffen machte, ragte ihm das Notizbuch aus der Rocktasche und sein großer Schreibstift hinter dem Ohr hervor. Er begrüßte mich erstaunlich gleichmütig:

»Habe schon gemerkt, daß jemand die Robbenstrände entlangkommt – weiß genau, wie die Tiere brüllen, wenn irgendwas sie plötzlich ängstigt. Sie sind einer von den Schiffsleuten, nicht wahr, die heute früh von der Kreuz-Bucht zu Brasskopp gefahren sind? Oder irre ich mich?«

Nein, er irrte sich nicht. Der Mann schien alles zu wissen, was sich im Zehn-Meilen-Umkreis in seiner Einöde abspielte. Er hatte mich Deutsch angesprochen, als verstehe sich das von selbst. Auf dem Boden von Südwest-Afrika, wo Deutsch immer noch gleichberechtigt neben Afrikaans und Englisch gesprochen wird, ist das nicht allzu ungewöhnlich. Es war kein grobes Deutsch, das der Mann im speckigen Overall gesprochen hatte, sondern ein nach Wortwahl und Aussprache reines Hochdeutsch. Ich konnte mich nicht enthalten zu fragen: »Warum nehmen Sie an, daß ich Deutscher bin? Sehe ich so aus?«

Er steckte seine Kladde in die Tasche, hatte den letzten Fellstapel kontrolliert und schlug sich mit seinem langen dicken Bleistift in die hohle Hand; ein freundliches und zugleich spöttisches Lächeln breitete sich über sein stoppeliges Gesicht:

»Ein deutscher Dampfer da draußen auf der Reede. Eine Barkasse, die einen deutschen Schiffsmaat und Bootsmann an Land gespült hat. Einer von meinen Schwarzen hat es mir erzählt, der heute früh hierherkam, um zu fragen, ob sie noch weitere Tage helfen könnten, das Holz für die Vögel an Land zu schaffen. Bei mir ist zur Zeit nicht viel zu tun. Sollen die Burschen bei Brasskopp ein paar Schillinge hinzuverdienen. Ich drücke beide Augen zu. Der alte Schulz in Swakopmund, dem der ganze Robbenpelz-Laden gehört, verdient ohnehin mehr an diesem wohlorganisierten Kindermord von Bethlehem, als er jemals in seinem verschimmelten Dasein verdient hat zu verdienen. Außerdem bin ich ganz gern einmal allein hier auf der Station, ohne ständig das gestrenge Kindermädchen für meine fünf Ovambos spielen zu müssen.

Das alles klang erst recht ungewöhnlich. Unter einem Robbenschläger hatte ich mir eine ganz andere Sorte von Mann vorgestellt, einen groben, finsteren, wortkargen Patron mit primitiven Manieren, wenn überhaupt mit welchen ...

Nun stand mir da in dem verschmierten Arbeitskleid so etwas wie ein verkappter Gentleman, ein Herr, gegenüber. Ich schaltete schnell:

»Darf ich mich vorstellen. Mein Name ist Johann. Ich bin der einzige Passagier auf der ›Malindi‹, dem Schiff auf der Reede, das die Hölzer für Brasskopp an Land setzt. Ich habe eine lange Reise durch Afrika hinter mir und bin auf der Heimfahrt, ungefähr wenigstens, in Etappen. Ich bin Journalist.«

Der Mann hatte aufmerksam zugehört. Schnell fragte er: »Wie war der Name, bitte?«

»Johann«, wiederholte ich. »Alfred Ernst Johann!«

»Sieh mal einer an, wat es nich allens jibt!« erwiderte er, plötzlich in ein beinahe echtes Hamburgisch verfallend. »Da kommen Sie doch, bitte, einmal mit in meine kärgliche Hütte. Ich will Ihnen etwas zeigen.«

Der Aufenthalt in dem durchdringend nach Salz und Salpeter duftenden Schuppen war mir ohnehin nicht sympathisch. Die »kärgliche Hütte« war von außen in der Tat äußerst kärglich anzuschauen. Die mit schwarzer Teerpappe verkleideten Wände wirkten triste, ja abstoßend. Wenn es auch in dieser Gegend so gut wie niemals regnet, so frißt doch die ewig landein wallende feuchte Salzluft Holz und Eisen nach kurzer Zeit schon an. Die Holzbude mit Teerpappe zu verkleiden, war also sicherlich sehr notwendig gewesen – aber an die sogenannte Schönheit hatte kein Mensch dabei auch nur einen einzigen Gedanken verschwendet. Die Ovambos, die jetzt bei Brasskopp ihren mageren Lohn mit ein wenig von meinem Gastgeber genehmigter Schwarzarbeit aufbesserten, schliefen am anderen Ende dieses kleinen Unternehmens zur Aufbereitung von Robbenpelzen.

»So weit weg wie möglich, wissen Sie, Johann! Es sind ja manchmal wirklich nette Burschen, die Ovambos, die sich hierher verpflichten. Aber die Öde und Einsamkeit, die schmutzige, schmierige Arbeit ist ihnen so ungewohnt, geht ihnen derart auf die Nerven, daß sie unaufhörlich miteinander schnattern und schwatzen, damit die Leere ringsum ihnen nicht die Luft abwürgt. Ich kann das nicht hören. Wenn die Arbeit vorbei ist, will ich meine Ruhe haben. Dazu bin ich hergekommen.«

Ich meinte dagegen: »Das kann ich verstehen. Ich habe nie aufgehört, mich darüber zu wundern, was die Schwarzen unausgesetzt zu diskutieren haben. Aber wieso Ruhe? Ruhe herrscht hier keineswegs. Der Wind pfeift um die Felsen. Das Geräusch der Brandung hört gewiß niemals auf. Und zu allem Überfluß dringt auch noch das Gebrüll der Seelöwen bis hierher; wahrscheinlich hört es auch in der Nacht nicht auf und verstummt wohl erst, wenn die Tiere für ein paar Monate wieder abgezogen sind.«

»Stimmt, stimmt! Sie ziehen übrigens nie allesamt fort; kleine Horden von männlichen Jungtieren bleiben da und freuen sich, daß sie die endlosen Strände ganz für sich allein haben. Dann sind meine Ovambos wieder nach Hause gezogen. Besucher, die sich die Robbenplätze anschauen wollen, tauchen dann nicht auf; sie beehren mich sowieso nur sehr selten. Cape Cross liegt zu weit ab von allen Wegen. Herr Schulz erscheint für ein paar Tage, um die Gebäude und Geräte zu reparieren, er nimmt die dann transportfähigen Pelze mit, rechnet mit mir ab und registriert meine Proviantwünsche. Im übrigen bin ich allein. Der Wind und die Brandung hören nicht auf, mir Musik zu machen und die Zeit zu vertreiben. Irgend etwas gibt es hier immer zu tun. Und im übrigen lese ich die Zeitungen des vergangenen Halb- oder Vierteljahres – je nachdem, wie lange Schulz sich nicht hat blicken lassen. Er weiß, daß ich sehr böse werde, wenn er die mitgebrachten Zeitungen nicht genau der Reihenfolge nach stapelt. Ich drehe dann den Stapel um und fange mit der untersten, der ältesten also, an. Jeden Tag lese ich eine Ausgabe, nicht mehr – und erlebe das Weltgeschehen genauso mit wie die Leute daheim in der Stadt, bloß um drei, vier Monate verzögert. Und dann hat man ja Bücher. Schulz nimmt jedesmal eine lange Bestell-Liste mit. Bücher – zum Beispiel diese!«

Er trat in dem großen Raum, der neben einer Küche fast die ganze Hütte beanspruchte, an ein hohes Büchergestell an der Schmalwand des Hauses und zog einen Band heraus. »Mit zwanzig Dollar ...« las ich, von A. E. Johann. Er zog ein anderes Buch hervor: »Der unvollkommene Abenteurer« von A. E. Johann, dann »Groß ist Afrika« und »Die Wildnis«.

»Sehr amüsant!« sagte er, »sehr unterhaltsam, wärmt auch ein bißchen das Herz. Nicht eben große Literatur, was auch immer man sich darunter vorstellen mag, aber gut zu lesen. Bücher, die schwierig zu lesen sind, kann ich hier in meiner Abgeschiedenheit nicht gebrauchen. Mangels anderer Partner unterhalte ich mich mit den Autoren. Aber wenn die Autoren sich umständlich oder gar unverständlich, wenn sie sich vertrackt oder manieriert ausdrücken, dann kann ich mich nicht unterhalten. Ich habe weder Lust noch Zeit, anderer Leute Abrakadabra oder Privatgenuschel aufzudröseln. Ich lese nur Leute, bei denen die Sätze vorne anfangen und hinten aufhören, Leute, die mich nicht mit ihrem privaten oder intimen Scheißdreck belästigen. Deshalb ziehe ich im allgemeinen Bücher aus England oder Amerika solchen aus Deutschland vor. Ich habe den Eindruck, daß in Amerika und England die Verleger viel besser darauf aufpassen, daß Bücher für Leser geschrieben werden, die sich für gutes Geld ein paar Stunden Belehrung oder Unterhaltung einhandeln wollen, und nicht für die Kritiker, die Professoren oder den sogenannten Nachruhm. Aber jetzt werde ich mich erst einmal waschen und umziehen, Herr Johann. Und dann machen wir es uns für den Rest des Tages und die Nacht gemütlich. Sie bleiben über Nacht hier! Was wollen Sie jetzt noch die fünf Meilen bis zu Brasskopps Camp zurücklaufen? Ich sorge schon dafür, daß Sie morgen den Landrover nicht verpassen, der die Schiffsleute wieder nach der Kreuzbucht bringt. Ihrem Ersten Offizier hätte ich im Vorbeigehen ganz gern ein paar Worte ins Stammbuch geschrieben. Thema: wie weit man sich mit einem durchschnittlichen Motorboot an einen Brandungsriegel herantrauen darf, dessen Tücken man nicht genau kennt. Der Kru-Mann könnte immer noch leben und seiner schwarzen Mammi an der Guinea-Küste einen Haufen Geld mitbringen zum Verjubeln! Den Ersten sollte man wegen fahrlässiger Tötung vor Gericht stellen. Aber das wird natürlich nie geschehen! Was kommt es schon auf einen Kru an! Wenn der weiße Bootsmann in der Brandung geblieben wäre, ja, das wäre natürlich eine ganz andere Sache gewesen. Es juckt mich ordentlich, Ihrem Ersten das aufs Butterbrot zu schmieren. Ein anderer wird es ja doch nicht tun!«

Der Robbenschläger stürzte mich von einer Überraschung ohne Pause in die nächste. Ich widersprach jedoch: »Kaum! Aber der Erste, glaube ich, weiß das alles selbst, besser als irgendwer sonst. Und er kaut verzweifelt daran herum. Den Eindruck hatte ich, als ich ihn nach unserer Ankunft im Lager von Brasskopp wiedersah.«

»Ja!«, mein Gastgeber lachte scheppernd, »kaut er daran herum, daß er einen Kru auf dem Gewissen hat – oder fürchtet er nur, daß es einer gemerkt hat, der ihm die Karriere und das Kapitänspatent verderben könnte? – In einer Viertelstunde bin ich wieder da. Machen Sie es sich inzwischen in meinem einzigen Sessel bequem. Falls Sie sich waschen wollen – vor der Tür um die Ecke links im Windschatten ist Seife, Süßwasser und Handtuch für eventuelle Gäste zu finden – und dann schnurstracks auf den Fußpfad weiter das bewußte Häuschen mit dem Herzen in der Tür. Sehr kalt ist es bei mir nie, sehr warm allerdings auch nicht, sonst ist alles leidlich komfortabel.«

Ich benutzte die angebotenen Gelegenheiten. Der Nachmittag neigte sich schon. Das graue Licht, das durch die Wolken filterte, wurde schwächer und matter. Ich sah mich um, nachdem ich mir die Hände abgetrocknet hatte. Der Wind weinte um die schüttere Versammlung geduckter schwarzer Hütten zwischen den flachen Hügeln. Von weitem murrte hohl die Brandung, wie schon seit ungezählten Jahrtausenden. Die Trostlosigkeit war kaum zu übertreffen. Und doch hatte sich hier ein offenbar kluger und gebildeter, gewiß auch, im geheimen, zänkischer oder querköpfiger Mann niedergelassen und befand sich, wie er mir deutlich gemacht hatte, durchaus wohl. Und er hatte einige Bücher von mir, deren Schwächen ich nur zu gut selber kannte, sachlich und nicht unfreundlich kritisiert, was zwar nicht wichtig, aber nett war.

Etwas anderes interessierte mich viel mehr: wie kam solch ein Mann an diesen unbeschreiblich öden und entlegenen Ort? Wie ertrug er es, von Berufs wegen hilflose Robbenbabys zu erschlagen – denn nur die Neugeborenen ergeben handelbare Pelze –, ihnen das Fell über die Ohren zu ziehen, den Tran aus kleinen, blutigen Leibern zu kochen, die Felle zu säubern, zu spannen, zu salzen, zu stapeln und schließlich, genau gezählt, klassifiziert und registriert, dem alten, dicken Schulz nach Swakopmund zu liefern?

Wir hatten gut gegessen. Ich hatte einen gehörigen Hunger mitgebracht, denn seit einem frühen Frühstück auf dem Schiff hatte ich nichts zu mir genommen. Herr Anton Lämple – ein Robbenschläger, der Lämple heißt! – hatte sich als ein deftiger Koch erwiesen. Ich hatte darauf bestanden, ihm beim Abwaschen zu helfen – und danach half ich ihm, mir auf einer schon reichlich ausgelegenen Chaiselongue ein simples Nachtlager zu bereiten.

Dann hatte er uns einen steifen Grog von unverschnittenem Jamaica-Rum gebraut. Auf dem Kanonenofen – er wurde mit Kohle geheizt – summte der Wasserkessel, um uns mit heißem Wasser für weitere Grogs zu versehen. Die Petroleumlampe verbreitete ihr sanftgelbes Dämmerlicht. Manchmal flötete der Wind auf der Ritze der Außentür. In den Ecken des großen Raums hockten schwarze Schatten, aber von der hohen Bücherwand ging ein matter, bunter Glanz aus. Wir saßen uns an einem niedrigen, klobigen Tischchen gegenüber, das sich mein Gastgeber, wie er nicht ohne Genugtuung bekannte, selbst aus Driftholz gezimmert hatte.

»Ich denke immer wieder darüber nach, von wo das Holz zu diesem Möbel hergeschwommen sein könnte – aus Südamerika, das ist am wahrscheinlichsten. Zeit zum Nachdenken hat man hier ja genug.«

»Wirklich? Wenn ich mir klar mache, was alles hier auf der Station zu tun ist – und Sie sind der einzige, der lesen und schreiben kann und in allen Dingen die Übersicht behalten muß –, da kann wohl nicht viel Zeit zum Sinnieren bleiben. Schließlich müssen die Tiere erst an den Robbenplätzen geschlagen, hereingebracht, enthäutet werden, ehe die Felle bearbeitet werden können. Aber die eigentliche Schlägerei überlassen Sie wahrscheinlich den Schwarzen.«

»Das ginge gar nicht«, erwiderte Herr Lämple sachlich. »Die Schwarzen fürchten sich vor den Bullen. Auch weichen die Robben vor den Schwarzen längst nicht so selbstverständlich zurück wie vor einem weißen Mann, wahrscheinlich weil die Ovambos zu zaghaft auftreten. Und dann schlagen sie zu oft daneben, und die Jungtiere müssen sich quälen. Sie müssen nach dem ersten Schlag auf der Stelle tot sein. Nein, das Schlagen muß ich selbst besorgen. Die Schwarzen karren die toten Tiere dann herein. Auch beim Abhäuten muß ich dabei sein, damit die Felle unversehrt von den Kadavern kommen. Ich muß die Augen überall haben. Meine Ovambos sind nicht schlecht. Aber man darf sie nicht aus den Augen lassen.«

Ich habe wohl etwas bestürzt ausgesehen nach diesen Eröffnungen. Lämple lachte und fuhr fort: »Ich sehe es Ihnen an: Sie halten mich für einen Unmenschen, weil ich jedes Jahr an die fünftausend Jungrobben umbringe. Als ich mich vor Jahren zu diesem Posten hier entschloß – unter der Bedingung übrigens, daß ich der einzige Weiße bin, der hier ständig am Platze bleibt –, habe ich mich auch widerlich gefunden. Ich hatte meine Vernunft und Einsicht sehr zu strapazieren, um zu der Überzeugung zu gelangen, daß der Herr Metzgermeister Kalbshax aus Ulm oder Rosenheim ein sehr honoriger Mann sein kann, obgleich er fortgesetzt Schweine, Rinder, Hammel und drollige Kälber umbringt. Keiner trägt es ihm nach, und er braucht deswegen nicht zur Beichte zu gehen, deswegen bestimmt nicht. Was ist das schon für ein Unterschied: ob ich Tiere umbringe, damit sie verspeist werden, oder damit ihre Felle ein paar feine Damen im Winter warm halten? Ich sehe keinen Unterschied. Getötet wird hier wie da. Es kommt nur darauf an, daß es ohne Quälerei geschieht – und darauf bin ich allerdings sorgfältig bedacht.«

Er hatte natürlich recht. Aber ich war trotzdem nicht ganz befriedigt: »Besteht nicht doch ein Unterschied? Das Vieh des Herrn Schlächtermeisters Kalbshax ist sozusagen auf Erden vorhanden, um geschlachtet und verzehrt zu werden. Aber die Robben an dieser Küste? In der grenzenlosen Freiheit der Weltmeere großgeworden, niemandem untertan als der eigenen Lust und dem eigenen Willen. Und dann strömen sie, wenn die Weibchen die Jungen ausgetragen haben, an diesem gottverlassenen Strand zusammen, um zu gebären, zu spielen, zu kämpfen, sich erneut zu paaren, ein wilder Überschwang der ungebändigten und vom Menschen gar nicht zu beeinflussenden Natur. Wir aber schleichen uns hin, hetzen die Mütter ins Wasser und knüppeln ihnen die Babys tot, zerren ihnen die zarten Fellchen von den armseligen kleinen Körpern, damit später irgendeine Gans in New York oder London damit prunken kann. Ich muß gestehen: ich könnte der ganzen Geschichte keinen Geschmack abgewinnen, Herr Lämple!«

Ich erschrak über mich selber. Ich hätte meine Meinung nicht so unverblümt aussprechen dürfen. Ich merkte, daß ich einen Fehler gemacht hatte. Lämple lachte plötzlich gar nicht mehr, er blickte mich finster an: »Ich glaube, Sie zu gut aus Ihren Büchern zu kennen, Herr Johann, als daß ich annehmen sollte, Sie wollten mich beleidigen.«

Ich beeilte mich zu sagen: »Unsinn! Nur um der Diskussion

willen habe ich mich so deutlich ausgedrückt. Und dann, verzeihen Sie, ich kann Sie mir nicht als Metzgermeister vorstellen. Sie kommen aus einer ganz anderen Ecke. Ich irre mich bestimmt nicht.«

»Allerdings nicht!« bekannte er, abgelenkt, wie mir schien, worüber ich erleichtert war. »Ich bin als Minen-Ingenieur ins Land gekommen – nach dem letzten Krieg, der ja nicht nur die deutschen Städte zerstört hat, sondern zum Beispiel auch meine Ehe. Obendrein saß mir, wie vielen anderen, das Grausen vor dem in den Gliedern, was ich in der russischen Kriegsgefangenschaft erlebt habe. In Hof, wohin der Krieg meine Frau, die nicht mehr meine Frau war, verschlagen hatte, war man den Russen noch viel zu nahe für meinen Geschmack. Ich überließ also meine ehemalige Frau dem netten Oberleutnant aus Baltimore, der sie über mich, dem in Workuta verschollenen Ehemann, hinweggetröstet hatte. Ich war nämlich wegen eines ziemlich idiotischen Fluchtversuchs in ein Schweigelager gesteckt worden, aus dem ich drei Jahre lang nicht schreiben durfte. Ich ging ins Ruhrgebiet, fand dort auch eine bescheidene Anstellung bei »Gelsen-Berg« und kam so langsam wieder zu mir. Nur die Flucht vor den Russen, mit der wurde ich nicht fertig. Wenn es eine Statistik darüber gäbe, aus welchen – wahren und nicht nur vorgeschützten – Gründen in den fünfziger Jahren, besonders an ihrem Anfang, deutsche Männer in Scharen nach Übersee ausgewandert sind, ich glaube, die in der sowjetischen Gefangenschaft erlebten Schrecken würden mit an allererster Stelle stehen.«

Ich warf ein: »Ich denke, auch heute noch sind diese Schrecken bei allen, die in russischer Gefangenschaft gewesen sind, noch keineswegs überwunden und vergessen. Das wird unsere Beziehungen zur Sowjetunion noch lange belasten. Ändern kann sich das erst, wenn in Deutschland jüngere Leute Politik machen, die Krieg und Nachkrieg nur noch vom Hörensagen kennen.«

»Ich hatte gar keine Chance, dem Krieg auszuweichen. Leute, die Politik machen – bah! Politik ist für mich immer ein widerlicher Betrug gewesen, verübt von wenigen Geschickten an den vielen, wobei es sich im Vordergrund stets mit lautem Blah-blah um das Interesse der vielen, in Wahrheit stets um den Machtwillen und das Eigeninteresse der wenigen handelt, die in den vielen nichts weiter sehen als ein mit Geschick und List nach Belieben formbares ›Material‹. Aber lassen wir das! Daran wird wohl nie etwas zu ändern sein. Es ging mir sonderbar damals in Gelsenkirchen. Auf der einen Seite ließ mich die Angst davor, daß ›die Russen kommen‹, wie es so gesagt wird, nicht los; das war, als wenn man des Nachts in einem dunklen Zimmer eine Maus oder eine Ratte nagen hört und nicht in den Schlaf findet, obgleich das nur ein ganz leises Geräusch ist und gar nicht bedrohlich klingt. Auf der anderen Seite tauchten aus meiner Erinnerung – je mehr sich mein Dasein wieder verbürgerlichte – die großen, dunklen Wälder auf, die ich in den Jahren der Gefangenschaft kennengelernt hatte, dort, im hohen Nordosten des europäischen Rußland. Es herrscht ja nicht dauernd Winter dort oben. Die Sommer fluten über die unermeßlichen Wälder des Nordens hin wie ein Rausch. Die Arbeitsbedingungen, die uns auferlegt waren, konnten kaum härter sein. Glücklicherweise ließ mich meine Gesundheit nicht im Stich. Wem das passierte, der war verloren. Mir blieb immer noch genügend Kraft, mich mit den blühenden Wäldern, den bunten Waldwiesen, den murmelnden Bächen zu unterhalten. Mit den Kameraden sprach man nur über das Nächstliegende, das heißt über das Essen, die Lumpen auf dem Leibe, das Ungeziefer und den Charakter der Wachmannschaften, den man stets in sein Verhalten einzukalkulieren hatte, wenn man nicht Schiffbruch erleiden wollte. Und selbst die grausam kalten Winter – es gelang mir einfach nicht, nicht auch ihre Pracht zu sehen, das makellose Weiß der Schneehauben auf den Baumkronen, die ungeheuren Farborgien der Nordlichter in den totenstillen Nächten, das Knirschen des Schnees unter unseren dünnen Sohlen, wenn wir bei noch tieferer Dunkelheit unter einem flimmernden Sternenhimmel zur Waldarbeit auszogen, das langsame, aber unaufhaltsame Stärkerwerden der Sonne. Noch nie zuvor hatte ich in meinem bis dahin überwiegend großstädtischen Dasein erlebt, was Wildnis und Einöde eigentlich bedeuten: etwas, das durch kein Menschenwerk übertroffen werden kann an Macht und Kraft und Herrlichkeit. Neben und hinter aller Widerlichkeit der Gefangenschaft kam ich in den Wäldern des Nordens beinahe, ohne daß ich es merkte, der größten Kostbarkeit dieser Erde auf die Spur: der Stille, der Reinheit, dem Glanz der unberührten Natur.«

Er schwieg, als hätte er mich vergessen. Das ganz leise nur vernehmbare Murren der fernen Brandung machte die Stille im Zimmer nur noch dichter. Ich wünschte mir, daß er weiter spräche. Ich begann nach einer Weile: »Von all dem war in Gelsenkirchen sicherlich nicht die Rede?«

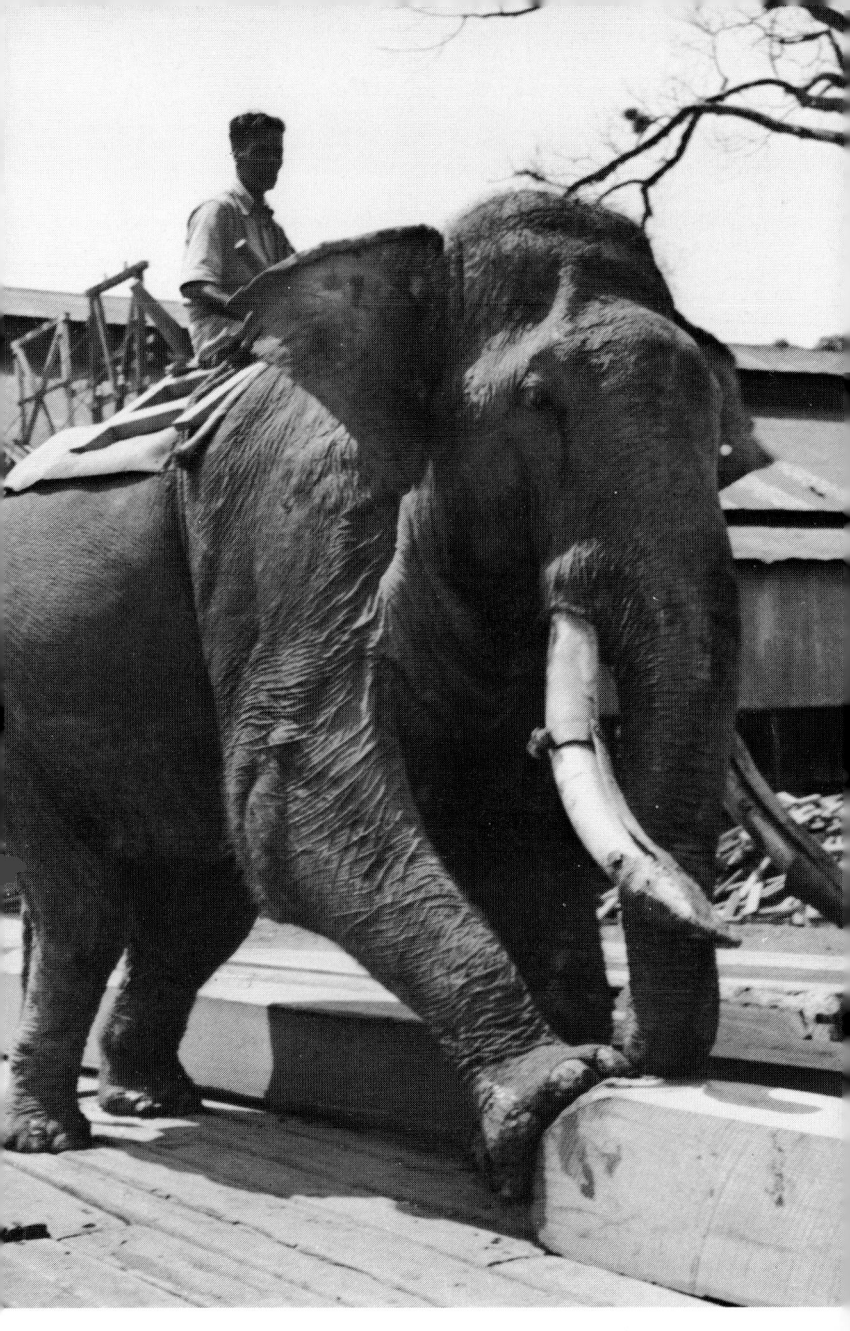

Das kostbare Teakholz stünde der Welt kaum zur Verfügung, wenn es nicht die starken und geschickten Elefanten gäbe, welche die in den verwachsenen Bergwäldern gefällten Stämme Block für Block freischleppen und schließlich mit den Zähnen oder in den Sielen an und in die Urwaldströme bugsieren.
(»Maung Tut und Onkel Reiskuchen«)

Am Fuße der Gebirge lag der See. Hinter ihm stiegen sie auf, sich übereinander staffelnd, blau und immer tiefer und sanfter blauend, gekrönt aber in weiter Ferne von einer strahlenden Parade silberner Schneegipfel.
(»Mein Freund Henry Shelton am Tetaklin-See«)

»Eben! Es dauerte ziemlich lange, bis ich begriff, was mir als unbestimmte Sehnsucht scheinbar grundlos die Laune verdarb. Ich handelte beinahe automatisch, als ich mich auf eine Anzeige in einem Fachblatt in die Goldminen am Witwatersrand bewarb. Es gab gar keine ernsthaften Schwierigkeiten. Sozusagen im Handumdrehen sah ich mich aus Gelsenkirchen nach Johannesburg versetzt und merkte erst zu spät, daß ich vom Regen in die Traufe gekommen war. Das Wort Afrika hatte mich verleitet, an weite Räume, an Urwälder und besonnte, unberührte Hochlandsteppen zu denken. In Wahrheit war Johannesburg wesentlich schlimmer als Gelsenkirchen. Ich wartete also nur ab, bis mein Vertrag abgelaufen war, wurde dann sehr bald südafrikanischer Staatsbürger und ließ mich nach Südwest anwerben, von der Otavi-Minen-Gesellschaft.«

Da er wieder innehielt, warf ich dazwischen: »Sie sind Südafrikaner geworden? War Ihnen die Apartheid nicht zuwider? Ich muß sagen, sie hat mich wieder beträchtlich gestört, als ich während der vergangenen Monate in Südafrika unterwegs war.«

Er tat das mit einer wegwerfenden Handbewegung ab: »Keiner hat mich gefragt, ob ich in den verfluchten Krieg ziehen wollte oder nicht; ich wurde einfach dazu verdonnert. Keiner hat sich um mich gekümmert, als ich in Workuta verschimmelte. Keiner hat sich dafür interessiert, weshalb ich mich bewogen fühlte, Europa zu verlassen. Es wird offenbar auf diesem Erdenrund überall und stets mit zweierlei Maß gemessen. Wenn die Russen viele Millionen eigene und fremde Menschen ›verheizt‹ haben, so ist das allem Anschein nach etwas ganz anderes, als wenn die Deutschen ähnliches verüben. Wenn die weißen Australier die schwarzen Australier, wenn die Nordamerikaner die Indianer mehr oder weniger ausgerottet haben und die Brasilianer sie heute ausrotten, wenn die Chinesen die Tibeter abschlachten, dann ist das offensichtlich längst nicht so übel, als wenn sich die Südafrikaner nicht von der schwarzen Mehrheit die Kontrolle über das Land entwinden lassen wollen, in dem sie die ersten gewesen sind und das sie allein zu dem gemacht haben, was es ist. Ich bin zu der Überzeugung gekommen, daß es sich meistenteils nicht auszahlt, sich um anderer Leute Wohlergehen zu kümmern. Wegen meines Wohlergehens hat sich nie ein Mensch aufgeregt. Ich habe die Apartheid nicht gemacht. Ich kann mir vorstellen, daß man sich etwas Klügeres hätte ausdenken können. Mögen die Schwarzen zusehen, wie sie damit fertig werden! Das ist ihre, nicht meine Sorge. Ich bin nur ein einzelner, den keiner fragt. – Aber um die lange Geschichte, die Sie aus mir hervorgelockt haben, Herr Johann, kurz zu machen – man redet ja doch gerne von sich selber, besonders dann, wenn man sonst nie Gelegenheit dazu bekommt: Bei Otavi fand ich zwar wesentlich kleinräumigere Verhältnisse vor als in Johannesburg. Im übrigen aber denselben Dreck, die gleiche herzlose Verschandelung einer bescheidenen, aber auch großzügig weiten Landschaft und denselben kahlen Mangel an irgendeinem echten Interesse für die dort beschäftigten Schwarzen. Meistens waren es auch dort, wie jetzt hier bei mir, Ovambos aus dem Ambo-Lande nördlich und nordwestlich der Etoscha-Pfanne. Wie ich dann hierher gekommen bin? Durch Zufall! Ich erfuhr nebenbei im Werks-Kasino, daß der alte Schulz aus Swakopmund, Konzessionär für den Robbenpelzfang und bislang alleiniger Betreiber der Geschichte, erkrankt war, nicht mehr selbst die Station versehen konnte und einen verläßlichen Mann suchte, der an seiner Stelle die Arbeit auf der Station übernehmen könnte, während er selbst sich, Schulz meine ich, in Zukunft auf die Vermarktung der Felle beschränken wollte. Ich schrieb an Schulz und bot mich an. Er hat dann mir den Zuschlag gegeben, aus mehreren Gründen, wie er mir viel später erklärt hat. Erstens sprach ich die Sprache der Ovambos; ich hatte mich wenigstens sehr darum bemüht, sie zu erlernen. Zweitens legte ich offenbar keinen Wert darauf, ihm die Konzession abzujagen. Die Zahl der pro Jahr zur Tötung freigegebenen Jungtiere ist von der Regierung beschränkt worden, damit der Fortbestand des Geschlechts der Seelöwen nicht gefährdet wird. Für zwei Konzessionäre ist kein Platz. Ich war statt dessen mit einem beliebig langen Anstellungsvertrag und bescheidener Gewinnbeteiligung einverstanden. Drittens verlangte ich keinen weißen Helfer, sondern machte sogar zur Bedingung, mit fünf von mir selbst auszuwählenden Ovambos die gesamte anfallende Arbeit allein zu verrichten. Viertens und letztens: Verwaltung und Versorgung der Station bestimme ich selbst aus einem im voraus festgesetzten Jahresetat, über den ich am Jahresende Rechnung legen muß. Ich bin also weitgehend mein eigener Herr, habe auch noch nie Differenzen mit dem Konzessionär gehabt. Das ist die ganze Geschichte.«

Wir schwiegen eine Weile vor uns hin. Dann fragte ich tastend: »Und? Haben Sie's nicht doch manchmal bereut, sich an diesen

Platz und diese Arbeit in einer solchen Einöde gebunden zu haben?«

Zögernd kam die Antwort: »Natürlich gibt es Stimmungen auf und ab. In der Off-Season der Robben kann ich, wenn ich will, für drei oder vier Wochen nach Swakopmund oder Windhoek fahren. Aber, aufs Ganze gesehen, bin ich hier mit meinem Los nicht nur zufrieden, sondern oft genug so glücklich, wie ich es in Gelsenkirchen oder Johannesburg nie gewesen bin. Sie sollten einmal bei schönem Wetter herkommen, wenn das Meer leuchtet und die Brandung blitzt. Die Wüste mit dem goldenen Gelb der Dünen, dem warmen Braun der Kiesflächen, dem dunkelblauen Saum der fernen Gebirge im Westen – das sind einfache, klare Akkorde, deren man niemals überdrüssig wird. Und die Ovambos, ob sie es glauben oder nicht, bilden einen unerschöpflichen Born der Erheiterung.«

»Und die fünftausend kleinen Tiere, die jedes Jahr erschlagen werden müssen?«

»Ich hätte Sie gar nicht für so wehleidig gehalten, Herr Johann. Ich sage mir, daß ich viel ehrlicher und aufrichtiger bin als Millionen Menschen in Europa oder Amerika. Wie ich den Zeitungen entnehme, besteht eine der Hauptsorgen unzähliger Leute im Westen darin, ihr im Übermaß angefressenes Fett wieder loszuwerden. Dieselben Leute lesen jeden zweiten Tag in der Zeitung oder sehen in der Television, daß in Indien oder Brasilien die Menschen hungern und verhungern. Ist es nicht so, daß jedes Pfund überflüssiges Fett, das man sich in Europa oder Amerika anmästet, irgendwo auf der Welt einem Hungerleider entzogen worden ist, daß also jeder Fresser und Prasser und Superverbraucher mittelbar für den Hungertod anderer Millionen verantwortlich zu machen ist? Wenn vielleicht auch nicht des Mordes, so macht er sich doch der fahrlässigen Tötung schuldig, kann aber heute, da die Zusammenhänge deutlich genug aufgedeckt sind, kaum noch Fahrlässigkeit für sich in Anspruch nehmen. Ich bemühe mich um Ehrlichkeit; ich füttere meine jämmerlichen Ovambos auf; sie kommen ja meistens halb verhungert hier an. Wenn ihr Kontrakt nach zwei Jahren abgelaufen ist und sie ihn nicht verlängern wollen, ziehen sie so reich ausgestattet ab, daß sie zu Hause heiraten können; ihre Haut glänzt vor Gesundheit, und sie sind mit Muskeln bepackt. Mit meiner Arbeit hier schädige ich keinen Menschen. Wie es andere tun würden und wie es auch von mir vermutet wird – das weiß ich. Aber ich denke nicht daran, über die erlaubte Zahl hinaus auch nur eine einzige Jungrobbe zu töten und mich nebenbei an den Fellen zu bereichern – was mir ein leichtes wäre, denn die Ovambos können nicht zählen, und die Wüste ist weit und groß. Bei den Kämpfen der Bullen werden mehr Junge zerwalzt, als ich mit dem Knüppel erschlage; und von den ohnehin zerwalzten kann ich noch viele gebrauchen, soweit die Leichen noch nicht angegangen oder von den Schakalen angefressen sind. Ich helfe also nur aufräumen, wie die Schakale auch. Trotz der Schakale hat sich die Zahl der Robben, die hier an Land kommen, sicherlich seit Jahrtausenden nicht verändert. Durch mich und meine Schlägerei wird sie sich auch in weiteren Jahrtausenden nicht verändern. Aber neulich wurde weiter im Süden, wo die Robbengebiete in die Vogelgebiete übergehen, ein Ölfleck an die Küste getrieben – irgendein Schwein von Kapitän hat sich auf hoher See seiner Ölrückstände entledigt; sicherlich hat er gemeint, wenn das widerliche Zeug an dieser Wüstenküste antreibt, da merkt es niemand. Die Robben haben es gemerkt. Da unten sind die Spielplätze der noch nicht ganz ausgewachsenen männlichen Jungbullen. Das hätten sie erleben sollen, wie es da ausgesehen hat! Die Robben hatten am Öl erstickte Fische gefressen und waren selbst daran oder an den mitverschluckten Teerklümpchen erstickt. Es stinkt ja überall etwas nach Aas an der Robbenküste; aber da im Süden wehte der Gestank wie eine dicke Wolke ins Land hinein. Sie müssen es eigentlich gemerkt haben, auch wenn Sie nicht am Strand, sondern weiter landein von Brasskopp-Camp heraufgekommen sind.«

Ich hatte es gemerkt und wußte nun die Erklärung.

Lämple, der philosophischste aller Robbenschläger, fuhr fort: »Mörder sind sie alle, und sehr grausame und schaurig gedankenlose dazu, die Wohlstandsbürger in Amerika und Europa, die gegen ihr Fett ankämpfen, und die Kapitäne und all die Techniker, die ihren Abraum aufs Land, wie in Johannesburg, oder ins Meer schütten. Ich hier erfülle meine Ration an Mord bewußt, begrenzt, weiß genau, was ich tue. Ich habe keine Gewissensbisse. Ich habe begriffen, daß, wer leben will, töten muß. Die Robben, die ich erschlage, würden Hunderte und Tausende von Fischen verschlingen müssen, um heranzuwachsen. Vielleicht hätten sich Welt und Leben auch anders einrichten lassen. Ich jedenfalls kann nichts ändern. Ich bin glücklich hier in meiner heulenden Einsamkeit, wo ich genau überschauen kann, was ich anrichte. Warum ich Ihnen dies alles erzähle? Weil ich endlich wieder einmal jemand vor mir habe, der sich anscheinend ebenso für diese Zwangsläufigkeiten interessiert wie ich.«

Sollte das ein Kompliment sein? Ich nahm es als solches. Ich töte keine Robben, höchstens Mücken oder Fliegen, und mit angefressenem Fett bin ich nur mäßig versehen. Trotzdem bin ich davon überzeugt, daß ich meinen Anteil am alles durchdringenden Unrecht auf dieser Erde übererfüllt habe.

Wir haben bis tief in die einsame Wüstennacht hinein miteinander geredet. Ich hoffe, daß ich das Wesentliche von dem, was er zu sagen hatte, richtig und getreu wiedergegeben habe. Gegen Mitternacht verwirrte sich unsere Unterhaltung. Wir hatten zu viele Grogs getrunken. Das stellten wir mit der gebotenen Sachlichkeit fest und krochen unter unsere Decken. Ich vermochte trotz ausreichender Bettschwere nicht einzuschlafen, dachte an den Ersten Offizier der »Malindi«, der einige Meilen weiter im Süden vielleicht auch keinen Schlaf fand, da er sich mit der Frage abzuplagen hatte, ob der Kru nicht vielleicht noch lebendig wäre, wenn er, der Erste, die Barkasse nur ein bißchen vorsichtiger hinter der Brandung verhalten hätte ...

Wenige Jahre nach dieser Begegnung bin ich dann zum drittenmal bei Cape Cross gewesen, und wieder kam ich über Land, auf langer, grober Wüstenfahrt von Swakopmund her. Mit Herrn Lämple, dem Robbenschläger, war ich nun schon befreundet. Aber die redselige Vertrautheit der ersten gemeinsam verbrachten Nacht, die ich auf diesen Seiten wiederzugeben versucht habe, wollte sich nicht wieder einstellen. Der Mann kam mir verändert vor (oder hatte ich mich verändert?) Er erschien mir vergröbert, wortärmer, unzugänglicher, war abweisend, ja finster, obgleich er sich offenbar bemühte, nicht unfreundlich zu sein.

Ich besichtigte die Vogelplattformen, die Herr Brasskopp errichtet hatte und die von den Vögeln eifrig benutzt wurden, ihre Jungen auszubrüten und den erwünschten Mist abzulagern. Wir wanderten an den nur spärlich belegten Robbenstränden entlang (ich war zu einer ungünstigen Zeit gekommen) und fegten die Robben vor uns her in die Brandung hinaus.

Als ich dann die lange und holperige Rückfahrt nach Swakopmund angetreten hatte, wieder unter einem grau landein quellenden Wolkenhimmel durch einen harten Wind von See her, fragte ich mich, ob der Robbenschläger sich nicht doch mehr zugemutet hatte, als ein Mensch auf die Dauer, selbst in der großartigsten und weiträumigsten Natur, zu ertragen vermag. Die volle Wahrheit ist unerträglich. Ohne ein bißchen Selbsttäuschung kommt keiner aus.

Und damit bin ich bereits bei

Dr. Colin McClistoc aus Inverurie

in der schottischen Grafschaft Aberdeen, dessen Namen ich schon erwähnt habe. Ich könnte oder sollte dies Kapitel vielleicht besser »Die zerstörten Gesichter« nennen, aber das wäre wohl zu anspruchsvoll, wie sich vermutlich herausstellen wird, wenn man diesem Titel einen Doppelsinn unterlegen will.

Ich war bestürzt, oder richtiger: ich fühlte mich höchst geniert, als der junge Arzt Dr. Colin McClistoc sich vor dem Schlafengehen an der Kante seines bereits aufgeschlagenen Bettes niederließ, die Hände faltete und mit leisem, unverständlichen Murmeln zu beten anfing, wobei ihn meine Anwesenheit im Zimmer nicht im geringsten zu stören schien.

Colin hatte gegen Abend gesagt: »Mein Haus sieht groß aus. Der Vorgänger lebte mit seiner Familie hier draußen und hat immer noch ein Zimmer angeflickt; er hatte fünf Kinder. Aber ich benutze schon seit anderthalb Jahren nur noch zwei Räume, das ehemalige Wohnzimmer und das ehemalige eheliche Schlafzimmer. Alles andere ist verstaubt und stockig. Wenn Sie nichts dagegen haben: das Ehebett ist breit genug. Auf der nicht von mir belegten Seite kann ich Sie am leidlichsten für die nächsten Nächte unterbringen. In meinen zwei Zimmern schaffe ich wenigstens gelegentlich Ordnung und Sauberkeit. Vor den übrigen Zimmern im Haus mit den vielen Spinnen und Kakerlaken und dem Schimmel in den Ecken würden Sie sich wahrscheinlich ekeln. Ich habe keine Zeit und keine Leute, um an diesem unerfreulichen Zustand viel ändern zu können. Wir sind in den Tropen, und die Regenzeit ist gerade erst vorbei.«

Selbstverständlich lag mir daran, meinem Gastgeber so geringe Umstände wie nur möglich zu bereiten – und wenn er nichts dabei fand, sein Schlafzimmer mit mir zu teilen, so durfte auch ich keine weiteren Ansprüche stellen.

Wir hatten drüben im Missionarshaus zu Abend gegessen. Der hoch aufgeschossene Missionar John Bruce, seine blasse, blonde, ebenso große Frau – sie überragten mich um Haupteslänge – und ihre drei blassen, schmalen Kinder hatten steif und befangen um den großen Eßtisch herumgesessen und hatten das blasse, geschmacklose Mahl hinuntergelöffelt, ohne mehr als das Allernotwendigste dabei zu reden. Beim Essen zu sprechen, galt bei den Bruces noch als ein Zeichen für schlechte Manieren, was ich schnell bemerkt und beachtet hatte. Es war das einfachste und machte mir, dem ersten weißen Fremden auf der Station seit sieben Monaten, dazu noch einem Mann vom »Kontinent«, die bedrückende Situation leichter – und den Gastgebern auch; sie hatten in ihrer Abgeschiedenheit das Reden mit Fremden verlernt. Vor und nach dem Essen allerdings war ausführlich darum gebetet worden, daß der himmlische Vater und Sohn wohlwollend an dem Mahl teilnehmen möge, obgleich ich mich schwerlich getraut hätte, meinen Schöpfer zu so traurigem Fraß einzuladen. Und ein weiteres Mal hatte die Hausfrau die Stille durchbrochen und das servierende schwarze Hausmädchen verwiesen – auf englisch:

»Lora, ich habe es dir schon hundertmal gesagt, du sollst nicht mit dem Daumen über den Rand der Teller fassen. Paß doch auf!«

Dann hatte die Frau mir einen erschrockenen Blick zugeworfen und war bis unter die straff zurückgekämmten Haare errötet. Ich tat so, als hätte ich nichts gehört. Ich war froh, als der Doktor sich gleich nach dem langen Schlußgebet von Mr. und Mrs. Bruce verabschiedete und mich durch den dunklen dichten Busch zu seinem Haus hinüberführte.

Ich hatte noch eine Stunde lang mit Dr. McClistoc beim Schein einer Kerze geredet. Ab und zu prallten Nachtfalter an den Schirm von schon verwitternder Kupfergaze, die vor die Fenster gespannt war. Die Tiere flatterten gewöhnlich noch eine Zeitlang, hilflos und zuckend, und fielen dann draußen in die Dunkelheit. Ich setzte mich schließlich mit dem Rücken zum Fenster, da mich der sinnlos tröpfelnde Tod der nächtlichen Flattertiere irritierte.

Draußen schwieg die Nacht warm und milde, drängte auch mit leisem Wehen durch die offenen Fenster. Hitze und Schwüle des vergangenen Tropentages waren von der späten Stunde so völlig aufgesogen, als hätte es sie nie gegeben – und hatten uns doch bis an den Rand des Erträglichen beansprucht, ganz von dem abgesehen, was dieser Tag uns sonst noch an Last und Trauer zugemutet hatte.

Ich hätte gern ein wenig mit Dr. McClistoc über die Missionarsfamilie gesprochen, aber er ging auf meine leisen Vorfühler in dieser Richtung nicht ein. Entweder empfand er gar nicht die Groteske dieser säuerlichen Kleinbürgerlichkeit inmitten der so gut wie weglosen, ungezähmten tropischen Wildnisse auf Zehntausende von Quadratmeilen ringsum – oder es hinderte ihn ein Gefühl der Solidarität, über den Lebensstil der gleich ihm in eine beängstigende Fremde verbannten Missionarsfamilie mit einem hereingeschneiten Fremden zu diskutieren. So hatten wir nur über die Stämme der Kaffitschos gesprochen, zwischen denen sich der Missionar im Auftrage seiner streng calvinistischen Missionsgesellschaft, deren Sitz im amerikanischen Staate Ohio zu suchen war, vor einem Dutzend von Jahren als erster Mensch weißer Hautfarbe niedergelassen hatte. Ein Unternehmen von beinahe sagenhafter Kühnheit – oder soll man sagen: von überwältigender Unverfrorenheit und Naivität?

Denn die Kaffitschos sind nicht irgendeine Gruppe primitiver afrikanischer Stämme, sondern sie führen ihre Herkunft auf die alten Ägypter zurück. In der Tat weisen die religiösen und kulturellen Überlieferungen des Kaffa-Landes viele merkwürdige Übereinstimmungen mit der klassischen Geistigkeit und Kultur Ägyptens auf. Ein Gottkönig, Sohn der Sonne, regierte im Kaffa-Lande wie einst die Pharaonen. Das Reich dieses Königs hatte sich im Laufe der Jahrhunderte immer dichter und fester von der gesamten Außenwelt abgeschlossen. Kein Kaffitscho durfte das Land verlassen – bei Todesstrafe –, und kein Fremder es betreten. Vergessen von aller Welt, umzirkten die Kaffitschos ihr ganzes Land mit Wall und Graben und Dornverhau. Wenn irgendwo, dann war hier das »Tibet Afrikas« zu suchen, versteckt in äußerst unwegsamen Schluchten, hinter den Bergen und schier undurchdringlichen Wäldern auf der Südwestabdachung des nordost-afrikanischen Hochlandes.

Das Land Kaffa ist dann um die letzte Jahrhundertwende von den Amharen, dem kriegerischen Herrenvolk des äthiopischen (abessinischen) Kaiserreichs unter dem Eroberer Menelik aufgebrochen, geplündert und mit großer Härte unterjocht worden. Der letzte Gottkönig der Kaffitschos ist als ein Gefangener des äthiopischen Kaisers, mit goldener Kette an einen Sklaven gefesselt, erst in diesem Jahrhundert in Addis Abeba gestorben.

Dies Volk zum Christentum calvinistischer Prägung zu bekehren, hatte sich also Mr. Bruce aus Middletown, Ohio, aufgemacht. Im Quellgebiet des Akoba-Flusses, einer so gut wie weglosen, von den Kartenzeichnern noch nicht entdeckten Gegend, hatte er tatsächlich mit unsäglicher Mühe einen ersten Stützpunkt der missionarischen Arbeit geschaffen, hatte gerodet, gebaut, geackert, hatte vor allem auch auf einer der wenigen Partien ebenen Bodens eine Landepiste für kleine Flugzeuge freigeschlagen, damit die guten Leute aus Ohio ihn mit Nachschub versehen konnten. An reichlichen Spenden für das Werk der Mission mangelte es dank der frommen Mais- und Schweinezüchter um Dayton, Ohio, nicht. Ohne diese ständige Versorgung auf dem Luftwege wäre der erstaunlich schnelle Aufbau der Station gar nicht denkbar gewesen; auch ihr Weiterbestand hing allein davon ab, ob sich diese gelegentliche Luftverbindung aufrecht erhalten ließ.

Es hatte sich früh herausgestellt, daß es nicht genügte, sich um das geistige und geistliche Wohl der Kaffitschos zu kümmern. Die Kaffitschos waren ein uraltes Volk – und zerfressen von uralten Krankheiten. Bruce gründete ein kleines Missionshospital, sah sich aber bald außerstande, dem Ansturm der Kranken und Siechen, die sich viele, viele Meilen weit durch Busch und Wald heranschleppten, zu genügen. Ein Arzt mußte her, möglichst ein solcher, der sich auf Tropenkrankheiten spezialisiert hatte. Er würde hier anderswo längst ausgestorbene oder doch abgeschwächte und eingedämmte Krankheiten noch »in ungebrochener Blüte« vorfinden und studieren können.

Dr. Colin McClistoc, der einer schottischen Gemeinde gleich strenger calvinistischer Observanz angehörte, hatte aus dem Kirchenblatt von Middletown, Ohio, den aus dem entlegensten Afrika dringenden Ruf vernommen und war ihm gefolgt, nach nur sehr unvollkommener Vorbereitung auf das, was ihn im Kaffa-Land erwartete. Aber das war ihm gerade recht gewesen: einfach in ein wildfremdes Wasser geworfen zu werden und sich beweisen zu müssen, daß man darin schwimmen kann. Der einzige Vorgänger hatte schon nach anderthalb Jahren versagt.

Ich hatte in Addis Abeba von dieser protestantischen Mission gehört und später in Jimma mehr davon erfahren. Ich war von den richtigen Leuten empfohlen worden, hatte das Vertrauen der zentralen Leitung der Mission in Addis Abeba gewonnen und war schließlich ins entlegenste Kaffaland eingeflogen.

Die Begegnung mit dem Missionar Bruce hatte mich völlig verwirrt. Ich hatte mir unter ihm etwas Ähnliches wie einen amerikanischen Pionier vorgestellt, der im Stil seiner Vorfahren in eine unerforschte, gefahrenreiche Wildnis vorgedrungen war, um in den schwülen Urwäldern eine Insel westlicher, christlicher Gesittung freizuschlagen. Ich hatte einen offenen, kühnen Mann erwartet, großzügig und für das außerordentliche Land aufgeschlossen, das er sich zum Arbeitsfeld erwählt hatte.

Statt dessen begegnete mir ein bläßlich wirkender, beinahe linkisch befangener Mensch mit einer kümmerlichen, ewig frömmelnden Frau, die schon ein Lächeln für Sünde zu halten schien. Erst allmählich wurde mir klar, daß es gerade diese hölzerne Beschränktheit, diese dürre Phantasielosigkeit gewesen sein mochten, die dem Missionar Bruce in dieser unbeschreiblich abweisenden Umgebung Erfolg beschert hatten. Er hielt sich, von vornherein, für überlegen und selbstverständlich im Recht. Was im uralten Kaffaland vorhanden war, was hier seit Jahrtausenden gedacht und getan worden war, was sich hier an tragischer Geschichte abgespielt hatte, das war alles der Bewahrung und der Anteilnahme nicht wert. Die Ankunft des Missionars aus Ohio bedeutete für dieses Land das Jahr Eins. Alles, was früher gewesen war, hatte so schnell und vollständig wie möglich der Vergessenheit anheimzufallen. Bruce wirkte in diesem Lande mit dem Einfühlungsvermögen eines Raumbootes – und er hatte gesiegt.

Gewiß scheute er sich vor nichts, verlangte das Äußerste an Aufopferung von sich und seiner Familie, kannte keine Furcht vor den alten Gewalten, nicht vor der amharischen Polizei und nicht vor dem amharischen Militär, das aus der Zwingherrschaft der amharischen Oberschicht im Namen des Kaisers gar kein Hehl machte und die Arbeiter für die Goldbergwerke des Kaisers von den Straßen fing. (Die alten Bergpfade verdienten allerdings kaum den Namen »Straße«; was man so nennen konnte, war von den aus dem Lande getriebenen Italienern erbaut worden.) Bruce erklärte den Kaffitschos mit dürren Worten: Was ihr bisher gemacht habt, ist alles falsch, böse und dumm; von jetzt ab müßt ihr das so und so machen!

Da an der vollkommenen Uneigennützigkeit dieses seltsamen Mannes, der niemals lachte, niemals fluchte, niemals weinte, nicht der geringste Zweifel bestehen konnte, da er überall selbst mit Hand anlegte, als verstände sich körperliche Arbeit von selbst, da er die scheußlichsten Eitergeschwüre reinigte und verband, ohne von ihrem Gestank angewidert, vor ihrer Gefährlichkeit besorgt zu sein, da er mit guten Ratschlägen zur Feldbestellung, zum Bau von Geräten und Werkzeugen, da er mit Saatgut, Medikamenten und Kattun nicht sparte, überzeugte er diese Menschen unmittelbar. Selbstlosigkeit und bedingungslose Hilfsbereitschaft hatten sie bis dahin nicht einmal dem Namen nach gekannt. Und da es offenbar gar keine andere Möglichkeit gab, ihm gefällig zu sein und sich sein Wohlwollen zu bewahren, so verstand man sich dazu, in seine Gottesdienste zu gehen, sich das Kreuz vorhalten zu lassen und seine Belehrungen über den Gottessohn aus Nazareth anzuhören.

Dieser Mann aus dem fernen Lande Amerika war also Christ und bot ihnen, den Kaffitschos, ein offenbar wohldotiertes Christentum an. Aber waren nicht auch die Amharen aus dem Herrenlande Shoa, waren sie nicht auch Christen, wenn auch solche von anderer Art? Und mit den christlichen Amharen hatten die Kaffitschos nur die grausigsten Erfahrungen gemacht – und machten sie immer noch weiter. Der amerikanische Missionar ließ sich von dem amharischen Militär wenig sagen und widerstand ihm energisch, wenn das Militär Ansprüche stellte, die mit Bruce's Auffassung von Christentum nicht übereinstimmten, zum Beispiel, wenn sie willkürlich Steuern erpreßten oder wenn sie für ihre müßigen Stunden die schönsten und gesundesten Mädchen beanspruchten. Es schien etwas dran zu sein an dieser sauertöpfischen Sorte Christentum aus Amerika, das sich, mit einer Selbstgerechtigkeit sondergleichen, offenbar im Besitz jeder nur erdenklichen Wahrheit wußte.

Schon an jenem ersten Abend nach meiner Ankunft hatte ich mit dem jungen Arzt der Missionsstation – er mochte etwa dreiunddreißig Jahre zählen – über die Reaktion der Kaffitschos auf die neue Zeit, verkörpert in Mr. und Mrs. Bruce und ihren Kindern, und besonders auch in Gestalt des Dr. McClistoc, gesprochen – und hatte nicht wenig dazugelernt. Colin McClistoc war, bei aller strengen Enge seines Puritanertums, ein gebildeter Mann, mit dem man diskutieren konnte – was bei Bruce ganz unmöglich war, denn für diesen durchaus einspurigen Mann waren Zweifel und Fragen als solche schon Sünde.

Dann hatte der lange und ereignisreiche Tag sein Recht von uns beiden gefordert. Gern hätte ich noch einen kleinen Schlummertrunk genossen. Aber an dergleichen war in diesem frommen Hause nicht einmal im Traum zu denken. Alkohol und Tabak erlaubte man sich hier nicht.

Wir waren also ins Schlafzimmer mit dem breiten Doppelbett hinübergegangen. Ich hatte in der Duschkammer noch einen Eimer lauen Wassers über mich geschüttet, hatte mich abgeseift und mit einem zweiten Eimer nachgespült. Im Schlafanzug schritt ich wieder ins Schlafzimmer hinüber und fand dort, ebenfalls im Schlafanzug den jungen Dr. Colin McClistoc vor seinem Bett kniend vor, die Hände auf dem Laken gefaltet, den Kopf gesenkt und leise betend. Er war völlig in sein Gebet versunken und nahm von meinem Wiedererscheinen im Zimmer keine Notiz. Er schien kein Ende seiner Zwiesprache mit dem Absoluten finden zu können.

Was tut man, wenn man ungewollt Zeuge eines langen Gebets im stillen Kämmerlein wird? Im ersten Augenblick hatte ich das bestürzende Gefühl, als hätte ich versehentlich einen fremden, sonst fest verschlossenen Garten betreten und müßte mich als »Unbefugter« schleunigst wieder daraus zurückziehen. Aber das hätte der Mann aus Schottland vielleicht mißverstanden. Wir waren uns in den vergangenen Stunden schon ein wenig näher gekommen, wenn ich auch eine gewisse Sprödigkeit und Reserve von seiner Seite noch nicht hatte überwinden können. Ich spürte untrüglich, daß es eine Sprache geben mußte, in der wir uns verständigen könnten, wir waren wohl schon nahe daran, aber gefunden hatten wir sie noch nicht. Ich hatte nach wenigen Stunden gespürt, daß dieser Colin McClistoc außerordentlichen Belastungen ausgesetzt war, mit denen er ganz allein fertig zu werden hatte. Denn die kahle, fromme Maschine namens Bruce & Frau war dem jungen Arzt keine Hilfe. Der Missionar würde auf alle Schwierigkeiten stets nur die Antwort wissen: »Sie beten eben nicht genug, Dr. McClistoc! Sie müssen mehr beten, Dr. McClistoc!« Was etwa auf den Ratschlag hinauslief: Sie sollten sich intensiver narkotisieren, Dr. McClistoc! – Oder irrte ich mich?

Auf alle Fälle betete er nun. Manchmal wurde sein Flüstern vernehmbar, aber einzelne Worte vermochte ich nicht zu verstehen.

Ich wollte nicht fliehen; es hätte so ausgesehen, als entzöge ich mich einem peinlichen Vorfall. Leise trat ich ans Fenster – es stand offen, war aber auch durch eine Drahtgaze den Insekten verschlossen – und blickte in die Nacht hinaus. Zu unterscheiden war nicht viel. Die riesigen Kronen der Urwaldbäume am Rande der Lichtung hoben sich als schwärzere Schatten gleich Wolken tiefster Dunkelheit gegen den lichteren Nachthimmel ab, in dem ein paar Sterne funkelten. Ich stand ganz still. Eine lange Zeit verging. Beinahe versank ich selbst in eine Art von wortlosem Gebet. Aber ich wäre auch ganz gern endlich zu Bett gegangen und hätte geschlafen!

Plötzlich erklang hinter mir eine völlig alltägliche Stimme und ließ mich ein wenig zusammenfahren: »Habe ich Sie aufgehalten? Entschuldigen Sie! Es ist wirklich Zeit, daß wir zu Bett gehen. Ich hoffe, Sie sind mit meiner primitiven Duschanlage zurechtgekommen.«

Das war ich. Fünf Minuten später lagen wir, jeder auf seiner Seite, in dem großen Doppelbett, das für ein Riesenpaar gebaut zu sein schien. Man durfte sich nicht viel bewegen. Sonst knarrte und kreischte das Gestell wie eine Horde von Verdammten. Also bewegte ich mich nicht, lag auf dem Rücken, war plötzlich, trotz aller Müdigkeit, hell wach und horchte auf die Nachtäffchen, die am Rande des Waldes zuweilen grell aufkeckerten und die Stille zerfetzten.

Vielleicht lag es daran, daß wir beide nicht gewohnt waren, den Schlafraum mit einer zweiten Person zu teilen. Denn daß der Doktor noch keinen Augenblick lang die Augen zugemacht hatte, seit er das Licht auf der staubigen Kommode ausgeblasen hatte, das merkte ich seiner hellen Stimme an, als er sagte:

»Das Alleinsein ist das Schlimmste, wissen Sie! Man verlernt einfach das Gespräch, es fällt einem schwer, auch wenn man wirklich gern sprechen würde. Man hat ja hier niemand, Woche für Woche und Monat für Monat. Mit den Bruces ist nicht zu reden – das sind Amerikaner, die alles besser wissen und lauter Patentlösungen bereithalten. Und die Eingeborenen – ach, um alles in der Welt, das arme Volk ist so verloren, daß man ihm wie ein Wesen aus einer anderen Welt vorkommen muß, einer Welt scheinbar unerschöpflichen Reichtums. Sie leben zwischen ewiger Furcht und ewigem Elend. Reden kann man mit ihnen nicht. Unter den amharischen Offizieren der kaiserlichen Polizei und des kaiserlichen Militärs, die diese Gebiete absolut beherrschen, gibt es manchmal intelligente Burschen. Aber wer wollte sich mit diesen widerlichen Quälern einlassen! Man beschränkt den Verkehr mit ihnen auf das Allernotwendigste. Also bleibt als einziges Gespräch mit einem Gegenüber das Gebet. Man kann ja nicht dauernd die Einsamkeit und den Jammer, mit dem man täglich überschüttet wird, in sich hineinfressen.

Er machte eine Pause und wiederholte dann leise und nachdenklich: »Immer nur in sich hineinfressen – nein! Das geht nicht!«

In der Dunkelheit also, da ich ihn nicht sah und er so reden konnte, als spräche er zu sich selbst, kam er aus sich heraus. Ich mußte nun sehr vorsichtig sein, um ihn nicht zu erschrecken. Ich entgegnete also nur mit gedämpfter Stimme: »Ich begreife nicht, Colin, wie Sie es überhaupt aushalten!«

Ich hatte ihn bei seinem Vornamen angeredet, obgleich wir uns das noch gar nicht erlaubt hatten. Aber im Englischen nimmt man es in diesen Dingen nicht so genau wie bei uns, und diese Anrede mochte ihn ermutigen, weiterzusprechen. Er tat es:

»Wissen Sie, man nimmt sich als junger Mensch so viel vor, man glaubt, daß man wenigstens zu seinem Teil die Welt in Ordnung bringen müßte. Man ist auch gewillt, mit seiner christlichen Überzeugung Ernst zu machen und sich dem Dienst an den Schwächsten und Ärmsten zu widmen. Und dann zieht man, wie ich, in den allerhintersten Tropenbusch, wo die Zeit seit ein paar tausend Jahren stillgestanden hat. Sehen Sie, Alfred, mein Vorgänger, der erste Arzt, den es in dieser Wildnis jemals gegeben hat, ein ausgezeichneter Mediziner mit gründlichen Kenntnissen, hat total versagt, obgleich er nicht allein war, sondern seine Frau bei sich hatte, die als ehemalige Krankenschwester auch schon mancherlei gesehen hatte. Sie haben sich dieses geräumige Haus gebaut. Als es fertig war, erwiesen sich die Differenzen mit den Bruces als so unerträglich, daß der Missionsleitung gar nichts anderes übrigblieb, als den Arzt abzuberufen. Die Frauen konnten sich nicht ausstehen und die Männer fanden für ihre Arbeit keine gemeinsame Basis. Die Bruces waren die Älteren und die Begründer der Station. Ihrer durch nichts zu erschütternden Zähigkeit, ihrem unglaublichen Beharrungsvermögen ist es allein zu verdanken, daß die Station entstand und weiter besteht. Im Zweifelsfalle hatten natürlich sie zu bleiben. Wer sich ihnen nicht anpassen konnte oder wollte, mußte weichen. Mein Vorgänger und seine Frau waren sehr fromme Leute, stammten aus einer sehr strenggläubigen Familie und hatten sich wirklich berufen gefühlt, als Missionsärzte in die Wildnis zu ziehen, in Albert Schweitzers Fußstapfen zu treten. Er hat total versagt, fing an zu trinken, braute sich die gewagtesten Schnäpse aus medizinischem Alkohol, seine Frau kümmerte sich schließlich um nichts mehr, wurde völlig apathisch und weigerte sich, überhaupt noch mit einem Eingeborenen ein Wort zu wechseln. Das Ende vom Liede war die Abberufung. Schließlich sind sie auch noch aus der Kirche ausgeschlossen worden; mein Vorgänger wollte nicht von seiner Behauptung abgehen, die Bruces wären an allem schuld, da sie nicht einsähen, daß das Kaffaland andere Gesetze hat als Schottland oder gar Ohio.«

Wo wollte McClistoc hinaus? Warum erzählte er mir, einem Außenstehenden, was um der Ehre seiner Mission willen besser verschwiegen worden wäre? Ich fragte vorsichtig: »Nach Ihrer Meinung, Colin, hat Ihr Vorgänger mit seiner Anklage, die Bruces wären an allem schuld, also nicht recht gehabt?«

Ich mußte merkwürdig lange auf die Antwort warten. Schließlich kam sie, zögernd: »Nein, ganz gewiß nicht, meine ich. Die Bruces lesen nur in der Heiligen Schrift, sehen nicht nach rechts noch links. Es gibt nur Schwarz und Weiß. Grau gibt es für sie nicht. Es gibt nur Entweder – Oder. Sowohl-als-auch gibt es nicht, darf es nicht geben. Merken Sie, Alfred, ich sage: ›darf‹ es nicht geben. Ich bin also in dieser Hinsicht längst nicht so sicher wie die Bruces sind, wie ich auch sein müßte, aber nicht bin. Ich bin jetzt fast zwei Jahre hier, schon länger als mein Vorgänger. Zu saufen habe ich noch nicht angefangen. Bruce ist, glaube ich, leidlich mit mir zufrieden, soweit er überhaupt mit irgend etwas an sich oder anderen zufrieden sein kann. Aber wenn ich Sie so sehe und sprechen höre, Alfred, einen Menschen aus einer anderen Welt, die ich verlassen habe und vergessen glaubte ... Wenn ich mir dann vorstelle, ich soll hier Jahr für Jahr ... Heiraten will ich nicht – welcher Frau könnte man ein solches Leben zumuten? Außerdem würde eine Frau mich nur von der Aufgabe ablenken, diesem armseligen, verratenen Volk zu helfen. Das habe ich mir als Sinn und Inhalt meines Daseins gewählt und dabei bleibe ich. Meine frommen Eltern haben mir schließlich ihren Segen dazu gegeben. Eigentlich, wenn ich es recht überlege, müßte man ununterbrochen beten. Dann ist man glücklich. Keiner mengt sich dazwischen.

Aber das kann man nicht. Und so steht man zwischen zwei Fronten: hier Mr. Bruce mit seiner starren Gerechtigkeit – dort das sich immer wieder auffüllende Heer von Siechen, Krüppeln und Elenden, das jeden Tag herandrängt. Und man kann kaum das grausige Elend ein wenig erleichtern; von Heilen ganz zu schweigen, dazu fehlen hier so gut wie sämtliche Voraussetzungen. Es ist alles so fürchterlich zwecklos und nimmt doch nie ein Ende.«

Es war zum Greifen deutlich: Hier kämpfte ein Mensch um seine seelische und geistige Existenz, fühlte und fürchtete bereits, daß er der erwählten hohen Aufgabe auf die Dauer nicht gewachsen sein, daß er es bald nicht mehr fertigbringen würde, Tag für Tag aus dem Nichts neue Kraft zu schöpfen.

Vielleicht spürte er auch, daß seine Gebete nicht mehr wie früher Erhörung fanden; er mußte also zu dem Schluß gelangen, daß er schuldig geworden war, daß er nicht mehr zu den Erwählten gehörte.

Ich ließ eine lange Zeit verstreichen, ehe ich eine Antwort versuchte. Wir lagen beide flach auf dem Rücken im samtigen Dunkel und rührten uns nicht. Ein flüsterndes Seufzen ging durch die Blütenbüsche neben dem Fenster; der Nachtwind war aufgekommen.

»Ich bin nicht mehr so jung wie Sie, Colin, ich könnte gut und gern Ihr Vater sein. Ich gondele schon einige Jahrzehnte in der sogenannten Weltgeschichte umher und bemühe mich, irgendwo etwas Perfektes, etwas Vollkommenes ausfindig zu machen – etwas Gutes, Wahres, Schönes, wenn Sie es pathetisch ausdrücken wollen. Ich gondele immer noch und habe es nicht gefunden. Das heißt, im Privaten und Einzelmenschlichen ist es mir durchaus begegnet und begegnet mir immer wieder, zum Beispiel zur Zeit in Gestalt eines gewissen Dr. Colin McClistoc. Aber im großen und allgemeinen, im gesellschaftlichen und politischen Leben, im Dasein der Völker untereinander, in den Beziehungen der Gruppen, Schichten, Klassen, Rassen zueinander regieren der Neid, die Sucht nach Herrschaft und Ausnutzung, die Gier, Macht zu gewinnen und auszuüben, oft genug unter dem Vorwand, Macht zum Wohl anderer auszuüben, jedoch ausnahmslos zum eigenen Wohl und zur Erhöhung des eigenen Prestiges, dieser im Grunde stets lächerlichen Aufwertung des eigenen Ich. Vor Gott sind alle Menschen gleich, heißt es. Aber hier auf Erden will jeder etwas Besseres sein. Und die Alleranspruchsvollsten wollen sogar vor

Gott noch besser sein als irgendwer, um sich zuverlässig die Anwartschaft auf das Himmelreich zu verdienen. Ich finde, daß sich in Wahrheit darin ein Hochmut sondergleichen ausdrückt, der Anspruch, aus allervorzüglichstem und gottwohlgefälligstem Teig gebacken zu sein. Zu dieser Sorte scheinen Sie mir auch zu gehören. Sie bemühen sich darum, Colin, ein besonders frommer Mensch zu sein und zur höheren Ehre Gottes am laufenden Bande gute Werke zu verrichten. Ich meine, die Ehre Gottes hat Ihre guten Werke nicht nötig. Und Sie sollten sich damit begnügen, das zu leisten, was Sie zu leisten fähig sind, nicht mehr und nicht weniger. Alles andere kommt mir im höchsten Maße unbescheiden vor – und obendrein dumm, denn mehr zu leisten, als Ihre Konstitution zu leisten erlaubt, wird Ihnen nie gelingen. Wenn Sie merken, daß Sie sich übernommen haben, dann bekennen Sie es und suchen Sie sich eine weniger schwierige Aufgabe. Aber ich glaube gar nicht, daß Sie sich übernommen haben. Sie haben nur Ihre Ziele zu hoch gesteckt. Schon das wenige, das Sie dem armseligen Volk hier umher antun, ist ja ungeheuer viel, verglichen mit dem, was früher an den Leuten getan wurde, nämlich nichts. Gemessen an diesem Nichts, leisten Sie Erstaunliches, mag es auch, gemessen an dem, was getan werden sollte, nur sehr wenig sein. Oder wollen Sie etwa, daß den Leuten das Wenige, das Sie ihnen bieten können, auch noch entzogen wird?«

Nein, das wollte er nicht. Die Tatsache allein, daß sie irgendwohin kommen konnten, wo einer ihnen zuhörte, ihren Wunden und Schmerzen Aufmerksamkeit schenkte und sie ernst nahm, mußte den Leuten das Dasein leichter machen.

Am Schluß meinte er leise, beinahe so, wie ein Kind einen Wunsch äußert, von dem es fast schon weiß, daß er unerfüllbar ist: »Es wäre wohl vieles leichter, wenn man wenigstens eine vernünftige Frau hätte...«

»Allerdings!« sagte ich. »Aber hier werden Sie keine finden. Und vor der Ältesten von Bruce bewahre Sie der liebe Himmel. Aber auch in dieser Hinsicht sollten Sie nicht versuchen, den Heiligen Franziskus von Assisi zu spielen. Wenn man das Ganze nicht haben kann, dann ist es keine Schande, sich für eine Weile mit dem Halben zu begnügen. Außerdem bleibt ja gar keine andere Wahl.«

Er lag jetzt so still, daß ich meinte, er halte den Atem an. Als er wieder sprach, klang seine Stimme ganz verändert, alltäglich munter: »Ein Puritaner in unserem Stil sind Sie gerade nicht, Alfred? Oder legen Sie etwa doch Wert darauf?«

»Nicht den geringsten, Colin! Ich glaube auch nicht, daß der liebe Gott uns als Säuerlinge mit schmalen Lippen gedacht hat. Also Gut' Nacht für heute. Morgen ist auch noch ein Tag.«

»Gut' Nacht und schönen Dank für die Abreibung!«

Ich habe selten so gut geschlafen wie nach diesem Schlußwort.

Als ich am nächsten Morgen erwachte, mit dem ersten Frühlicht wie gewöhnlich, als habe mich ein Wecker aus dem Schlaf gerufen, glaubte ich einen feinen, doch sehr würzigen Kaffeeduft wahrzunehmen. Colin im Nebenbett schlief noch fest. Außer uns beiden war niemand sonst im Hause. Also konnte der Duft nur durch die weit offenen Fenster eingedrungen sein. Ich erhob mich leise und trat hinter die Drahtgaze. Am Nachmittag zuvor war es mir nicht aufgefallen. Jetzt nahm ich es wahr: In den nahen Urwaldrand drängten sich, als dichtes, hohes Unterholz, Gebüsche wilden Kaffees, unverfälschter, edelster Coffea arabica! Befand ich mich doch hier im innersten Herzland der vorzüglichsten aller Spielarten des Kaffees, dem ja das Kaffaland den Namen verliehen hat. Alle Teile der wilden Kaffeepflanze bis auf die Wurzel strömen Kaffeearoma aus und enthalten auch Coffeïn, vor allem die Blüten. Und der Wildkaffee am Urwaldrand stand voll in schönen weißen Blüten und verschenkte jetzt in der tauigen Frische des Morgens ganze Wolken wunderbarer Mokkadüfte.

Die Eingeborenen – wie mir Colin schon am Tage zuvor berichtet hatte – machen sich gar nicht erst die Mühe, die Reife der Früchte abzuwarten und dann die kleinen grauen Doppelkerne aus den rötlichen Kaffeekirschen zu befreien. Das ist auch nur erforderlich, wenn man die Würze des Kaffees weit fort transportieren will; in den Kaffeebohnen hält sie sich am besten. Die Eingeborenen reißen einfach einen Blätterzweig aus den wild unter hohen Schattenbäumen am üppigsten gedeihenden Kaffeebüschen, halten ihn über ein offenes Feuer, so daß die Blätter verdorren und rösten, zerreiben dann die trockenen Blätter zwischen den Händen und brühen sich aus dem knisterigen Gerieseln einen aromatischen »Kaffeeblättertee«, der es an Stärke und belebender Wirkung mit jedem europäischen »Edel-Mokka« aufnimmt.

In welch einen goldenen Morgen hatte mich der Duft der blühenden Büsche gelockt! Die Sonne blinzelte schon durch die Kronen der Bäume und zauberte tausend kleine Blitze aus den Tautropfen an Gras und Kraut. Eine unbeschreiblich süße Frische wehte durchs Fenster herein, verriet die Fülle, die unberührte Üppigkeit dieser entlegenen Welt auf halber Höhe zwischen den kahlen windigen Hochflächen Abessiniens und der harten, bösen Backofenhitze und Dürre der Tieflandsteppen und Wüsten. Wenn irgendwo, dann paßte der Ausdruck hier: eine paradiesische Luft! Ein Morgen in den Tropen auf tausend Meter Höhe – ich wüßte nichts, was hinreißender wäre.

Als ich mich endlich vom Fenster wieder ins Zimmer wandte, begegnete ich den Blicken Colins. Er hatte die Hände hinter dem Kopf verschränkt und sah mit weit offenen Augen zu mir herüber. Wir grüßten uns herzlich mit einem Kopfnicken. Ich sagte:

»Sie sollten dankbar sein, Colin, den Kaffeeduft jeden Morgen durchs Fenster ins Haus geliefert zu bekommen. Der Tag strahlt. Die Luft ist unbeschreiblich rein. Kein Rauch und Ruß, nichts von Abgasen und Müllhalden auf hundert oder tausend Quadratmeilen im Umkreis. Stille dazu, Wärme am Tag und Kühle des Nachts – aber beides gerade nur so viel, daß man nicht verlernt, sich jeweils nach dem anderen zu sehnen und zu genießen, daß es alle zwölf Stunden abwechselt. Ist es nicht prachtvoll, hier zu leben, wo die Welt noch so neu ist wie am ersten Tage?«

Er sprang aus dem Bett und rief, als habe es unser Nachtgespräch gar nicht gegeben: »Ja, den Stank von London oder Aberdeen oder Cleveland gibt es hier nicht, Gott sei Dank! Wir werden auf der Veranda frühstücken. Frühstück bereite ich mir immer allein, heute für Sie mit, natürlich!«

Nach einer kurzen Pause fügte er, plötzlich ernster werdend, hinzu: »Das heißt, wenn uns Geko den Garten vor der Veranda freigehalten hat und sich nicht auch dort schon die Patienten versammelt haben. Manchmal liegen sie mir die ganze Nacht hindurch vor der Veranda im Garten, um mich ja nicht zu verpassen. Geko ist einer von meinen beiden Heilgehilfen, der tatkräftigere. Ich habe ihm strengstens befohlen, mir heute die Leute bis zum Beginn der Poliklinik vom Halse zu halten. Sie kriegen nachher einen weißen Kittel an, Alfred, und machen mit, als besuchender Herr Doktor. Aber ehe die Schauermühle losgeht, wollen wir ausführlich frühstücken. Man muß erst wieder von einem Gast gesagt bekommen, wie schön es hier eigentlich ist. Man hatte es fast schon vergessen.«

Warum eigentlich redete er von sich meistens unter »man« und nicht unter »ich«? Schon am Tag zuvor war es mir aufgefallen. Eine Erklärung fiel mir nicht gleich ein.

Wir saßen auf der hölzernen Veranda, vor uns den verwilderten Garten. Der einsame Junggeselle Colin hatte weder Zeit noch Lust, sich darum zu kümmern – und seine Heilgehilfen, die noch der Vorgänger herangezogen hatte, waren ihm viel zu wertvoll, als daß er ihre Arbeitskraft an Graben, Hacken und Jäten verschwendet hätte.

Eine wahrhaft balsamische Luft umwehte uns weiße Männer auf den knarrenden Brettern. Der Himmel wölbte sich von den Rändern des Urwalds her zu unbeschreiblich tiefer, makelloser Bläue auf. Die Kronen der gewaltigen Albitien, die stets mit dem Wildkaffee verschwistert wachsen und ihm den lichten Schatten spenden, den er gern hat, ließen sich vom Frühwind sachte wiegen. »Mutter des Kaffees« heißen bei den Eingeborenen diese wunderbaren Bäume, denn nirgendwo gedeiht der Wildkaffee so vorzüglich wie unter dem Schutz ihrer weitausladenden riesenstarken Äste.

Ich bemerkte eine Bewegung in den Kronen der Bäume am Waldrand, unterschied schwarzweiße Felle und lange Greifarme, die von Ast zu Ast hangelten.

»Eine Herde Kolobus-Affen!« sagte Colin nach einem kurzen Seitenblick. »Die Tiere lieben die reifen Kaffeekirschen über alles. Sie spucken die Kerne aus oder verlieren die Bohnen wieder mit ihrer Verdauung und sorgen so dafür, daß immer wieder neue Kaffeepflanzen nachsprießen. Gut nur, daß wir die Bande nicht des Nachts in unserer Nähe gehabt haben. Manchmal bekommen sie mitten in der Nacht einen Rappel und vollführen einen fürchterlichen Lärm, ein grausiges Gebrüll. An Schlaf ist dann nicht zu denken.«

Nun, das hatte ich schon erlebt – in der Nähe von Jimma, der Hauptstadt der heutigen äthiopischen Provinz Kaffa (deren Grenzen übrigens weit über das ursprüngliche alte Land Kaffa hinausreichen. Das alte Land Kaffa lag im Südwesten der heutigen Provinz Kaffa; Bonga war sein Hauptort, wo, dem gemeinen Kaffitscho-Volk ewig unsichtbar, der Gottkaiser residierte). Das Gebrüll einer Herde Kolobus des Nachts – das knallende Gebell der vielen sich überbietenden Tiere fließt zu einem betäubenden Orkan zusammen, in dem keine einzelne Stimme mehr zu unterscheiden ist. Man mag nicht glauben, daß ein derart urweltliches Getöse den Kehlen von Tieren entstammt, die so schön anzuschauen sind mit ihrer leuchtend schwarzweiß fließenden Behaarung, den weichen Bewegungen ihrer langen Glieder und ihren kleinen Maskenköpfen. Kolobusgebrüll des Nachts – das gehört zu den Urgesängen der Natur wie das Gebrause eines schweren Sturms, das Donnern eines großen Wasserfalls, das auf- und abschwellende Tosen harter Meeresbrandung.

An jenem Morgen auf Colins schon ein wenig brüchiger Veranda erschreckten uns die Kolobus nicht auf so fürchterliche Weise. Wir hörten sie nur in der Ferne schnattern. Gemächlich hangelten, schwangen, kletterten sie wieder außer Sicht. Die Vorstellung war zu Ende.

Zur Rechten neben dem Garten fiel das bebuschte Gelände steil ab in eine grün verwachsene Schlucht, von deren Grund ein schäumendes schmales Gewässer heraufglitzerte. Ich saß auf meinem wackeligen Schemel dicht am Rande der Veranda und konnte in die Schlucht hinunterblicken. Als wir bei der letzten Tasse Kaffee waren – ein herrliches Getränk, reine Coffea arabica, aus frisch gepflückten und milde gerösteten Bohnen –, wollte es mir scheinen, als wallten aus der Tiefe Schleier von hellblauer Farbe auf. Ich machte Colin darauf aufmerksam.

»Ja, es ist jetzt die Zeit«, sagte er, »Schmetterlinge!«

Wolken von zartblauen Schmetterlingen schwebten aus der Tiefe der Schlucht herauf, ein lautlos waberndes Gewimmel, in welchem kaum ein einzelnes Flatterwesen zu erkennen war. Abertausende von zarten Flügeln verschwammen zu lichtblauen Schwaden im Überschwang der Liebestänze. Die Wolken hoben sich bis zur Höhe unseres Hauses, wurden dort von dem frischen Frühwind erfaßt und über die Schlucht hinweg davongeweht, vergingen im Rand des Waldes, menschlichen Augen ein schönes Spiel, den Tieren selbst wahrscheinlich ein Aufruhr auf Tod und Leben.

»Es ist schon acht Uhr, Colin«, warf ich ein, als die Falterwogen versiegt waren. »Sagten Sie nicht gestern, daß Sie gewöhnlich schon um sieben, halb acht mit der Poliklinik beginnen?«

»Ja, gewöhnlich schon, an jedem zweiten Tag, die Sonntage ausgenommen. Aber hier bin ich mein eigener Herr, und die Leute haben keine Uhren. Wenn man allein ist, macht das Frühstücken nicht viel Spaß. Meistens setze ich mich nicht einmal dazu hin.

Aber heute, mit einem Gast, kommt einem alles wie neu vor. Solch ein Morgen ist wirklich ein Geschenk. Lassen Sie uns noch eine Viertelstunde sitzen und die Kühle genießen. Es wird heute noch heiß genug werden, und die Patienten laufen mir bestimmt nicht weg.«

Mir war das nur recht. So belebend, schön und friedlich hatte ich lange nicht gefrühstückt. Wir plauderten über kleine Dinge, wie man am besten Bananen bäckt, wieviel verschiedene Sorten von Bananen es gibt, von den ganz kleinen, kaum fingerlangen, die beinahe saftig sind und von süßer Frische, bis zu unterarmgroßen Kolben von griesiger, fester Beschaffenheit – und wie sie alle verschieden zubereitet werden müßten. Und ich erzählte von einigen Erfahrungen im Nachbarlande Kenia, von dem ich um das Osthorn Afrikas herum heraufgekommen war.

Und dann blieb ich mitten im Satz stecken.

Ich saß ja so, daß ich von meinem Platz aus den verwilderten Blumen- und Gemüsegarten überschauen konnte, zu meiner Rechten die Schlucht, aus der die Falterwolken aufgestiegen waren. Gerade mir gegenüber, im Hintergrund des Gartens, hatten sich die Büsche sachte geteilt und hatten ein Wesen ins helle Licht der Sonne entlassen, das mir Entsetzen verursachte. Ein Mensch? War das ein menschliches Gesicht, war es noch ein menschliches Gesicht? Augen hatte das Wesen noch, ohne Wimpern, ohne Brauen. Aber wo sonst die Nase sitzt, gab es nur zwei Löcher in einer gelblich roten, wie gespannten Hautfläche. Und der Mund besaß keine Lippen mehr. Zwei Zahnreihen bleckten unnatürlich weiß und groß, ließen sich nicht mehr hinter Lippen verbergen. Wo die Ohren sitzen sollten, gab es nur noch formlose Stümpfe und Knollen. Kein Haar mehr auf dem Kopf. Die Arme in schmutzige Lappen gewickelt. Ein großes Tuch, sicherlich noch nie gewaschen, verhüllte die übrige Gestalt. Von den Hüften ab verbarg das hohe Kraut den Unterkörper. So stand die grausige Ruine eines Menschen im Hintergrund, ein rotgelber Totenschädel, der doch noch lebte und blickte, blickte, ganz still hielt und blickte. Die Augen brannten herüber.

»Sehen Sie dort, Colin!« flüsterte ich. »Was ist das?«

Er wandte sich zur Seite. Seine Augenbrauen zogen sich zusammen. Aber seine Stimme blieb ganz ruhig: »Das? Ach, ein nicht besonders krasser Fall von unbehandelter Lepra. Der arme Teufel kann es nicht aushalten, wird jedesmal von der Angst geplagt, ich käme nicht, mich um ihn zu kümmern, zwängt sich dann irgendwie durch den Kakteenzaun und hält Ausschau, ob ich nicht plötzlich abgereist bin. Wenn ich ihn lange genug behandeln könnte, wäre die Krankheit vielleicht zum Stehen zu bringen. Es gibt heute Mittel. Aber die Löcher im Gesicht würden sich natürlich nicht mehr schließen. – Kommen Sie jetzt, wir wollen die Leute nicht länger warten lassen. Und vergessen Sie nicht: Sie haben den weißen Kittel an, Sie sind Arzt. Sie beobachten. Die Leute werden sonst kopfscheu. Und zeigen Sie auf keinen Fall Erschrecken oder Ekel.«

Das letzte hatte er sehr ernst gesagt. Ich merkte bald, daß die Mahnung sehr notwendig gewesen war.

In einem luftigen Schuppen mit hohem Dach zum Schutz vor der heißen Sonne hatten sich etwa vierzig Menschen versammelt, saßen auf den Bänken aus groben Brettern, die sich hintereinander reihten. Vor den Bänken trennte eine Barriere die Wartenden von dem Arzt, zu dem nun, einer nach dem andern, die Patienten kamen, von den Beistand leistenden Heilgehilfen – und an diesem Morgen auch von mir in dem angemaßten Arztkittel. Ich hielt mich mit möglichst freundlichem, verständnisvollem Gesicht etwas abseits, um zu beobachten und keinem im Wege zu stehen. Colin hatte den Wartenden durch einen der Heilgehilfen erklären lassen, daß ich ein älterer Oberdoktor sei, der auf der Station nach dem Rechten zu sehen hätte. So wurde ich also mit Scheu und Respekt betrachtet und gehörte dazu.

Der Menschheit ganzen Jammer – niemals sonst habe ich ihn so erlebt wie damals.

Einer nach dem anderen trat vor die Barriere und schälte sich aus seinen Tüchern, langsam und zögernd, aber ganz offen vor aller Augen.

»Alle müssen es sehen können, was ich mit jedem anstelle, sonst gibt es die wildesten Spekulationen. Mit den Frauen und Mädchen muß ich mich besonders vorsehen«, erklärte mir Colin mit leiser Stimme.

Ich bin kein Arzt, aber ich brauchte auch keiner zu sein, um zu begreifen, daß sich hier in fürchterlichen Schulfällen die schwersten und zerstörerischsten Krankheiten vor die Barriere schleppten und von den Trägern mit erschütternder Scham enthüllt wurden. Lepra in allen Stadien, die ihre Opfer unvorstellbar grausig verunstaltende Frambösie, dann die Lues, von der die Menschen sozusagen bei lebendigem Leibe aufgefressen werden, die grotesk schaurige Elefantiasis, zu Skeletten abgemagerte Opfer der Ankylostomiasis; riesige Geschwüre verschiedenster Ursache, von der Malaria ausgemergelte Gestalten, Kinder mit riesigen Bäuchen, andere mit Köpfen voll blutigen Schorfs; zerfressene Gesichter, faulende Gliedmaßen, schier überwältigend stinkende Eiterbeulen. An Krücken wankten sie heran, wurden getragen, einer schleppte sich auf allen vieren fort.

Um die Hütte her strahlte die Sonne, Düfte wallten herein. Durch die breiten Fenster und Lüftungsspalten der Krankenhütte lachte das Blau des Himmels. Unter ihrem Dach aber war nichts als Schauder, Jammer, Qual versammelt, eine Blütenlese des Fürchterlichsten, was dem Menschen zugemutet wird, was er zu ertragen vermag, ohne einzugehen; hier wurde mitleidlos demonstriert, wie schaurig langsam eine Krankheit menschliche Gestalten und Gesichter zu zerstören vermag.

Da kam alles, was sich auf hundert Meilen im Umkreis nicht mehr zu helfen wußte, was auch den Zauberdoktoren und Medizinmännern nur noch Schrecken und Ratlosigkeit abnötigte, was mit seiner eklen Grauenhaftigkeit selbst die sonst so festen und unverbrüchlichen Bande der Familie sprengte – auch wenn man die von der Seuche und dem Unheil geschlagenen Kranken nicht einfach irgendwo aussetzte und verkommen ließ, sondern ihnen, im günstigsten Falle, verbot, sich dem Dorf der Gesunden oder weniger sichtbar Kranken auf mehr als Rufweite zu nähern. Da kamen all die Unglückseligen, die Ausgestoßenen, die am Rande der Siedlungen eine gerade noch geduldete, kaum noch menschenwürdige Existenz führten, denen man das Essen, einige alte Lappen, ein abgebrauchtes Gerät an einen verschwiegenen, gemiedenen Platz legte, damit sie es dort aufsammelten, solange sie noch stark genug waren, sich dorthin zu schleppen. Denn all diesen unbeschreiblich Elenden, buchstäblich von ihren Göttern und allen Menschen Verlassenen war durch die linde Luft (in der sich die Krankheiten so hemmungslos entwickeln) die Kunde zugeflogen, daß da weit jenseits Bonga und Wolla ein paar weißhäutige Menschen im Urwald wohnten, die sich selbst vor den schrecklichsten Zerstörungen des Menschenantlitzes nicht fürchteten, die versuchten, zu heilen, zu lindern und die – wo beides nicht mehr möglich war – den Leidenden wenigstens ihren Trost und ihr Mitgefühl anboten. Das alles im Zeichen zweier gekreuzter Holzscheite, die bei ihnen besondere Verehrung genossen – ja, der ganze Abraum und Abschaum eines ohnehin von erbarmungslosen Eroberern zerstörten Volkes sammelte sich um die Häuser im Urwald, die ein † am Giebel trugen.

Solche Kreuze wurden manchmal auch bei den verhaßten, gefürchteten Amharen gesichtet. Ihre Träger waren deshalb auf alle Fälle mit Vorsicht und Respekt zu behandeln. Doch mußte das Kreuz bei den Weißen wohl etwas anderes bedeuten als bei den Amharen. Denn was diese Weißen, die auch vom amharischen Militär mit Rücksicht behandelt wurden, jedem, der bei ihnen Hilfe suchte, im Zeichen ihres Kreuzes an Geduld und Wohlwollen spendeten, das überstieg alles, was sich überhaupt noch begreifen ließ, das war nichts weiter als ein sanfter Wahnsinn. Aber warum sollte man sich dieses Wahnsinns nicht bedienen! In der äußersten Not der Krankheit und der Schmerzen, in der totalen Verlassenheit ist niemand mehr wählerisch.

Es kostete mich große Überwindung, mich nicht einfach abzuwenden und davonzugehen. Ich hatte denselben freundlichen Gleichmut zu wahren, mit dem sich der junge Arzt eines Kranken nach dem andern annahm; einzeln ließ er sie von den Wartebänken her vor die Barriere treten – oder kriechen oder tragen. Mit jedem unterhielt er sich leise in seiner Sprache (die Jahre, die er schon im Lande war, hatten genügt, ihm die Sprache der Kaffitschos nahezubringen).

Ich merkte, daß Colin möglichst vermied, die verschmierten Lappen zu berühren, die von zerfressenen Gliedmaßen, zerstörten Gesichtern gewickelt wurden. Doch schienen ihm die riesigen Geschwüre, die klaffenden eitrigen Wunden, die dicken Schorfe und verkrusteten Ausschläge weder Furcht noch Ekel abzuzwingen. Die einfachen Behandlungen überließ er den Heilgehilfen, von denen er geschickt und auch energisch unterstützt wurde. Aber die schwierigeren Eingriffe nahm Colin selbst vor; er schnitt, injizierte, öffnete Beulen, nähte auch in zwei Fällen, ließ die Patienten gewisse Pillen einnehmen, salbte und spülte Abszesse. Das alles geschah schnell, ohne Aufwand, ganz der Sache hingegeben, und ließ doch nie eine nüchterne, unauffällige Freundlichkeit vermissen. Streng wurde der Arzt nur, wenn die beiden Helfer nicht prompt und richtig funktionierten.

Ich brauchte nur an der Seitenwand zu lehnen in meinem weißen Kittel und zu beobachten. Einige Male unterbrach sich Colin und warf mir ein paar halblaute Bemerkungen hin, stets so, daß die Patienten nicht argwöhnen mußten, es würde über sie gesprochen: »Entsetzlich, nicht wahr, was die Frambösie aus menschlichen Gesichtern zu machen imstande ist!« – während er in einem verunstalteten ehemaligen Gesicht triefende Augen reinigte, mit ganz vorsichtigen Bewegungen, mit einem zuvor in eine desinfizierende Lösung getauchten Wattebausch. In dem klaffenden Mund waren die Kieferknochen ganz verschoben; die Zahnreihen standen quer und windschief zueinander, die Lippen fürchterlich verzerrend. Es läßt sich kaum mit Worten beschreiben.

Oder er sagte: »Malaria haben sie alle. Entweder gehen sie als kleine Kinder daran ein oder sie haben sich einigermaßen angepaßt. Man könnte viele Fälle heilen, wenn man die Leute dazu bewegen könnte, regelmäßig die verordneten Medikamente zu schlucken oder herzukommen und sich spritzen zu lassen. Aber sobald es ihnen ein bißchen besser geht, halten sie sich für geheilt und bleiben weg. Sehen Sie sich das hier an!«

Ich trat näher und bekam ein klassisches Beispiel tropischer Unterschenkelgeschwüre zu Gesicht, ein großes, unregelmäßiges Loch, in dem Haut und Gewebe bis auf den Knochen weggefressen waren.

»Das kann man sogar heilen!« meinte Colin und machte sich daran, die schreckliche Wunde zu spülen, zu beizen, zu pudern und von Geko, dem Heilgehilfen, locker verbinden zu lassen. »Wenn der Mann nicht wegbleibt vor der Zeit, verschaffe ich ihm gesunde Beine, mit großen Narben natürlich! – Du kommst mir in vier Tagen, eins, zwei, drei, vier –«, er zählte es an den Fingern ab, »in vier Tagen bist du wieder hier, verstanden?«

Der riesige schwerfällige Kranke nickte ergeben und humpelte durch den hinteren Ausgang der Klinikhütte davon.

Stunden vergingen. Es war sehr heiß geworden. Die schwüle Glut, die sich draußen breitmachte, hatte sich auch die Schatten unter dem hohen luftigen Dach der Behandlungshütte erobert. Die Wartebänke hatten sich nach und nach zu zwei Dritteln geleert. Obgleich ich nur umherlehnte und nur selten auf ein Wort Colins einzugehen brauchte, stand mir der Schweiß auf der Stirn, rann mir aus dem Haar in den Nacken. Colins Kittel zeigte zwischen den Schulterblättern auf dem Rücken einen großen dunklen Fleck; dort war der harte Stoff durchgeschwitzt. Doch schien den Arzt die

Hitze nicht anzufechten. Sicher und sachlich setzte er sein schneidendes, stechendes, spülendes, salbendes Handwerk fort.

Ein Mädchen wurde von den hintersten Bänken nach vorn getragen und auf einer groben Bahre vor uns abgesetzt. Aus einem schmalen, schönen Gesicht von kastanienbrauner Farbe blickten zwei dunkle Augen voller Erwartung und Vertrauen zu dem Arzt empor.

Colin entblößte einen zerstörten Unterkörper: statt der Füße: verknollte Strümpfe, zernarbte Waden, verquollene Knie – Lepra, die nur die unteren Extremitäten befallen hatte.

»Sie ist nicht von ihren Verwandten im Stich gelassen worden. Solange die Gesichter nicht zerstört sind, wird mit den Kranken erstaunlich gut umgegangen. Wenn die Gesichter vernichtet werden, ist es gewöhnlich aus. Die Aussätzigen werden vertrieben und gehen ein. Diesem Mädchen werde ich helfen können. Die Verwandten schleppen es regelmäßig an. Die Füße kann ich ihr nicht wiedergeben. Aber die Krankheit wird nicht fortschreiten. Das Mädchen kommt schon im dritten Jahr zur Behandlung.

Ich sah, wie die Augen des Mädchens sich mit Angst zu füllen begannen, da der Arzt so lange in fremder Sprache zu einem Fremden redete und sie nicht ahnen konnte, was über sie gesprochen wurde. Ich wandte mich ab, um sie nicht weiter zu beunruhigen. Dieser plötzlich mit beinahe panischer Angst erfüllte Blick hatte mich heftiger erschüttert als all die Leiden und Verunstaltungen, deren ich in den Stunden zuvor ansichtig geworden war. Da hatte ich, den Arzt nachahmend, meine Aufmerksamkeit völlig auf die körperlichen Erscheinungen gerichtet. Diese weit zu uns aufgeschlagenen Augen hatten mir zum erstenmal schonungslos enthüllt, wieviel seelische Qualen sich hinter den leiblichen verbargen – und wahrscheinlich bedeuteten sie das schlimmere Leid.

Ich setzte mich vor der Hütte neben den Ausgang auf einen Baumstumpf, der von dem hohen Dach beschattet wurde. Obgleich in der Hütte der Kranken die nur ganz locker gefügten Gitterwände der Luft freien Durchzug gewährten, war es da draußen unter offenem Himmel wesentlich frischer und erträglicher. Ich wischte mir den Schweiß von der Stirn und atmete etwas leichter. Diese Probe hatte der Arzt also jeden zweiten Tag zu bestehen. An den Tagen dazwischen war er weit umher in den Dörfern unterwegs, um dort nach den Kranken zu sehen und den Leuten ein wenig Hygiene und Kinderpflege anzuraten. Wir hatten schon abgesprochen, daß ich eine Woche lang an seinem Dienst teilnehmen sollte. Ich begriff erst jetzt, was mir damit zugemutet wurde. Ich gestehe, daß mich ein paar Augenblicke lang eine lähmende Furcht packte: wenn du dich ansteckst irgendwo...?«

Aber schnell erhielt die Vernunft wieder die Oberhand: Colin McClistoc setzte sich jeden Tag dieser Gefahr aus und schien nicht einmal mehr darüber nachzudenken. Also...

Aber Colin hatte sich sozusagen in mönchischer Kasteiung dem Dienst an diesen Opfern fürchterlicher Krankheiten geweiht. Jeden zweiten Tag erschienen sie vor ihm, warteten schon vom Abend vorher, um sich einen Platz auf den vorderen Bänken zu sichern, um nicht weggeschickt zu werden, weil die Klinikstunden oft nicht ausreichten, alle Wartenden heranzunehmen. Jeden zweiten Tag saßen sie aufgereiht, vierzig, fünfzig, hundert Bresthafte und Gequälte, schwiegen ihn an, rührten sich nicht auf ihren Plätzen, kaum, daß sie manchmal ein paar Worte miteinander flüsterten, blickten nur, blickten zu dem fremden Arzt hinter der Barriere, ließen die Augen auf seinem Antlitz, seinen Händen brennen, verfolgten jede seiner Bewegungen wie gebannt, hielten ihn fest wie mit stählernen Haken und Schnüren.

Mich hielt keiner fest. Ich hatte kein Gelübde abgelegt, weder vor mir selbst, noch vor anderen. Colin tat, was er tat, für ein lächerlich geringes Gehalt und »freie Station«. Manchmal brachten ihm dankbare Patienten etwas mit: Eier, ein Büschel Bananen, einen Korb Hirse, ein lebendes Ferkel. Colin nahm alle Gaben an, um niemand zu kränken. Es gab so viele Allerelendeste, die von ihren Gemeinschaften verstoßen waren und die Hunger litten; ihnen konnte man mit den Naturalien ein wenig helfen. Was Colin hier Tag für Tag vollbrachte, geschah ausschließlich »um der Liebe Christi willen«. Eine andere Erklärung gab es nicht.

Aber ich? Ich war zu nichts verpflichtet. Ich begriff, was Colin sich zu begreifen fürchtete: was er hier leistete, war, bei aller beinahe übermenschlichen Hilfsbereitschaft und Aufopferung, nichts weiter als ein Tropfen auf den heißen Stein. Leistete er es also nur, um sich und den Gefährten seines Glaubens zu beweisen, daß er unter dem Zeichen dieses Glaubens zu äußerster Nächstenliebe fähig war, daß er schwierigste »gute Werke« nicht scheute? War, was sich hier abspielte, im Grunde nichts weiter als die eitle Selbstdarstellung jenes eifernden calvinistischen Protestantismus, den er, die Bruces und die Kirche dahinten in Ohio, in Schottland und anderswo vertraten? Eine böse Frage, die ich nicht beantworten konnte.

Ich mochte eine halbe Stunde auf meinem kühlen Schattenplatz verbracht haben, hatte noch ein gutes halbes Dutzend von Kranken, Lahmen und Gebrechlichen mit ihren Begleitern durch die Hintertür der Klinikhütte davonwanken sehen – und alle, wie ich meinte, an ihren Schritten und an ihrer Haltung erkannt zu haben, ein wenig straffer, leichter, getrösteter, waren sie doch alle freundlich und ernsthaft angeschaut, berührt und in ihrem überaus scheußlichen Jammer anerkannt worden.

Die Mittagsstunde war schon vorübergegangen. Über fünf Stunden, ohne jede Pause, hatte der Arzt die Parade der Schmerzen und der zerfressenen Leiber an sich vorüberziehen lassen. Die heißeste Zeit des Tages war angebrochen. Der Wind hatte sich schlafen gelegt. Die Bäume und Büsche regten kein Blatt. Kein Vogel rief, kein Insekt summte. Das gleißende Licht war selbst im Schatten den Augen beinahe unerträglich. Die harte, trockene Glut spannte sich um den Schädel wie eine stählerne Klammer.

Colin trat ins Freie und gesellte sich zu mir. Er ließ sich auf eine leere Kiste sinken, die, nach ihrer noch gut leserlichen Beschriftung zu schließen, medizinische Geräte enthalten hatte. Er sprach kein Wort und sah mich nicht an. Sein Gesicht war grau vor Erschöpfung. Er hatte den weißen Kittel schon abgelegt. Sein Hemd darunter war naß vor Schweiß und klebte an den Schultern und am Rücken.

Ich rührte mich nicht und sagte kein Wort. Er schien meine Gegenwart gesucht zu haben.

Die Heilgehilfen hatten die Klinikhütte aufgeräumt und wanderten nun ebenfalls fort, laut schwatzend und anscheinend ganz unbekümmert. Ihr Mittagessen wartete, sie brauchten nur zehn Minuten durch den Busch zu gehen: Dort lag das Missionsdorf, eine gar nicht mehr kleine Siedlung, die sich aus den Arbeitern und Helfern der Bruceschen Station gebildet hatte, und aus den Familien, die sich in steigender Zahl aus den Wäldern unmittelbar unter die Aufsicht der weißen Männer verpflanzten, um den Wohltaten des Kreuzes näher, dem Zugriff und der Willkür der amharischen Bewaffneten ferner zu sein. Gewiß, diese sonderbaren hellhäutigen Leute, die über offenbar unerschöpfliche Hilfsmittel verfügten, besaßen keine Waffen und hielten sich peinlich genau an die Gesetze des Landes. Aber zugleich wußten sie auch, was recht und unrecht war und bestanden darauf, daß beides säuberlich voneinander getrennt gehalten wurde. Es war nicht daran zu denken, mit ihnen ebenso zu verfahren, wie man mit den Einheimischen verfuhr. Sonst bekam man – auch wenn man abseits der Mission als Militär oder Polizei vollkommen nach Belieben mit den Leuten umsprang – endlose Scherereien mit den Zentralbehörden in Addis Abeba. Dort schienen diese verrückten Amerikaner und Europäer, die sich ausgerechnet um die Elendesten, die Gleichgültigsten unter den Einheimischen kümmern zu müssen vorgaben, über sehr einflußreiche Beziehungen bis in die höchsten Regionen der kaiserlichen Regierung zu verfügen. Es empfahl sich also, diese Irren im tiefsten Busch gewähren zu lassen, solange sie nicht Aufruhr und Widerstand predigten, wovon man jedoch noch nichts gehört hatte. Verdächtig war nur, daß so viele Familien und Einzelpersonen sich möglichst nahe bei der Station niederließen und sich damit der blanken Willkür und Gewalttat entzogen. Aber da es sich in praktisch allen Fällen um belanglose und arme Leute handelte, so war auch das nicht besonders wichtig und tat dem Ansehen und der Befehlshoheit der Mächtigen schwerlich Abbruch.

Nachdem wir uns zehn Minuten lang angeschwiegen hatten, schien Colin sich ein wenig erholt zu haben. Er richtete sich auf und sagte müde: »Hoffentlich kriegen wir noch was zu essen. Ich habe die Stunde des Mittagessens wieder nicht eingehalten. Das nimmt Mrs. Bruce sehr übel. Ich muß doch daran denken, mir einen eigenen Haushalt mit Koch und Stubenjungen zuzulegen. Kann den Unwillen der Hausfrau schon verstehen, wenn ich mich an jedem Kliniktag zum Mittagessen um Stunden verspäte. Kommen Sie, Alfred, wir gehen gleich zu mir ins Doktorhaus. Im Haupthaus schläft man längst. Und wir sind auch reif dafür, die heißen Stunden zu verschlafen.«

Langsam schlenderten wir durch den lichten Busch unserer stillen Veranda entgegen. Auf dem Tisch dort waren in der Tat einige Schüsseln und zwei Gedecke ausgelegt. Mrs. Bruce hatte uns die Mahlzeit herübergeschickt. Die Speisen hatten längst ihre Kochwärme verloren, boten sich lau an und schal, waren ohnehin nicht gerade »mit Liebe« zubereitet – oder wollte mir das nur so scheinen, weil mir die Bruces so bedrückend unerfreulich vorkamen, trotz all ihrer erstaunlichen und gewiß bewunderungswürdigen Leistungen?

Wir redeten nicht viel während des kurzen, lustlosen Mahls,

wuschen dann das Geschirr in dem Trog neben dem Hause ab; er wurde von einem klaren Quellwasser aus den Bergen durchspült.

Dann legten wir uns in unserem verdunkelten Schlafzimmer gemeinsam zur Nachmittagsruhe nieder, mit der man in den Tropen die unerträglichsten Stunden des Tages überwindet.

Als ich erwachte, lag Colin nicht mehr neben mir. Ich hatte wie ein Toter geschlafen und weit über die vereinbarte Zeit hinaus. Er hatte meinen Schlaf nicht gestört und war sicherlich längst ins Haupthaus hinübergegangen, um, wie vorgesehen, mit Bruce Verwaltungsfragen zu besprechen und dann an einem Gottesdienst für Taufkandidaten teilzunehmen. Man hatte auch mich dazu geladen, ich konnte mich aber nicht entschließen, jetzt noch, mit peinlicher Verspätung, dazuzustoßen.

Statt dessen begab ich mich auf die offene Veranda über der tiefen Schlucht, zog mir einen der knarrenden harten Stühle an ihren Rand und blickte über die blauen, in der Ferne blasser blauenden Hügelwellen jenseits des anderen Randes der Schlucht hinweg. Die Hitze hatte merklich nachgelassen. In den Kräutern des verwilderten Doktorgartens wühlte ein heller Wind. Solange er die Luft um die Hausecke fließen ließ, würden sich die Moskitos nicht bemerkbar machen. Ich konnte irgend etwas vorschützen und mich erst zum Abendessen – dann allerdings höchst pünktlich – an der Bruceschen Tafel, der ertötend wohlerzogenen und gesetzten, einfinden.

Unbestimmte Gedanken wanderten mir durchs Hirn, während ich da für mich allein auf der Veranda die letzte Stunde des Nachmittags vertrat, die Beine übereinanderschlug oder auch die leise ächzende Veranda mit meinen Schritten ausmaß. Von hier aus gesehen, boten Haus und Garten eigentlich ein Bild der Verwahrlosung und des Verfalls. Ich wußte natürlich, daß dieser Eindruck täuschte. Colin war aufs äußerste beansprucht, unterstand dem hölzern tüchtigen, aus unverwüstlichem amerikanischen Kunststoff gebackenen Mr. Bruce und hatte weder Zeit, noch blieb ihm Kraft, sich um ein freundliches Aussehen seiner Behausung zu kümmern. Aber vielleicht erinnerte es schon an sündige Hoffart, wenn man sich eine hübschere Wohnung oder einen »nutzlosen« Blumengarten zulegte ...

Ich würde noch eine Woche bei McClistoc und den Bruces zu Gast bleiben, würde mit dem Arzt in den Dörfern der zu Fuß erreichbaren Nachbarschaft unterwegs sein, noch an zwei oder drei Polikliniken teilnehmen. Ich sagte mir da auf der einsamen Veranda, die der schöne Spätnachmittagswind mit den Düften der üppigen Wildnis überspülte, daß ich eigentlich schon alles wußte, was zu erfahren ich in diesen unbeschreiblich entlegenen Winkel der Erde gereist war. Erst in einer Woche würde mich die kleine Maschine wieder nach Jimma zurückfliegen. Immerhin würde diese Woche genügen, meine Mutmaßung zu bestätigen, daß auch eine alle seelischen und körperlichen Kräfte beanspruchende Tätigkeit wie die des bewundernswerten jungen Arztes zur Routine werden kann, werden muß, wenn sie auf die Dauer durchgehalten werden soll. Das könnte aber kaum noch meinen Eindruck abschwächen, daß Colin körperlich und, mehr noch, seelisch weit überfordert war – wobei ihm die Einsicht, daß er sich selber so überfordert hatte, nichts nützte. Aber wahrscheinlich brauchte er die fürchterliche Überforderung, um vor sich selbst bestehen zu können.

So tiefen Respekt ich auch vor der Leistung und Selbstentäußerung dieses Mannes empfand und sosehr ich ihm aus tiefstem Herzen alles Gute wünschte, sosehr vermochte ich andererseits, wie ich so still auf der Veranda saß, eine leise, aber durchaus nicht fortzuleugnende Antipathie, ein beinahe körperliches Unbehagen gegenüber dem jungen Arzt nicht zu überwinden. Irgend etwas war schief in seiner inneren Verfassung, irgendwie hatten sich seine Empfindungen verklemmt, wurde er durch von außen auferlegte, tabuartige Beschränkungen und Ängste heimlich gepeinigt – und alle an der Bettkante verbotenen Stunden konnten ihn nicht davon befreien.

Außerdem – und das mochte ihm eine vordergründige Entschuldigung dafür bieten, eines Tages doch fahnenflüchtig zu werden –, außerdem war er intelligent und nüchtern genug, zu erkennen, daß die meisten Eingeborenen, die hier zur Station stießen, von materiellen oder sonstigen praktischen Vorteilen angezogen wurden, und daß sie die Taufe sozusagen als ihre Gegenleistung betrachteten. Er mußte weiter erkennen, daß die Hilfsgelder, welche von den Amerikanern und Europäern ins Land Äthiopien geschleust wurden, im weitesten Ausmaß dazu dienten, die rücksichtslose Vorherrschaft der führenden Amharenschicht über die unterworfenen Galla, Kaffitschos und andere nicht amharische, nicht »christliche« Völker zu sichern und zu stärken. Noch heute verraten überall im Kaffalande untrügliche Spuren dem Kundigen, der durch die Wälder unterwegs ist, daß diese Gebiete vor nicht allzu langer Zeit viel dichter besiedelt gewesen sein müssen, als sie es jetzt sind. Ehemalige Dörfer und Gehöfte sind an den zähen Kandelaber-Euphorbien und den zeilenartig dazwischen wuchernden Draceen erkennbar, die immer noch weiter sprießen, selbst wenn die Siedlungen oder Bauernhöfe, denen sie einmal als Umzäunung dienten, längst verfallen sind. Die Amharen haben zu Beginn dieses Jahrhunderts wohl bis zu zwei Dritteln des Kaffitschovolkes ausgerottet oder in die Sklaverei verkauft. Die Schwachen, Armseligen, Siechen blieben übrig.

Ich fragte mich auf meiner leeren Veranda mit dem hinreißend herrlichen Ausblick in die Ferne: Wird er imstande sein, die fünf Jahre in dieser kahlen Verlassenheit auszuhalten? Wird seine Furchtlosigkeit angesichts der fürchterlichsten Infektionskrankheiten der Erde ihn schützen, wird er, ganz abgesehen von der ständigen seelischen Überbelastung, auch nur körperlich standhalten? Bruce ist ihm keine Hilfe, Bruce ist ein weiterer Alpdruck. Kann man fünf Jahre lang als junger und im Grunde warmherziger Mensch immer nur geben, geben, geben, ohne je etwas zu empfangen?

Genügt es, sich zu sagen: was ich hier tue, bedeutet zwar nur einen Tropfen auf einen heißen Stein, aber eine Wohltat, die um ihrer selbst willen geschieht, ist doch nie vergebens und verloren; auch wenn ich es nicht im einzelnen nachprüfen kann, wird sie gewiß heimlich Frucht tragen. Meine Aufgabe ist nicht der Erfolg, sondern das nie nachlassende Ringen um den Erfolg.

Schließlich wurde es Zeit, die Grübeleien abzubrechen und zum Haupthaus hinüberzugehen. Mrs. Bruce sollte nicht Gelegenheit bekommen, dem fremden Besucher unpassendes Benehmen attestieren zu müssen.

Ich habe dann meine Woche bei Dr. McClistoc mit leidlichem Anstand hinter mich gebracht und habe einigermaßen gelernt, in gesichtslose Gesichter zu blicken, ohne mich zu entsetzen. Colin und ich entwickelten eine kühle, distanzierte Sympathie füreinander, obwohl wir beide ahnten, daß wir nach meiner Abreise kaum Neigung zur Fortsetzung unserer Beziehung verspüren würden.

Die Woche belehrte mich darüber, daß die Fragen und ersten Einsichten, die mir in jener stillen Stunde auf der Veranda durch den Kopf gegangen waren, nicht wesentlich ergänzt zu werden brauchten. Allerdings befiel mich gegen Schluß meines Aufenthalts plötzlich die Furcht, Colin könne eines Tages den Verstand verlieren. Bruce hat ihn eigentlich schon verloren und erhält ihn sich nur dadurch, daß er ihn vor dem Zerfall sozusagen zementiert hat. Viele Fragen, beinahe alle, blieben offen nach jener bedrückenden Woche im tiefsten Herzen des uralten, brutal vernichteten Landes Kaffa, diesem »Tibet Afrikas«, das Tibets Schicksal um Jahrzehnte vorwegnahm.

Fragen – und keine Antworten.

Ich fühle mich versucht, der Skizze von dem ungewöhnlichen Leben des Dr. Colin McClistoc Geschichten von anderen Ärzten anzuschließen, die mir unter anderer Sonne und anderen Sternen begegnet sind – oder auch Geschichten von anderen Missionaren. Ich habe gefunden, daß Ärzte und Missionare eigentlich immer ein bißchen seltsam sind, was ganz gewiß mit den Berufen zusammenhängt, die sie sich erwählt haben. Missionare konzentrieren sich auf die, nach ihrer Meinung, kranken und ungeretteten Seelen anderer Leute, denen geholfen werden muß – und Ärzte auf die kranken Körper fremder Menschen, die geheilt werden müssen, manchmal auch auf kranke Seelen, die dann aber meist wie kranke Beine oder Mägen behandelt werden. Ärzte und Missionare sind also damit beschäftigt, eine unheile Welt wieder heil zu machen. Nun kann man sich wahrscheinlich nicht dauernd mit unnormalen Zuständen des Leibes oder der Seele beschäftigen, ohne schließlich selbst etwas von der eigenen gesunden Normalität einzubüßen. Da kommt es dann zuweilen zu ungewöhnlichen Schicksalen, über die sich interessant berichten läßt.

Das Normale hat jeder selbst jeden Tag zur Genüge um sich her; das Ungewöhnliche ist es, über das zu berichten sich lohnt. Deswegen sind ja auch Kriminalgeschichten im Fernsehen so beliebt; sie bringen den Leuten, die sonst an lauter Normalität im Büro oder daheim oder im Schrebergarten ersticken würden, das Ungewöhnliche ins Haus.

Deshalb berichte ich auch in diesem Buch nicht über alltägliche, sondern über ungewöhnliche und ausgefallene Menschen und Situationen. Statt aber wieder einen Arzt erscheinen zu lassen, will ich mich, um der Buntheit der Szenenfolge willen, an

Die heißen Tage von Cartagena

erinnern, die mir einige unvergeßliche Erlebnisse und Einsichten bescherten.

Beim besten Willen konnte ich keinen triftigen Grund dafür angeben, weshalb ich überhaupt nach Cartagena gefahren war, lag es doch abseits meines Weges und stand auch in gar keinem Zusammenhang mit den ernsthaften, sachlichen Aufgaben meiner Reise. Ich war von dem chilenischen Santiago heraufgeflogen und hatte in Panama umsteigen müssen, um über Mexico City weiter nach San Diego im US-amerikanischen Californien zu gelangen. Die Aussicht, schon bald wieder mit der amerikanischen Wirklichkeit, mit dem vielgepriesenen, inzwischen etwas in Verruf geratenen »American Way of Life« konfrontiert zu werden, erfüllte mich nicht mit großer Begeisterung. Ich hatte mich in der geruhsameren Atmosphäre des lateinischen Amerika wohlgefühlt, hatte nicht nur mit dem gebotenen Eifer wirtschaftliche und politische Daten gesammelt, sondern auch Gaucho-Lieder gelernt und mich sogar mit den Reiterkünsten der Gauchos vertraut gemacht.

Wie immer fiel es mir schwer, von einer Welt, in die ich eben nur hineingerochen hatte und die noch viele aufregende Düfte versprach, schon nach wenigen Monaten Abschied nehmen zu müssen. Ich wußte natürlich, daß eigentlich ein ganzes Leben notwendig wäre, wollte ich das lateinische Amerika einigermaßen vollständig erfassen. Aber ein ganzes Leben konnte ich nicht darauf verwenden, denn man lebt nur einmal, und es gibt außer Südamerika noch andere Kontinente.

In Panama war es warm, und die Sonne schien vom tiefblauen Himmel. Ich hätte Cartagena nie zu Gesicht bekommen, wenn ich nicht in Panama einige Stunden Aufenthalt gehabt hätte – nicht lange genug, um irgendeinen größeren Ausflug zu unternehmen.

So schlenderte ich in den Hallen und Warteräumen des Flughafens umher, obgleich dort, außer den immer und überall interessanten Leuten, die gleich mir auf Reisen waren, nicht viel Bemerkenswertes zu entdecken war. Flughäfen größerer Städte gleichen sich auf der ganzen Welt wie ein Ei dem andern und tragen mit dazu bei, die Fliegerei viel langweiliger zu machen als das Reisen im Auto, mit der Eisenbahn oder zu Schiff.

Ein großes Plakat der Pan American drängte sich von der Wand der Vorhalle in meine Aufmerksamkeit. Ich blieb stehen und las: »See Cartagena! Old Spain on a New Continent!« – Besuchen Sie Cartagena! Alt-Spanien auf einem Neuen Kontinent!

Darüber war unter allerblauestem Reisebürohimmel, der bekanntlich niemals von Wolken getrübt wird, die anscheinend übers Meer vorspringende Bastion einer altertümlichen Befestigungsanlage, bewehrt mit einem kleinen Wachturm, abgebildet. Ein größerer, schwererer Turm im Hintergrund ließ eine gewaltige Stadtmauer und dahinter eine alte, unbezweifelbar spanische Stadt vermuten. Über die Befestigungsplattform aber tändelte eine reizende junge Dame in keineswegs altertümlicher, sondern in leichtester, modisch offenherziger Urlaubskleidung. Sie stammte gewiß nicht aus Sevilla, sondern eher aus Chicago und sollte offenbar in dem Betrachter des großartigen Plakats den Eindruck erwecken, daß in Cartagena ewig die Sonne scheine und das Paradies ausgebrochen sei mit lauter himmlisch süßen jungen Mädchen in nicht allzu dezenten Badeanzügen, mit Palmen, gekachelten Schwimmbädern und kühlen Cocktails, in denen die Eisstückchen klimpern.

Das Plakat – man verzeihe das schiefe Bild! – lieferte den Tropfen, der das Faß zum Überlaufen brachte. Ich hatte schon seit Monaten an Cartagena gedacht, eine der wenigen alten Städte aus der spanischen Kolonialzeit Südamerikas, die sich – wie ich gelesen hatte – unverändert bis in die Gegenwart erhalten haben, woraus abzuleiten ist, daß die moderne Entwicklung den Ort am Rande liegengelassen hat. Damit aber war Cartagena, im Staate Colombia gelegen, eigentlich für mich uninteressant, denn ich war ja keineswegs auf diese große und kostspielige Reise gegangen, um mir hübsche und romantische alte Städtchen anzuschauen, um Türmchen, Schießscharten und Pechnasen zu bewundern und die schlechten sanitären Anlagen jener frühen Neuzeit zu beanstanden, sondern um den aktuellen ökonomischen und politischen Problemen unserer Tage auf die Spur zu kommen. Und in dieser Hinsicht versprach Cartagena, die Stadt aus dem historischen Bilderbuch von Hispaniens großer Zeit, nicht die geringste Erweiterung meines Wissens.

Ich hatte es mir also bisher streng verboten, an die Verschwendung der etwa benötigten sieben oder achthundert Dollar für einen Abstecher nach Cartagena auch nur zu denken. Und doch hatte mich die Stadt nie losgelassen. Ich wußte auch schon, daß sie 1553 von Pedro de Heredia gegründet worden und zu einem der bedeutendsten Hafen- und Handelsplätze an der Karibischen See aufgestiegen war. Deshalb wurde sie 1585 von Francis Drake, dem englischen Seeräuber und Freibeuter Ihrer Majestät, der »jungfräulichen Königin« Elisabeth von England, gebrandschatzt und 1697 von weniger vornehmen französischen Piraten geplündert. Von den Spaniern in den südamerikanischen Unabhängigkeitskriegen noch bis 1821 mit großer Zähigkeit gehalten, seit 1952 mit der Mündung des gewaltigen Magdalenenstroms wieder durch den altspanischen und neu ausgebauten Schiffahrts-Canal del Dique verbunden, ist Cartagena in unseren Tagen wegen seiner altertümlichen Schönheit und herrlichen Lage an goldenen Stränden der Karibischen See zu einem Anziehungspunkt des modernen Tourismus aufgestiegen wie ein Phoenix aus der Asche.

Nun stand ich also vor dem schönen Plakat der Pan American Airways – und fühlte meinen Widerstand schmelzen wie Butter in der Sonne. Wer vermag schon den Verführern aus den großen Werbeagenturen zu widerstehen! Und außerdem: hatte ich nicht einen kleinen harmlosen Urlaub nach den vorausgegangenen harten und dürren Arbeitsmonaten verdient...?

Ich sah nach der Uhr. Ich hatte noch anderthalb Stunden Zeit, den Weiterflug umzubuchen und mich in Cartagena an- und in Mexico City sowie San Diego bei den Leuten, die mich dort erwarteten, telegraphisch vorerst abzumelden. Jetzt fragte sich nur noch, ob und wann ich eine Verbindung nach Barranquilla, dem heutigen Hafen an der Mündung des Magdalena, dem wichtigsten Strom des Staates Colombia, erwischen würde. Tagelang im heißen Panama herumzusitzen, dazu verspürte ich keine Lust. Wenn es keinen prompten Anschluß nach Barranquilla, dem auch für das etwa einhundertdreißig Kilometer entfernte Cartagena zuständigen Flughafen, gegeben hätte, wäre ich wohl, wie vorgesehen, weitergeflogen und Cartagena wäre für immer ein schöner Traum geblieben, wie die Namen so vieler anderer Orte auf diesem weiten Erdenrund.

Aber es gab einen vorzüglich passenden Anschluß nach Barranquilla. Keine drei Stunden nach dem verhängnisvollen Augenblick, der mich vor das verführerische Plakat mit der bezaubernden Badeschönheit und den alten spanischen Kanonen geführt hatte, blickte ich schon aus dem Fensterchen zu meiner Linken in die blaudünstige Unabsehbarkeit der Karibischen See hinaus, die tief unter der völlig ruhig ihre luftige Straße verfolgenden Maschine, als ein glatter, hier und da ein wenig beschlagener pflaumenfarbener Spiegel, unmerklich zurückblieb.

Der Tag neigte sich schon in den Abend, als ich endlich alle Sperren passiert hatte und, mit den nötigen Stempeln versehen, vor dem Ausgang des Flughafengebäudes stand. Mir lag nichts daran, in dem einigermaßen reizlosen Barranquilla zu übernachten. Einhundertunddreißig Kilometer oder einige mehr nach Cartagena – das war nicht übertrieben weit und mußte noch am gleichen Abend zu bewältigen sein. Aber der letzte Bus nach Cartagena war schon weg, wie ich bald erfuhr. Es blieb also nur übrig, ein Auto zu mieten.

»Gibt es Taxis hier?« fragte ich den Gepäckträger, der mir mit meinen beiden Koffern schon eine ganze Weile zu verschiedenen Erkundigungen gefolgt war. Er war ein schwerer Mann mit grobem indianischen Gesichtsschnitt.

»Ja, da drüben, Señor! Die Fahrer stehen gewöhnlich um die nächste Ecke. Aber machen Sie den Fahrpreis vorher aus, sonst zieht man Ihnen nachher das Fell über die Ohren!«

Das war sicherlich ein sehr notwendiger Rat, wenn auch an mich mehr oder weniger verschwendet, da mir kaum etwas unter der Sonne abscheulicher ist, als zu handeln.

Ich bedeutete dem Träger, neben dem Hauptausgang zu warten – der Mann besaß bereits mein Vertrauen – und steuerte um die mir bezeichnete Ecke. In der Tat stand dort eine Gruppe von dunkel gekleideten Männern mit jenen respektablen, aber »versessenen« Anzügen, durch die Chauffeure weltweit gekennzeichnet sind. Die Männer merkten sofort, daß ich sie suchte. Einer von ihnen löste sich aus der Gruppe und sprach mich auf englisch an; ich war offenbar als Nicht-Colombianer und Nicht Südamerikaner ohne weiteres erkennbar.

»You want Taxi, Mister?«

Ich war ein bißchen beleidigt, daß man mir die Fremdheit so an der Nasenspitze ablesen konnte und brachte voller Eigensinn mein leider höchst jammervolles Spanisch an den Mann. Ich fragte nach dem Preis für eine Fahrt nach Cartagena.

Der breitschultrige Mann in ausgebeulten Hosen und einem längst jeder Form entbehrenden, aber sauberen Jackett über dem blaurot gemusterten Hemd mit offenem Kragen dachte gar nicht daran, mir auf spanisch zu antworten, sondern blieb bei seinem simplen, jedoch nicht ungewandten Englisch, was mich verständlicherweise noch mehr erboste.

Er nannte mir einen, wie mir schien, höchst saftigen Preis. Eingedenk der Mahnung meines Gepäckträgers, versuchte ich mutig mein Bestes und machte mit eiserner Miene ein Gegenangebot: die Hälfte des von ihm genannten Betrages. Der Mann lachte ein fröhliches, ich möchte sagen kameradschaftliches Lachen und meinte:

»Es wird heute kein Fahrgast mehr kommen. Und dies war die letzte Maschine für die nächsten drei Stunden. Ich bin aus Cartagena und will nicht bis Mitternacht warten. Teilen wir uns den Unterschied zwischen Ihrem und meinem Preis – und wir können gleich losfahren. Ich bringe Sie zum Hotel Atalaya. Das ist erste Klasse und hat Zimmer frei. Ich habe gerade einige Gäste zur Abreise hergefahren, und die Saison ist bald vorüber.«

Das wurde so freundlich und zugleich so bestimmt vorgebracht, daß ich gar nicht versucht war, Einwände zu erheben oder Gegenfragen zu stellen. Ich hatte einen vernünftigen, ehrlichen Mann vor mir, der gewohnt war, mit Reisenden umzugehen.

»Also gut! Einverstanden!« sagte ich. Der Mann gefiel mir: Das breite, kräftig geschnittene Gesicht mit der lederbraunen Haut, die schwarzen Augen und buschigen schwarzen Brauen, die dichten schwarzen, zur Bürste geschnittenen, an den Schläfen schon ergrauenden Haare – und darüber gebreitet ein Ausdruck von Heiterkeit und ungezwungenem Wohlwollen. Ich befand mich in guten Händen für die immerhin längere Fahrt durch ein unbekanntes Land bei sinkender Nacht. Sicherlich erhielt er von dem Hotel, das er genannt hatte, »Prozente«, wenn er ihm neue Gäste zuführte. Aber ebenso gewiß konnte der Mann beurteilen, welches Hotel zu welcher Sorte von Reisenden paßte und umgekehrt, und mußte ein Interesse daran haben, die Fremden richtig zu beraten, wenn er zu weiteren Fahrten fest engagiert werden wollte.

Es geht wohl jedem zuweilen so, wie mir an jenem warmen Abend nach meiner Ankunft in Barranquilla: man begegnet einem Menschen und fühlt sich ohne Übergang auf kaum erklärliche Weise mit ihm einig, obwohl man bis dahin von seiner Existenz nicht einmal etwas geahnt hat. So erging es mir mit Felipe Roberto Paredes, dem Eigner eines Mietautos aus Cartagena, der Hauptstadt des Departamento Bolivar im Norden des Staates Colombia.

Nachdem ich mit ihm über den Fahrpreis unerwartet schnell einig geworden war, hatte ich mich schleunigst zu dem Träger zurückbegeben, der mein Gepäck bewachte, hatte ihn reichlich entlohnt und wartete nun auf meinen Fahrer.

Da fuhr er schon vor, in einem mächtigen alten Mercury. Alt war er wohl, aber sorgfältig gepflegt, innen und außen, die schwere Maschine in bester Verfassung. Felipe verstaute meine Koffer in dem Gepäckraum und lud mich ein, vorn neben ihm Platz zu nehmen, was ich gern tat.

Der Wagen schwang sich sachte und umsichtig von der Anfahrt ab. Wir rollten gemächlich durch einige Viertel der Stadt Barranquilla. Simple, zweistöckige Häuser säumten die breiten Straßen. Niemand schien sich zu beeilen. Von der Hetze und Unrast einer modernen Hafenstadt war nicht viel zu spüren. Ich merkte, daß ich recht getan hatte, Barranquilla gar nicht erst groß zur Kenntnis zu nehmen.

Bald hatten wir die offene Landstraße erreicht. Es dunkelte schon. Soweit ich es erkennen konnte, durchquerten wir eine weite, landwirtschaftlich intensiv genutzte Ebene, begegneten hochbeladenen zweirädrigen Karren, die natürlich ohne Licht die Straße entlangschwankten und mir jedesmal einen Schreck einjagten, wenn sie plötzlich im Scheinwerferlicht auftauchten. Aber mein Fahrer war nicht aus der Fassung zu bringen. Der stark und gleichmütig dahinbrummende Wagen umglitt alle Hindernisse ohne Aufenthalt. Ich fühlte mich in dem dämmrigen, leise nach Tabak duftenden Gefährt wunderbar aufgehoben, fuhr wieder einmal in ein fremdes Land hinein, einer alten und sicherlich schönen Stadt entgegen, und war davon überzeugt, daß dieser zuverlässige freundliche Mann neben mir mich in einem erfreulichen Hotel abliefern würde.

Die Dunkelheit spaltete sich vor unseren Lichtern und schloß sich hinter uns von neuem. Zuweilen glitten kleine Ortschaften oder Gehöfte vorüber, nur schattenhaft erkennbar, mit sehr bescheiden erhellten Fensterviereckern. Die Luft, die zu uns ins Auto drang, duftete schwer und süß, Luft aus tropischen Hecken, aus Gärten, von fruchtbaren Feldern. Ein etwas bedeutenderes Städtchen drängte sich zum Straßenrand.

»Das ist Sabanalarga!« erklärte mein Fahrer.

Ich schmeckte den schönen Klang auf der Zunge nach: »Sabanalarga – ›die weite Savanne‹, ein schöner Name. Aber von Savanne ist hier wohl kaum noch etwas vorhanden, nicht wahr? Dies ist doch alles Ackerland?«

»Ja, längst!« kam die Antwort. »Aber es ist angenehm zu wissen, daß hier einmal die große Savanne gewesen ist.«

Für einen Taxifahrer in Südamerika war das immerhin eine etwas ungewöhnliche Bemerkung. Aber alles an diesem Tage paßte in keine Regel. Ich fühlte mich weiter vor: »Sie kennen das Land gut, möchte ich annehmen. Sie stammen aus dieser Gegend?«

»Nein, ich komme aus den Bergen weiter im Süden, aus der Stadt Bucaramanga im Departamento Santander. Dort ist es kühler als hier. Aber viel zu verdienen ist da nicht. Hier an der Küste bringen die Fremden Geld ins Land. Die Nordamerikaner haben alle Geld.«

Ich lachte: »Ach, das ist ein Märchen, kann ich Ihnen versichern. Allerdings, die Leute, die ihrem scheußlichen New Yorker oder Chicagoer Winter aus dem Wege gehen wollen und sich statt dessen in Cartagena wärmen, die müssen schon mit überflüssigen Dollars ausgerüstet sein. Übrigens scheinen Sie mich für einen Nordamerikaner zu halten?«

Sehr erstaunt klang die Gegenfrage: »Sind Sie etwa keiner, Herr? Die Fremden hier kommen doch alle aus den Vereinigten Staaten, bestenfalls noch weiter aus dem Norden, aus Kanada.«

»Nein, ich bin Europäer, Deutscher. Ich wußte gar nicht, daß wir hier solchen Seltenheitswert besitzen.«

»Oh, es gibt schon Europäer in Colombia, in Barranquilla einige deutsche und englische Kaufleute, und erst recht im Innern des Landes auf den Farmen und Pflanzungen und natürlich in der Hauptstadt Bogotá. Aber die Touristen, die nach Cartagena kommen, sind eigentlich alle Nordamerikaner.«

»Hoffentlich gibt man mir dann überhaupt in Cartagena Quartier!«

»Keine Angst, Herr! Wenn ich Sie bringe, ich, Felipe Roberto Paredes, dann kommen Sie unter! Mich kennt man in Cartagena und weiß, daß ich nur gute Leute fahre, andere nicht!«

»Da kann ich ja von Glück reden, daß ich gerade Sie am Flughafen getroffen habe!«

Er lachte: »Ein bißchen schon! Aber die anderen Fahrer, mit denen ich an der Ecke zusammenstand, waren alle aus Barranquilla.

Ihnen war gleich anzusehen, daß Sie aus dem Ausland kommen, ein Fremder, ein Tourist. Also wollten Sie nach Cartagena. In Barranquilla ist nicht viel zu sehen. Sie waren für mich bestimmt. Die andern wären sowieso nicht mit Ihnen nach Cartagena gefahren, die hätten sich vor der langen Rückfahrt bis vielleicht über Mitternacht hinaus gefürchtet.«

»Warum denn das? Die Karren ohne Licht, die jetzt noch die Straße unsicher machen, werden dann ihr Ziel erreicht haben. Bald muß auch der Mond aufgehen. Es sollte sich später in der Nacht ganz gut fahren lassen.«

»Das ist es nicht! Die Straße ist zu späterer Stunde leer, das stimmt, aber unsicher ist sie doch, Herr.«

Seine Stimme hatte einen anderen Klang angenommen. Das Lächeln, das mein Fahrer, Señor Felipe Roberto Paredes, stets bereit zu halten schien, war ihm bei seinen letzten Worten vom Gesicht gewichen. Die Stimmung in dem dunklen Auto, das hinter seinem Lichtkegel her durch die Nacht rollte, war mit einem Mal verändert, hatte sich gespannt. Sollte ich weiterfragen? Ich tat es: »Wieso unsicher?«

Señor Paredes ließ einige Sekunden ins Nichts tropfen, bevor er antwortete: »Letzthin sind zwischen Cartagena und Sabanalarga, auf dieser langen, einsamen Strecke, wo wir gerade sind, verschiedene Autos angehalten und ausgeraubt worden – von maskierten Banditen. Den Fahrern haben die Burschen nichts getan, haben ihnen nur das Geld abgenommen. Die Fahrgäste verloren Geld, Gepäck und Oberkleider, soweit sie Fremde waren. Die Einheimischen wurden noch unfreundlicher behandelt, wurden nicht nur ausgeplündert bis aufs Hemd, sondern auch noch geprügelt. Einen reichen Kaffeepflanzer aus der Gegend von Cúcuta, Norte de Santander, haben sie mitgenommen und verlangen ein hohes Lösegeld. Der Mann ist immer noch nicht aufgetaucht.«

»Na, hören Sie mal, mein Bester, das sind ja schöne Aussichten! Und da gondeln Sie mit mir los nach Cartagena? Ich wäre sehr peinlich berührt, wenn ich das Hotel erster Klasse Atalaya in Unterhosen betreten müßte. An Bargeld ist allerdings bei mir nicht viel zu holen. Mit meinen Reiseschecks würden die Banditen sich kaum irgendwo ein Konto eröffnen können. Was machen wir, wenn jetzt drei maskierte Herren auf der Straße auftauchen mit gezückten Pistolen, einem Baum übers Pflaster gelegt haben und uns zum Halten zwingen?«

»Es wird nicht geschehen, Herr, haben Sie keine Sorge! Und selbst, wenn es geschähe, würde nichts geschehen!«

Er schien schon wieder zu lächeln bei diesen etwas mysteriösen Worten. Es wollte mir ohnehin nicht gelingen, die Räubergeschichte ganz ernst zu nehmen. Ich wußte, daß in Colombia seit langem allerlei Banden ihr Unwesen treiben; meistens schmücken sie sich mit politischen Federn, wenn sie Banken oder Farmen, Autos oder Züge überfallen, und behaupten, das alles geschehe, um »die gesellschaftlichen Verhältnisse zu verändern«; aber gleichzeitig kann man sich dabei ausreichend finanzieren. Ich hatte nicht angenommen, daß diese Unruhe, Colombias Dauerkrankheit, bis in die Küstenregionen hinunterbrandete – glaubte auch jetzt noch nicht daran.

›Selbst wenn es geschähe, würde nichts geschehen‹ hatte der Mann neben mir gesagt, und ich hatte sein breites, heiteres Lächeln dabei gespürt und war vollkommen beruhigt.

»Ich fühle mich in Ihrem Auto ausgezeichnet aufgehoben, Don Felipe. Wenn es Ihnen recht ist, gondeln wir in den kommenden Tagen ausführlich zusammen umher. Ich bin ein escritor und periodista und möchte soviel wie möglich sehen. Mir nur die Sonne in den Hals scheinen zu lassen, daran liegt mir nicht viel!«

»Großartig!« rief er, »das ist großartig, Herr! Ich werde es billig machen. Ich weiß über alles Bescheid. Über die Altertümer, aber auch über das, was sonst in meinem Land vorgeht. Ich habe zwar nur ein Auto zu vermieten, und das Ding ist schon fünf Jahre alt. Aber ich bin auch in der Politik zu Hause. Mir macht keiner was vor. In Colombia wird sich noch viel ändern müssen. Mit einem Europäer kann man gut darüber sprechen. Die Deutschen haben ja auch schon allerhand erlebt.«

Das vermochte ich keineswegs zu bestreiten. Wir vergaßen die politisch infizierten Straßenräuber, die vielleicht in den Büschen am Straßenrand lauerten und rutschten in eines jener erregenden Gespräche, die man heute nach meiner Erfahrung auf der ganzen Welt führen kann. Thema: die schreiende, oft genug groteske Unzulänglichkeit der Regierungssysteme und der Regierenden.

Während der bisher friedliche und freundliche Mann sich allmählich in eine so wilde Erregung steigerte, daß die Luft in dem dunklen Auto zu zittern begann – glücklicherweise fuhr er um so langsamer, je zorniger er wurde, wie es sich für einen erfahrenen

Autolenker gehört –, beschäftigte mich im stillen die Frage, ob es wohl immer so gewesen ist, daß die Regierten sich in so hohem Maße wie heute als mehr oder weniger hilflose Opfer, als bedenkenlos hin und her geschobene, mit einem Modewort: als »manipulierte« Figuren auf dem Schachbrett der Politik und Wirtschaft gefühlt haben. Die Tiraden des Señor Paredes neben mir flossen an meinem Ohr vorbei wie das Rauschen eines Wasserfalls; ihren Sinn erfaßte ich im einzelnen nicht mehr, da der Mann vergessen hatte, daß es sich empfahl, entweder englisch mit mir zu reden oder spanisch nur sehr langsam. Statt dessen dröhnte er gewaltig dahin und war völlig befriedigt, wenn ich ab und zu ein »Sí, Señor!« oder »Cómo no, Don Felipe?« einfließen ließ, was ich mit Vergnügen tat, um ihn in Gang zu halten. Ich sagte mir auch: der Abstecher nach Cartagena scheint sich doch zu lohnen, nicht nur, was die mir für morgen bevorstehenden alten Paläste und Schanzwerke, sondern auch was lateinamerikanische Leidenschaften betrifft, die kennenzulernen ich ja unterwegs war. Gut, das sollte mir recht sein! Und ich sagte mir auch:

Die Staaten sind wahrscheinlich in der Vergangenheit genauso zynisch und schlecht regiert worden, wie sie heute regiert werden; wahrscheinlich sind früher die wahren Wünsche und Interessen der Regierten, der Untertanen noch viel weniger beachtet worden als heute. Früher jedoch hatten die Regierten kaum eine Möglichkeit, zu erkennen, wie dubios, ja, schändlich sich die Handlungen der jeweils Regierenden oft genug, bei Licht besehen, ausnehmen, – erfuhr doch das »dumme Volk« nur das, was ihm zu wissen erlaubt wurde. Allerdings streben die Regierungen auch heute noch an, den Völkern nur das mitzuteilen, was die sogenannte Weisheit der Regierenden zu bestätigen scheint und das zu verschweigen, was diese Weisheit zweifelhaft erscheinen ließe – und zwar geschieht dies in den Demokratien ebenso wie, erst recht, in den autoritär regierten Staaten.

Jedoch hat die moderne Technik die Regierenden aus dem feierlichen Halbdunkel hervorgezerrt, in dem sie sich in vergangenen Jahrzehnten und Jahrhunderten mit ihrer oft allzumenschlichen Kläglichkeit vor dem gemeinen Mann verstecken konnten. Man weiß jetzt, wie sie sich räuspern und wie sie spucken, wie sie saufen, in der Nase bohren und sich scheiden lassen. Und mögen ihre Reden und Ansprachen noch so sorgfältig auf die »Manipulierung« der Feld-, Wald- und Wiesenbürger oder Genossen abgestimmt sein, man sieht sie ja vor sich, die Regierenden, auf dem Bildschirm, auf ungezählten Plakaten, Fotos, Karikaturen, man hört ihre Stimme, die kreischende, pompöse oder biedere – und man vergißt die wohlgesetzten und berechneten Worte und spürt, wenn man nicht alle Instinkte verloren hat, wes Geistes Kind man vor sich hat. Und man spürt dann weiter – ohne daß dies ins Bewußtsein vorzudringen braucht –, daß die Leute in dieser oder jener Hinsicht durch Kniffe und Machenschaften dorthin gelenkt werden sollen, wohin man sie haben will, man spürt, daß dieser oder jener prominente Regierer wahrscheinlich ein von Ehrgeiz und Machtgier besessener Streber ist, ein gerissener Emporkömmling, gelegentlich auch ein idealisierender Narr; man fühlt sich entsetzlich verunsichert, weil das politische und wirtschaftliche Schicksal so unzulänglichen Händen anvertraut ist.

Kein Wunder, daß sich überall auf der Welt unter den Regierten – und das ist die übergroße Mehrheit aller Menschen – ein ständig steigendes Unbehagen ausgebreitet hat und weiter ausbreitet. Und mit jeder tönenden Verlautbarung aus der Zeitung, dem Radio, dem Guckkasten, mit jedem Foto der redenden, brüllenden, Paraden abnehmenden, Brücken einweihenden, Verträge unterschreibenden, posierenden, sich auf- und abblasenden Regierer vertieft sich dies die ganze heutige Menschenwelt wie eine schleichende Krankheit durchdringende Unbehagen.

Keiner kann sagen, wie dem beizukommen wäre. Es scheint keine andere Wahl zu geben, als fortzustümpern, als sich mit der eitlen Unzulänglichkeit der Regierenden abzufinden. Vielleicht haben auch die Regierten in ihrer Gier, Dummheit und Selbstgefälligkeit gar keinen Anspruch darauf, besser und ehrlicher regiert zu werden ...

Señor Paredes fuhr nun beinahe im Schritt-Tempo die dunkle Straße entlang und mir fiel plötzlich ein, daß ich, wenn er so weiterbummelte, erst nach Mitternacht im Hotel eintreffen würde – sicherlich nicht zur besonderen Freude des Nachtportiers. Señor Paredes, das hatte ich inzwischen trotz meiner Grübeleien herausgehört, bekannte sich mit herrlichem Ingrimm als Anhänger der konservativen Partei und wünschte der liberalen die Pest an den Hals. Die Liberalen und die Konservativen haben sich seit Generationen in Colombia bis aufs Messer bekämpft, und ob dieser wilde Zwist heute nun wirklich begraben ist, das wird niemand zu prophezeien wagen.

Der gewaltig deklamierende Mann neben mir hob wieder einmal die Stimme und schwieg dann fragend. Er wartete auf ein neues »Sí, por cierto, Don Felipe!«

Aber diesmal enttäuschte ich ihn. Ich sagte ganz nüchtern: »Shouldn't we go a little faster, Señor? It's getting late!«

Felipe Paredes schaltete schnell. Und er war auch kein Übelnehmer: »Oh, you are quite right, Sir! We should hurry!«

Und er brachte seine Lokomotive wieder in eiligere Gangart. Und dann sagte er etwas, was mich zum erstenmal seit einer Stunde wieder genau hinhorchen ließ: »Wenn Sie wissen wollen, Señor, wie es in meinem Vaterland Colombia wirklich aussieht und was hinter den Kulissen gespielt wird – ich kann Ihnen da vieles erklären. Schon mein Vater war ein treuer Anhänger der konservativen Partei, und ich bin natürlich auch ein Konservativer, besitze ein Haus und dies wertvolle Auto, die Quelle meiner Einkünfte, meinen Wagen!« –

Er sprach im Brustton väterlicher Liebe, voller Besitzerstolz von seiner behäbigen Karosse. Nach kurzer Pause fuhr er fort: »Ich halte nichts von Redensarten. Ich bin für Aktion. Im Politischen ganz besonders. Sie sind ein ausländischer Journalist. Eine gute Gelegenheit, anderswo bekannt werden zu lassen, welche Kräfte in Colombia am Werk sind. Ich gehe sicherlich nicht fehl in der Annahme, daß auch Sie, Señor, konservativen Geistes sind! Wie hätten Sie mir sonst eine Stunde lang zugehört, wie ich die Liberalen beschimpfe!«

Ich beeilte mich, ihn wissen zu lassen, daß ich konservativen Geistes sei. Schließlich wollte ich mein Hotel unbeschädigt erreichen – und beinahe zwanzig Stunden war ich an diesem Tage schon unterwegs. Außerdem roch ich, daß dieser Señor Felipe Roberto Paredes – ein prunkvoller Name, nicht wahr? Da kommen wir mit A. E. Johann oder Karl Emil Schulze nicht mit! –, daß Felipe mir noch manches verraten würde.

Ich fragte den Mann, was man in und um Cartagena unternehmen könnte. Felipe zeigte sich wohlinformiert und schien sogar mit allen Jahreszahlen der Geschichte Colombias und Cartagenas vertraut zu sein. Ja – er habe das Examen als Fremdenführer für Cartagena hinter sich. Ich kam mir wie ein Glückspilz vor. Über meinem jähen Entschluß, nach Cartagena auszuweichen, waltete offenbar ein günstiger Stern. Dieser Südländer – wahrscheinlich wußte er selbst nicht anzugeben, wieviel indianisches Blut in seinen spanischen Adern rollte – gefiel mir auf seine Art ganz ausnehmend. Selbst wenn sich das alte Cartagena als eine Enttäuschung herausstellen sollte, hätte es sich doch gelohnt, diesen waschechten Colombianer mit Frau und Kindern, Haus und Auto, mit all den Vorder- und Hintergründen seines privaten und seines politischen Daseins kennengelernt zu haben. Denn das war meine Absicht. Menschen, lebende Menschen, sind mir von jeher hundertmal wesentlicher gewesen als alte Städte oder neue Staatsstreiche. Brasilianer, Argentinier, Paraguayer, Chilenen, Peruaner kannte ich bereits – und alle waren sich zwar als Lateinamerikaner ähnlich gewesen, hatten sich aber auch sehr deutlich voneinander unterschieden. »Der« Südamerikaner existiert ebensowenig wie »der« Nordamerikaner. Man muß wissen, aus welchem Staat in Latein- oder Anglo-Amerika er kommt. Großartig, daß der Gott der Reisenden mir in einer günstigen Laune diesen Mann aus dem grandiosen Lande des Magdalenenstroms beschert hatte.

Doch auch, von Felipe Paredes ganz abgesehen, das alte Cartagena hat sich gelohnt! Welch eine stolze, schöne Stadt über dem goldenen Strand der veilchenblau unter der heißen Tropensonne in die Ferne dunstenden Karibe! Läge Cartagena auf europäischem Boden, die Leute würden zu Zehntausenden über die glühenden spanischen Plätze, um die ragenden Kathedralen, über die unerhört massigen alten Bastionen und Festungswälle pilgern, und mit seiner Unberührtheit, seiner friedlichen Stille, die gleichwohl nichts Museales hat, sondern von kräftigem Alltag durchpulst wird, wäre es dann im Namen der Weltmacht Tourismus vorbei.

Doch die Stadt liegt nicht in Europa, sondern am entlegenen Südrand des Karibischen Meeres, und die Touristen bleiben freundlich ertragene Gäste. Das Hotel, in dem Felipe mich abgeliefert hatte, lag traumhaft schön am Rande der Stadt über dem Hochufer der See, in üppige Gärten gebettet. Der Seewind hielt die Zimmer selbst noch am heißesten Mittag einigermaßen luftig. Im weiträumig dämmrigen Speisesaal brauchte ich meinen Tisch mit niemand zu teilen. Die Leute aus Texas oder Oklahoma nahmen keine Notiz von mir, der ich, was Nordamerikanern meistens nicht geheuer vorkommt, gar keinen Wert darauf zu legen schien, Hallo-Bekanntschaften zu schließen. Die Schwimmbäder lagen übereinander gestaffelt unter dichtem Buschwerk verborgen, für jeden Geschmack ein anderes, mit mehr oder mit weniger Schatten. Und manche Leute begaben sich morgens gleich aus dem Bett ins oder ans Schwimmbad, verdösten, verlasen und verdinierten, verredeten und verplanschten dort den lauen Tag und stiegen abends aus dem Schwimmbad gleich wieder ins Bett. Aber dazu war mir die Zeit zu schade. Ich warf des Morgens aus meinem hochgelegenen Zimmer einen langen Blick über die in schimmernden Silberzeilen lässig die blanken Strände hochlaufende Karibe, aß dann auf der Gartenterrasse unten eine wunderbar frische Papaya, trank einen höllisch schwarzen Kaffee bester colombianischer Qualität, stärkte mich an zwei schneeweißen Brötchen mit Marmelade aus bitteren Orangen – und hielt nach meinem neugewonnenen Freund und sehr geschätzten ›guía‹, Señor Paredes, Ausschau.

Er erschien nicht immer um halb acht, wie verabredet war, um die kühleren Stunden des Vormittags zu nutzen, sondern zuweilen erst um acht. Er war eben ein Herr, der erwartete, daß man seine Entschuldigungen für bare Münze nahm, was ich dann besonders gern tat, wenn sie familiärer Natur waren. Gaben sie mir doch Gelegenheit, mehr und mehr von den privaten Umständen der Familie Paredes zu erfahren. Erst wenn man die privaten Verhältnisse der Menschen kennt – sie erschließen sich dem Fremden meistens nur zögernd und unter Schwierigkeiten –, läßt sich ein Land in seinem Wesen begreifen. Das gelingt am ehesten dann, wenn man einen »typischen« Vertreter des jeweiligen Volkes vor sich hat, wie ich ihn für Colombia in meinem Felipe Paredes erwischt zu haben glaubte. Paredes war nicht arm und nicht reich, glühte für eine der um den Staat (und die Futterkrippe) ringenden Parteien, war ein guter Familienvater und stolz auf sein modernes und gewiß auch bescheiden ergiebiges Handwerk.

Da war er und gab mir von der Ecke des Hotels her ein freundliches Zeichen: Ich bin da und warte! Ließ er mich manchmal warten, was mich anfangs irritierte, so machte es ihm andererseits nicht das geringste aus, seinerseits lange auf mich zu warten. Caballeros haben eben vor allen Dingen Zeit!

Jeden Morgen, wenn dieser Augenblick gekommen war, überwallte mich von neuem ein Gefühl der Freude und Sympathie für den mir vom Himmel gefallenen Mann, den ich in seiner Bescheidenheit und zugleich Selbstbewußtheit, mit seinem gesunden Menschenverstand und seiner ehrlichen Leidenschaftlichkeit schätzen gelernt hatte, und er erwiderte offenbar diese Sympathie.

Ich konnte mir keinen besseren Führer durch Cartagena – und die verschlungenen gesellschaftlichen Verhältnisse in diesem lateinamerikanischen Lande denken. Die natürliche Intelligenz des Mannes schien mir unbestechlich zu sein.

Ich kann mich nicht mehr im einzelnen auf all die Sehenswürdigkeiten Cartagenas besinnen. Ich halte das auch nicht für sehr wichtig. Aber wie es in einer spanischen Kolonialstadt auf amerikanischem Boden, einer bedeutenden und wohlhabenden, vor zwei, drei Jahrhunderten ausgesehen hat, das weiß ich nun; ich gewann eine nicht mehr verwischbare Vorstellung von Spaniens großer Zeit in Übersee. Die weiten Plätze Cartagenas mit den beinahe schmucklosen gelben Häusern ringsum, den ernsten, säulengeschmückten Fronten der Regierungspaläste und einiger vornehmer Stadtschlößchen der hohen Beamten und des Adels – die Sonne wogte in diesen Plätzen wie ein Meer von starkem Licht; die engen Gassen mit den hohen, einfacheren Bürgerhäusern an den Flanken, in denen sich auch am heißesten Tage noch ein Rest von Kühle zu halten pflegte; die in ihrem Äußeren streng geformten, im Innern aber überaus prunkvollen, in Gold und Silber und bunten Samten schimmernden Kirchen, die mir nach der weichen Wärme im Freien eisige Grabesluft auszuhauchen schienen; vor allem aber die nie sich wiederholenden, stets wieder neu überraschenden Innenhöfe der alten spanischen Häuser! Nach außen, zur Straße, kehren die Häuser eine reizlos nüchterne, fast möchte man glauben absichtlich so kahlbelassene Fassade. Aber hat sich erst einmal das knarrende, wie für die Ewigkeit gezimmerte Riesentor hinter dem Besucher geschlossen, hat er den dämmrig kühlen Torweg durchschritten, so öffnet sich ihm im Hintergrund ein paradiesischer Garten, den die ihn rings umgebenden, ihn sorgsam einhegenden Wirtschafts-, Schlaf- und Wohnzimmer von der ganzen übrigen Welt abschließen. Sie verwandeln ihn in einen blühenden, duftenden Zufluchtsort, in den, so meint man, die böse Welt da draußen keinesfalls einzudringen vermag. In dieser Ecke breitet ein alter Pfirsichbaum seine Zweige über die Blumenbeete, in jener eine Fächerpalme ihre Wedel; überall blüht es und duftet aus vielen Blütenkelchen – und inmitten all der Pracht lispelt ein Springbrunnen in ein steinernes Rundbecken, ein sanftes, unendlich beruhigendes Urgeräusch: auf Steinen zersprühendes Wasser!

In vielen solchen Patios habe ich gesessen, habe mir ein paar liebenswürdige Worte von den Bewohnern des Hauses sagen lassen, habe die freundliche Atmosphäre gespürt, die über der umfriedeten Pracht waltete und bin nach den wenigen Minuten, die mir erlaubt waren, wenn wir niemand belästigen wollten, wieder geschieden, stets mit Bedauern.

Felipe Paredes schien alle Welt zu kennen, und alle Welt kannte Felipe Paredes. Man nahm ihn, wo wir auch anklopften, so kam es mir vor, mit einer gewissen vertraulichen Nachsicht auf; er war zwar nur ein Autovermieter und Taxifahrer, aber er war ein geachteter Mann, dem man gern eine Bitte erfüllte. Außerdem war den Leuten dieser Stadt längst bewußt geworden, daß Fremde Devisen- und Gewinnbringer sind. Sie hatten sich noch nicht zur Landplage ausgewachsen, und wir beide waren erst recht willkommen, wenn Felipe mich als einen Deutschen aus Europa einführte. Auch hier wieder stellte ich jene einigermaßen paradoxe Erscheinung fest, daß bei aller Ablehnung dessen, was in den dreißiger und vierziger Jahren des Jahrhunderts im Namen Deutschlands geschehen ist, der einzelne Deutsche auf eine erstaunliche Vorschuß-Sympathie rechnen kann, wenn er irgendwo in Übersee auftaucht – abgesehen von gewissen lauthalsigen Typen unter den Gruppenreisenden, erfreulicherweise sind sie nicht sosehr zahlreich, die heute von großen Reisebüros in die ganze Welt verfrachtet werden.

Cartagena ist zwar alt, aber keineswegs veraltet und überständig; es ist vielmehr auf eine geruhsam mittelmeerische Weise geschäftig, es hat den Anschluß an die Gegenwart nicht verpaßt und weiß deshalb auch, welch unschätzbaren Vermögenswert sein altertümliches Erscheinungsbild hat (in einer Zeit, in welcher, mit einem reichlich kühnen Bilde zu sagen, jedem Menschen von einigem Geschmack die zementenen Hochhausschachteln schon zum Halse heraushängen). Deshalb werden auch die in der Tat mächtigen Befestigungen um die alte Stadt mit Sorgfalt erhalten und gepflegt.

Weithin mag man über die Bastionen spazieren gehen, mag die zyklopischen Mauern bewundern, deren Fundamente von der müden Brandung der Karibe bespült werden, mag sich in den düsteren Toren und Kasematten riesige Kerle aus Estremadura vorstellen mit Lederkollern, Eisenhüten und flappigen Pluderärmeln und -hosen. Und immer wieder wird das große, blaudunstige Meer aus den Hintergründen herüberblinken. Dem Meer ist die alte Stadt zugewandt, nicht dem Innern des großen Landes. Übers Meer zogen die Schiffe aus der Heimat heran unter gebauchten Segeln über gebräunten Eichenrümpfen, wenn die Kapitäne die Hurrikane bei den Bermudas oder vor den Küsten von Hispaniola, die jedes Jahr unberechenbar wiederkehren, bestanden hatten, wozu wahrlich Gottes Hilfe unerläßlich war.

Auf die weiten, vom Seewind überfluteten Plattformen der großen Außenwerke retteten Felipe und ich sich häufig, wenn uns das Umherwandern in der Stadt erschöpft hatte. Wir suchten uns einen schattigen Winkel im alten Gemäuer und redeten oder ließen auch nur unsere Augen sich an den fernen Horizonten des Meeres ausruhen.

Hier zeigte sich Felipe am willigsten, aus sich herauszugehen und seine Geheimnisse zu verraten. Er vertraute mir schon nach den ersten drei Tagen vollkommen und wußte, daß ich ihn niemals bloßstellen würde. Inzwischen ist Felipe, wie ich von einem US-amerikanischen Bekannten erfuhr, den ich gebeten hatte, ihn während eines Winterurlaubs in Cartagena aufzusuchen – inzwischen ist der Führer und Freund von damals bei einem Autounfall umgekommen. Da ich Felipe als erfahrenen und äußerst vorsichtigen Autofahrer kennengelernt habe, ist mir die Sache nicht ganz geheuer.

Schon als er mir zum erstenmal enthüllt hatte, was er selbst in seinem Leben für das Wichtigste hielt, was ihn als echte, ihn heimlich ganz beanspruchende Leidenschaft erfüllte, hatte ich, entsetzt, wie ich war, nicht an mich halten können.

»Nach meiner Erfahrung, Don Felipe, gehen solche Affären auf die Dauer immer schief. Und was wird dann aus Manuela und den vier Kindern?«

Aber er hatte nur gelacht: »Ah, Señor Juan, was soll schon geschehen? Ich werde meinen Kopf nicht hinhalten. Und wenn schon! Ich habe ein bißchen Vermögen. Und die compañeros würden meine Familie niemals verhungern lassen, so oder so!«

Ja, es war so, wie ich es gleich am ersten Abend erwogen, aber nicht geglaubt hatte: er rechnete sich zu der »Aktion« seiner Partei oder Bewegung. Raub und Überfall waren nicht die Hauptsache, sondern die ständige Terrorisierung, die dauernde Verunsicherung des politischen Gegners, auch durch gröbste Gewalt, das war der Sinn der »Aktion«. Und natürlich der wohl gnadenlos geführte Kampf gegen die Aktionsgruppen der anderen Seite.

Dabei habe ich bis zum Schluß nicht recht verstehen können, worin sich die beiden großen Parteien oder Bewegungen unverwechselbar unterschieden. Die Konservativen waren ein wenig mehr für den Besitz und die Liberalen ein wenig mehr fürs Geschäft. Aber das schienen mir nur Nuancen zu sein, wenig mehr. Im Grunde ging es ganz einfach um die Macht und um den Zugang zu den kleinen und großen Staatsstellen. Man gehörte auch der einen oder anderen Gruppe gar nicht aus tiefgründiger Überzeugung an, sondern in den meisten Fällen deshalb, weil schon der Vater und Großvater und Vatersbruder und Muttersbruder ... Es kam also gar nicht in Frage, etwas anderes zu vertreten!

War man an der Macht, so gab man den anderen Zunder, daß es nur so rauchte, und nutzte den Staat als Domäne. War man nicht an der Macht, so wehrte man sich mit List, Gewalt und Passion seiner Haut und machte den unsicher etablierten anderen das Leben schwer, wobei das Militär eine zwielichtige Rolle spielte und nicht immer genau wußte, wem es eigentlich seine Waffen leihen sollte. Die Übergänge zwischen Militär, Rebellen, Partisanen, Räubern waren wohl nicht immer genau abzustufen.

Wenn ich meinen Felipe so reden und schwärmen hörte, kam es mir immer wieder vor, als schaute ich einem großartigen und gefährlichen Glücks- und Männerspiel zu, in dem es um hohe, aber jederzeit wieder verspielbare Einsätze ging. Und ich glaube schon, daß solch ein fortgesetztes, unter Umständen lebensgefährliches Geplänkel in Ländern wie diesem, wo sonst, bei Licht besehen, ertötend wenig passiert und die Männer sich langweilen, eine Generation nach der anderen in Atem halten kann. (Zur Zeit übrigens, bis 1974, ist zum erstenmal eine Regierung aus Konservativen *und* Liberalen gebildet worden, da das Land an dem ewigen Zwiespalt schließlich zugrunde zu gehen drohte. Ob sie Bestand haben wird, muß sich erst noch herausstellen. Für meinen Felipe kam die Einigung zu spät – wahrscheinlich!)

Felipe führte also zwei Leben: eines, das allgemein sichtbar war, das eines kleinen Unternehmers, der sein Auto gegen Geld in den Dienst anderer Leute stellte und ihnen gleichzeitig als »guía de forasteros«, als Fremdenführer, diente – und ein zweites als verkappter bandolero, als ein conjurador, ein politischer Verschwörer und Wegelagerer, der halb aus bloßem Spaß an der Aktion und zur Vertreibung der Langeweile, halb aus echter Begeisterung und ererbter Treue zur Sache der Konservativen seine List und seinen

Mut, seine vielen Beziehungen und sein Auto stets einzusetzen bereit war, wenn es galt, dem Gegner zu schaden oder ihn, was politisch vielleicht noch wirksamer war, vor aller Welt lächerlich zu machen.

Es gab kaum einen Wunsch, den Felipe mir nicht erfüllen konnte. Ich hatte geglaubt, mir den ursprünglich nur touristisch gemeinten Abstecher nach Cartagena eigentlich nicht leisten zu können und, da ich ihn doch unternommen hatte, ein entsprechend schlechtes Gewissen gehabt. Doch dann ergab sich, dank Felipe, daß ich dem Alltag und dem hinter den Kulissen gelebten Leben der durchschnittlichen Bürger eines lateinamerikanischen Landes kaum irgendwo sonst so zuverlässig auf die Spur gekommen bin wie in Cartagena, der einzigen Stadt des Landes Colombia, die ich kennenlernte. Felipe brachte es sogar fertig, mir zu einem Gespräch mit dem Bürgermeister der Stadt zu verhelfen, wobei er wohl in den unteren Regionen der Verwaltung auf unscheinbare Knöpfe drückte, die dann weiter oben gewisse Reaktionen bewirkten.

»Ich werde sehen, was sich machen läßt«, hatte er gesagt und mir dann zwei Tage später geraten, ein kurzes schriftliches Ersuchen bei der Municipalidad, der Stadtverwaltung, einzureichen. Es war mein Wunsch, auch einmal mit der obersten amtlichen Macht in der Stadt die kommunalen Umstände und Aufgaben zu erörtern, weniger, um mich mit den aktuellen Einzelheiten bekannt zu machen, als vielmehr, um ein wenig von dem Stil zu erfassen, in dem hier eine Stadtgemeinde regiert wurde. Und wirklich: der Alcalde mayor empfing mich prompt.

So erfuhr ich also aus berufenem Munde, daß Cartagena zwar vom Tourismus noch viel erwartete, daß es aber seine industrielle Zukunft für aussichtsreicher hielt, daß es sich noch viel davon versprach, Endpunkt der Rohrleitung von den kolumbischen Ölfeldern geworden zu sein, daß seine alten Hafenanlagen den Ausbau wirklich verdienten und daß man sich die Pflege des schönen und unverfälscht kolonialspanischen Stadtkerns mit viel Verständnis angelegen sein ließ. Allerdings, was faul sein mochte in Staat und Stadt, das erfuhr ich aus dieser Quelle nicht.

Viel lag mir daran, die schönsten Beispiele altspanischer Haus- und Wohnkultur kennenzulernen, und ich habe schon angedeutet, daß Felipe mir die Türen zu unvergeßlich anmutigen Patios und zu nach unseren Begriffen zwar kargen und doch ungemein wohnlichen Behausungen alten Stils öffnete. Dort wurde auch der nur kurz auftauchende Besucher sofort von einer Atmosphäre alter Kultur und Tradition umfangen.

Immer wieder mußte ich den natürlichen Anstand meines Freundes Felipe Paredes bewundern. Alles, was ich in Cartagena über das übliche Touristenprogramm hinaus zu sehen bekam, verdanke ich seiner Vermittlung. Er hätte also mir und den vielen Leuten, die ich durch ihn kennenlernte, vielleicht ab und zu in die Haut reiben können, welch wichtige und beziehungsreiche Persönlichkeit er sei. Doch nichts davon! Er blieb stets im Hintergrund, trug seinen Hut in der Hand, ließ keinen Zweifel daran, daß er nichts weiter sein wollte als ein Führer und Taxifahrer, der einem interessierten Fremden zu einigen hübschen Erlebnissen und Bekanntschaften verhalf. Dieser natürliche Anstand wurde überall, wo wir anklopften und wo man sich sonst sicherlich recht reserviert verhalten hätte, mit freundlicher Nachsicht honoriert und gelegentlich wohl auch ganz leise belächelt, was der kluge Felipe, der das sicherlich merkte, heiter hinnahm. Von all dem hatte ich den Vorteil.

Ich fragte mich, ob es vielleicht auch Furcht war, was die Leute bestimmte, Felipes Bitten zu willfahren. Sicherlich versuchte er sein Heil nur bei solchen Bekannten, die seine politische Gesinnung akzeptierten, die wußten oder ahnten, daß er der »Aktion«, wie er es nannte, nahestand, und deshalb meinten, es sei besser, es nicht mit ihm zu verderben. Aber ich muß gestehen, daß ich nicht ein einziges Mal diese Vermutung bestätigt fand. Wenn irgendwo, dann lernte ich hier, was gute spanische Lebensart bedeutet, und ich verstehe seitdem, daß mancher Mittel- oder Nordeuropäer, der diese Lebensart kennengelernt hat, sich ihr gern für den Rest seines Lebens anvertraut oder doch mit Sehnsucht an sie zurückdenkt.

Ich bin überzeugt davon, daß Felipe niemals an einer groben Gewalttat teilgenommen hat. Aber sicherlich hat sein Auto oftmals gute Dienste geleistet. Auch war er ständig auf den Straßen der Stadt und des umliegenden Landes bis nach Barranquilla und Santa Marta im Osten und Norden, bis nach Monteria im Süden unterwegs und vermochte gewiß vorzügliche Kundschafterdienste zu leisten. Manchmal wird er wohl auch nicht abgeneigt gewesen sein, bei guter Beute seinen Anteil zu kassieren. Sehr viel kann das nie gewesen sein; dazu lebte er zu bescheiden; aber natürlich mußte er daran denken, daß sein vorzüglicher Wagen trotz aller Pflege nicht ewig halten und Geld einbringen würde. Felipes Dasein, so meine ich, spielte sich gewiß nicht sehr gehorsam im Rahmen der papierenen Gesetze ab. Doch, was sich jenseits davon abspielte, war ebenfalls festen Regeln unterworfen; man bekriegte sich im Hinter- und Untergrund nicht »total« und brutal, sondern man erkannte Grenzen an und befleißigte sich sogar – ich müßte mich sehr irren – einer gewissen kavaliersmäßigen Zurückhaltung. Der Radius des politischen Kampfes war eben ein gutes Stück gedehnter als bei uns, den Musterdemokraten des Westens, und schloß in seinen Umkreis kontrollierte Gewalt ein, wobei jedoch nach Möglichkeit kein Blut fließen sollte.

Kurz vor meiner Ankunft in Cartagena hatte sich im Süden des Nachbar-Departements Cordoba ein Vorfall ereignet, von dem Felipe mir auf einer langen Fahrt nach Monteria mit vielen Einzelheiten höchst vergnügt berichtete. Ich vermute, daß er keineswegs nur als Zuschauer an dem erheiternden Abenteuer teilgenommen hat.

Es war bekannt geworden, daß ein sehr wohlhabender Pflanzer seine Tochter an den Sohn einer anderen wohlhabenden und einflußreichen Stadtfamilie verheiraten wollte und daß die Hochzeit mit vielen Gästen aus nah und fern im Ort der brautväterlichen Familie mit großem Pomp und Trara gefeiert werden sollte. Nun gehörte dieser Pflanzer, wie auch die Familie des Bräutigams, zu den Hauptstützen der gegnerischen Partei. Er hatte sich wohl auch besonders unbeliebt gemacht, weil er, als seine Leute an der Macht waren, seinen Vorteil mit durchaus nicht kavaliersmäßigem Nachdruck wahrzunehmen verstanden hatte. Und sicherlich sollten die so erlangten Einkünfte wesentlich dazu beitragen, die Hochzeit der Tochter zu einem rauschenden und verschwenderischen Fest auszugestalten. Das sollte ihm herrlich versalzen werden.

Es wurde ein weitgespannter und bis in alle Einzelheiten vorbedachter Plan ausgearbeitet. Auch versicherte man sich einiger Helfer unter den Bedienten und Angestellten des Brautvaters.

Die Plantage lag eine Anzahl von Kilometern von der nächsten Stadt und größeren Kirche entfernt. Als alle Gäste und Angehörige der beiden Familien mit den meisten Dienern und Helfern in Haus und Hof fortgefahren waren, um in feierlichem Zuge die überfüllte Kirche zu betreten, Predigt und Chöre anzuhören und schließlich das Paar einsegnen zu lassen, stießen zwei, drei Dutzend maskierter Männer auf die schutzlos und beinahe menschenleer in der heißen Sonne vor sich hin brütende Plantage herab wie ein Schwarm Raubvögel. Die Angreifer hatten zum größten Teil schon seit der Nacht zuvor in den Pflanzungen ringsum im Versteck gelegen und hatten sich am Morgen dicht an das zentrale Gehöft herangeschoben.

Die wenigen dienstbaren Geister und die drei Landpolizisten, die auf der Pflanzung zurückgeblieben waren, konnten nicht daran denken, Widerstand zu leisten, als plötzlich von allen Seiten bewaffnete, maskierte Fremde auftauchten. Widerstandslos ließen sie sich in einen Keller einsperren und waren damit aus dem Wege.

Dann räumten die Angreifer in großer Eile, aber nach einem genauen Feldzugsplan, das ganze Haus aus. Alles, was bereits zu dem großen Festessen und Festtrinken vorbereitet war oder noch auf die Zubereitung wartete, wurde in Lastautos verladen, die auf die Minute genau aus abgelegenen Schlupfwinkeln herangebraust waren. Die Kleiderschränke wurden ausgeräumt, die Möbel, soweit es sich machen ließ, aus dem Innern des Hauses auf den Vorplatz getragen, die Schlafzimmer fein säuberlich im Garten aufgebaut und soweit wie möglich das Unterste zu oberst gekehrt.

Nach einer halben Stunde war das große Werk getan. Die Wagen ratterten nach verschiedenen Richtungen wieder davon, mit gutem Vorsprung vor den in der Kirche noch gar nicht bis zur Trauung vorgedrungenen Festpersonen. Der Überfall war wie am Schnürchen abgerollt, kein Teller war zerbrochen und keine Flasche, und die Festbraten, Rind, Kalb, Lamm und Schwein, hatten sich an ihren Bratspießen und in ihren Pfannen mit auf die Wanderschaft begeben.

Als das Brautpaar, die nun verschwägerten Familien, die Scharen der Gäste und der Arbeiter und Angestellten wieder heimkehrten, um das Fest zu begehen, fanden sie Haus und Hof, Küche und Vorratskammern auf die verrückteste Weise durcheinandergebracht oder einfach leer. Das große Fest, die stolze Feier, die eitle Darbietung von Reichtum und Überfluß – das alles war in die Luft geblasen. Man war – wer konnte das bezweifeln – grandios blamiert, war um die prunkhafte Zurschaustellung der eigenen Macht und Herrlichkeit gründlich betrogen.

Es spricht für den Geist des Landes und für die Unverwüstlichkeit der spanischen Lebensart, daß die gute Laune der Festversammlung – nachdem die erste wütende Überraschung sich gelegt hatte – nicht zu zerstören war. Man war angeführt worden. Gut, man würde sich bei passender Gelegenheit rächen. Im Augenblick aber galt es zu beweisen, daß man sich das erhoffte Vergnügen nicht durch einen bösen Streich verderben ließ. So viele Vorräte und Reserven, wie auf einer großen Plantage vorhanden sind, lassen sich in einer halben Stunde gar nicht zusammenraffen und abtransportieren. Zu verhungern, zu verdursten brauchte niemand. Die Räuber hatten einen schweren taktischen Fehler begangen, den einzigen, soweit das später noch festzustellen war: der Keller, in den sie das Hauspersonal und die verdutzten Feldhüter eingesperrt hatten, war der zweite, der eigentliche Weinkeller gewesen; der größte Teil des Getränkevorrats war den Räubern also entgangen und lag bereit, die Festgesellschaft zu trösten.

Der Zorn löst sich bald in allgemeiner Erheiterung auf, und die Fröhlichkeit schäumte über. Eine große feierliche Hochzeit wäre schön gewesen – aber dies war nun ein Abenteuer ganz im Stil des Landes. Natürlich steckte die Bande der politischen Gegner dahinter, die vor aller Welt einen Trumpf hatten ausspielen wollen. Jetzt galt es zu zeigen, daß man nicht mattgesetzt war.

Und hatten die Räuber der Festgesellschaft nicht sogar einen Gefallen getan, als sie den großen Wohnraum und die Nebenräume des Hauses fast bis auf das letzte Möbelstück leergeräumt hatten? Die Musikanten hatte der Überfall nicht weiter aus der Fassung gebracht. Die kleine Kapelle hatte den Hochzeitszug in die Kirche und aus der Kirche begleitet. Schon standen die Musiker in einer Ecke und spielten auf, was das Zeug hielt. In den leeren, hohen Räumen ließ sich herrlich tanzen; sie blieben dämmerig und kühl. Braut und Bräutigam, nun Mann und Frau, führten, sie noch im Schleier, er noch in Frack und Sombrero, den Tanz an – während in der Küche ein neues Festmahl improvisiert wurde. Ha, man würde sich durch die Burschen von der anderen Partei den großen Tag nicht verderben lassen! Nun erst recht nicht! Es wurde das großartigste und heiterste Fest sei undenklichen Zeiten.

Aber immerhin: den ersten Trumpf hatten die anderen erzielt, die den Hochzeitern die knusprigen Festbraten samt Spieß und großem Messer entführt hatten. Ich habe Grund zu der Annahme, daß mein Freund Felipe mit seinem Auto eine nicht ganz unwichtige Rolle bei der ganzen Geschichte gespielt hat, wenn ich auch in Verlegenheit käme, sollte ich angeben, welche! Er erzählte mir dieses Abenteuer mit so vielen Einzelheiten und mit solchem Behagen, verhehlte auch nicht seine Hochachtung vor der Festgesellschaft, die trotz des Verlustes aller schon aufgebauten Hochzeitsgeschenke sich den Spaß letzten Endes nicht hatte verderben lassen – es war mit Händen zu greifen, daß Felipe sich höchst persönlich beteiligt fühlte.

Für uns brave Mitteleuropäer erhebt sich natürlich sofort die Frage: Und wo blieb bei der ganzen Affäre die Polizei?

»Ah, die Polizei!« sagte Felipe und winkte mit einer Handbewegung ab, die etwa bedeuten mochte: die Polizei läßt in so hochpolitischen Angelegenheiten besser ihre Finger aus dem Spiel! Gewiß wird es auch in der Polizei Anhänger der einen und der anderen Gruppe geben; sie setzen sich gegenseitig matt. Es war im übrigen niemand zu Schaden gekommen; die Möbel waren längst wieder eingeräumt und die Verluste an Hochzeitsgeschenken, Tafelsilber – und was sonst noch abhanden geraten war – längst verwunden. Und außerdem: die Geschädigten, die für den Spott nicht hatten zu sorgen brauchen, würden schon eine Gelegenheit finden, ausgleichende Gerechtigkeit zu üben – und hatten es wahrscheinlich schon getan, wovon mir allerdings mein Freund Felipe nichts berichtet hat.

Wenn natürlich wider Willen Blut fließt bei solchen Abenteuern, wenn zum Beispiel die Feldhüter geschossen und getroffen hätten oder wenn der Brautvater in wildem spanisch-indianischen Zorn die Räuber verfolgt, den einen oder anderen erwischt und getötet hätte, dann wäre aus dem groben, aber schließlich noch spaßigen Schabernack Ernst geworden, und die böse Kette »Aug' um Auge, Leiche um Leiche« hätte ihre rostigen Glieder von der Trommel rollen lassen.

Daß es, bei verbesserten Waffen und moderner Organisation, immer häufiger zu Blutvergießen kam, mag der Hauptgrund dafür gewesen sein, daß besonnene Führer der beiden rivalisierenden Gruppen sich in den letzten Jahren zusammengesetzt und beschlossen haben, aus dem immer gefährlicheren, den Staat überhaupt in Frage stellenden Gegeneinander ein eher der Vernunft gehorchendes Miteinander zu machen. Das wird nun praktiziert – versuchsweise!

Schön und gut, aber wo bleiben dann Spaß, Abenteuer, Zündelei und Plänkelei, jene halb ernsthafte, halb nur sportliche Kriegs- und

Bürgerkriegsspielerei, die zuvor das Dasein gelangweilter Männer so bunt, vergnüglich und aufregend wichtig gemacht haben? Die oben mögen sich einigen; die unten aber sehen sich eines vermeintlich großartigen Anliegens beraubt, um dessentwillen man sich hatte austoben können. Übrig bleiben private und persönliche Gegensätze, bleiben Ranküne, Neid, Beleidigung und gekränkter Ehrgeiz, die nun nicht mehr von »höheren politischen Zwecken« gezügelt werden. Aus einem immerhin noch geregelten Wettkampf wird kahles Verbrechen, bei dem dann schließlich kein Pardon mehr gegeben wird.

Und vielleicht ist der lachende, fröhliche, kluge Felipe nur deshalb in einem »Unfall« umgekommen, weil mit ihm abgerechnet, gegen ihn persönlich aufgerechnet wurde, was früher lediglich als ein Punkt pro oder contra im Wettstreit zweier traditioneller großer Gruppen um den Staat verbucht worden wäre. Irgendwo müssen die Männer mit ihrer Abenteuer- und Angriffslust schließlich hin. Schade um Felipe, einen prächtigen Mann und meinen Freund!

Um zum Schluß dieses Berichts auch dies nicht zu vergessen: wie freundschaftlich intim ich schließlich mit Felipe wurde, mag man daraus erkennen, daß er mich in seine Familie eingeführt hat, was Leute spanischer Tradition nur sehr selten tun. Manuela, eine für südamerikanische Begriffe sehr zierliche Frau, war zuerst scheu und wortkarg, taute aber auf, als ich mich allmählich als umgänglicher und gar nicht hochmütiger Gringo erwies, der ihren Mann gut entlohnte und den Kindern Geschenke mitbrachte, so daß selbst sie zum Abschied ein hübsches Schultertuch mit langen Fransen, einen Mantón de Manila, als Andenken annahm. Und die Kinder, wohlerzogen, lustig und allesamt gut in der Schule, Marta, Mariano, Alberto und Carlos, ein ganz indianisch aussehender, übermütiger Steppke, der seiner Mutter aus dem Gesicht geschnitten war, die Kinder sagten schließlich tío zu mir, Onkel. Es herrschte ein guter Geist in dieser Familie, und ich verbrachte mit Kindern, Freunden und Verwandten, die ich nie auseinanderzuhalten lernte, manche angenehme Stunde in ihrem Kreis.

Und wenn ich zeichnen oder malen könnte, so wäre ich noch jetzt imstande, das Häuschen aus braunen Lehmziegeln mit dem Wellblechdach in einer bescheidenen Vorstadt außerhalb der Mauern Cartagenas abzubilden, in dem die Familie Paredes so munter mit Gegenwart und Zukunft handgemein wurde. Sicherlich wird es auch dort Schatten, Kummer, Sorgen zur Genüge gegeben haben. In den zwanzig Tagen (es wurden zwanzig Tage aus den drei, die ich mir bewilligt hatte!) entdeckte ich sie nicht.

So steht Felipe Roberto Paredes noch heute vor mir, ein ehrenhafter, kluger und fleißiger Mann, der sich selber für einen Spanier hielt, aber zweifellos einen sehr kräftigen Schuß indianischen Blutes in seinen Adern trug – was in wohl noch höherem Maße für seine Frau Manuela galt. Das Lachen war ihm stets lieber als der Ernst. Er bemühte sich, ein guter Vater und ein zärtlicher Ehemann zu sein, wenn er auch besonders das letztere zu verbergen trachtete. Und seine Freundschaften nahm er ebenso ernst wie sein »politisches Engagement«.

Ich glaube, daß er ein lebendiges Beispiel für das ist, was das spanische Südamerika an Gutem und Liebenswertem zum bunten Bilde der Menschheit beizusteuern hat.

Wochen später dann, als ich mich zum erstenmal in Beaumont, Texas, umsah, einem alten und nach wie vor äußerst wichtigen Zentrum der nordamerikanischen Erdöl-Industrie, und Beziehungen zu feudalen Chamber of Commerce-Leuten und einigen hoch- und überbezahlten Managern der Öl- und Erdölchemie-Werke anzuknüpfen hatte (Beziehungen, die ich zwar herstellte, aus denen sich aber auch nicht ein Funken von Sympathie herausschlagen ließ), damals im unerfreulichen, formlos in eine durchaus nicht reizlose Landschaft hineingepflasterten Beaumont bewegte mich abends, nach neunmalklugem betriebs- und wirtschaftspolitischen Gerede, im stillen Kämmerlein meines Motels die Frage, warum ich mich eigentlich in Cartagena so wohl gefühlt hatte und warum ich mich in Beaumont so jämmerlich unbehaust fühlte. Die Gründe lagen auf der Hand: in Cartagena war ich mit Menschen umgegangen, die ihren Leiden- und Freundschaften lebten und die sich gegenseitig nicht nach der Höhe ihres Bankkontos, sondern nach ihren menschlichen Qualitäten beurteilten. In Beaumont wurde nur gerechnet – und je höher die Zahlen lauteten, desto höhere Werte stellten sie dar; andere Werte als solche, die sich in Zahlen ausdrücken lassen, existierten nicht. Ich bin antiquiert, unrationell, sentimental, konservativ – oder mit welchem Schimpf sonst man mich belegen will – genug, um zu bekennen, daß die Cartagena-Weise mir wesentlich mehr zusagt als die Beaumont-Manier.

In diesem Zusammenhang komme ich auf eine Geschichte – eine der schönsten, die mir begegnet ist –, die mir zu beweisen scheint, daß Menschen jenseits von handgreiflichem Nutzen, erotischer Anziehung oder elterlicher Fürsorge so große Treue und menschlicher Liebe fähig sind, wie man sie zwar aus Märchen und Bilderbüchern kennt, keineswegs aber der Wirklichkeit zutraut.

Erzählt hat man mir die Geschichte von

Maung Tut und Onkel Reiskuchen

zwar im nordöstlichen Thailand, aber erlebt habe ich sie im Westen des mittleren Burma. An dieser Geschichte läßt sich übrigens vortrefflich zeigen, wieviel Mühe es macht und wieviel Glück dazu gehört, nicht nur einer solchen Geschichte auf die Spur zu kommen, sondern sie dann auch in allen wesentlichen Einzelheiten als echt und wahr bestätigt zu finden.

Als ich nach dem Zweiten Weltkrieg zum erstenmal wieder in Thailand war, wollte es ein glücklicher Zufall, daß mich – ich weiß nicht mehr genau, wie und wo – die Kunde von dem großen Elefantenfest erreichte, das in Abständen von einem Jahr oder mehr im östlichen Teil des Landes gefeiert wird, nicht allzu weit entfernt von der Eisenbahnlinie, die den Südosten Thailands einigermaßen erschließt, allerdings ohne damals schon den großen Mekong zu erreichen, jenen gewaltigsten Strom Südostasiens. Ein ungeheures Gewässer ist der Mekong. In seinem Oberlauf immer noch wenig bekannt, bildet er in seinem Mittellauf die Grenze zwischen Laos und Ost-Thailand, in seinem Unterlauf aber ertränkt er beinahe Kambodscha und Südvietnam mit seinen riesigen Wassermassen, wenn der Monsun reichlich ausgefallen ist.

Von diesem in ganz Asien wohl nur einmal und nur hier so großartig gefeierten Fest wußte ich schon einiges seit vielen Jahren. Aber ich hatte mir nie träumen lassen, daß es einem weder mit besonders viel Geld, noch mit maßgebenden Beziehungen ausgestatteten Reisenden wie mir möglich sein würde, das grandiose Zusammentreffen der Elefanten und ihrer Treiber mitzuerleben. Die Thai hatten damals noch kaum begriffen, daß mit Touristen viel Geld zu verdienen ist und daß insbesondere Europäer und Amerikaner bereit sind, viel größere Strapazen und Unannehmlichkeiten auf sich zu nehmen als zum Beispiel wohlhabende Einheimische aus Bangkok, wenn es gilt, Ungewöhnliches zu sehen und zu erleben. Überdies schien sich Südostasien damals zu einer Epoche des Friedens anzuschicken. Die gefährliche Rebellion in Malaya war beendet, in Burma schien man die Renaissance des Buddhismus wichtiger zu nehmen als die leidige Politik und die Unruhe unter den Völkerschaften des burmesischen Nordens und Ostens. In Thailand, dem »Land der Freien«, herrschte freundlicher Friede, und das bißchen Mißwirtschaft im Hintergrund bekümmerte die Leute wenig; ähnlich sorglos lebte man im fernen Laos und in Kambodscha dahin. Beide Länder waren von den Franzosen freigegeben worden, besannen sich erstaunt und ohne große Aufregung auf ihre alte Geschichte. Auch Vietnam war nach langem Freiheitskampf selbständig geworden, allerdings in zwei Teile aufgespalten, die sich nicht über eine gemeinsame Zukunft einig werden konnten. Doch hatte der Konflikt zwischen Nord- und Südvietnam noch nicht jene bittere Schärfe angenommen, die dann später viele Jahre lang die Welt in Atem halten sollte.

Das Elefantenfest also! Anders als vor dem Weltkrieg, war ich nicht mehr an journalistische Verpflichtungen gebunden, gab nur mein eigenes Geld aus, konnte mir also in gewissen Grenzen meine Zeit einteilen, wie ich wollte. Ich beschloß auf der Stelle: das Elefantenfest entgeht mir nicht! Selbstverständlich war mir klar, daß es wenig Sinn hatte, die Reise an den unteren Mae Nam Mun, einen mächtigen rechten Nebenfluß des Mekong, allein anzutreten. Es war nicht wahrscheinlich, daß ich dort in der entlegenen Provinz zur rechten Zeit einen brauchbaren Menschen auftreiben würde, der mir als Dolmetscher und Helfer dienen konnte. Ich spreche nicht thai und auch nicht laotisch – viele der Elefantentreiber waren Laoten, hatte ich gehört – und dort, am Mae Nam Mun, würde keine Menschenseele englisch oder französisch sprechen – von deutsch gar nicht zu reden.

Aber auch für diese Schwierigkeit bot sich mir eine glückliche Lösung an. Schon am ersten Tage meines Aufenthalts in Bangkok hatte sich mir ein junger Thai angeschlossen, ein Student, der mir mit großem Eifer als Fremdenführer diente. Als ich mich in der weitläufigen Tempelstadt des Wat Phra Keo unter einem der kühn geschwungenen Marmordächer im Schatten niedergelassen hatte, um nach all der unwahrscheinlichen Pracht der weiten Hallen,

Klöster und Figuren ein wenig zu rasten, hatte mich der junge Mann angesprochen und gefragt, ob ich nicht einen Führer und Dolmetscher suche; er studiere die englische Sprache und sei darauf aus, seinen englischen Wortschatz und seine Aussprache zu verbessern. Und wenn ich mich bereit erklären würde, ihn ständig zu berichtigen, so erwarte er gar keinen Lohn von mir, sondern fühle sich durch meine Korrekturen bereits gut bezahlt.

Anuman Yupho, so lautete des Studenten sanfter Name – und ebenso sanft, aber doch deutlich und bestimmt, hatte er sein Anliegen vorgebracht. Als er dann noch bekannte, ich hätte ihm Vertrauen eingeflößt, weil ich so ganz allein und nicht in einer größeren Gruppe oder Reisegesellschaft unterwegs gewesen war, hatte er mich gewonnen.

Dieser Anuman Yupho hat sich vorzüglich bewährt. Jeden Morgen war er pünktlich zur Stelle und machte mich nach und nach mit einem Bangkok bekannt, das Touristen sonst wohl kaum zu sehen bekommen. Er gefiel mir sehr in seiner sanften, etwas langsamen, doch stets intelligenten Art; er unterrichtete mich über Land und Leute Thailands, ihre Sitten und Lebensumstände, viel ausführlicher, als ihm selber bewußt sein konnte. Seine Aussprache des Englischen war erbärmlich, aber er verfügte über einen reichen Vokabelschatz, so daß er ausdrücken konnte, was er ausdrücken wollte.

Vielleicht konnte ich mit Anumans Vater, einem höheren Beamten der thailändischen Eisenbahnen, eine Abmachung treffen, mir den Sohn für eine Reise an den unteren Mae Nam Mun auszuleihen. Denn daß Anuman auf eigene Faust eine solche Entscheidung treffen durfte, bezweifelte ich sehr. Der Vater stellte sich als ein rundlicher, freundlicher Mann heraus, dem ich anfangs den sanften, bräunlich schönen Sohn gar nicht zutrauen mochte. Herr Yupho erkundigte sich über mich bei der Deutschen Botschaft, erhielt dort eine beruhigende Auskunft und willigte ein, verlangte aber für den Sohn ein Honorar – ein nach unseren Begriffen sehr bescheidenes, nach thailändischen ziemlich gesalzenes. Der Sohn schien vor lauter Verlegenheit in die Erde versinken zu wollen, als der Vater mir in seiner Gegenwart klarmachte, was ich dem Sohn würde bezahlen müssen; es lief auf etwa vier Mark am Tag und natürlich die Übernahme aller Unkosten hinaus. Ich handelte nicht, schon um Anuman nicht zu kränken.

An einem strahlend kühlen Tropenmorgen gondelten also Anuman und ich vom damaligen Endpunkt der thailändischen Ostbahn nach Norden los (inzwischen hat die Strecke mit amerikanischer Hilfe wohl den Mekong erreicht, an dessen Gegenufer hier Kambodscha beginnt). Die lange Eisenbahnfahrt war erträglich gewesen; das Gasthaus, in dem wir übernachtet hatten, konnte zwar nicht gerade erstklassig genannt werden, war aber, wie ganz Thailand, sauber und freundlich. Allerdings hatte ich mancher Neugier standzuhalten gehabt. Es war, nach thailändischer Art, eine sehr liebenswürdige Neugier, aber doch ein wenig lästig. Immerhin war ich, der seltene Fremde von weither, schon dadurch geehrt worden, daß Anuman und ich ein eigenes Zimmer bekamen, obgleich das Hotelchen bis in jeden Winkel mit Gästen vollgestopft war, lauter Leuten, die von ringsumher – wenn auch nicht so weit wie wir, von Bangkok – gekommen waren, um für einen oder mehrere Tage an der großen Elefantenparade teilzunehmen.

Auch der klapprige und sehr luftige Bus, mit dem wir in früher Morgenstunde nordwärts rollten, quoll über von fröhlichen Leuten, die gleich Anuman und mir den Auftakt des Elefantenfestes nicht versäumen wollten. Die Luft wehte kühl, fast allzu kühl von allen Seiten in das zwar überdachte, aber sonst weit offene Gefährt. Jedermann kroch frierend in sich zusammen und zog dichter um die Glieder, was er sich für diesen festlichen Tag angezogen hatte; das war nicht viel, denn bald würde es heiß werden. Der Fahrer ließ sein ächzendes Vehikel wie vom Teufel besessen über die Buckel und Löcher der Straße fegen, daß uns der Fahrtwind um die Ohren pfiff. Mein sanfter Anuman, gewöhnt an die stets laue und feuchte, nur geringe Unterschiede zwischen Tag und Nacht aufweisende Luft Bangkoks, holte sich hier in der härteren trockenen Luft der weiten, fast steppenhaften Ebenen des östlichen Thailand mit ihren beträchtlichen Temperaturdifferenzen zwischen Tag und Nacht eine starke Erkältung, so daß er an den Tagen darauf die schnupfende Nase hängenließ und aus tränenden dunklen Kinderaugen blickte – ohne allerdings seine Pflichten zu vernachlässigen.

Ich muß auf dieser zwar sehr amüsanten, aber zugleich sehr ungesunden Fahrt den Grund zu einer prächtigen Mittelohrentzündung gelegt haben, die mir lange zu schaffen machte. Der dröhnende Schmerz im Schädel löste sich später im befreienden Eiterfluß aus dem linken Ohr, gerade, als ich zu den Elefanten in dem wilden Bergland im mittleren Burma unterwegs war, weit von jeder sogenannten Zivilisation entfernt, in den großen Wäldern und Klüften, aus denen der Yin Chaung und der Sinthe Chaung westwärts und ostwärts über ihre felsigen Wege talwärts zum gewaltigen Irrawaddy einerseits, zum kaum weniger mächtigen Sittang andererseits hervorstolpern. Ich erwähne dies nur, um zu zeigen, daß große und ausgefallene Reisen manchmal unerfreulichen, nicht eingeplanten Zoll kosten. So hat mir diese Elefantengeschichte eingebracht, daß ich seitdem auf dem linken Ohr nur halb so gut höre wie auf dem rechten – nur eine der unvermeidlichen Blessuren, die man sich im Laufe von vier Dutzend Jahren in keineswegs immer sehr komfortablen Ländern eingehandelt hat. Aber solange diese Blessuren nicht gerade den Kopf kosten, nimmt man sie hin als unvermeidliche Betriebsunfälle.

Eine riesige, tischflache Ebene wartete abseits vom tief ins Land eingeschnittenen Mae Nam Mun darauf, zum Schauplatz der elefantischen Ereignisse zu werden. Noch lag die weite Fläche leer. Wir fanden also Zeit, uns in einem größeren Dorf im Busch ein Quartier zu suchen, ein sehr bescheidenes zwar –, aber wir eroberten wiederum einen Raum für uns allein, der sogar regelrechte, verglaste Fenster besaß, so daß wir des Nachts die vermaledeiten und unter Umständen malariaverseuchten Moskitos aussperren konnten. Nachdem wir uns noch mit einem Glas heißen Tees erwärmt hatten, zogen wir los.

Ich wollte keine Zeit verlieren, sondern mich von Anbeginn so nahe wie möglich an das Geschehen heranpirschen. Deshalb folgte ich auch keineswegs dem Vorschlag Anumans, uns an der Stelle, die den bevorzugten Gästen eingeräumt war – dort war sogar eine kleine Tribüne errichtet – zwei gute Plätze mit unbehinderter Aussicht auf die Festebene zu sichern. Es war eine sehr weitläufige Ebene, sie maß mehr als einen Kilometer im Quadrat; die Wälder an ihrem jenseitigen Rand erschienen nur noch als schmale, dunkle Streifen. Ich war den Ordnern des Festes nicht gemeldet. Aber die Tatsache, daß ich als Fremder von weither zu erkennen war und daß ich einen höchst wohlerzogenen Dolmetscher und Helfer bei mir hatte, sicherte mir überall eine bevorzugte Behandlung. Ich konnte mich der Höflichkeit und warmherzigen Freundlichkeit, durch welche sich das Volk der Thai auszeichnet, während all meiner zum Teil reichlich ausgefallenen Fahrten in Thailand stets ungeschmälert erfreuen. Ähnlich ist es mir stets in Malaysia ergangen. Anders steht es in Burma, wo der Fremde – auch wenn er sich sehr vorsichtig bewegt – mit Mißtrauen und Ablehnung zu rechnen hat.

Mein sanfter Anuman hätte es sicher vorgezogen, auf einem schönen Ehrenplatz zu sitzen – im kühlen Schatten; denn schon wurde die Sonne lästig – und die Elefantenparaden und Spiele an sich vorüberziehen zu lassen. Aber nach meinen Erfahrungen hat ein Mensch beim bloßen Zuschauen noch nie viel begriffen – ganz gleich, ob vor dem Fernsehschirm, oder auf dem Elefantenfestplatz am entlegenen und weithin unbekannten Mae Nam Mun, der seit abertausend Jahren gelb und gleichmütig zum Mekong hinunterwallt.

Anuman ächzte also ein wenig, als ich mit höflichen Worten die Feine-Leute-Tribüne ablehnte und mich statt dessen durch all den Glast und die immer dichter vom wolkenlosen Himmel flutende Hitze aufmachte, den Sammel- und Sattelplatz der Elefanten zu suchen. Irgendwo mußte er am Rande des Horizontes zu finden sein. Ja, der Hauptordner des Festes gab uns sogar eigens einen jungen Mann mit, der Anuman und mich zum Sattelplatz der Elefanten führen sollte. Wie die meisten hier, war er nur mit einem weißen Leibchen und einem buntgemusterten Hüfttuch bekleidet.

(Inzwischen wird es leider überflüssig geworden sein, sich auf die Liebenswürdigkeit der Thai zu verlassen. Denn seit einigen Jahren organisiert das Staatlich-Thailändische Tourismusbüro Gruppenreisen von Bangkok zu den Elefantenfesten, unerfreulich strapaziöse übrigens, denn man fährt im Schlafwagen in einer Nacht hin und kehrt schon nächste Nacht im gleichen Schlafwagen wieder zurück. Die Teilnehmer sehen viel, sehen es aber wie durch eine dicke Glasscheibe; mit Land und Leuten kommen sie nicht in Berührung, da jede Einzelheit vorgeplant ist, auch das thailändische Festessen am Abend, bei dem die Fremden wiederum nur unter sich bleiben. Ich hatte es, in den fünfziger Jahren, noch besser. Damals waren europäische Besucher noch sehr selten und wurden besonders nett behandelt.)

Da waren sie endlich! Am fernen Ostrand der Festebene im lichten Buschwald hoben sich, wohin man auch blickte, die grauen Rücken und gewaltigen Hinterviertel, die buckligen Schädel mit den großen Flappohren und den merkwürdig kleinen schwarzen Kugelaugen aus dem dunkelgrünen harten Laub der Trockenzeit.

Die Treiber und ihre Gehilfen machten sich allesamt an den großen Tieren zu schaffen, putzten, schirrten und fütterten und turnten auch schon auf den Rücken umher. Es war schwer auszumachen, wie viele Tiere hier versammelt waren; der Wald und die hohen Gebüsche verbargen sie. Ich schätzte später, daß an dem großen Aufmarsch über fünfhundert Kolosse teilnahmen – und das waren keineswegs alle, die hier zusammengeströmt waren; jene Tiere nämlich, die im weiteren Verlauf dieses und der nächsten Tage in Kämpfen und Spielen auftraten, waren bei dem Anfangsaufmarsch gar nicht dabei.

Ich erregte einiges Aufsehen unter den Elefantenmännern. Während ich mit meinen beiden Begleitern von einer Tiergruppe zur nächsten schlenderte, wurden mir viele Fragen zugerufen, die der junge Mann, der uns begleitete, mit schallender Stimme beantwortete, was stets mit freundlichem Nicken und Lächeln erwidert wurde. Die Elefantenleute fühlten sich zweifellos angenehm berührt davon, daß sich ein Fremder schon vor dem eigentlichen Beginn des Festes bei ihnen umsah.

Das ermutigte mich, hier und da eine Unterhaltung zu beginnen. Anuman, dem die mächtigen Dickhäuter – er erlebte sie zum erstenmal in seinem Leben – einige Furcht einzuflößen schienen, diente mir als Dolmetscher, wenn die Männer thai sprachen; unser Führer übersetzte, was laotisch geredet wurde. Allmählich klärte sich mir einiges:

Zum Teil waren die Männer mit ihren Tieren schon seit vielen Tagen unterwegs, um sich rechtzeitig zu der großen Zusammenkunft einzufinden. Manche kamen allein und mit nur einem Bündelchen als Gepäck. Andere aber hatten Frau und Familie auf die breiten grauen Rücken gepackt, sich selbst in den Nacken des Tieres hinter die Ohren gesetzt – wo die Treiber hingehören – und waren, sozusagen mit Kind und Kegel, auf die weite Fest- und Urlaubsreise zum Mae Nam Mun gegangen. Ist doch dies Fest das einzige, zu dem ein großer Teil der Elefanten und Elefantenmänner im Osten Thailands zusammenströmt, um erstens, die Pracht, Kraft und Geschicklichkeit ihrer Tiere gegeneinander zu messen und aller Welt vorzuführen, um, zweitens, untereinander die gemeinsamen Sorgen und Anliegen zu besprechen und, drittens, um alte Freunde wiederzusehen und neue zu gewinnen. Denn wenn man erst wieder in den Urwäldern steckte, um die wertvollen Teakholzstämme an die Ufer der Flüsse zu schleppen, dann war man

Monat um Monat für die übrige Welt verloren und nur auf die längst vertrauten Gefährten angewiesen.

Am stärksten aber, so wollte es mir scheinen, waren die Elefantenmänner von dem Wunsch beseelt, die Klugheit – die ihrer Tiere und ihre eigene – und das wunderbare Zusammenspiel eines unerhört starken Tieres mit einem schwachen, aber verständnisvollen Menschen zu demonstrieren. Die Männer schienen sich nur mit den grauen Riesenwesen im Hintergrund als vollständige Persönlichkeiten zu empfinden. Die Elefanten verkehrten mit ihren Treibern ganz vertraut und selbstverständlich. In allen alten Elefantentreiberfamilien – meistens werden die Söhne wieder Treiber, von Generation zu Generation – wird jedem neugeborenen Arbeitselefanten möglichst gleich bei der Geburt auch der Treiber zugeteilt, ein ebenso neugeborenes Menschlein männlichen Geschlechts, das von seinem Schicksal zunächst noch nichts wissen kann. Die Arbeitselefanten in den indischen und südostasiatischen Urwäldern vermehren sich ganz normal, führen sie doch ein Leben, das von dem ihrer wilden Artgenossen nicht allzu verschieden ist – anders als in früherer Zeit die Kriegs- und Reitelefanten der großen Herren; diese Tiere wurden, damit sie jederzeit zur Verfügung standen, in Ställen gehalten, und von ihnen heißt es, daß sie sich, trotz sorgfältiger Pflege und guten Futters, nicht fortpflanzten.

Elefanten sind nämlich scheu, fast möchte man meinen, schamvoll, wenn eines der mächtigen, mit schimmernden Stoßzähnen bewehrten männlichen Tiere um ein weibliches wirbt oder, nach langer Werbung, sich mit ihm paart. So gut wie nie lassen sich die Tiere dabei beobachten, auch nicht von ihren eigenen Artgenossen. Stets geschieht es weit vom Lager der Menschen oder vom Sattelplatz entfernt, in der heimlichen Stille des dichten Busches oder Urwalds, ohne daß ein Unbeteiligter, sei es Mensch oder Tier, etwas davon merkt. Erst wenn sich dann auch am Tage herausstellt, daß zwei Tiere zueinander halten, daß sie Wert darauf legen, sich nahe zu bleiben und gern eines beim andern stehen, erst dann läßt sich mit einiger Sicherheit vermuten, daß hier eine Verlobung oder schon eine Ehe vollzogen wurde.

Den Arbeitselefanten im Urwald wird es nicht schwer gemacht, sich in ihren amourösen Angelegenheiten so zu verhalten, wie es ihrer diskreten Natur entspricht. Sie werden ja nur etwa sechs Stunden am Tag, und das möglichst in der Frühe, zur Arbeit herangezogen. Ganz im Gegensatz zu der landläufig gehegten Meinung, sind diese Gewaltigen keine Ausbunde von unerschöpflicher Stärke, sondern eigentlich sehr empfindliche Tiere, mit deren Kraft und deren Nerven sehr vorsichtig umgegangen werden muß. Sie erhalten ja kein Kraftfutter, sondern werden am Nachmittag in den Urwald geschickt, sich ihr Futter selbst zu suchen. Die älteste und erfahrenste Kuh, nach der sich die anderen richten, bekommt vielleicht eine Glocke um den Hals, oder es werden ihr die Vorderbeine so aneinandergebunden, daß sie sich nur langsam fortbewegen kann; so lassen sich die äsenden Tiere, die ja tagtäglich ihre Mägen mit riesigen Mengen von Laub und Kraut vollstopfen müssen, um satt zu werden, beim nächsten Morgengrauen im weiten stillen Busch leicht wieder auffinden.

Jeder Elefant ist mit seinem Treiber zusammen aufgewachsen; das ist die Regel. Tier und Mensch sind also von klein auf eng miteinander vertraut, haben gemeinsam unter der Anleitung, auch unter dem Zwang der Älteren – Elefanten wie Menschen – gelernt, was die Arbeit in den Urwäldern erfordert. Die allermeisten werden »Teak-Elefanten«. Das kostbare Teakholz stünde der Welt kaum zur Verfügung, wenn es nicht die starken und geschickten Elefanten gäbe, welche die in den verwachsenen Bergwäldern gefällten Stämme Block für Block freischleppen und schließlich mit den Zähnen oder in den Sielen an und in die Urwaldströme bugsieren. Das Wasser übernimmt den weiteren Transport zu den Sägemühlen oder zu den Überseehäfen, von denen aus Teak überallhin verladen wird, wo man es bezahlen kann. Auf alle Fälle aber ist festzuhalten: ohne Elefanten gibt es kein Teak.

Deshalb besteht die Kunst darin, die Arbeitselefanten im Urwald so »natürlich« wie möglich leben zu lassen und ihnen nur soviel Anstrengung abzuverlangen, als sie auch in der Freiheit zu leisten bereit und fähig wären; das ist immer noch außerordentlich viel, denn die Tiere sind wahrlich Riesen an Kraft und Geschicklichkeit. Jeder Treiber weiß, was und wieviel er seinem Lebensgefährten zumuten darf – denn zum Lebensgefährten wird ihm sein Elefant, der wie ein Mensch, wie »sein« Mensch, mit dem zwanzigsten bis fünfundzwanzigsten Jahr voll arbeitsfähig wird, an die dreißig verschiedene Kommandos versteht, auf jeden leichten Druck oder Stoß der Zehen des Treibers hinter den Ansatz seiner Ohren, auf jede Verlagerung des Gewichts seines Treibers, auf jeden leichten Schlag des Treiberstöckchens, auf jeden Ruf reagiert – und der mit dem sechzigsten bis fünfundsechzigsten Jahr, wenn bis dahin alles gutgegangen ist, in die wohlverdiente Pension entlassen wird. Das heißt: er wird dann höchstens noch zu leichten Arbeiten herangezogen und erfreut sich ansonsten in der Nähe des Lagers und der früheren Arbeitsgefährten seiner alten Tage, wenn er es nicht vorzieht, als Einsiedler und Einzelgänger in den weglosen Busch hinauszuwechseln, wo er am einsamsten und leersten ist. Das wird aber kaum geschehen, solange des Elefanten lebenslänglicher Treiber noch über diese Erde wandelt. Treiber und Elefant werden sich auch noch nach der Pensionierung treffen, besonders dann, wenn das Tier, wie es sich bei der oft gefährlichen Arbeit in den Urwäldern durchaus nicht selten ergibt, an einer eiternden Wunde oder einem hartnäckigen Geschwür leidet, das gereinigt und behandelt werden muß.

Um auf die Amouren zurückzukommen: bei der Arbeit in den wilden Wäldern bleibt den Elefanten Zeit, auf die ihnen allein mögliche verstohlene Art umeinander zu werben und sich zu ehelichem Bund zusammenzufinden. Gehen doch auch die Elefanten jedes Jahr einige Monate in den Busch »auf Urlaub«, um sich zu erholen. Wenn die Regen des Monsuns vom Himmel stürzen, wird die Arbeit in den Urwäldern ohnehin schwierig, ja unmöglich. Die ewige triefende Nässe, Schwärme peinigender Insekten, Schlangen, Skorpione und anderes Ungeziefer machen dann die Wälder für die Menschen so gut wie unzugänglich – und die Elefanten können sich ausruhen.

Wenn aber die Elefanten in Ställen oder in engen Krals gehalten werden, um jederzeit für den Prunk, die Reisen, die Kriege der Fürsten und ihrer Vasallen bereit zu sein, dann finden die diskreten Tiere weder Zeit noch Gelegenheit, zarte Bande zwischen Elefant und Elefantin anzuspinnen. Im allgemeinen kommt es dann also nicht zu ehelichen Verbindungen und also auch zu keinen Kindern. Ohnehin setzt eine Elefantin in der Regel während ihres Lebens nicht mehr als fünf oder sechs Kinder in die Welt, denn die Abstände zwischen den Geburten umfassen stets sechs, sieben Jahre. Solange nämlich die Elefantenmutter ihren Sprößling noch säugt – und das geschieht bis etwa zu seinem fünften Lebensjahr –, lehnt sie alle weiteren Flitterwochen mit dem Herrn und Gebieter ab, worin sie sich bereits übt, wenn sie tragend geworden ist. Der große Herr hat also lange Zeit Enthaltsamkeit zu üben. Und wenn ihn alljährlich einmal die Periode des »Must«, der Brunft, überfällt und die Brunftdrüse an der Schädelflanke zu sickern beginnt, dann kann der gewaltige Bursche seine Kraft nur gegen echte oder vermeintliche Rivalen, gegen übermütige oder freche junge Elefantenkerle austoben; dann vergißt er auch zuweilen seine sonst so freundschaftlichen Beziehungen zum Menschen, sogar die zu »seinem« Menschen, und kann zu einem tobenden Unhold werden, der mit doppelten Ketten an dicke Bäume gefesselt werden muß, um weder an seinesgleichen noch unter Menschen Unheil anzurichten.

Dann verdient und erhält ein Treiber höchstes Lob, wenn seine nahe Beziehung zu einem männlichen Elefanten – ich kann mich nicht entschließen, die Tiere »Bullen« zu nennen – selbst in der Brunftzeit nicht erlischt, nicht von den übermächtigen Empfindungen der Geschlechtlichkeit überrollt wird, wenn das männliche Tier auch noch im »Must« auf die Worte seines Treibers hört, wenn vielleicht auch nicht mehr unbedingt gehorcht, wenn also die Verbindung zwischen Tier und Mensch nicht vom Feuer der Brunft völlig verzehrt wird und nach dem Erlöschen erst wieder neu geknüpft werden muß.

So einmaliger Art übrigens war auch die Verbindung zwischen Maung Tut aus dem mittleren Burma und seinem ungeheuren Freund, Onkel Reiskuchen, welche die Hauptpersonen dieser Geschichte werden sollen.

Damals also, an jenem Vormittag im weiten Tal des Mae Nam Mun wanderte ich mit meinen beiden Begleitern unter den Hunderten von Elefanten und ihren Männern im lichten Busch umher. Überall hoben sich, wie runde graue Felsen, die mächtigen Hinterviertel der schon zum großen Aufmarsch gerüsteten Tiere gegen den Himmel ab, ihre schweren Köpfe mit den ab und zu wie dicke Schlangen über das Buschwerk hinauskurvenden Rüsseln. Zwischen den Zweigen schimmerten gelbweiße Stoßzähne meterlang und länger, blickten dunkle, sonderbar kleine Augen, die nie genau erkennen ließen, wohin sie eigentlich sahen. Und überall waren die Männer der Elefanten; sie schienen mir alle einander ähnlich zu sein – oder war es nur die Vorfreude des Festes, die sie alle lächeln machte, gesprächig, aufgeschlossen? Vor diesen ausgeglichenen, freundlichen Gesichtern, diesen allesamt mageren, sehnigen und meist zierlichen Gestalten mit der von Sonne und Wind dunkelbraun gegerbten Haut konnte ich meine Scheu, fremde Leute anzusprechen, leicht überwinden.

So erfuhr ich denn vieles über Woher und Wohin der Tiere und Menschen. Es schien mir mit Händen zu greifen, daß alles Denken und Trachten dieser Männer um ihre Elefanten kreiste, mit denen sie von frühester Jugend an Tag für Tag, Jahr für Jahr zusammenlebten und arbeiteten und gute und schlechte Tage gleichermaßen zu teilen hatten.

Wo sonst auf der Welt gibt es eine so enge, eine solche »Haut-an-Haut-Verbindung zwischen einem Tier und einem Menschen, dem immer gleichen Menschen, ein ganzes Menschenleben, ein Tierleben lang? Muß nicht der Betreuer, der ständig auf das Tier in allen seinen Verfassungen, Stimmungen, Zuneigungen, Launen und Abneigungen einzugehen hat, schließlich selbst zu einem großen Teil den Charakter des Tieres annehmen? Muß er nicht treu werden und tapfer wie ein Elefant, klug und umsichtig, heiter und geduldig, aber auch schlau, zuweilen nervös und mißtrauisch wie ein Elefant, der trotz seiner außerordentlichen Kräfte empfindlich und auch nachtragend sein kann wie eine Primadonna, der in einem ungefüge scheinenden, in Wahrheit sehr geschickten Körper eine empfindsame Seele durchs Leben trägt? Ich fand also die Männer alle sehr freundlich und zugleich auch neugierig, doch ohne jede Aufdringlichkeit. Und alle sprachen sie leise; lautes Rufen oder Gelächter schien ihnen unmöglich zu sein.

Selbstverständlich konnte ich mit ihnen nur über den einen oder den anderen meiner Dolmetscher sprechen, manchmal nur über alle beide, denn, wie erwähnt, viele der Treiber waren Laoten und sprachen nur wenig oder gar kein Thai. Der uns vom Festkomitee mitgegebene Führer sprach zwar Laotisch und Thai, aber kein Englisch; Anuman sprach Thai und Englisch, aber kein Laotisch – und ich, von geradezu penetrantem Wissensdurst besessen, sprach weder Laotisch noch Thai, sondern nur Englisch. Daß man auch Deutsch reden konnte, hatte sich in diesen Urwäldern noch nicht herumgesprochen.

Wie erstaunt und beglückt war ich also, als wir unweit des jäh zum Mae Nam Mun abbrechenden Steilhangs auf einen besonders gewaltigen grauen Riesen stießen – und auf seinen Betreuer, der gerade dabei war, dem ragenden Tier eine Banane zu schälen; schon züngelte der Rüssel nach dem Leckerbissen, wagte aber noch nicht zuzugreifen.

Der Mann blickte auf und unterbrach für einen Moment seine Tätigkeit. Gleich schwebte der Rüssel heran, um das schon von der

Schale befreite Ende abzubrechen, erhielt aber einen leichten Klaps zur Abwehr und beschied sich zunächst damit. Gesicht und Gestalt dieses Treibers kamen mir etwas gröber geschnitten vor, als ich es bisher an den Männern wahrgenommen hatte. Ich beobachtete, wie über das Gesicht des Mannes jenes mir schon längst vertraut gewordene Erstaunen huschte, das durch das unerwartete Auftauchen eines Europäers bei dieser höchst europafernen Gelegenheit bewirkt wurde.

Und plötzlich hörte ich mich angesprochen: »Good morning, Sir! How nice to see an Englishman at this festival!«

Das kam ganz mühelos und wie selbstverständlich, wenn auch mit etwas harter und eckiger Aussprache. Für einen Engländer bin ich nur selten gehalten worden. Ich hatte mich sicherlich geehrt zu fühlen – und tat es. Ich beteuerte, wie sehr es mich erfreute, einen englisch sprechenden Elefantentreiber zu treffen. Wie das wohl zuginge? Es gäbe ja sonst in diesen Landstrichen kaum Leute, die der englischen Sprache mächtig wären.

»Ich bin auch nicht von hier, Herr!« erwiderte sehr bereitwillig und mit einem breiten Lächeln mein neugewonnener Bekannter. Der große Elefant über dem tiefbraunen Mann mit dem schon ergrauenden Bürstenhaar hatte sich längst der halbgeschälten Banane bemächtigt und sie zwischen den zartrosa aufleuchtenden Lippen verschwinden lassen. Nun angelte er genäschig nach einer zweiten mit dem Rüssel um seinen Treiber her, mahnte ihn mit leichtem Rüsseltupf auf die Schulter, doch zunächst vergeblich.

Ich war wie befreit, endlich ohne die Hilfe meines zwar sanften, aber etwas langsamen Anuman oder meines Führers mit einem völlig waschechten Elefantenmann unmittelbar sprechen zu können, erfuhr aber, daß ich einen Burmanen, keinen Thai oder Laoten, vor mir hatte.

»Der Krieg, Herr, der Krieg hat so vieles durcheinandergebracht. Ich bin im Kriege mit meinem Tier und vielen anderen Elefanten und Usies der britischen Teak-Company von den japanischen Eroberern beschlagnahmt und in den Kriegsdienst gepreßt worden. Aber es gelang mir dann, mit meinem Tier zu fliehen und mich wieder – über den Chindwin und das Pahkaing Bum-Gebirge hinweg – den britischen Truppen anzuschließen. Dort war ich sehr willkommen und habe dann mit dem dritten Elefantenbataillon den ganzen Krieg mitgemacht. Das heißt, wir haben die Japaner besiegt und ganz Burma von Norden nach Süden aufgerollt. Ich zog mit meiner Truppe den Japanern hinterher – sie machten ja immer wieder Front – durch die Shan- und die Karenstaaten nach Thailand hinüber. Da habe ich meinen Elefanten verloren. Ich habe mein Äußerstes getan, ihn wieder gesund zu pflegen, hatte aber keinen Erfolg. Ich wurde also aus dem Heer entlassen. Meine Familie in Burma war im Krieg umgekommen. Ich habe in Kyaukpadaung, wo wir gewohnt hatten, niemand mehr vorgefunden, als wir Burma wieder zurückeroberten. Warum sollte ich in das zerstörte Land zurückkehren? Die Japaner hatten den allergrößten Teil der Arbeitselefanten zu Tode gearbeitet; es gab keine Elefanten mehr. Und der meine war auch tot. Hier in Thailand waren die Elefanten nicht so grausam herangenommen worden. Ich kam also wieder nach Thailand und habe hier zum zweitenmal geheiratet, in Riangkhata, Herr. Und es war auch nicht so schwer, wieder zu einem Elefanten zu kommen.«

Er klopfte seinem Tier auf den breiten Vorderlauf und holte aus einer Tasche eine weitere Banane. Während er sie mit schnellen Griffen schälte, fuhr er fort: »Es geht gleich los, Herr! Sie sollten jetzt zu der Tribüne zurückgehen. Wenn sich hier die vielen Tiere in Bewegung setzen, wird es sehr staubig. Ich habe mich sehr gefreut, wieder einmal Englisch sprechen zu können.«

»Das können wir ja fortsetzen!« sagte ich. »Ich habe es nicht eilig. Vielleicht – wenn Sie Lust haben – können wir uns am Nachmittag oder Abend wiedertreffen. Ich würde gern weiter mit Ihnen plaudern.«

»Oh, gern, Herr! Am diesseitigen Ende der Brücke über den Strom! Dort reite ich mein Tier in die Schwemme und bleibe dort auch über Nacht, mit drei befreundeten Männern aus unserem Camp. Wenn Sie dorthin kommen wollten?«

Ich mußte erst abwarten, wie der Tag sich anlassen würde, aber zunächst sagte ich zu.

Wir haben uns sehr beeilen müssen, doch war es noch nicht zu spät, als wir wieder bei der Tribüne anlangten. Sie zog gerade erst in der Ferne vom Fluß her über die leere Ebene heran, die ungeheure Phalanx der aberhundert Elefanten. Jetzt erst erkannte ich, wie viele Tiere in den lichten Buschwäldern, in denen ich während der Stunde zuvor mit meinen beiden einheimischen Gefährten umhergewandert war, verborgen gewesen sein mußten.

Staub wölkte hoch auf. Scheinbar gemächlich stampften die Tiere heran, in Reihen zu zwanzig oder dreißig. Riesige, nickende Köpfe, schwingende Rüssel, blinkende Stoßzähne und über und zwischen jedem Paar von flappenden Ohren eine seltsam klein wirkende hockende Gestalt: der Treiber. Speere, ganze Bündel von Speeren blitzten durch den Staub über den grauen Rücken schwankender Plattformen. Ein Zug bewaffneter Kriegselefanten in die Schlacht sollte dargestellt werden. Von den flachen Sätteln her schwangen bunt kostümierte Männer ihre Waffen. Auf mich hätten die Heere von Elefanten auch ohne diese Staffage einen unvergeßlichen Eindruck gemacht, aber für die Leute dort mochte der vorgetäuschte Waffenglanz Erinnerungen an die große Vergangenheit des »Landes der Freien« wecken. Anuman erzählte mir aufgeregt eine lange und wirre Geschichte von den Kämpfen um die alte Hauptstadt Ayudhya aus den Zeiten, in denen das alte Siam (wie Thailand früher hieß) von den Burmanen überrannt worden war. Jedoch habe ich nicht viel davon behalten, denn der Aufmarsch der sich unablässig heranwälzenden Reihen von Elefanten fesselte mich viel zu sehr, als daß ich in dürftigem Englisch erzählten Geschichten hätte lauschen wollen.

Die Kolonnen der Elefanten beschrieben einen mächtigen Bogen entlang dem jenseitigen Rand des weitgedehnten Festplatzes und schwenkten dann zurück auf die Tribüne der vornehmen Zuschauer, auf die eingewiesen zu sein, auch ich, mit Anuman zusammen, die Ehre hatte. Die bewaffneten Kriegselefanten zogen vorüber, gefolgt von vielen, die nur ihr Alltagsgewand trugen, das heißt außer ihren Treibern nur ein paar breite Riemen ihres Arbeitsgeschirrs – oder auch gar nichts außer ihrer grauen schweren Haut, ihren Ohren, Rüsseln und Elfenbeinzähnen. Die Masse der Tiere war es, die den Fremden mit wahrhaft ehrfurchtsvollem Staunen erfüllte, wenn sie dicht vor unseren Sitzen gewaltig und würdig vorbeistapften – und dann die merkwürdig erregende Erkenntnis, daß die Tiere alle ganz verschieden aussahen, wenn man sie so beinahe zum Greifen nahe vorbeiwogen sah. Jeder war eine eigene Persönlichkeit, jeder der massigen, knochigen Köpfe trug seine eigenen Züge. Sehr große Tiere wanderten neben kleineren, manchmal fast zierlich zu nennenden, dahin, die sich sehr beeilen mußten, mit den großen Schritt zu halten.

In den hinteren Gliedern tauchten viele Muttertiere mit kleinen oder halbwüchsigen Kindern auf. Die Jungtiere zeigten sich allesamt sehr brav, hielten sich eng bei ihren Müttern, waren offenbar verwirrt oder geängstigt vor so viel fremden Artgenossen, fremden Menschenwesen, beißendem Staub, vor gedrängter Enge und all dem Geklirr und Gerufe der Festversammlung.

Die Tiere sammelten sich abseits der Tribüne zu einem großen Heer von schweren Leibern, das aber auch jetzt noch einer bestimmten Ordnung und Aufstellung zu gehorchen schien. Mancherlei Spiele und Vorführungen einzelner Gruppen folgten, die den vielen hundert Gästen und Zuschauern rings um den Festplatz, ihrem lauten und anfeuernden Geschrei nach zu schließen, offensichtlich großen Spaß bereiteten. Die Kriegselefanten zeigten Attacken und Schwenkungen; von den hohen Sätteln her lieferten sich ihre »Besatzungen« Scheingefechte.

Reiter tauchten auf. Die wendigen, meist gescheckten Pferdchen schienen den Elefanten ein Greuel zu sein. Verzweifelt und erbost versuchte ein Haufe von ausgewachsenen Elefanten vor der Tribüne und dort, wo die Zuschauer am dichtesten standen, der zwischen ihnen blitzschnell umhersprengenden Pferdchen und ihrer Reiter habhaft zu werden. Sie schnaubten und warfen die Rüssel auf zu hohen Fragezeichen, warfen sich hierhin und dorthin, so schnell sie ihre schweren Leiber nur wenden konnten. Aber immer und überall waren die Pferdchen schneller. Die kleinen, fixen Tiere schienen überhaupt keine Furcht vor den riesigen Verfolgern zu haben, tanzten ihnen dicht vor der Nase auf und ab und hin und her und entzogen sich mit Hakenschlägen jedem ungefügen Angriff, um dann sofort wieder auf das Hinterteil eines verärgerten Riesen loszugaloppieren. Elefanten lieben es ganz und gar nicht, wenn hinter ihnen etwas Flinkes umherwuselt. Aber ehe sie sich noch drehten, waren die Pferdchen schon wieder fort und am andern Ende.

Schadenfreude ist bekanntlich die reinste Freude. Es war unbeschreiblich erheiternd, mitanzusehen, wie nervös, verzweifelt, ja völlig verbiestert die Elefanten schließlich waren – man merkte es ihnen sichtlich an, daß sie sich keinen Rat mehr wußten! Und welch diebisches Vergnügen es den Pferdchen zu bereiten schien, die riesigen Tiere zu necken und völlig außer sich zu bringen! Die Treiber auf den Elefantennacken, die Reiter in den Ponysätteln griffen in das sehr bewegte Spiel zwischen Stark und Groß und Schwer hier und Klein, Leicht und Schnell dort überhaupt nicht ein, ließen sich hin und her schwenken, achteten wohl nur darauf, daß kein Unheil passierte. Mehr als einmal brausten wahre Lachsalven der Zuschauer über den Platz hinweg, was die Elefanten noch mehr zu bestürzen, die Pferdchen aber ungeheuer anzufeuern schien.

Elefanten veranstalteten Tauziehen miteinander. Und wenn einer der großen Riesen schließlich nachgeben mußte und rückwärts über den entscheidenden Strich im Sand gezogen wurde, scholl ein Triumphgeschrei der Zuschauer über den Platz. Denn selbstverständlich wurde unter den Leuten gewettet – und wenn der eine Riese den andern auf seine Seite gezerrt hatte, dann waren viele Monatslöhne verloren und ebensoviele gewonnen.

Der Höhepunkt der vielen Veranstaltungen aber wurde erst am Nachmittag erreicht. Anuman hatte mich schon darauf vorbereitet, und ich hatte mich gerüstet, die Szene zu fotografieren, wenn es möglich sein sollte. Es war ja sehr hell, die Sonne stand richtig und mein Teleobjektiv reichte weit.

Drei besonders riesige alte Elefanten führten, von ihren Treibern dirigiert, vom fernen Rande des Festplatzes einen jungen männlichen Elefanten mit schon fußlangen Stoßzähnen in die Mitte der Arena. Das junge Tier marschierte offenbar nur widerwillig heran, eingeklemmt zwischen zwei Großen, von dem dritten Großen von hinten vorangebufft, wenn es sich nicht vorwärts bewegen wollte. Jedermann wußte, daß das jüngere Tier, das von den drei älteren herangeschoben wurde, erst vor kurzem irgendwo in den Urwäldern weiter im Norden eingefangen, noch nicht gezähmt, noch so gut wie wild war. Die drei riesigen »Onkel«, wie die Leute sagen, von denen das Jungtier in Schach gehalten wurde, waren erfahrene Lehrelefanten, solche, die bei der Ausbildung und Einübung der Jungtiere unentbehrlich sind, weil sie allein die Kraft und Autorität haben, unter den Zöglingen für Zucht und Ordnung zu sorgen (und den Willen der menschlichen Lehrmeister durchzusetzen).

Auf der Mitte des Platzes gaben die drei Onkel plötzlich den Gefangenen frei und wichen zur Seite, verhielten aber in einigem Abstand. Der Jungbulle stand zunächst ganz verdutzt, als könne er noch nicht glauben, dem Druck der drei Kolosse entronnen zu sein. Doch er war frei, warf sich mit einemmal herum und nahm eiligst den Weg, auf dem die andern ihn herbeigezwungen hatten, wieder unter die stämmigen Säulenbeine. Auf drei Seiten war das Feld von Menschen umlagert; nur das ferne Ende zum Fluß hinunter, von woher der Aufmarsch stattgefunden hatte, lag offen. Dorthin also stürmte der Befreite. Jeden Ausbruch in die Reihen der Zuschauer hätten die Onkel rechtzeitig verhindert.

Der Fliehende kam nicht weit. Abseits der Tribüne hatten drei andere Elefanten unter ihren Treibern bereitgestanden. Sie setzten sich in schnellen Trab als der Wildling ausbrach, überholten ihn und trieben ihn in weitem Bogen in die Mitte des Festplatzes zurück. Dort begann ein atemberaubendes Manöver. Die drei Verfolger trugen ein Geschirr, das in einem langen, schweren Lederlasso mündete. Die etwa meterbreit geöffnete Schlinge dieses Lassos steckte auf einer langen Bambusstange, die von dem Treiber des verfolgenden Elefanten, der, die Füße hinter die Elefantenohren gestemmt, im Nacken seines Tieres hockte, mit beiden Händen vorausgehalten wurde. Der verfolgende alte Elefant donnerte hinter dem fliehenden Jungbullen her, der von den anderen Alten am Ausweichen gehindert wurde. Jetzt war er ihm ganz nahe auf den Pelz gerückt. Der Treiber hatte sich vorgebeugt mit abwärts geneigter Bambusstange. Plötzlich flog die Stange beiseite. Der Fliehende war in die ihm untergehaltene Schlinge getreten, und sofort hatte der Treiber sie an- und zugezogen. Der alte Elefant schwenkte aus, wendete sich, der Lasso lief aus vom Rücken des Verfolgers, straffte sich und bremste den fliehenden Jungbullen so jäh ab, daß er in den Vorderbeinen zusammenknickte. Zugleich zerrte ihm der Verfolger das eingefangene Hinterbein nach rückwärts. Der Wildling war vollkommen hilflos, stand unsicher auf drei Beinen, kniete halb, rührte sich nicht, hatte jeden Widerstand aufgegeben. Ein Sturm des Beifalls brauste über den Platz.

Damit war das Programm dieses Tages beendet. Der Wildling ließ sich widerstandslos abführen. Die Zuschauer strömten auf den Platz. Überall Menschen und Elefanten. Tüchtige Händler schafften Bündel von Zuckerrohrstengeln heran. Für wenige Kupfer konnte man einen solchen raschelnden Leckerbissen kaufen und dem nächstbesten Elefanten damit einen kleinen Festbonbon überreichen. Die Elefanten schienen zu wissen, daß sie die Händler mit dem Arm voll Zuckerrohr nicht, die Käufer mit den einzelnen Stengeln aber sehr wohl belästigen durften – und sie taten es, gleich überdimensionalen Schoßhündchen, die um einen Leckerbissen betteln. Die Treiber in ihren Nacken achteten darauf, daß die Tiere nicht zu aufdringlich wurden und hatten ihre Stöckchen mit dem kurzen Haken daran eifrig zu benutzen und ihren genäschigen Freunden aufs Hirndach zu klopfen.

Man konnte auch, wenn man sich die Treiber gewogen machen wollte, ein Silberstück auf den zertretenen Sand und Rasen fallen lassen und dann staunend mitansehen, wie der Elefant, auf ein leises Kommando seines Treibers, den Rüssel senkte, mit der kleinen Greifnase am Rüsselende die Münze wie mit zwei Fingern aufklaubte und seinem Herrn in die Höhe über seinen grauen Riesenschädel hinaufreichte – ein Kunststück, das dann natürlich mit einer Gabe süßen Zuckerrohrs belohnt werden mußte. Und ähnliche nette Scherze mehr ...!

Anuman und ich schoben sich sachte aus dem gemächlich durcheinandermahlenden Getriebe heraus. Schon wanderten hier und da einige Gruppen von Elefanten ab; der Fluß schien sie alle anzulocken wie ein Magnet: nach dem heißen staubigen Tage ein Bad in dem strömenden, lauen Naß! Der Mae Nam Mun führte nur Mittelwasser, füllte also seine tiefgerissene, steile Schlucht zwischen hohen Bänken nicht ganz aus; überall boten sich breite Sandufer zwischen Strom und Steilwänden an, von denen aus die Elefanten ohne Mühe und Gefahr ins Wasser hinausstapfen konnten.

Auch ich hatte das dringende Bedürfnis, mir den Schweiß von der Haut zu spülen. Wir fanden schließlich unser Quartier, gossen uns in der Badestube aus einem großen Bottich mit geräumigen Schöpfern das leider nicht besonders kühle Wasser über Kopf und Glieder, schlüpften in ein sauberes Hemd und saubere Shorts und waren zum Abendbrot und zu weiteren Abenteuern gerüstet. Anuman meinte:

»Wenn Sie sich wirklich nachher noch mit dem Elefantentreiber aus Burma treffen wollen, Herr, dann essen Sie lieber nicht hier Abendbrot. Der Mann würde beleidigt sein, wenn Sie nicht die Abendmahlzeit mit ihm teilen.«

Das war ein verständiger Rat. Aber: »Wollen Sie nicht mitkommen, Anuman? Vielleicht wird es ein aufschlußreicher Abend.«

Aber Anuman wehrte bescheiden und etwas verlegen ab: »Ach nein, Herr. Der Burmane spricht ja besser Englisch als ich. Und dann bin ich sehr müde. Und wir haben heute hellen Mond. Sie werden den Rückweg leicht finden, Herr!«

Daran zweifelte ich nicht. Anuman war eben ein sanfter junger

Herr, den meine rastlose Neugier schon über Tag genügend mitgenommen hatte. Außerdem hielt er es wohl für unter seiner angehenden akademischen Würde, sich mit Elefantentreibern irgendwo an einem zertretenen Flußufer in den Sand zu hocken. Mit meiner Würde war es weniger weit her. Das zahlte sich auch in diesem Fall wunderbar aus.

Immerhin vergaß Anuman seine Pflichten auch an diesem Abend nicht. Er ermahnte mich: »Nehmen Sie sich aber Ihren Regenmantel oder sonst etwas Warmes mit! Es wird im Freien bald kühl. Und wir sind hier nicht im warmen Bangkok.«

Das Feuerchen vor uns flackerte rot, züngelte senkrecht hoch und knisterte. Es ging kein Wind. Aber der Strom, zwei Schritte neben uns, schlief nicht, lispelte zuweilen ein leichtes Kräuselwellchen in den Sand, wallte in ewiger dunkler Unruhe neben uns in die sternklare Nacht. Der abnehmende Mond war noch nicht hoch, blinzelte aber schon durchs Gezweig der gewaltigen Bäume über dem Ufer.

Wir hatten duftenden körnigen Reis, geröstete Fischchen und eine scharfe Soße dazu gegessen, von blechernen Tellern: der burmanische Bekannte mit dem guten Englisch – San Han war sein Name, wie ich bald erfahren hatte –, vier andere Elefantentreiber aus seinem Camp weiter im Norden, die alle Laoten waren, kein Englisch und auch nicht viel Thai sprachen, und ich. Die Männer hatten mich mit großer Freundlichkeit, einer einfachen und herzlichen Höflichkeit willkommen geheißen, hatten mir einen Baumstumpf als Sitz neben das Feuer geschoben und sogar eine Decke angeboten, die ich um die Schultern schlingen sollte, um in der Nacht die am Fluß feuchte Kälte im Rücken abzuwehren; mein Regenmantel würde dazu nicht ausreichen. Die Männer hatten mich ohne viel Umstände bedient, hatten mich genötigt, reichlich zuzulangen, bis ich rundherum satt wäre. Der Reis, die rösch gebackenen Fischchen, die »heiße« Pfeffertunke hatten mir vorzüglich gemundet. Ich hatte mein Geschirr nicht selbst im Fluß abspülen dürfen, wie die übrigen es nach dem Essen taten; das hatte ein anderer für mich übernommen. Danach hatten sich die vier Laoten verabschiedet und sich abseits unter dichtem Gebüsch, in ihre Decken gewickelt, zur Ruhe begeben. Sie wußten, daß ihr Vormann, der Burmane San Han, sich mit mir auf Englisch unterhalten wollte und mochten nicht stören. Wieder einmal hatte ich Grund, den natürlichen Anstand der einfachen Menschen Südost-Asiens zu bewundern.

Welch eine schöne, unvergeßliche Nacht! Kühl zwar, aber nicht kalt. Vom Strom wehte manchmal ein herber Wasserduft herüber. In der Ferne glommen weitere Feuerfunken am nur zu ahnenden Ufer; dort verbrachten andere Treiber die Nacht. Hinter uns, etwas stromab, führte die neue große Straßenbrücke über den Mae Nam Mun; das Flechtwerk ihrer Stahlstreben hob sich deutlich vor dem Nachthimmel ab. Außer den Feuerpünktchen am Ufer kein Zeichen von Leben weit ringsum, nur die lautlos atmende Nacht. Und doch machte ich mir klar, daß Hunderte von Elefanten durch den weiten Busch zogen, um zu äsen nach dem anstrengenden Tag, daß Hunderte von Treibern, Tausende ihrer Angehörigen und Freunde und Neugierige aus nah und fern in den stillen Wäldern, die meisten wohl in der Nähe des Stroms, ein Nachtlager bezogen hatten. Denn das Dorf an der Straße jenseits der Festebene vermochte sicherlich nur einen kleinen Bruchteil der Besucher aufzunehmen. Das Land hier, eine lichte Savanne, war weit und leer und hielt Menschen und Tiere voller Gleichmut in seinen Armen geborgen.

Es war leicht, mit San Han ins Gespräch zu kommen. Er freute sich, sein schon angerostetes Englisch (zuweilen hatte er nach dem einen oder anderen Ausdruck zu suchen) aufpolieren zu können. Er mußte englische Offiziere zu Vorgesetzten gehabt haben – im Krieg; und davor im Frieden, in den Teakwäldern Mittel-Burmas englische Campleiter, an die er sich mit Verehrung und Respekt erinnerte. Immer wieder betonte er, wie großes Verständnis die Engländer für die Elefanten und ihre Treiber gehabt und wie ahnungslos und barbarisch sich die Japaner benommen hätten. Es wurde klar, daß er die Japaner noch immer verabscheute, mit jenem abgrundtiefen, keinem vernünftigen Einwand zugänglichen Haß, den die Japaner bei so vielen Menschen Ost- und Südostasiens hinterlassen haben; oft genug hat er mich bestürzt.

Es gibt ein einfaches Mittel, fremde Männer in fremden Ländern zum Sprechen zu bewegen: Man muß von sich selber erzählen, von dem eigenen Woher und Wohin und Weshalb. Denn das Menschliche und Tatsächliche ist einfachen Menschen stets viel wichtiger als Meinungen oder Theorien – und man muß, wenn der andere auch dabei war, wobei die Seite der Fronten gar keine Rolle spielt, vom Krieg und den eigenen Kriegserlebnissen anfangen.

Das zündet immer. Der Krieg bleibt für alle Männer, die ihn mitgemacht haben, das ganz Andere, das Einmalige, das Unvergeßbare. Aber »richtig« darüber reden kann man nur mit Leuten, die ebenfalls »dabei waren«.

Auf solcher Basis hatte ich mich mit San Han schnell gefunden. In jener Nacht schon erzählte er mir die phantastische Geschichte seines Freundes Maung Tut, um derentwillen ich dies Kapitel überhaupt angefangen habe, ohne bisher, vor lauter »Vorrede«, dazu gekommen zu sein.

Ich erwähnte, daß ich vorhatte, im Anschluß an meinen Aufenthalt in Thailand nach Burma zu gehen, vorausgesetzt, daß gewisse große europäische Firmen, wichtige Abnehmer burmesischen Teakholzes, mir die nur selten erteilte Einreise nach Burma und weiter die Reise in die entlegenen Teakholzwälder in Mittel-Burma oder am Chindwin erwirken würden.

»Im vorigen Jahr noch war Maung Tut am oberen Sinthe Chaung tätig, mit seinem Onkel Reiskuchen. Daran wird sich nichts geändert haben. Er steht im Dienste der Staatlichen Burmesischen Behörde für Forstwirtschaft. Einen anderen Arbeitgeber für Teakelefanten gibt es ja in Burma jetzt nicht mehr. Vielleicht läuft er Ihnen zufällig über den Weg. Er ist mit seinem Tier sicherlich im Hauptcamp zu finden. Er wird überall dort eingesetzt, wo es schwierig ist. Wenn Sie ihn treffen, Herr, grüßen Sie ihn von mir. Das wird ihn freuen.«

Ich versprach, Maung Tut von San Han zu grüßen, ohne auch nur entfernt daran zu glauben, daß sich mir je die Gelegenheit dazu bieten würde.

Wir redeten bis weit über Mitternacht hinaus, am stillen, wallenden Mae Nam Mun. Dann aber brach ich das Gespräch ab, denn San Han hatte am nächsten Morgen mit seinem Elefanten wieder auf dem Posten zu sein, waren doch am zweiten Tag des Festes in verschiedenen Konkurrenzen, in denen sich die Fähigkeiten und Geschicklichkeiten der Tiere zu messen hatten, viele schöne Geld- und Sachpreise zu gewinnen.

San Han ließ es sich nicht nehmen, mich in mein Gasthaus zurückzubegleiten. Der Mond goß silbernes Licht über die Landschaft, in der nichts sich regte. Nur klagten am Waldrand ab und zu die Eulen.

Wir verabredeten uns noch für die nächste Nacht an der gleichen Lagerstelle am Strom, abseits des Brückendamms.

Aber die nächste Nacht schenkte mir nicht mehr die gleiche Frische der Berichte wie die erste; wir waren zu müde.

Am dritten Nachmittag, nach dem Ende des Festes, gab ich San Han, der schon auf seinem Elefanten thronte, und den vier Laoten, die ihm auf den ihren folgten, noch bis über die Brücke hinweg ans andere Ufer des Mae Nam Mun das Geleit. Er hatte mich eingeladen, mit ihm zu Elefant nach Norden zu reisen. Aber das ging nicht. Dazu hätte ich einer besonderen Erlaubnis bedurft. Die Gegenden galten nicht als sicher. Auch war ich in Bangkok verabredet.

Hatte ich im östlichen Thailand die festlichen Tage der Elefanten erlebt, so wurde ich im zentralen Burma mit ihrem Alltag vertraut. Das war ein ziemlich anstrengendes Unterfangen, denn der hohe Beamte aus dem obersten Forstamt von Pyi-Daung-Su-Myanma-Nainggan (bitte, so heißt die Republik Burma, in Wahrheit eine mehr schlecht als recht funktionierende Militär-Diktatur, mit ihrem offiziellen Namen), also jener hohe Beamte, Herr Thaung Shwe aus Rangoon, liebte den Whiskey leidenschaftlich. Die Tatsache, daß er Herrn K. aus Hamburg, Einkäufer einer internationalen Verwertungsgesellschaft für Teakholz, und mir einen Eindruck von den Teakbeständen der Republik und ihrer Gewinnung verschaffen sollte, bot Herrn Thaung Shwe den erwünschten Vorwand, sich jeden Abend auf Staatskosten fürchterlich die Nase zu begießen. Denn wir beiden Gäste aus Deutschland mußten uns natürlich – Pyi-Daung-Su-Myanma-Nainggan konnte sich nicht lumpen lassen – jeden Abend nach Strich und Faden feiern lassen. Jeden kühlen Abend hatten wir also mitzuhalten, bis Herr Thaung Shwe nach mächtigen Gesängen (er hatte in England studiert und zerschmolz vor Rührung in englischen Soldatenliedern) nur noch lallte und von seinem Bedienten ins Feldbett geleitet wurde. Da wir uns immer im Freien unter dem Sternenhimmel am schottischen Nationalgetränk erlabten, hatte ich sehr schnell die bewährte Übung wiederaufgenommen, mir, wenn Thaung Shwe erst einmal in Fahrt gekommen war und nicht mehr genau aufpaßte, die Gläser statt in den Hals, über die Schulter zu gießen und lieber das Gras unter meinem Sitz mit dem scharfen Stoff zu verbrennen, als mir einen Brummschädel anzuschlürfen – und das noch mit einem Getränk, das ich nicht mag.

Wir waren bis Pyinmana auf der Hauptstraße nach Norden

(nach Mandalay) gefahren und hatten uns dann der Eisenbahn nach Nordwesten anvertraut, auf der es möglicherweise nach der schweren Bewachung des Zuges zu schließen und in Anbetracht der nur wenigen, im Urwald verlorenen Bahnhöfe, nicht ganz geheuer war. In Burma, einem Vielvölkerstaat, der nur durch die britische Herrschaft zusammengehalten wurde und seither zu zerbrechen droht (allerdings stets nur droht), ist ein ewig fortschwelender Bürgerkrieg eigentlich der normale Zustand. In Taungdwingyi, einem weitläufig zerrinnenden, braunstaubigen Landstädtchen, hatten wir den Zug ohne Bedauern verlassen; in den Abteilen war keine Scheibe mehr heil gewesen und auch sonst manches auf längerer Fahrt Unentbehrliche zu Bruch gegangen – ein sprechender Beweis dafür, daß diese laue Landluft gelegentlich sehr blei- und eisenhaltig sein konnte.

In Taungdwingyi entfaltete sich hinter einem Rasthaus der Regierung dann das erste der feuchtfröhlichen Gastmähler dieser Reise – und der für gewöhnliche Sterbliche in diesem Lande unverschämt teure oder gar nicht erhältliche Whiskey versickerte ungetrunken hinter meinem Gartenstuhl in der trockenen Tropenerde.

Eines mußte man dem burmesischen Oberforstdirektor Thaung Shwe lassen: jeden Morgen war er klar und kregel zur Stelle, inspizierte die kleine Streitmacht aus einem Feldwebel und acht Mann, die uns in den Bergen und Wäldern vor Räubern und Insurgenten, Wegelagerern und Rebellen aller Schattierungen schützen sollte, kümmerte sich um Proviant, Gepäck und Transport und sorgte dafür, daß wir bei Sonnenaufgang auf den Weg kamen.

Zunächst waren es zwei einigermaßen betagte Lastautos, die uns über eine bald schlecht und schlechter werdende Straße aus den noch locker besiedelten Gebieten entführten. In der Regenzeit mochte die total ungepflasterte Straße grundlos und unpassierbar werden. Jetzt wirbelten die Reifen dichte Wolken graubraunen Staubes in die Lüfte, der sich uns bald in dicker Schicht auf die Gesichter und die Seelen legte. Immer seltener wurden die gemächlich dahinmahlenden Büffelgespanne, die von alten Bäumen beschatteten Dörfchen, die sich alle hinter hohen Dornbusch- und Stachelwällen verschanzt hatten. Wir hatten mehrere Flüsse zu passieren und blieben gewöhnlich bei der Auffahrt auf die Uferbänke, wenn wir das strömende Wasser schon hinter uns hatten, im Schlamm stecken. Aber wir kamen stets nach einigem Gebuddel und Gewühle und Geschiebe (Soldaten sind zu allem gut!) wieder heraus.

Endlich erreichten wir den Rand der Wälder und damit das Ende jenes Weges, der noch den Namen Straße verdiente. Eine kleine, auf Pfählen stehende Rasthütte nahm uns für die Nacht auf, die Nacht, deren erste Hälfte natürlich alkoholisch begossen werden mußte.

Als ich am nächsten Morgen vors Haus trat – die Sonne tauchte zwar schon den östlichen Horizont in ein goldrotes Licht, war aber noch nicht aufgegangen –, durchzuckte es mich wie ein Schlag: zwei Elefanten standen dort. Die Usies, zwei junge Burschen, lehnten sich mit den Rücken an die Säulen der Vorderbeine, wärmten sich, denn es war kalt; wir waren schon im Hochland. Die Elefanten, zwei noch nicht ganz ausgewachsene Kühe, standen still wie Bildsäulen, mit hängenden Rüsseln. Die Tiere und ihre Usies (die Treiber) waren eben erst angekommen, wie es schien. Denn von hier ab, so hatte Thaung Shwe am Abend zuvor angekündigt, würden wir auf Elefanten umsteigen, weil anders in den Urwäldern nicht weiterzukommen wäre.

Und dann schwankten wir hoch im harten Holzsattel durch die Wälder, Stunde für Stunde. Von Straße war nichts mehr zu merken; sie hatte sich in einen Elefantenpfad verwandelt. Es ging zumeist bergauf. Aus dem lichten Buschwald der Savanne war unmerklich der dichtere und üppigere Urwald des Gebirges geworden. Längst vereinigten sich über uns die Kronen der mächtigen Bäume zu einem lichten, sonnendurchblitzten Dach, das den Blick in den tiefblauen, von schneeweißen Wolkenschiffen durchsegelten Himmel nur freigab, wenn wir ein Gewässer zu queren hatten oder eine Weile das Ufer eines Bachbettes als Weg benutzten. Den Feldwebel und seine Soldaten hatten wir bei der letzten Rasthütte zurückgelassen. Anscheinend bestand in den endlosen Bergwäldern keine Gefahr mehr. Sie sind wohl menschenleer; die wenigen Holzfällerlager in ihrer Tiefe bieten sicherlich nichts, was Räuber oder Rebellen reizen könnte.

Der wandernde Elefant schaukelte uns gleichmäßig vor und zurück bei jedem seiner Schritte. Lautlos setzte er – oder besser: setzte sie, denn wir hockten ja auf einer jungen Elefantin, die stabilen Säulenbeine voreinander. Wenn die schrecklich harten und unbequemen klobigen Holzkiepen, in die Herr K. aus Hamburg und ich sich hatten hineinsetzen oder legen müssen, nicht manchmal geknarrt hätten, wäre von unserem langen Marsch durch den Urwald nichts zu vernehmen gewesen. Ich hätte es vorgezogen, wie der Usie vor uns, unmittelbar auf der Elefantenhaut zu sitzen und mich an einem Gurt festzuhalten. Aber Herr Thaung Shwe blickte mich beinahe entsetzt an, als ich das bei einer Rast vorschlug, – es war ein Genuß, für zehn Minuten die steifen, schmerzenden Gliedmaßen recken zu können. Wir waren viel zu vornehme Leute, als daß wir wie die Usies in so enger Tuch- oder Hautfühlung mit den Elefanten reiten durften.

Also wieder hinauf in die hölzernen Marterkörbe! Man trat dem Usie in die verschränkten Hände, hielt sich am Elefantenohr fest und zerrte sich mühsam, halb gehoben, halb geschoben wieder in seinen Sitz, was Herr K. und ich zur gleichen Zeit bewerkstelligen mußten, damit die Holzstellage auf dem Elefantenrücken nicht nach einer Seite herübergezogen wurde.

Für seinen Usie machte der Elefant es einfacher, winkelte sein Vorderbein an, so daß der Mann in die Kehlung treten und sich am Ohr auf seinen Sitz am Hinterkopf, im Nacken des Tieres, schwingen konnte. Ein leises Kommando, und schon setzte sich die unermüdliche Urwaldschaukel wieder in Bewegung. Wenn wir an die steilen, oft über mannshohen Kanten tief eingeschnittener Bachbetten kamen, so war es immer wieder aufregend, wie das schwere, große Tier unter uns mit dem Hindernis fertig wurde. Der Usie redete leise auf die Elefantin ein. Vorsichtig trat sie zum Rand des Absturzes und stampfte zunächst mit einem Vorderfuß die Kanten ein, bis eine halbrunde abgeschrägte Öffnung in der Kante entstanden war, die kaum noch vor den Vorderfüßen wegrutschte. Dann schlug sich das Tier die Hinterbeine flach unter den Bauch, schob sich auf dem breiten Hinterviertel mit schräg vorgestemmten Vorderbeinen in die eben gebahnte runde Öffnung in der Kante. Das Erdreich gab unter dem Gewicht allmählich nach, rutschte unter dem mächtigen Hinterviertel ab und ließ den Elefanten und seine drei Passagiere auf die sanfteste Weise von der Welt auf den Boden des Bachtals hinuntergleiten.

Unser Tier schien das ganze Manöver vollkommen selbstverständlich zu finden, denn kaum war der Abstieg vollendet, nahm es den Marsch ohne jeden Aufenthalt wieder auf, als sei keine Minute Zeit zu verlieren.

Herr Thaung Shwe machte uns von dem zweiten Elefanten her

ab und zu darauf aufmerksam, wie zahlreich die Teakstämme in den Wäldern, die wir passierten, an uns vorüberzogen. In der Tat, dies war jungfräulicher Wald, und in dem üppigen Dickicht waren, unter anderen hohen Stämmen, alle zehn bis zwanzig Schritt herrliche Teakbäume auszumachen. Ein kaum abschätzbarer Reichtum drängte sich von den Flanken der Berge zu dem Elefantenpfad hinunter, den wir entlangzogen. Aber Herr K. aus Hamburg neben mir – die Knochen und verzerrten Muskeln schmerzten ihn in seiner ungefederten, ungepolsterten Holzkiepe genauso wie mir die meinen – wies mich immer wieder darauf hin, daß der Reichtum wertlos sei, solange es nicht genügend Elefanten gebe, ihn zu bergen. Im Kriege seien eben von den Japanern fünf- bis sechstausend Teakelefanten in den Truppendienst gepreßt und zu Tode gearbeitet worden; sie ließen sich nicht im Handumdrehen ersetzen. Man müsse mit zwanzig bis dreißig Jahren rechnen, bis ein Elefant seine volle Leistungsfähigkeit erreicht habe. In den Wirren der Nachkriegszeit habe man auch nicht gleich damit beginnen können, sich über die Zukunft der Teakwirtschaft Gedanken zu machen. Also werde wohl kaum vor 1980 auch nur der Vorkriegsstand wieder zu erreichen sein – eine einfache Rechnung, wie er meinte.

So abenteuerlich die lange Reise zu Elefant durch die Urwälder im Hochland der Quellgebiete des Sinthe Chaung und Yin Chaung auch gewesen sein mag, so balsamisch uns die Lüfte auch umweht haben, so belebend die kühlen Schatten und das warme Licht Stunde für Stunde über uns hinweggeglitten sind – wir atmeten auf, als endlich hinter der Biegung eines Flußlaufes große Elefanten im Geschirr auftauchten, die damit beschäftigt waren, mächtige Teakholzblöcke zu Stapeln zusammenzuschleppen. Das Arbeitslager, das Hauptlager dieser Gebiete, konnte nicht mehr fern sein.

Die anderen großen Tiere ließen merken, daß sie zufrieden waren, unsere beiden Reittiere, die ebenfalls zu diesem Camp gehörten, wieder in ihrer Mitte zu sehen. Rüssel hoben sich und sogen prüfend die Luft ein, schwere Köpfe wendeten sich, Ohren flappten. Unsere Tiere schienen sich der Begrüßung zu freuen, schnaubten leise, hielten aber nicht an, sondern schritten munter voran, erstiegen den Rand des Flußtals und trugen uns in das Lager aus sehr einfachen Bretter- und Laubhütten; es lag über dem Ufer im Schutze hoher Bäume.

Mit knarrenden, ächzenden Gliedern ließen wir uns aus unseren Marterkörben zu Boden gleiten. Die »eingeschlafenen« Muskeln und Knochen trugen den Körper kaum noch. Es dauerte eine ganze Weile, ehe man wieder einigermaßen beweglich wurde. Der Feierabend war angebrochen. Einer nach dem anderen, kehrten die Elefanten zum Sattelplatz hinter dem Lager zurück, riesig, gewichtig, gemächlich, mit klirrenden Ketten der Geschirre; hinter jedem breiten Schädel hockte der dazugehörige Usie mit dem gedornten Lenkstöckchen, das nicht länger, aber viel schwerer ist als der Taktstock eines Kapellmeisters. Auf dem Sattelplatz wurden die Tiere abgeschirrt und dann, nachdem sie auf Schrammen oder Druckstellen untersucht worden waren, in den Urwald entlassen. Dort würden die Tiere zunächst zum Fluß hinunterziehen, um zu baden, und danach erst beginnen, sich ihr Futter von den Ästen der Bäume und Sträucher zu pflücken, diese schrecklich grobe Nahrung, die dann in den großen Bäuchen so heftig zu brummen und zu kollern beginnt, daß dies Gerumpel die im dichten Busch unsichtbar weidenden Tiere schon aus der Ferne verrät.

Erst am nächsten Tage, so lautete das Programm, das Herr Thaung Shwe uns entworfen hatte, würden uns die großartigen Teakbestände dieser Gebiete gezeigt und die Arbeit der Elefanten und ihrer Usies, die Bergung des kostbaren Teakholzes aus den kühlen Urwaldgründen erläutert werden. An diesem Abend sollte uns der Lagerkoch ein echtes Usie-Festessen servieren; der Lagerleiter – ein zierlicher Burmane namens Sein Dan, mit tiefgefurchtem Antlitz und grauem Haar unter dem weißen Kopftuch – und der Vormann der Usies würden ebenfalls daran teilnehmen. Das seien ältere Männer, die noch unter den Engländern gearbeitet hätten und sich noch leidlich auf englisch verständigen könnten. Es waren englische Gesellschaften in der Kolonialzeit, welche die Gewinnung des Teakholzes aus den Burmawäldern im großen organisierten, den Grund für eine pflegliche Forstwirtschaft legten, genaue Karten von den Beständen anfertigten und, vor allem, auch für eine sorgsame Pflege und Förderung der Kompanien gut ausgebildeter Arbeitselefanten sorgten. Die Tierliebe und das Tierverständnis der Engländer und die ans Wunderbare grenzende innige, von Jugend an bestehende Vertrautheit der Usies mit ihren Tieren trafen sich auf halbem Wege. Die englischen Aufseher und Inspektoren in den Teakwäldern und die Sippen der Elefantentreiber müssen ausgezeichnet zusammengearbeitet haben. Ich habe im ganzen Bereich der burmesischen Teakholzwirtschaft – vom Usie im Urwald bis zu den Leuten in der obersten Forstbehörde – niemand getroffen, der von England und den ehemaligen englischen Herren schlecht gesprochen hätte. Im Gegenteil: wer sich noch daran erinnern konnte – und das waren alle Älteren – erinnerte sich daran mit Sehnsucht und Wehmut. Die englische Zeit – das war die »gute, alte Zeit«, in der »as a matter of course« alles in Ordnung gewesen, alles funktioniert habe und alles sicher gewesen sei. Von den endlosen und blutigen Burmakriegen, die der Zeit der Befriedung jahrzehntelang vorausgegangen waren, schien niemand mehr etwas zu wissen. Diese Männer in den Wäldern hatten ja auch – soweit sie nicht den Japanern in die Hände gefallen und auf japanischer Seite in den Kriegsdienst gepreßt worden waren – alle in den englischen Reihen gekämpft, hatten mit den Engländern Burma verloren und dann in entsetzlich schwierigen und blutigen Kämpfen wieder zurückerobert.

Es hatte sich eigentlich wie von selbst gefügt: Nachdem erst einmal in Rangoon geklärt war, daß uns ein Eindruck von dem Umfang und der Qualität der burmesischen Teakholzbestände gegeben werden sollte, hatte man mit uns die Gegend abgesprochen, wo dies am verhältnismäßig bequemsten zu bewerkstelligen war. Auf der Liste der erreichbaren Gebiete hatte auch »Sources of Sinthe Chaung, via Taungdwingyi« gestanden (Quellgebiet des Sinthe Chaung, über Taungdwingyi). In meinem Hirn hatte es sofort geläutet, als ich diesen Namen vernahm. Sinthe Chaung – dort sollte der Mann zu finden sein, von dem mir San Han bei dem großen Fest am Mae Nam Mun berichtet hatte. Ich war nie im Ernst darauf verfallen, daß sich irgend etwas Greifbares aus diesem Hinweis würde ableiten lassen. Jetzt aber hatte auf der Liste gestanden: »Sources of Sinthe Chaung« – und ich hatte darum gebeten, wenn wir schon einen Wunsch aussprechen durften und Herr K. aus Hamburg nicht andere Absichten hätte, den Weg über Taungdwingyi zu wählen. Herr Thaung Shwe von der Obersten Behörde hatte gern eingewilligt, denn Taungdwingyi war, verglichen mit den Gebieten am mittleren Chindwin, noch einigermaßen einfach anzusteuern.

Als das letzte Gold der vergehenden Sonne durch die Zweige in unser Lager herniedersickerte, war an einem groben schmalen Holztisch das Festmahl bereitet. Der Koch hängte, etwas abseits, eine strahlend-grellweiße Kerosinglühlichtlampe ins Geäst; die würde die Insekten vom Tisch weglocken. Der Lagerleiter, Herr Sein Dan, hatte sich schon zu uns gesellt und berichtete über die Ausbeute der letzten Wochen. Wir warteten noch auf den Vormann der Usies; der mochte noch mit den Elefanten zu tun haben. In früherer Zeit wären diese beiden wohl kaum mit zu Tische geladen worden. Aber Burma war nun nicht mehr englisch, sondern burmisch. (Soll man burmesisch oder burmisch oder burmanisch sagen? Die Engländer zogen burmese vor. Aber burmanisch klingt für mein Ohr schöner.)

Schließlich erschien auch der Oberste der Usies. Er trug ein weißes, baumwollenes Unterleibchen, darüber eine hüftlange braune Jacke und um die Hüften, vorn zu einem dicken Knoten verschlungen, ein indigo-blaues bis zu den Knöcheln reichnedes Tuch. Ein kräftig geschnittenes, lederbraunes Antlitz unter dem in Burma üblichen weißen Kopftuch mit den beiden fesch sich abspreizenden Zipfeln. Herr Sein Dan, der Lagerleiter, stellte vor: »Dies ist Herr Maung Tut, unser Ober-Usie!«

Mich durchfuhr ein Schlag! So einfach, so kaum glaublich mühelos hatten sich die Dinge gefügt! Da hatte ich ihn also vor mir, ihn selbst: Maung Tut!

Dies ist nun also die Geschichte von Maung Tut und Onkel Reiskuchen. Der Elefant führte diesen Namen deshalb, weil er mit einer flachen weißlichen Warze von körniger Oberfläche geboren war und sie ein Leben lang als unverkennbares Abzeichen mit sich umhertrug. Der etwa handtellergroße Auswuchs saß außerhalb der Mitte, etwas nach links oben verschoben, auf der mächtigen Stirn des Tieres und konnte bei einiger Fantasie in der Tat mit einem aus der Schüssel gestülpten kleinen Reisfladen verglichen werden.

Maung Tut und der Elefant waren in der gleichen Woche des Jahres 1899 geboren worden, das heißt, über des Menschenkindes Geburt gab es keine zuverlässigen Aufzeichnungen, wohl aber über die des Elefantenkindes. Die Tiermutter nämlich gehörte zur Elefantenschaft eines großen Teakholzlagers in den Chin-Bergen südlich des unteren Manipur. Daß sie ein kräftiges Bullkalb geboren hatte, wurde natürlich in den Listen der Teakholz-Company sorgfältig verzeichnet. In der gleichen Woche war der Usie des Muttertiers Vater eines Knäbleins geworden, wofür sich die Teakholz-Company jedoch nicht interessierte. Immerhin hatte der englische Inspektor der Elefanten nichts dagegen, das Knäblein Maung Tut als späteren Usie des Jungtiers, das diese große helle Warze an der Stirn trug, vorzumerken. In der Tut-Familie war der Beruf des Elefantentreibers schon seit vielen Generationen erblich. Es verstand sich von selbst, daß auch Maung Tut dazu bestimmt war, sein Dasein in engster Gemeinschaft mit einem Elefanten zu verbringen, und daß dem Vater Maung Tuts zur gleichen Zeit ein Elefanten- und ein Menschenkind geschenkt worden war, konnte nur als ein Wink des Himmels aufgefaßt werden, die beiden Wesen füreinander zu bestimmen.

Bis zu ihrem sechsten Lebensjahr etwa genossen Tierkind und Menschenkind die schöne Geborgenheit und Freiheit geliebter und gehüteter Sprößlinge und wußten noch nichts von Pflichten. Doch kannten sie sich schon. Der junge Elefant mußte früh begreifen, daß er dies kleine Menschenwesen Maung Tut nicht spielerisch umstoßen oder trudeln durfte, sondern höchst rücksichtsvoll zu behandeln hatte, sonst wurden die eigene Mutter und erst recht der mit Respekt zu behandelnde Lenker und Betreuer der Mutter, dem diese stets gehorchte, äußerst unwillig.

Und in des kleinen Maung Tut frühesten Erinnerungen schon wandelten die ragenden grauen Kolosse, diese Gebirge ruhigen gleichmäßigen Lebens, die man zu achten hatte ob ihrer ungeheuren Kraft, um die das Dasein des Vaters kreiste und in denen sich zugleich eine freundliche, dem eigenen Dasein aufs engste verschwisterte Gewalt verkörperte.

Es kam der Tag, an dem der Vater sein Söhnchen Maung zum erstenmal in die Höhe hob und dem ihm schon bis fast zur Schulter reichenden Elefantenbürschlein namens Reiskuchen in den Nakken setzte. Die Elefantenmutter stand dicht daneben und hatte ihren Rüssel dem stets zu Übermut neigenden Sprößling beruhigend über den Rücken gelegt; sie wußte, daß ihr vertrauter Treiber, der Vater Maung Tuts, nichts Böses im Sinn haben konnte. Der kleine Mensch spürte zum erstenmal die rauhe Wärme der Elefantenhaut unter seiner Kehrseite und saß ganz still; der Arm des Vaters machte ihm Mut. Auch der kleine Elefant bewegte sich nicht, als er den leichten Druck des Menschleins in seinem Nacken empfand, als er zum erstenmal die Witterung, die einmalig unverwechselbare dieses winzigen Wesens, mit seiner feinen Nase registrierte; die Witterung des Usies, des Treibers der Mutter, kannte er längst; die Witterung Maung Tuts, der ihm in den Nacken gehoben worden war, machte das Jungtier, über den Usie der Mutter hinaus, zum erstenmal mit einem neuen Menschen bekannt. Wer vermag zu sagen, ob nicht schon in diesen unwägbaren Augenblicken der ersten Begegnung und Berührung geheimnisvolle Keime der Sympathie sich von Tier zu Mensch zu regen begannen.

Schon früh lernte Maung Tut, »mein« Reiskuchen zu sagen – dieser Spitzname blieb dem Tier von klein auf haften. Ob und wann das Tier »mein« Maung Tut oder »mein« Usie zu empfinden lernte, vermag niemand anzugeben. In irgendeiner geheimen Minute muß es wohl geschehen sein.

Zunächst hatten beide zu lernen, was es mit dem Dasein in den unermeßlich wogenden Bergwäldern des westlichen Burma auf sich hat. Maung Tut lernte sprechen, lernte im Spiel den Vater nachahmen, ritt wie ein Usie auf breitem Holzbock hinter der elterlichen Hütte und dachte dabei an Reiskuchen, war auch schon in des Vaters Arm auf Reiskuchens Mutter durch die Wälder geritten, wobei ihm immer wieder eingeprägt wurde: Da, das Jungtier Reiskuchen, das mit uns trabt und der Mutter allzuoft zwischen die Beine kommt, das ist »dein« Elefant, dem du zum Usie werden wirst.

Und der »kleine«, schon fast mannshohe Reiskuchen, war immer um die Mutter, wenn sie sich im Urwald stöhnend ins Geschirr legte, um einen nur halb umgestürzten Teakstamm freizuschleppen, der sich beim Fallen in anderen Bäumen verfangen hatte. Reiskuchen war dabei, wenn die Mutter an langer Kette die an einem Ende durchbohrten Blöcke aus dem Urwald zog, hinunter in die in der Trockenzeit noch leeren Flußbetten, in denen ein nur flaches, silbriges Gerinnsel nicht ahnen ließ, wie tosend und schäumend braun sich hier die Fluten entlangwälzen würden, wenn erst der Monsun seine schweren Regenschwälle über das Land schüttete. Reiskuchen war dabei, wenn seine Mutter mithalf, die Teakblöcke so in den Flußbetten zu stapeln, daß das Hochwasser sie leicht anheben, flott machen und davontragen konnte, so daß sie sich nicht gegenseitig verkeilten und zu Barrikaden türmten, die den Fluß zum Überlaufen aufstauten und die dann von einigen besonders erfahrenen und vorsichtigen Elefanten mit großer Mühe und Gefahr wieder abgebaut werden mußten. Reiskuchen war bei allen Arbeiten dabei, gewöhnte sich daran, den Usie der Mutter als einen nicht fortzudenkenden Teil des Daseins hinzunehmen, mit der Mutter am Nachmittag zum Baden, dann in den dunkelnden

Wald zum Äsen zu wandern, während ringsum die anderen Elefanten in den Gebüschen wühlten und knackten, und schließlich am Morgen wieder zu dem Sattelplatz beim Menschenlager zurückzukehren, um dort vom Usie mit ein paar Leckerbissen, einer Banane oder Plante, einer Tamarinde oder einer Handvoll gekochten Reises vom Abend zuvor empfangen zu werden.

So lernte Reiskuchen, ohne es recht zu merken, in den ersten fünf Jahren seines Lebens, sich in den Alltag eines burmanischen Arbeitselefanten zu schicken und lernte weiter, daß doch nichts schöner war, als die Zeit des Monsuns, wenn die Mutter Ferien bekam und für die nassesten Wochen in den dampfenden Wald entlassen wurde, so zwar, daß die Elefanten ein weites Gebiet vor sich hatten, in dem sie schweifen konnten, in dem sie aber doch durch einige reißende, hochgehende Flüsse und vielleicht eine schroffe Bergkette eingezäunt waren, damit sie sich von dem überall mit Macht aufsprießenden Grün nicht allzu weit in die weglose Wildnis der Chin-Berge oder der Ponnyadaung-Hügel verliefen, wo sie dann nur mühsam wiederzufinden waren.

Nach ihrem sechsten Monsun aber begann für die beiden einander bestimmten Geschöpfe, den kleinen Maung Tut und den kleinen Reiskuchen, die Schule und damit der Ernst des Lebens. Maung Tut hatte sich daran zu gewöhnen, in luftiger Höhe zwischen den Beinen des Vaters im Nacken von Reiskuchens Mutter zu sitzen und zu begreifen, wie der große Elefant auf die verschiedenen Kommandos, auf die verschiedenen mit den Zehen hinter den Ohren oder mit dem Gewicht des ganzen Körpers erteilten Winke reagierte, wie man ihn mit dem Dornstäbchen zum Gehorsam ermahnen, mit freundlichen, bittenden Flüsterworten zu höchster Anstrengung antreiben konnte.

Und Reiskuchen hatte sich damit abzufinden, daß ihm von Zeit zu Zeit ein Flechtsack voll Erde in den Nacken gepackt wurde, der durchaus nicht abzuschütteln war und den man schließlich hinzunehmen hatte, wie die Geschirr-Riemen um die Schultern; daß man stählerne Fußfesseln zu erdulden hatte, wenn man ungebärdig gewesen war, ja, daß man sogar von den alten und längst nicht wie die Mutter geduldigen Lehrelefanten, von Onkel Pinselschwanz und Onkel Kleinohr, fürchterliche Rüsselhiebe bezog, wenn man sich einfallen ließ, den Kommandos der Usies nicht zu gehorchen. Aber Reiskuchen war nicht nur ein sehr kräftiger und fixer Elefantenbengel, er war auch intelligent und im Grunde seines Herzens von unverwüstlicher Gutmütigkeit, er war eigentlich stets gut gelaunt und lernte schnell. Was ihm aber am innigsten in Fleisch und Blut überging, nachdem das Muttertier ihn von der Milch abgesetzt und endlich, nach vier oder fünf Jahren, wieder der Werbung des Vatertiers nachgegeben hatte, war dies: Dieser Menschensohn Maung Tut und er, der Elefantensohn Reiskuchen, sie gehörten auf eine nicht aufzulösende Weise zusammen, hatten sich miteinander abzufinden im Guten wie im Bösen, ob ihnen das nun paßte oder nicht.

Mensch und Elefant wuchsen miteinander heran, verstanden sich vorzüglich und entwickelten sich zu anerkannten Meistern der Holzarbeit, nachdem Reiskuchen über das bloße Tragen von Lasten hinausgewachsen war und mit den rollenden und kullernden Teakblöcken umzugehen verstand. Aus Reiskuchen wurde Onkel Reiskuchen, da das Tier unter der sorgfältigen freundschaftlichen Pflege seines Usie Maung Tut zu einem unerhört gewaltigen Bullelefanten herangewachsen war, jederzeit bereit, mit Besonnenheit und Festigkeit einzuspringen und für Ordnung zu sorgen, wenn eine junge Kuh einen hysterischen Anfall bekam oder ein junger Flegel verrückt spielen wollte. Allerdings erwartete Onkel Reiskuchen, stets aufs höflichste behandelt zu werden, lehnte es – solche Elefanten, fast immer männliche Tiere, sind gar nicht so selten – grundsätzlich ab, von einem Fremden Befehle entgegenzunehmen, hörte nur auf das, was »sein« Maung Tut ihm zuflüsterte oder mit den Zehen oder dem Stöckchen bedeutete. Onkel Reiskuchen wahrte – von Maung Tut abgesehen – seine Unabhängigkeit, verlangte von allen anderen Wesen aus der Elefanten- wie aus der Menschenwelt Respekt und Distanz, und niemand, weder Elefant noch Mensch, hätte gut daran getan, sie ihm zu verweigern.

Als müßte es so sein, gingen Maung Tut und Onkel Reiskuchen zur gleichen Zeit auf die Freite. Allerdings dauerte es bei dem Elefanten wesentlich länger, ehe er zum Ziele kam, als bei dem Menschen. Die Elefantendame, die Onkel Reiskuchen sich ausgesucht hatte, ließ ihn, wie unter Elefanten üblich, recht lange werben, trödelte mit ihm jeden Abend nach der Arbeit durch die Wälder, ließ ihn viele Wochen und Monate lang in der Nähe umherstreichen und andere Bewerber abwehren. Die Stoßzähne aus gelblichem Elfenbein, die Onkel Reiskuchen anderthalb Meter lang gewachsen waren, ließen allerdings bei jedem Konkurrenten um die

Gunst der von Onkel Reiskuchen erwählten Elefantendame die Lust an einer tätlichen Auseinandersetzung gar nicht erst aufkommen. Ja, das Elefantenfräulein stellte Onkel Reiskuchen auf eine harte und langwierige Probe, ehe sie sich ihm ergab.

Maung Tut hatte es einfacher. Er stand längst in dem Ruf, ein besonders tüchtiger und geschickter Usie zu sein, mit allen Listen und Künsten der Waldarbeit vertraut, zudem ausgezeichnet durch die stets Bewunderung erweckende Tatsache, daß sein riesiger Elefant Onkel Reiskuchen, eins der wertvollsten Tiere weit und breit, nur ihm und niemand sonst gehorchte, wodurch Maung Tut sein Leben lang unentbehrlich wurde. Obendrein muß Maung Tut damals ein ansehnlicher Bursche gewesen sein. Zwar war er nur mittelgroß, aber wohlgebaut und mit federnden Muskeln ausgestattet, war von heiterer und aufgeschlossener Wesensart, die ihm viele Freunde eintrug. Als Maung Tut seine Wahl unter den Schönen des Landes getroffen hatte – in dem Städtchen Hilaung unweit des oberen Mon, unterhalb des ragenden Dreitausenders Mt. Victoria –, brauchte er nicht lange zu bitten. Er sah die Jungfrau an und schon war's um sie geschehen. Die Eltern willigten gern ein und bald, noch in der gleichen Monsunzeit 1925, wurde Hochzeit gefeiert – während Onkel Reiskuchen draußen in den triefenden schwülen Wäldern nur neben seiner Auserwählten stehen durfte und sie ihm nicht einmal erlaubte, seinen Rüssel zärtlich über ihren Rücken gleiten zu lassen.

In Frieden und Eintracht, in Arbeit und Muße hätten Maung Tut und Onkel Reiskuchen unangefochten ihre Tage verbringen, ihre ehrliche Arbeit leisten, ihre seltenen Feste und Urlaube feiern und mit Anstand altern können, wenn nicht in der ewig mit sich selbst zerfallenen Menschenwelt der Zweite Weltkrieg ausgebrochen wäre (der Erste Weltkrieg hatte Burma und schon gar die burmanischen Urwälder ungeschoren gelassen). Von Thailand herüber und von der damaligen »Malayischen Föderation« herauf drangen die Heere der Japaner in das damals noch britische Burma ein. Die Engländer, die in Europa alle Hände voll mit den Deutschen zu tun hatten, konnten dem fernen Burma, nachdem Hongkong und Singapur verloren gegangen, nachdem ganz Südostasien und das damalige Holländisch-Indien den Japanern anheimgefallen waren, nur noch mit der linken Hand Hilfe angedeihen lassen – so sehr sie auch fürchten mußten, daß die Japaner Burma als ein Sprungbrett für die Eroberung des kostbarsten »Juwels der britischen Krone«, nämlich Indiens, auszubauen gedachten. –

Für die Männer in den Wäldern kam der Krieg als das unsinnig Unwirkliche, das er war. Sie begriffen nicht, daß er geführt werden mußte, sie verstanden nicht, worum es ging. Sie waren unter der britischen Herrschaft aufgewachsen, nahmen sie als gegeben hin und waren auch einigermaßen damit einverstanden, garantierte sie ihnen doch einen nach ihren Begriffen recht angenehmen Unterhalt für sie selbst und ihre Familien, vor allem aber auch ein verständiges Wohlwollen für ihre gewaltigen Lebensgefährten, die Elefanten.

Die Elefantenleute hatten zunächst keine Vorstellung davon, was es mit den Japanern auf sich hatte. Aber sie waren klug genug, aus der Unruhe, die ihre englischen Vorgesetzten ergriff, auf eine zwar unbestimmte, aber ganz ungewöhnliche, ja lebensbedrohende Gefahr zu schließen.

Daß auch hier eine Welt sich aufzulösen begann, merkten die Menschen in den Wäldern – und der Schrecken darüber hat sie bis zum heutigen Tage nicht verlassen, wie ich zu spüren meinte, als ich in den Quellgebieten des Sinthe Chaung mit Herrn Thaung Shwe aus Rangoon, dem Lagerleiter Sein Dan und eben mit dem wie durch ein Wunder entdeckten Maung Tut einige halbe Nächte verredete und vertrank, wobei das Trinken mehr auf Herrn Shwes und Herrn Dans Konto ging, das Reden mehr auf Maung Tuts und das meine. Ja, das Ende einer Welt kündigte sich auch in den einsam prangenden Waldgebirgen zwischen Indien und Burma an, als plötzlich die Ernte weiteren Teakholzes total uninteressant wurde. Was bisher der Inhalt des Daseins für Usies und Elefanten, für die englischen Herren und eine allmächtige Organisation im geheimnisvollen Hintergrund, die Burma Teak Company, gewesen war, hatte im Handumdrehen – so mußte es den Usies vorkommen, jede Geltung verloren.

Die Engländer waren sich nicht im unklaren darüber, was es militärisch bedeuten mußte, wenn die über zehntausend Arbeitselefanten, samt und sonders wohlgepflegte und gut ausgebildete Tiere, mit ihren Usies den Japanern in die Hände fallen würden. Wenn die Japaner die so gut wie straßenlose Gebirgsschranke zwischen Burma und Indien überwinden und nordwärts nach Assam ins Tal der Brahmaputra oder westwärts nach Bengalen zum unteren Ganges vordringen wollten, so konnte ihnen ein wald- und gebirgsgewohntes Elefantenheer die fehlenden Straßen weitgehend ersetzen. Elefanten eignen sich zwar besser dazu, im Geschirr zu gehen, ähnlich wie Pferde, oder mit den Stoßzähnen und dem Rüssel Gewichte und Widerstände zu bewältigen, als auf dem Rücken Lasten zu tragen und weite Strecken damit über Berg und Tal zurückzulegen. Aber in Notfall sind sie auch dazu zu gebrauchen, wenn sie schonend behandelt werden.

Wie immer am Anfang eines Krieges, wollten die Engländer nicht wahrhaben, daß irgendwer – und schon gar nicht diese lächerlichen Japaner – es wagen durfte, ihre fest etablierte Macht einfach zu unterlaufen. Die Japaner unternahmen es ohne jeden Respekt und rollten Burma mit genau der gleichen brutalen Angriffslust auf, wie sie, wider alles fair play, von hinten her die malayische Halbinsel und die Insel Singapur aufgebrochen hatten. Ehe noch die Engländer eine geordnete Verteidigung des Landes aufbauen konnten, waren sie schon überrannt. Bittere Rückschläge belehrten die Briten darüber, daß mit diesen »kleinen gelben Affen« keineswegs zu spaßen war. Rette sich, wer kann, hieß die Parole.

Die beiden weißen Männer, mit denen Maung Tut unmittelbar zu tun gehabt hatte, der Lagerinspektor Rawlinson und der Elefanteninspektor Higgins, vermochten sich genausowenig wie ihre Usies zu der Erkenntnis durchzuringen, das »alles anders« geworden war. Während sie noch eifrig damit beschäftigt waren, den Elefantenpark für die Bedürfnisse der englischen Armee auszurüsten, wurde das Lager von einer japanischen Patrouille überfallen. Higgins fiel dabei. Rawlinson brachte es fertig, sich im letzten Augenblick seitwärts in die Büsche zu schlagen und sich damit die Gefangenschaft zu ersparen.

Die Usies hatten den Überfall schreckensstarr über sich ergehen lassen. Ihr Leben war bisher durchaus friedlich gewesen. Der Kampf mit den nie versiegenden Tücken und Gefahren der Wildnis hatte vollkommen genügt, um ihre männlichen Instinkte geschärft zu erhalten. Als einer der Ihrigen in einem Anfall von Wut – er war an jenem Nachmittag gerade von der Arbeit im Wald zum Lager zurückgekehrt, als die Japaner sich der kleinen provisorischen Siedlung im Urwald bemächtigten –, als der erboste Usie im Bewußtsein, daß einem zornigen Elefanten nichts und niemand widerstehen könnte, sein Tier in einen Haufen japanischer Soldaten trieb, flogen ihm einige Handgranaten entgegen, die vor und unter dem Tier explodierten. Dem Elefanten wurde der Rüssel abgerissen, der Usie flog von seinem hohen Sitz, als sein Tier sich rasend vor Schmerz aufbäumte; ein paar Kugeln aus japanischen Gewehren gaben dem Usie schnell den Rest. Der Elefant stürmte, wahnsinnig vor Schmerz, Blut aus seinem Rüsselstumpf versprühend wie aus einer Fontäne, davon und verendete elend wenig später. Nein, mit diesen kleinwüchsigen Barbaren war nicht zu spaßen. Die Usies waren ein für allemal darüber belehrt, daß den neuen Herren aufs Wort gehorcht werden mußte. Es gab gar keine Wahl: dem Befehl, sich mit den Elefanten im großen Sammellager am mittleren Chindwin einzufinden, dort wo sich westwärts in den Grenzgebirgen eine Senke zeigt, die den Weg ins indische Manipur in der Richtung auf die Stadt Imphal öffnet, diesem Befehl war Folge zu leisten.

Aber noch ehe es soweit kam, wurde die gesamte Elefantenkolonne für die Aufgaben des japanischen Nachschubs herangezogen. Die Japaner hatten keine Ahnung von der Pflege der Elefanten, wußten nicht, daß die großen Tiere sonderbar empfindlich auf jede Änderung ihrer Lebensumstände reagieren, daß sie nichts weniger vertragen, als überanstrengt zu werden. Die Japaner sahen nur, daß ihnen ein unerhört starkes und leistungsfähiges Beförderungsmittel in die Hände gefallen war, das keiner festen Straßen und keines Treibstoffs bedurfte und das seine Lenker, die von Schußwaffen nichts verstanden und zu gehorchen gewohnt waren, gleich mitgebracht hatte.

Onkel Reiskuchen, der riesigste Elefant des Lagers, und Maung Tut hatten die zweifelhafte Ehre, das japanische Requisitionskommando, einen Unteroffizier und zwei Mann, dem Zug der übrigen Elefanten des Lagers hinterhertragen zu dürfen. Der Unteroffizier sprach einige Worte Englisch und konnte sich also mit Maung Tut, der höchst ungemütlich vor der Pistole des Japaners im Nacken seines Tieres hockte, einigermaßen verständigen.

Schon in diesen ersten Tagen des Abmarsches von etwa vierzig Elefanten aus dem bisherigen Arbeitsgebiet erkannte Maung Tut – wie er uns in den stillen, kühlen Nächten am Sinthe Chaung auseinandersetzte –, daß die neuen Herren, stets bereit zu hochmütiger Gewalttat, wie sie sich zeigten, Leben und Gesundheit seines Elefanten Onkel Reiskuchen, wie die der übrigen grauen Riesen, sehr bald verwirtschaften würden. Maung Tut hatte ein paar gnadenlose Stockhiebe einzustecken, als er versuchte, dem bewaffneten und erstaunlicherweise bebrillten Manne in seinem Rücken klar zu machen, daß Elefanten möglichst nur sechs Stunden am Tag zur Arbeit herangezogen werden durften und daß man ihnen sehr viel Zeit lassen mußte, sich in der Wildnis gemächlich zu ergehen, zu baden und sich die großen Bäuche ausführlich mit Laub und Kraut vollzustopfen.

Sechs Stunden am Tag nur arbeiten, wenn es galt einen großen Krieg zu führen und ganz Asien der Aufgehenden Sonne zu unterwerfen? Und den größten Teil des Tages die Elefanten frei durch den Busch wandern lassen – vielleicht auf Nimmerwiedersehen – und die unersetzlichen Treiber, die Usies, dazu? Eine Unverschämtheit, dergleichen einem japanischen Soldaten überhaupt anzubieten! Diese Burschen hier schienen überhaupt noch nicht erfaßt zu haben, was es bedeutete, erobert zu sein. Und schon schlug der Knüppel zu, ihnen die richtige Auffassung ihrer Lage einzubläuen.

Die Japaner wußten auch sonst alles besser. Wenn die Usies sich weigerten, ihren Tieren größere Gewichte an Munition, Waffen, Proviant aufzubürden als nach alter Erfahrung ein Elefant über lange Strecken zu tragen vermag, wenn er nicht wund werden und von Kräften fallen soll, dann wurden die Treiber sofort beschuldigt, zu Gunsten ihrer früheren Herren Widerstand gegen die neuen zu leisten – anstatt zu begreifen, daß die goldene Zeit des »Asien den Asiaten« nun endlich angebrochen sei. Aber die Usies wußten nichts von Asien; sie kannten nur ihre Wälder, die Arbeit im Teakholz, ihre Familien, ihre Elefanten und einige wenige Engländer, denen die Elefanten ebenso am Herzen lagen wie ihnen selbst; mit ihnen, vernünftigen Männern, war ein leidliches Auskommen gewesen. Mit einem Wort: die neue Zeit gefiel Maung Tut ganz und gar nicht! Er entdeckte in seinem einfachen Herzen so viel Sympathie für die britisch-burmanische Sache, um die es recht verzweifelt stand, wie er sie in diesem Ausmaß zuvor nie empfunden hatte. Schließlich war Onkel Reiskuchen, sein riesiger Schützling, ihm wichtiger und wesentlicher als die ganze »Ostasiatische Wohlstandssphäre«, von der die Japaner fabelten. Maung Tut wußte: Wenn ich meinen Onkel Reiskuchen Tag für Tag, Monat für Monat so scharf herannehmen muß, wie es jetzt von mir verlangt wird, dann geht mir mein Tier ein – und was wird dann aus mir? Mein Tier ist mein Leben! Meine Familie, von der die kleinen gelben Hunde mich getrennt haben, die wird nicht umkommen, wenn ich nicht da bin, dazu ist meine Frau zu fleißig und zu klug. Aber mein Tier, das wird umkommen. Es wird bestimmt umkommen, wenn ich es Tag für Tag überanstrengen muß. Onkel Reiskuchen wird mir keine Arbeit verweigern, das weiß ich, bis er umfällt und stirbt – am Herzschlag, wie alle guten Elefanten, die die Welt und ihren Usie nicht mehr verstehen. Was soll ich tun?

Maung Tut wußte nicht, was er tun sollte. Aber langsam steigerte er sich in eine ständig erbitterter werdende Renitenz hinein. Er gab es nicht auf, den unvernünftigen Anforderungen der Japaner zu widersprechen, mochte er auch immer härtere Hiebe dafür einstecken. Mit aller List, die ihm zu Gebote stand, versuchte er die Lasten seines Tieres zu verringern, indem er Teile von ihnen versteckte und dann beim Weitermarsch »vergaß«, er versuchte, sich krank zu stellen, um seinem Elefanten, der ja nur ihm gehorchte, einen Tag Rast oder zwei zu erwirken. Viel Erfolg hatte er mit all dem nicht. Krieg war, und das Leben von Menschen und Tieren war entsetzlich billig geworden. Was kam es darauf an, wenn sich ein Usie und ein Elefant zu Schaden schufteten! Zur höheren Ehre des »Sohns der Sonnengöttin« im fernen Tokyo war kein Opfer zu groß. Der Usie mußte geschlagen werden, bis er funktionierte und mit ihm dann sein Elefant.

Wochen vergingen, sehr bittere Wochen. Maung Tut und Onkel Reiskuchen waren von den übrigen Elefanten des Lagers getrennt und mit einigen anderen ebenfalls besonders kräftigen und geschickten Tieren zu einer Spezialformation zusammengestellt worden, die zu Elefant den Tuzu aufwärts ein schwer bewaffnetes Kommando- und Aufklärungsunternehmen ins Herz der schon zu Indien gehörenden Landschaft Naga Pradesh vortragen sollte. Zur Vorbereitung wurden den Elefanten und ihren Usies sogar einige Tage Ruhe gewährt, ohne daß allerdings den burmanischen Treibern verraten wurde, was ihnen bevorstand.

Was die Japaner nicht wußten, war, daß Maung Tut die Gegend recht gut kannte, durch die sich nach dem Abmarsch der Stoßtrupp von, außer den Usies, etwa vierzig Mann, beritten auf fünfzehn Elefanten, in allgemein westlicher Richtung bewegte. Maung Tut hatte vor einigen Jahren eine englische Kommission, die sich um eine Aufnahme der Teakbestände bemüht hatte, durch das äußerst spärlich besiedelte Waldland befördert. Er ahnte, daß das Unternehmen auf Lephor oder sogar Kohima zielte, Ortschaften, die schon von den Straßen des indischen Assam erreicht wurden. Die Japaner wollten also offenbar feststellen, ob den Tuzu aufwärts der Zugang nach Assam aufzustoßen war. Onkel Reiskuchen trug, außer Maung Tut, den Anführer des Unternehmens, einen japanischen Major und seinen Adjutanten, außerdem Waffen und Munition.

Es gab kein Pardon. Geschwindigkeit war alles. Der Major drängte rücksichtslos vorwärts, gönnte sich selbst und den Leuten keine Rast; die Tiere hatten Maschinen zu sein und zu marschieren und wenn sie im Tempo nachließen, so mußten die Usies geschlagen werden, bis sie aus den Elefanten den letzten Rest an Kraft herausgezwungen hatten.

Schon am vierten Tage hatte der Tragsattel, auf dem der Major und seine Leute befördert wurden, die Rückenhaut des Elefanten bis auf das rohe Fleisch durchgescheuert. Der Major und sein Adjutant, sie waren nervöse Herren, die während des Marsches nicht stillsaßen, sondern nach allen Seiten Ausschau hielten, bald rechts, bald links dem Onkel Reiskuchen auf dem Buckel hingen, ständig also das Gewicht verlagerten, welches das Tier zu schleppen hatte. Der Sattel zerrte fortgesetzt an seiner Haut und brachte sie schließlich zum Platzen.

Wo waren die Tage hin, da Maung Tut und der englische Elefanteninspektor Higgins jede kleine Scheuer- oder Kratzwunde in der Haut der mächtigen Tiere sofort sorgsam gewaschen und mit heilender Salbe behandelt hatten! Die Japaner muteten sich selbst unerhörte Anstrengungen und Entbehrungen zu und fragten wenig danach, ob ein dummes Tier jeden Schritt und jedes Rütteln des Sattels wie einen Feuerbrand im rohen Fleisch empfinden mußte – so wie es auch der Usie empfand, der dazugehörte.

Maung Tut tat, was er konnte, die Leiden Onkel Reiskuchens zu mindern; aber viel konnte er nicht tun. Schließlich verbot der Major sogar, den Tieren des Nachts die Sättel abzunehmen. Man näherte sich Landstrichen, in denen das Kommando jederzeit auf die Engländer stoßen konnte. Man mußte im Nu aufbrechen und sich in Marsch setzen können. Die Elefanten durften abends nicht entlassen werden und blieben gefesselt beim Lager; die Usies hatten ihnen die halbe Nacht lang Futter heranzutragen, nie genug natürlich, um den Hunger der überanstrengten Tiere zu stillen. Kein Wunder, daß die Usies alle Hände voll zu tun hatten, die längst nervös gewordenen Tiere zum Gehorsam anzuhalten und ihnen Tag für Tag die höchsten Leistungen abzuzwingen. Kein Wunder auch, daß die Stirnen der Tiere abends übersät waren von Blutströpfchen, frischen und angetrockneten: mit aller Wucht hatten die Usies ihre dornbewehrten Stäbchen den Tieren in die Stirnhaut zu schlagen, um sie durch solche Nadelstiche daran zu erinnern, daß sie zu gehorchen hatten, auch wenn es ihnen nicht paßte.

Onkel Reiskuchen brauchte nicht »genadelt« zu werden. Zwischen ihm und seinem Usie Maung Tut bestand ein so enges Verhältnis, daß der eine stets auch gleichzeitig der andere war, der eine im anderen war. Der Elefant gab sein Letztes her, wenn Maung Tut dies verlangte, er tat dies schon auf ein leises Wort, einen leichten Druck mit der Zehe, ein sachtes Schwingen des menschlichen Körpers nach dieser oder jener Richtung. Maung Tut jedoch litt an den Schmerzen seines Tieres schließlich fürchterlicher, als wenn es seine eigenen gewesen wären.

Es kam ein Tag, ein Mittag, an dem der Major hatte halten lassen und mit seinen Leuten abgestiegen war. Auch Maung Tut war zur Erde geglitten. Während der Major mit seinem Adjutanten eine nahegelegene Felsenkanzel bestieg, um ein weites Flußtal voraus einzusehen, entdeckte Maung Tut, daß seinem Tier unter dem Sattel vom Rücken her eine Bahn von Blut und Eiter bis zum Bauch hinunter gesickert war, aus der es unablässig tropfte, tropfte.

Maung Tut vergaß die strengen Befehle, löste die Gurte und bemühte sich, den Sattel weiter nach hinten zu zerren, um die Wunde am Rücken zu entlasten. Der Elefant verstand, was sein Usie da versuchte und hielt ganz still. Ehe jedoch Maung Tut die Gurte abermals festziehen konnte, war der Major schon wieder heran und entdeckte, daß sein Reittier nicht sofort abmarschbereit war. Er riß dem Usie die Reitpeitsche, die er sich zugelegt hatte, so hart quer übers Gesicht, daß aus Stirn und Nase das Blut hervorsprang. Er trieb Maung Tut an, die Gurte festzuziehen. Der war am Ende dessen angekommen, was er ertragen konnte. Er wischte sich das Blut aus den Augen, machte aber keine Anstalten, den Befehl des Majors zu befolgen. Der Japaner drehte seine Knute um und schlug Maung Tut den Griff aus Eichenholz über den Schädel. Ein anderer Schädel wäre vielleicht geborsten. Das dichte, zu einem Knoten geschlungene Haar dämpfte die Wucht des Schlages. Doch verlor Maung Tut zunächst die Besinnung und sank zu Boden. Vielleicht hielt ihn der Major für tot.

Doch Maung Tut berichtete uns in der Nacht am Sinthe Chaung, als selbst der trinkfreudige Herr Thaung Shwe von der Hohen Behörde in Rangoon für diesmal das Trinken vergaß, daß er schon nach wenigen Sekunden wieder zu sich kam, jedoch mit dröhnendem Schädel liegenblieb und aus halbgeschlossenen Augen verfolgte, was weiter sich ereignete.

Der Major gab fluchend seinen Leuten, dem Adjutanten und den beiden Ordonnanzen, den Auftrag, den Sattel wieder festzuzurren. Doch Onkel Reiskuchen ließ sich zwar von seinem Maung Tut Schmerzen bereiten, weil er spürte, daß Maung Tut keine andere Wahl hatte – aber von Fremden ließ er sich nicht berühren. Der Elefant drehte sich um seine Vorderbeine und ließ die Soldaten gar nicht an sich herankommen, während er mit dem Rüssel immer wieder versuchte, die reglos am Boden liegende Gestalt seines Usie abzutasten, abzuschnüffeln. Dem Major riß der Geduldsfaden; das durfte nicht sein, daß irgendwer, Tier oder Mensch, seinem Befehl widerstand. Er sprang plötzlich hinzu und bekam tatsächlich das Ende des Sattelgurts zu fassen, schrie auch das Kommando, das den Elefanten stillstehen hieß – soviel hatte er längst von Maung Tut gelernt.

Aber auch Onkel Reiskuchen hatte die äußerste Grenze seiner Leidensfähigkeit erreicht, er war wohl auch durch die todesähnliche Starre seines anderen Ich, Maung Tut, um den Verstand gebracht. Anstatt zu gehorchen, griff der Elefant plötzlich mit dem Rüssel hinter sein Vorderbein, bekam dort den Offizier zu fassen, umschlang ihn, brach ihm in Sekundenschnelle das Rückgrat und schleuderte den leblosen Körper weit weg in die Baumkronen, aus denen er schwer und verkrümmt zu Boden stürzte. Aber ehe es noch soweit war, hatte sich Onkel Reiskuchen schon herumgeworfen und brach, rasend vor Wut, laut trompetend, in die Kolonne der im Hintergrund wartenden übrigen Elefanten. Panik erfaßte die Tiere. Nach wenigen Augenblicken war Onkel Reiskuchen im dichten Unterholz des Bergwaldes, einen verwachsenen Hang hinaufstürmend, verschwunden.

Das alles war so plötzlich geschehen, daß keiner der Bewaffneten dazu gekommen war, auch nur einen einzigen Schuß abzufeuern. Ehe die Elefanten sich wieder bequemten, den Weisungen ihrer Usies zu folgen, waren einige weitere Sättel abgerissen worden; zwei Soldaten hatten sich zu Tode gestürzt, zwei weitere waren zertrampelt, viele verletzt. Der kühne Vorstoß nach Naga Pradesh, der den Angriffsweg nach Assam erkunden sollte, war zu einem unrühmlichen und vorzeitigen Ende gelangt. Dem Adjutanten, als dem nun ranghöchsten Offizier, blieb nichts weiter übrig, als das Unternehmen abzublasen, die Toten zu verscharren, die Verwundeten aufzupacken und auf der eigenen Spur den Rückmarsch anzutreten.

Maung Tut wurde – in Fesseln – mitgenommen. Usies waren zu wertvoll, als daß man sie laufen lassen konnte.

Ich glaube, ich sollte an dieser Stelle versuchen, Maung Tut selber sprechen zu lassen. Ich fürchte, daß ich dabei mehr meine als seine Worte gebrauchen werde. Das ist, da ich aus der Erinnerung zitiere und einige Jahre seit jenem Abend vergangen sind, leider unvermeidlich; es wird mir kaum gelingen, die einfache, doch sehr präzise Erzählweise des Burmanen wieder zum Leben zu erwecken. Aber versuchen, versuchen kann ich es.

Ich entsinne mich jener schönen Nacht noch ganz genau; es war die erste der wenigen Nächte, die ich mit Herrn K. aus Hamburg und dem trinkfreudigen Herrn Thaung Shwe aus Rangoon in dem Hauptcamp der Staatlichen Teakgesellschaft am oberen Sinthe Chaung verbrachte. Wir tranken mit Maßen an diesem Abend, was sicherlich gar nicht in Herrn Thaung Shwe's Absicht gelegen hatte. Von einem Fluß in sandigem Bett, über dem unser Rastplatz gelegen war, wehte ständig eine feuchte Kühle herauf. Mich schmerzte mein entzündetes Mittelohr, wenn auch nicht mehr so heftig wie an den Tagen zuvor; der Eiter hatte während des Elefantenritts von Taungdwingyi das Trommelfell endlich durchbrochen und sich Luft verschafft. Nun brauchte ich den Gehörgang nur noch mit einem Wattepfropf geschlossen zu halten; das Schlimmste war vorbei. Da ich fröstelte, holte ich mir eine der Schlafdecken und hüllte mich darin ein. Bald taten es mir die anderen nach.

Seit Maung Tut von mir ermuntert worden war, seine Geschichte zu erzählen und schließlich zögernd, dann immer fließender berichtete, hatte Herr Thaung Shwe keine rechte Gelegenheit mehr gefunden, uns, wie an den Abenden zuvor, ständig zum Ex-Trinken zu drängen. Von diesem unscheinbaren und bescheidenen Elefantentreiber strahlte eine sonderbare Gemessenheit und Würde aus, als er erst im Zusammenhang zu erzählen begonnen hatte; man konnte sich diesem Einfluß nicht entziehen.

Zunächst hatten noch zwei Kerzen auf dem groben Plankentisch ihre Flämmchen flackern lassen. Dann aber schwebte der rotgoldene Riesenlampion des Mondes über den Baumkronen im Südosten auf, erblaßte und verwandelte sich in eine helle Silberscheibe, vor der unsere Kerzen so jämmerlich wirkten, daß Herr K. aus Hamburg sie, ohne um Erlaubnis zu fragen, auslöschte; auch er, so sachlich er auch sonst erscheinen mochte, wurde gelegentlich von romantischen Anwandlungen heimgesucht, genau wie ich.

Der Lagerkoch, der uns ein so vorzügliches Abendessen geliefert und am Schluß mitbedient hatte, war ebenfalls in die Tafelrunde aufgenommen worden, blieb aber sehr bescheiden am Ende unserer Sitzbank hocken. Er nahm zwar teil, betonte aber durch sein Verhalten, daß ihm solch ein Vorzug eigentlich nicht zustand.

Es war eine Geisternacht, wie man sie nicht allzu oft erlebt. Weit umher schliefen die Hügel und Wälder. In seinem Bett neben unserem Rastplatz hörte man das Flüßchen glucksen, wenn einmal in unserer Unterhaltung eine Pause eintrat. Irgendwo im Hintergrund zwischen dem hohen Unterholz mochten bewegungslos die grauen Kolosse der Elefanten stehen und schlafen; ihre Mahlzeit mußten sie längst beendet haben. Unter ihnen stand, wahrscheinlich ein wenig abseits, wie es sich für den Anführer dieser Elefantenrotte geziemte, ein ganz besonders massiger Riese; selbst noch im tiefen Schatten unter den Baumkronen, der von dem weißen Mondlicht, das durch die Zweige filterte, kaum ein wenig erhellt wurde, war an der knochigen Stirn des Riesen die faustgroße weißliche Warze zu erkennen, der er seinen Namen verdankte: Onkel Reiskuchen.

Die Usies schliefen längst neben dem Sattelplatz des Lagers, in ihre Decken gewickelt, auf warmem, weichen Polster aus Laub und Kraut; ein Grasdach schützte sie vor dem kalten Tau des Hochlands.

Selbst die Nachtäffchen, deren grelles Gekecker sonst die Nächte spaltet, meldeten sich nicht. Wir saßen, in unsere Decken gehüllt, um den Tisch, griffen nur selten nach den Gläsern und hörten zu, was Maung Tut erzählte:

»Sie gaben mir nichts zu essen und zu trinken am ersten Tag des Rückmarsches, die Japaner. Sie waren immer sehr darauf aus, die Leute zu bestrafen, die sich nach ihrer Meinung gegen sie vergangen hatten. Sie wurden von der dauernden Sorge beherrscht, von uns, den Unterworfenen, nicht genügend geachtet zu werden. Nachsicht war ihnen ganz unbekannt. Sie waren schlechte Herren. Natürlich sorgten meine Kameraden, die anderen Usies, dafür, daß ich nicht verdurstete. Sie tränkten Lappen mit Wasser und schoben sie mir in den Mund, wenn sie am Ende des Tages an mir vorbeigingen. Sie hatten Angst, die Japaner, das spürten wir. Die Elefanten waren ihnen unheimlich, erst recht, nachdem Onkel Reiskuchen ihren Major getötet hatte. Uns hätten sie wohl am liebsten umgebracht, um sich für den Tod ihrer Kameraden zu rächen. Ohne uns, die Usies, aber ließen sich die Elefanten nicht regieren – und ohne Elefanten wäre es den Soldaten schwergefallen, wieder zu ihrem Regiment zurückzukehren. In Wahrheit dachten wir Usies nicht an irgendwelche Gewalttat. Wir waren unbewaffnet, und die Japaner legten einen Burmanen so leichthin um, wie man eine Fliege totschlägt. Wir haßten sie, aber wir wollten am Leben bleiben, und mehr noch als das wollten wir unsere Elefanten erhalten.

Am dritten Tage des Rückmarsches wurden mir meine Fesseln abgenommen. Mein Kopf war wieder einigermaßen in Ordnung und die Wunde in meinem Gesicht verharscht. Einer der anderen Usies war, als Onkel Reiskuchen die übrigen Elefanten durcheinandergetrieben hatte, ebenfalls abgestürzt und hatte sich am Kopf und an der Schulter verletzt. Er litt unter großen Schmerzen, hatte Fieber bekommen und konnte sich nicht mehr aufrechthalten. Ihn sollte ich ablösen.

Als ich erst einmal wieder Arme und Beine bewegen konnte, stand mein Entschluß, zu fliehen, fest. Ich gehörte zu meinem Elefanten, und er gehörte zu mir. Wahrscheinlich, so dachte ich, wird Onkel Reiskuchen dem Trupp der anderen aus der Ferne gefolgt sein, wird nach mir fahnden. Ich muß versuchen, ihn zu finden. Wer sollte sich um die große Druckstelle auf seinem Rücken kümmern? Maden würden sich in der zwei Hände großen Wunde festsetzen, Entzündungen konnten entstehen, Blutvergiftungen. Ich habe erlebt, daß starke, gesunde Tiere in wenigen Tagen daran eingegangen sind. Ich war in größter Sorge. Ich mußte fliehen. Ich mußte mein Tier finden.

Schon in der nächsten Nacht machte ich mich davon. Es war Mondschein, wie heute. Nachdem ich mich erst einmal vom Lager gelöst hatte, kam ich schnell voran. Ich brauchte nur dem Pfad zu folgen, den wir gekommen waren. Ich hätte wohl auch das Tier entführen können, dessen Usie ich schon einen Tag lang vertreten hatte. Aber dieser Usie lebte ja noch und konnte wieder gesund werden. Es wäre mir nicht in den Sinn gekommen, ihm sein Tier wegzunehmen.

Ich wanderte die ganze Nacht hindurch, wollte erst einmal einen möglichst großen Abstand zwischen mich und die Japaner legen. Als die Sonne aufgegangen war, hatte ich eine Stelle erreicht, wo sich der Pfad in ein flaches, breites Bachtal senkte. Der Wind wehte von meiner Seite in das Tal hinunter. Dort unten sah ich ihn stehen, meinen Onkel Reiskuchen, im flachen Wasser; er spritzte sich Wasser über den Rücken, um seine Wunde zu kühlen.

Plötzlich hob er den Rüssel in den leichten Luftstrom. Er hatte Witterung von mir bekommen. Er stieß einen gellenden Trompetenstoß aus. Solche Freude hatte ich noch nie an meinem Elefanten erlebt. Er raste, ständig laut trompetend, aus dem Bachbett mir entgegen. Ich bekam es ein wenig mit der Angst zu tun. Er konnte mich in seiner Begeisterung überrennen.

Ich trat also hinter einen starken Baum, der sich gerade neben mir anbot. Aber es hätte dieser Vorsicht nicht bedurft. Denn wenige Schritte vor mir hielt mein Tier inne und kam ganz langsam näher. Elefanten sehen schlecht, aber ihr Geruchssinn ist aufs feinste entwickelt. Ich merkte meinem Tier an, welche Befriedigung es ihm bereitete, mit dem Rüssel jeden Teil meines Körpers, meinen Kopf, meinen Leib, meine Füße, mit leisem Einsaugen der Luft zu prüfen und festzustellen, daß ich es wirklich war. Der kleine Greifer am Rüsselende bewegte sich unausgesetzt, zitterte, zeigte an, wie aufgeregt das Tier war. Wenn ich bis dahin noch nicht gewußt hatte, daß wir zusammengehörten, jetzt wußte ich es. Ich redete leise mit ihm. Wir waren so froh, daß wir wieder beieinander waren.

Ich sah sofort, daß es dem Tier schlecht ging. Sein Rückgrat zeichnete sich knochig ab. Die Wunde sah böse aus, zeigte giftig rote Ränder, war von Fliegen umschwärmt. Aber es gibt im Urwald Mittel genug, mit solchen vernachlässigten Entzündungen fertig zu werden. Wasser nutzt nicht viel. Ich machte mich gleich auf den Weg ins Gebüsch, um die Kräuter zu suchen, deren Blätter einen scharfen, beißenden Saft enthalten, der die Wunden sozusagen ausbeizt und dann unter einer neuen Kruste aus verhärtetem Blut und getrocknetem Saft gewöhnlich schnell heilen läßt. Wir hatten nicht viel Glück; ich suchte viele Stunden lang. Erst gegen Abend hatte ich einen genügend großen Vorrat von Blättern gesammelt, um aus ihnen die Salbe reiben zu können, die ich in die Wunde streichen wollte. Onkel Reiskuchen wich dabei nicht von meiner Seite; er wollte mich nicht zum zweitenmal verlieren. Ich konnte mich also unbesorgt vor Raubtieren, zumal Tigern, die es dort ziemlich zahlreich gibt, durch den Busch bewegen.

In der vorangegangenen Nacht hatte ich nicht geschlafen. Ich hatte nur ein paar Wildfrüchte gegessen. Ich war sehr müde und sehr hungrig. Aber zuerst mußte ich versuchen, die Wunde zu behandeln. Alles andere war weniger wichtig.

Endlich war es soweit. Onkel Reiskuchen winkelte den linken Vorderfuß an. Stellte ich mich auf das in der Luft schwebende Ende, so konnte ich den Rücken gut erreichen. Obgleich ich meinem Tier beim Ausputzen der mindestens zwei Handflächen breiten Wunde große Schmerzen bereiten mußte, ließ Reiskuchen sein Bein nicht zur Erde sinken, womit er mich zum Aufhören und Abspringen gezwungen hätte. Er stöhnte manchmal leise, ließ mich aber gewähren. Noch schlimmer packten ihn die Schmerzen, als ich dann die Salbe aus den zerriebenen Blättern so fest wie möglich in die offene Wunde strich. Ich ermahnte ihn, sich nicht davon zu befreien, schmierte schließlich ein dickes Polster von nassem Lehm über die wunde Stelle, um das Ganze abzuschließen und vor dem Fliegengeschmeiß zu schützen. Immer wieder zuckte sein Rüssel seitwärts zum Rücken, um den wie Feuer brennenden Verband abzustoßen, abzureißen. Mal für Mal hatte ich ihm hart zu befehlen, sich nicht von dem quälenden Pflaster zu befreien. Endlich hatte er begriffen, daß dieses Pflaster an Ort und Stelle zu bleiben hatte, vielleicht auch hatte der Schmerz nachgelassen.

Es war schon beinahe Nacht. Vor lauter Hunger und Erschöpfung war ich kaum noch bei Sinnen. Da kam mir ein glücklicher Zufall zu Hilfe. Ich stolperte über die Reste einer Hütte. Vielleicht hatte ein Jäger oder Harzsammler dort gewohnt. Dicht daneben hatte sich eine Bananenstaude erhalten; sie trug eine Traube fast ausgereifter Früchte. Nun konnte ich meinen Hunger stillen. Ich wusch mich und streckte mich unter einer überhängenden Böschung in den Sand. Ich schlief sofort ein und erwachte am nächsten Morgen gestärkt. Reiskuchen stand nahebei. Er mußte während der Nacht reichlich gefuttert haben, in seinem Bauch kollerte es mächtig. Das Pflaster war unversehrt. Wenn ich mich nicht täuschte, so bewegte er sich sehr vorsichtig, um es nicht abzusprengen oder abzustreifen.

Ich mußte dem Tier nun einen Tag lang volle Ruhe gönnen, damit die Salbe wirken konnte, damit es wieder sein Gleichgewicht fand. Elefanten sind viel empfindlicher als Menschen. Ich bewegte mich langsam durch den Busch und suchte einen weiteren Vorrat der heilenden Blätter. Denn nach zweimal einem Tag mußte der Verband erneuert werden. Nach vier Tagen sollte sich ein festes Häutchen gebildet haben. Man konnte dann die Wunde sich selbst überlassen. Gewöhnlich geht das gut.

Wir hatten uns ziemlich weit von dem Pfad entfernt, dem die Japaner auf ihrer mißglückten Patrouille gefolgt waren. Ich hielt uns längst für sicher. Ich hatte die unglaubliche Zähigkeit der Japaner unterschätzt; sie geben niemals auf. Später ist mir solch ein Fehlurteil nie mehr passiert.

Am dritten Tag machte ich Onkel Reiskuchen einen neuen Verband. Ich war froh; die Wunde hatte sich sehr gebessert. Nun würden wir uns vorsichtig in Marsch setzen können. Das neue Pflaster brauchte nicht mehr so groß zu sein wie das erste. Es sollte so lange kleben bleiben, bis es von allein abfiel. Reiskuchen wußte nun schon, daß er stillzuhalten hatte. Er wehrte sich überhaupt nicht mehr.

In der Nacht darauf wollte ich mich noch einmal gründlich ausschlafen, das Tier ausruhen lassen und uns dann auf den Weg nach Westen zu den Engländern bringen. Aber am nächsten Morgen stand zwar Reiskuchen über mir als Wache, aber zugleich waren wir von fünf Elefanten der Kolonne umstellt, der ich entflohen war. Da die Elefanten nur von ihren Usies besetzt waren, hatte Reiskuchen keinen Verdacht geschöpft und sich nicht erregt. Doch machten mir die Usies bald klar, daß in einem weiteren Umkreis die anderen Elefanten mit schußbereiten Japanern auf ihrem Rücken jeden Versuch einer Flucht sofort gewaltsam abfangen würden. Sie hatten also mich und Onkel Reiskuchen wieder eingefangen. Nachdem sie mich fürchterlich geschlagen hatten, hatte ich mein Tier wieder zu besteigen. Bald waren wir auf dem Rückmarsch.

Der Oberleutnant, der jetzt den Trupp führte, war vernünftiger als der Major, der mein Tier gequält hatte. Er sah ein, daß es besser war, Reiskuchen zunächst ohne Last marschieren zu lassen. Ich mußte mich mit ihm stets in der Mitte des Zuges halten.

Dann habe ich zweimal versucht, des Nachts zu fliehen. Es mißlang. Sie paßten jetzt genau auf, die Japaner. Als ich's zum drittenmal versuchte, schlugen sie mich halbtot. Den Japanern allein wäre ich wohl leicht entkommen. Aber ich hatte auch die anderen Usies gegen mich aufgebracht. Die Japaner hatten ihnen angedroht, jeden zweiten von ihnen zu erschießen, wenn sie mich entkommen ließen. Und die Usies konnte ich natürlich nicht täuschen.

Ich wurde einem anderen Elefanten auf den Rücken geschnallt, mehr tot als lebendig. Reiskuchen ließ sich von niemand besteigen, wenn ich nicht dabei war. Der Oberleutnant kümmerte sich nicht darum; er war der Meinung, daß mein Tier uns folgen würde.

In der zweiten Nacht danach geschah dann das, was mir bis zur jetzigen Stunde wie ein Wunder vorkommt und was ich nicht glauben würde, wenn es mir nicht selbst passiert wäre.

Ich hatte mich einigermaßen wieder erholt. Reiskuchen war einfach beim Abmarsch stehengelassen worden, war zurückgeblieben, und keiner hatte ihn mehr gesehen.

Wir hatten in dieser Nacht in ziemlich dichtem Buschwald ein Nachtlager angewiesen bekommen. Die Nacht war dunkel. Wolken schirmten das Sternenlicht ab. Das kommt nicht oft vor in der trockenen Zeit, aber manchmal ereignet es sich doch. Die Japaner lagen, wie immer, für sich. Die Usies lagen bei ihren Elefanten, von denen jeder an einen starken Baum gekettet war. Ich lag neben dem Usie am Ende der Reihe, noch immer gefesselt. Doch war dies ein Mann aus meiner Heimat. Ich hatte ihn, nachdem das Lager zur Ruhe gekommen war, gebeten, mir die Fesseln wenigstens zu lokkern, damit ich schlafen konnte. Am nächsten Morgen sollte er sie mir wieder fest anlegen. Warum die Japaner keine Wache zu mir gestellt hatten, weiß ich nicht. Sie haben wohl geglaubt, daß ich nach der fürchterlichen Bestrafung nicht noch einmal versuchen würde zu fliehen. Damit hatten sie recht. Ich wollte nur schlafen. Sie hatten mich gebrochen.

Es muß nach Mitternacht gewesen sein, als ich von einem leisen Blasen und einer Berührung meiner Stirn geweckt wurde. Über mir in der Finsternis ragte ein noch dunklerer Schatten. Das konnte nur Reiskuchen sein. Er hatte sich so leise, wie Elefanten das eben fertigbringen, herangestohlen, ohne ein Geräusch zu machen. Niemand, der es nicht erlebt hat, weiß, wie leise Elefanten sein können. Er hatte mich gefunden.

Ohne allzu große Mühe schlüpfte ich vollends aus meinen Fesseln, nahm die Stricke aber mit, um keinen Verdacht auf den Usie zu lenken, der mir zunächst lag. Reiskuchen stand regungslos über mir. Als ich frei war, griff ich nach seinem Rüssel. Er hatte darauf gewartet. Vorsichtig faßte er mich um die Hüfte, hob mich an seiner Seite hoch, daß ich die Ohrwurzel fassen und mich in seinen Nacken ziehen konnte. Dort legte ich mich flach auf den Bauch und hielt mich an den Ohren fest. Ganz langsam und mit größter Vorsicht drehte sich mein Tier um. Kein Zweiglein knackte. Lautlos, als habe er gar kein Gewicht und sei nur ein Schatten, suchte mein Elefant sich aus der Nähe des Lagers zu entfernen. Ich konnte nichts weiter tun, als mich seiner Klugheit anzuvertrauen. Wir entfernten uns, ohne jemand zu wecken. Erst nach längerer Zeit begann Reiskuchen sorgloser und schneller auszuschreiten. Ich merkte bald, daß er den Weg zurückverfolgte, den wir am Tag zuvor gekommen waren. Reiskuchen strebte dorthin zurück, wo ich ihn wenige Tage zuvor wiedergefunden und seine Wunde behandelt hatte. Ich ließ ihn gewähren. Wir hatten ja keine andere Wahl. Diesmal sollten sie uns nicht wieder fangen.

Sie haben uns nicht gefangen. Nie vorher und nachher habe ich erlebt, daß ein Elefant so schnell und so unermüdlich marschierte, die ganze erste Nacht hindurch, den ganzen Tag danach. Hat nur getrunken zwischendurch und nur gefressen, was er sich im Vorbeihasten abstreifen konnte. Ich trank, wenn er trank. Ich hatte nichts zu essen. Aber ich war Entbehrungen gewöhnt und sehr kräftig damals. Diesmal, wenn sie mich wieder gefangen hätten, wäre ich nicht nur halb, sondern ganz totgeschlagen worden. Das hatten sie mir angedroht. Und ich kannte die Japaner nun gut genug, um zu wissen, daß sie meinten, was sie sagten.

Kurz vor Lephor sind wir dann auf die ersten britischen Truppen gestoßen, Gurkhas. Bei diesem Regiment bin ich den ganzen Krieg über geblieben. Als wir die Japaner aus Burma wieder hinausgeworfen hatten, bin ich in meine Heimat zurückgekehrt. Onkel Reiskuchen und ich haben alles gut überstanden. Und wir waren froh, als die reguläre Arbeit in den Wäldern wieder anging, und nun alles beinahe wieder so wurde, wie es vor dem Kriege gewesen war.

So, das ist meine Geschichte, und vielen Dank, daß Sie mir alle so lange zugehört haben.«

Und nun ist es auch meine Geschichte, und vielen Dank, lieber Leser, daß Sie so lange gefolgt sind.

Wenn ich mich frage, wonach ich mich wohl mein Leben lang am stärksten gesehnt habe, so muß ich, glaube ich, die Antwort geben: Ich träumte davon, in einer heilen Welt zu Hause zu sein. Ich habe mich in vielen, vielen Ländern umgetrieben und habe sie gesucht, diese heile Welt. Vielleicht war sie irgendwo zu finden, wo man es gar nicht erwartete, wenn es sie schon in der Heimat, in die man hineingeboren war, durchaus nicht gab.

Heute nun, nachdem ich fast ein halbes Jahrhundert lang auf vielen Straßen unterwegs gewesen bin, mache ich mir keine Illusionen mehr: es gibt sie nirgendwo, die heile Welt. Es hat sie wahrscheinlich nie gegeben, und es sieht alles danach aus, als ob es sie auch niemals geben wird; sie liegt offenbar außerhalb des Bereichs und der Möglichkeiten des Menschen.

Was wäre das: eine heile Welt? Ich denke mir, eine solche, in der Ja Ja und Nein Nein bedeutet, in welcher Schwarz Schwarz ist und Weiß Weiß, in welcher eine gute Tat ihre Anerkennung, eine böse ihre Strafe findet, eine Welt, in der die simplen Regeln der Zehn Gebote, ohne die kein heiles Zusammenleben der Menschen möglich ist, nicht nur eben so dem Buchstaben, sondern ihrem Sinn und Wesen nach beachtet und nicht, wie es dauernd und überall geschieht, tausendfach auf brutale oder abgefeimte Weise mißachtet und umgangen werden.

Vielleicht wird manch einer lachen, daß ich die Zehn Gebote überhaupt noch der Erwähnung für wert halte. Aber es bleibt eine nicht bestreitbare Tatsache, daß sie die zuverlässigste und vollständige Grundlage für ein im wahren Sinne menschliches Zusammenleben der Menschen bieten. Ich für mein Teil habe in einem guten halben Jahrhundert nirgendwo, weder auf dem heimatlichen Kontinent noch jenseits der Meere, eine bessere Gemeinschaftsregel entdecken können, zumal, wenn man sie ergänzt durch das Gebot, das über allen Geboten ist, nämlich: niemandem etwas anzutun, was man, wollte es ein anderer uns antun, nicht dulden würde – oder: Verlange für dich selbst nicht mehr, als du dem anderen zu gewähren bereit bist!

Gewiß sind auch diese schön klingenden Grundsätze längst zerfressen von Zweifeln, von der allgemeinen Verunsicherung durch die uferlose Psychologisierung und Soziologisierung, die heute alle Werte und »Tugenden« in blauen Dunst aufzulösen scheinen. Aber gleichzeitig, und gerade deshalb, mehren sich – in Rußland sowohl wie in Amerika, den zwei Vorfronten einer Entwicklung, an denen mit den Konsequenzen und Organisationsformen des technisch-rechnerischen Zeitalters Ernst gemacht wird – die Stimmen, die danach verlangen, daß neue, oder eigentlich uralte menschliche Werte neu gesetzt werden, daß man sich, wenn diese Menschenwelt nicht in sich ersticken und verfaulen will, eben nicht nur an dem orientieren darf, was existiert, was ist, sondern das anstreben muß, was sein sollte.

In solchem Stil läßt sich leicht seitenlang daherreden, obgleich man weiß, daß sich in unserem Jahrhundert, das sich seinem letzten, wiederum sehr explosiven Viertel zuneigt, eigentlich nur noch der Pessimismus vertreten läßt. Aber, immerhin: »Noch am Grabe pflanzt er die Hoffnung auf« – oder, um mit dem ebenfalls ins obligate Zwielicht gerückten Martin Luther aufzutrumpfen: Wenn ich auch wüßte, daß morgen die Welt unterginge, so würde mich das nicht abhalten, heute doch noch ein Apfelbäumchen zu pflanzen. Pflanzen wir also weiter Apfelbäumchen!

Wohl in keiner Periode meines Reiselebens hat mich das Gefühl, auf brüchigem Eis über einer bodenlosen Tiefe zu agieren, so stark und quälend beherrscht wie in jenem Jahr, in dem ich die Aufgabe übernommen hatte, den neuen Staat Indonesien nach eigener Anschauung zu schildern. Ich hatte den Vorgänger des heutigen Indonesien, die Kolonie Holländisch-Indien, vor dem Kriege in mehreren langen Aufenthalten leidlich gut kennengelernt. Allerdings besaß ich damals noch nicht die Erfahrungen und verfügte auch nicht über die Vergleichsmöglichkeiten, die mir dann in der ersten Hälfte der sechziger Jahre zur Verfügung standen.

Im alten Holländisch-Indien mit seiner lässig-vornehmen und peinlich sauberen Hauptstadt Batavia schien die Welt noch in Ordnung zu sein, wenn man von der imposanten Fassade auf den Hintergrund schließen durfte. Wenn man . . .!

In dem neuen Indonesien mit der in Djakarta umgetauften Hauptstadt schien nichts mehr zu stimmen, weder die kläglich aufgeputzte Fassade, noch die hier mehr, dort weniger verrotteten Hintergründe. Es kann sein, und ich möchte es hoffen und annehmen, daß sich nach dem Abtritt Sukarnos unter Suharto einiges zum Besseren gewandelt hat, aber es kann sich nur um eine graduelle, keine generelle Besserung handeln, weil die Schwierigkeiten in Indonesien, einem Viel-Insel-Staat, stärker noch als anderswo in jungen Staaten, sozusagen »system-immanent« sind, um es im heutigen Jargon auszudrücken.

Wenn ich zurückdenke an jene Wochen unter den Vulkanen im Herzen der Insel Java, so beschleicht mich noch heute jenes unheimliche Gefühl, wie damals,

Als der Boden ständig zitterte

und ich fürchtete, jeden Augenblick könnten der gewaltige Merapi oder der Merbabu wieder ausbrechen und zerstörerische Glutflüsse und vernichtende Aschenregen über dies scheinbar so friedlich prangende Gefilde schicken. Meine üblen Ahnungen haben mich nicht getäuscht. Ihnen verdanke ich es, daß ich nicht mehr im Lande war, als die Schleusen sich öffneten, die Dämme brachen, und der in vielen Jahren angestaute Haß sich mit einer namenlosen Wut durch die Städtchen und Dörfer, die so malerisch und anmutig in die Hänge gebetteten Weiler wälzte. Wieviel Zehn-, ja Hunderttausende von Menschen hier in Mitteljava in wenigen Tagen meist auf grausige Weise vom Leben zum Tode gekommen sind, wird niemals mehr festzustellen sein – es hat sie keiner gezählt.

Meine berufliche Aufgabe fesselte mich für längere Zeit an den Raum von Semarang einerseits, den von Soerakarta andererseits. In Semarang an der Küste der Java-See war es heiß und schwül und laut, und in Soerakarta im Innern nicht minder, vielmehr noch lauter, und staubig dazu. In Semarang befindet man sich etwa auf 7 Grad südlicher Breite, das ist eine für den gemäßigten Mitteleuropäer nur schwer erträgliche Gegend. Die Hotels dort, oder vielmehr das einzige Hotel, das diesen Namen verdiente, war ebenso verwahrlost und abstoßend wie erst recht das in Soerakarta. Wenn ich gesund bleiben wollte, mußte ich eine Unterkunft auf etwa 800 bis 1200 Meter Höhe im Gebirge finden, wo es nachts kühl wurde und Malaria-Moskitos nicht zu fürchten waren – und möglichst in einem Hause, das nicht von Einheimischen, sondern von Europäern oder Nordamerikanern geführt wurde, so daß man dort mit Vorstellungen von Bett, Bad und Ernährung rechnen konnte, die den eigenen einigermaßen entsprachen.

Ich hörte mich um und erfuhr, daß dort, wo die Straße von Semarang nach Soerakarta sich jenseits von Salatiga in die Hänge des Merbabu-Kegels hinaufschwingt (der Merbabu erreicht die stattliche Höhe von 3142 Metern), ein Schweizer ein größeres, noch aus der holländischen Zeit stammendes Rasthaus oder Berghotel von der Regierung gepachtet hatte. Es hieß, er sei bereit, auch nicht-offizielle Gäste aufzunehmen, wenn sie ihm ein Einweisungs- oder Empfehlungsschreiben der zuständigen obersten Polizeibehörde der Provinz vorweisen könnten. In Staaten wie diesem mischen sich die »Behörden« in alles und jedes, auch in den simpelsten Quark, mißtrauen sich selbst, den eigenen Bürgern und erst recht den Fremden; sie sind auf eine qualvolle Weise unfertig, stecken in nicht für sie geschneiderten Anzügen von fremdem Schnitt und fremdem Stoff, flicken und ändern daran herum, um sie den eigenen, meistens noch sehr unklaren Vorstellungen anzupassen und werden nie recht fertig damit.

In Begleitung eines Bekannten, der mit dem Lande vertraut war, hatte ich mir zunächst die Gegend angeschaut, in der ich später für eine Weile heimisch werden wollte. Der Schweizer, der das ganze Anwesen unter den hohen, schwankenden Palmen, zwischen den raschelnden Bananenstauden, den überschwänglich bunt blühenden Hibiscus-Büschen verwaltete, gefiel mir gar nicht. Er war, wie ich erfahren hatte, Schiffskoch gewesen, war dann in Surabaja oder Djakarta hängengeblieben, hatte sich den neuen Machthabern nützlich zu machen gewußt und sich schließlich den sicherlich nicht unergiebigen Posten als Verwalter dieses ausgedehnten, auf einflußreiche Einheimische und zahlungskräftige Ausländer zugeschnittenen Hotelanwesens zu sichern gewußt. Dabei kam ihm zustatten, daß er mit einer Frau verheiratet war, die eine javanische Mutter und einen holländischen Vater hatte, die nun, da sich dies jetzt empfahl, stets die Javanin herauskehrte, obwohl ihr Körperbau etwas zu stabil ausgefallen war.

Herr Pierre Grubner empfing mich mit der säuerlichen Freundlichkeit, deren er sich in allen Situationen bediente, von denen er noch nicht wissen konnte, wie sie sich entwickeln würden. Doch wurde ich mir gleich der Frau im Hintergrund des dämmrig kühlen Empfangsraums bewußt und fühlte mich auf eine mißtrauische Weise abgeschätzt und eingeschätzt. Mein Begleiter machte mich mit dem Mann aus dem Kanton Basel-Stadt bekannt. Ich erkundigte mich ohne große Umschweife, ob ich in einem der über den ganzen Hang verstreuten Gästehäuser ein ungestörtes Quartier mieten könne – für längere Zeit und gegen Zahlung eines größeren Betrages im voraus. Herr Grubner trat mit uns, wie unabsichtlich, vor die Tür des größeren Hauses, in dem er selbst wohnte, das aber auch die Verwaltung, den Empfang, einen Speisesaal, eine Bar und die Küche mit Nebenräumen unter seinem Dach vereinte.

Ich täuschte mich nicht: Herr Grubner wollte einen Blick auf mein Auto werfen, ehe er sich entschied. Das Auto fand offenbar Gnade vor seinen Augen. Inzwischen betonte ich, daß ich die notwendigen Papiere und Stempel, die mir ein Anrecht auf Unterkunft in dem halb- oder ganzstaatlichen Anwesen bestätigen würden, sicherlich beibringen könnte. Das schien ihn jedoch nicht besonders zu beeindrucken. Er erwiderte in schönem Schwyzertütsch (mein Begleiter sprach nur englisch und javanisches Malayisch):

»Gewiß, gewiß, Herr Johann. Dann kämen Sie also in den Genuß der sehr niedrigen Sätze, die für Leute gelten, die von der Regierung eingewiesen werden.«

Ich verstand sofort und beeilte mich festzustellen: »Diese Sätze nehme ich natürlich gern in Anspruch. Es wäre ja dumm, das nicht zu tun. Das macht es mir eher möglich, mich für besondere Dienste auch besonders erkenntlich zu zeigen. Ich bin schon immer für die Regel gewesen: Leben und leben lassen.«

»Ja, das meine ich auch. Es muß sich jeder nach der Decke strekken. Kommen Sie! Ich habe da ein schönes, großes Quartier, das am weitesten von der Straße entfernt und besonders hoch am Hang liegt. Allerdings können Sie nicht dorthin fahren; es führt nur ein Fußweg hinauf. Ihr Auto könnten Sie hier beim Haupthaus abstellen. Wir haben einige überdachte Parkplätze.«

Wir stiegen den Hang hinauf und fanden ein kleines hochgiebeliges Haus mit nur zwei Räumen, zwei Eingängen und zwei Veranden an beiden Schmalseiten. Groß war das Zimmer, das mir angeboten wurde, wohl, aber schön war es nicht. Die Wände hätten eines Anstrichs bedurft, die wenigen ärmlichen Möbel waren abgewetzt und zerschrammt, die kümmerlichen Vorhänge zerschlissen. Es gab nur ein javanisches Bad, das heißt einen gepflasterten Raum, in dem man sich, wie üblich, aus einem steinernen Bottich mit einer Schöpfkelle laues Wasser über Kopf und Glieder schütten konnte. Wie überall, so roch auch dieses Bad ein wenig, aber merklich nach Urin, schien mir aber sauber zu sein.

Herr Grubner hatte mich Umschau halten lassen, ohne ein Wort zur Entschuldigung oder Erklärung hinzuzufügen. Er wußte natürlich, daß ich den Raum auch gemietet hätte, wenn er noch viel dürftiger gewesen wäre. Denn es gab nichts weit und breit, was ohne große Umstände, ohne daß man sich erst um Bedienung oder Versorgung zu kümmern und ohne daß man sich für viele Monate zu binden brauchte, zu mieten gewesen wäre. Und er wußte auch, daß der Mitteleuropäer, wenn er, wie daheim, acht bis zwölf Stunden am Tag konzentriert arbeiten will, unmöglich auf die Dauer in dem unbeschreiblich schwülen und lähmenden Semarang existieren kann, ohne Schaden zu leiden. Ich fragte, wer mein Hausgenosse am anderen Giebelende sei.

»Übers Wochenende wohnt dort so gut wie regelmäßig Herr Abdul Suritirto, ein höherer Offizier der Armee. Aber im übrigen halte ich das Zimmer frei für Durchgangsgäste. So will es meine Vorschrift. Jedoch haben wir nur selten unerwartete Durchgangsgäste.«

Ich wollte weiter wissen: »Wie steht es mit dem Badewasser?«

»Es ist Oberflächenwasser. Wir haben einen Bach gestaut. Aber oberhalb von uns am Hang gibt es keine bewässerten Felder mehr und keine Dörfer oder Siedlungen. Das Wasser wird Ihnen gefallen; es ist unbedenklich.«

»Sind wir so nahe am Urwald?«

»Ja, hinter dem Staubecken für das Badewasser steigt der Urwald ungebrochen bis zum Lavakegel des Merbabu hinauf. Man hat hier also wirklich seine Ruhe.«

»Hat man wirklich?« zweifelte ich. »Wie steht es mit der Sicherheit? Rebellen, Räuber, Gegner der Regierung und der bestehenden Gesetze – gibt's die hier? Kann man nachts unterwegs sein?«

Herr Grubner zuckte die Achseln: »Sie wissen sicherlich, wie es steht, das heißt, keiner weiß Genaues. Es ist genug passiert. Herr Suritirto bringt sich immer einen Trupp Soldaten mit. Die gehen Wache, solange er hier ist. An den Wochenenden wären dann auch Sie beschützt. Im übrigen habe ich fünf gefährliche Schäferhunde, mit denen nachts nicht zu spaßen ist. Wenn Sie hier wohnen sollten, müssen die Hunde Sie zuerst in meinem Hause kennenlernen, damit sie wissen, daß Sie hierhergehören, sonst würden sie Sie des Nachts nicht passieren lassen. Über Tag halte ich sie meistens im Zwinger.«

Ich nahm den Mann beiseite und trat mit ihm auf die Veranda hinaus: »Wenn ich den amtlichen Satz verdopple, wäre ich dann dieses Quartiers sicher, solange ich es benötige? Sie können ganz offen mit mir reden. Ich bezweifle nicht, daß Sie ständig große Sonderausgaben haben.«

(Auch das Doppelte des amtlichen Satzes ergab nach unseren Begriffen eine sehr niedrige Rate, besonders dann, wenn ich für meine Devisen den Kurs am Schwarzen Markt zu Grunde legte; das war zwar mit Gefahren verknüpft, aber ich wäre ein Narr gewesen, wenn ich die in dieser Hinsicht sich reichlich anbietenden Gelegenheiten, einigermaßen den wahren Wert meiner US-Dollar vergütet zu bekommen, nicht genutzt hätte. Um so länger und freizügiger konnte ich die kleinen und großen Inseln Indonesiens in Augenschein nehmen.)

Herr Grubner gab gedämpft zur Antwort: »Das wäre eine Basis. Ich würde dafür sorgen, daß Ihr Aufenthalt hier nicht beschränkt wird. Ich kenne den zuständigen Oberbeamten in Semarang recht gut. Sehr billig ist er nicht. Aber später können wir ja weitersehen. Ich werde tun, was ich tun kann.«

Das klang nicht sehr ermutigend. Man griff immer irgendwie in schmierige graue Watte in diesem Lande. Und Herr Grubner aus Basel-Stadt mit seinem Halfcaste-Eheweib schien sich großartig akklimatisiert zu haben. Vielleicht sollte ich doch in Semarang wohnen bleiben. Dort brauchte man sich des Nachts wenigstens nicht von reißenden Bestien beschützen zu lassen. Aber ich hätte mit dem Schwyzer nicht auf die Veranda hinaustreten sollen! Denn schon hatte ich mich von dort aus umgesehen, und schon war ich hoffnungslos dieser Hütte, ihrem quietschenden Eisenbett, den zerschlissenen Vorhängen und dem leicht anrüchigen Bad verfallen.

Das Haus stand nämlich, wie eigentlich alle Häuser der malayischen Welt, auf Pfählen, in diesem Fall auf etwa mannshohen Ziegelpfeilern. Der Eingang war an der rückwärtigen Seite über eine steinerne Treppe zu erreichen. Der Pfad vom Haupthaus führte durch hohe, dichte Gebüsche herauf, die keinen Ausblick gestatteten. Auf meiner Veranda aber war man über die Büsche hinausgehoben!

Ungeheuer stürzte von dort der Blick in die Ferne und in die Tiefe, die veilchenfarben zu dunstigen Horizonten verdämmerte. Zur Rechten erhob sich über den Wälderhängen der kahle Kegel des Merapi in den tiefblau strahlenden Himmel, dessen Farbe sich durch zwei blendend weiße Wolkentürme noch satter und schimmernder malte. Zur Linken aber standen über dem seidenen Dunst des Tieflands, in dem sich die große alte Stadt Surakarta verbergen mußte, die Umrisse des gewaltigen Gunung Lawa, schwächer und niedriger die des Gunung Gembes über der Kimm – wie Ahnungen nur, wie Traumgebilde, andeutend die Ferne und sie deutend, Sinnbilder der Sehnsucht.

Vom Berge herab spülte kühl-warm die Luft der Wälder wie eine herrliche, unsichtbare Brandung über meine Veranda, beladen mit Wohlgeruch, belebend und rein. Diese Veranda hob alle Einwände auf. Und wenn der Mann aus Basel-Stadt noch zehnmal unerfreulicher gewesen wäre, ich hätte dies halbe Häuschen doch gemietet, mit und ohne Wolfshunde, mit und ohne Tisch, dessen Wackelei mich beim Schreiben zur Verzweiflung bringen würde. Aber ich würde ihn schon standfest machen.

»Abgemacht also«, sagte ich zu dem Herrn Pierre Grubner aus Basel-Stadt, der einem der wenigen schweizerischen Hochseefrachter entlaufen war. »In drei Tagen ziehe ich ein – und werde schwer wieder zu vertreiben sein.«

Im Laufe der Tage und Wochen, die dem Umzug in das Häuschen am Hang des Merbabu folgten, merkte ich, daß ich mir mit meinem neuen Quartier wahrscheinlich zuviel zugemutet hatte. Nach Semarang waren immerhin gut fünfzig Kilometer über eine keineswegs sehr zuverlässige Straße zurückzulegen – und der Weg nach Surakarta war nicht viel kürzer. Wollte ich aber nach Djokjakarta, was oft genug nicht zu vermeiden war, so hatte ich hin und zurück an die zweihundert Kilometer zu bewältigen. Das ist, nach mitteleuropäischen Vorstellungen, nicht übermäßig viel. Aber in jenen märchenhaft schönen Landstrichen bedeuten zweihundert Kilometer eine Strapaze. Die Straßen waren streckenweise leidlich, beglückten den Fahrer aber immer wieder mit fußtiefen Schlaglöchern, in die man nicht hineinknallen durfte, wenn man dem Auto nicht die Federbeine oder die Stoßdämpfer oder die Karkassen der Reifen brechen wollte. Man kam also, Schlängeltänze markierend, nur langsam voran und brauchte für fünfzig Kilometer manchmal zwei Stunden, lag also viel zu lange auf den Landstraßen.

Außerdem war mir von allen Kundigen, Fremden wie Einheimischen, die es wahrlich wissen mußten, geraten worden, nur nicht bei Dunkelheit unterwegs zu sein. In den vollen Tropen zählt der helle Tag, selbst wenn man Früh- und Abenddämmerung hinzurechnet, nur dreizehn Stunden. In den besseren Ämtern waren die maßgebenden Leute, auf die es mir ankam, kaum vor neun oder zehn Uhr auf ihren Stühlen zu finden – und um halb zwei Uhr nachmittags schmolzen sie bereits wieder in ihr Privatleben zurück, zunächst in eine sehr ausführliche, die ärgste Hitze überbrückende Siesta. Tauchten sie dann vielleicht zu weiteren Taten um vier oder fünf Uhr mit edler Gemächlichkeit wieder auf, so hatte ich mich bereits auf den Heimweg zu machen, wenn ich noch vor Einbruch der Nacht mein Häuschen am Hang mit den durch die Gebüsche schweifenden mächtigen Hunden erreicht haben wollte. Ich komme im allgemeinen mit Tieren, insbesondere mit Hunden, gut aus. Aber diese bärenstarken, offenbar auf Mißtrauen und Bösartigkeit trainierten Tiere, die mich zwar schnell dulden lernten, aber nie ein Zeichen von Freundschaft gaben, waren und blieben mir unheimlich. Jedesmal, wenn ich bei Dunkelheit den Fußweg vom Haupthaus zu meinem Quartier am Hang hinter mich gebracht, die Treppe erstiegen und die Tür hinter mir geschlossen hatte, fiel mir ein Stein vom Herzen. Auf meiner Veranda, dem einzigen Ort, der mich für alle Mißlichkeiten zu entschädigen hatte, war ich den schnüffelnden Bestien unerreichbar. Manchmal weckte mich des Nachts wütendes Gebell von irgendwoher. Dann hatte Herr Grubner oder der chinesische Koch des Hotels, Herr Ang Kok-Bee, dem die Hunde ebenfalls gehorchten, hinauszustürzen und – vielleicht! – einen verirrten nächtlichen Wanderer, den die Tiere gestellt hatten, auszulösen und auf den richtigen Weg zu bringen.

Einerseits waren mir also die Hunde recht – denn die Gegend war nicht sehr sicher, wirklich nicht! – andererseits erinnerten sie mich ständig an eben diesen Tatbestand und ließen mich nie vergessen, daß ich auf einem Vulkan lebte, wörtlich und bildlich.

Die Polizei nämlich und das Militär – so wurde mir immer wieder warnend versichert – beherrschen das flache Land, vor allem die Straßen, nur am Tage mit einiger Zuverlässigkeit. Nachts aber stiegen »die Rebellen« von den Bergen, aus den Urwäldern und versorgten sich bei ihren Freunden unter der Bevölkerung, schüchterten »die Reichen« ein und schröpften sie, scheuten auch keineswegs den Kampf mit den Patrouillen und den Stationen der Polizei und des Militärs, hielten Autos an und erleichterten die Insassen um ihr Geld und ihre Wertsachen. In der Tat habe ich in einigen Nächten beobachtet, wie Lichtpünktchen den Berg hinunterzogen, die Fackeln der ins Flachland hinabsteigenden Rebellen.

Um was und wen es sich bei diesen »Rebellen« eigentlich handelte, habe ich damals nicht ausmachen können. Bald wurde von »Kommunisten« gesprochen, bald von Anhängern fanatisch muslimischer Sekten, bald ganz schlicht von gut organisierten Wegelagerern, die ihre Schultern mit einem Anti-Regierungs-Mäntelchen drapiert hätten.

Ich bat meinen Hausgenossen, Herrn Oberstleutnant Abdul Suritirto, um Auskunft. Schon wenige Tage nach meinem Einzug in das Häuschen am Hang war er, begleitet von seiner zierlichen schmalen Frau, zum Wochenende erschienen. Drei Soldaten aus dem Trupp, den Herr Suritirto zu seinem Schutz per Lastwagen mit herangeführt hatte – sie ließen sich in einem Schuppen beim Haupthaus nieder – hatten das Gepäck des militärischen Ehepaars heraufgetragen. Ich hatte auf meiner Veranda gesessen und geschrieben. Wie war die schöne Welt weit und leuchtend und warm von dieser Veranda aus, und so durchflutet von zaubervollem Frieden – von meiner Veranda aus . . .

Ich war aufgestanden und an die Brüstung getreten, als ich Stimmen nahen hörte. Zunächst hatte ich nur den hinreißend schönen und sicherlich kostbaren Sarong wahrgenommen, in den die als erste aus den Büschen auftauchende Frau von den Hüften abwärts bis zu den in Goldsandalen steckenden Füßen gewickelt war – und hatte mich dann gleich wieder zurückgezogen. Ich wollte nicht neugierig erscheinen.

Aber schon bald danach klopfte es an meiner Tür. Herein trat ein Herr, in leichtes militärisches Khaki gekleidet, und stellte sich mir als mein Nachbar Suritirto vor. Ich gab auch über mich Auskunft, was den Besucher sichtlich auflockerte und beruhigte. Daß ich von einem wichtigen Ministerium der Zentralregierung in Djakarta beglaubigt und gefördert wurde, brachte alle Zweifel zum Schweigen, die Herrn Suritirto sonst wohl veranlaßt haben würden, mich aus seiner Nachbarschaft zu verbannen. Hatte der Offizier zunächst gar nicht besonders freundlich, vielmehr beinahe barsch und spürbar mißtrauisch mit mir geredet, so schaltete er nun auf einen burschikosen Kameradschaftston um, der mir genauso wenig imponierte. Er war mir allerdings lieber als das anfängliche Mißtrauen, denn hier draußen weit im Lande wäre ich den Launen und Bedenken eines sicherlich mächtigen Mannes so gut wie wehrlos ausgeliefert gewesen.

Herr Suritirto wurde sogar ein wenig gesprächig und beteuerte, wie sehr seine Frau und er selber diese ungestörten Weekends am Hange des Merbabu liebten. Nur die großen Hunde des Herrn Grubner verabscheute er; seine Frau habe sich vor ihnen gefürchtet, und er vertraue sich lieber seinen Soldaten an als den Hunden. Übers Wochenende müsse Herr Grubner seine Bestien im Zwinger unter Verschluß halten. Ich ergriff die Gelegenheit beim Schopfe und fragte mit so viel Naivität, wie ich aufzubringen vermochte, warum denn hier, in dieser Stille und Abgelegenheit, überhaupt so schwerkalibrige Beschützung nötig sei. Er musterte mich mit jenem Blick, der für höhere Funktionäre oder Offiziere dieses Landes typisch ist: abschätzend, ein wenig von der Seite her, von einem kaum merklichen, kühlen Lächeln begleitet, unsicher und sich zugleich überlegen fühlend, einen mutmaßlichen Gegner und vielleicht Verächter abtastend. Ich bemühte mich um ein harmlos freundliches Gesicht, was sich in solchen Situationen empfiehlt.

»Die Urwaldgebiete in den hohen Gebirgen Mittel-Javas sind kaum zu kontrollieren, wissen Sie! Radikale Gruppen benutzen sie als Schlupfwinkel. Das ist in unserer Vergangenheit schon immer so gewesen. Und schließlich haben wir eine große Revolution gehabt, und der Umbau unserer Gesellschaft ist noch längst nicht beendet. Natürlich gibt es Gegenkräfte und Gegenbewegungen. Wir müssen wachsam sein. Notfalls muß durchgegriffen werden.«

Das waren die mir längst vertrauten Floskeln. Ich nahm sie, wie üblich, mit der gebührenden Hochachtung zur Kenntnis. Ich überzeugte damit meinen Hausgenossen von meiner in der Tat vollkommenen Harmlosigkeit. Er fragte mich, ob ich ihm das Vergnügen machen würde, am Nachmittag zum Tee sein Gast auf der Terrasse vor dem Speiseraum des Haupthauses zu sein. Das sagte ich gern zu, hoffte ich doch, dabei Frau Suritirto näher kennenzulernen. Sie erschien auch zum Tee, bezaubernd kostbar auf javanische Art gewandet, zerbrechliches, mattgoldenes Porzellan, dunkle Augen unter langen schwarzen Wimpern, ein üppiger Mund, falterleichte Hände – aber im übrigen sehr unergiebig: sie sprach nur javanisch, kein Wort holländisch oder englisch, und mein Malayisch eignete sich kaum zur Unterhaltung mit einer Dame.

Ich habe mich schon nach den ersten zehn Tagen nicht mehr um die Gefahren gekümmert, die des Nachts auf den Straßen den Autofahrer belauern sollten, bohrte mich mit meinen Scheinwerfern durch die Dunkelheit und fuhr, was das Zeug halten wollte, im Balanceakt über die Schlaglöcher. Ich habe auch keine Begegnungen oder gar Zusammenstöße mit »Rebellen« zu vermelden. Zuweilen standen kleine Gruppen von Männern neben der Straße, hatten ihre Schultertücher vors Gesicht gezogen und blickten meinen Lichtern, die sie blenden mußten, entgegen. Standen die Gruppen auf der Straße, so fuhr ich wacker auf sie los. Stets wichen sie rechtzeitig aus.

Viel größeren Respekt flößten mir die Ochsen- oder Pferdegespanne der Bauern ein, die nachts zu Markte zogen. Das arme Volk schien sich nicht vor Rebellen zu fürchten. Auf Karren mit zwei hohen Rädern beförderten sie manchmal gewaltige Ladungen von langen Bambusstangen. Die Stangen wedelten weit hinter den Wagen her, völlig unbeleuchtet natürlich. Laternen oder Rückstrahler – davon hatte hier noch keiner gehört. Wenn man auf eine solche mitten auf der Straße dahinschwankende dunkle Bambusladung auffuhr, spießte man sich die armdicken langen Speere durchs Auto vorn herein und hinten wieder hinaus. Dabei konnte kein Auge trocken bleiben. Auch suchten sich manchmal die grauhäutigen Wasserbüffel die Straße als Nachtlager aus; auch sie steckten keine Ampeln an. Weder mit ihnen, noch mit den Bambusstangen bin ich in Konflikt geraten, entging allerdings den Karambolagen oft genug nur um Haaresbreite. Das genügte mir: dicht daneben ist auch vorbei!

Auf die Dauer allerdings konnte es mir nicht verborgen bleiben, daß das Berghotel, das Herr Grubner im Namen der Regierung verwaltete, sozusagen ein Doppelleben führte. Was das ziemlich weit über den Hang verstreute Anwesen, etwa zwanzig in dichten blühenden Busch gebettete Gasthütten zu je zwei kleinen Apartments, dazu Haupthaus und Nebenhaus mit Zimmern, Restaurant, Küche, Kammern und der geräumigen Unterkunft des Herrn Direktors Grubner und seiner Madame – was diese kleine Tropensiedlung, die sich locker an das weiter unten am Hang gelegene Dörfchen Sotabuku anlehnte, über Tag darstellte, war leicht auszumachen: eine Hotellerie, die in der holländischen Zeit wesentlich bessere Tage gesehen hatte, nun aber recht heruntergekommen war, da man die notwendigen Reparaturen nicht hatte vornehmen können. Das Gasthaus beherbergte einige Dauergäste wie mich, ferner eine größere Anzahl von Leuten, die für eine Woche oder zehn Tage Quartier nahmen, um sich in der frischen Höhe von der Schwüle des Tieflands und der Küste zu erholen, und schließlich einen lockeren Schwarm von Durchreisenden, die ihr müdes Haupt für eine oder höchstens zwei Nächte in der kühleren Bergluft zur Ruhe betten wollten. Über die Wochenenden war jedes dieser infernalisch quiekenden Betten belegt; an den Wochentagen mochten jeweils zwei Drittel bis drei Viertel der Betten beansprucht sein.

Das Essen auf den verwaschenen Tischtüchern des Speisesaals maßte sich offenbar an, europäische Küche zu repräsentieren, war aber in Wahrheit ein oft genug kaum genießbarer Fraß. So etwas kommt heraus, wenn ein chinesischer Koch mit javanischen Mitteln eine Mahlzeit zusammenbraut, die er selbst für holländisch hält. Die allermeisten Gäste waren Beamte und Offiziere der höheren Ränge. Mit einer Reihe von ihnen schloß ich Bekanntschaft, die mir jedoch nichts einbrachte, da diese Leute anscheinend nur sehr verschwommene Aufgaben und Arbeitsgebiete hatten, über die sie sich nicht auslassen konnten oder wollten. Nicht ein einziges dieser Gesichter gewann für mich Kontur, obgleich ich mir große Mühe gab. Alle jedoch nahmen sich äußerst wichtig, betonten den Abstand von den zahlreichen dienstbaren Geistern des Hauses, als wären sie der Sultan von Surakarta, und zeigten mir, dem Fremden, eine gewisse hochfahrende Befangenheit, die ich in keinem Fall zu überwinden vermochte, während ich mit dem einfachen Volk der Dörfler und Hotelangestellten sehr vergnüglich auskam.

Über all dem gemächlichen Getriebe schwebte Herr Grubner; die Zügel aber hielt, etwas weiter im Hintergrund, Madame Grubner in Händen. Ich merkte schon sehr früh, daß Herr Grubner aus Basel-Stadt viel mehr zu sagen hatte, als sonst einem Hotelmanager zusteht. Er wurde von den Gästen, auch von meinem sehr pompösen Wochenendhausgenossen, Herrn Oberstleutnant Abdul Suritirto, mit großem Respekt, mit einer beflissenen Vertraulichkeit behandelt, die mir irgendwie zweideutig vorkam, merkwürdig unangemessen – und die nur dazu geeignet war, das Unbehagen zu verstärken, das mich vom ersten Tage an den neuen Oberschichten dieses Landes gegenüber nicht verlassen hatte – während die große Masse der einfachen Leute mir auch hier genauso sympathisch war und blieb wie alle malayischen Menschen.

Mit Herrn Grubner konnte ich mich leidlich verständigen. Aber wenn Madame Grubner mich ansprach, worauf sie es mit süßlicher Penetranz anzulegen schien, dann richteten sich meine Nackenhaare merkbar auf. Sie lag mir nicht, diese üppige Person; sie war wesentlich jünger als der Herr Gemahl aus Basel-Stadt. Besonders beeindruckt schien sie von meinem Auto zu sein, das allerdings ein wesentlich passableres Aussehen hatte als die meisten einheimischen Vehikel, die alle ebenso heruntergekommen wirkten wie etwa Grubners Apartments oder der Hafen von Tandjungpriok oder die Eisenbahnen und Straßen – und überhaupt das ganze Land, das von einem ebenso unfähigen wie aufgeblasenen Dilettanten und Großmaul in Grund und Boden »regiert« wurde – ein Land, das einmal gar nicht so »unterentwickelt« gewesen war, aber nun eifrig nach unten entwickelt wurde.

Ich war ganz und gar auf mein Auto angewiesen und pflegte es dementsprechend, sparte auch nicht an Schmiergeldern, wo es galt, das Auto in bester Schmierung zu halten. Ich hatte den Wagen in perfektem Zustand mitgebracht, hatte ihn unversehrt und unbestohlen durch den Zoll geschleust (indem ich einen bewaffneten Wächter neben ihm schlafen und wachen ließ, solange er – viele Wartetage lang – im Zollschuppen stand) und war von Anfang an finster entschlossen gewesen, dies ganz unentbehrliche Vehikel in brauchbarem Zustand zu erhalten – was mir dann auch, gegen alle Erwartung, bis zum Wiederabtransport gelang.

Schon in den ersten Tagen meines Aufenthalts in Grubners Anwesen hatte Madame überströmend freundlich angeboten, mit mir in der weiteren Umgebung herumzufahren, um mir alles Sehenswerte zu zeigen. Ihr Mann sei ja immer sehr beschäftigt, aber sie selbst könne schon ab und zu einige Stunden erübrigen. Um mir dieses Angebot zu machen, war sie in meinem Häuschen erschienen, mit der älteren Frau aus dem Dorf, die an jedem Vormittag mein Bett machte, Stube und Veranda fegte und das Bad spülte. Sie wollte nach dem Rechten sehen und hören, ob ich noch Wünsche hätte.

In meiner Betretenheit vor so viel warmblütiger Präsenz verstieg ich mich zu dem abgebrauchten Scherz, daß ich noch viele Wünsche hätte, die mir aber am Abhang des Merbabu kaum erfüllt werden könnten. Sie schlug die dunkelfeuchten Augen zu mir auf und meinte, das könne man ja nie so genau wissen. Mein Verlangen, in dieser Hinsicht genauere Aufklärung zu erhalten, war gleich Null, schlimmer: war unter Null.

Grubner verfügte als »Dienstauto« nur über einen alten Rappelkasten von Ford, der stets eine Stunde lang vorbehandelt werden mußte, wenn er einmal eine halbe laufen sollte. Es gibt überall auf der Welt eine gewisse primitive Sorte von Leuten, die dem Auto und der Autofahrerei auf beinahe krankhafte Weise verfallen sind und die, wenn sie in ein schickes Auto einsteigen, einem berauschenden Gefühl von Macht, Schönheit, Reichtum, Eleganz und Unwiderstehlichkeit erliegen. Diese Lust, um nicht zu sagen Wollust, stets von neuem zu genießen, sind sie bereit, die erstaunlichsten Konzessionen zu machen und »alle Bande frommer Scheu« zu lösen. Madame gehörte zu dieser sonderbaren, mir total unbegreiflichen Menschensorte, wie ich noch erfahren sollte.

Die bloße Vorstellung, mit Madame allein im Auto durch die warmen Lande zu gondeln – ganz abgesehen davon, daß mir ganz und gar die Zeit dazu fehlte –, erfüllte mich mit Angst und Schrecken. Doch blieb ich höflich, sagte nicht ja und nicht nein und verschanzte mich hinter einem dicht besetzten Terminkalender. Ich atmete auf, als der Besuch überstanden war, und Madame mit der braven, guten Ssita im braunbunten Kattun-Sarong wieder zwischen den Blütenbüschen hangab verschwunden war. Wie immer, wenn mir etwas gegen den Strich gegangen war, trat ich auf meine Veranda hinaus und ließ den Blick in die leuchtende Weite schweifen, über das Gewoge der Büsche, über die braunroten Ziegeldächer des Dörfchens unter mir, über die zärtlich sich verschlingenden Kurven der Stützmauern all der Reisterrassen, die sich weiter abwärts am Berg hinunterstaffelten, um im Dunst des Tieflands fern zu verschwimmen, in einem schattenblauen Ozean, aus dem, wie aus getöntem Glas, die zarten Schattenrisse der Vulkanberge von jenseits der Surakartasenke herübergrüßten. Hier war Weite und Glanz, wehte unendlich reine und duftende Luft. Bis zum Schluß hat sie mich für alle Mißlichkeiten entschädigt.

So war das Hotel am Tage nicht sonderlich aufregend. Meine Veranda geizte nicht mit immer neuen Überraschungen. Ich hielt mich, wenn ich anwesend war, sehr zurück, benutzte den reichlich abgesessenen Gesellschaftsraum des Hotels nur selten, hatte mir aber mein Zimmer mit einigen Handgriffen, mit Büchern und Bildern etwas wohnlicher gemacht.

Sehr bald schon wurde ich jedoch einer schwer zu beschreibenden Verwandlung inne, die das Grubnersche Anwesen schleichend erfaßte, sobald die Dunkelheit voll hereingebrochen, die Dienerschaft hinunter ins Dorf entschwunden, der Speisesaal geschlossen war. Nur die kleine, stets halbdunkle Bar an der Schmalseite des Haupthauses blieb dann noch geöffnet, bis ein oder zwei Stunden vor Mitternacht. Hinter der Bar stand ein Chinese unbestimmten Alters, nicht jung und nicht betagt, und bediente die Gäste. Dieser Mann hörte, höchst unpassend, auf den Namen Piet. Die vergangene holländische Herrlichkeit schimmerte noch hier und da durch die verwirrte indonesische Gegenwart. (Madame, zum Beispiel, sprach am liebsten holländisch, viele ältere bessergestellte Indonesier taten desgleichen; offiziell war es verpönt.)

Spätestens um elf Uhr schloß Piet die Tür der Bar ab und stolperte zu Frau und Kind in seine Hütte am Dorfrand. Aber hinter der geschlossenen Bar brannte oft genug das Licht weiter, wie mir nicht verborgen blieb. Die Hunde wurden allein von Herrn Grubner ins Freie entlassen. Aber das geschah zu sehr verschiedenen Zeiten. Und manchmal geschah es überhaupt nicht, wie mir klar wurde, seit ich mich nicht mehr scheute, die »Rebellen« auf die leichte Achsel zu nehmen, und auch mitten in der Nacht aus Semarang heimzukehren.

Die Nächte waren manchmal von sonderbarer Unruhe erfüllt. Manchmal hörte ich leise Schritte unterhalb meiner Hütte, sie hielten nicht inne und verklangen irgendwohin. Dann mochten die Hunde anschlagen, verstummten aber bald darauf wieder, als hätten sie sich geirrt. Zuweilen aber klang ihr Gebell in der Ferne erbittert und wollte lange nicht verstummen. In mancher Nacht waren die Hunde überhaupt nicht zu hören, so stets an den Wochenenden, wenn sie von den um die Sicherheit meines Hüttennachbarn, des Herrn Suritirto, bemühten Soldaten abgelöst wurden.

Es kam sogar vor, daß ich mitten in der Nacht unter meinem Haus das Gemurmel von Stimmen zu vernehmen glaubte. Gewöhnlich ging ich früh zu Bett, da ich gern sehr früh aufstehe, um morgens ungestört zu arbeiten; morgens gelingt das nach meiner Erfahrung in allen Klimaten und Zonen am weitaus besten. Aber ab und zu ließ ich mich auch von einer besonders milden und duftenden Nacht verleiten, mich mit einer Decke in einen betagten, aber eben noch brauchbaren Liegestuhl zu legen – dem einzigen

Möbel, das ich auf der Veranda vorgefunden hatte –, die Gedanken und Träume nach Belieben ausufern zu lassen und das Kreuz des Südens unendlich sachte über den dunkelsamtenen Himmel gleiten zu sehen. Wenn ich lange im Liegestuhl lag und dieser dicht an der Hauswand stand, wo man besser vor dem leisen, kühlen Zugwind geschützt war, der bis gegen Mitternacht von der Höhe des Berges herniederwehte, dann konnte ich vom Erdboden aus, wo der Fußpfad vorüberführte, nicht entdeckt werden.

Dieser Fußpfad übrigens endete nicht, wie ich anfangs ahnungslos, wie ich häufig bin, gemeint hatte, an den beiden Türen meiner Gasthütte, sondern führte vielmehr, wie ich erst nach vierzehn Tagen feststellte, hinter dem Hause weiter um eine kleine Lichtung, eine Art Bucht im Waldrand, knickte dann plötzlich im rechten Winkel um ein hohes Gebüsch ab und verschwand im Waldesinneren. Von den Türen meines Hauses aus war das nicht zu erkennen, auch dann nicht, wenn man von dem kleinen Podest vor der Haustür Umschau hielt, zu welchem die Treppe vom Boden hinaufkletterte. Erst als ich mich ein wenig eingerichtet und eingewöhnt und die Fahrerei nach Semarang oder Surakarta sich allmählich eingespielt hatte, erkundete ich die weitere Umgebung meiner Hütte und stieß auf diesen schmalen Pfad in den Wald hinein. Ich verfolgte ihn für eine halbe Stunde; er stieg in Windungen weiter bergan, erreichte aber in dieser Zeit kein Ziel, das ihn erklärt hätte. Bei meiner nächsten Unterhaltung mit Herrn Grubner fragte ich nach diesem Pfad. Es entging mir nicht, daß er meine Frage zunächst mit einem abschätzenden Blick aus leicht gekniffenen Augen beantwortete. Doch mußte ich ihm so harmlos erscheinen, wie ich's am Anfang wirklich war. Er erwiderte obenhin, daß die Leute aus dem Dorf von Zeit zu Zeit gern in den Wald zögen, um Beeren oder Brennholz zu sammeln, oder auch, um den besonders zähen und kräftigen Bergbambus zu schlagen (denselben, auf den man sich so leicht bei nächtlicher Autofahrt aufspießen konnte); die Leute dürften das eigentlich nicht, aber sie täten es doch; sie seien ja wieder Herren im eigenen Land.

Grubner hatte meine gar nicht wichtig gemeinte Frage so wortreich beantwortet, daß sich in mir ein leiser Argwohn meldete. Er erhielt neue Nahrung, als ich in einer lauen Tropennacht, in meine Decke gehüllt, auf meiner Veranda lag und die unendliche Stille genoß, durch die um den Hausgiebel her zuweilen ein paar Fledermäuse huschten, lautlose Flatterschatten. Ich unterschied plötzlich

Stimmen, aber ich widerstand der Versuchung, mich aufzurichten. Gedämpftes Gemurmel näherte sich vom Walde her. Ein klein wenig lauter ließ sich dicht bei meinem Hause eine andere Stimme vernehmen – Grubners Stimme; ich glaubte, mich nicht zu täuschen. Ich konnte nichts verstehen. Dazu wurde zu gedämpft gesprochen. Das Ganze dauerte nur ein paar Augenblicke und war dann den Hang hinab vergangen. Hätte ich im Hause in meinem Bett gelegen, so wäre sicherlich kein Laut des kleinen Zwischenfalls an mein Ohr gedrungen.

Ich begann, mich zu fragen, ob nicht hier am Hange des Merbabu, hinter den Kulissen ein ganz anderes Spiel im Gange war als im Vordergrund der Bühne. Ich hatte mir in Djakarta und anderswo sagen lassen und hatte es dann selbst im südlichen und nördlichen Sumatra und auch um den Toba-See herum gemerkt, ebenso wie auf Ambon und Sulawesi Selatan, daß in diesem Lande die Übergänge zwischen Anhängern und Gegnern der Regierung sehr fließend seien, daß oft keineswegs stimmte, was auf den ersten Blick ganz selbstverständlich schien. Das war, wenn man es sich aus einem gewissen Abstand ansah, auch gar nicht verwunderlich. Die Fesseln jahrhundertelanger strenger kolonialer Abhängigkeit waren beinahe von heute auf morgen gefallen. Diese Fesseln waren aber zugleich auch die stabilen Klammern gewesen, die ein in sich sehr verschiedenartiges, zerspaltenes staatliches Gebilde von einigen tausend kleinen und großen und kleinsten Inseln, hohen und niederen Kulturstufen, verschiedensten Dialekten und auch religiösen und gesellschaftlichen Vorstellungen zusammengehalten hatten. Ein wirklich gültiger Ersatz für diese Klammern mochte erst in Generationen zu schaffen sein. Inzwischen konnte das Ganze wiederum nur mit Gewalt zusammengehalten werden. Wie jedoch und von wem dieser Zwang auszuüben war, darüber gab es viele heimlich oder bieder, listig oder in brutaler Offenheit miteinander konkurrierende Meinungen.

Mir, als einem einigermaßen simplen Michel, ging dies vielschichtige, tückenreiche, niemals und nirgendwo recht zu begreifende Durcheinander, dieser leise Kampf aller gegen alle, längst auf die Nerven. Stand ich zudem doch vor der Frage, wie ich meinen Auftraggebern daheim eine so zwielichtige, so schwammige Situation überhaupt begreiflich machen sollte. Ich verwünschte den Tag, an dem ich die Aufgabe, ein möglichst objektives Bild der Lage im neuen Indonesien zu entwerfen, übernommen hatte. Aber natürlich würde ich nicht klein beigeben, sondern die Sache irgendwie zum Abschluß bringen, gewiß, – doch am Merbabu spürte ich, daß gewisse Saiten in meinem Innern schon fast unerträglich gespannt waren.

Es ließ sich nicht vermeiden, daß Herr Grubner mich gelegentlich darum bat, zu Einkäufen oder sonstigen Geschäften nach Semarang mitgenommen zu werden, wenn ich nicht gerade vorhatte, erst spät am Abend oder in der Nacht zurückzukehren. Auf Grubners Auto war kaum noch Verlaß. Ich lenkte während der Fahrt hartnäckig das Gespräch auf die Machenschaften der sogenannten Rebellen, wollte wissen, was sie bezweckten, woher sie sich rekrutierten, wie weit sie bereits in die verschiedenen Schichten der Bevölkerung eingedrungen seien.

Grubner behauptete zwar, nicht viel davon zu wissen, wollte überhaupt den Ausdruck »Rebellen« nicht ernst nehmen, verriet sich aber, wenn er etwa sagte: »Wissen Sie, Herr Johann, Leute wie ich haben es nicht ganz leicht in diesem Lande. Man weiß nie, was morgen kommt und wer morgen Macht und Einfluß hat. Man muß seine Fühler nach vielen Seiten ausstrecken. Man muß die Entscheidungen in der Schwebe lassen, sonst sitzt man plötzlich irgendwo in der Falle und kommt nicht mehr heraus.«

Ich nickte verständnisvoll, obgleich ich Genaueres nicht verstanden hatte – oder doch?

Es kam ein Sonnabend, an dem mein Hüttennachbar, Herr Suritirto, sofort nach seiner Ankunft zum Wochenende bei mir anklopfte. Merkwürdig dringlich und ungewohnt freundschaftlich eröffnete er mir, daß in Prambanan, in den Ruinen der alten Hindustadt, ein großes Fest stattfinde, das ich keinesfalls versäumen dürfte. Er habe, mein Einverständnis voraussetzend, mich bereits bei der Festleitung angekündigt und mir auch schon ein gutes Quartier für die Nacht reservieren lassen, damit ich nach der letzten, bei Kunstlicht unter den alten Pagoden stattfindenden Veranstaltung nicht noch den weiten Heimweg über Surakarta zurückzulegen hätte. Ich hatte von diesem Fest gehört, hatte mich jedoch zu angestrengt, zu müde gefühlt. Ich sehnte mich danach, über Sonntag alle Viere von mir zu strecken.

Ich hielt es jedoch für unmöglich, das anscheinend liebenswürdige und mich bevorzugende Arrangement abzuschlagen. Lebhaft bedankte ich mich, packte einige Kleinigkeiten zusammen, schloß meine Tür zu und fuhr los. Herr Grubner hatte sich, was mich ein wenig wunderte, bereits unterrichtet gezeigt, als ich bei ihm vorbeiging und meine Mahlzeiten bis zum Sonntag-Mittagessen abbestellte. Mein nun schon ständig gespanntes Mißtrauen flüsterte mir sofort zu: diese schöne Einladung nach Prambanan ist in Wahrheit – eine Ausladung!

Wahrscheinlich hätte ich das Fest in Prambanan wie vorgesehen absolviert – was blieb mir weiter übrig? –, wenn mir nicht ein echt indonesischer Zufall zu Hilfe gekommen wäre. Ich fand in dem Hotel zwar ein Zimmer für mich bestellt, aber es war nicht für mich allein reserviert. Man hatte mich mit zwei Leuten zusammengelegt, die ich nicht kannte – und auch gar nicht kennenlernen wollte. Nichts finde ich unerfreulicher, als mit einem wildfremden Menschen die Nacht im gleichen Zimmer verbringen zu müssen. Herr Suritirto hatte die Vorbestellung für mich nicht mit der erforderlichen Genauigkeit aufgegeben. Ich beschloß sofort, mich gar nicht erst auf lange Verhandlungen einzulassen, sondern gleich wieder ins Auto zu steigen und in mein Stammquartier zurückzukehren – wobei der Gedanke, daß die Bestien an diesem Sonnabend eingesperrt blieben, keine ganz unwesentliche Rolle spielte.

Mir lag daran, so unauffällig wie möglich heimzukehren. Ich wollte niemand aus dem Schlaf wecken, vor allem auch die Soldaten vermeiden, die, wenn Herr Suritirto zu Gast war, das ganze Anwesen bewachten; sie wurden stets in einem etwas abseits gelegenen Schuppen untergebracht, der in früheren Zeiten der damals noch üblichen Dienerschaft der Gäste als Unterkunft gedient haben mochte. Die Krieger nahmen es mit dem Wachdienst nicht sehr genau. Nach Mitternacht würden auch sie sich dem verdienten Schlummer hingegeben haben. Ich sagte mir auch auf der langen, einsamen Rückfahrt, die ohne Zwischenfall abrollte, daß es sich empfehlen würde, das Auto nicht auf seinem gewohnten Parkplatz unter dem Wellblechdach abzustellen. Der Parkplatz und die Anfahrt dorthin waren mit grobem Flußkies frisch geschottert, der, wenn man ihn befuhr, einen geradezu infernalisch knirschenden Lärm verursachte, – und das besonders, wenn man auf ihm einen Bogen schlagen mußte. Grubners Schlafzimmer, auch der Hundezwinger, lagen nicht weit von dem Parkplatz entfernt. Ich würde das Ehepaar und die Hunde wecken, wenn ich das Auto auch in dieser Nacht an seinem ihm zustehenden Ort abstellen wollte.

Ich fuhr daher den Wagen schon unterhalb der Hotellerie in die Mündung eines Feldwegs, wo er bis zum folgenden Vormittag leidlich aufgehoben war, stellte sofort den Motor ab, ohne ihn noch einmal laut werden zu lassen, löschte die Lichter, griff nach meinem Köfferchen und machte mich auf den Weg zu meinem Häuschen am Hang. Es mochte mittlerweile eins geworden sein.

Im Haupthaus schien alles zu schlafen. Nein, hinter den geschlossenen Läden der Bar brannte noch Licht. Das war mir nichts Neues – ich hatte jedoch nie versucht, festzustellen, wer sich da bis in den Morgen dem stillen Suff ergab. Grubner hatte mich auch nie aufgefordert, mich jener ausdauernden Runde – wenn es eine solche gab – anzuschließen.

Ich machte, daß ich lautlos vorbeikam und gewann den Fußpfad, der zu den oberen Hütten am Hang hinaufführte. Der flimmernde Sternenhimmel spendete auch in dieser lau-kühlen Tropennacht sein sanftes Silberlicht. Ich stieg vorsichtig hangauf, als sei ich einem Geheimnis auf der Spur. Welchem Geheimnis? Gab es überhaupt ein solches?

Ich erreichte die enge Lichtung, in der meine Hütte sich auf ihren Pfählen über das Buschwerk ringsum erhob. Ehe ich ganz ins Freie hinaustrat, hielt ich inne, als hätte mich ein mit den Ohren nicht vernehmbarer Ruf gewarnt.

Meine Veranda war nicht leer. Auf meiner Veranda bewegte sich ein Schatten langsam hin und her, als ginge dort wer Wache. Hinter den dicht verhangenen Fenstern der anderen Hälfte des Hauses, die von Suritirto bewohnt war, brannte Licht, von außen kaum erkennbar. Wenn ich mich nicht täuschte – nein, ich täuschte mich nicht: Gemurmel von Stimmen drang durch die dünnen Wände aus Suritirtos Quartier zu meinem Lauscherposten hinunter. Hatte Suritirto seine Frau gar nicht mitgebracht? Gesehen hatte ich sie vor meiner Abfahrt am Sonnabend vormittag nicht.

Ich verharrte im tiefen Schatten der Büsche und wußte nicht, wie ich mich verhalten sollte. Doch wurde ich bald einer Entscheidung enthoben. Die Stimmen wurden plötzlich laut. Suritirto mußte die Tür zu seinem Quartier aufgestoßen haben. Ich hörte Schritte auf seiner Treppe. Der Schatten auf meiner Veranda nahm menschliche Formen an, schwang sich über die Brüstung, bückte sich, faßte die Fußbodenbretter, ließ sich hängen und fallen, war auf ebener Erde. Die Stimmen kamen ums Haus. Ich zwängte mich vom Pfade fort, tiefer zwischen die blätterreichen Gebüsche.

Ich unterschied die Stimmen Suritirtos und Grubners, konnte mir aber die Wortfetzen nicht zusammenreimen, die mein Ohr erreichten. Grubner und noch ein Mann zogen dicht an mir vorbei den Pfad hangab. Einige weitere Gestalten verschwanden hinter dem Hause. Dann hörte ich deutlich, wie jemand die Treppe hinaufstieg; eine Tür fiel ins Schloß. Suritirto war wieder in sein Quartier zurückgekehrt. Vollkommene Stille waltete, als hätte es die heimliche Unruhe in der Nacht nicht gegeben.

Ich richtete mich sachte aus meiner Kauerstellung auf. Ich wartete eine lange Zeit. Noch war Licht hinter Suritirtos Fenstern. Dann verging es. Mein Nachbar hatte sich nach vollbrachtem Tagewerk zu Bett begeben.

Wenn ich jetzt auch aufrecht stehen konnte, so fühlte ich mich doch allmählich gelangweilt und ungemütlich. Ich hatte keine Ahnung, was da bis so spät in die Nacht verhandelt worden war. Die Geschäfte der Herren waren nicht meine Geschäfte, und als ein Fremder, wenn auch ein offiziell bestätigter, tat ich gut daran, mich ausschließlich um meine eigenen Angelegenheiten zu kümmern. Die Palaver des Herrn Grubner mit seinen Weekendgästen gingen mich absolut nichts an, waren wohl auch uninteressant.

Es kam die Stunde, in welcher der Tau zu fallen beginnt. Mir wurde kalt in der Feuchte. Ich war übernächtigt, abgespannt und schlechter Laune. Hol's der Teufel, sagte ich mir schließlich, jetzt kann ich wohl endlich nach Hause kommen! Fest auftretend nahm ich den Pfad wieder unter meine Füße, stapfte die Treppe zu meiner Tür empor, schloß hörbar auf und ließ die Tür wieder hinter mir einschnappen, gedämpft zwar, aber doch so, daß es zu vernehmen war.

Kaum hatte ich Licht angesteckt und eben mein Köfferchen geöffnet, um meine Waschsachen herauszunehmen, als es an meiner Tür klopfte: Suritirto – in einem schwarzen Schlafanzug.

Ich sei also schon zurück?

Ja, das Fest sei sehr schön gewesen. Aber leider hätte ich kein Einzelzimmer bekommen. Da sei ich lieber gemächlich durch die Nacht heimgefahren.

Ich merkte, daß Suritirto sehr böse wurde: Kein Zimmer für mich allein, wie er es für mich bestellt hätte? Nun, die Leute jenes Hotels sollten etwas erleben! Unerhört, daß die Befehle der Militärverwaltung nicht befolgt worden waren! Ob ich nicht wüßte, daß die Straßen im Gebirge nachts gemieden werden müßten?

Ich war des Geredes überdrüssig und wollte endlich ins Bett. Ich sagte: »Verehrter Herr Oberstleutnant, nehmen Sie's mir nicht übel: aber ich bin schon seit einiger Zeit zu der Überzeugung gelangt, daß in diesem schönen Lande alles immer anders ist, als es aussieht. Die Straßen fahren sich nachts am besten. Ehe sich jemand besinnt, mich anzuhalten, bin ich schon über alle Berge. Hotels hierzulande sind reine Glückssache – und Schmiersache. Vorschriften, Verordnungen und die dazugehörigen Beamten gibt es in so großem Überfluß, daß es ein reines Lotteriespiel ist, sich hindurchzuschlängeln. Am besten, man fährt allein der eigenen Nase nach und kauft sich los, wenn es irgendwo hakt.«

Meine Grobheit hatte ihn wahrscheinlich überzeugt, daß ich wirklich jetzt erst in mein Quartier zurückgefunden hatte. Andererseits sind die Leute in den jungen Staaten außerordentlich empfindlich, wenn ein Ausländer die Reputation ihres Gemeinwesens in Frage stellt. Herr Suritirto erwiderte scharf: »Ich glaube, Herr Johann, Ihre Meinung von den Verhältnissen bei uns bedarf der Korrektur. Wir werden uns morgen darüber aussprechen.

Er verbeugte sich knapp und ging. Rutsch' mir den Buckel 'runter, dachte ich, goß mir einige Kellen Wasser über die verschwitzte Haut und legte mich zu Bett. Obgleich ich totmüde war, konnte ich lange nicht einschlafen. Ich sagte mir zum erstenmal: Lange halte ich dies Land nicht mehr aus – oder ich schnappe über. Gott sei Dank bin ich wenigstens mit dieser Gegend in zehn bis vierzehn Tagen fertig!

Am Tage darauf hatte ich auf Suritirtos Veranda ein langes Gespräch mit meinem Hausgenossen. Wir hatten uns inzwischen beide wieder gefangen. Die Nacht war nicht gewesen. Wir redeten über »guided democracy«, über »Sozialismus à la Indonesia«, über »Usdek« und »Manipol« und ähnlichen hochtrabenden Kohl, aber weder über die alle Schichten durchdringende Korruption, die maßlose Mißwirtschaft weit und breit, noch über die irritierende Unsicherheit, wo auch immer man sich bewegen wollte.

Herr Grubner wunderte sich zwar darüber, daß ich mein Auto nicht auf den ihm zustehenden Parkplatz gefahren hatte. Aber das konnte ich leicht, und sogar der Wahrheit gemäß, damit erklären, daß ich ihn und Madame nicht hatte aus dem Schlaf schrecken wollen.

Am Montag nach diesem Sonntag hatte ich gegen Mittag in Surakarta zu sein, wo ich zu einem kleinen Essen eingeladen war. Ich sagte also beim Frühstück meine Mahlzeit im Hotel ab. Darauf stellte mich Grubner und bat mich, seine Frau zu einer dringenden Besorgung in die Stadt mitzunehmen und abends wieder heimzubringen. Ich würde schon am Nachmittag wieder zurückkehren, sagte ich, hatte ich es mir doch zur Regel gemacht, mit Gästen im Auto niemals nachts unterwegs zu sein. Falls etwas passierte, verließ ich mich lieber auf mich allein.

Ich hatte Madame schon einmal in die Stadt mitgenommen und die Fahrt in schlechter Erinnerung behalten. Die üppig schöne Dame mit der bräunlichen Haut redete ununterbrochen und gefiel sich darin, anzügliche Geschichten zu erzählen, die ich zwar pflichtschuldigst belachte, in Wahrheit aber durchaus nicht goutierte. Madame, dies vollbusige, ansehnlich gekurvte Geschöpf, war mir etwas zu überwältigend.

Ich brachte Madame zu einem größeren Geschäftshaus im Zentrum der Stadt und versprach, sie an der gleichen Stelle um halb vier wieder abzuholen. Dann machte ich mich auf den Weg zu meiner Verabredung – mit einem säuerlichen Geschmack auf der Zunge, da sie mich zum vorläufigen Abschied mit der Bemerkung beglückt hatte: »Ich freue mich schon sehr auf die Rückfahrt. Dann brauchen wir uns nicht zu beeilen wie auf der Herfahrt. Also um halb vier!«

Die Zusammenkunft, zu der ich geladen war, sollte zugleich eine Art kleiner Abschiedsfeier für mich sein. Was ich in dieser Gegend Javas zu verrichten gehabt hatte, war so gut wie abgeschlossen und erforderte nicht mehr viel Hin- und Herfahren. Ich wollte die letzten ein oder zwei Wochen möglichst weltabgewandt in meinem Häuschen am Merbabu verbringen und einige Niederschriften fertigstellen. Das notwendige Material hatte ich nun beieinander.

Beim Essen und danach hatte ich viel zu reden, um die Unterhaltung in Gang zu halten. Man muß selber reichlich reden, wenn man andere veranlassen will, aus sich herauszugehen. So erfuhr ich bei diesem letzten Treffen noch mancherlei aus der Agrarpolitik des Landes, worüber man mich bisher im Unklaren gelassen hatte. Ich begriff, daß auch auf diesem Gebiet nicht gerade sachlich gearbeitet wurde. Personelle und »politische« Gesichtspunkte spielten eine wichtigere Rolle als agrarische. Die quallige Unbestimmtheit und Vieldeutigkeit, die mich seit Monaten in diesem

Lande peinigte, waltete auch hier; sie schien den Stil des Denkens und Handelns überall zu bestimmen. Schließlich hatte ich auch diese Erfahrung hinter mich gebracht und rollte pünktlich zu dem verabredeten Treffpunkt, um Madame für die Rückfahrt aufzusammeln. Sie erwartete mich bereits.

Als wir die Stadt hinter uns hatten, empfahl mir mein Fahrgast: »Ich werde Ihnen, wenn wir in die Berge kommen, einen kleinen Umweg zeigen, von dem aus sich eine grandiose Aussicht auf den Merapi öffnet. Ich weiß, daß Ihnen der Platz gefallen wird.«

Gut, warum nicht! Ich hörte nur mit halbem Ohr zu, als sie mir von ihren Geschäften in der Stadt berichtete. Die Straße war belebt und erforderte meine ungeteilte Aufmerksamkeit.

Als die Sonne schon milder schien, wies mich Madame in eine Abzweigung nach links. Ich folgte einer groben, sehr zerlöcherten Route und erreichte nach etwa zwei Kilometern eine runde Ausbuchtung des Weges über einem tief eingeschnittenen Flußtal, die sich gleichsam wie eine Kanzel nach Westen über der Umgegend erhob und in der Tat einen atemberaubenden Blick auf den Kegel des Merapi freigab. Eine gelockte Rauchfahne wehte verspielt vom Gipfel des Vulkans. Ich brachte das Auto so in Positur, daß wir das großartige Bild voll vor Augen hatten.

Gerade hatte ich einige Worte der Bewunderung und des Dankes von mir gegeben, als Madame mit veränderter Stimme plötzlich einen ganz anderen Gegenstand aufs Tapet brachte: »Ach, übrigens, Herr Johann, mein Mann hat in dieser Woche noch ein Attentat auf Sie vor. Hat er schon mit Ihnen darüber gesprochen?«

Ich wurde aufmerksam. Natürlich wußte sie, daß er noch nicht mit mir gesprochen hatte. Ich verneinte also.

»Er wollte Sie bitten, ihm für die Nacht vom kommenden Donnerstag zum Freitag Ihr Auto zu borgen. Er braucht für eine Nacht ein zuverlässiges Fahrzeug, um in Semarang ein wichtiges Geschäft abzuschließen, das an keinem anderen Termin abgeschlossen werden kann. Und sie wissen ja, auf unsere alte Klapperkiste ist gar kein Verlaß. Es gibt keine neuen Autos bei uns zu kaufen. Höchstens in Djakarta bietet sich gelegentlich die Möglichkeit dazu. Mein Mann ist ein sehr sorgfältiger Fahrer, das haben Sie sicherlich schon gemerkt, und er würde natürlich für alle Schäden aufkommen. Aber es wird bestimmt keine Schäden geben.«

Der große Merapi, die prangende Landschaft ringsum, die zierlich sich verschlingenden, blinkenden Reisfelder, die aus kleinen Palmen- und Bananengärten lugenden rostbraunen Dächer der Bauernhäuser, die blaugrün im Hintergrund die Hänge aufwärts kletternden Pelze des Urwalds, der graue, kahle Riesenkegel des Vulkans über allem Land – die ganze Pracht konnte mir plötzlich gestohlen bleiben. Wenn meinem Auto irgendetwas passierte, war ich vollkommen mattgesetzt, denn hier waren weit und breit weder Ersatzteile noch Werkstätten aufzutreiben. Darauf war höchstens in Djakarta zu rechnen. Aber Djakarta war fünfhundert Kilometer entfernt und nur über jämmerliche und unsichere Straßen zu erreichen. Und die Eisenbahn – erst recht ein Alpdruck! Nein, Madame, soll Herr Grubner sich nur an seine einheimischen Freunde wenden, Herrn Suritirto zum Beispiel! Ich sagte nach einer Pause:

»Ich fürchte, Madame Grubner, das wird nicht möglich sein. Ich habe mich bei der Einreise schriftlich verpflichten müssen, mein Auto ausschließlich selbst zu fahren und es in unverändertem Zustand innerhalb eines Jahres wieder auszuführen. Ich muß also sehr vorsichtig und gewissenhaft damit umgehen. Als Ausländer kann ich mir keine Debatten mit der Polizei leisten. Ich könnte höchstens, wenn sich Ihnen kein anderer Ausweg bietet, Ihren Mann selbst nach Semarang und zurück bringen.«

»O nein, das können wir keinesfalls erwarten. Mit der Polizei hätten Sie bestimmt keine Schwierigkeiten. Dafür würde mein Mann ohne weiteres sorgen können. Ganz gewiß: Sie würden nicht einmal merken, daß das Auto überhaupt benutzt worden ist.«

Hatte sie sich eben verplappert? Ich wurde zornig: was wurde eigentlich in diesem verrotteten Lande noch alles von mir erwartet für den Vorzug, in einem gräßlich verwohnten Hotel den doppelten Preis bezahlen zu dürfen. Ich sagte:

»Vielleicht, vielleicht aber auch nicht. Es ist mir leider untersagt, mein Auto zu verleihen. Aber, wie gesagt: wenn alle Stricke reißen, kann ich Ihren Mann selbst in die Stadt und wieder zurückbringen. Aber ich darf Ihren Mann nicht auf eigene Faust mit meinem Auto losfahren lassen.«

Madame saß ganz still und schwieg. Auch ich bewegte mich nicht. Dann lag auf einmal ihre Hand auf meinem Knie. Ihre Stimme, gedämpfter und etwas rauh: »Und wenn ich Sie ganz persönlich darum bitte, Herr Johann?« Ihre Finger schlossen sich um den Schenkel und drückten zweimal deutlich zu: »Ganz persönlich!« gurrte sie nochmals.

Das hatte mir gerade noch gefehlt! Das hat man davon, wenn man üppige Damen auf einsame Aussichtspunkte fährt. Ich ergriff die so entgegenkommende Hand und legte sie von meinem wieder auf ihre Knie zurück, wohin sie zweifellos gehörte, trat auf den Anlasser und bekannte:

»Aber, Madame, ich glaube kaum, daß Herr Grubner einverstanden wäre, wenn Sie sich ganz persönlich engagierten. Nochmals: ich bin bereit, ihn zu fahren, wenn er kein anderes Auto findet. Doch jetzt müssen wir uns auf den Heimweg machen, sonst kommen wir zu spät zum Abendessen.«

Als ich vor dem Haupthaus Madame aus dem Auto entließ, belehrte mich ein Blick aus dunklen Augen darüber, daß ich eine exzellente Feindin gewonnen hatte.

Herr Grubner kündigte mir mein Quartier am Tage darauf zum Ende der Woche. Leider müsse er mein Zimmer für einen wichtigen, von der Regierung eingewiesenen Besucher freimachen. Ich erklärte ungerührt – wenn ich auch innerlich zitterte –, daß ich ebenfalls, wie er wohl wisse, von der Regierung eingewiesen sei, und daß ich erst am Ende der übernächsten Woche auszuziehen brauchte. Daran würde ich mich halten. Ich würde erst dann und dann in Surabaja und später in Denpasar erwartet. Er, Grubner, sei sich gewiß nicht im unklaren darüber, daß ich eine Änderung des amtlich angesetzten Programms keinesfalls riskieren dürfe. Es müsse also zwischen ihm und mir, wenn ich nicht in Djakarta fürchterlichen Krach schlagen solle, bei der ursprünglichen Abmachung bleiben.

Der wackere Mann aus Basel-Stadt drehte sich auf dem Absatz um und verließ meine Hütte ohne Gruß, stapfte die Treppe hinunter und verschwand zwischen den Büschen.

Man muß sich in Ländern solcher Art ein möglichst dickes Fell zulegen, sonst zieht man ständig den kürzeren. Ich gestehe, daß ich in dieser Hinsicht niemals besonderes Talent entwickelt habe. Wenn ich mich auch sehr auf einige ruhige Arbeits-, Verschnauf- und Nachdenk-Tage gefreut hatte, so brannte mir nun doch der Boden unter den Füßen. Wer mag schon gern in einem Quartier verweilen, in dem er unerwünscht ist, wo kein Mensch mehr zu einem freundlichen Wort bereit scheint! Ich merkte auch, daß die ständige Spannung der vergangenen Wochen, die fast pausenlose Abhetzerei, die penetrant anrüchige Ungewißheit und Zweideutigkeit, die mich von allen Seiten umzingelte, mir über die Kraft zu gehen begann.

Man hat sich ja vollständig mit einem Lande und seinen Menschen, seiner Situation, seinen Zuständen zu identifizieren, muß sich in sie hineinpressen, wenn man sie von innen her erfassen will. Das hatte ich seit vielen Monaten in Indonesien getan, diesem unbeschreiblich schönen und prangenden Lande, das so unbeschreiblich jammervoll regiert wurde. Nun spürte ich, daß ich – nicht zum erstenmal – des Guten, oder vielmehr des Schlechten zuviel getan hatte, und daß irgendetwas in meiner inwendigen Apparatur auszuschnappen drohte.

Ich vermochte mich nicht mehr recht auf meine Arbeit zu konzentrieren. Meine Gedanken wanderten ständig ab, wenn ich mir meinen wackligen Tisch auf die Veranda getragen hatte, um daran zu schreiben – wanderten ab zu Madame und der beringten Hand auf meinem Knie, zu der Unruhe in den Nächten, zu der zweifelhaften Figur des Mannes aus Basel-Stadt, der, bei Licht besehen, nichts weiter war als ein entlaufener Schiffskoch, aber hier den großmächtigen Hoteldirektor spielte und seine Finger in manchem Brei hatte. Meine Gedanken verrannten sich in der verfahrenen, peinigend hoffnungslos erscheinenden Situation dieses Landes, über das ich berichten sollte, und zwar möglichst Günstiges. Aber ich konnte nun einmal nichts Günstiges entdecken – außer, daß, wie ich seit Jahrzehnten wußte, die Malayen, das heißt also die Javaner, Sumatraner, Balinesen, Ambonesen usw., zu den mir sympathischsten Menschensorten unter der Sonne gehören – weshalb ich ja auch so gern hierher gereist war. Im übrigen hatte ich nur wieder einmal unmittelbar erfahren, mit wieviel Dummheit, Gier, Hinterlist, Eigensucht und Rücksichtslosigkeit die sogenannten Regierenden ihren Völkern im Nacken sitzen. Aber um das bestätigt zu finden, hätte ich wahrlich nicht ins ferne Indonesien zu reisen brauchen.

Ich fühlte mich von allen Seiten umstellt, eingepreßt, in ein Gewirr von zähen Fäden verwickelt, die mir den Atem eng machten und den Schweiß auf die Stirn trieben. Des Nachts lag ich stundenlang wach und versuchte, mir zu erklären, warum die Hunde schon wieder zweimal, wie von Furien aufgehetzt, angeschlagen hatten und ebenso plötzlich wieder verstummt waren.

Am Mittwoch jener Woche erschien, sehr unerwartet, Herr Grubner nach dem Abendessen unter meiner Veranda. Ich hatte noch ein wenig in den vergehenden Tag hinaussehen wollen – wie da die Sterne einer nach dem andern angesteckt wurden und der Himmel sich in sein Nachtblau kleidete.

Grubner erblickte mich auf meiner Veranda und rief zu mir herauf: »Kann ich Sie noch einen Augenblick sprechen?«

»Gewiß! Warum nicht?« rief ich zurück.

Ich öffnete ihm die Haustür. Dann standen wir beide an der Verandabrüstung. Er begann: »Ich will Sie nicht lange stören. Sie sind ja stets sehr beschäftigt. Ich komme, Sie um einen Gefallen zu bitten. Meine Frau hat schon mit Ihnen darüber gesprochen. Können Sie mir morgen abend Ihr Auto leihen? Ich brauche einen verläßlichen Wagen. Übermorgen vormittag stände er, frischgewaschen und geputzt, wieder am gewohnten Platz für Sie bereit.«

Ich hatte dies Ansinnen erwartet: »Sie wissen doch ganz genau, daß ich nach den für mich geltenden Vorschriften das Auto nur selbst und nur für meine eigenen Zwecke benutzen darf. Ich bin aber bereit, da Sie sich offenbar in Verlegenheit befinden, mich Ihnen als Fahrer zur Verfügung zu stellen. Über die Kosten würden wir uns leicht einigen. Ich bin kein Autovermieter. Sie haben mir im übrigen mein Quartier aufgekündigt – und verlangen gleichzeitig Gefälligkeiten.«

»Ach, diese blöde Kündigung. Das war ein Irrtum meiner Frau. Darüber kann man jederzeit reden. Es läßt sich immer etwas arrangieren. Ich wiederhole: Sie würden mich außerordentlich verbinden, wenn Sie mir Ihr Auto morgen abend für zwölf Stunden ausleihen könnten. Ich wäre natürlich auch in der Lage, sehr großzügig dafür zu zahlen. Ich glaube auch versprechen zu können, daß Herr Suritirto, den Sie ja kennen, sich für die Sicherheit Ihres Wagens verbürgen würde.«

»Lieber Herr Grubner, ich darf ebenfalls wiederholen: Sie können mein Auto für zwölf Stunden haben, aber nur mit mir als Fahrer.«

»Ist das Ihr letztes Wort?«

»Allerdings!«

»Sehr schade!«

Er wandte sich und ging ohne Gruß. Ich hörte ihn die Treppe hinuntertappen. Dann tauchte seine Gestalt schattenhaft unter meiner Veranda auf und verschwand, ohne noch einmal innezuhalten, zwischen den Büschen.

Sehr wohl war mir nicht nach diesem Auftritt, das muß ich bekennen.

Am Tag darauf ereignete sich nichts, was meinem Unbehagen – oder soll ich sagen: meiner Furcht? Furcht wovor? – neue Nahrung gegeben hätte. Ich hatte mich lediglich darüber zu wundern, daß unerwartet Herr Suritirto erschien, ohne Frau, und auch – wenigstens soweit ich von meiner Behausung aus entdecken konnte – ohne militärische Schutzgarde. Er stapfte in seinem Zimmer neben dem meinen umher; undeutlich vernahm ich auch einige härtere, metallisch klingende Geräusche. Nach einer halben Stunde schloß er die Tür hinter sich ab, sprang mit einigen Sätzen die Treppe hinunter – das hörte ich noch. Dann aber tauchte er nicht auf, um den Pfad zum Haupthaus hinunter zu nehmen. Wo war er geblieben? Ich wollte es wissen. Ich blickte mich von meiner Veranda aus um. Nichts zu sehen und zu hören! Ich stieg hinunter, fand ihn nirgendwo. Er konnte nur über den Pfad in den Wald hinauf verschwunden sein – es sei denn, er hätte sich durch die Gebüsche unbemerkt davongedrückt. Doch das paßte nicht zu dem Mann. Also mußte er hangauf im Wald zu suchen sein.

Ich rief mich zur Ordnung: was ging es mich an, wo andere Gäste des Grubnerschen Anwesens sich die Beine vertraten! Es brauchte mich auch nicht zu irritieren, daß Suritirto nicht wie sonst bei mir angeklopft hatte, um mich zu begrüßen. Sicherlich hatte er gedacht, ich sei gar nicht anwesend. Ich zwang mich wieder an meinen Arbeitstisch, den ich übrigens nicht mehr auf der Veranda aufstellte. Innerhalb meiner vier Wände wurde ich nicht durch die Pracht des Ausblicks auf Merapi und Merbabu abgelenkt.

Beim Mittagessen im Speiseraum des Haupthauses war Suritirto wieder vorhanden; er war etwas später erschienen als ich, nickte nur beim Eintreten zu mir herüber und setzte sich an einen entfernten Tisch. Grubner kam, nahm von mir und den übrigen Gästen keine Notiz, sondern steuerte sofort auf Suritirtos Tisch zu, ließ sich bei ihm nieder und hatte offenbar Dringliches mit ihm zu besprechen.

Mir schmeckte es noch schlechter als sonst. Hier brauchte ich mich nicht daran zu erinnern, daß es mir gut tut, beim Essen Maß zu halten. Ich verzichtete auf den Nachtisch und machte mich bald davon. Ich hatte es mir nicht eigentlich vorgenommen, fand mich aber plötzlich bei meinem Auto. Warm und trocken stand es unter seinem Wellblechdach. Ich kontrollierte die Türen, den Kofferraum: sie waren versperrt, natürlich, ich hatte sie ja abgeschlossen, trug die Schlüssel in meiner Jackentasche. Doch wäre es mir peinlich gewesen, wenn etwa Grubner oder seine Frau mich dabei beobachtet hätten, wie ich die Türgriffe probierte. Ich zog mich eilig wieder in mein Haus zurück und legte mich im verdunkelten Zimmer zur Nachmittagsruhe nieder, wie es alle Welt in den Hochtropen zu halten gewohnt ist.

Wie beinahe an jedem Nachmittag, wurde ich vom Ruf eines Kuckucks geweckt. Der javanische Kuckuck ruft noch etwas melodischer als unser deutscher, gehört aber unverkennbar zu der gleichen Familie. Im Malayischen heißt er Trrkutut, was seinem Ruf sehr nahekommt. Beginnt er am Nachmittag zu rufen, so gibt er damit das Zeichen, die Siesta zu beenden. Am Waldrand über mir rief er oft, so auch an diesem Donnerstag. Der sanft gurrende und läutende Ruf war ganz dazu angetan, mir Frieden ins Herz zu träufeln. Bei Licht besehen, hatte ich gar keinen Grund, nervös und unsicher zu werden. Ich durfte hier in einer traumhaft schönen Landschaft, inmitten von Bergen und Wäldern, Reisfeldterrassen, Bananen- und Palmenhainen wohnen –, und es fehlte mir nichts. Ob das Essen gut oder schlecht ist, das hat bei mir nie eine große Rolle gespielt. Also, an die Arbeit! Und sie ging leidlich gut vonstatten, bis mir das dürftiger werdende Licht auf meinem Schreibblock anzeigte, daß die Stunde des Abendessens gekommen war.

Grubner stand, wie er es zuweilen tat, vor der Tür am Ende des von der Küche herüberführenden Ganges. Er kontrollierte dort, was die Bediener antrugen, wies sie zu den einzelnen Tischen und hatte ein Auge auf sie. Zufällig bemerkte ich, daß an dem Tablett, das zu mir getragen werden sollte, anscheinend etwas zu beanstanden war. Der Servierer setzte die Speisen ab. Damit verlor ich sie aus dem Blick. Grubner machte sich einen Augenblick lang an dem abgestellten Tablett zu schaffen. Es dauerte nur eine Sekunde, dann hob der Diener die Speisen wieder auf, trug sie zu mir und richtete sie an. Es gab zu Reis und zerteiltem Huhn eine ungemein scharfe Soße, die wieder einmal anders gewürzt war. Diesmal hatte das Pfeffrige einen süß-bitteren Beigeschmack, der mich zunächst verblüffte und mir dann behagte. Ich aß mit Vergnügen, wie seit langem nicht.

Wahrscheinlich hatte ich zu hastig oder zu reichlich gegessen. Es wurde mir heiß. Die Luft war mir eng im Speisesaal; er war nie sehr gut gelüftet. Ich erhob mich also bald, um mein Quartier aufzusuchen. Grubner sah mich gehen, kam herüber, hielt mich an: »Wir haben uns anders helfen können, Herr Johann. Ich hätte Sie nicht belästigen sollen. Ich glaube auch, daß ich Ihnen Ihr Zimmer weiter reservieren kann. Hat Ihnen das Essen heute geschmeckt?«

»Ja, vielen Dank! Freue mich, daß Sie sich anders haben helfen können. Sonst hätte ich Sie gern gefahren. Das können Sie mir wirklich glauben.«

»Glaube ich auch! Also gute Nacht, Herr Johann!«

»Gute Nacht, Herr Grubner!«

Ich war froh, als ich draußen endlich die frische Luft in meinen Lungen fühlte. Ich wanderte schnell über den Pfad bergan.

Teufel, dachte ich, was ist denn das?

Mir war plötzlich, als sähen meine beiden Augen über Kreuz. Ich versuchte, einen Baum zu fixieren; es gelang nicht; er verschwamm und schien aus dem Blickfeld zu wandern. Eine leichte Übelkeit stieg in mir auf. Aber das dauerte nur einen Augenblick, dann verging es wieder; mein Mund war sonderbar trocken.

Hol's der Geier – jetzt eine Migräne? Dergleichen überfällt mich manchmal, wenn ich mich überfordert fühle. Quatsch! Doch jetzt nicht! Nach dem guten Abendessen! Ich würde mich gleich hinlegen.

Ich erreichte mein Zimmer nicht ohne Mühe, weiß gerade noch, daß ich nicht mehr dazu kam, mich richtig ins Bett zu packen. Die Augen versagten oben an meiner Tür abermals den Dienst; ich erblickte alle Gegenstände mit doppelt und dreifach schlierender Kontur. Nur noch bis zum Bett kommen! raunte ich mir zu; es dröhnte mein Schädel. Ich konnte nur noch die Jacke von den Schultern zerren und sie – diese Dressur wirkte selbst jetzt noch – über eine Stuhllehne hängen. Das Zimmer begann sich zu drehen. Ich taumelte zur Wand und ließ mich auf mein Bett sinken, wie ich war, der Länge lang, auf dem Rücken. In meine Ohren schwoll ein ungeheures Brausen; vor meinen geschlossenen Lidern drehten sich Feuerräder. Schmerzen irgendwo –? Nein, keine Schmerzen! Dann hörte ich auf, muß irgendwann, bald danach, nicht mehr vorhanden gewesen sein.

Ich war schon wach – aber ich wollte gar nicht erwachen. Ich hielt die Augen geschlossen. Mein Kopf war leer und schwer; die linke Stirnhälfte schmerzte. Der erste mühsame Gedanke, der sich ins Bewußtsein schob: was war das? Migräne? Bin ich ohne Bewußtsein gewesen? Wie lange? Ist mir das schon einmal vorgekommen, wenn ich Migräne hatte?

Hol's der Teufel, immer noch brummt mir der Schädel, aber nicht mehr so grausam wie gestern abend.

Gestern abend? Wieso? Ist es schon Morgen? Ja, es muß Morgen sein, denn hinter meinen geschlossenen Lidern war es nicht mehr schwarz wie in der Nacht, sondern rot. Licht drang durch die dünne Haut über meinen Augen. Ich mochte das gar nicht wissen. Ich spürte ein übermächtiges Verlangen zu schlafen.

Hatte ich nicht eben lange geschlafen? Es war doch schon wieder Tag?

Und wußte auf einmal: Schlaf war das nicht gewesen. Ich war zwar nicht vorhanden gewesen in den Stunden, die vergangen waren – aber geschlafen hatte ich nicht. Wenn nicht geschlafen – was dann?

Eine Weile mag das so hin- und hergegangen sein, dies Frage- und Antwortspiel mit mir selber.

Dann muß ich wirklich tief eingeschlafen sein.

Ein Klopfen an der Tür weckte mich. Ich setzte mich schlaftrunken auf. Ich rief: »Ja? Was ist denn? Wer ist da?«

Die vertraute Stimme Ssitas, der Frau, die mein Zimmer in Ordnung hielt, antwortete: »Es ist schon spät, Tuan! Sie sind nicht zum Frühstück gekommen. Ich wollte nur nachschauen, ob ich etwas für Sie tun kann.«

»Augenblick, Ssita, ich komme gleich!«

Ich hatte zu meinem Erstaunen, ja, Schrecken wahrgenommen, daß ich angekleidet, noch mit den staubigen Schuhen an den Füßen auf meinem Bett lag. Ich mußte mich in der vergangenen Nacht – nun stand die Sonne längst hoch am Himmel – kaum bewegt haben, denn die Bettücher lagen noch glatt; nur am Fußende waren sie verrutscht und von meinen Schuhen etwas angeschmutzt. Ich erhob mich, schlug die Bettdecke zurück, als hätte ich darunter gelegen. Ich wollte die gute, freundliche Ssita nicht zu besorgten Fragen animieren. Ich fuhr mir durch die Haare und öffnete die Tür. Ssita warf mir einen forschenden Blick zu und trat dann ein, wie üblich mit Besen, Tuch und Scheuereimer. Sie sagte: »Der Schlüssel steckt noch von außen im Schloß, Tuan. Aber ich wollte nicht eindringen. Sonst haben Sie den Schlüssel doch immer hineingenommen.«

Das stimmte. Ich wunderte mich. Sollte ich nicht abgeschlossen haben?

»Ich hatte schreckliche Kopfschmerzen gestern abend, Ssita. Habe es wohl vergessen. Ich bin erst gegen Morgen eingeschlafen. Aber jetzt geht es mir wieder leidlich. Ich werde mich auf die Veranda setzen, damit du hier dein Werk verrichten kannst. Oder würdest du mir vielleicht einen Kaffee von der Küche heraufholen und eine Kleinigkeit zum essen! Ich habe gar keine Lust hinunterzugehen. Kann mich inzwischen fertigmachen.«

»Gewiß, Tuan, in einer Viertelstunde bin ich wieder da.«
Sie entschwand.

Ich hatte das dringende Bedürfnis, mir in der Badkammer ein paar Schöpfkellen Wasser über die Haut zu gießen und mich zu rasieren. Ich beeilte mich, steckte auch bereits in einem frischen Hemd und frischen Hosen, als Ssita ein Tablett vor sich hertragend, wieder die Treppe heraufkam.

»Bring es mir auf die Veranda, Ssita! Vielen Dank! Du kannst dann hier wirken.«

Ich sah mich um, ob ich noch etwas aus dem Weg zu räumen hatte. Da hing noch die Jacke vom Abend zuvor über der Stuhllehne. Ich nahm sie ab und schlüpfte hinein. Bis gegen Mittag hielt sich die Frische meist noch auf meiner Veranda. Ich trat auf die Veranda hinaus, wo Ssita mir das Frühstück auf einen Schemel gestellt hatte. Nach meiner Gewohnheit griff ich in die rechte Jakkentasche, in das kleine Nebentäschchen, wo ich meinen Autoschlüssel aufbewahre.

Ich hatte nur ganz automatisch hineingefaßt. Aber die Tasche war leer! Ich erschrak. Wo ist der Autoschlüssel? Ich fuhr mit der linken Hand in die linke Jackentasche. Dort war er.

Links? Wie kommt denn das? Niemals stecke ich den Schlüssel in die linke Tasche. Sollte ich am Abend zuvor so durcheinander gewesen sein, daß eingefleischte Gewohnheiten nicht mehr funktioniert hatten? Eine wütende Besorgnis stieg in mir auf. Ohne mich um mein Frühstück zu kümmern, hastete ich aus dem Haus, den Pfad hinunter, erreichte den Wagenschuppen, atmete auf. Das Auto stand an seiner gewohnten Stelle. Ich schloß es auf und setzte mich hinter das Rad. Ich steckte den Schlüssel ins Schloß und schaltete die Zündung ein. Das Lämpchen glimmte auf, der Benzinstandmesser zeigte an. Irrte ich mich – oder irrte ich mich nicht? Der Tank war doch halb leer gewesen. Jetzt war er fast zu zwei Dritteln gefüllt. Aber so genau hatte ich mir den Benzinstand nicht gemerkt.

Stand nicht die Lehne meines Sitzes etwas steiler, als ich es gewohnt war? Ich setzte sie um einen Zahn zurück. Jetzt erst stand sie im für mich angenehmsten Winkel. Oder irrte ich mich auch da? Ich sitze manchmal etwas steiler, manchmal weniger steil...

Ich ließ den Motor anspringen; er war sofort da. Ich hatte den Wagen zwei Tage lang nicht benutzt. Danach hätte die Batterie den Motor zwei- oder dreimal mehr drehen müssen, um ihn zum Anspringen zu bewegen. Aber hier unter dem Wellblechdach lastete die Luft heiß und hatte wahrscheinlich den Motor vorgewärmt.

Ich konnte eigentlich gleich zum Mittagessen unten bleiben. Zwölf Uhr war schon vorbei. Ich spürte wenig Hunger, mochte aber nicht weiter auffallen, indem ich nach dem versäumten Frühstück auch noch das Mittagessen ausfallen ließ. Ich aß lustlos. Herr Pierre Grubner zeigte sich nicht. Doch als ich aus dem Haupthaus wieder ins Freie trat, um in der hart hernieder prallenden Sonne den Rückweg in mein Quartier anzutreten, lief mir Madame über den Weg. Erstaunlicherweise lächelte sie mich breit an, mit einem ironischen Zug um die Mundwinkel. Ich wußte plötzlich, was ich zu tun hatte. Ich wandte mich ihr zu und sagte:

»Gut, daß ich Sie treffe, Madame Grubner. Würden Sie, bitte, Ihrem Mann sagen, daß ich meine Pläne habe ändern müssen. Ich werde schon morgen, Sonnabend, abreisen. Vielleicht kann er bis dahin die Rechnung fertigstellen. Guten Tag!«

Madame sagte überhaupt nichts, lächelte auch nicht mehr ironisch. Ich ließ sie stehen.

Die etwa vierundzwanzig Stunden, die ich danach noch in meiner Hütte am Hang verbrachte, gehörten allein der prachtvollen Landschaft am Merbabu und Merapi, einer der schönsten dieser Erde. Ich hatte die freundliche Ssita gebeten, mich bis zu meinem Auszug zu versorgen. Sie tat es mit Vergnügen, wußte sie doch, daß ich mich gern erkenntlich zeigte. Sie half mir auch, mein Gepäck zum Auto zu schaffen.

Ich blieb noch einige Tage in Djokjakarta, ehe ich meine bescheidenen Aktivitäten nach Surabaja und über Malang und Banjuwangi nach Denpasar auf Bali verlegte, um später nach Lombok und Flores weiterzuziehen.

Erst nach Wochen erfuhr ich – etwas vage und als Gerücht, wie solche Nachrichten stets in Indonesien weiterwanderten –, daß ein Geldmitteltransport auf dem Wege von Semarang nach Surakarta spurlos verschwunden sei. Ich rechnete nach und glaube, behaupten zu können, daß der Transport in jener Nacht abhanden gekommen ist, in der ich mit einem fürchterlichen Anfall von Migräne aktionsunfähig in meiner Hütte lag.

In Bali erzählte man mir, es gebe eine alte javanische – und auch balinesische – Kunst, durch pflanzliche Drogen sich selbst und andere Menschen, zum Beispiel Jünglinge und junge Mädchen zu kultischen Tänzen, in Trance zu versetzen, sie auch für Stunden bewußtlos zu machen.

In den Bergländern zwischen Semarang und Djokjakarta hat dann später die Rache der Bauern an den Kommunisten besonders blutig gewütet. Unter der Duldung oder vielleicht sogar unter der Leitung Sukarnos sollte Indonesien in eine kommunistische »Volksrepublik« verwandelt werden. Der Aufstand schlug fehl, scheiterte am Militär, vor allem aber am Widerstand der bäuerlichen Bevölkerung des flachen Landes, die den Augenblick für gekommen hielt, sich an den Kommunisten und ihren Mitläufern, von denen die Bauern lange terrorisiert worden waren, auf grausige Weise zu rächen. In den Wäldern an den Vulkanbergen Perahu, Sundero, Sumbing, Merapi, Merbabu hielten sich versprengte Gruppen der Kommunisten – oder was »Kommunisten« genannt wurde – noch lange nach dem Aufstand. Hier soll auch der Führer der indonesischen Kommunisten, Aidit, verschollen und – wahrscheinlich – umgekommen sein.

Es ist mir unterwegs nur sehr selten passiert, daß ich von einem ständigen Mangel an geistiger und körperlicher Entspannung, von der Ungewißheit, ob ich eine fremde Welt wirklich zu erfassen fähig wäre, vor allem auch von der ewigen Angewiesenheit auf mich selbst so heftig und gefährlich überwältigt wurde, wie in der Nachbarschaft des vieldeutigen Herrn Pierre Grubner und seiner Madame. Ich sehne mich nicht in Länder dieser Art zurück, so schön und verführerisch sie sich auch dem Touristen anbieten mögen, der am Bändel seines Reisebüros ihre Kuriositäten und ihre »Sehenswürdigkeiten« als Pensum absolviert, ohne je in das tatsächlich gelebte Dasein der fremden Welt einzudringen.

Was ich aber stets ersehnt habe und bis zum Ende ersehnen werde, sind nicht die in Wahrheit »fremden« Länder, die sich selbst heißester Bemühung des Europäers nur unvollkommen erschließen, sondern jene anderen, in denen ich ein sozusagen »befreites Europa« wiederfand, einen Stil des Handelns und Lebens, der in dem bis in den letzten Winkel versiedelten, genutzten, bewohnten Gegenwarts-Europa längst unmöglich geworden ist, der aber in der Vergangenheit Europa zu dem gemacht hat, was es heute darstellt. Heute aber scheint dieser auf dauerndes Wachstum gerichtete Stil seine äußerste Grenze erreicht zu haben. Die Dynamik müßte sich also in Statik, die Eroberung in Verwaltung, das freie Wagnis in die berechnete Beschränkung verwandeln, wenn wir auf dieser überlaufenden Erde nicht ersticken wollen.

Ich lobe mir die Länder, in denen man noch, wenn man will und die Zähigkeit dafür aufbringt, im Stil der frühen europäischen Landnahme sich selbst sein kleines Königreich aus dem Busch, aus den Wäldern, aus den Steppen schlagen, wo man schließlich sagen kann: Dies alles ringsumher habe ich allein auf die Beine gebracht, es ist mein Werk, und hier bin ich mein eigener Herr.

Man kann diese sehr stolze, unabhängige Haltung selbst noch im heutigen Europa vertreten und – unter Schwierigkeiten – behaupten. Aber einfach ist es wirklich nicht. So wünsche ich mir nur noch, den Freunden nahezusein, die sich irgendwo am Rande der Welt ihre ureigene Heimat angelegt und ausgebaut haben und jederzeit sagen können: Die verrückten Zeiten sollen mir gestohlen bleiben.

Da ist zum Beispiel

Mein Freund Henry Shelton am Tetaklin-See

im innersten Herzen des geliebten Landes British Columbia. Henry ist rein englischer Herkunft und stellt deshalb in meinem Bekannten- und Freundeskreis durchaus eine Ausnahme dar. Denn es ist mir auf meinen ausgedehnten Wanderungen sonst nie beschieden gewesen, einen waschechten Engländer als Freund zu gewinnen. Für die Instinkte eines Engländers bleiben die Deutschen ein niemals ganz zum Gentleman fähiges, ziemlich unberechenbares Volk aus dem fernen, dunklen Osten, mit dem man am besten nur par distance verkehrt.

Ganz anders geht es mir mit Schotten und Iren. Da entwickeln sich sogar – nach meinen langjährigen Erfahrungen – freundschaftliche Beziehungen besonders leicht und angenehm. Aber schließlich habe ich Henry Shelton unter nicht gerade alltäglichen Bedingungen kennengelernt; dabei wird manches möglich, was sonst nicht zu erwarten wäre.

Eigentlich sollte ich zögern, ihn einen Freund zu nennen. Denn Henry hält es für sinnlos und daher überflüssig, Briefe zu schreiben. Da ich diese Zeilen zu Papier bringe, habe ich den Guten schon seit mehr als zwei Jahren nicht mehr gesehen – und in zwei Jahren kann sich viel ereignen: er kann bei einer seiner zahlreichen und meist unvermeidlichen Begegnungen mit den Vertretern der Familie Grizzly den Kürzeren gezogen haben und zerfetzt worden sein; er kann sein Blockhaus am Ende der Welt, dort am Ostufer des Tetaklin, durch Feuer verloren haben – er ging mit seinem Ofen und der Kochstelle stets erschreckend sorglos um –, und mag dann bei tiefer Kälte und nach dem Verlust seiner Kleider und seiner Vorräte verhungert und erfroren sein; er mag mit seinem sehr kipplichen Kanu auf dem Tetaklin gekentert und in dem stets eisigen Gletscherwasser schnell erstarrt und ertrunken sein – ich habe ja selbst erlebt, mit wie furchterregender Plötzlichkeit die Fallböen von den Hochgebirgswänden weiter im Westen herniederstürzen und ohne jede Vorwarnung den Tetaklin in einen brodelnden Hexenkessel aus Schaum und wild durcheinandertaumelnden Kreuzseen verwandeln. Henry kann inzwischen auch ganz friedlich gestorben sein: allein, in aller Stille, wie er es sich immer gewünscht hat, einfach am Tisch oder an seinem Lieblingsplatz am See auf der gestürzten Weiß-Fichte zusammengesunken und in die ewigen Jagdgründe eingegangen sein. Aber ich vermute, daß Henry Shelton noch immer kerngesund ist.

Vor einem Dutzend von Jahren habe ich ihn kennengelernt. Er zählte nach eigener Aussage bereits siebzig Jahre – ich hätte ihm höchstens fünfundfünfzig oder sechzig zugebilligt. Er muß also heute, da ich dies schreibe, längst die achtzig überschritten haben. Als ich ihn bei meinem letzten ausführlichen Aufenthalt in British

Columbia besuchte, erschien er mir allerdings kaum gealtert. Er war nur in seinen Bewegungen etwas langsamer geworden, in seinem Wesen vielleicht noch etwas gleichmütiger und zugleich freundlicher. Aber nach wie vor glänzte seine Hütte vor Sauberkeit und Ordnung, nach wie vor lag ihm die schwere Winchester-Büchse ruhig in der Hand, nach wie vor konnte kein Zweifel daran bestehen, daß er Herr der Einsamkeiten und Wildnisse war, die ihn weglos und ungezähmt über Hunderte von Quadratmeilen weithin umgaben. Als ich das letzte Mal bei ihm war, sagte er aus irgendeinem Anlaß, den ich vergessen habe:

»Vielleicht werde ich noch hundert Jahre alt, Alfred. Warum nicht? Ein Jahr ist hier wie das andere. Ich habe keine Eile. Noch habe ich meinen Spaß jeden Tag, und an Überraschungen fehlt es auch nicht. Gestern bist du hier aufgetaucht und heute ging mir der da an die Angel – und wird dir bald langweilig werden, denn auf die Jagd gehe ich nicht mehr, solange du da bist.«

Er wies auf einen erstaunlichen Hecht von mindestens fünfzehn Pfund, den er wenige Stunden zuvor aus dem Wasser des Sees gezogen hatte. Aber er wurde mir nicht langweilig, der Hecht, in den sechs Tagen meines Besuchs. Denn Henry – was ganz unenglisch ist – legt großen Wert auf schmackhafte und liebevoll ausgedachte Mahlzeiten und servierte uns den Hecht jeden Abend zum Dinner, aber jedesmal auf gänzlich andere Weise zubereitet: gekocht, gebraten, gedünstet, mit Kräutern, mit Wildfleisch zusammengeschmort, mit Reis, mit Brot, mit Kartoffeln als Zuspeise – sein Programm schien noch längst nicht erschöpft, als ich mich wieder auf die schwierige und holprige Rückfahrt zu den ersten Vorposten der Zivilisation begab. Es bereitete ihm sichtliches Vergnügen, mir jeden Tag eine neue, überraschende Variation des Themas »Hecht aus dem Tetaklin-Lake« anzubieten.

Außerdem unterhielten wir uns besonders angeregt und über entlegenste Dinge, wenn er am Herde stand und kochte, mischte, rührte, was das Zeug hielt, während ich das Geschirr der vergangenen vierundzwanzig Stunden abwusch und den Tisch für das nächste Festessen deckte. Silber brauchte nicht geputzt zu werden, denn es gab keins, und Tischtücher wurden nicht schmutzig gemacht, denn die gab es auch nicht, sondern nur einen Tisch aus gehobelten Fichtenbrettern, die sich leicht abseifen ließen.

Mit den Vorbereitungen zu unseren abendlichen Schmausereien begannen wir stets schon am Nachmittag, wenn es anfing, draußen kühl oder schon kalt zu werden. Es war bereits Mitte Oktober, als ich mich endlich zu Henrys entlegenem Tetaklin hatte aufmachen können. Man weiß nie, wann in diesen Landstrichen der erste Schnee fällt. Freilich, er bleibt noch nicht liegen; meist taut er schon nach wenigen Tagen wieder weg. Aber der ohnehin kaum befahrbare Weg zum Tetaklin konnte dann für Wochen grundlos werden; man durfte ihn auch keinesfalls zerwühlen, sonst froren die tief im Schlamm eingefurchten Räderspuren gegen Mitte oder Ende November steinhart und machten die gut fünfzig Meilen bis zur nächsten, gerade noch von der Regierung als Straße anerkannten schmalen Schotterfahrbahn so gut wie unpassierbar.

Henry achtete sorgfältig darauf, daß der grobe Zufahrtsweg zu seiner Einsamkeit bei Tauwetter im Herbst und Frühling und nach anhaltenden Regen im Sommer nicht befahren wurde und pflegte dann die Abzweigung von der gebahnten Straße rechtzeitig zu verbarrikadieren.

Denn wenn er auch keinen Wert darauf legte, ungebetene Besucher zu empfangen, so mochte er sich doch den Ausgang aus seiner höchst königlichen Einöde keinesfalls verwehren lassen. Er war ja gewiß kein Fanatiker, dieser Henry Shelton aus Alconbury in der englischen Grafschaft Huntingdonshire, und erst recht kein Menschenfeind. Und wenn er sich auch ans Ende der Welt zurückgezogen hatte, so nicht deshalb, weil er irgendwen oder irgendetwas haßte, sondern weil er – ganz englisch – nicht einsah, warum er anders leben sollte, als es ihm behagte, vorausgesetzt, daß er niemandem zur Last fiel und sich's auf eigene Verantwortung leisten konnte – und das konnte er.

Leider habe ich die sechs Tage, die ich vor zwei Jahren am Tetaklin bei Henry verbrachte, nicht so unbeschwert genießen können, wie ich es mir gewünscht hätte. Ganz abgesehen davon, daß meine Zeit in Kanada damals sehr beschränkt war, machte mich die Aussicht, am Tetaklin etwa einzuschneien, einigermaßen nervös. Jeden Morgen sah ich besorgt nach dem Wetter. Es fror schon in jeder Nacht ein wenig. Als dann über der Coast Range im Nordwesten um die Tsitsutl-Spitze her, die sich bisher wie mit härtestem Griffel in den Horizont geritzt dargeboten hatten, die ersten schwarzblauen Wolkenballen auftauchten, jene unverkennbaren himmlischen Federkissen, aus denen Frau Holle auch in dieser gottverlassenen Gegend den Schnee zu schütten pflegt, da zögerte ich nicht, sondern nahm noch am gleichen Tage Abschied. Henry verstand meine Besorgnis durchaus und ließ mich ziehen, obgleich wir den Hecht noch längst nicht verspeist hatten. Es lag immer noch ein ansehnliches Stück Fisch in der tiefen Grube, die sich Henry im Winter mit massivem, aus der Seefläche gesägten Eis auszupolstern pflegte und die ihm dann, stets im Schatten gehalten und sorgsam abgedichtet, bis zum nächsten Winter als Eisbox diente.

»Well«, sagte mir Henry zum Abschied, schon ins Autofenster hinein, »it was nice, Alfred, to have had you for a couple of days. Hope to see you again next year.«

»And I hope so too, Henry. You may be sure of that! So long now!«

Und gab sachte Gas und rollte davon, verschwand schnell zwischen den Bäumen am Rande der Lichtung, die er sich am See aus dem Wald geschlagen hatte, als er am Ende der zwanziger Jahre hier seßhaft geworden war – um die gleiche Zeit etwa, als auch ich die wunderbaren Wildnisse British Columbias zum erstenmal erlebte. Ich ließ mich immer weiter verlocken; es gab noch viele andere großartige Kontinente und Länder, Berge, Wälder, Steppen und Küsten, Ströme, Meere und blaue Seen; ich mußte deshalb zunächst und immer wieder ins alte Europa zurückkehren. Er konnte seiner leuchtenden Einöde treu bleiben.

Man wird vielleicht erwarten, daß ich genau beschreibe, wo der Tetaklin-Lake in British Columbia zu finden ist – es gibt Dutzende, vielleicht Hunderte von kleinen und großen Seen in British Columbia mit ähnlichen indianischen Namen –, und wie man mit dem Auto »Shelton's Place«, wie Henry's Anwesen bei den wenigen Leuten in der weiteren Umgebung genannt wird, erreichen kann. Aber davon kann keine Rede sein!

Nachdem ich einmal »Shelton's Place« entdeckt hatte, nachdem er seine Überraschung verwunden und ihn gerade diese meine »Entdeckung« auf eine gewisse »Seelenverwandtschaft« hatte schließen lassen, wie er ironisch heiter schon am zweiten Tag bekannte, nachdem ich hatte eingestehen müssen, daß ich zur schreibenden Zunft gehöre und nur schwer zu halten bin, wenn ein leeres Blatt Papier und ein Federhalter in erreichbarer Nähe aufzutreiben sind, hatte er mir mit Furcht und Beschwörung in der Stimme das Versprechen abgenommen, nie schwarz auf weiß bekannt zu geben, wo sein Refugium zu finden ist. Deshalb habe ich auch in meinem letzten Buch, in dem ich mich bemüht habe, das Lob British Columbias zu verkünden*, keine Zeile über Freund Henry verlauten lassen. Freund? Ja doch, ich muß ihn so nennen. Wenn wir uns auch erst in Jahren, vielleicht niemals wiedersehen und auch inzwischen nichts voneinander hören, so wird doch die Wärme, die ich in mir spüre, wenn sein Name fällt, in noch so vielen Jahren nicht vergehen. Und ich bin sehr sicher, daß ihm nicht viel anders zumute ist.

Seither bin ich zwar sorgloser geworden. Aber wenn ich von ihm und seinen Umständen spreche, so werde ich mich doch hüten, mir irgendeinen Hinweis entschlüpfen zu lassen, wo der Tetaklin-Lake zu suchen ist – und darauf allein kam es ihm an. Daß ich seine Existenz sozusagen zu einem Gleichnis erhebe, das würde ihn nicht stören. Darüber haben wir in manchem Zusammenhang gesprochen.

Ich sollte nun zuerst berichten, wie ich Tetaklin gefunden habe, auf nicht viel andere Weise nämlich, als er selbst das glasklare, eisig kalte Gewässer entdeckt hat.

Wie vor zwei Jahren, war es damals, vor zwölf Jahren also, auch um die Zeit des Herbstes. Jene unvergleichlichen Wochen, die man in Kanada und den Vereinigten Staaten unter dem schönen Namen »Indianersommer« zusammenfaßt, hatten ihr sanftes Regiment, ihre stets bei aller stillen Heiterkeit auch etwas schwermütige Herrschaft angetreten. Es hatte schon einige Male gefroren in den sternklaren Nächten. Aber noch hoben die Tage sich freundlich und warm über den Wäldern in den seidenblauen Himmel, Tage wie Wein!

Das Laub an den Bäumen hatte sich in buntes Geschmeide verwandelt, die Birken prunkten in hellem, die zittrigen Espen in rotem Gold. Der Weiden- und Pappelbusch schimmerte wie lauter braungelbe Blumensträuße, während die Schwarzfichten mit dem gleichen melancholischen Ernst, mit dem sie die hellen Tage des Sommers überstanden hatten, nun dem kalten Schweigen des Winters entgegendämmerten. Die herrlichen Douglasfichten, diese Könige unter den Bäumen der westlichen Wälder, sie mischten ihr dunkel kräftiges Grün in die goldrote Farbenpracht, als

---

* A. E. Johann »Ein Traumland – British Columbia. Reisen im Kanadischen Westen.« C. Bertelsmann Verlag.

könne es auch jetzt in diesem Rausch von Gelb, Purpur und Karmesin keine schönere Farbe geben.

Ich war von der großen Magistrale, die in allgemeiner Nordrichtung von der Grenze der Vereinigten Staaten herausführt und sich dann jenseits von Prince George und Fort St. John in der Alaska-Straße fortsetzt, nach Westen abgebogen, um die Pazifische Küste zu erreichen – über eine etwas ausgefallene, selten benutzte Route, die ich noch nicht kannte. Ein besonders schwieriger Abschnitt dieser Route – dort, wo die äußerst schroffe Küstenkette überquert werden muß – war erst vor kurzem fertig geworden. Ich wollte diese wahrscheinlich noch sehr unvollkommene Straße ausprobieren und war auf grobe Schwierigkeiten gefaßt, konnte mich aber auf mein kräftiges, vierrad-angetriebenes Fahrzeug verlassen.

Oh Einsamkeit!

Mehr noch in Kanada als in Australien habe ich von jeher die Kühnheit bewundert – fast bin ich versucht, von Unverfrorenheit zu sprechen –, mit der in diesen unendlich weiträumigen Ländern Straßen in und durch das Nichts gebahnt werden, obgleich vor der Hand nur ein paar winzige, armselige Siedlungen verloren in der Leere hängen. Sie rechtfertigen den kostspieligen Bau einer Straße keineswegs. Doch wird mit unüberwindlichem Optimismus von der sich allerdings oft bestätigenden Regel ausgegangen: Wo eine Straße ist, finden sich mit der Zeit auch die Leute an, die sich ihrer bedienen und sich dort heimisch machen. In den Erschließungszeiten des amerikanischen und kanadischen Westens haben die Schienenstränge eine ähnliche Rolle gespielt.

Eine neue Straße unter den Rädern, eine Straße, die ich noch nie befahren habe! Das ist ein Hochgefühl, das mich mein Leben lang dazu verführt hat, die sogenannte »gesicherte Position«, die »aussichtsreiche Laufbahn« nicht ernst zu nehmen, ein Gefühl, welches mir nie Zeit gelassen hat, das für einen gutbürgerlichen Lebenswandel notwendige Sitzfleisch anzulegen.

Die Tage schwangen sich wie goldene Vögel aus den schon kalten und sehr stillen, mit Sternen verschwenderisch überpuderten Nächten. Man konnte unendlich weit sehen. An den Horizonten standen die Gebirge, als wären sie Gebilde der Fantasie. In schweren, runden Wogen flossen Wälder und leere Steppen rings um mich heran, tauchten vor mir auf, sanken hinter mir fort. Und unter mir rollten die Räder, vorsichtig und gemessen, knirschten im lockeren Kies und gaben sich Mühe, gröberen Brocken und gefährlichen Gruben auszuweichen. Ich zog eine Staubfahne als Kielwasser hinter mir her, aber sie belästigte mich nicht, denn der Wind stand an diesem kühlen, glasigen Morgen von Südwesten her, drückte mir also die graugelbe Wolke nicht ins Fahrzeug hinein, sondern führte sie seitwärts fort.

Ich war schon zwei Stunden unterwegs und war noch keiner menschlichen Behausung begegnet. Aber ich fuhr nach einer guten Karte und wußte, daß bald eine kleine Ansiedlung von Indianern auftauchen mußte, in der es, wenn auch sonst nichts von Bedeutung, doch sicherlich Benzin geben würde. Und es empfiehlt sich auf solchen Routen, jede Gelegenheit zu benutzen, den Tank wieder aufzufüllen, sonst kann es passieren, daß gerade dort, wo man sich mit Brennstoff versehen wollte, der Vorrat an verkäuflichem Benzin aufgebraucht ist – und der nächste Tankwagen kommt erst in drei Wochen wieder vorbei . . .

Ich fragte den verschlafenen und ungewaschenen braunen Mann, der mir mit der Handpumpe den weitere Wanderschaft garantierenden Saft ins Auto füllte, ob noch viele seiner Leute in den weiten Ödnissen ringsum zu finden wären. Er meinte, von solcher Frage offenbar nicht sehr erregt, nein, die allermeisten hätten sich zur Straße gezogen und die jungen Männer wären in die wald- und holzverarbeitenden Betriebe weiter im Süd-Osten, in der Cariboo, abgewandert. Das Hinterland laufe leer. Die Straße sauge die Leute ab.

»Aber sie bringt doch auch viele heran«, erwiderte ich.

»Indianer nicht!« gab er mürrisch zur Antwort und hielt das Gespräch offenbar für abgeschlossen.

Ich zahlte und rollte aus der schütteren Ansammlung von einem oder anderthalb Dutzend hölzernen Hütten wieder hinaus. Hier und da stieg der Herdrauch kerzengerade in den makellos blauen Himmel; außer meinem nachdrücklich herausgeklopften Benzinmann war keine menschliche Seele mehr in Erscheinung getreten. Aber mein Tank war wieder bis zum Überlaufen voll, und das war die Hauptsache.

Manchmal faßt mich, wenn ich so ins Leere hinein unterwegs bin, eine Art sanfter Raserei. Mir ist dann, als müßte ich erkunden, was am Ende jeder Straße zu entdecken ist, denn Straßen müssen schließlich irgendwohin führen. Aber wohin führen sie?

Es ist ein großartiges Spiel: ich warte, bis von der Straße, die in die Karte eingezeichnet ist, irgendwo eine nicht erwähnte Straße abzweigt. Manchmal endet diese schon bald an irgendeinem alltäglichen Ziel. Aber manchmal – im amerikanischen Westen, in Montana etwa oder Idaho, in Saskatchewan oder British Columbia, aber auch in Australien und Afrika – will der Seitenweg gar nicht aufhören, zieht weiter und weiter mit seinen zwei Radrinnen vor mir her, als wüßte er ganz genau, wo er hinwill. Vielleicht bin ich durch Zufall auf jene ursprüngliche Route geraten, über welche das Land vor Jahrzehnten aufgeschlossen wurde – die heutige neue Straße folgt einer für bequemer gehaltenen Trasse. An solchen alten Wegen mag man dann Leute finden, die viel aus der grauen Vorzeit von vor zwanzig oder fünfunddreißig Jahren zu erzählen wissen, als es noch keine gebahnte Straße gab.

Oder der Autopfad stößt plötzlich nach einigen Dutzend oder mehr Meilen auf eine Lichtung im Wald hinaus, schwingt sich in ein Steppental hinab oder zielt geraden Wegs auf einen durchsichtigen klaren See ohne Namen. Es erhebt sich so etwas wie ein Haus, ein paar Hütten. Vielleicht hat jemand eine Lagerstätte von Nickel oder Silber, vielleicht sogar Gold gefunden und probiert nun, ob sie hält, was sie verspricht. Vielleicht hat einer gemeint, die Wildwiesen zur Seite der flüsternden Bäche böten so reichlich kräftiges Gras und süße Kräuter, daß man da beginnen könnte, sich eine Herde von guten Fleischrindern aufzubauen. Vielleicht endet der Weg bei einem Trapper, der sich ein Gebiet mit reichlich Pelztieren erschlossen hat und nun der Wildnis seinen Zoll abverlangt. Vielleicht sogar trifft man einen richtigen Siedler, der sich sagt, auf diesem guten, jungfräulichen Boden kann ich nie verhungern, hier wächst alles in reicher Fülle, was ich der Erde anvertraue; und wenn ich mir im Winter etwas dazu verdiene – in den Sägemühlen oder im Wald –, dann verdiene ich auch Bargeld genug, um im übrigen in meiner wunderbaren Einsamkeit ein zwar nur bescheidenes, aber freies Leben zu führen.

Ich habe viele sonderbare Vögel getroffen bei solchen Fahrten ins Blaue, vorzügliche und erstaunliche Menschen manchmal – und andere, die verkommen und verloren waren, die in ihren abgelegenen Hütten hockten wie kranke Tiere im dunklen Winkel.

Damals also hatte ich schon das Vorgebirge der kanadischen Coast Range erreicht. Die Wälder rückten dichter, üppiger zusammen, die Bäche sprangen mir munterer und schäumender entgegen, das schmale Band der Straße schwang sich immer bewegter und kühner durch das stets unwegsamer werdende Gelände. Ich konnte nicht daran zweifeln, daß ich bald die Paßhöhe erreicht haben würde. Danach würde dann der kurze, steile Abstieg zum Salzwasser beginnen. Ich verspürte nicht die geringste Lust, so bald schon ans Ende dieser Fahrt zu gelangen.

Hatte ich nicht eine halbe Stunde zuvor die Abzweigung eines gut erkennbaren Fahrwegs passiert, die nach rechts, nach Norden wies? Der Wald war dort noch licht gewesen, nicht so wild verwachsen und so hoch hinaufgreifend wie hier, wo ich schon die reicher beregnete Höhenzone erreicht hatte und bald auf die noch viel feuchtere Westseite des Gebirges hinübergleiten würde.

Es hatte mir schon zuvor in den Händen gezuckt, von der gebahnten Straße abzubiegen. Aber der Seitenweg hatte sich so plötzlich und unerwartet angeboten, daß ich vorübergeglitten war, ehe ich ihn recht erkannte. Jetzt, viel später erst, bot sich mir, als müßte es so sein, eine gute Gelegenheit zum Umdrehen. Neben der Straße war eine Geröllhalde abgetragen. Sie hatte wahrscheinlich an anderer Stelle die Aufschüttung für die Straße geliefert. Plötzlich bekam mich meine alte Passion beim Wickel zu fassen. Ich drehte um, richtete die stumpfe Nase meines Autos wieder bergab und rollte auf der eigenen Spur zurück, verfehlte die Abzweigung nicht, lenkte vorsichtig in sie ein – und war die gebahnte Straße los! Und fuhr nun – wohin, zu wem, warum, das wußte ich nicht. Ich war glücklich, dem vorbestimmten Ziel noch einmal entronnen zu sein.

Für eine gute halbe Stunde war der Weg, den ich gewählt hatte, gar nicht besonders schlecht; es war offensichtlich etwas für ihn getan worden, wenn auch schon vor langer Zeit. Die beiden Radspuren wanden sich zwischen den Bäumen und Büschen dahin, als wüßten sie ganz genau, wo sie hinwollten. Das Gras zwischen ihnen stand hoch, aber es verbargen sich keine tückischen Steine oder andere Hindernisse darin, die mir die verletzliche Unterseite des Autos hätten zerstoßen oder zerreißen können. Die ganze Breite des Fahrwegs war irgendwann einmal mit Kies befestigt und gewalzt worden.

Dann wurde ich vor eine neue Entscheidung gestellt. Mitten im Wald an einer lichten Stelle gabelte sich der Weg, und hier stand – es war kaum zu glauben – ein Wegweiser. Das eine Brett wies nach links, also höher ins Gebirge hinauf, und trug in schon sehr verwitterten, aber noch lesbaren Buchstaben die Aufschrift »Tiny

Copper Mine«, was man vielleicht am besten mit »Kupferminchen« übersetzen kann. In dieser Gegend hatte also irgendwer Kupfer entdeckt, hatte sich seinen »Claim«, seinen Anspruch, abgesteckt und sah nun zu, wo er das Geld auftrieb, den Fund in eine Quelle des Reichtums zu verwandeln. Auf alle Fälle konnte der Mann von der Bedeutung seiner Entdeckung nicht besonders überzeugt gewesen sein – oder war vielleicht von Natur bescheiden – sonst wäre er nicht auf das Beiwort »tiny« verfallen, was ja »winzig« bedeutet. Wahrscheinlich hatte er die Sache längst aufgegeben, sonst hätte der Weg zu der Mine viel ausgefahrener sein müssen. Die Radspuren, die an dieser Wegegabel nach links abführten, waren kaum noch zu erkennen.

Um so deutlicher standen sie nach rechts in den festen Waldboden gezeichnet. Der Weg zu der »kleinsten Kupfermine der Welt«, wie ich sie gleich bei mir nannte, war einmal befestigt worden. Die Abzweigung nach rechts konnte nie gepflastert oder aufgeschüttet gewesen sein. Hier zeichneten sich im Erdboden zwei Radspuren ab, die mir noch ganz frisch vorkamen. Sie zogen wie eine Einladung vor mir her davon. Auf dem festgefahrenen Kies des bisherigen Weges waren sie nicht sichtbar gewesen. Auf dem Brettchen, das sich über diesen frischen Spuren erhob, stand deutlich, vor kurzem wohl erst mit Teer oder schwarzer Farbe nachgemalt, das eine Wort: »Tetaklin«.

Das war indianisch. Ich hatte keine Ahnung, was es bedeuten mochte. Aber nach Tetaklin war erst vor wenigen Tagen jemand gefahren – oder von dort gekommen – der Weg mußte also passierbar sein und dort enden, wohin zu fahren irgendwer für lohnend gehalten hatte. Also auf nach Tetaklin – was auch immer sich hinter dem Namen verbergen mochte!

Dichter rückten die Fichten an die Autospur. Nirgendwo mehr war der Versuch gemacht worden, die Bäume aus dem Wege zu räumen, wie es bis zur Abzweigung nach Tetaklin sicherlich geschehen war. Die Spur schlängelte sich zwischen den Bäumen hin, so gut es eben ging, sprang über Wurzeln, wich felsigen Brocken aus, die überall zu Tage traten, war auch manchmal mit Wasser gefüllt; es mußte hier vor wenigen Tagen geregnet haben. Ich hielt es für geraten, meine »Meßstiefel« anzuziehen, Gummistiefel, die bis zur halben Wade reichten. Hatte ich ungewisse Wasserstellen zu durchfahren, so lief ich in diesen Stiefeln auf der einen Spur voraus und kehrte auf der anderen zu dem wartenden Wagen zurück. Hatte ich festen Grund unter den Sohlen gefühlt und war mir das Wasser nicht von oben in die Stiefel gelaufen, so ließ sich die Wasserstelle unbedenklich durchfahren; andernfalls hatte ich mir einen anderen Weg zu suchen, um weiterzukommen. Ein etwas umständliches Verfahren, das mir jedoch gute Dienste geleistet hat. In der Wildnis ist man auf sich allein gestellt, und es empfiehlt sich, Schwierigkeiten abzufangen, bevor sie überhaupt entstehen. Wer darauf vertraut, daß er schon »mit allem fertigwerden wird«, der kommt aus dem Elend nie heraus.

Der Weg wurde nun stellenweise sehr grob. Aber stets zog an feuchtsandigen Abschnitten die frische Räderspur vor mir her, sicher und ohne je zu zögern, und lockte mich weiter. Wald um mich her, lockerer Wald von dunklen Fichten, manchmal sich öffnend, duftend nach dem Harz, das die starke Mittagssonne hervorgelockt hatte. Ringsum kein Zeichen menschlichen oder tierischen Lebens. Aber das täuschte: die Spuren, welche die Autoreifen vor mir hinterlassen hatten, sprachen eine deutliche Sprache – und die Wälder waren voll von Wild, von Hirschen, Elchen, Bären mancher Art. Aber der auf- und abschwellende Lärm des Motors treibt die Tiere zur Seite. Manchmal hielt ich an, um mich umzusehen, stellte den Motor ab, um in die warme Stille hineinzuhorchen. Ich vernahm das gleichmütige Geräusch, mit dem Wasser sich um große Steine wirft und ging ihm nach, fand einen Bach mit kalter, glasklarer Flut. Der Weg scheint dem Bach bergauf zu folgen, dachte ich mir, in respektvollem Abstand natürlich. Ich hatte richtig geraten, wie ich bei späteren Halten feststellte.

Der Bach wird Tetaklin-Bach heißen, mutmaßte ich weiter, und er wird aus einem See kommen, der Tetaklin-See heißt. Auch das sollte sich als richtig herausstellen.

Mehr als eine Stunde lang stolperte ich über den Waldweg dahin, mochte also zehn bis zwölf Meilen zurückgelegt haben – Hunderte von kleinen und großen Kurven, unzählige Auf- und Abstiege über Bodenwellen, felsige oder sandige Bänke und immer begleitet von den ragenden Bäumen, den lebendigen, frischen, den rauschenden, starken und schwachen, jungen und alten – und den toten, denen die leeren, verknorrten Zweige langsam weggebrochen waren, einer nach dem andern, die dann selber gestürzt waren und sich schließlich in allen Stadien hölzerner Verwesung langhin auf den Boden gestreckt hatten, manche noch fest und brennbar, die ältesten nur noch lockerer Mulm, von Erde kaum noch zu unterscheiden, Nahrung für kommende Fichten-Geschlechter – Urwald.

Wie durch einen Vorhang, der plötzlich aufgezogen wurde, so überraschend trat mein Weg ins Freie. Ich atmete auf und hielt inne.

Ja, er hatte sich gelohnt, der holprige Abstecher ins Ungewisse – zum sagenhaften Tetaklin! Vor mir, jenseits einer auch jetzt im Herbst noch strahlend grünen Wildwiese breitete sich ein See, blitzend, von einem leichten Wind gefächelt. Schilf an seinen Ufern. Die Fichten hielten sich zurück und ließen Pappeln, Weiden und Espen den Vortritt, hier und da auch üppigem Gebüsch. Die goldrote Farbenglut des Herbstes war darüber ausgegossen, von der Nachmittagssonne wunderbar entflammt. Ein kräftiger Pulk Wildenten strich vom See zu mir herüber, nahm mein Auto wahr und schwenkte in entzückender, rätselhaft ebenmäßiger Kurve seitwärts ab, ohne daß die Fluglinien der einzelnen Vögel sich auch nur im geringsten verwirrten.

Am fernen Ufer des Sees stiegen die dunklen Regimenter der Fichten bis ins Wasser hinunter, so wollte es scheinen. Dort drangen die Hügel höher und dichter heran als auf meiner Seite, wo die zum See hin sicher sumpfige Wiese sich breitete, so saftig noch, strotzend, in ein wie aus sich selbst heraus leuchtendes Grün gekleidet.

Am Fuße der Gebirge lag der See – das stimmte hier ganz und gar. Denn hinter ihm stiegen sie auf, sich übereinander staffelnd, blau und immer tiefer und sanfter blauend, gekrönt aber in weiter Ferne von einer strahlenden Parade silberner Schneegipfel. Die reine Luft zauberte die Konturen der Gletscherberge zart und doch sehr bestimmt ins himmlische Blau. Es war, als sei ein Traumbild plötzlich Wirklichkeit geworden. Man fragt sich, ob man wacht oder schläft.

Solche Offenbarungen der Anmut unserer alten Mutter Erde zu erleben, das ist – so glaube ich, für meine Person bekennen zu können – das eigentliche Ziel und die geheime Sehnsucht aller kostspieligen, anstrengenden, auch gefährlichen Reisen. Hier, wo ihn der Mensch noch nicht beschädigt hatte, war mir eine solche Offenbarung unberührter, über alle Maßen beglückender Schönheit unseres bedrohten Planeten geschenkt worden. Die Minute prägte sich mir unvergeßlich ein, sie wird mir ein kostbarer Besitz bleiben bis zu meinem Ende. Von diesem Ende vermochte ich übrigens niemals recht zu glauben, daß es ein wirkliches Ende sein könnte. Denn solche Offenbarung erlebt man als etwas Absolutes, als etwas, das überhaupt nichts mehr mit Zeit und Raum zu tun hat und deshalb auch nicht darin gefesselt sein kann. Gewiß darf man entgegnen: die Schönheit besteht nicht an sich, sondern nur auf dem Spiegel meines Gemüts oder Gehirns. Gut – dann ist eben dieses nicht mehr an Zeit und Raum gebunden, wenn es, so wie in solchen Augenblicken, über sich hinaus in ein ganz unirdisches Glück gehoben wird.

Ich erwachte aus meiner Verzauberung und begann, mich genauer umzusehen. Ich täuschte mich nicht: am anderen Ende der Wiese, auf die mich der Wald entlassen hatte, stand unter den äußersten Bäumen rotbuntes Rindvieh, nur schwer zu erkennen im lichtdurchwobenen Schatten. Dort, wo weiter hinten ein Birken- und Weidengehölz als eine leuchtend bunte Barriere zum Seeufer hinunterführte, duckte sich ein langgestrecktes Blockhaus auf eine kleine Anhöhe, die ihm sicherlich guten Schutz vor Frühlingsüberschwemmungen gewährte. Ein paar kleinere Schuppen schmiegten sich in den Waldrand.

Zu diesem Anwesen hin bog der Fahrweg, dem ich bisher gefolgt war, unter den Bäumen des Waldrands ab. Ich brauchte nicht weiter nachzudenken: Wer sich vor solcher Pracht und Herrlichkeit ein Haus gebaut hat, mit dem würde ich mich wahrscheinlich verständigen können. Außerdem stand mein Entschluß bereits fest, nicht gleich wieder abzureisen. Einen ganzen Tag, die Nacht dazu, soll man über solche Landschaften hinwandern lassen – mindestens! –, um sie in all ihren Stimmungen zu erleben, wenn man schon nicht Zeit hat, darauf zu warten, wie sie sich unter anderem Wetter verändern.

Zu meiner Enttäuschung fand ich das Haus leer. Die niedrige Tür war nicht verschlossen. Ich hatte sie geöffnet und in den halbdunklen Raum ein »Hallo, anybody around?« hineingerufen. Es hatte sich nichts gerührt. Es widerstrebte mir, mich im Innern des Hauses näher umzusehen. Aber draußen vor der Tür auf einem festgetretenen Platz, von dem aus dies unvergleichliche Stück Erde in weitem Umkreis zu überblicken war, hatte der Bewohner des Hauses einen Liegestuhl vergessen, eines dieser stets etwas gebrechlichen Gebilde aus ein paar Stangen und buntgestreiftem Segeltuch.

Ich war weit gefahren an diesem Tag, holte mir etwas Eßbares aus meiner Proviantkiste und legte mich – er war so einladend aufgestellt – in den wackligen Liegestuhl, lehnte, nachdem ich den ersten Hunger gestillt hatte, den Kopf zurück und blinzelte seelig noch eine Weile über den schimmernden See zu den Silbergebirgen hinüber, hinter die hinwegzutauchen die Sonne sich schon anschickte.

Aber noch wärmte sie mich freundlich.

Ich war nur noch ein kleines Teilchen dieses wunderbaren Friedens.

Ich war eingeschlafen.

Ich träume nur sehr selten. Und wenn ich es tue, so habe ich regelmäßig schon zehn Minuten nach dem Aufwachen vergessen, was der Traum mir vorgegaukelt hat.

Einige Male in der Vergangenheit ist es mir jedoch passiert, daß ich mit ganz ungewöhnlicher Intensität geträumt habe. Dann bleibt mir der Traum deutlich in der Erinnerung, als habe er sich ebenso wirklich abgespielt, wie etwa ein erster Besuch in einer aufregenden fremden Stadt. So erging es mir, als ich in dem vergessenen Liegestuhl vor dem einsamen Blockhaus am Tetaklin übermüdet eingeschlafen war:

Ich war ertrunken in einem, wie mir schien, ständig kälter werdenden glasklaren See. Aber mein Ich lebte nach dem Tode weiter und sah dem gestorbenen Wesen, das meine Formen trug, mit Interesse und Besorgnis zu. Ich war auf den Boden des Sees gesunken und lag nun unbequem verkrümmt zwischen großen Felsbrocken, die den Seeboden bedeckten. Natürlich konnte ich mich nicht mehr rühren, denn ich war ja tot, aber die Kanten und Ecken der Felsen belästigten meine Leiche doch beträchtlich. Auch behagte es ihr gar nicht, daß das grünglasige Wasser nicht still stand, sondern sich in leise strömender Bewegung befand, also meiner Leiche den Rest von Wärme entzog, der sich nach dem Ertrinken noch darin erhalten hatte, was sowohl ich, die Leiche, wie auch ich, der Beobachter, als äußerst unangenehm empfand. Zugleich aber kamen mir die zwischen den Steinen wachsenden Wassergräser mit ihren sachte in der Strömung wallenden schmalen, langen Blättern sehr schön vor. Die Unterwasserlandschaft offenbarte überhaupt einen wunderbaren Zauber mit ihren Ranken, Schwebepflanzen, moosigen Steinen und grünlich schimmernden Strömungsspielen. Die Empfindung blieb merkwürdig gemischt aus unangenehmen und ärgerlichen Beschwerden und einem trotzdem nicht weichen wollenden Wohlgefühl.

Fische tauchten auf zwischen den Wasserkräutern, blickten mich aus großen runden, aber unbezweifelbar freundlichen Glotzaugen an. Ein mächtiger karpfenähnlicher Fisch umschwamm meine Leiche einigemal und kam mir allmählich näher. Ich sah, wie sich sein Fischmaul in gleichmäßigen Intervallen öffnete und wieder schloß – in gleichem Rhythmus mit seinen Kiemen, die das Wasser ein- und wieder ausatmeten, was mir lustig vorkam.

Schließlich schien sich der dicke Karpfen ein Herz zu fassen. Er mochte sich entschlossen haben, die fremde Leiche zwischen seinen heimatlichen Felsen genauer zu untersuchen. Er näherte sich meinen Händen, als wolle er daran schnuppern. Obgleich ich tot war und bewegungslos, spürte ich doch, wie das Fischmaul meine Hand leise antupfte, eine Berührung, die ich als feucht empfand, obgleich ich doch ganz in Wasser gebettet war. Auch schien mir ein feiner Wasserstrom aus dem Fischmund über die Haut zu fließen, so als habe mich der Karpfen mit Wasser angepustet.

Der Fisch fuhr fort, meine Leiche vorsichtig zu untersuchen; es beunruhigte mich nicht weiter, stimmte mich eher vergnügt. Warum sollte er sich nicht mit mir beschäftigen, da ich doch ungebeten in sein Reich eingedrungen war!

Aber dann näherte sich das freundlich neugierige Wassertier meinem Gesicht, meinem Hals, ließ sein zartes Pustewasser auf meine geschlossenen Augen rieseln. Ich hielt immer noch ganz still, wie es sich für einen Toten gehört.

Die Wende kam, als der Fisch sich mit meiner Nase zu beschäftigen begann und mir unversehens den leisen Wasserstrom in die Nüstern blies. Das ging meiner Leiche offenbar zu weit; sie holte tief Atem und brach in einen gewaltigen Nieser aus.

Und so niesend erwachte ich, weiß auch noch, daß ich bei dem gewaltigen »Hatschi!« erleichtert konstatierte: alles nur Schwindel, du bist ja gar nicht tot!

Ich riß die Augen auf und setzte mich in dem Liegestuhl aufrecht, in dem ich sehr verquer gelegen hatte, und nahm im gleichen Augenblick wahr, daß ein überlebensgroßer Hund erschrocken von mir weggesprungen war. Das Tier hatte mich sicherlich beschnuppert und war von meinem Nieser überrascht worden. Der Hund, ein mächtiger Alsatian, ein »deutscher Schäferhund«, war mir aber offenbar nicht übel gesonnen. Er setzte sich drei Schritte vor mir auf sein Hinterviertel, fegte den Boden mit seinem buschigen Schweif, fixierte mich erwartungsvoll und sagte nur ein einziges »Wau!« Und als ich erstaunt fragte: »Na hör' mal, wo kommst du denn her, Teddy?« erwiderte er nochmals ebenso freundlich wie bestimmt und durchaus nicht drohend: »Wau!« und fuhr fort, zum Zeichen seiner guten Absichten mit dem Schwanz zu wedeln.

Ich merkte, daß ich völlig durchfroren war. Die Sonne war eben hinter den Gebirgen verschwunden, sie zeichnete gerade noch die Zinnen mit einem Saum von goldener Glut zärtlich nach. Auf dieser Höhe – schätzungsweise tausend Meter – und so spät im Jahr wird es am Nachmittag und Abend beinahe im Handumdrehen kühl und kalt, kann sogar schon frieren in den stillen Stunden vor Sonnenaufgang.

Ich stand auf und reckte mich. Der Hund blieb hocken, wo er war und blickte mich mit leicht geöffneter Schnauze, eine Reihe von prächtigen und Respekt heischenden Zähnen entblößend, nach wie vor freundlich an.

Dazu muß ich erklären, daß ich in Kanada, schon gar nicht im Westen, niemals unfreundliche oder gar bösartige Hunde erlebt habe. Hunde gehören dort zur Familie und sind daran gewöhnt, einen normal riechenden Fremden als einen nett zu behandelnden Gast anzusehen – ein Umstand, der von jeher dazu beigetragen hat, mir Kanada sympathisch zu machen.

Allmählich kam wieder Ordnung in mein noch etwas verschlafenes und unterkühltes Hirn. Zunächst galt es, mich der Sympathie dieses höchst imposanten »German Shepherd« endgültig zu versichern. Ich beugte mich also etwas vor, schlug mir mit den Händen leicht auf die Oberschenkel und lockte freundlich: »Well, come here, doggy, come here!«

Er kam, der gewaltige Bursche, langsam, bedächtig, blieb vor mir stehen und hatte nichts dagegen, daß ich ihm den schönen, kühnen Kopf streichelte, während sein Schwanz gelassen weiter wedelte. Er hatte sich also zu der Annahme entschlossen, daß ich nichts Böses im Schilde führen konnte.

Während wir so unsere noch junge Freundschaft bekräftigten, hatte ich nicht bemerkt, daß um die Hausecke herum ein Mann gekommen war. Ich erschrak daher ein wenig, als ich hinter mir die Worte hörte: »Schon vertraut mit meinem Hund, wie? Das freut mich! Seien Sie willkommen! Was führt Sie zu mir, ans Ende der Welt sozusagen?«

Das war kein kanadisches oder amerikanisches Englisch. Das war bestes King's English – mit einem eben spürbaren Oxford-Beiklang, wogegen ich nie das Geringste einzuwenden habe, wenn es sich in Grenzen hält, und das war hier der Fall.

»Was mich zu Ihnen führt?« Ich lachte. Ja, das war eine der Fragen, die sich nicht so schnell beantworten lassen. Ich versuchte es trotzdem und fuhr fort: »Ich war eigentlich nur neugierig, wie es am Ende der Welt aussehen mag. Ich kann jedoch bestätigen: Die Aussicht ist hinreißend am Ende der Welt, die Liegestühle sind auch hier unbequem und die Hunde gewaltig, aber höchst manierlich. Wie heißt diese liebebedürftige Bestie übrigens?«

»Oh, weil es ein reinrassiger German Shepherd ist, nenne ich ihn ›Fritz‹.«

Fritz stellte sofort die Ohren auf, als sein Name fiel und blickte seinen Herrn an. Ein kluges Hündlein, dieser Fritz, und es machte seinem Namen Ehre. Es vollziehen sich viele unbewußte Anpassungen bei solch einem unvermuteten Zusammentreffen; man muß sehr schnell schalten, wenn es gelingen soll. Ich hatte geschlossen: ein gebildeter Engländer, ist Deutschen gegenüber nicht unbedingt positiv eingestellt, ein Kauz irgendwie, sonst würde er hier nicht hausen, trotzdem umgänglich, wenn es gelingt, ihn richtig zu nehmen.

Ich entgegnete also, sozusagen den Stier bei den Hörnern fassend: »Fritz? Sieh einer an! Ich hätte gar nicht erwartet, heute abend noch einen waschechten Landsmann zu treffen. Ich stamme nämlich direkt aus Preußisch-Berlin, wo bekanntlich die besten Fritzes herkommen, kann mich allerdings eines so stolzen Namens nicht rühmen.«

Als ich seinen Namen erneut aussprach, trat der Hund bedächtig an meine Seite und ließ sich von mir hinter den Ohren kraulen, zum Zeichen, daß er mich nun vollends als Gast anerkannt hatte.

Der hochgewachsene hagere Mann, der in einem verwaschenen blauen Overall und einem grünrot-karierten wollenen Windbreaker steckte, die Hosen in handfesten, bis zur halben Wade reichenden Schnürstiefeln aus geöltem Rindsleder, dieser drei Meilen gegen den Wind an seinem überhohen, überschmalen und sehr langen Kopf als Engländer erkennbare Mann, mit jenem Zug um den Mund, der stets einen gewissen ironisch reservierten Hochmut verrät, sah mich nicht an, nachdem ich mich offenbart hatte. Er blickte über den See hinweg zu den im Nachglanz des Abends verdämmernden Gebirgen. Es vergingen einige Sekunden, in denen er mich vergessen zu haben schien. Ein Deutscher war an diesem schönen Platz nicht unbedingt willkommen. Er hatte seine Fühler wieder eingezogen, also zog auch ich mich in mein Gehäuse zurück. Man kann bei solchen ersten Begegnungen nicht vorsichtig und zurückhaltend genug sein. Es kommt zunächst nur darauf an, nichts zu verderben, dem andern die Möglichkeit zu lassen, mich auch abzulehnen – das ist besser, als gleich Umarmungen anzubieten, die nur selten erwünscht sind. Ich fuhr also nach einer kleinen Pause fort:

»Ich habe mich ein wenig verfahren, ich gebe es zu. Aber es ist schon zu spät, um wieder die Hauptstraße zu gewinnen. Ich schlafe gewöhnlich, wenn es sein muß, leidlich komfortabel in meinem Auto und bin auch mit Proviant ausreichend versehen. Ich hoffe, daß mein Auto dort nicht im Wege ist, wo ich es am Ende des Fahrweges abgestellt habe. Morgen früh mache ich mich bei erster Helligkeit wieder auf die Reise.«

Damit hatte ich ausgedrückt, was ein Fremder als Mindestes überall im kanadischen Hinterwald erwarten und was ihm nicht verweigert werden kann, wenn er zu keinem Mißtrauen Anlaß gibt – und selbst wenn er ...

Wieder eine winzige, unwägbare Pause. Dann die Antwort: »Ich verstehe. Sie wollen gleich weiter. Ich rate Ihnen aber, fahren Sie noch dreißig Schritte vor und kampieren Sie zwischen meinen beiden Schuppen, dem einen für Werkzeug, dem anderen für Proviant. Die Nächte sind schon kalt. Zwischen den Schuppen haben Sie Windschutz. Und bleiben Sie nachts im Auto! Ich habe zur Zeit etwas Ärger mit Bären. Und falls wir uns morgen früh nicht mehr sehen sollten: Gute Fahrt!«

»Gibt es irgendwo Wasser?« fragte ich noch.

»Ja, gleich hinter dem Proviantschuppen führt ein Steig zu dem Bach hinunter, der aus dem See kommt. Dort hole ich selber mein Wasser her, wasche mich auch dort. Das Wasser ist absolut sauber und zuverlässig. Es gibt hier keine Verunreinigungen.«

Er griff nach seinem Gewehr, das er an die Hauswand gelehnt hatte, öffnete die Tür und verschwand im Haus. Der Hund war ihm, nach kurzem Zögern, gefolgt.

Nun gut! Er hatte sich an die Regeln gehalten, die im Hinterwald galten. Auf mehr hatte ich keinen Anspruch, erhob ihn auch nicht. Ich selbst bin auch nicht entzückt, wenn mir Fremde ins Haus fallen.

Ich fuhr mein Auto an den Platz, der mir angewiesen war. Das Licht reichte gerade noch, daß ich mich in dem schnell fließenden, sehr kalten Wasser des Bachs von oben bis unten abwaschen konnte. Dann steckte ich mich in einen warmen, dicken Trainingsanzug und bereitete mir mit einigen Handgriffen mein Autobett. Hunger würde ich erst am Morgen verspüren, wenn ich wieder unterwegs war, dann würde ich an irgendeiner hübschen Stelle anhalten und mir ein ausführliches Frühstück aus meiner Vorratskiste genehmigen.

Eine gute halbe Stunde, nachdem sich der Herr dieser schönen Wildnis mit »Gute Fahrt!« von mir verabschiedet hatte, lag ich auf dem geräumigen, mit weichen Decken gepolsterten Liegesitz meines Autos im warmen Schlafsack und sah durchs Fenster rechts einen hellen Stern zu mir herniederblicken. Der Wind hatte sich gelegt, er würde erst gegen Morgen, und dann sehr kalt und schneidend, wieder aufstehen. Ich horchte eine Weile in die ungeheure Stille der herbstlichen Einöde; sie ist manchmal so groß, daß man vor Stille nicht schlafen kann. Ich dachte noch einmal an den Traum, der mich zwei Stunden zuvor zum Narren gehalten hatte, dachte auch – doch etwas betroffen und verärgert, ich muß es zugeben: Es gibt also immer noch Leute, die die Deutschen grundsätzlich nicht leiden können.

Nun, beruhigte ich mich, der Mann hier wird wahrscheinlich seine Gründe dafür haben – auch ich kann oft genug die Deutschen, mich eingeschlossen, nicht leiden – und war eingeschlafen, diesmal völlig ohne Träume.

Was war es, das mich geweckt hatte? Mit einemmal war ich hell wach. Der Morgen fing eben schüchtern an, durch das Fenster über mir hereinzugrauen. Aber noch glitzerten die Sterne. Hatte die Morgenkälte mich aufgestört? Besonders warm war mir nicht, aber auch nicht besonders kalt. Ich fühlte mich ganz wohl, wenn auch etwas steif. Ein Autoliegesitz ist kein Bett. Aber ich besitze ein bedeutendes Talent, in jeder beliebigen Lebenslage zu schlafen, wenn ich nur will.

Da vernahm ich es abermals: neben meinem Auto, hinter der

dünnen Wand des Proviantschuppens, rumpelte es gewaltig, als würden Kisten umgestürzt. Kein Zweifel: irgendein großes Tier war in den Proviantraum eingebrochen und machte sich dort zu schaffen!

Wenn ich auch meinem Engländer gram war, daß er mir nicht einmal sein Haus von innen gezeigt hatte, so konnte ich doch nicht zulassen, daß ihm seine Wintervorräte zerstört wurden. Schließlich müssen die Menschen in der Wildnis gegen die wilden Tiere zusammenhalten ...

Schon zerrte ich die Öse des Reißverschlusses hinunter und schälte mich aus meinem Schlafsack. Es liegt sich ganz angenehm im Auto, wenn man die Talmulden im Liegesitz gut ausgestopft hat. Aber das Aufstehen läßt sich nur mit akrobatischen Verrenkungen bewerkstelligen.

Schließlich war ich in den Schuhen und schlüpfte ins Freie. Ich mußte meinen Engländer schleunigst zu Hilfe rufen, sonst blieb, nach dem Krach in seinem Lager zu schließen, von seinen Vorräten nicht viel übrig.

Als ich um die Ecke des Proviantschuppens bog, sah ich aus der eingedrückten Tür das Hinterende eines gewaltigen Bären ins Freie ragen. Im Innern der Hütte rumpelte es weiter. Zwei Bären also! Das war ja allerhand. Ich sauste die dreißig Schritte zum Wohnhaus und bullerte mächtig an das nächstbeste Fenster. Der Bär blickte von dem Schuppen her mir nach, verfolgte mich aber nicht.

Das Glück wollte es, daß ich das richtige Fenster erwischt hatte, das des Schlafzimmers. Eine noch etwas verschlafene Stimme dahinter: »Was gibt's? Was gibt's? Wer ist da?«

»Bären in Ihrem Vorratshaus, Sir! Sie stellen die ganze Bude auf den Kopf!«

»Da soll doch dieser und jener! Ich komme!«

Es vergingen nur wenige Augenblicke, bis auch er in die Hosen und Stiefel gefahren war; aber sie wurden mir sehr lang. Der Bär machte ein paar Schritte den Weg entlang, sah sich dann nach der Hütte um, in der sein Gefährte rumorte, unschlüssig, ob er bleiben oder mich auf Trab bringen sollte.

Da war mein Mann, mit dem Gewehr in der Hand. Viel heller war es nun. Wir hasteten zum Vorratshaus zurück. Jetzt erst wurde dem Bären klar, daß ihm Gefahr drohte. Plötzlich veränderte sich seine Haltung. Sein Kopf ruckte hoch. Er äugte uns entgegen. Aber ehe er sich noch zum Angriff entschlossen hatte, riß mein Mann die Flinte hoch, zielte ...

Der Schuß zerriß die Morgenfrühe mit brutaler Gewalt. Der Bär, dicht neben sein rechtes Auge in die Stirn getroffen, setzte sich unter der Wucht des Aufpralls auf die Hinterkeulen und drehte sich dabei zur Seite, gab seine Flanke frei. Ein zweiter Schuß, genau ins Blatt gesetzt. Die Bestie sackte zusammen, zuckte krampfhaft, starb.

In diesem Augenblick erschien der zweite Bär in der Tür des Schuppens, erblickte uns und und nahm uns sofort an. Es war ein merkwürdiger Zufall, daß er genauso prompt und auf genau die gleiche Weise vom Leben zum Tode gebracht wurde wie sein Gefährte: Schuß in die Stirn, Schuß ins Herz, aus!

Da lagen die beiden schwarzen Kolosse, verströmten noch eine Weile ihr rotes Blut.

Mein Mann machte sich an seinem Gewehr zu schaffen, entlud, setzte einen gefüllten Patronenrahmen in die Kammer, lud durch, sicherte. Das hatte uns Zeit gegeben, unsere Erregung zu bemänteln. Dann sagte er:

»Die beiden Schwarzbären haben mich schon seit Tagen belästigt, das ist mir noch nie vorgekommen. Ich war ihnen gestern für viele Stunden auf der Spur, ohne daß ich sie zu Gesicht bekam. Sie müssen das Frischfleisch und meine Beeren im Provianthaus gewittert haben. Aber ich hielt das Haus für völlig sicher. Warum haben Sie nicht gleich selber geschossen?«

Ich war ehrlich erstaunt: »Geschossen? Womit? Ich führe keine Waffen bei mir.«

»Und dann sind Sie einfach an den Bären vorbei zu mir herübergelaufen, mich zu wecken?«

»Sollte ich Ihr ganzes Lager zu Bruch gehen lassen?« Er blickte mich zweifelnd an: »Mit diesen Burschen ist durchaus nicht zu spaßen. Ich würde Ihnen empfehlen, sich künftig bei ähnlicher Gelegenheit angemessen zu fürchten.«

Das Gespräch gefiel mir nicht; es begann mich zu ärgern. Ich glaubte wieder jenen leisen Unterton eines verächtlichen Hochmuts zu vernehmen, der mich schon tags zuvor beinahe in Harnisch gebracht hatte.

Ich bin sonst nicht besonders schlagfertig, aber diesmal fiel mir etwas Passendes ein. Ich sagte – und gab mir große Mühe, ironisch zu lächeln: »Well, Sir, as you probably know, the Fritzes are not prone to shake in their shoes so very easily – if you do not mind pointing this out to you.«*

Der Mann stand eine Sekunde völlig still da. Ich spürte, daß sich plötzlich etwas veränderte. Er wandte sich mir zu, als gäbe er sich einen Ruck: »No, I don't mind in the least. And may I introduce myself. My name is Shelton, Henry Shelton!«**

»Oh, thanks!« erwiderte ich, überrascht von dieser Wendung. »My name is Johann, Alfred E. Johann.«

Wir schüttelten uns die Hände, als wären wir uns jetzt erst begegnet. Ich meinte, auf die beiden toten Bären deutend: »Da erwartet Sie heute ein mächtiges Stück Arbeit!«

»Ja«, sagte er und machte ein mißvergnügtes Gesicht. »Aber ich möchte wissen, wie die Burschen überhaupt in das Vorratshaus gelangt sind; es war fest verschlossen.«

Dies Geheimnis klärte sich schnell. Die Tür öffnete sich ins Innere des Schuppens – wie die meisten Türen in diesen Wildnissen, sonst gibt es im Winter bei manchmal haushohen Schneeverwehungen viele Schwierigkeiten, wenn man die Türen von innen oder außen öffnen will. Der Bär hatte Freßbares hinter der Tür gewittert und sich an ihr aufgerichtet, um die für ihn rätselhafte Angelegenheit eingehender zu beschnüffeln. Dabei hatte er durch sein Gewicht den nicht sehr schweren Riegel aus seiner Befestigung gedrückt und war, ohne es beabsichtigt zu haben, buchstäblich mit der Tür ins Haus gefallen. Sofort hatte er sich über eine Stellage mit vielen Plattformen hergemacht, auf denen Shelton reife Wildbeeren zum Trocknen ausgebreitet hatte. Von diesem Vitaminvorrat für den Winter war nicht viel übriggeblieben. Die Streifen und Stücke eingesalzenen Wildfleisches, die Shelton in der Hütte ebenfalls zum Trocknen aufgehängt hatte, waren zwar herabgerissen, wie auch ganze Reihen von Konservendosen, waren aber, wie diese, unversehrt geblieben. Die angerichtete Unordnung war groß, aber der Schaden nur gering. Shelton sagte:

»Wenn Sie mich nicht so fix geweckt hätten, wäre von meinen Vorräten nicht viel Brauchbares übrig geblieben. Nur meine schö-

---

* »Nun, mein Herr, die Fritzes neigen so sehr leicht nicht dazu, in ihren Schuhen zu schlottern – wenn Sie mir nicht verdenken, daß ich Sie darauf hinweise.«

** »Nein, nicht im mindesten! Darf ich mich Ihnen vorstellen? Mein Name ist Shelton, Henry Shelton.«

nen, mühsam für die Wintermonate gesammelten Vitamine sind dahin.«

»Ja, schade! Aber sie lassen sich durch Tabletten ersetzen.«

»Typische Antwort von heute!« rief er lachend – wenn er lachte, wirkte der lange, hagere Mann ganz überraschend sympathisch. »Wo soll ich hier Tabletten herbekommen? Nach Prince George oder Whitehorse, wo man die Dinger sicherlich kriegen könnte, habe ich zwei Tage lang zu fahren.«

»Ich habe immer einen guten Vorrat von dem Zeug bei mir, habe aber nichts davon gebraucht. Ich wäre froh, wenn ich die Dinger loswürde. Sonst muß ich sie alle wieder nach Europa zurücknehmen. Dabei wiegt mein Luftgepäck schon sowieso mehr, als es wiegen darf.«

»Vielleicht können wir ein Geschäft miteinander machen. Aber, sagen Sie, über zweierlei sollten wir uns sofort einigen: erstens sollten wir uns auf den Schreck bei mir ein kräftiges Frühstück machen; und zweiten sollten Sie mir eigentlich heute helfen, die beiden Bären aufzuräumen, nachdem Sie die ganze Tragödie heraufbeschworen haben.«

»Gegen erstens habe ich ganz und gar nichts. Über zweitens läßt sich reden, weil ich erst übermorgen an der Küste einzutreffen brauche.«

Inzwischen war der Morgen so strahlend aufgestiegen, war die über den Waldrand königlich sich hebende Sonne so warm auf unserer Haut zu spüren, daß wir beschlossen, das Frühstück im Freien auf dem Vorplatz seiner Hütte einzunehmen, dort, wo ich im Liegestuhl geschlafen hatte.

Vor unseren Blicken breitete sich der blitzende See, das leuchtende Grün der Wildwiese, die Kulisse des Laubwalds in Rot und Gold, die der Fichten im ernsten Dunkel, die der fern sich höher staffelnden Hügelkette rauchblau und veilchenfarben und schließlich, jenseits von ihnen, das von der Sonne in reinstem Licht gebadete Hochgebirge. Die Luft war so frisch und duftend und belebend wie ein Glas Champagner. An diesem Morgen war es eine Lust zu leben.

Als wir schließlich über unseren gebratenen Eiern saßen, als der heiße Tee in den Tassen dampfte und wir mit Behagen unter dem blauseidenen Himmel wie in einem weltweiten Festsaal schmausten, meinte Shelton: »Das wir uns die Mühe gemacht haben, im Freien zu tafeln – obgleich wir beide noch ein bißchen frösteln –

das scheint mir zu beweisen, daß wir zwei unverbesserliche Europäer sind. Oder nicht?«

Ich hatte noch nicht darüber nachgedacht. Er mochte recht haben.

Ich wußte nicht, ob ich wirklich, wozu er mich eingeladen hatte, noch einen weiteren Tag oder gar zwei hier verweilen sollte. Ich konnte mir immer noch nicht darüber klar werden, ob der Mann wirklich auf meine Gesellschaft Wert legte. So fragte ich, als wir gegessen hatten: »Was habe ich eigentlich falsch gemacht, Shelton, daß Sie mich gestern so par distance behandelt haben? Ich gebe zu, daß es besonders tugendhaft ist, als Engländer geboren zu sein. Aber wieso ist es so verächtlich, als Deutscher das Licht der Welt erblickt zu haben?«

Es war natürlich nicht besonders freundlich, so mir nichts, dir nichts von der Hüfte weg zu schießen, aber ich glaubte, es mir schuldig zu sein, wenn ich hier zu Gast bleiben sollte. Shelton wurde unverkennbar auch von einer merkwürdigen Befangenheit oder Verlegenheit befallen. Er zögerte und blickte mich nicht an. Dann: »Das läßt sich kaum mit einem Wort erklären. Ich schlage nochmals vor: bleiben Sie hier und helfen Sie mir, die Bären aus der Decke zu schlagen. Dabei hätten wir genug Zeit, uns zu unterhalten.«

Er sagte das sehr eindringlich.

Ich blieb.

Es war eine schwere und schmutzige Arbeit, den Bären das schwarze, schon winterlich dichte Fell abzuziehen. Er holte eines seiner Pferde zu Hilfe. Die Pferde – schöne Pferde, fünf an der Zahl – weideten mit den Kühen am fernen Ende der Seewiese; sie zeigten sich ebenso zahm und freundlich, wie Fritz, der Schäferhund. Zum Frühstück war er aus dem Haus entlassen worden und folgte uns nun auf Schritt und Tritt. Der kräftige Grauschimmel schleppte die Bären zu einem Gestell im Waldrand, das aus schlanken Fichtenstämmen zusammengesetzt war und in der Höhe einen Flaschenzug trug. In dies Gestell hinein hob der Flaschenzug, an dessen Zugkette das Pferd gespannt werden konnte, den Bärenleichnam in aufrechter Haltung, so daß er leicht mit dem Messer angegangen werden konnte. Ein blutiges und schmieriges Geschäft. Shelton hatte mir eine alte Hose und ein altes Hemd geliehen. Ich muß gestehen, daß ich mir seither viele wesentlich angenehmere Beschäftigungen vorstellen kann, als Bären den Pelz von den Gliedern zu schälen und ihre Filets und Schinken herauszulösen. Weitere Teile behauptete Shelton nicht verwenden zu können. Seine Eisgrube sei voll von Fisch und Wildfleisch. Trockenfleisch habe er auch mehr als genug im Schuppen. Die Filets ließen sich in der kommenden Woche, wenn sie abgehängt waren, frisch verzehren – und die Schinken würde er räuchern. Ich war, trotz allem, ganz einverstanden damit, dies Geschäft einmal aus nächster Nähe kennengelernt zu haben.

Am Nachmittag waren die nicht verwendbaren Teile der beiden Bären vergraben, die verwendbaren wurden zunächst an den Dachbalken des Provianthauses gehängt. Die Felle wurden mit der Innenseite nach außen, an die Rückwand des Wohnhauses genagelt, zum Trocknen. Wir hatten uns gewaschen und in saubere Kleider gesteckt und saßen nun vor dem Haus, um zu verschnaufen. Wir hatten uns einen Whiskey mit klarem Wasser gemischt und warteten darauf, daß uns die Lust ankam, an das Dinner zu denken.

Über das jedoch, was Shelton mit mir hatte bereden wollen, war kein Wort gesprochen worden. Die Arbeit hatte uns allzusehr beansprucht. Aber als wir dann, nachdem der Abend sich sehr kalt anließ, in dem geräumigen Kamin des großen Wohnraums ein Feuer angezündet hatten, erfüllte er seine Zusage.

So verlief der erste Tag meiner Bekanntschaft mit Henry Shelton. Weitere sind ihm damals und in späteren Jahren gefolgt – und wenn es nach mir ginge, so sind auch sie nicht die letzten gewesen. Wenn wir auch keine Briefe miteinander wechseln, so sind wir doch unserer freundschaftlichen Gesinnung vollkommen sicher.

Ich stelle mir die Frage, ob es eigentlich ein Abenteuer gewesen ist, was ich an jenem kühlen Morgen am Tetaklin-Lake erlebt habe. Zwei große Schwarzbären auf einen Schlag – das ist immerhin nicht gerade häufig. Obgleich Bären in den weiten Gegenden des nordwestlichen British Columbia zur Landplage werden können und abgeschossen werden, wo sie sich lästig und gefährlich zeigen. Noch gibt es die dunkelbraunen, dunkelgrauen oder schwarzen Burschen zu ungezählten Tausenden in den menschenleeren Wälderwildnissen; noch wird kein Gleichgewicht in Frage gestellt, wenn man die räuberischen und neugierigen Gesellen hier und da über die Klinge springen läßt. Die sogenannten Abenteuer in der Wildnis sind in den allermeisten Fällen nichts weiter als »Betriebsunfälle« – und wie diese sollte man sie möglichst vermeiden und nicht besonders wichtig nehmen.

Das eigentliche Abenteuer waren damals nicht die bedauernswerten Bären, die für ihre Naschsucht in die ewigen Jagdgründe geschickt worden waren. Das wahre Abenteuer bestand vielmehr darin, daß mir hier in der entlegensten, überwältigend großartig in sich ruhenden Einöde ein Mann über den Weg geschickt wurde wie dieser Henry Shelton.

Er ist mir zu einem Gleichnis für gewisse wesentliche Grundzüge dieser Zeit geworden. Er lebt gewissermaßen dies Gleichnis. Einige solche Gleichnisse aufzuzeichnen – das war die Absicht dieser Niederschrift. Wobei man natürlich nie weiß, ob auch andere das hinter den Dingen sehen, was man selber dahinter zu sehen glaubt.

Henry Shelton war aktiver englischer Pionier-Offizier gewesen, hatte viel studiert und hatte sich vor dem Zweiten Weltkrieg mit seiner Spezialtruppe, oder auch allein, als jeweils angeforderter Fachmann, in allen Teilen des damals noch einigermaßen intakten britischen Weltreichs umgetrieben. Bei der kriegsentscheidenden Landung der alliierten Streitkräfte an der Küste der Normandie war er schwer verwundet worden.

Während er in einem Lazarett in der Nähe von London wochen-, ja, monatelang mit dem Tode kämpfte, war seine Frau, die er über alles liebte – die beiden hatten keine Kinder – bei einem der überfallartigen deutschen V 2-Raketen-Angriffe auf London umgekommen. Die Explosion des fürchterlichen Geschosses hatte von ihr und einigen anderen nichts mehr übriggelassen, was noch zu begraben gewesen wäre.

Als Shelton nach langer Bewußtlosigkeit und übergroßer Schwäche in den letzten Tagen des Krieges wieder zu sich kam und zum erstenmal mit plötzlich sich erhebender Sehnsucht nach seiner Frau verlangte, war sie nicht mehr da. Sie war von dieser Erde auf grausige Weise weggeblasen worden – von den Deutschen, zu einer Zeit, als die Niederlage der Deutschen schon feststand, als sie nur noch irre, verzweifelte Zufallsschläge austeilen konnten, die keinen Sinn mehr hatten.

Vielleicht ist Shelton die Nachricht vom Tode seiner Frau zu schroff, zu unvorbereitet übermittelt worden. Vielleicht überfiel sie ihn zugleich mit der Erkenntnis, daß die Verwundung seiner soldatischen Laufbahn ein vorzeitiges Ende gesetzt hatte: er würde den linken Fuß nie mehr voll benutzen können; ein Lungenschuß hatte obendrein das Atemorgan stark versehrt und geschwächt. Er war – er wird es sich mit der kalten Härte, die ihm eigen war, selbst zugeflüstert haben – zum Krüppel geschossen worden, von den Deutschen. Und er war entsetzlich allein.

Ein halbes Jahr nach Kriegsende konnte er, einigermaßen geheilt, das Lazarett verlassen. Ohne Zukunft. Durch eine nicht eben großartige Pension nur gerade vor den übelsten Unbilden geschützt.

Henry war 1945 nicht viel über fünfzig – zu jung, um das Dasein eines Pensionärs zu führen, zu alt und auch zu zerschlagen, um einen völlig neuen Beruf zu ergreifen. Er war mit Leib und Seele Soldat gewesen, Soldat der Technik. Aber die Technik, die er, zum Beispiel, für Brückenbauten ebenso erlernt und beherrscht hatte wie für Brückensprengungen, war ihm verleidet. Er hatte erlebt, daß neue technische Mittel die Menschen gleichsam unter Zwang setzen, sie auch anzuwenden, daß in der Tat »der Krieg der Vater aller Dinge« ist, jedoch verhängnisvoll häufig das Böse mehrt, nur selten das Gute. Er hatte begriffen, daß in der Begeisterung oder Eitelkeit, die neue technische Mittel bewirken, so gut wie stets die schlimmen Begleiterscheinungen, die Neben- oder Nachwirkungen unterschätzt oder überhaupt nicht wahrgenommen werden.

Der Krieg, und mehr noch das, was ihm folgte, gefiel ihm ganz und gar nicht, war er doch ein treuer Diener und Soldat der Krone gewesen. Der sich mit Macht ankündigende unaufhaltsame Zerfall des britischen Imperiums, die Auflösung alter Ordnungen, die Jahrhunderte lang England groß und mächtig gemacht hatten und die nun unverfroren von zweifelhaften Figuren mit schlechten Manieren in Frage gestellt wurden, auch die – wie ihm schien – immer deutlicher werdende Unfähigkeit des eigenen Volkes, sich als Schicksalseinheit zu empfinden und entsprechend zu handeln – ein Vermögen, das im Kriege überbeansprucht und verschlissen worden war – nein, das alles und vieles andere widerte ihn an. Sein früheres Leben war so vergangen, als habe es nie existiert. Die Frau, die er geliebt hatte, hätte ihm vielleicht eine Brücke in ein neues Dasein bauen können. Doch es gab nicht einmal mehr ein Grab, an dem er hätte trauern können.

Wenn ich nicht wahnsinnig werden will, muß ich hier weg! Dies Geschrei und Gezänk, dieser Gestank, diese Gier, sich unausgesetzt zu zerstreuen und zu vergnügen – das ist nicht das, wofür ich sechs Jahre lang den Kopf hingehalten und mir die Knochen und die Eingeweide habe zerschießen lassen. Fort von hier!

Seine Pension enthob ihn aller unmittelbaren Sorgen. Er nahm die Vergünstigungen in Anspruch, die auswanderungswilligen ehemaligen Kriegsteilnehmern in England sowohl wie in Kanada geboten wurden. Auch konnte er sich auf seine ausgezeichnete technische Ausbildung berufen.

Irgendetwas mußte er unternehmen. Auf beinahe krankhafte Weise beherrschte ihn das Verlangen, die großen Städte, die Rattenjagd nach dem materiellen Erfolg, diese »Gesellschaft, die vom Neid lebt und von der Gier nach noch mehr Gier« (seine Worte!) hinter sich zu lassen und eine reine, freie Luft zu atmen, wo es keine oder nur wenige Menschen gab.

In British Columbia nahm er an einem gründlichen Kursus in Geologie und Mineralkunde teil und fing an, in dem weiten Bergland nach abbauwürdigen Erzlagerstätten zu suchen: auf die altertümliche Manier als einzelner und auf eigene Faust, mit Hammer und Salzsäure und dem Packtier am Zügel. Doch dies Prospektoren-Dasein war ihm nur Vorwand, nur Verkleidung. Es kam ihm nur darauf an, allein zu sein, den Krieg zu vergessen und was er ihm genommen hatte – und vielleicht irgendwo und irgendwie ein natürliches, unabhängiges Dasein zu gewinnen.

Wie es manchmal geschieht, so erging es ihm. Er hatte das »Prospekten« nicht sonderlich ernst genommen. Er wollte damit nur sein Leben in der Wildnis sich und anderen glaubhaft machen. Und gerade ihm, dem es gar nicht darauf ankam, gelang ein erstaunlicher Fund. Was mir von dem Wegweiser dem Namen nach schon bekannt war, jene Lagerstätte, die er dann »Tiny Copper Mine« genannt hat, entdeckte er zu seiner eigenen, ihn nicht einmal besonders beglückenden Überraschung. Das Kupfer, das der Name erwähnt, war gewiß nicht das Wertvollste, was an jenem Fundort auf Nutzung wartete. Was es war, hat er mir nicht verraten. Er hatte sich vertraglich verpflichtet, den Mund zu halten – und ich bedrängte ihn nicht. Ich hätte nichts weiter erreicht, als ihn mißtrauisch zu machen – wozu er ohnehin neigte, Einsiedler und Einzelgänger, der er mit der Zeit geworden war.

Er ist mit äußerster Vorsicht und Klugheit zu Werke gegangen. Nach und nach sicherte er sich in dieser bisher noch kaum begangenen Gegend zusammenhängende Schürfrechte, machte das so leise und langsam, daß kein Argwohn aufkam. Schließlich nahm er im geheimen Verhandlungen mit einer der bedeutendsten amerikanisch-kanadischen Minengesellschaften auf. Ihn mußte man ernst nehmen. Er war nicht irgendwer. Er war ein Mann, der in Cambridge und Sandhurst studiert hatte, ein Mann, der hohe Kriegsauszeichnungen und vorzüglichste Referenzen vorweisen konnte, wenn er es für angebracht hielt (was nur sehr selten vorkam). Er setzte einen erstaunlichen Vertrag durch, ehe die Minengesellschaft, mit der er die Verhandlungen aufgenommen hatte, auch nur ahnte, wo die Vorkommen zu suchen waren, von denen dieser hochmütige Brite zu wissen glaubte, der überdies keine Minute lang darauf Rücksicht nahm, daß Amerikanern ein englisches Englisch mit Oxford-Akzent unerträglich affektiert klingt.

Der Vertrag überträgt alle Schürf- und Abbaurechte in der Gegend des Tetaklin-Sees ohne Entgelt von Henry Shelton auf die Minengesellschaft, jedoch mit der Auflage, daß die Minengesellschaft diese Mineralvorkommen als stille Reserven in der Erde ruhen läßt, solange ihr Entdecker, eben Henry Shelton, dies für richtig hält. Gleichzeitig setzt die Minengesellschaft besagten Henry Shelton als ihren Vertrauensmann und Anspruchshüter ein, der an Ort und Stelle darüber zu wachen hat, daß die Anrechte und Erstrechte der Minengesellschaft gewahrt bleiben. Die Gesellschaft stellt die nötigen Transportmittel, Proviant und Ausrüstung und zahlt eine angemessene jährliche Vergütung für die geleisteten Dienste. Der Vertrag kann nur von Henry Lydgate Shelton, nicht aber von der anderen Seite gelöst werden.

Was ich hier mitgeteilt habe, kam nicht alles bei meinem ersten Besuch heraus, sondern in Umrissen erst bei meinem zweiten, zwei Jahre später. Und vollkommen eingeweit bin ich erst seit meinem letzten Besuch am Tetaklin. Henry ist ein vorsichtiger Mann. Er ließ die Beziehung zwischen uns sehr langsam wachsen. Sie wuchs auf eine mir eigentlich unverständliche Weise auch in den langen Zeiträumen zwischen meinen kurzen Besuchen weiter, als führe sie ein von uns unabhängiges Eigenleben. Wenn wir uns wiedersahen, waren wir inzwischen viel intimer, vertrauter, des anderen sicherer geworden als beim vorigen Mal. So redeten wir uns, zum Beispiel, beim zweiten Mal gleich mit unseren Vornamen an, als hätten wir uns darüber geeinigt. Wir waren in der Zwischenzeit zu diesem Stadium vorgedrungen, obgleich wir nicht einmal einen Brief gewechselt hatten. Es verstand sich trotzdem von selbst.

Henry Lydgate Shelton, dieser erstaunliche Mann, hat für seine Person und auf seine Weise die Konsequenzen aus den Zuständen der Zeit und Umwelt gezogen, so wie er sie sieht. Er hat sich, so lange es ihm gefällt, ein privates Refugium in den immer noch unabsehbaren Wildnissen des kanadischen Fernen Westens gesichert. Heute werden selbst die entlegensten Landstriche Kanadas und Alaskas, bis in die öden Vorhöfe des Nordpols hinauf, vom Flugzeug aus kartographisch und mineralogisch erfaßt. Die großen Berauber der Erde, die mächtigen Minen- und Erdölgesellschaften, sichern sich die Areale, wo irgendwann irgendetwas zu holen sein dürfte, was eine technisierte Welt früher oder später brauchen und danach wegwerfen wird, wenn es seinen Zweck als Konservenbüchse, Schiffsschraube oder Heizmaterial erfüllt hat. Da die Vorräte an diesen verwertbaren und, was mindestens ebenso wichtig ist, profitbringenden Naturschätzen begrenzt sind und ihre Erschöpfung bereits absehbar ist, belegen die großen Gesellschaften jede »höffige« Gegend mit Beschlag, auch wenn sie zunächst kein dringliches Interesse am Abbau haben.

Das hat sich Henry zu Nutzen gemacht. Er läßt den Fahrweg zu den Minengebieten mit Absicht verwachsen und verbuschen. Er kann den Standort über den See hinweg mit seinem Motorboot erreichen, für das er unterhalb seines Hauses im Schilf einen Schuppen gebaut hat, so flach und niedrig, daß er nicht über den mannshohen Schilfwald hinausragt. Für ihn bilden die mächtigen Vorrechte und Interessen seiner Gesellschaft lediglich den Schutzwall, hinter dem er sich des unerhört schönen Fleckens Erde am Tetaklin erfreut. Weder er noch ich haben übrigens zuverlässig erkunden können, was dies indianische Wort bedeutet; man braucht ja auch nicht alles zu wissen.

»Weißt du, A. E., wie lange noch mir all dies hier allein gehören wird – ich bin nicht bereit, einen Eid darauf abzulegen. Im vorigen Jahr hat man mich sehr bedrängt, wenigstens zu gestatten, weitere Probebohrungen niederzubringen. Anscheinend werde ich den Leuten zu alt, oder meine Verrücktheit, hier auf eigene Faust, ganz im kleinen, ein paar schöne Fleischrinder und Pferde zu züchten, mich einem permanenten Wildnisurlaub hinzugeben und im Winter sogar ein wenig Trapper alten Stils zu spielen, das alles sogar mit bescheidenem Erfolg – diese hartnäckige Kauzigkeit beweist, daß ich ein zäheres Leben habe, als die Leute wohl gedacht haben. Bis jetzt habe ich alle Angriffe, die mich zwar nicht unbedingt hier loseisen, aber mir doch den Lärm in meine Einsamkeit bringen wollen, abgewehrt. Aber natürlich bin ich nicht so stark wie sie – und ehe ich mich auf lange Debatten und Streitereien einlasse, werde ich irgendwann nachgeben und mich am Rande von Prince Rupert vielleicht oder von Port Alberni oder bei Tofino, von dem du mir so viel vorgeschwärmt hast, niederlassen. Man wird ja leider älter, und der Gedanke, einen Arzt in der Nähe zu wissen, gewinnt mit der Zeit Gewicht. Ich habe mich in den vergangenen zehn, zwölf Jahren mit soviel Stille, reiner Luft und Weite vollgesogen, daß ich vielleicht für den Rest meines Lebens damit auskomme. Manchmal habe ich mich ohnehin in dem Verdacht, in Wahrheit einer Art von auf den Kopf gestelltem Snobismus zu huldigen. Normale Snobs legen Wert darauf, nur in allerfeudalsten Kreisen, in allerfeinsten Hotels zu verkehren, ihre Wohnungen in den exklusivsten Vororten von London oder New York, in Biarritz oder auf den Bahamas zu haben. Ich dagegen beanspruche einen privaten Rahmen von einigen hundert Quadratmeilen im Umkreis, völlige Zurückgezogenheit und eine höchst eigensüchtige Robinson-Existenz, aber, bitte, mit dem nötigen Komfort, mit klimatisiertem Jeep-Wagoneer, mit Evinrude-Bootsmotor, mit Proviant erster Qualität, mit Büchern, Zeitschriften, elektrischem Licht – Kraftstation ganz versteckt im Walde, bitte – mit Eisbox und Ölheizung neben dem Kamin aus den Felsbrocken der Wildnis, und das alles im Blockhaus alten Stils. Und halb aus Jux auch noch eine Eisgrube alten Stils für halbe Bären ... Solange ich hier nichts verunstalte und zerstöre, was zu dieser hinreißenden, mich jeden Morgen von neuem in ihre schönen Arme schließenden Landschaft gehört, solange sehe ich nicht ein, warum ich mir mein buen retiro nicht mit soviel Komfort der Neuzeit ausstatten soll wie nur möglich. Die Gesellschaft benimmt sich bis jetzt sehr großzügig, und meine englische Pension sammelt sich schon seit Jahren auf der hohen Kante. Weißt du, A. E., wir treiben es ja beide gleich, so sehr sich auch unsere Existenzen äußerlich voneinander unterscheiden mögen: Wir loben Wildnis und Einsamkeit, die Keuschheit der Einöde und den Duft der Urwälder und Wildbäche, und zugleich leben wir, und bis auf weiteres nicht schlecht, direkt oder auf Umwegen von der schnell und immer schneller, nämlich exponentiell wachsenden Verwertung und Aufzehrung eben dieser Wildnisse, der in der Erde verborgenen Schätze, der Verbauung der Wildbäche. Wir leben, um es möglichst hochtrabend auszudrücken, von der Kommerzialisierung der Sehnsucht nach dem verlorenen Paradies des einfachen, natürlichen Lebens, du auf deine Weise und ich auf meine, du in einem komfortablen Apartment in einer europäischen Großstadt und ich in einer ebenso komfortablen Blockhütte im kanadischen Urwald. So leben wir beide auf sehr dünnem Eis und können froh sein, daß wir schon das Zeitliche gesegnet haben dürften, wenn auf dieser Erde nur noch Stehplätze zu vergeben sein werden. Die Menschen werden immer erst klug, wenn ihre Bösartigkeit und ihre Dummheit – was von beiden schlimmer ist, weiß ich nicht – den Kahn schon in den Strudel haben gleiten lassen, aus dem es dann kein Entrinnen mehr gibt.«

Solche Reden konnte Henry Shelton halten – mit ebensoviel Leidenschaft wie zornigem Spott –, als ich ihn zum letztenmal besuchte. Ich zögere auch heute noch, ihn einen Freund zu nennen. Das deutsche Wort will nicht recht zu ihm passen. Aber daß wir weithin eines Sinnes sind, daran brauchen weder er noch ich zu zweifeln.

Oder er sagte etwa: »Woran sich noch überhaupt kein Mensch gewöhnen kann, A. E., you wicked and atrocious Prussian, das ist die Tatsache, daß der Fortschritt kein Fortschritt mehr ist, sondern absolut zwangsläufig ein scheußliches Ende heraufbeschwört. Wir sitzen alle in einem Boot, auf diesem schnell zu eng werdenden Raumflugkörper Erde mit seinen durchaus begrenzten Reserven, benehmen uns aber so – woran die Herren Politiker und Regierer jeder Couleur, die es besser wissen könnten, wenn sie nur wollten, immer nur bis zu den nächsten Wahlen denken –, ja, benehmen uns so, als könnten wir ewig aus dem Vollen schöpfen, mehr und mehr und mehr, als wäre das Volle wirklich unerschöpflich. Aber das ist es nicht. Das Volle war nie voll; es füllt sich auch nicht nach; es rinnt schnell und immer schneller leer. Die Menschen sägen eifrig an sämtlichen Ästen, auf denen sie sitzen, schlachten die Hühner, die ihnen die goldenen Eier legen und erwürgen sich noch zu einer Zeit, in der allen sowieso schon die Luft knapp wird. Wollen sich gegenseitig übertrumpfen, sich an Wachstum und Üppigkeit übertreffen, während längst offenbar sein sollte, daß nur Schrumpfung, Bescheidenheit, Recycling vor allem, die Einsicht, daß überall zurückgegeben werden muß, was entnommen, geraubt, verbraucht wird, diesem größenwahnsinnig gewordenen homo sapiens – sapiens, daß ich nicht lache! – noch eine Überlebenschance bieten. Aber lassen wir das, A. E.! Wir werden glücklicherweise die Riesenpleite kaum noch erleben. Führen wir uns einen Brandy and Soda zu Gemüte. Après nous le déluge!«

Das war und ist so etwa die Sprechweise meines Freundes – doch, das Wort trifft zu! – Henry Shelton vom Lake Tetaklin.

Und jetzt wird es vielleicht verstanden, warum ich in meinem Buch über British Columbia, einer freundlichen Schrift zum Lobe des großen Landes, nichts von dem schönen See im veilchenblauen Wäldersamt unter den Silbergebirgen und nichts von seinem illusionslosen Anwohner berichtet habe. Er hätte wohl die angenehme Atmosphäre jenes Buches gestört. Aber in dieses Buch gehört die Geschichte hinein.

Ich habe nämlich versucht, hier einige aus der großen Zahl der Begegnungen festzuhalten, die zu provozieren ich einige Jahrzehnte unterwegs gewesen bin, wobei ich mir viele Sohlen abgelaufen habe. Menschen nämlich sind das eigentliche und – glaube ich – einzige Abenteuer, das zu erleben sich lohnt. Menschen sind es, die den Menschen Schicksal und Verhängnis bedeuten. Also werden es auch Menschen sein müssen, die ihnen Rettung bringen, indem sie endlich Menschlichkeit durchsetzen, sicherlich erst im letzten Augenblick – wenn überhaupt!

Bildnachweis:
Süddeutscher Verlag (5); Keystone (3); laenderpress (1);
Christiansen/laenderpress (1); Till Lohmeyer (1)